ANTIREVOLUTIONAIRE STAATKUNDE

반혁명
국가학

=

적용

KB192794

ANTIREVOLUTIONAIRE STAATKUNDE

반 혁 명

=
적용

국 가 학

아브라함 카이퍼 지음

최용준 · 임경근 옮김

국제제자훈련원

적용편인 Ⅱ권은 "우리의 정강"의 순서에 따른 흐름과 정확하게 일치하지는 않는다. 이는 두 가지 이유 때문이다. 첫째로, "우리의 정강"의 우선순위에 있던 가장 중요한 원리적 질문이 부분적으로 Ⅰ권에서 이미 다루어졌기 때문이다. 둘째로, Ⅱ권을 쓰던 중에 고려해야 할 정당의 정강 정책에 대한 개정이 착수되어 그것을 고려해야 했기 때문이다. Ⅱ권의 출판이 완성되기 전에 정강 개정이 좋은 결과를 낳으리라고 기대해도 될 것이다. 이번 개정은 우리 당 정강의 몸통을 건드리지 않고, 몇 개의 좋지 않은 표현들을 교정하는 정도에 머물 것이다. 게다가 1878년 이후 여러 가지 관점에서 실제로 눈에 띄는 수치의 변동을 선거, 사회, 식민지, 군사의 세부 사항에 연결시킬 것이기에 큰 개정을 기대할 필요는 없다. 기본 특성상 "우리의 정강"은 주창자가 생각하기로 변화가 불필요하며, 변화를 주장하는 단 하나의 목소리도 일어나지 않았기 때문에 조금의 변화도 없을 것이다.

　그러나 나는 이미 1907년 당시 특별 대표회의에서 반혁명당의 조직에 실질적 변화를 도입할 필요성을 제기했다. 그리고 그 목적을 위해 위원회가 임명되어 지금처럼 임무를 개시했다. 그러나 이것은 정관에 영향을 줄 뿐 정강에는 아니었다. 아마도 Ⅱ권의 부록에는 개정된 1878년 정강뿐만 아니라, 법적으로 공인된 새 조직도 포함될 수 있다. Ⅱ권의 원고가 완성되기 전, 1917년에 정강 개정이 두서너 달 진행될 것이다. 그리고 정강과 법령을 결정해야 할 대의원 모임이 1916년 중에 소집되어야 할 것이다. 1917년 일반 대의원 모임을 선거 날까지 연기하는 것은 언급할 가치도 없다. 심지어 정강과 법령 개정을 위해 만나는 특별 대의원 모임을 적어도 하루 이상 지속할 수 있어야 할 것이다. 우리의 공식 정당 활동 조직은 근본적으로 다시 개정되어야 한다. 우리는 그것을 위해 시간을 들여야 한다. 우리 대의원회의에 대한 초안 개정의 검토가 중앙위원회와 지방선거협회에서도 상당히 진척되어야 할 이유이다. 이 모든 것이 1916년 말 이전에 완료될 것이며, 그 결과는 1917년 3월 경 이 책 Ⅱ권의 마지막 부분을 쓰기 전에 부록에 포함시키는 것이 적합할 것이다.

이 정강과 법령의 개정이 현재 분리된 두 정당의 재결합으로 이어질 수 있는지 여부는 기다려봐야 한다. 재결합은 절망적이지 않다. 이것은 여러 면에서 바람직하지만, 일의 성격상 정치적 생리에 맡겨져야 한다. 더 진보적이고 보수적인 집단으로의 분열은 다른 정치 집단과 마찬가지로 우리에게도 그 자체로 부자연스럽다. 더 진보적인 목적과 더 보수적인 목적의 불확실한 차이가 발생한 국가 정당은 생각할 수 없거나 등장한 적이 없다고 말할 수 있다.

문제는 우리가 활용할 수 있는 인적, 물적 자원이, 더욱 진보적인 쪽과 더욱 보수적인 쪽의 인원으로 나뉘는 사치를 감당할 수 있을 만큼 충분히 우리에게 할당될 수 있는지 여부이다. 우파의 세 정당이 우리와 기독교적 관점을 받아들이지 않는 정치 집단보다 더 많다는 사실을 부정할 수는 없지만, 우리 의회(kamerclub) 자체의 의원 수가 매우 적기에 오히려 우리가 확고하고 엄중한 정치적 행동을 할 수 있다. 의원 수가 적으면 개인이 매우 두드러지게 된다. 이미 여러 번 일어난 것처럼 우리 쪽 세 계파 중 하나가 다른 두 계파에 대항하여, 자기를 강화하기 위해 반대쪽 당의 지원을 구하는 형태의 위험을 과소평가하지 말아야 한다. 그러면 우리는 자동적으로 보수적 구석으로 점점 더 밀려나게 된다.

다시 말해 이것은 우리가 정강에서 우리의 기독교 원칙을 고백한다는 것을 의미한다. 그것은 혁명 진영의 보수 편에 반복적으로 흡수된다. 이는 흐룬 판 프린스터러가 죽을 때까지 우리에게 심각하게 꿰뚫어 볼 것을 경고했던, 정말로 심사숙고해야 할 위험이다. 아마도 젊은 세대는 당분간 성취

반혁명 국가학 ‖ 적용

할 수 없을 것으로 판명된 일에서 오히려 성공을 거둘 수 있을 것이다. 본서의 두 번째 책이 유권자에게 전달되기에 앞서 다음 사실을 분명하게 반복해서 말할 수 있는 것에 감사하다. 1894년에 우리에게 일어난 분열은 상황이 안겨 준 절대적 요구 사항이 아니었다. 그리고 서로 나뉜 쪽은, 내가 한 번도 중단한 적이 없는 기도의 응답으로 장래에 재결합할 수 있는 사람들이다.

1916년 6월, 든 하흐
카이퍼

제1장

국민의 한 부분인
반혁명당

§1. I권과의 연관성

 I 권에서 정치적이라고 생각하는 원리가 광범위하게 설명되었다. 이제
Ⅱ권에서는 특히 '우리' 나라와 '현재' 시대에 그 원리를 적용할 것이다.
 I 권이 일반적이라면 Ⅱ권은 구체적이다. 원리 해설을 우리 시대와 시간
안에 발생하는 실제와 완전히 유리된 것으로 생각할 필요는 없다. 그러한
일은 헌법 해설에도 적용될 수 없을 것이다. 절대적으로 추상적인 이론은
오도될 수밖에 없었으며, 사비니(Savigny)의 역사학파는 자연론(natuurleer)의 이론
적 편파성으로부터 우리를 바로 잡아주었다.

 이것과 별개로, 실제적이고 대중적인 개론서에서 여기에 제시된 바와 같
은 모든 구체적 사항을 원리 해설로부터 배제하는 것은 상상할 수 없었다.
내가 독자로 간주했던 이들은 주로 배우지 못한 국민의 지도자들인데, 아
마도 그들 대다수가 이론적 해설을 쉽게 이해하기 어려울 것이다. 그런 사
람들을 위해서는 구체화된 그림만이 내가 변호했던 논제에 필요한 빛을 비
출 수 있었다. 그러나 이러한 원리를 주장할 때 구체적이고 실제적인 정보
가 요청되었다면, 그것은 긴급 상황이었기 때문일 것이다. 그리고 이것이
우리나라와 우리 시대가 여러 가지 정치적 문제에 직면한 것처럼, 반혁명
당에 특별히 적용되리라는 것은 의심의 여지가 없을 것이다.

§2. "우리의 정강"의 시작

 I 권에서 주장한 원리의 직접적 적용을 시작하기에 앞서, 나는 "우리의
정강"의 제일 앞에 있는 글을 출발점으로 삼으려 한다.

"반혁명 혹은 기독교 역사주의는 적어도 우리나라에 해당되는 한 우리 국민의 성격을 나타내는 기본 색조이다. 이것은 오란녀 공에 의해 주도되었다. 종교개혁의 영향 아래 있었고, 대략 1572년에 인장을 받았다. 변화하는 국민의 상황에 따라 우리 시대의 필요에 부응하는 형태로 이것을 계속 발전시키길 원한다."

§3. 국가별 차이

신앙고백과 그에 따라 정치적 원리를 방어하는 방식은 어디서나 같을 수 없다. 당시 프레트로가드(Pretrogad)라 불리기도 하던 페테르부르크(Petersburg)에는 페테르(Peter) 황제의 통치 이후 그렇게 작지 않은 네덜란드 식민지가 있었다. 네덜란드 북부 지방에서 그곳으로 이민을 간 사람들이 아직까지 머물고 있다. 1901년에 나는 내각을 구성하기 위해 마리너 크라위스(Marine Kruys)에게 요청했는데, 그는 페테르부르크에서 거주자들을 오랫동안 먹여 살렸던 가문 출신이었다. 이런 역사적 기원 때문에 러시아의 수도에 살고 있는 사람들이, 그들의 조상들이 고백했던 칼빈주의 원리에 충실히 머물러 있을 것이라고 생각하게 된다.

그곳에서 자기 교회를 소유했던 네덜란드인 이민자들 가운데, 이 책에서 주장하는 원리들을 적용한 정치 단체가 구성되었다고 생각해 보라. 그들이 그곳에서 네덜란드와 완전히 다른 모양의 정치적 모임을 만들어 러시아의 정치적 상황에 영향을 미치려 한다면, 그것은 네덜란드의 중앙 위원회와 완전히 달라야 할 필요성을 느낄 것이다. 스미르나(Smyrna)에 있는 네덜란드 식민지 또한 상트페테르부르크의 경우와 마찬가지로 17세기에 시작되었으며, 자체 묘지가 있는 교회를 소유하고 있다. 하지만 둘 다 정치적 원리를 고백하기는 했지만 소아시아에 등장할 만한 정당이라고 할 수는 없다.

미국의 미시간, 아이오와, 일리노이, 뉴저지 또는 캐나다나 아르헨티나로 이민간 다양한 우리 이민자들의 지위도 마찬가지다. 그들은 그곳에서도 빠르게 자기 언론과 정치 클럽으로 무대에 섰다. 그러나 조건적이지만 그 나라의 거대 정당 흐름에 흡수되는 것 말고는 다른 방법이 없었다. 브뤼셀에서만 당시 2만 명이 넘는 네덜란드 식민 정부가 있었고, 헨트(Gent)와 안트베르펀(Antwerpen)[1]에도 네덜란드 이주자들이 그만큼 있었다. 그들 가운데 원리적 칼빈주의자들이 있었던 만큼, 그들 역시 정치의 실천에 영향을 미칠 준비가 되어 있었다는 것은 말할 필요도 없다. 그러나 그들의 정치적 지위는 우리와 완전히 달랐다. 그들이 우리를 위해 한 일과, 우리가 여기서 그들을 위해 하는 일로 곧바로 결론을 도출할 수 없었다.

그렇다. 심지어 우리나라 안의 반혁명당도 모든 지역에서 같은 그림을 그릴 수 없다. 위트레흐트(Utrecht)와 림부르흐(Limburg) 이 두 주(州)만 보더라도, 칼빈주의자와 나머지 주민 사이의 관계는 수치적으로 완전히 다르기 때문에 두 지역에서 일관된 유사 행동이 불가능하다는 것을 알 수 있다. 이것은 더욱 강조되어야 한다. 우리에게는 독자적 정당으로 활동할 수 없는 여러 다른 나라의 영적 동지들이 있기 때문이다. 미국, 대영제국과 아일랜드의 장로교인들, 독일의 개혁주의자들(Reformirten), 헝가리의 칼빈주의자들, 혹은 프랑스의 개혁주의자들(Reformés)을 생각해보라. 자신의 지위를 발견하는 정치적 환경, 다른 당사국과의 역학관계, 역사적으로 영향을 미치는 과거는 너무나도 제각각이기에, 칼빈주의자 혹은 그와 가까운 영적 동지들에게 모든 나라에 통하는 보편적 규칙은 존재하지 않는다.

사람들은 항상 다시 자기 나라에 적합한 구조를 찾아야만 하며, 해당 조직을 위해 봉사하는 정강은 완전히 자기 특징을 가져야 한다. 영국의 버커(Burke), 폰 할러(Von Haller), 해밀턴(Hamilton), 보날드(Bonald), 르 메트(Le Maitre) 혹은 슈탈(Stahl)이 미국, 스위스, 프랑스, 잉글랜드 혹은 독일에게 최고의 것을 주었다 하더라도 그것이 우리 행동에 대한 유일한 지침으로 통하지 않는다. 특별히 흐룬 판 프린스터러는 처음부터 이 점을 파악했고, 그래서 네덜란드 국민에게 일반적 정치 이상이 아니라 네덜란드의 특수한 사상을 공급해야 한다는 것에 가치를 두었다.

여기서 언급된 차이는 국민의 특징, 국가의 성격, 과거, 특정 시대환경 등 여러 조건에 따라 다르다. 18세기 후반 파리에서 시작해 19세기 전반기부터 유럽으로 침투한 혁명원리(Revolutiebeginselen)는 모든 국가와 국민에게 독특한 것이었다. 여기에서는 각각의 역사적 고유 특징이 사라진다. 이에 따라 모든 나라에서 거의 비슷한 소리를 내는 헌법이 준비되었다. 그와 반대 측면에는 삶의 다양성과 직접적으로 관련된 다형성(多形性)이 역사적 영역에 자리를 차지한다.

§4. 여기 이 땅의 칼빈주의자들

16세기 우리나라에는 칼빈주의자들이 인구의 10분의 1에 불과했다. 프라윈(Fruin) 교수가 지적한 이 수치는 매우 엄격하게 본 것이지만 국가학의 명확한 원리를 고려할 때, 그 이상으로 어림잡기보다는 언제나 주장하는 수치 아래로 평가하는 것이 안전하다. 만약 우리가 10분의 1 수준을 유지한다면, 우리는 전체 인구에서도 항상 같은 수준에 있다고 가정할 수 있다. 그런 상황에서도 우리 측의 하원의원 후보자들이 몇 번이고 훨씬 더 많은 의석을 차지했지만, 그것을 능가하는 것은 절대 불가능하다. 이는 비례 투표가 도입된 후에야 성립될 수 있고 지금은 아니다. 특히 반혁명당이 나라의 특정지역을 다스리는 것이 아니라 북브라반트(Noord Brabant) 일부와 특별히 림부르흐(Limburg)를 제외하고는 거의 모든 주에 퍼져 있다. 우리 쪽의 거의 모든 후보자는 다른 정당의 유권자들의 표를 얻어 선출되지는 않지만, 반대로 다른 지역의 우리 유권자들은 다른 여러 정당의 후보자에게 투표하기 때문에 더욱 그렇다.

따라서 현재 우리 당의 전체 인구대비 비율을 10분의 1로 추정하는 계산은 16세기처럼 투표 결과에서 파생된 것이 아니라, 우리가 다룰 수 있는 완전히 다른 수치에서 나온 결과물이다. 첫째, 중앙위원회는 우리가 500명에서 600명 사이로 추산하는 선거단체망을 통해 전국적으로 조직을 확산하는 데 성공했고, 우리는 선거가 다가옴에 따라 이 조직들의 최종 수치를 자주 검토했다. 둘째로, 우리는 사립학교 체계의 조직을 통해 확인할 수 있다. 셋째로, 교회들이 분파를 형성하고 있다는 사실이다. 개혁교회의 회원만 이미 거의 오십만 명으로 집계되기 때문에, 모든 칼빈주의 분파들을 합쳐서 추정해보면 결코 우리 자신의 능력을 과대평가한 것이 아님을 알 수 있다.

그렇게 모든 교회를 합칠 때 흔들리지 않고 칼빈주의 원리에 굳건하게 붙어 있는 철두철미한 사람의 수는 네덜란드 종교개혁 시절처럼 전 국민의 10분의 1에 이른다.

여기서 두 가지를 생각할 수 있다. 10분의 1이 완전히 독립적으로 유지되는 상황이 발생하든지, 아니면 그들이 전국적으로, 전 국민을 위해 전방에서 눈에 띄게 활동하여 관심을 끌 수 있다. 다시 말해, 저절로 10분의 1에게 주도권을 주는 상황이 발생할 수도 있다는 뜻이다. 후자의 경우가 16세기에 일어났으며, 그 결과 당시 칼빈주의자들이 결정권을 손에 쥐었다. 지금 우리는 전자의 경우에 속해 있다. 16세기는 우리 진영이 대중의 의견을 대변했다면, 지금은 대중 여론이 절대적으로 우리를 반대하고 있다. 만약 1857년에 우리 반대편에 있는 사람들이 학교 문제(Schoolquaestie)를 제기하는 부주의를 범하지 않았다면, 국가적 사안의 흐름에 대한 우리의 영향력이 우리 쪽 정치인 중 한 명에게 왕이 세 번이나 내각의 구성을 맡기도록 이끌지 못했을 것이라는 점을 충분히 예상할 수 있다.

§5. 동맹Bondgenooten

이러한 상황은 정당으로서의 독립성을 유지하면서도 성공과 어떠한 목적의 달성을 위해서 다른 정당과의 동맹을 고려할 수 밖에 없게 만들며, 이때 너무나 자주 확실한 동기 없이 동맹을 선택하게 된다. 이러한 선택으로 프랑스에서는 우리 동료가 급진적 부류에 합류하고, 이에 반하여 우리는 로마 가톨릭 신자 일부로부터 지지를 구하게 될 것이다. 후자의 경우가 이 나라에서 지금까지 계속될 수 있지만, 혁명적 부류에 대항하기 위해 로마 교회와 손을 잡는 것이 어디서나 원칙이 되어야 하는 것은 아니다.

스페인과 포르투갈을 생각해 보면 바로 엄청난 차이를 알 수 있다. 무엇보다도 스페인에서 종교재판소(Curie)는 어떤 경우에도 교황 교회가 인정되고 자유롭게 행동할 수 있어야 한다고 주장했다. 개신교주의가 들어오는 것은 결코 용납되지 않았다. 만약 좀 더 부드러운 통찰력이 지배적이라면, 이것을 인정한 것은 종교재판소가 아니라 종교재판소의 의도와 의지에 반하여 밀어붙인 급진적 세력이다.

프랑스에서 일이 어떻게 진행되었는지 누구나 안다. 이름으로는 '순수 무관심주의'지만, 실제로는 모든 신앙에 대한 적대감이 지배적 생각이었다. 그 결과 프랑스 종교 개혁가들은 급진주의에 가담하게 되었다. 결국 그들은 로마 가톨릭 교회가 낡고 잃어버린 지위를 되찾고, 성 바돌로메의 밤의 망령을 다시 일깨웠다는 것을 깨달았다. 그러므로 우리는 반혁명당의 당원으로서 정치적 영역에서 어떤 방향, 어떤 당과 손잡을 것인지에 대해 절대적 결론을 내릴 수는 없다. 모든 나라와 국민을 위해 똑같은 결정을 내릴 수 없다. 선택은 불가피하게 해당 국가의 로마 가톨릭 교회의 태도에 달려있다. 만약 '평등'과 관련해 로마 가톨릭 교회와 보조를 같이하려 한다면, 우리 칼빈주의자들은 혁명당보다 로마 가톨릭 교회에 동지애를 느낄 것이다. 반면에 스페인에서처럼 로마 가톨릭 정권이 우리를 절대 받아들이지 않는다면, 우리는 모두의 협력을 금할 근본적 모순이 없는 쪽에서 지지를 찾을 수 밖에 없다.

§6. 퀴허니우스Keuchenius와 브론스펠트 박사Dr. Bronsveld

둘을 정확하게 구별하지 못해서 브론스펠트 박사와 그의 사상적 동지들 중 일부는 피해자가 되었다. 이런 정말 고상하고 학식 있는 분이 프랑스 개혁교회의 모금가들과 교제하며 맺은 관계를 통해 프랑스에서 나타나고 발견된 상관관계를 우리나라에 적용하려 했다. 그는 처음에 내가 정치계로 입성한 것을 얼마나 따뜻하게 축하했는지 모른다. 하지만, 이내 우리는 서로 공감하지 못하는 사이가 되었다. 그는 프랑스에서 시행되어야 할 관계적 원리를 이 나라에 적용하려 애썼다. 그는 자유당(Liberalen)과의 연대를 확고히 했다. 당연히 보수-자유당으로 연대하게 되었고 동시에 나를 향한 그의 지지는 사라졌다.

이 부분에서 퀴허니우스(Keuchenius, 1822-1893)는 브론스펠트 박사와 행보를 달리 했다. 이 고상한 투사 역시 브론스펠트 박사처럼 로마 가톨릭 교회와의 연대는 우리에게 썩은 열매를 가져올 뿐이라고 염려했다. 하지만 퀴허니우스는 자유-보수당 혹은 보수-자유당으로 치우치지 않고, 여전히 반혁명 원리의 독립성을 확실하게 지지했다. 그리고 그는 중앙 위원회의 그 어떤 다른 당원보다 더 충실하고 확실하게 참여했다. 퀴허니우스는 이 일에 자기 마음의 대부분을 보여주었다. 브론스펠트 박사 같은 두 번째 서열의 지도자들이 그들의 선택에서 지엽적인 동기를 따라 결정하도록 내버려두었다. 퀴허니우스 같은 서열 1위는 줄기에서 꽃다발을 꺾지 않고 뿌리에 딱 붙어 있는다. 이렇게 절대 뿌리를 놓지 않는 그의 소신은 실제 행동에 지지를 불러일으키는 데 상당한 효과를 가져올 수 있었다.

퀴허니우스는 특히 교황 레오 10세(Leo X) 아래 논의되었던 로마 가톨릭 교회 정치학의 최신 발전을 좇지 않았다. 그의 머릿속에는 "교황보다 차라리 무슬림!"이라는 말이 계속 머물렀다. 비록 그 당시에는 위험이 없었지만, 그는 항상 미래에 어떤 일이 생길지를 계속 스스로에게 질문했다. 하지만 그러한 질문이 퀴허니우스를 보수당 쪽으로 흘러가도록 허락하지 않았다. 그의 정치적 행동에 대한 추진력, 곧 영감은 언제나 칼빈주의로부터 왔다. 그래서 칼빈주의주의자들은 퀴허니우스 같은 사람이 있다는 것을 끝까지 자랑하는 한편, 브론스펠트 박사는 한 번도 우리 편인 적이 없었기 때문에 그를 잃은 적이 없다고 느꼈다. 그러므로 이 준비된 투사를 향해 가진 개인적인 존경심을 덜어낼 필요는 없다. 단지, 그는 처음에 주목했던 것과는 완전히 다른 인물로 드러났다. 그는 처음에는 칼빈주의를 이롭게 할 것을 약속하는 것처럼 보였지만, 단지 영적으로 관대하고 재능 있는 그리스도의 고백자로서 보수적 자유주의자로 성장했다.

§7. 타크Tak의 선거법

그럼에도 불구하고, 나는 로마 가톨릭과의 연합이 아직 혼인으로 이어져야 하는 것은 아니라고 생각한다. 의심할 여지없이 로마 가톨릭당은 '학교 문제'에 관해 (그 유명한 주교들의 명령을 받아 자신들의 입장을 나타난 바) 우리 편에 섰을 뿐만 아니라, 우리 모두에게 최고의 사상적 동지였다. 이것은 그리스도를 고백하는 것이 양측의 삶을 지배했기 때문에 그럴 수 밖에 없었다. 그런데도 칼빈주의자로서의 권리와 독립성을 확보하지 않는 것이 이러한 결과를 자동적으로 가져오게 되는 것은 아닌지 의문은 여전히 존재했다. 좋은 기회를 얻어야 할 우리가 특정 사안에서 그들로부터 지원을 받지 못하게 될 것을 간과할 수 있는 것이다. 사람들은 '타크의 선거법'(Taks Kieswet)이 어떻게 진행되었는지 안다. 그때 로마 가톨릭 정치인 대다수는 여전히 보수파 쪽에 상당히 많이 기울어 있었다. 우리는 1853년 이후 25년 넘게 나뉘지 않았다.

토르베커(Thorbecke)가 림부르흐에서 당선된 때를 아직도 기억한다. 4월 운동(April beweging)은 여전히 작동하고 있었다. 독일 중앙당(Duitsche Centrum)[2]의 영감을 받아 이미 완전히 다른 흐름이 나타났지만, 시위 집단(phalanx)은 아직 해산되지 않았다. 사람들은 아이네아스 마카이(Aeneas Mackay)가 무엇에 고통당하고, 베르한시우스(Bergansius)[3]가 어떻게 제물로 바쳐졌는지를 안다. 내 생각에는 투표권의 확대가 더 넓은 시민 계층에게 발언권을 줄 것이라는 결정적 전환을 기다리기만 하면 되었다. 그것이야말로 타크 판 포르트플리트(Tak van Poortvliet)[4]의 선거법이 우리에게 주기로 약속했던 것이었다.

나는 1870년부터 점점 선거권이 확대되는 방향을 제시했다. 내 영혼을 깊이 괴롭혔던 것은 '서민'이, 특히 칼빈주의 무리가 늘 잘난 척하는 부유한 무리의 뒤에 서야 했던 것이다. 개인적으로 보수파의 약점, 불일치 그리고 원칙의 부재는 항상 나를 불쾌하게 했다. 내가 선거권을 확장하자고 처음 외친 지 20년이나 지나서야, 마침내 타크 판 포르트플리트가 어떤 경우와도 대립되지 않는 반혁명당이 원하는 제안을 내놓았다. 그리고 그 생각은 반대편의 도움으로, 1848년 이후 지속되었던 불행에 마침내 종지부를 찍었고, 나는 이로 인해 웃을 수 있었다. 물론 경우에 따라서는 한 번에 되지 않고 두 단계를 거쳐야 했지만 말이다.

나는 타크의 의도에 반대하는 것을 존중할 수 없었다. 그리고 지금 어떤 계획이 준비되어 있는지, 그리고 1894년에 보수적 요소가 그토록 지향한 것이 무엇인지를 조사해 보면, 곧 바로 그 당시에는 원칙적으로 반대에 대해 문제가 없다고 느낄 수 있다. 그것은 그 나라의 주인으로 남기 위해 '서민'에게서 등을 돌리는 것과 다를 바 없었다. 그래서 나는 예외적으로 더 급진적 요소가 도움을 가져다 줄 준비된 기회라고 생각했다. 이것은 '서민'으로 하여금 더 앞에 서게 할 것이고, 독일 중앙당의 예와 같이, 특히 기독교 정치적 요소가 아직도 보수주의자들의 손에 몰려 있는 주도권을 로마 가톨릭 교회 중에서 넘겨받을 것이다.

그러함에도 이번 방향 전환은 목적을 달성하는 데 실패했다. 결국 급진적 집단이 이른바 순수파를 혐오하여, 결국 거의 모든 곳에서 우리 후보자들을 위험에 빠트렸고, 재투표에서 보수 자유당으로 돌아섰음이 밝혀졌다. 그렇게 우리 당이 도달한 더 성숙한 정치적 발전(우리 편이 마치 일사분란하게 급진 후보자에게로 넘어가는 것)은 여전히 부족했다는 것이 분명하게 드러났다. 나는 이 점을 예상하지 못했다. 나는 이 영역에서 실패를 인정한다. 나는 반대편에서 성직자들이 지배할 것에 대한 두려움 때문에 '순수파'의 후보자로 전향하는 방법이 막혔다는 것을 알았어야 했다. 이런 성직자의 지배에 대한 악몽이 점점 늘어날지 아닐지는 미래가 가르쳐 줄 것이다. 당분간 급진적 요소와 결합하는 것을 매우 조심해야 할 것이다. 특별히 사회적 문제에서, 반혁명당은 사회주의적 음모로부터 자신을 지키며 보호해야 한다.

§8. 1894년의 분열

기독역사연합(Christelijk-historische Unie)[5]이라 불리는 사람들과 이별할 때는 전혀 다른 현상이 나타났다. 1913년의 선거는 이 연합에서 그 모든 정당의 독립성이 어떻게 실패했는지를 잘 보여주었다. 연합에 대한 평가에서 사람들은 정반대 평가를 내리길 기대했다. 일반적으로 볼 때, 연합당에 모인 사람들이 부흥 운동 및 그와 관련된 감리교에서 영감을 받은 열정적 복음의 고백자들이라는 것은 확실하다. 대체로 '학교 문제'는 그들의 뜨거운 관심을 불러일으켰다. 그들은 윤리적이고 정치적 질문에 진심으로 관심을 가졌다. 주일성수, 매춘, 알코올 중독, 위생, 빈민구제, 교도소 사역 등과 같은 문제는 이 연합당 남녀 모두에게 특별한 관심분야였다. 일반적으로 선교도 그들의 사랑을 받고 있었다. 그래서 정치적 활동이 이 문제들에 머무는 한 이 연합당은 진짜 '연합'(Unie)된다. 이 당은 종종 우리가 환영할 수 있는 영향력을 행사했다. 그러나 (이것이 특히 강조되어야 하는데) 민생의 실제 정치 헌법이 전면에 제시될 때, 이 '연합당'(Unie)의 통합에서 나오는 정치 사상의 다채로운 잡동사니는 생각을 불허할 정도였다.

이 연합당에 훌륭한 인물이 없다는 말이 아니다. 우리는 위대한 조국 네덜란드가 정치적 반대자들의 개인적 활동을 존중하는 데에 여러 면에서 부족하다는 것을 슬퍼해야 한다. 토르베커, 판 드 퓌터, 카페이너 판 드 코펠로와 같은 반대편 사람들의 출현은 우리에게도 영광스러운 일이다. 그리고 코르트 판 드르 린던과 트뢰브(Treub)의 등장은 좋은 느낌을 주었다. 왜 우리는 지금 이것을 숨기려고 하는가? 무엇이 그들의 훌륭한 명성을 공개적으로 더럽히도록 우리의 마음을 움직이는 것인가? 나는 카페이너(Kappeyne)와 의회 안팎에서야 원론적으로는 싸웠을지라도 그가 일찍 사망할 때까지 프란선 판 드 퓌터(Franssen van de Putte)처럼 우정을 나누었다. 따라서 나는 반대파의 언론뿐만 아니라, 상대 정당의 지도자들조차도 기독교 진영의 위정자들을 헐뜯기 위해 국회에서 그렇게 행동했다는 것을 이해할 수 없었다.

풍자만화는 나에게 그 어떤 상처도 주지 않았다. 오히려 나는 "25년 동안"(Over vijf en twintig jaar)이라는 묶음 책 출판을 위한 서문에서 풍자만화를 기념이 되도록 눈에 띄게 만들었다. "쾰른 신문"(Koelnische Zeitung)도 이 점에 박수를 보냈다. 그런데 나를 힘들게 하고 슬프게 했던 것은, 사람들이 흐룬 판 프린스터러가 1876년에 사망할 때까지 그를 조롱하고 모욕하고 신랄하게 비난한 것이다. 그런 다음 그들은 나를 그렇게 공격했다.

우리는 1909년에 기사 작위가 추천된 것이 계기가 되어 어떤 일이 일어났는지 잘 안다. 얼마나 야단법석을 떨었던지 그것이 덮어지기 전에 조사위원회가 구성되어야 했다. 정치적 상대를 신랄하게 각인시키는 것은 특별히 네덜란드적인 특성이기도 하다. 물론 외국이라고 더 나은 것은 아니지만, 우리나라는 이 점에서 너무 멀리 갔다. 더 슬픈 사실은 기독역사연합 언론조차도 그것을 삼가야 했음을 몰랐다는 것이다. 1901년부터 1905년 전후에 네덜란드 사람들이 나에 대해 개인적으로 신랄하게 비난한 것들을 모아 보라! 어떻게 그리스도인들 사이에서 이런 쓴 물이 흐르는 개울로 점점 불어나게 되었는지를 물어보라! 나를 통역자로 삼았던 신문이 이에 대한 논박을 거의 자제했으니 더 그랬던 것도 같다.

가끔 내 펜이 날카로운 두드림으로 미끄러졌을 수도 있지만, 대체로 나는 나의 감정을 긍정적으로 표현하기로 작정했다. 기독역사연합 회원 가운데 그 누구도 나를 개인적으로 핍박했다는 사실을 반박하지 못할 것이다. 몇 번이고 나는 나에게 약속해야 했다. 하지만 그것은 꿈쩍도 하지 않았다. 그리고 끝났다. 한 번도 나에게 나쁜 피를 흐르게 하지 않았다. 그 어떤 분노도 나를 지배하지 않았다. 기독역사연합 측에서 이에 대해 아직도 해명하지 않았다는 사실은, 기독역사연합에 주도적 정치사상이 완전히 결여되어 있음을 증명하는 것이다.

내가 이미 언급했듯이, 연합에 가입한 사람들의 활동은 기독교 영역에서는 거의 모든 부분에서 박수를 받을만했지만, 정치적 영역에서는 그러지 못했다. 연합의 구성원들 가운데 몇몇 유능한 사상가와 연사들이 정치 영역에 등장했지만, 전부 자기독점적인 개인주의가 팽배했고 한마음으로 동역한 흔적을 찾아보기 어려웠다. 감정과 견해와 확신의 통일성은 없어서는 안될 것으로, 국민 사이에서는 정당 지도력으로부터 그 힘이 발산될 것이다. 그렇지만 그런 것은 거의 발견되지 않았다.

§9. 드 사보르닌 로만Mr. Jhr. A. F. De Savornin Lohman

드 사보르닌 로만은 자신만의 견해를 가지고 있었다. 판 이드싱아(Van Idsinga)와 드 헤이르(De Geer)도 마찬가지였다. 1913년 연합당은 정치적 무질서에 휩싸일 상황에 처했다. 부흥 운동으로 인해 해외, 특히 로마 가톨릭 국가에서 성직자주의(Clericalisme)에 대한 반작용으로 적지 않은 수가 급진적 정치가에게 합류했고, 우리나라 보수주의자들은 자기 정당을 합병한 후 기독역사연합에 안착하면서 위험이 악화되었다. 그럼에도 불구하고 우리는 우리 쪽에서 여전히 기독역사연합과 협력해야 한다는 점을 고려했다. 선거에서나 의회에서나 그들의 지지 없이는 아무 것도 할 수 없었다.

기억해 보건데, 반혁명당 측은 로마 가톨릭 측뿐만 아니라 기독역사연합 측으로부터도 강한 압박을 받았다. 우리는 한 번도 그런 것으로부터 온전히 자유로울 수 없었다. 초기에는 이러한 압박이 크지 않았는데, 그 이유는 1889년까지 우리가 단순히 항의 정당(protest-partij)에 불과했기 때문이다. 항의만이 유일한 목적일 때는 굳이 연합에 관심이 없었다. 단지 자기 확신이 명확하고 확고한 것만으로도 행복해했다. 흐룬 판 프린스터러는 항의 입장(protest-positie)으로부터 특별한 힘을 이끌어냈다. 그는 하원에서 자기 정당 전체의 신임을 포기했고, 군대 없는 야전 사령관처럼 지방에 서 있을 정도로 멀리 갈 수 있었다.

그러나 동맹이라는 차원에서 보면 하원에서 과반수가 될 가능성을 직시할 때 상황이 완전히 달라진다. 이는 흐룬이 사망하고 13년 뒤에 실제로 일어났다. 유권자들 사이에서 우리 당의 성장과 새로운 유권자들의 유입은 1889년의 헌법 개정에 의해 우리의 지위를 책임이 부과된 것으로 완전히 바꾸어 놓았다. 우리나라에서 우리 입장이 완전히 바뀌었는데도 우리 중 일부는 신중하지 못하게도, 여전히 우리 당을 흐룬 판 프린스터러와 내가 처음부터 취한 전략에 묶어두려는 편협성을 유지하려 했다. 우리 당의 초기에는 우리가 정권의 고삐를 잡으리라고는 생각하지 못했다. 심지어 나조차도 처음 등장했을 때 정권을 잡게 되는 꿈이 우리 당의 원리를 부정하는 것으로 끝나버릴 것이라고 생각했다. 1878년에 내가 기획한 "우리의 정강"은 완전히 초기 스타일로 설정되었다. 1889년 이후에는 완전히 다른 관계가 시작되었고, 그 해 이후로 우리 전략에 어떤 변화가 도입되어야 했다.

이는 반복적으로 우리 당의 정강 작업에 영향을 미쳤고, 특별히 1888년, 1891년, 1894년에 계속 정밀하게 다듬어졌다. 이때 원리를 부정하는 일은 일어나지 않았다. 단지 앞으로 모든 것을 한꺼번에 주장할 필요는 없다는 것과, 동맹자에 대한 요구를 표현할 때 필요하면 수정할 수 있음도 깨달았다. 그런 가운데 '학교 문제'는 이런 전략적 변화에서 통일성을 유지하는 데 도움이 되었다. 이 문제에서는 당연히 한 노선을 견지했다. 종종 이 문제에서 의견의 차이가 생겼을 때에는 의도가 일치될 때까지 쉬지 않았다. 심지어 코르트 판 드르 린던(Cort v. d. Linden) 장관 시절 교육위원회의 이 오래된 문제가 아직도 우리를 하나로 묶어주고 있다.

§10. 항의 정당 또는 내각

이 짧은 개관은 우리가 배의 방향타를 똑바로 유지하기 위해 얼마나 많은 협의와 정책이 필요한지를 분명하게 보여 준다. 다수를 우리에게 끌어당길 만한 전망은 없다. 16세기에는 싸움이 기본적으로 신앙에 관한 것이었고, 전반적으로 국가의 존재 자체가 신앙의 문제로 수렴되었기에 가능했다. 그리고 심지어 순교자들 가운데 등장한 '살아 계신 하나님의 정당'(parti du Dieu vivant)도 목소리를 내고 인도를 받아들여야 했다.

12년 휴전(Twaalfjarig Bestand)[6]과 함께 상황은 급변했다. 신앙은 다시 뒤쪽으로 밀려났고 무역과 해운이 앞으로 치고 나왔다. 그런데 그것은 작은 규모의 여론을 형성할 뿐이었다. 반대편의 더 넓은 세계에서는 전쟁의 공포로 인해 무역이 중단되었고, 다시 하나님께 부르짖을 약간의 필요가 나타났다. 그때 다시 국민 대다수는 단지 명목상으로만 존중해 오던 종교로 방향을 선회했다. 그럼에도 불구하고, 이 역시 우리에게 16세기의 명예(그때는 위기의 열매로 신앙적 부흥이 일어난 게 아니라, 주로 신앙에 기초하여 막강한 전국적 투쟁이 발생했다.)를 되돌려줄 수 없었다.

이것에 대해 우리는 두 가지 가능성 사이에 서 있다. 주 우리 하나님께서 우리를 다시 낮추신 것일 수 있다. 하나 되지 못하고 우리 가운데 개인주의가 다시 등장한 것, 그리고 '불신앙과 혁명'(Ongeloof en Revolutie) 측과 다시 동행한 것에 대한 벌일 수 있다. 그렇게 다시금 우리를 행정부(Bewind)의 영역에서 멀리 두셨으며, 항의 정당의 역할, 곧 1857년부터 1878년까지의 '처음부터'(da capo)를 배정하셨을 수 있다. 아마도 이것은 정치적 피를 다시 정화하고, 우리의 의지를 강화하는 것일 수 있다. 우리는 당연히 원리적 정강으로 되돌아가고, 우리의 용기를 되찾는다.

반면 공적 영역에서 우리 쪽의 투쟁이 계속되어, 공적 영역에 참여하는 것이 거부할 수 없는 의무가 된다면, 우리의 원리를 절대로 굽히지 않으면서 신앙을 고백함과 그 원리를 적용함에 있어서 우리 동맹자들을 고려해야 한다. 그것은 고도의 정치적 기술의 몫일 것이다. 하지만 그것이 우리 원칙에 치명적 상처를 줄 전략적 협상에 동의하는 것이어서는 안 될 것이다. 반대로 우리의 모든 원리적 사역을 방해할 만한 완고함으로부터 우리를 보호해야 한다. 우리는 여전히 흐룬 판 프린스터러가 다음과 같은 구호를 시작했을 때 의도했던 것을 고수할 것이다. "우리는 고립 가운데 힘을 얻는다."

이것은 사실이었고, 당시 흐룬이 외쳤던 구호는 큰 의미가 있었지만, 마카이 정부가 들어서면서 퇴색되었다. 결국 그것은 선거 협력의 결실로서만 성과가 있었고, 하원에서의 협력에 의해서만 열매를 맺을 수 있었다. 그러므로 1890년과 1901년, 1908년에 몇몇이 정권에 대한 책임이 멈춘 반혁명당 정치인들을 이 옛 구호로 입막으려 시도한 것은 정치적 자기기만과 같다. 우리의 전반기인 1857년부터 1889년 경에 우리는 외부로부터 철저하게 고립되었다. 그리고 반혁명당의 공식적 국가 업무가 사실상 더 이상 중요하지 않은 상황으로 돌아갔다. 우리는 '더 나은 도약을 위한 후퇴'(retirer pour mieux sauter)를 다시 엄중히 시행했다.

반면에 1889년에 시작되어 아직도 계속되고 있는 후반기에는 꼭 필요한 동맹까지 완전히 차단하는 고립을 허락하지는 않았다. 고립이란 우리가 "우리의 정강", 곧 우리가 고백한 원리 안에서 사람들이 '믿을 만하다'라고 일컫는 것을 유지한다는 의미였다. 우리 중 한 명 이상의 지도자, '맹세 문제'(eedsquaestie), '조건적 유죄판결'(voorwaardelijke veroordeeling), 그리고 더 많은 사안에 대해 자유당 편에 너무 가까이 서 있고, 우리 편에 틈을 남긴 것은 내가 항상 경고해왔고, 결코 약화되지 않았던 원칙적 기초 위에서의 고립을 부정하는 것이었다.

§11. 선거 강령

자체적인 선거 강령으로 선거에 임하는 것은 관계가 수시로 바뀌는 상황에서 정당화된다. 선거에서 눈에 띄는 구호로 홍보하는 것은 특히 잉글랜드에서 적극 권장하고 사용하는 방법이다. 연합당은 미국에서처럼 '좋은 외침'(the good cry)이라고 불리는 관행을 따랐다. 흐룬 판 프린스터러도 이것의 중요성을 느꼈고 종종 그것을 추진했다. 그런데 이것은 진행된 논지와 관련해 의도하는 그 무엇이 아니다. 반혁명당은 반복해서 선거에서조차 훨씬 더 폭넓은 고백이 필요하다는 것을 확인했다.

1878년의 "우리의 정강"은 보편적 특징을 지녔고, 우리 스스로 압박감을 느낄 정도로 완전히 원리적 입장을 견지했다. 그런데 지금은 카페이너(Kappeijne)의 예리한 결의안(Resolutie) 덕분에 성공 가능성을 약속하는 동맹이 생겨났을 때, 그동안 침묵해왔던 문제와 사안들에 대해 당사자로서 목소리를 내거나 또는 동맹 협력의 관점이 아닌 일방적으로 제기된 문제에 대해 보다 엄격한 형태로 자신을 표현하여, 주어진 시간과 그 시간에 발생하는 특정 상황을 일반 상황에서 특수 상황으로 바꿔 논의할 필요가 생겼다. 자체 선거 강령으로의 개입은 로마 가톨릭 당 측에서가 아니라, 오히려 기독-역사당 측에서 계속 부결되었다. 하지만 기독-역사당 측 역시 그러한 선거 협정의 필요성을 곧 간파하고, 선거 협정 준비에 뜻을 보였다.

이것을 거꾸로 이해하지 말아야 한다. 양측 다 선거에서 일치된 강령으로 활동할 뜻은 없었다. 사람들은 이 점에서 너무 멀리 갔기에 양측 모두의 독립성이 훼손될 것이라고 느꼈다. 그러나 우리가 한 일은 협의를 하고, 양측 모두 동의하고, 이번에는 어떤 문제가 제기될 것이며 이런 특정 문제에 대한 해결책이 어떻게 실험을 거치게 될지에 관한 것이었다. 양 당은 각자 원하는 것을 자기 방식과 자신의 원칙적 소신으로 표현하는 것에 완전히 독립적이었다. 즉 자기 정당에는 이익이 되지만 동맹 정당에는 중요하지 않은 몇 가지(예를 들면 정부와 교회 교단들과의 관계 등)를 공통적 제안에 첨가하려 했다. 결론적으로 기독-역사당 측과도 그렇게 진행되었다. 협의된 사안에 대한 후속조치가 취해졌다. 여러 선거에서도 이 당과 작은 합의에 도달했다. 그렇지만 이것은 거의 힘이 없었다.

§12. 다시 한번 로만Lohman

그것은 후보자를 확정할 때 의견 일치에 좀 도움이 되긴 했지만 하원에서는 큰 열매가 없는 것으로 밝혀졌다. 드 사보르닌 로만은 자신의 개인적 우월감 때문에 하원의 기독역사연합 전체를 대표하면서도 선거 협정을 만드는 데는 관여하지 않았고, 의도적으로 만들어진 협정과 관련을 두지 않겠다고 밝히며 어려운 상황을 만들었다. 그러한 협정이라는 개념 자체가 그의 개인적 존재에 정면으로 배치되는 것이었다. 그의 능력은 강한 개인적 행동에 숨어 있었다. 강경한 개인주의적 모습이 그 안에 번쩍였다. 그런 개인주의가 점차 강력하게 다가오는 것이 예사롭지 않았다. 정당 조직에 관여하는 모든 전문 작가들은 예외 없이 개인주의적 경향이 유지되기를 거부했다. 그러나 사람들이 기대하는 것과는 다르게, 개인주의적 모습에 큰 의미를 두는 사람에게는 별로 자극이 되지 않았다. 함께 연주하기를 거부한 사람은 자신이 한 대로만 말할 수밖에 없었다. 그냥 자신으로 머무를 수밖에 없었다.

그것이 종종 꽤 심각한 불편을 초래했다. 한 경우에 대한 그의 입장과 비슷한 경우를 자신의 입장으로 채택하기로 결론내리는 것이 정말 불가능해 보였기 때문이다. 성격도 신비에 싸여있다. 그리고 그 신비로움 안에서 종종 그의 옳지 않음이 드러나기에 자주 불의하다고 평가된다. 비밀스러운 성격에 숨는 것을 눈 감으면 공정한 판단으로부터 멀어진다. 그래서 정치적 협업(saamwerking)이 가장 안전하다. 정치적 협업은 그러한 성격의 신비를 존중하고, 그런 개인주의가 만들어내는 피해를 알아서 교정한다. 그리고 그 안에 숨어 있는 충만한 힘은 어떤 순간에 도움이 될 수 있다.

§13. 확고한 출발점

그러나 고립에서 협력으로의 전환 및 의도된 협력의 결과로 반혁명당의 태도가 겪을 수 있었던 변화는 당의 정강에 관한 한 개의 요점, 곧 두 종류의 설명이 불가능하도록 당의 정치적 기본 입장을 말로 표현해 보는 것을 더 절실하게 만들었다. 로마 가톨릭 당은 그들 교회의 신앙고백과 교회의 교권체제 속에 그런 굳건한 입장을 가지고 있다. '불신앙과 혁명'을 지지하는 정당들은 단지 전개의 정도에서 차이가 있을 뿐, 1789년부터 1795년에 파리에서 예언된 것에서 확고한 행동 규칙을 끌어온다. 사회주의는 사회의

미래를 위해 규정한 행동 규칙에서 그런 입장을 모색했다. 따라서 우리 반혁명당 역시 그러한 입장의 군건한 규정을 만드는 것을 피할 수 없었다.

이 책 I권에서 상세하게 설명한 것처럼 사람들은 일사불란하게 불신앙과 혁명의 원리에 대항하는 기조를 유지할 수 있다. 그럼에도 불구하고 정치 구조학적 관점에서 볼 때 상호간에 차이가 극도로 많을 수 있다. 러시아는 불신앙과 혁명을 강하게 반대한다. 터키도 마찬가지이다. 이 두 나라는 1830년에 벨기에가 제공한 헌법 옆에 두 나라의 헌법을 배치한다. 벨기에와 두 귀족정치의 나라 사이의 간격은 '하늘만큼 넓다'고 표현해도 지나치지 않다.

반혁명적이라고 말하는 것만으로는 충분하지 않다. 당신은 당신이 원하지 않는 것이 무엇인지는 알지만, 당신이 의도하는 바가 무엇인지는 알지 못한다. 불신앙과 혁명에 '반대!'는 정말로 대단하다. 그러면 당신은 무엇을 '찬성'하는가? (이로써 부정적 이중성에 포함된 불충분함이 감지되었다.) 그래서 사람들은 부정적인 것에 반대하고 긍정적인 것을 제안하기 위해 이미 지난 30년 동안 기독-역사당에 관해 이야기했다. 우리 역시 "우리의 정강" 첫 번째 조항에 두 가지 모두, 즉 일치를 향하고 또 서로 보충하는 의미를 추가했다.

불신앙의 반대편에는 기독교 신앙고백이 있었다. 모든 신앙이 불신앙에 대응할 수 있는 것은 아니다. 불교도 불신앙에 반대했다. 유교도 마찬가지다. 이슬람은 아직도 더 강력하다. 그러나 이 셋은 1889년부터 1895년에 일어난 혁명에 대항하는 데는 아무런 도움도 되지 않았다. 파리에 있었던 불신앙의 외침은 특히 그리스도의 교회에 대항해 거칠게 발산되었다. 사람들이 쫓아내고 추방한 것은 바로 기독교 신앙이었다. 따라서 이 불신앙의 외침에 맞서서 쫓겨난 기독교 신앙을 다시 받아들이지 않고 새로운 신앙적 발명품을 전파할 것인지 말 것인지가 중요했다. 그 뒤 그리 오래지 않아 근대주의로서 폭넓게 추천된 것은, 잘 주시해보면 이미 로베스피에르(Robespierre)의 지도하에 절대적 의미의 불신앙에 대항한 행동이라는 새로운 발명품이었다. 그래서 사람들은 '불신앙과 혁명'의 외침에 대항해 지체 없이 기독교적 요소의 구호를 차용했다. 바로 불신앙에 반대하는 '기독'과 혁명에 반대하는 '역사'이다.

§14. 편협한 의미로 사용된 '기독'Christelijk

이 둘 안에 과거가 놓여 있기에, 사람들은 이 둘에게서 구원을 가져올 미래를 희망했다. 모순은 다르게 공식화될 수 있었다. 파리에서는 그것이 교황에 대한 것이 아니라 그리스도를 향한 것이었다. 또 어떤 특정 정부형태에 대항한 것이 아니라, 역사가 제공한 전체를 향한 것이었다. 그리스도와 '함께'하는 역사란 이제 끝났다. 그리스도 '없는' 새로운 정치적 창조가 시작될 판이었다. 그리고 믿음을 붙잡았던 사람은 이 오만함 앞에 기독교적이며 역사적인 요소를 단숨에 대치시켰다.

서두에서 '기독'이라는 단어는 교회적 차이를 표현하지 않는 일반적 의미의 정의였다. 그래서 로마 가톨릭뿐만 아니라 루터교회, 개혁교회, 그리스 정교회 국가에서도 그렇게 사용되었다. 그러던 중 당시 부흥 운동의 등장으로 인해 기독-역사(Christelijk-Historisch)라는 용어는 무언가 다소 부족해졌다. 기독이라는 용어는 어느새 어떤 특수한 개신교적(protestantsche) 의미를 지니게 되었다. 특별히 영국에서 '기독'이라는 단어를 편협하게 자기 활동에만 적용하고 로마 가톨릭적 요소를 배제하며, 우리에게 용어 사용을 강요했다.

지금도 여전히 이런 경향이 있다. 사람들은 중립적인 공립학교에 반대되는 의미로 '기독학교'(Christelijke school)라고 표현한다. 그러나 1878년 이후 특히 '성경과 함께하는 학교'(School met den Bijbel)라고 불리는 것을 거의 독점적으로 받아들인다. 내가 대청원을 하던 당시, '성경과 함께하는 학교'라는 표현 방법을 추천한 것은 '기독' 학교라는 문구의 부정확하고 너무 일방적인 사용을 정확히 반대한 것이다. 그 당시에는 이것이 받아들여졌지만, 이 새로운 이름은 더이상 '기독학교'라는 이름을 없앨 수는 없었으며, 자기 무리에서 시작된 '기독'의 편협한 사용은 지속되었다. 일례로 '기독 언론'(Christelijke Pers)에도 그런 원리가 적용되었는데, 그 어느 누구도 여기에 로마 가톨릭 언론을 포함시키지 않았다. 기독 인류애, 기독 교육학, 기독 조약, 기독 선교, 이 모든 것들이 영국의 부흥 운동을 통해 기독이란 용어에 한 번 각인되면서 배타적 의미를 지니게 되었다.

우리가 이러한 편협성을 극복한 것은 정치 분야에서 뿐이었다. 기독 정당에 대해 언급하는 사람은 로마 가톨릭 정당들도 포함시켜야 한다. 그렇게 기독-역사라는 표현도 유럽 여러 나라에서 불신앙과 혁명의 행위 가운데서 그리스도를 무시하고 역사를 왜곡하는 운동에 대항하는 움직임을 포함하는 포괄적 의미로 이해해야 한다.

§15. 우리나라에만 제한되지 않다

"우리의 정강"의 제1조에서는 우리 당만 '반혁명'이나 '기독-역사'라는 이름에 대한 특권을 가진다고 표현하지 않았다. 대신에 우리 당도 국내외에서 프랑스 혁명 원리에 반대하고, 정치적 활동을 옛적 기독교의 궤도로 되돌리려 했던 많은 정당들 사이에서 자리를 찾았다는 점을 명시했다. 흐룬은 처음부터 네덜란드만 독립적으로, 그리고 네덜란드 안에서도 우리만이 혁명 원리의 물줄기를 막는 댐을 짓는 데 필요한 거대한 영적인 힘을 개발할 수 있는 것이 아님을 알았다. 그 일을 위한 우리의 힘은 너무나 작았고 세계 정치 안에서 우리의 위치는 중심부에서 너무 멀리 떨어져 있으며, 우리의 국내 활동은 너무나도 특수했다. 세계가 혁명 원리에 반대하며 활동해 갔다면 아마도 우리는 부분적으로는 앞서 갈 수 있었을 것이다. 하지만 우리가 '주도권'을 가지는 것은 불가능했다.

"우리의 정강"이 제1조에서 표현하고자 했던 것은 다른 의도가 아니다. 유럽 정치가 혁명적 토대와 반혁명적 토대로 분리되는 상황에 직면했을 때, 우리 당 역시 첫째 흐름에 반대하고 둘째 흐름으로 스스로 나아갔다. 로마 가톨릭 정당이 스스로를 반혁명적이며 기독-역사적이라고 당연하게 말할 수 있듯이, 연합당이 자기를 기독-역사적이라고 표현하는 것은 잘못된 것이 아니다.

그러나 '단어는 사용해야 가치가 있다'라는 표현은 그러한 이름에도 늘 적용된다. 용어의 사용은 그냥 이 나라의 로마 가톨릭 정당이 이 나라에서 로마 가톨릭이라는 이름을 사용함으로써 된 것이다. 마찬가지로 1894년의 반체제 인사들은 스스로를 기독-역사라고 부름으로써 그렇게 되었다. '반혁명'이라는 이름을 들을 때 전 국민이 저절로 그 당을 생각하게 되는 것은 창립자 흐룬 판 프린스터러가 등장함으로써 된 것이다. 그러할지라도 우리는 기독-역사라는 긍정적인 이름을 버리지 말자. 정치 단체를 운영하는 사람은 그가 무엇에 '대항해' 싸우고 있는지 뿐만 아니라, 무엇을 '위해' 싸우고 있는지도 알아야 한다.

§16. 과거로부터 온 것

반혁명이라는 이름은 오해를 불러일으키지 않았다. 혁명 원리에 대한 반대가 특별히 1789년에 파리에서 시작된 격변에 초점을 맞추고 있다는 것을 인정하지만, 그렇다고 18세기 말에야 우리의 정치적 형태가 시작되었다고 말할 수는 없다. 비록 1789년에 파리에서 일어난 일이 1세기 이상이나 흐릿해졌다는 것을 인정하더라도, 우리 당의 출생 등록이 그렇게 얼마 안 된 시기에 시작되었다고 말할 수 없다. 우리 당과 관련해서는 16세기 초로 되돌아가야 한다. 우리 당의 출현은 종교개혁의 태동에 기원한다. 1789년의 혁명에 대항한 부흥 운동과 16세기의 종교개혁 사이에 근본적인 영적 동질성이 존재한다고 가정한다면, 종교개혁은 어머니 역할을 하고 부흥 운동은 딸 역할을 하고 있음이 분명하다.

따라서 19세기 첫 몇십 년의 역사적 관계에 대한 명확한 통찰이 다른 곳과 마찬가지로 너무 많이 부족했다는 것은 유감스러운 일이다. 그 결과 여기저기서 나타나는 운동이 충분히 깊어질 수 없었고, 너무 자주 원상태로 돌아갔고, 종종 너무 피상적으로 남게 되었다. 프랑스, 스위스, 이탈리아 등에서 부흥 운동 진영이 좌파 정당의 급진적 목표에 너무 빨리 합류하게 된 슬픈 결과가 나타나기도 했다. 빌더르데이크(Bilderdijk)도 종교개혁의 가치를 올바르게 평가하지 않았다. 다 코스타(Da Costa)도 독일에서 새롭게 떠오르는 절대주의(Absolutisme)에 너무 매료되었다. 더 정확히 보면, 흐룬 판 프린스터러가 "오란녀 가문의 아카이브"(Archives de la maison d'Orange)를 출판하는 임무를 맡은 것이, 그를 프랑스 혁명에서 스페인과 필립에 대항한 우리의 혁명으로 즉시 돌아오도록 이끌었다는 점만은 말할 수 있다. 생각지 않게 그가 칼빈주의와 접촉하게 된 것이다.

§17. 표류

만일 흐룬 판 프린스터러가 개혁주의 집안 출신이었다면, 우리 정당의 활동은 처음부터 칼빈주의적 흐름으로 돌아갔을 것이다. 그렇지 않았기 때문에 흐룬 판 프린스터러는 먼저 조금씩 칼빈주의로 접근했다. 그는 완전한 신앙고백에 이르기 위해 먼저 자신의 삶의 끈을 끊어내야 했다. 이 두 가지 요소가 하나로 합쳐졌지만 둘 사이에 간격이 남아 있는 것은 어쩔 수 없었다. 한편으로 네덜란드 독립군(Geuzen)과 칼빈주의에 대한 특별한 애정이 솟아났다. 하지만 다른 한편으로 '부흥 운동'의 자식으로서 얼마나 사상적 동질성을 가졌는지 모르겠으나 부흥 운동에서 영감을 받아 나중에 제기된 뜻에 실제로 더 많은 따뜻함을 느꼈다.

칼빈주의 진영은 더 먼 과거로 돌아갔고, 그래서 좀 더 뿌리에까지 뚫고 들어갔다. 그 결과 시골과 우리나라 서민에게서 지지를 받았다. 그에 비해 부흥 운동 진영은 더 고위 사회 계급에서 그 대상을 찾았다. 우리나라 사람들의 특징을 고려하기보다, 잉글랜드와 스위스 사람들의 삶의 기풍을 선호했다. 튤립 농부에게 편안함을 느끼기보다 귀족들의 응접실을 선호했다. 칼빈주의의 문학이 주로 네덜란드어로 쓰였다면, 부흥 운동 문학들은 프랑스어나 영어로 말을 걸었다. 이 두 진영의 차이는 더 커졌다. 16세기와 17세기 초반의 네덜란드 독립군과 칼빈주의자들은 그 시대의 신학적 글들에서뿐만 아니라 더 넓은 세상, 곧 전 유럽의 경탄을 불러 일으켰던 영웅들이었다. 그들이 거의 모든 영역에서 마법을 부렸고, 그들에게서 생명력이 방출되었다는 것은 의심의 여지가 없다.

마우리츠(Maurits)가 죽은 후 우리나라의 권력은 칼빈주의자의 손에서부터 정치적 반대 세력에게로 넘어갔다. 교회 밖에서 국가의 통제 아래 있는 대학은 원리를 연마하고 평안히 잠에 빠졌다. 그렇게 네덜란드 독립군의 혈통은 후방으로 물러났다. 그들은 한쪽 구석으로 밀려나고 방치되어 점점 곰팡이가 피고 있었다. 결과적으로 그들은 거의 모든 공적 활동에서 물러났으며 국가적 일은 다른 사람들에게 맡겨졌다. 그리고 일부는 신비적 공동체와, 일부는 교의학적 공동체와 함께하게 되었다. 이렇게 18세기 후반에 우리 가운데 틈이 생겨났다. 옛 칼빈주의자들이 잠자고 있던 것은 아니지만 자기 천막으로 후퇴한 것은 맞다. 상퀼로트들(Sansculottes)[7]이 거의 아무런 저항 없이 우리나라를 점령해 이 나라에 혁명적 원리를 따르는 집단을 만들 수 있었다. 마음속에는 외부에서 온 활동에 대항하는 항거가 살아 있었지만, 실제로 저항이 그의 힘을 조직하고 동원할 수 없었다. 그래서 하나님의 텃밭에 하나님의 물을 흐르게 하는 일만 해야 했다.

§18. 행복한 반전

먼저 이른바 아프스헤이딩(Afscheiding)[8]에서 바람직한 반전이 시작되었다. 그로부터 얼마 지나지 않아 '진리의 친구들'(Vrienden der Waarheid)이라는 집단이 등장했다. 그리고 이는 더 나중에 이른바 돌레앙시(Doleantie)[9]를 통해 확증되고 확장되었다. 개혁신학이 다시 시작되었다. 칼빈이 다시 읽혔다. 한때 우리의 영광이었던 것을 되찾았다.

그리고 여기서 주목할 만한 현상이 일어났다. 우리나라 왕립대학교의 역사 연구에 관해서, 특별히 우리 조국의 역사에 대해 바허나르(Wagenaar)가 더 이상 언급하지 않고 덮어 두었던 수건을 마침내 벗겨낸 것이었다. 그리고 모든 우리 국민에게 당시 정말 그랬던 것처럼 옛 칼빈주의의 영광스런 삶을 보여주었다. 특히 로베르트 프라윈은 참된 역사를 정직하게 제시했다. 미국의 캠벨은 미국의 역사가 우리나라와 관련이 있다며, 프라윈을 지지했다. 흐룬 판 프린스터러가 그의 책 "마우리츠"(Maurits)에서 모틀리(Motley)를 공격해야 했지만, 과거에 모틀리가 우리나라를 가장 아름다운 모습으로 표현했다는 것을 부정할 수는 없다. 이제 이 모든 것들은 오래전에 바허나르가 주도하여 '보편적 유익'(Nut van't Algemeen)을 통해 심어놓은 우리나라의 잘못된 인식을 바꿀 수 있었고, 그림에 매력적이고 볼만한 신선한 느낌을 불어넣을 여지를 만들었다.

마지막으로 중요한 것을 덧붙이자면, 1863년에 뢰스(Reuss), 퀴니츠(Cunitz), 바움(Baum)이 수많은 칼빈 작품을 출판해낸 현상을 빼놓을 수 없다. 개혁진 영 뿐만 아니라 로마 가톨릭과 루터교회 측에서도 칼빈에 대한 빛을 발견해서 많은 전기(傳記)를 펴냈으며, 보네(Bonnet)과 헤르민야르트(Herminyard)에 의해 공급된 많은 중요한 자료가 출판되었다. 칼빈 탄생 400년을 기념하면서 나온 출판물들을 통해 칼빈이 신학자로서뿐만 아니라 행정관과 경제인으로서도 큰 역사적 의미를 가지고 있다는 것이 부각되었다. 그러므로 이 나라에서 사람들이 일반적으로 칼빈주의 운동을 존경하는 것은 조작되거나 강요된 것이 아니라, 옛 모습을 간직하려는 시민의 삶 자체로부터 온 것이다.

그렇게 전반적으로 독립적 특징이 점점 계속해서 발전하며 나타났다. 트뢸취의 연구들은 그것을 분명하게 증명한다. 벙게너가 칼빈에 대해 쓴 것은 핵심에 이르지 못했다. 그는 칼빈에 대한 새롭고, 더 공정하고, 편향적이지 않은 연구가 대중에게 공개되기 전에 책을 썼기에 역사 자료를 몰랐다. 우리 중의 한 명인 알라르트 피어슨(Allard Pierson) 박사 역시 칼빈주의자와 대척점에 있었음에도, 그의 방대한 작업에서 칼빈의 중요성에 경의를 표했다.

§19. 세 유형의 국민

잊히고 희미해졌던 것이 그렇게 생생한 색조로 다시 살아났지만, 칼빈의 고귀한 깃발을 다시 멋지게 흔들때 우리나라의 전 국민이 그것을 끈끈한 사랑으로 공감하며 맞이하는 그런 그림은 기대할 수 없었다. 기껏해야 존경의 표현 정도였다. 칼빈주의의 부흥이 일반적으로 받아들여졌고 칼빈주의 자체 세계 안에 풍성한 활력의 징후가 나타날 수 있었지만, 애초부터 영감을 받고 확신을 가진 칼빈주의자들은 단지 대중 속의 한 무리에 지나지 않았다.

우리 역사에는 국민의 큰 지지를 받은 중요한 세 가지 열매가 있다. 중세부터 이어진 로마 가톨릭이 동포들에게 영감을 주었고 18세기부터는 혁명 집단이 우리에게 일장 연설을 했다. 그리고 이 둘 사이에 칼빈에게 대단히 열광했던 무리가 있었다. 이 세 가지 역사적 시기는 하나가 먼저 가면, 다른 하나가 뒤따르며 이뤄졌다. 로마 가톨릭과 칼빈주의와 혁명! 이 세 가지는 각각 우리 국민을 대표하는 큰 집단임이 분명하다. 세 집단은 각각 시대의 요구에 부응하며, 다른 두 집단과 조화롭게 살려고 노력하며 발전했다. 따라서 이 세 집단을 위한 전국적 연합을 이루는 공생이 가능해졌다. 분명히 말할 수 있는 것은 세 가지의 정치 유형이 우리 국민에게 존재한다는 것이다. 가장 오래된 유형은 중세 시대에 주어졌고 두 번째는 종교개혁 시대에 주어졌으며, 세 번째는 1789년까지 이어지는 격동의 시대에 주어졌다.

지역적으로 볼 때, 북브라반트, 림부르흐, 스타트플란데런(Staat Vlaanderen)의 동쪽 부분이 우리 국민 삶의 역사적 움직임과 함께 하지 않았다는 점을 분명히 해야 한다. 네덜란드 7개 주 연합에 가입하지 않은 일반 주들(Generaliteitslanden)은 당연히 종속적인 위치에 있었다. 그런데 당시 헨트(Gent)에서 완전한 승리를 거둔 것처럼 보였던 운동이 스페인 군대의 새로운 성공으로 인해 휴전되고, 심지어 끝난 것은 아쉬울 수 있다. 그래서 일반 주들이 16-18세기에 우리의 역사적 삶에 아주 부분적으로만 관여했음을 부정할 수 없다. 그들은 7개 주 연합에게 억눌렸고 통제를 받았다. 자유로운 영혼에 폭력이 가해졌다. 그 당시의 역사에 비추어 보더라도 그것은 분명히 후회할 만한 일이었다.

로마 가톨릭 교회 성직자가 권력을 얻은 곳에서 우리는 훨씬 더 힘든 상황을 맞이했다. 그리고 뮌스터(Munster)에서의 화해 이후 서로 첨예하게 대립하여 맞서고 있는 유럽의 거대한 두 입장은 우리 정권이 다른 어떤 행동 방침도 채택하지 못하도록 했다. 따라서 1815년과 1848년 이후에도 우리나라가 여전히 '무르데이크(Moerdijk)의 위와 아래'[10]에 있는 우리나라에 대해 말했다는 것을 새로운 억압의 시도로 이해해서는 안 된다. 오히려 그런 표현은 완전히 다른 과거를 가진 국민의 일부에게 더 적합한 정치적 입지를 만들기 위한 의도였다.

그럼에도 불구하고 그 결과는 한때 매우 강했던 무르데이크 위의 땅과 아래의 땅 사이의 분리가 자동으로 통합으로 옮겨질 것임을 보여주었다. 그리고 사람들이 종종 스스로 한 국민으로 느꼈다는 것은 과장이 아니다.

이는 지역적으로 완전히 얽혀 있는 두 다른 집단과 완전히 다른 상황이다. 이 두 집단에 관한 한, 북부 지방과 중앙 지방 사이의 지역 차이를 감지할 수 있다. 그래서 급진적 요소는 북홀란트, 프리슬란트, 흐로닝언, 드렌터에서 가장 잘 느껴진다. 반면에 덜 급진적 요소는 위트레흐트, 헬데를란트, 남홀란트 그리고 제일란트에서 친숙하게 나타난다. 하지만 이것이 주라는 형태로 분리를 만들어내지는 않는다.

자유주의자들과 급진주의자들은 다른 모든 지역의 칼빈주의자들과 로마 가톨릭주의자들 곁에서 발견된다. 펠뤼어(Veluwe)는 예로부터 다소 자기 특징을 나타냈지만, 림부르흐와 북브라반트의 로마 가톨릭적 요소와 같은 분리는 더 위쪽으로 올라갈수록 발견되지 않는다. 그러한 분리는 종교개혁 시대에도 없었다. 올던바르너펠트(Oldenbarnevelt)와 에라스무스(Erasmus)만 언급하자면, 이 두 이름은 전국에 걸쳐 발견된다. 물론 두 영혼이 영향을 미친 대상은 분명한 차이가 있다. 후기에 대립되는 가톨릭주의자, 에라스무스주의자, 칼빈주의자, 재세례파의 구분이 종종 출신과 종족의 부산물로 여겨지지만, 여기서는 전혀 다르다. 예를 들면 프리슬란트(Friesland) 주 출신 중에는 신체가 크거나 작은 두 유형이 있지만, 정치적 구분에는 어떤 흔적도 나타나지 않는다. 국민적 민족 특질은 자연적 연결을 통해 세 가지 주요 집단이 각각 시대에 따라, 기회의 차이에서 번성할 수 있도록 다형적 자료를 가지고 있는 것으로 나타났다.

§20. 세 유형이 동일한 의미를 지니지 않다

시간순으로 중세에는 로마 가톨릭, 16세기에는 칼빈주의자, 그리고 1789년 이후에는 프랑스 혁명주의자의, 이 세 집단이 각각 순서대로 국가의 운명을 결정지었는데, 이들이 국가적으로 모두 똑같은 의미를 가졌던 것은 아님이 분명하다. 의심할 여지없이, 옛날에는 7개 주 연합이 플란데런(Vlraanderen) 지방과 다른 남부 지방과 함께 단일한 삶을 살았고 수준 높은 부흥을 누렸으며, 북부 유럽에서 점차 더 중요한 위치를 차지해갔다. 하지만 국민적 힘의 발전이 북부 주보다 지금 벨기에라고 불리는 곳에서 훨씬 강력했음을 잊지 말아야 한다. 당시 암스테르담이나 노테르담은 헨트(Gent)나 브뤼허(Brugge)와 동일시될 수 없었다. 중세 시대의 풍요로운 삶에 관해서는 북부지방보다 남부지방이 훨씬 더 많은 국민적 족적을 남겼다. 이 풍부한 중세 유형을 고려하면, 현 네덜란드 왕국이 벨기에의 서쪽 지역보다 못했다는 것을 알 수 있다. 여기에서 두 번째로, 당시 우리의 국민적 삶의 일치가 그렇게 견고하지 못했다는 결론에 도달한다. 부르고뉴인들(Bourgondiers) 중에서 네덜란드 지방은 독립적 지위가 없었지만, 그 이후 우리 국경 너머 지역과 통합되었다. 카를 5세와 필립의 통치 아래, 우리는 (비록 몇몇 개인에 의해서이지만) 중부와 남부 유럽으로부터 완전히 다른 국가들과 연합에 도달했다. 물론 그것이 자신의 국가적 성격을 확인하는 데는 큰 도움이 되지 않았지만 말이다.

우리 저지대 지방의 역사적 의미를 연구하는 사람이라면, 우리가 살았던 중세 시대가 매우 중요하다는 것을 알 것이다. 하지만 우리의 영광은 1572년 4월 1일에서야 시작되었다는 사실을 주저함 없이 인정한다. 중세가 아니라 종교개혁 시기에 우리 조국 역사의 영광이 존재한다. 그러한 비교에서는 아무리 엄격하게 하더라도 공정성이 부족하기 마련이다. 또한 우리는 우리 역사에서 칼빈주의 진영이 중세에 대해 항상 논쟁의 여지가 없는 정당한 존경의 대가를 지불했다는 주장을 조심해야 한다. 로마 가톨릭 측이 우리에게 자주 손해를 끼쳤다는 반대 주장도 함께 조심해야 한다. 그러므로 특히 19세기 중반 이후에 더욱 공평한 판단이 영향력을 가졌다. 외국의 역사 저술가들이 1572년 이후의 시기를 최고의 영예로 간주하는 것에 많은 사람들이 동의한다. 뿐만 아니라 세 가지 유형에 관한 외국의 최고 해석자들의 주장은 우리 작은 나라가 칼빈주의의 전성기에 세계적인 중요성을 가졌다는 일치된 결론에 도달한다.

분명한 사실은, 이러한 영광의 시기에 우리 국민의 생활에서는 그림자가 드리워진 어두운 측면이 보이지 않았다는 것이다. 군주제 국가 형태와 오란녀 왕가에 대한 저항은 거의 1789년까지 불행한 불화의 원천이었다. '필립 2세가 손을 놓을 때 곧바로 빌럼 군주에게 왕권을 주었더라면 우리나라가 더 높이 비행하지 않았을까'라는 말은 의미가 없다. 그것은 1813년에야 가능했다. 그러나 이 중요한 조치가 2세기 전에 취해졌다면 어떤 국가적 고통을 피할 수 있었을지 누가 계산할 수 있었겠는가! 그러나 역사적으로 확실한 사실이 있다. 일시적으로 지배한 집단이 다른 두 개의 집단에 가한 그 모든 고통과 불편과 권리 제한을 고려해 볼 때, 솔직히 말해 우리는 1582년 이전에는 결코 존재한 적이 없었으며, 그로부터 1789년까지의 우리 국민의 삶이었던 것이 1789년 이후 다시는 생겨나지 않았다. 우리가 모든 국가에서 정치적이고 종교적으로 핍박 받는 사람들에게 피난처를 제공했다는 사실은, 실제로 이곳에서의 삶이 자유로웠다는 증거이다. 그리고 자유를 침해한다고 주장하는 출판물과 규정은 법을 어긴 사람에게 고통을 주기보다 형식적 요구를 만족시키는 결과를 낳았다.

§21. 가장 약한 세 번째 유형

당연히 1795년 이후 우리나라가 경험한 것은 지배적 국가 유형으로, 세 시기 가운데 가장 덜 행복하다는 인상을 준다. 우리나라의 명성은 칼빈주의 시대에 단연 최고였다. 그렇게 작고 인구도 적은 나라가 세계적으로 중요한 지위에 올라선 것은 기적처럼 보였다. 그 강도는 훨씬 덜하지만, 중간세기(Middeneeuwen)에도 저지대 국가에 대해 얘기하기를, 우리나라는 삶의 광채를 통해 모든 사람의 눈을 끌었다고 했다.

프랑스 혁명의 정부 형태가 우리나라 손아귀에 넣었던 세 번째 시기에 관해서는 그것이 1813년까지 정치적 불행만 가져다 주었음을 증명할 수 있다. 그리고 그 형태는 드 라위터르(De Ruyter)와 트롬프(Tromp)[11] 시대와 비교할 때 1813년부터 1848년까지 우리를 무의미한 상태에 가둬버렸다. 그리고 먼저 1848년에 우리나라 두 가지 역사 형태가 어둠으로부터 깨어나고, 국가 발전에 생기를 더 신선하게 불어 넣었던 부흥이 시작되었다.

네덜란드 17개 지역의 통일을 회복시키기 위한 노력은 빈(Weenen)에서 고안된 발명품으로 시작되었는데, 그것은 처음부터 우리의 힘을 무너뜨렸다. 우리 첫 왕의 자문이 행한 책략, 특히 벨기에의 로마 가톨릭 교회에게 부자

반혁명 국가학 || 적용

연스러운 속박을 가한 것은, 우리가 다시 남쪽 네덜란드와 함께 성장할 모든 가능성을 영원히 닫아버리고 말았다. 10년 동안 이 불화에서 비롯된 곰팡이는 우리의 힘을 약화시켰다. 마침내 불가피하게 군사력을 사용해야 하는 우리 정부는 점점 더 혼란 속에 빠졌고, 우리 옛 혈통의 부흥은 더 이상 기대할 수 없었다. 우리는 더 이상 오래전의 네덜란드가 아니었고, 유럽에서 중요하게 여겨지지 않았다. 그렇지만 새로 생겨난 벨기에는 당연스레 (gemeenlijk) 유럽 의회에 초대 받았다.

1848년 이후에도 우리의 유약한 처지는 지속되었다. 일단 1853년의 4월 운동이 우리를 뒤처지게 했다. 25년이 좀 지나서야 경제적으로 강화되고 정치적으로 어느 정도의 명성을 회복하여 행복한 상황으로의 전환이 시작된다고 말하는 편이 옳을 것이다. 이는 평화회의의 덕을 본 것이 아니다. 정치적으로 국내 활동의 추진력은 주로 1857년의 학교법(Schoolwet)에서 생겨났다. '아프스헤이딩'(Afscheiding, 분리)과 이를 막기 위해 토르베커(Thorbecke)가 무력 탄압을 승인한 것도 중요한 역할을 했다.

분리의 가장 강력한 폭풍우가 미국으로 옮겨갔을 때, 분리의 정치적 중요성은 사라졌다. 원칙적으로 중립학교(de neutrale school)나 '근대 분파학교' (secteschool der moderenen)를 우리 국민에게 강요하는 것이 국내 수역에 파문을 일으켰고, 전반적 상태를 변화시켰다고 담대히 말할 수 있다. 학교문제가 1853년 토르베커의 통치하에 자유당과 연합했던 로마 가톨릭 시민이 그 이전과는 거의 반대 방향을 택하게 했던 것이다.

학교 문제에서 주도적이었던 인물이 흐룬 판 프린스터러였음은 분명했으며, 귀족 출신 이인조, 토르베커와 흐룬이 새롭게 벌어지는 소동을 예고했다는 것까지는 언급할 수 있다. 토르베커는 그 당시 편협한 보수주의에서 우리를 해방시켰고, 흐룬은 조상의 정신을 새로운 상태로 되살림으로써 우리를 해방시켰다. 우리는 프랑스 혁명의 형태가 주도권을 쥐었던 세 번째 시기가 결과적으로 우리나라를 아주 오랜 곤경으로부터 구했음을 인정한다. 그리고 우리가 별로 경의를 표하지 않는 세 번째 시기에는 별 성취를 이루지 못했음도 빠르게 인정한다.

동시에 1789년 이후 새로운 유형의 첫 번째 진입이 비참한 실패로 끝난 것도 사실이다. 프랑스 혁명 형태는 이미 주도권을 잃어버렸다. 다시 칼빈주의적 진영과 로마 가톨릭 진영의 반혁명적 요소를 고려해야 했다. 그렇다고 칼빈주의 시대의 우리의 영광을 가리는 존재를 우리나라 국민에게 어떤 식으로든 보장했다고 결코 말할 수 없다. 다만 중간 시대가 여러 면에서 영광으로 빛났다고 말할 수 있다. 그럼에도 불구하고 칼빈주의 시기는 우리나라가 유럽 안에서 일종의 패권을 가질 수 있게 했다. 그리고 1789년 이후 자유주의에서 나온 것은, 상퀼로트 때문에 우리나라가 잃어버린 것을 되돌릴 수는 없었다.

§22. 심리적 국가의 신비

연속하는 국가 유형들 가운데서 일어나는 다면적 변화에서, 민족적 성격이 어떤 식으로 그 변화의 본질을 결정하는지를 역사적으로 규명하기는 매우 어렵다. 우리의 국가적 성격에 어떤 구별점이 얼마나 있는지를 밝혀내기 위해서는 금으로 만든 저울이 필요할 것 같다. 국가적 성격 형성에서 결과에 영향을 주는 밀고 당기는 힘은 종종 심리적 신비에 빠진다. 서프리슬란트인(West-Fries), 림부르흐인(Limburger), 남흐로닝언인(Zuid-Groninger)은 그 자체로 너무나 다르기 때문에 다양성 가운데 통일성이 바로 파악되는 것은 아니다. 게다가 시간과 기회의 다양성이 가져다 주는 차이를 고려하고, 무엇보다 종교적 영향이 지배적이 되더라도 일반적 성격의 특성이 항상 명확한 것은 아니다. 그 확률을 묻기 위해선, 대부분의 국가 특성의 유형은 전 국민의 삶을 지배하는 강력한 발전에서 나타난다는 점을 분명히 고려해야 한다. 비교를 위해 우리 국민이 살아온 세 시대를 역사적 관점에서 살펴보면, 각각 시대를 선도한 세 유형이 힘의 발산과 헌신의 성공에서 아주 심하게 차이가 난다고 말할 수 있다. 1572년부터 1789년까지를 표현하는 유형은 셋 중에 근거 자료가 가장 풍부할 뿐만 아니라, 그들이 경험한 투쟁이라는 위험한 특징으로 인해 국민성에 가장 깊은 인상을 남겼다. 우리 국민의 정체성은 첫 번째나 세 번째 시기가 아니라, 우리 국민을 가장 긴장하게 했던 두 번째 시기에 만들어졌다. 즉 이 두 번째 시기가 우리 국민에게 가장 영웅적 태도와 높은 희생을 불러 일으켰던 때였다. 지향점은 순백(純白)이었다.

　모든 면을 고려해서 볼 때, 브리엘(Den Briel) 점령으로 접어든 새로운 삶의 단계에서는 자긍심의 정도가 그 전후보다 훨씬 높았다. 국가의 성격 형성 능력과 관련해서는 중간 시기가 다른 두 시기를 훨씬 능가했다. 성격 형성에는 높은 도덕적 힘이 필요하다. 높은 도덕적 힘은 분쟁과 투쟁을 통해 자기 형태를 형성한다. 그리고 그 성격의 발현이 중간과 다른 두 기간 사이의 모든 면에서 차이가 있었던 것은 의심의 여지가 없으며, 또한 이 중간 변화로부터 우리 국민성을 형성하는 데 지배적인 힘이 나왔음이 틀림없다. 중간 시기를 주도했던 사상 형태가 우리에게 여전히 영향을 미치고 있으며, 지금은 근대주의가 가장 영향력 있는 정신이다. 그러나 우리 국민의 성격 유형을 가장 깊숙하게 도려내 생각해보면, 토르베커와 흐룬 판 프린스터러와 스하이프만(Schaepman)을 나란히 놓고 평가하는 사람들은 다음과 같이 느낀다. 토르베커는 거의 대부분 외국의 예를 중심으로, 네덜란드 국민의 역사적 특징이 거의 우회적으로 발생했다고 주장했다. 스하이프만은 소외된 우리 국민의 대부분이 목표로 선택한 것에 영감을 불어넣는 화신이었다. 흐룬 판 프린스터러만이 네덜란드의 사상 안에서 우리 민족으로 형성된 영광의 시대를 생각했고, 그것에 대해 말했으며, 그 안에서 일했다.

§23. 기조De grondtoon

　이것이 "우리의 정강" 제1조에서 우리 국민성의 '기조'(grondtoon, 基調)에 대해 말하고자 하는 의도이다. 이것은 그 어떤 집단에도 해를 끼치지 않는다. 그렇지만 우리의 방향이 우리 국민성의 특징을 유일하게 대표한다고 말하는 것은 아니다. 오히려 여러 다른 집단에게도 자리가 넓게 열려 있다. 우리 국민성은 단조롭지 않다. 딱딱한 획일성으로 인해 피곤한 그런 것이 아니다. 우리 국민성에는 갖가지 음색이 울려 퍼진다. 모든 음색의 무게가 같지 않다. 여러 종류의 음조마다 발산되는 소리의 무게가 다양하다. 이 다양한 음조에 기본 음으로 깔려있는 한 가지 음조가 존재한다. 바로 그 기조가 칼빈주의적이라고 선언한다.

그렇다고 우리의 방향이 가장 많은 지지자를 자랑할 수 있던 것은 아니다. 우리는 그와 반대임을 이미 말했다. 16세기든 오늘날이든 우리 방향에 대한 원리적 추종자가 10분의 1을 넘지 않을 것이다. 그러나 먼저 이 기조가 강력한 목소리를 내었을 때, 우리 네덜란드는 남쪽과 분리되어 독일적 요소와 구별된 완전히 독립된 형태에 이르렀으며, 무섭고 어려운 싸움을 통해 국민적 일체성을 완성하여 지금도 유지하고 있다. 그런데 우리는 이것에서 법을 끌어내지는 않을 것이다. 국가 형태는 법률에 있는 이름이나 별명으로 그려지는 것이 아니다. 우리가 19세기 후반과 20세기 지금까지 싸웠던 것은 바로 '법에서의 평등'(gelijkstelling)이었다.

우리의 동등한 권리를 제한하려는 지배적 경향이 강력하게 대두되었다. 사람들은 우리를 직분과 직위에서 제외시켰다. 어느 유명한 내무부 장관은 시장 직무에 지원한 자들에게 '카이퍼 추종자'(Kuyperiaan)를 결코 채용할 수 없다고 공개적으로 밝혔다. 그는 판 하우턴(S. van Houten)[12]박사로, 처음에 우리의 방향에 대해 무언가를 느낀 것처럼 가장한 바로 그 정치가이다. 빌더르데이크나 흐룬 판 프린스터러도 대학에 채용되지 못했다. 나에게는 교수직 제안이 온 적이 없었다. 우리 영향력은 꺾이고 곧 끊어져야 했다. 때로는 내가 무자비한 논쟁으로 이 일을 일으켰다고 하지만, 그런 관점으로 볼 때 나보다 더 자제했던 흐룬 판 프린스터러가 훨씬 더 신랄한 모욕을 당했다는 사실은 변하지 않는다. 우리는 우리 자신의 잘못과 미온적인 태도 때문에 짓밟혔다. 그렇지 않다면 빌더르데이크의 추방에 항거하고자 일어선 무리는 어디에 있는가?

그럼에도 불구하고 야간학교와 흐젤스카펀과 아프스헤이딩 교회(Kerk der Separatie)가 고집스럽게 저항했고, 그때 중립학교(neutrale school)는 국가적인 그림에서 우리를 말살할 수 있는 유일한 해결책이 될 예정이었다. 1815년에 사람들은 조상들의 개혁교회를 정부라는 코르셋으로 구속해 그들의 자유로운 호흡을 모조리 박탈하려는 시도를 했다. 그렇지만 아프스헤이딩으로 인해, 그 일이 종교 분야에서는 진전될 수 없다는 것이 증명되었다. 이는 실제

반혁명 국가학 || 적용

로 나중에 돌레앙시를 통해 확인되었다.

그러나 학교는 희망을 주었다. 사람들은 학교에서 젊은이, 곧 마음껏 기록할 수 있는 백지 상태인 아직 깨끗한 청년들에게 기대를 걸 수 있었다. (학교는 우리에게 영광을 가져다 주는 동시에 우리를 죽게 만든다.) 그리고 그때 우리의 저항이 시작되었다. 우리가 취한 탄원의 방향이 국민성을 깊이 반영하지 않았다면, 저항은 결코 적절한 결과를 가져오지 못했을 것이다. 우리는 국민성의 이런 기본적 특성을 부분적으로 흐리게 만드는 것들에 전혀 굴복하지 않았다. 18세기 후반에 개혁교회 성도들이 왜곡된 견해를 고수하고 침묵으로 후퇴했다면, 우리는 명백한 우리의 의무를 무시한 죄를 범한 것이다. 우리 국민성은 1572년부터 기초가 놓였고 확정되었다. 만약 이 기초를 없앤다면, 우리의 전체 국민성은 힘을 잃고 말 것이다. 그러므로 여전히 자유로운 신념에서 우리 조상들의 원칙을 주장할 수 있는 모든 사람들이 가진 소명은, 자신의 이익뿐만 아니라 예술과 같은 대중적인 성격을 강화하는 방향을 회복하는 것이다. 그 방향이란 정강 제1조에 나오는 것과 같다. 나는 "오란녀가 이끄는 종교개혁의 영향 아래 1572년경에 그 인장을 받았다"라고 고백한다.

§24. 우리 국민

여기에 오해가 없어야 한다. 우리 국민이 종교개혁과 꼭 필요했던 국가적 투쟁을 통해, 18세기와 19세기의 전환점에서 안타깝게도 많은 사람들을 매우 다른 혁명적 방향으로 몰아넣은 것과 비슷한 변화를 겪었다고 주장하는 것이 아니다. 그렇게 생각하는 사람은 두 가지 강조점을 간과하게 된다. 첫째는, 우리가 법에 따라 '우리 국민'(ons volk)이라고 부르는 것이 1572년에 형성되었다는 점이다. 둘째는, 우리 국민성의 기초가 생겨난 가장 깊은 곳의 난자(卵子)가 1572년에 형성되었고, 그로부터 기원한 투쟁에 의해 우리 국민의 삶에 착상되었음을 보여준다.

1572년 이전에 저지대에 사는 훨씬 더 광범위한 혈통의 부족 집단이 왈롱지역에 있던 켈트족 요소와 혼합되었다는 사실이 발견되었다. 반면 우리가 현재 네덜란드에서 우리 국민이라고 부르는 것은 그중의 일부에 불과한

데, 북쪽은 이전에는 좁은 의미에서 국가적 일치로 연결되지 않았지만 지금은 연결되어 있다. 첫째, 스페인과의 전쟁 중에 북부 지방에서 확립된 협의적 관계로부터 지금 우리가 말하는 '우리 네덜란드 국민'(ons Nederlandsche volk)이 생겨났다. 둘째, 우리가 말하는 '우리 국민'에 대한 잘못된 견해와, 중간 시기 저지대의 전체 주민과 우리 국민을 동일시하는 것은 우리의 국민성을 오해하게 만든다.

헬데를란트 사람(Gelderschman)과 플란데런 사람(Vlaming), 제일란트 사람(Zeeuw)과 브라반트 사람(Brabander)의 기원이 강한 유사성을 가지며, 성격 형성에도 분명히 연관되어 있다는 것은 논쟁의 여지가 없다. 그럼에도 불구하고 차이가 있었다. 북쪽(Noordop)에 살던 사람들은 플란데런과 브라반트 지역의 사람들에게서는 발견되지 않는 특징을 가지고 있었고, 남쪽(Zuidop) 지역에서 영광스럽게 빛났던 것들이 거의 없었다. 스헬더(Schelde)와 라인(Rijn) 지역의 경우 그 관계가 어떠하든지 국민적 특징은 각각 달랐다. 그렇지만 그 차이는 두 부류가 부분적으로 같은 삶을 사는 한 그렇게 강하게 나타나지는 않았다. 정치적 분리는 거의 없었다. 과거 한 국민성의 두 가지 변화가 점점 더 독립적으로 이뤄졌고, 그 결과 지금처럼 구별된 두 국민이 서로 가까이 있게 되기도 했다. 분명히 기원에서 관련이 있음에도, 강력한 동질성 안에 각각 고유한 성격적 특징을 보여주었다. 저지대 북쪽 사람을 생각해보자. 북쪽 지역은 종교개혁으로부터 그 자체의 다양성과 강력한 국가적 동인을 통해 형성되었다. 그러므로 우리 국민의 특징이 종교개혁의 '산물'이라고 말해서는 안 된다. 그렇게 말하는 것은 역사 감각이 결여되었음을 드러낸다. 여기에는 '두 가지' 요인이 함께 작용했다. 북부지방에 거주하는 사람은 종교개혁에 호감을 가지고 그것을 지향했다. 그리고 종교개혁에는 우리 국민성의 정신적 동인이 숨어 있었다. 나중에 벨기에가 된 지역에서는 로마 가톨릭주의가, 그리고 지금 네덜란드라 불리는 곳에서는 칼빈주의가 주도적인 정신 사조로 기능했다. 스헬더(Schelde) 강둑에 있던 내적 바스락거림과 반짝임에는 결국 로마 가톨릭적 인생관이 더 잘 맞았다. 반대로 라인 강둑에는 종교개혁적 인생관이 더 강력하게 발달했다. 그럼에도 불구하고 북쪽과 남쪽 모두에서 로마 가톨릭주의와 종교개혁적 요소 옆에 이미 오래전부터 혁명적 요소가 존재했다. 단지 그것이 1795년에 처음 등장했을 뿐이다.

그리고 1572년 이후 1789년까지 진행된 역사의 평가에서 이것은 고려 사항이 되지 않았다. 중요한 것은 우리가 좁은 의미의 '네덜란드 국민'이라는 이름을 어떻게 중세가 아닌 종교개혁 시대에 얻게 되었는지를 보아야 한다는 것이다. 그리고 이와 관련하여 우리 조상들이 찬란한 시대에 어떤 방향으로 움직였는지, 그리고 그 방향이 우리 국민의 미래에 얼마나 중대한 의미를 갖는지를 명확히 아는 것이 중요하다.

§25. 지속적인 영향력, 칼빈주의

우리 국민의 삶에 칼빈주의가 자리를 잡아야 한다는 것은 신앙고백의 자유가 존중되어서는 안 된다는 것을 의미하지 않는다. 또한 크든 작든 여전히 칼빈주의라고 여겨지는 집단이 우리 국민의 다양한 측면을 지워버린다는 것을 의미하지도 않는다. 국가적 의미에서 우리에게 이질적인 것으로 간주되는 '이스라엘의 자녀'들이 우리의 국력에 경제적으로 기여하지만, 그들은 혈통적으로 완전히 다른 기원을 가지고 있으며, 우리에게 이질적으로 '머물고 있다'. 그에 반해 칼빈주의자는 그들이 없는 것을 우리 국민 전체가 상상할 수 있는 것 같은, 최고로 용인된 집단이 아니다. 이와 반대로 생각하는 사람은 역사적 진실을 완전히 잘못 보는 것이다.

지금 네덜란드 국민이라 불리게 된 것은 중세가 아니라 칼빈주의 덕택이다. 칼빈주의가 국민의 정체성에 가장 특징적인 흔적을 남겼다. 그렇기 때문에 자신의 이익을 위해서뿐만 아니라 우리 국민 생활의 건전한 발전을 촉진하기 위해, 아주 분명하게 칼빈주의 원리를 지지하는 것이 우리의 소명이며 또 그것을 유지해야 한다.

특히 신학자들이 우리 국민적 특성에 가까이 접근하지 않는다는 점을 주의 깊게 살펴야 한다. 지난 세기(18세기) 후반부터 신학자들 쪽에 매우 심각한 위험이 도래했다. 16세기부터 우리는 우리나라의 왕립대학교에서 고유의 애국신학(vaderlandsche theologie)을 구현했고, 해외에서도 영향력을 발휘했다. 레이던의 헹얼(Hengel) 교수는 한때 고백했던 진리에서 크게 벗어났지만, 로마서 주석에서 독특한 네덜란드 전통을 발전시켰다. 이러한 그의 업적을 무시해서는 안 된다. 당시 모든 교수들 가운데 스홀턴 교수만이 풍부한 옛 조국의 보물을 도서관에 소장하고 증명했던 교수였음이 어느 정도 인정되어야 한다. 비록 그가 근대주의 사상에 공감함으로 인해 우리 조상들의 순수한 사역과 그 어떤 연관성도 가질 수 없었지만 말이다.

하지만 흐로닝언과 위트레흐트에서는 상황이 완전히 달랐다. 그곳은 독일의 루터교회의 윤리신학(Ethische)뿐만 아니라, 중재신학(Vermittlung)의 방향에 영향을 받았다. 슐라이어마허의 강력한 사상은 기독교 신앙고백과 현대적 철학이 서로 '타협'하도록 이끄는 더 많은 방법을 모색하도록 이끌었다. 독일의 학문과 독일식 문장이 점점 사고방식을 결정하는 곳이 되었음을 확신하기 위해서는 한편으로 고(故) 샹트피 드 라 소세이(Chantepie de la Saussaye)와 그의 정신적 동지인 훈닝(Gunning)의 책을, 다른 한편으로 판 오스터르제이(Van Oosterzee)의 책을 뒤적거리며 찾아볼 필요가 있다. 스위스와 프랑스와 영국 신학의 영향을 받은 부흥 운동의 지지자들이 사람들을 나란히 놓고 반대하는 것은, 원리적 측면으로 볼 때 독일의 영향력에 대항해 균형을 제공하기에는 너무나 약했다.

따라서 부흥 운동이 우리에게 가져다 준 것 혹은 새로운 정통교리가 우리에게 제공한 것 모두는 우리 칼빈주의 국민의 후손에게 말을 걸 수 없었다. 사람들은 이전에 베이츠(Beets)가 야간학교에 대해 말했던 것처럼 이 후손을 밀쳐버렸다. 그리고 1879년경에 칼빈주의가 학문적 분야뿐만 아니라, 프라윈과 그의 무리들을 통해 현대신학 쪽과 자유대학을 통해 정통주의 쪽에서도 명예를 회복했을 때, 우리 국민 정체성의 뿌리에서 영감 받은 활동이 다시 한번 일어났다. 오직 이런 방식을 통해 "우리의 정강"의 제1장이 언급하는 것, 곧 "1572년경에 인장을 받은 것과 같은 우리 국민성의 기조"라는 내용에 다시 연결되었다.

§26. 오란녀의 지도로

그 다음으로 내용 중의 "오란녀의 지도로"(door Oranje geleid)는 절대로 분리할 수 없는 문구이다. 전형적인 칼빈주의 안에 예전에 제네바와 프랑스로부터 우리나라에게 밀려 들어왔던 것처럼, 과소평가해서는 안 될 후유증을 일으킬 위험이 숨어있었음을 부정하지 않겠다. 본서 I권 마지막 장에서 나는 칼빈주의의 결정적 요소가 어떻게 처음에서 나중으로 발전하고 열매를 맺었는지, 그리고 정치적으로 어떤 것이 미국에서 처음으로 완전한 효력을 발휘하게 되었는지를 세세하게 설명했다. 또한 동시에 (단지 세르베투스의 화형대만 떠올리게 하는) 제네바에서 교회적으로는 없어서는 안 될 편협한 교조주의의 등장 과정과 정치적으로 분열과 억압으로 이어지는 결과도 함께 설명했다. 교회적 영역에서 신앙고백(Confessie)이 요구하는 것과 사회적, 정치학적 영역에서 교회적 구조로부터 일관성 있게 도출되는 것은 전혀 다른 것이다. 칼빈도 제네바가 아닌 프랑스와 스코틀랜드에 관한 한, 내가 I권에서 보여 준 것처럼 이 차이를 강조하며 분명히 했다. 그리고 신칼빈주의는 진정 칼빈의 정신에서 나온 참 싹이다. 그러나 이어지는 번영에서 역사를 규정하는 의미에서의 싹이다. 제네바의 교회와 국가는 긴밀히 하나로 엮이고 섞여 있다. 그렇기 때문에 미카엘 세르베투스의 화형대뿐만 아니라, 개혁주의 국가에서 일반적으로 벌어진 정치적 영역의 모든 박해는 신앙 때문에 일어난 것이라고 설명할 수 있다.

제네바에서의 국가와 교회의 일치는 16세기와 17세기에 많은 개혁주의 목사들이 정치적 문제에서도 권위를 주장하도록 유혹했다. 다테인(Datheen)도 이 부분에서 자유롭지 못하다. 그럼에도 불구하고 역사가 우리에게 말해주는 것은, 세계 어느 나라에서도 규정된 이단들이 신앙의 자유를 칼빈주의적 네덜란드에서처럼 누릴 수 없었다는 것이다. 따라서 다음 사실을 고려해야 한다. 이런 경향은 옛 로마 가톨릭의 이단 핍박을 원칙적으로 좋아했던 거의 대부분의 우리 이전 신학자들의 정확한 통찰 때문이 아니라, 오히려 대부분 오란녀 군주 덕택이다. 오란녀 군주는 영적 자유를 자각했고, 용기뿐만 아니라 정책을 펼칠 힘도 가지고 있었다. 그는 한편으로 칼빈주의에 대한 존경의 대가를 지불할 뿐만 아니라, 다른 한편으로 그 원리의 힘을 통해 저절로 더 풍성한 발전을 향해 나아가도록 해야 했다.

그렇다고 오란녀 군주를 이상화할 필요는 없다. 마르닉스 판 신트 알데혼더(Marnis van St. Aldegonde)처럼 성직주의의 우월성과 정치적으로 물러나려는 욕망이 함께 작용했음은 의심의 여지가 없다. 당연히 자기 자신의 지위를 확고히 하고, 향상시킬 것이라는 기대도 한몫했다는 점을 알 수 있다. 그러나 사람들은 너무 자주 흠을 보이는 인간적 요인들에 매달린다. 비록 우리가 빌럼 군주에게서 인간적인 점을 고려하지만, 그럼에도 불구하고 정치적 생리에 대한 칼빈주의의 일관성을 당시 신학자들보다 더 잘 그리고 더 일찍 간파했다는 점은 역사적으로 증명되었다. 다수의 칼빈주의 신학자들이 당시 가능한 종교재판을 가동하려한 로마 가톨릭 식의 추진기를 사용하지 않은 것은 오란녀 군주 덕택이다.

그러므로 제1조에 첨가된 "오란녀의 지도로"라는 문구는 삭제하지 않는 것이 맞다. 반혁명당은 16세기와 17세기의 역사에서 그렇게 반복했던 것과 같이, 영적 폭정이 자신을 가득 채우는 것을 억제함으로써 자기 정강에 참여하는 사람들에게 가능한 한 명확하고 큰 소리로 알려야 한다. 그리고 반혁명당의 의도는 교회의 활동과는 별도로 (반혁명 국가 정당으로서는 두말할 필요 없이) 정치적 영역에서 원리를 통해 세력을 형성하려는 것이다. 이것은 칼빈주의의 후기 발전에서, 특별히 해외에서 순수하게 이해되었다. 그리고 옛날부터 오란녀 군주보다 이를 더 잘 이해하고 실천에 옮긴 사람은 없었다. 교회는 교회이고 국가는 국가이다. 바로 여기에서 칼빈주의의 영예가 발견된다. 그것은 처음부터 점진적으로 발전하여 '일반은총'에 대한 고백으로 이어지고, 이를 통해 신학과 정치의 분명한 관계로 이어질 것이다.

§27. 우리에게 행해진 불의

1878년, 출발점에서부터 우리 당은 오란녀 군주의 이 영향력을 인정하는 원칙을 세웠다. 여기에 그 어떤 혼란도 끼어들지 말아야 한다. 교회 생활에 관해서는 칼빈의 통찰도 그의 몫이었다. 칼빈이 다테인과 불일치한 부분은 교회의 실제 활동이 아니라, 교회가 정치적 영역에서 국민의 삶에 미치는 영향력이었다. 신학자로서 요한네스 아 라스코(Johannes à Lasco)가 특히 이 점에서 존중을 받는다.

하지만 더 넓은 관점에서 보면, 우리를 안전하게 인도한 것은 오란녀 군주의 영향이다. 한편 간과해서는 안 되는 점은, 군주에 대한 사람들의 애정 어린 언급이 후에 오란녀 가문 군주들에게서 나온 모든 것을 찬양하려는 의도와는 거리가 멀었다는 사실이다. 마우리츠 군주는 칼빈주의자들과 매우 가깝게 지냈다. 당시 발생한 항론파(Remonstrantisme)와의 갈등이 그렇게 하도록 만들었다. 그러나 올던바르너펠트(Oldenbarneveldt)가 자연사했다면, 그의 생애는 더욱 더 영광스럽게 빛났을 것이다.

프레데릭 헨드릭(Frederik Hendrik) 군주 통치하에 우리 국민의 칼빈주의적 관심과 총독(Stadhouder) 사이에 불화가 일어났고 불평과 불만이 쏟아졌다. 유감스럽지만 오란녀에 대한 우리의 사랑이 식은 것이 아니라, 사람들이 침묵자(Zwijger)의 인도와 마우리츠 군주가 베풀었던 '보답으로서의 사랑'(wederliefde)을 얻으려고 헛되이 노력했던 것이다. 1813년에 오란녀 왕가가 (잉글랜드 망명 생활로부터) 돌아온 이후에도 모데츠(Modets)와 다테인의 후손은 왕실의 가장 열렬한 지지자였다. "네덜란드와 오란녀"(Nederland en Oranje)는 우리 유권자 집단의 거의 모두가 채택한 구호였다. 궁전에서는 19세기 내내 개혁주의자의 지지가 확실히 보장되었다. 그들은 우리가 믿을만하다는 것을 알고 있었다.

1847과 1849년에 플리싱언(Vlissingen)의 '오에이어바르'(Ooijevaar)와 아른험(Arnhem)[13]의 급진 신문이 오란녀 왕가의 취약점을 공격한 것, 곧 왕을 단두대로 위협하는 그렇게 대담하고 잔인한 욕망을 선동했을 때, 우리 개혁주의 세계에서는 제단뿐만 아니라 왕관을 위해서도 기도했다. 그 어떤 무리도 우리보다 오란녀 왕가에 대해 열정적이지 않았다. 그러나 다른 한편으로, 이것이 확실하여 일말의 의심의 여지도 없었기 때문에 우리 선조들은 그 사랑에 그렇게 미온적으로 응답받은 것이 얼마나 고통스러웠는지를 결코 숨기지 않았다. 1815년 1월에 국왕이 내린 칙령은 우리 선조의 개혁교회에 폭력을 가했고, 이는 회개와 회복을 계속 부르짖게 만들었다. 우리나

라의 초대 왕은 스스로 이 법령에 대한 책임을 지도록 '허용하지' 말았어야
했다. 그는 이 결정을 발표함으로써 분명한 불의를 범했고, 이 불의를 통해
우리의 거룩한 과거에 폭력을 가했다.

1834년에 아프스헤이딩 교인에게 행한 대우도 같은 차원에서 언급되어
야 한다. 그때는 무자비했고, 교회적 영역에서 이국적인 이상한 사상과 이
론을 우리에게 실행하려고 폭력을 아끼지 않았다. 1815년의 치명적 결정은
나중에 철회되었지만, 상황은 좋아지기는커녕 오히려 악화되었다. 빌럼 3
세가 재임할 당시에는, 사람들은 종종 그를 알현할 때 부드러운 말을 듣긴
했다. 그그리고 1889년 마카이 남작이 내각 구성을 위임받았을 때, 적어도
날카로운 분열은 치유된 것 같았다. 그 후에 우리 여왕이 초기 몇 년 동안
의 호의를 통해 오란녀의 부족함을 잊게 해준 것은 감사할만한 일이었다.

이제 관계는 완전히 달라졌다. 우리는 칼빈주의자로서 국민 위에 군림하
는 그 어떤 특권도 요구하지 않는다. 바라는 것은 우리가 열심당원(Zeloten)처
럼 무시당하거나 맹목적 추종자로 이용되지 않는 것이다. '네덜란드와 오
란녀'로 남아 있어야 하며, 바로 그 네덜란드에 우리도 속해 있다. 이러한
측면에서 시작된 행복한 변화에 감사한다. 그래서 반혁명당은 1878년에
오란녀와 네덜란드를 묶는 유대를 명시적으로 지적하지 않고는 우리의 원
리적 정강을 전파할 수 없었다. 아첨은 조금이라도 허용되지 않는다. 우리
는 하나님 앞에만 무릎 꿇을 뿐, 왕권 행사자에게 꿇지 않는다.

§28. 지속적인 결속

칼빈주의는 그 어느 국가에서도 군주의 불의를 묵과하기를 생각해 본 적
이 없다. 나중에 비판이 불가피한 것은 논외로 하더라도, 우리는 여전히 당
시 매우 끔찍한 상황에 있던 우리 백성에게 하나님께서 빌럼 공(van Prins Willem
de Zwijger)을 보내주신 것을 존중한다. 우리는 당시 군주의 계보에서 우리 조
국을 주신 것에 대해 하나님께 감사한다. 우리는 우리 국민을 통치하는 군
주의 집안에서 출발한 국가적 명성으로 우리 자신을 새롭게 할 수 있었다.
그리고 우리는 오늘날에도 유럽의 군주들 가운데 최고인 빌럼이 종교개혁

의 결과로 우리에게 완전한 영적 자유를 주었던 것을 지지하는 정당(교회적 영역이 아니라 정치적 영역에서)을 선택했다.

그래서 우리는 판 하우턴 박사가 잠깐 시도한 것처럼 오란녀를 '장식품'으로 깎아내리는 시도에 대해 항상 반대했다. 그렇다고 해서 이 정치인이 오란녀 왕가의 영광을 깎아 내리고 싶어 한다는 식의 말을 서둘러 덧붙일 수 없다. 그가 '장식품'이라고 말한 것은 그의 정치학적 이론을 한 마디로 표현한 것뿐이었다. '장식품'이라는 표현이 그에게는 좋았을지라도, 우리의 오란녀에 대한 사랑에는 모욕적인 것이어서 우리를 슬프게 했다. 1797년에 오란녀 가문을 추방시키고 잉글랜드로 강제 도피하게 함으로써 가한 모욕적인 대우, 더 심각하게는 1848년에 자유당 언론이 오란녀에게 단두대를 언급하며 불안을 조장했던 모욕적인 위협 이후에 곧 한 정치인이 등장했다. 그리고 결국, 왕실 고문이 된 바로 그 정치인에게서 '장식품'이라는 소리를 들었다. 장식품이란 말은 유연함과 자기 통제가 결핍되어 혐오스럽다는 뜻이다. 군주에게 자유롭게 비판을 표현하지 못하는 것은 오란녀가 요구한 것이 아니라, 오히려 싫어하는 것이다. 특히 그것은 칼빈주의자로서는 생각할 수 없는 비겁함이다. 하지만 그런 것은 우리 하나님께서 오란녀 가문의 위대한 군주들을 통해 우리에게 선물을 베푸신 것에 감사와 존경을 표한다는 굳건한 맹세에 영향을 미치지 않는다. 과거의 영광은 옛 오란녀 왕가의 마지막 후손으로서 존경받는 여왕에게서 행복한 메아리로 울리고 있다.

§29. 우리 시대의 필요에 따라

"우리의 정강" I 권에는 지금까지 논의된 필수 추가 조항을 덧붙였다. 그것은 반혁명당이 과거의 완벽한 복사판을 우리 시대에 구현하려는 것이 아니다. 오히려 우리는 "국민성(volkskarakter)을 변화된 국민 상태(volkstoestand)에 부응하도록 우리 시대의 필요를 충족시키는 형태로 발전시키는 것"을 추구해야 한다. 공언된 원리는 적용과 결과라는 한 가지 형태에만 묶이지 않았다. 정치학의 동일한 원리가 여러 가지 정부 통치 형태로 나타날 수 있다.

그것은 지속적인 변화 욕구 때문이 아니라, 다른 상태와 조건이 발생하고 해결을 요하는 새로운 질문이 생기며, 국민의 삶에서 완전히 다른 움직임을 불러일으키는 새로운 발견이 있기 때문이다. 이 사실을 이해하지 못하고 고려하지 않는 사람은 자신이 고백한 원리의 힘을 증폭시키지 못할 뿐만 아니라 그것을 사용하지 않으며, 고백자를 무력하게 만든다.

19세기 전반기에 칼빈주의자는 변화된 국민 상태를 고려하는 저술에 아무런 필요를 느끼지 않았다. 그래서 그들은 아무런 의무적 노력 없이 '옛 저술가'라고 불린 사람들의 작품만 즐겨 읽었다. 그러나 이 '옛 저술가' 대부분이 동포가 아니라 잉글랜드와 스코틀랜드 사람이었기 때문에, 사람들은 만족할 수 없었을 것이다. 그 옛 저술가들은 우리 국민의 자료를 참고할 수 없었고 정치적 문제를 거의 대영제국에서 옹호되었던 것들로 접근했으며, 그것을 기준으로 선택했다. 그것을 지속적으로 추구했던 우리나라의 많은 칼빈주의자들은 현실과 동떨어진 채 시간 밖에 머물러야 했다. 우리나라에서 정당 사이에서 다루어진 것은 더이상 그들의 관심을 끌지 못했고, 그들을 움직이게 만든 것은 실제 정치적 분쟁과 관련이 없었다. 다 코스타조차 유혹을 받아 일시적이나마 군주적 절대주의(Monarchaal Absolutisme)에 애정을 쏟아 부었다. 그래서 다 코스타는 맹세를 하지 않았고, 그렇게 헌법에 매이지 않으려 했다. 그에 비해 빌더르데이크는 다시 완전히 다른 방식으로 베이츠가 '야간학교'라고 칭했던 것을 서투르게 회피했으나, 그렇게 잃어버린 것에 대한 손해를 보상받기 위해 적어도 북부 7개 주에서는 거의 아무도 좋게 말하지 않았던 2차 수확을 꾀했다.

조상들의 고백이 악화된 국민 상태와 더 이상 일치하지 않는다 해도, 조상들이 살아내며 영웅적 마력을 이끌어 낸 그 원리는 한 순간도 포기되어서는 안 되고 더더욱 포기될 수 없는 것이다. 또한 이 원리로부터 오늘을 위한 해결책을 제공할 '사고와 행동 방식'을 도출해야 한다는 것은 똑같이 냉혹한 요구이다. 그래서 불가피하게 두 종류의 싸움을 해야 한다. 하나는 파편이 그 원리에서 벗어나지 않도록 하는 것이며, 다른 하나는 공언된 원리가 삶의 표현 중에서 변하지 않도록 함께 주의를 기울이는 것이다. 원리는 단순히 기록만을 요구하는 메마른 공식이 아니다. 원리가 될 것은 그 자체에 '생명'을 간직해야 하고, 창조된 생명으로부터 계속 새로운 '가지'가 자라게 해야 한다.

§30. 다른 맥락에서의 국가와 교회

이것은 국가와 교회의 관계에서 곧바로 느껴진다. 16세기 종교개혁이 로마 가톨릭 교회의 패권에 맞서 싸웠던 투쟁은 교회 문제로부터 모든 국가 정치 영역으로 나아갔다. 교회 문제는 국내적으로나 대외 관계의 관점에서나 정치 전체에 영향을 미쳤다. 여기서 대외 관계가 두드러졌다. 우리가 그렇게 표현해도 된다면, 당시에 전쟁이 발발한 것이 영향을 미쳤다. 엄청난 투쟁이 시작될 때 로마 가톨릭의 영향력은 독일의 황제파와 잉글랜드의 성직자 계급(Clerus)이 수세기 동안 투쟁한 결과로 얻은 지위를 유지하는 것 외에는 다른 방식을 생각할 수 없었다. 중세에는 그와 같은 방법으로 국가와 교회가 하나가 되어, 교회 영역의 급진적 변화(주로 종교개혁 운동에 저항하는 것을 의미했던) 가 국가의 활동에 깊게 영향을 미치고 여러 강대국 동맹 사이에서 살아 움직였다.

종교개혁이 적지 않은 나라에 스며들었지만 매우 적은 수의 사람만이 관계했기 때문에, 국가 활동에 크게 영향을 주지 않았을 수 있다. 전쟁이 발발했을 때 교회에 속한 소수가 적과 공모하는 유혹에 넘어갈 위험에 처하기도 했다. 우리는 스페인 권력에 대한 우리의 저항을 추진할 때, 국민 가운데 로마 가톨릭으로 남아 있는 사람을 항상 확실히 믿을 수 없다고 느끼기도 했다. 다른 곳과 마찬가지로 해외에 있는 적의 의도가 소수에 의해 조장될 것이라는 두려움이 항상 있었던 것이다. 프랑스에서는 위그노가 잉글랜드와 독일의 배교자들과 관계를 가질 것을 염려했고, 우리나라에서는 스페인과 프랑스가 로마 가톨릭 지도자들로부터 옆으로 도움을 받을 것을 염려했다. 이것이 얼마나 맞았는지는 미정으로 남겨두어야겠지만, 두려움은 존재했다. 즉, 국내 정부가 다른 방향을 가진 소수를 감시할 뿐만 아니라, 이동의 자유를 빼앗고 자연스럽게 국가적 일에 대한 영향력을 제한하게 하는 두려움이었다. 다른 방법은 불가능했다. 정부는 다수의 교회와 하나가 되었으며, 고위 공직자를 교회의 신앙고백에 묶음으로써 다른 생각을 하는 사람은 정부 일에 절대 참여하지 못하도록 배제했다.

'비종교의 제한'(civil disabilities)을 전제로 한 이러한 배제가 칼빈주의 원리에 내포되어 있는지, 아니면 칼빈주의적 확신이 특정 교회에 속박되면서 어떤 정치 정책을 눈감아주는 경향이 생겨났는지를 묻는다면, 역사가 잉글랜드에서 아메리카로 넘어간 분명한 그림을 형성했던 것처럼, 정치가는 부정적으로 답할 수밖에 없다. 정부가 특정 교회의 신앙고백에 묶이는 정치 체제는 칼빈주의에서가 아니라 중세에서 기원한 것이다. 그런 것은 로마 가톨릭적이다. 로마 가톨릭 교회도 그 체계를 기반으로 갖추지 않고는 번영할 수 없었다. 미국은 우리나라와 마찬가지로 이를 다르게 보여준다. 바다 건너와 우리나라의 로마 가톨릭 교회는 국가가 로마 가톨릭 신앙고백에 묶이지 않았는데도 더 잘 성장했다. 그러나 국민을 교회의 홀(笏) 아래 잘 통합할 수 있고, 교회의 몸에 있는 명목상 회원들 사이에서 배교나 혁명을 걱정할 필요가 없는 곳에서 로마 가톨릭은 늘 다시 국가교회(Staatskerk) 체제를 요청할 것이다. 그리고 다르게 생각하는 사람들의 자유로운 이동을 적지 않게 방해할 것이다.

로마 가톨릭 교회가 발전시킨 교회와 국가의 통합에 대한 생각이 16세기에는 너무나도 확고했는데, 개혁교회나 루터교회조차도 처음에 그것을 폐지할 생각을 가지지 않았다. 칼빈도 처음부터 이 사상의 영향력 아래 있었고, 제네바는 그 전형이었다. 먼저 프랑스에서, 곧이어 잉글랜드에서 불가피하게 일어난 종교 전쟁들은 루터주의가 아니라 칼빈주의에 기인한다. 그것은 칼빈의 원리에서 영감을 받았던 것과 상충되지 않고 오히려 일치한다. 그 원리는 '일반은총'과 양심의 자유, 그리고 국가를 교회로부터 분리하도록 발전시켰다.

이제 국제적 상황이 완전히 바뀌었고 국민의 삶에 대한 교회의 영향력도 전혀 다른 성격을 띠고 있다. 아직도 국가와 교회의 관계에 대한 도르트(Dordt)의 이론을 고수하려는 노력은, 생명을 주는 자유로운 공기가 아니라 냄

새나는 공동묘지의 대기를 선택하는 것과 같다. 그러므로 우리는 자유국가 내의 자유교회를 칼빈주의 원리에서 기원한 최고의 결과라고 주장한다. 심지어 독일도 루터가 아니라 칼빈이 우리에게 삶의 길을 보여주었다고 인정한다. 그렇지만 개혁교회(de Hervormede Kerk)는 여전히 루터교와 로마 가톨릭 국가에 속해 있으며, 우리가 경멸을 받던 것들에 대해 맹세함으로써 거부할 수 없는 삶의 조건인 '긍정적인' 기독교적 특성을 손상시키는 상황을 만들었음을 스스로 탓해야 한다.

§31. 국회De Volksvertegenwoordiging

국회를 강력하고 확실한 두 번째 유형으로 선택하는 것도 다르지 않다. 공화정 정부 형태 아래에서 우리나라의 공화국은 우리가 지금 이해하는 것과 같은 대표 개념을 몰랐다. 신분적 대의제도이지 국민적 대의제도가 아니었다. 도시와 귀족 법 집행가들이 권력을 손에 쥐었다. 대표는 정부에 대한 국민의 대의원이 아니라, 단지 정부를 선전하는 자요 유지하는 자들이었다. 이 권력자를 선택할 때 약간의 국민투표가 있긴 했지만, 그 선거에 참여할 권리는 극히 제한적이었다. I권의 마지막 장에서 볼 수 있는 것처럼, 칼빈은 그러한 시스템을 칭찬하지 않았다. 칼빈은 결국 민주적 의미로 조언을 하는 쪽으로 넘어갔다.

16세기의 완전히 구식 대의제 사상을 오늘 상황에 적용하려는 사람이라면 누구나 적어도 순수하게 원리에 충실하려 한다. 하지만 오히려 대담하게 거부하는 모습을 보여주려 할 것이다. 지금도 여전히 대표 원리에 완전한 권리를 주지 않으려는 정부 형태를 찬성하는 것은 좀 모자라다는 낙인을 받을 것이며, 우리 시대의 바깥에 놓일 것이다. 적절한 국회라는 문제는 이제 국가의 활동이 미래에 발전하기 위한 주요 쟁점이 되었다. 만일 칼빈주의 방향이 우리 국가법적 발전이라는 점에서 자유와 국민 사랑이라는 것을 뒤따라가지 않고 앞서 간다면, 국민으로부터 비롯되었고 '서민'에게서 힘을 찾고 발견한 칼빈주의 경향은 자신의 내적 동기를 상실하고 파멸할 것이다. 기독-민주주의자가 되는 것은 모든 칼빈주의자들에게는 영광의 칭호로 남는다.

§32. 함대와 군대

세 번째 예시는 국토방어(Landsverdediging)이다. 종교개혁 시대에는 우리가 지금 알고 있는 것과 같은 고유의 민병대가 있었다. '지도자들'은 후퇴했었지만, 전장에 뛰어든 군대는 대부분 지원병들과 심지어 외국에서 온 용병들로 구성되었다. 아직도 우리의 지역 군대에는 스위스, 독일, 벨기에 사람들이 있다. 단지 구스타프 바사(Gustaaf Wasa)의 군대와 크롬웰(Cromwell)의 군대만이 고귀하고 성스러운 관심에 의해 주도되고 움직였다고 말할 수 있다. 그 밖의 다른 군대들은 조잡한 맹세에 의해 구성되었고, 나라를 지킨다는 성스러운 동기는 찾기 어려웠다. 같은 연대가 10년이 지난 후 더 높은 국가적 이익을 위해 칼을 뽑은 적이 몇 번 있었는데, 이는 처음으로 피비린내 나는 상황을 방어하는 데 도움이 되었다. 국가의 이익을 보호하기 위해 우리나라에서도 임금을 지불하고 군인을 모으는 관행이 더욱 성행하게 되었다. 우리나라 함대가 군대보다 더 비중이 큰데, 함대 승무원은 영국에서와 같이 여기에서도 주로 자유로운 선택(모병)에 의해 채용되었기 때문이다. 민병대는 더욱 국가적 성격을 지녔고, 돈을 목적으로 지원하지 않았다. 그러나 현재 통용되는 의미의 국민군은 나폴레옹 통치하에서 등장했으며, 이후 우리 왕국에도 최신 상태로 유지되고 있었다. 한편 우리 국민은 새로운 군대를 그리 열망하지 않았다. 군인이 된다는 것은 명예가 아니라 전염병으로 인식되었으며, 곧 대체하는 체계가 생겨 다시 돈을 사용해 그 전염병에서 벗어나게 되었다. 그래서 우리는 19세기 말에 가서야 겨우 '국군'(nationaal leger)을 실제로 보유하게 되었다. 그러나 지금 자연스럽게 제기되는 일반 의무병 제도는 아직 우리에게 실현되지 않았다.

우리 선조의 찬란한 시대의 함대와 군대에서 국군이 배제되는 상태가 지배적이었다는 것 때문에, 당시 통용되던 체계를 칼빈주의와 동일시해야 할 것인가? 그리고 그런 이유로 극도로 보수적인 입장에서 지금 꼭 필요한 방위군을 반대할 것인가? 물론 그렇지 않다. 이와 관련하여 칼빈주의의 원리는 국민의 삶의 중요성을 높게 만든다. 그리고 전 국민이 아니라 한 사람만 나라의 독립을 위해 검으로 무장하는 법을 안다면, 결국 작은 나라에서는 미래의 국민의 삶이 불가피하게 위험에 처하게 될 것이다.

§33. 사회적 문제

사회적 문제에 대해 살짝 언급하자면, 다음 예를 지적하지 않을 수 없다. 16세기에는 사회적 문제가 없었다. 독일의 농민전쟁은 부분적으로 비슷할지라도 전혀 다른 동기에서 비롯된 것이다. 19세기에는 사회문제가 아주 독특한 두 가지 형태로 나타났다. 첫째, 향상된 기술로 인해 수백 명의 근로자가 함께 일하는 공장을 건설할 수 있게 되었는데, 그로 인해 고용주와 노동자 사이의 가깝고 따뜻한 관계가 파괴되었다. 둘째, 직업교육과 연계된 대중교육이 엄청나게 확산된 덕분에 노동자 계급의 성숙도가 높아졌다. 지위가 더 높아진 노동자들은 사회생활의 필요에 대해 더 많은 만족을 얻기를 요구했고, 고용주와의 더 끈끈하고 친밀한 관계를 벗어난 수백 명의 노동자 단체는 우리 조상들이 한 번도 경험하지 못했던 삶의 상황을 불러일으켰다.

우리 조상이 노동자를 돌보지 않았다는 것은 아니다. '길드 체계' (Gildenwezen)는 탁월한 상호관계를 상당히 촉진시켰다. 노동자 계급은 그들의 필요를 크게 말하지 않았다. 그들이 말했다면 그 필요는 대체로 적당하고 선한 의도였고 그리 모자람 없이 충족되었다. 당시 상황을 덜 바람직하게 만드는 특징은, 노동자가 자신의 고용주에게 너무 많이 의존한다는 것이었다. 노예제도는 폐지되었지만 노동자가 자유인으로서 시민의 권리와 사회생활에서 고용주 아래에 있지 않고 옆에 나란히 서 있다는 확신은 아직 일어나지 못했다. 그렇지만 누군가가 '완전히 수정된 상황의 도입은 원리를 포기하는 것인가'라는 의미에서, 현존하는 상황이 우리가 고백한 원리로부터 논리적인 결과로 연역될 수 있는지 묻는다면 분명하고도 확실하게 다음과 같이 대답해야 할 것이다. 원리 포기라는 말은 현재의 완전히 다른 상황에서 발생하는 문제를 해결하는 데서도 원리의 강점을 밝히기를 거부하는 자에게만 해당된다.

칼빈주의는 그리스도의 교회에서 서민과 더 유력한 시민계급을 완전히 동등하게 여기고, 시민사회에서의 상호관계를 고려하는 데에 엄격하게 성경을 붙잡고 있었기 때문에, 다른 상태가 나타날 때까지 사회적 원리의 발전을 잠시도 주저할 수 없었다. 그리고 우리가 우리 시대의 민주주의로 끄는 힘(zuiging)에 저항했다면, 그것은 원리를 고수하는 것이 아니라 오히려 나쁘게 포기하는 것이라 할 수 있다. 국민의 하층민도 분명히 '우리 국민'(tot ons volk)에 속하므로, 서민을 사회적 삶의 기본적 필요를 충족시키지 못하는 사회적 상태에 두어서는 안 된다.

§34. 우리 시대와의 공생

제시된 네 가지 예는 '우리 시대의 필요를 충족시키는 형태로 이루어지는 우리의 정치적 활동의 발전'이 무엇을 의미하는지를 충분히 분명하게 보여준다. 우리는 교회와 국가의 관계, 국회의 의미, 우리 국가존재를 방어하는 것, 사회적 문제와 관련하여, 16세기와 17세기를 주도했던 우리 조상의 경우와는 완전히 다른 문제들에 직면하고 있다. 이러한 새로운 상황을 마주하여, 우리가 칼빈주의 조상의 원리만이 아니라 실행을 유지하려는 것은 우리 원리가 사양화될 운명이라는 말과 같을 것이다. 청년으로 자란 소년이 어린 시절을 벗어나야 한다는 것을 분명히 알지 못하는 사람은, 조국이 요구하는 일에 참여할 모든 권리를 잃어버린다.

오늘날 칼빈주의자는 세 가지 형태로 자신의 원리를 적용하면서 삶의 형태를 바꾸려고 생각했다. 반혁명 진영은 그 수가 너무 적어서 대의제도의 권한으로는 국가 사안에 영향을 미치기 위해 침투할 수 없다. 그래서 같은 생각을 가진 진영과의 협력을 모색해야 한다. 그리고 그러한 협력의 필요성을 고려하여, 명예를 저해할 수 있는 문제는 뒤에 두고, 반대로 만장일치를 얻을 해결책과 관련된 사안은 앞으로 부각해야 한다. 어떤 차이와 싸움이 나타날 문제에 대해서는 타협을 이끌어내야 할 것이다. 이것 외에도 우리를 다른 종류의, 더 먼 동질 진영과 분리하는 것은 가능한 상처를 적게 입히는 형태로 이뤄져야 한다.

이전에는 달랐다. 이와 정반대였던 16세기 상황은 위장하거나 부드럽게 될 수도 없었고, 또 그래서도 안 되었다. 투쟁은 원칙적으로 완전히 다른 적에 대한 것이므로, 차이가 발생할 경우에는 더 부드러운 행동이 허용될 뿐만 아니라 정치가의 지혜도 요구된다. 과거로부터 우리에게 전달된 우리 영광은 당시의 '형태'여서는 안 된다. 대신 '본질'만이 우리를 묶을 수 있다. 다 코스타가 우리보다 앞서 외친 "이 시대의 형태로"가 점점 더 많아져야 한다.

두 번째로, 우리 조상들이 관심을 가졌던 문제들은 종종 우리의 관심을 불러일으키는 문제들과 많이 달랐다. 그러한데도 16세기의 문제로 몇 번이고 되돌리려는 시도를 한다면, 이것은 단순한 회귀에 그치는 것이 아니라, 우리 쪽에서의 모든 정치적 노력을 헛수고로 만들 것이다. 우리 당도 정치 분야에서 해결이 필요한 매우 복잡한 문제에 대해 고유한 원리에 따라 해결 방법을 찾는 데 도움을 주어야 한다는 의무를 피할 수 없으며 그렇게 해서도 안 된다.

§35. 교리와 정치

세 번째로, 우리의 원리는 고백되어야 하고 역사적으로 더욱 명확하게 설명되어야 한다. 후자는 "우리의 정강" 제8장에서 설명한 것처럼 청교도적이라는 이름과, 우리가 이 책 Ⅰ권에서 언급하는 칼빈주의적 혹은 신칼빈주의적이라는 이름의 상호교환에서 자연스럽게 드러난다. 1878년에는 칼빈주의라는 이름이 경직되고 완고한 것이었기에 기조로 선택하는 데 반론의 여지가 있었다. 당시 시대적 이유 때문에 여기 우리나라뿐만 아니라, (헝가리와 일부 프랑스 남부 지역은 제외한) 외국에서도 칼빈주의자는 선택교리와 가능한 타락 전 선택설(infralapsarisch) 입장에 열심을 가진 자라는 의미였을 뿐이다. 종종 잉글랜드나 우리나라와 독일에서 칼빈주의자라는 말을 하면 틀림없이 그렇게 이해되었다.

칼빈주의라는 단어는 유독 교리적인 의미로만 이해되었다. 그것은 이제 역사적 의미를 잃어 정치 제도적 의미는 거의 인식되지 않았다. 그러므로 우리가 당시 우리 당의 칼빈주의적 세례를 촉구했었다면, 1878년의 이해할 수 없는 제한으로 이어졌을 것이다. 반면에 스코틀랜드와 아직 잉글랜드에서 통용되는 청교도적이라는 이름에는 정치적 성격은 담겨 있다. 당시 우리는 칼빈주의적이라는 이름보다 청교도적이라는 이름을 더 선호했어야 했다.

그러나 그 이후에 이러한 필요성은 사라졌다. 1880년 이후에 도처에서 칼빈주의라는 표현의 다양한 의미에 관해 연구가 이뤄졌다. 이것은 이제 우리를 칼빈주의적이라는 표제로 돌아갈 수 있게 했다. 우리는 칼빈주의가 제네바에서 프랑스로, 프랑스에서 잉글랜드로, 잉글랜드에서 아메리카로 옮겨가는 데서 경험한 발전이 명확해진 지점에 도달했다. 한편으로 교회적이고 교리적인 칼빈주의와 다른 한편으로 정치적이고 경제적인 칼빈주의의 구별이 역사적으로 확정되었으며, 정치적 칼빈주의가 수세기 동안 겪은 형태 변화에 의한 불확실성은 사라졌다.

지금 신칼빈주의라 불리는 것은 사실상 칼빈의 사상이 자연스럽게 발전한 결과임이 확실하다. 이 책 Ⅰ권에서 이 부분을 자세히 다루었다. 칼빈주의의 역사적 과정에 대한 추가 연구는 우리에게 1878년에 '청교도적'이라는 구별되는 이름을 그대로 활용하면서 동시에 칼빈주의적이라는 표제 이름을 정치적 영예로 되찾을 권리와 의무를 부과한다. 여기서 우리는 교리적 칼빈주의를 말하지 않는다. 칼빈주의라는 이름에 숨어 있는 교회적이고 교리적 요소는 완전히 배제된다. 우리 당에 참여하고 싶은 사람도 교리적 신앙고백을 점검받지 않는다. 정당의 경우는 정치 강령을 확신하고 그것에 동의하는 것으로 충분하다.

§36. 잉글랜드의 대변화

"우리의 정강"의 첫 출판 이후 약 40년 동안 침묵할 수 없는 획기적인 변화들이 일어났다. 그것은 해외 국가의 반혁명 집단 혹은 진영들과의 연결이다. 1878년 이후 우리 땅 바깥, 곧 외국에서 전혀 다른 관계가 시작되었

반혁명 국가학 ‖ 적용

는데 특히 대영제국에서 그러했다. 1898년 5월 19일에 있었던 글래드스턴 (Gladstone)의 죽음과 1900년에 체임벌린(Chamberlain)이 남아프리카의 보어공화국 (Boerenrepublieken)을 공격한 사건은 두 개의 결정적인 역사적 이정표이다. 남아 프리카의 칼빈주의자들은 가능한 민주적 의미에서 그들의 정치적 공감을 잉글랜드로 향했고 나 스스로도 그것에 정당성을 부여했다. 그렇지만 나는 17세기 잉글랜드가 어떤 식으로 우리에게 해상과 식민지 지역에서 매우 불공정한 경쟁을 행했는지를, 그리고 19세기 초에 우리에게서 실론(Ceylon)[14]뿐 만 아니라 카펄란트를 어떻게 빼앗았는지를 잊지 않았다. 하지만 우리의 공감은 잉글랜드로 옮겨가야 한다고 느꼈다.

글래드스턴은 1890년에 그의 유명한 작품인 "성경의 흔들리지 않는 반석"(The Impregnable Rock of the Holy Scripture)이라는 책을 출판했고, 거기에서 이전보다 더 명료하게 하나님의 말씀에 기초한 정치를 강력히 지지했다. 그는 당시 이미 잉글랜드에 들어와 있던 급진주의에 대해 깊은 혐오를 느꼈다. 그는 무조건 옛 휘그당의 노선에서 활동했다. 칼빈주의 집안에 속했던 모든 것이 스코틀랜드처럼 잉글랜드에서도 글래드스턴을 지지했다는 것을 주저하지 않고 확실히 인정해야 한다. 그러나 글래드스턴의 정치적 신봉자인 존 몰리(John Morley) 같은 사람은 '성경의 반석' 밖에서 활동했다. 하지만 우리의 경우 흐룬 판 프린스터러가 알라르트 피어슨(Allard Pierson)의 지원을 받았고, 더불어 칼빈의 위상도 알라르트 피어슨을 통해 이 땅에서 영광스럽게 회복되었다.

포스터(Forster)의 학교정책(schoolpolitiek)은 이 나라에서 우리에게 모범이 될 수 있었다. 그리고 나의 동기동창인 레이던 출신의 레이 경(Lord Reay)의 주선으로 이뤄진 포스터, 다른 잉글랜드 정치인들과의 만남은 여전히 나의 공감이 유지되게 만들었다. 내가 몇 번이나 느꼈던 것은, 만일 내가 잉글랜드 시민이었다면 글래드스턴의 열렬한 지지자가 되었을 것이며, 반대로 글래드스턴이 우리나라에서 그의 일생을 보냈다면 의심의 여지없이 흐룬의 지지자가 되었을 것이라는 점이다. 나는 프리토리아(Pretoria)로부터 잉글랜드의 크루허(Kruger)와 듀 토이(Du Toit)의 트란스발 대표부(Transvaalsche Deputatie)를 도와달라는 요청을 받았을 때, 이 사실을 더욱 강력하게 확인했다. 나는 베일레르츠 판 블록란트(Beelaerts van Blokland)와 함께 런던으로 가서, 몇 주 동안 보어인(Boeren)의 거의 신성하다고 할 만한 사안을 끝까지 변호하며 도울 수 있었다. 그때도 글래드스턴은 내 마음에 전적으로 공감하는 사람이었다. 트란스발의 스피 츠코프(Spitskop)가 가한 기습공격이 잉글랜드에게 정말 놀랄만한 방법으로 저 항하는 보어인들에게 힘을 주었음을 사람들은 기억한다. 글래드스턴은 당 연히 먼저 잉글랜드의 이익을 챙기기 위해 부름 받았지만, 그러함에도 따 뜻함이 있었다. 결론적으로 대표부는 글래드스턴이 제공한 것으로 풍성하 게 프리토리아에 있는 집으로 돌아갈 수 있었다.

나는 그 당시 거의 매년 잉글랜드에 가곤했다. 길드홀(Guildhall)의 얀 아 라 스코와 성 마르틴 르 그랑데(St. Martin Le Grand)의 왈롱(Walloon) 교회에 대한 연구가 나를 그곳으로 인도했다. 레이 경이 사전을 소개해줘서 나는 런던, 옥스퍼 드, 케임브리지에 머무는 동안 더욱 풍요로운 정치적이고 문학적 즐거움을 누렸다. 독일의 슈탈(Stahl), 폰 게를라흐(Von Gerlach) 그리고 다른 반혁명주의자 들이 보수주의 진영에 너무 강하게 기울수록, 16세기와 17세기의 칼빈주의 적이고 장로교회적 활동에서 기원했던 잉글랜드에서의 정치적 공감이 점 점 더 나를 끌어당겼다.

글래드스턴이 사망한 후에 일어난 심각한 변화를 나는 엄중하게 느꼈다. 보수당이 정권을 잡고, 보어 공화국을 파괴하고 멸망시키겠다는 음모가 공 개되었다. 1898년에 미국에 머무는 동안, 만일 전쟁이 일어나면 체임벌린 이 맥킨리(McKinley)의 중립성을 보장하기 위해 워싱턴에서 어떻게 할지를 들 었다. 그리고 전쟁이 터졌다. 남아프리카 안에 있는 네덜란드 기원의 두 국 가는 파괴되었고, 나는 우리 모든 국민과 함께 네덜란드 혈족에게 가해진 극심한 불의를 뼈저리게 느꼈다. 체임벌린 내각은 전복되었지만, 글래드 스턴 방향의 내각으로 대체되지 않았다. 대신 글래드스턴의 기억을 배 밖 으로 던져버린 애스퀴스(Asquith)의 통치 아래 있는 정부로 이어졌다. 얼스터 (Ulster)에서는 다시 부활하는 장로교주의자들을 무력으로 위협했고, 보타(Botha) 에서는 남아프리카에서 체임벌린의 지배를 계속할 사람을 발견했다. 이에

반혁명 국가학 || 적용

대해 잉글랜드나 스코틀랜드의 장로교인들은 그 어떤 저항의 낌새도 보이지 않았다.

이제 대영제국의 장로교주의가 어떻게 독립적인 정치적 의미를 모조리 잃어버렸는지 명확해졌다. 글래드스턴 아래에서 그렇게 강력하게 잉글랜드로 끌렸던 더 고귀한 원칙의 강력한 열정은 10년도 채 되지 않아 완전히 가려졌다. 이미 레이는 죽고 푸리에(Fourie)가 총에 맞은 후였다. 보어 반란(Boerenopstand)의 영웅인 크리스티안 드 베트(Chrisitian de Wet)가 감옥에 구금되었다. 이 모든 일이 스스로 자유당이라고 부르며 여전히 장로교 혹은 청교도적 지지를 받는 정부 아래에서 일어났다. 이렇게 대영제국은 전환되고 반혁명당은 절대적 반대 명제가 되었다. 그리고 우리가 우리의 원칙과 과거를 부정하지 않는 한, 우리 반혁명당은 바다 건너 대영제국에서 지원과 공감을 찾을 수 없다. 대영제국에서 승리한 것은 프랑스적 급진주의이다.

§37. 독일의 반혁명주의자들

독일에서는 이에 대한 보상을 전혀 발견할 수 없다. 물론 슈퇴커(Stöcker)의 등장에 나는 따뜻한 공감을 느꼈다. 그러나 내가 그를 몇 번이나 내 가슴에 묶었던 것과는 달리 그는 일반적 의미에서 정치적 입장을 취하지 못했다. 그는 사회적 영역에서 열정적이고 단호하게 등장했지만, 그의 사회적 정책은 너무나 허공을 치는 것이었으며 일반적 정치 분위기를 조성하지 못했다. 그래서 우리는 그의 노력에 동참할 수 없었다.

보수주의자들의 힘을 구성하는 귀족당(Junkerpartei)과 농민들(Agrariërs)은 점점 더 슈탈의 정치적 의지를 부정했다. 폰 비스마르크(Von Bismarck)가 정치적으로 등장하여 국제적 영역 전체에서 독일의 세계적인 중요성을 강화하는 활동을 했다. 비록 그가 공개적으로는 "우리 독일인은 하나님만을 두려워하고 그 누구도 두려워하지 않는다"라고 고백했지만, 그의 정치적 행로에 흐르는 종교적 정맥은 정치적 색채가 진하게 물들어 있었다. 5월 법안에서 그는 교회의 자유를 공격하는 대담한 행동을 했다. 그가 획득한 엄청난 결과에 대한 그 모든 감탄에도 불구하고 그는 우리 반혁명주의자들로부터 그 어떤 정치적 협력도 불러일으킬 수 없었다.

독일에서 부활한 '개혁주의자들'(Reformisten)이 나를 찾아와 그들 가운데 행동하기를 원했다. 그렇지만 그들의 학교 전략, 모든 정치적 간섭의 회피, 그리고 그들의 빈약한 칼빈주의는, 그들과 합류하려고 할 때 나에게는 너무 적은 약속을 보장하는 것처럼 보였다. 바르멘(Barmen)과 엘버펠트(Elberfeld)에서는 훨씬 더 유리한 전망이었지만, 라인란트(Rijnland)에서 일어난 행동의 관계는 독일적이면서도 너무나도 특이했고 원리적으로 너무 약했으며, 일반적으로 너무 광범위했다. 그래서 나는 손해를 보지 않고 가까운 상호관계를 가지려 했다.

일반적으로 개신교 요소와 특별히 종교개혁에는 독일의 로마 가톨릭 중앙당을 정말 강하게 만들었던 그런 것이 전반적으로 부족했다. 그래서 독립적 정당으로 행동할 용기가 없었다. 따라서 클라이스트 렛초우(Kleiszt Retzow)와 폰 게를라흐와 같은 더 단호한 남자들이 중앙당에 가입하려고 요청했다는 것은 이해할만하다. 그러나 이것은 또한 그 자체로 잘못되었다. 슬프게도, 슈탈이 독일에서 반혁명당을 강력하게 구성하기 위해 개입을 시도했지만 실현되지 못했다는 것을 고백해야 한다. 독일에는 우리의 사상적 동지들과 우리의 독립 정당 위치를 부러워하는 수 천 명의 개인이 있었다. 그러나 그들은 독립적 구성에 미치지 못했고 그 일이 이루어질 것이라고 전망조차 할 수 없었다.

스위스에도 미래에 대한 희망이 별로 없었다. 프랑스어권 주에서는 프랑스에서 일어나는 일이 반복될 뿐이었고, 이탈리아어권 주에서는 인구가 너무 적어 독립 정당이 위치를 차지하지 못했다. 독일어권 주들에서는 자기 원리를 가장 중요시하는 로마 가톨릭적 흐름을 통해, 개신교회에서는 독일 신학이 종종 프랑스의 정치사상과 관계를 맺어 칼빈주의의 재생이 닫혀 버렸다. 그것이 칼빈 100주년에 드러났다. 스위스 일부에서 과거의 영광을 말했지만, 그들의 모든 연설에서 표명하는 바는 제네바 사람의 전통과 함께하는 영적 동질성이 없었다. 여기에서 종교와 정치는 거의 완전히 분리되어 있었다. 칼빈의 흔적에서는 정치적 행동에 관한 그 어떤 희미한 암시도 없었다.

§38. 로마 가톨릭 국가들

물론 로마 가톨릭이 주도하는 국가에서는 칼빈주의의 부흥을 말할 수 없었다. 그러나 독일 중앙당의 활동은 확실히 생각할 것이 있었다. 중앙당이 목표한 것은 특별히 독일적인 혹은 배타적인 교황적 운동이 아니라, 특별한 것에서 일반적 기독교 원리로의 매우 확실한 하강이다. 다시 말해, 우리나라처럼 개신교회와 로마 가톨릭 교회의 협력으로 이끌 수 있는 것이었다. 그러나 이와 관련해 이탈리아, 스페인, 포르투갈, 심지어 벨기에에서도 어떤 명확한 징후가 없었다. 이탈리아는 옛 왈도 파가 스페인과 포르투갈의 몇몇 개신교인들처럼 급진주의에 맹세했다. 그에 비해 로마 가톨릭 교회는 결정을 교회국가의 교황에게 의존했다.

벨기에에서는 작은 개신교 집단이 하나같이 급진주의에 동참하지 않고 부분적으로 성직주의자들에 합류하는 현상이 명확하게 나타났다. 그러나 거의 30년 동안 정부를 손아귀에 넣었던 성직주의자들은 근본적으로 반혁명 정책을 채택하지 않았음이 분명하다. 알려진 바와 같이, 1831년에 벨기에에서 제정된 헌법은 여전히 자유당 정치가들에게 모본으로 남아 있다. 성직주의자들은 거의 30년간 정부를 통치했지만, 더 고귀한 원리를 향한 급진적이고 혁명적인 정치로 바꾸려고는 생각조차 하지 않았다. 벨기에 성직주의자들과 많은 대화를 나누어 보았을 때, 나는 그들이 독일 중앙당의 글을 신뢰하지 않음을 발견했다. 심지어 그들은 흐룬 판 프린스터러의 글에 관해서나 그의 이름조차 알지 못했다. 그러하기에 벨기에에서 정치 원리에 관해 반혁명당이 자발적으로 등장하는 것은 어렵도 없는 일이었다. 실제로 사람들은 특히 학교 문제에서 기독교 국가라는 건물의 기반까지는 흔들지 않는 바람직한 선에서만 움직였다. 사실 벨기에는, 우리가 반혁명주의자로서 무르데이크 위쪽 네덜란드에서 무언가를 하고 있었는데도 이를 이해하지 못하고 있었다.

§39. 러시아

지난 세기 전반기에 네덜란드는 차르 제국(Czarenrijk)과 매우 끈끈한 교감이 있었다. 카자흐스탄인이 먼저 와서 우리의 해방을 도왔다. '여군주'(grootvorstin) 안나 파울로나(Anna Paulowna)는 많은 공감을 얻었다. 표트르 황제(Czaar Peter)에 대해서는 여전히 흥미로운 기록이 남아 있다. 페트로그라드(Petrograd)의 우리 네덜란드 식민지는 여전히 우리 북부 지방과 활발한 관계를 유지하고 있었다. 우리나라는 러시아 증권을 최고의 기금 중 하나로 가지고 있었으며, 그 가치는 크게 상승했다. 프랑스 혁명원리가 차르 제국에서와 같은 반감과 저항을 다른 어디에서도 만난 적이 없다는 것은 잘 알려져 있다. 비록 그리스 정교회는 황제교황주의(Caesaropapistisch)이지만, 교황적 압제에 대항하여 지원을 제공했던 것은 교회적 공감을 불러일으켰다. 우리는 러시아와 관계를 끊지 않았다. 이런 관계에서도 점차 매우 눈에 띄는 변화가 일어났다. 평화회의에 대한 차르의 주도권이 일시적으로 강한 면모를 보였지만, 성격 급한 그가 너무 빨리 포기하여 그의 위대한 계획은 완전히 좌초되었다. 게다가 핀란드가 바랐던 방법이 해를 끼쳤고, 반복해서 자유를 갈망하던 요소들에 대항하는 움직임이 있었다. 그로 인해 많은 사람들의 공감이 식었다. 일찍이 사망한 마르턴스(Martens) 박사가 네덜란드와의 유대를 매우 단단히 매었지만, 네덜란드와 러시아가 지난 세기의 30년 동안 맺었던 것과 같은 관계는 더 이상 이루어지지 않았다.

§40. 미국

우리 반혁명당의 가장 강렬한 애정은 여전히 북미를 향하고 있다. 여기서 칼빈주의가 완전한 발전을 계속했고, 일반은총이 완전한 영광을 누리고 있다. 국가와 교회가 분리되었고, 재정을 완전히 스스로 책임지며, 더불어 모든 교회적인 것이 완전한 독립을 통해 번성하고 있다. 그 어떤 나라에도 기독교, 교회, 교회 밖 활동이 연방(de Unie)에서처럼, 그렇게 양쪽 모두에게 존경받고 열광적인 나라는 없다.

이 책의 I권에서 이에 대해 필요한 모든 것을 말했기 때문에 더 이상의 설명은 필요 없을 것이다. 단지 사안의 성격이 연방에는 독립적 반혁명 정당의 창설이 전혀 해당되지 않는다는 것이다. 공화당원은 본디 반혁명당이 의미하는 바를 정확히 제시했다. 그리고 본래의 사상적 기조로 볼 때, 오늘날의 공화당원이 많은 점에서 경제적으로 부유한 자들로 기운다는 것은 솔직하게 인정하지만, 그러할지라도 우리는 공화당원을 우리의 역사적 동류로서 존중한다.

"우리의 정강"이 빛을 본 1878년 이래, 많은 변화가 있던 해외의 상황에 대한 이 짧은 개요는 여전히 네덜란드에서만 '불신앙과 혁명'의 원리에 반대하는 개신교 반혁명당이 조직되었다는 것이다. 불신앙과 혁명에 대한 우리의 투쟁은 이 시대정신에 대항한다는 점에서 로마 가톨릭 측의 입장과 동일 선상에 서 있다. 그리고 모든 나라의 많은 신앙고백자들은 우리와 정치적 영역에서 동질이다. 우리나라에서 독특한 것은 우리가 우리의 과거, 곧 우리 국민을 존재하게 한 칼빈주의적 기원 덕택에 보수주의 안에서 국민을 화석화시키지 않았고 1789년의 거짓된 민주주의에서 길을 잃지 않도록 하는 고립된 개신교 정당의 등장을 보았다는 사실이다.

§41. 프랑스의 급진주의

프랑스와의 관계는 긴장될 수밖에 없었다. 군주제가 공화제를 위한 자리를 만들었기 때문이 아니다. 우리나라는 공화국 자체였고, 공화국이 되어가는 형태에서 유럽 역사에서 가장 아름다운 역할을 완수했다. 적어도 여기에는 정부 형태가 결정적이지 않다. 우리는 공화국 정부 형태를 선택한 미국을 정치적 의미에서 가까운 친척이라고 느낀다. 칼빈주의자는 제네바에 군주제가 없었고, (우리가 그렇게 표현할 수 있다면) 칼빈 자신이 공화주의자로 살았다는 것을 결코 잊지 못한다.

우리가 프랑스 정부형태와 결코 화해할 수 없는 이유는, 프랑스의 움직임이 처음에 루소(Rousseau)가 표시한 두 고정된 점을 잇는 직선 위에서만 이루어지고 있다는 사실과, 그 선이 정확히 불신앙과 혁명이라는 사실에 있다. 비록 처음엔 나폴레옹이, 그리고 후에는 다시 돌아온 부르봉(Bourbons) 왕가와 오를레앙(Orleans) 가문이 당통(Danton)과 로베스피에르(Robespierre)에 대한 혐오를 불러일으켰지만, 그것은 도를 넘어섰다. 나폴레옹뿐만 아니라 부르봉 왕가와 오를레앙 가문은 평민의 권력 장악을 완화하고 경계하는 데 관심을 가졌지만, 1789년과 1795년에 숭배되었던 원리에 반하는 적극적 출발점을 만드는 데에는 소홀했다. 나폴레옹은 전쟁으로 대중의 정신을 불안하고 산만하게 했기 때문에 원리 영역에서는 덜 문제가 되었다. 부르봉 왕가는 그들이 생각한 것보다 훨씬 더 많은 반작용을 일으켰지만, 그 반작용을 그들 가문의 명예와 그 울타리를 설치하는 데 집중시켜 국민의 힘이 침투하지 못하게 했을 뿐, 혁명이론에 대항하는 국가이론과 자기만의 기반을 구축하는 것에는 관심이 없었다. 그래서 부르봉 왕가는 1830년에 이미 대중의 영향과 충돌했고, 좀 더 관대한 오를레앙주의자들을 위한 장을 준비해야 했다. 그럼에도 불구하고 오를레앙주의자들은 프랑스를 더욱 혼란스럽게 만들었다. 그들은 경제영역에서 주인이 되기 원했다. 그들은 원리가 아니라 금(金) 위에 토대를 마련하려 했다. 그들은 부유한 중산층과 자본가들을 얻었지만, 신자들과 민주주의 집단을 소외시켰다. 그들은 부르봉 왕가 같은 왕조적 정책이 아니라, 삶의 물질적 측면에 도움이 되는 정책을 추구했다. 그들은 18년 동안만 정부를 통치하고서 사라졌다.

그후 공화정 정부형태가 다시 세워졌지만, 그 형태는 매우 약해서 4년 뒤에 나폴레옹 3세가 제국을 소환하게 했다. 이 제국이 1870년에 전복되자 비로소 혁명 공화국이 강베타(Gambetta) 아래로 돌아왔다. 이 제국은 티에르(Thiers)와 맥 마혼(Mac Mahon) 치하에서 처음에는 완만한 걸음으로 나아갔으나, 곧 고삐를 풀어 미끄러졌고 점점 더 급진적인 흐름을 취했다. 당시 보수당은 한동안 급진주의의 영역에 진지하게 도전했다. 그러나 보수주의는 혁명 원칙을 고수했기 때문에 매 새로운 선거에서 의회 의석을 빼앗길 수밖에 없었다. 결국 보수당은 급진주의에 통합되었고 이내 반박의 여지없는 급진주의의 승리로 이어졌다. 이후 프랑스에서 이 급진주의는 더 이상 아무것도 두려워할 것이 없었다. 이런 현상은 급진주의와 교회의 관계를 깨뜨렸다. 모든 교회의 봉급 체계를 폐지하고 교회 건물을 임의로 소유했으며, 기

반혁명 국가학 || 적용

독교 학교를 억압하고 자유대학으로부터 모든 권위를 박탈, 성직자주의를 완전히 타도한 후에 진짜 혁명적 요소가 오랫동안 미뤄왔던 승리를 거두도록 했다. 파리를 제2의 바빌론으로 보는 다 코스타의 시적 평가는 지배적 원리에 관한 한 점점 덜 모순되는 것으로 판명되었다.

그 다음으로 온 것은 당통의 분별없는 광기나 로베스피에르의 환상이 아니었다. 그것은 더 견고하게 결합되고 더 명료하며, 실제로 더 정교한 것(또는 체제)이었다. 그러나 불신앙과 혁명에 관련된 흐룬의 격언에 따르면, 그것은 의심의 여지없이 1789년의 정신이 여전히 정신적 지도력을 유지했고 심지어 명백한 지배력을 갖기까지 했다. 리보(Ribot) 조차도 비비아니(Viviani)[15]와 함께 푸앵카레(Poincare) 내각에 자리를 잡았다. 비비아니는 한때 정치적으로 아름답게 빛났던 하늘의 별들이 이제 영원히 사라진 의회에서 갈급하게 외치는 사람으로 남았다.

§42. 실망

프랑스가 우리에게 안겨준 실망은 이로써 끝났다. 칼빈의 추종자로서 우리 국민성에서 일방적으로 게르만성을 완화시키면서 프랑스의 다양성을 취하는 것보다 우리에게 더 적합하고 좋은 것은 없었을 것이다. 이미 부르고뉴인(Bourgondiërs) 중에서 첫 번째 싹이 텄고, 우리 언어에서도 프랑스적 요소의 혼용이 명백하다. 그렇다고 해서 우리나라 말에서 프랑스식 어법을 모두 금지하려는 것은 아니다. 기쁨(pleizie, 플레지어르), 우산(parapluie, 파라플뤼이), 주(provincie, 프로빈시), 과일(fruit, 프라위트) 등과 같은 단어는 의미의 변화를 통해 우리 언어를 풍성하게 했다. 스위스-독일어와 우리 네덜란드어 간의 관계는 고지대 독일어(Hoogduitsch)[16]와 달리, 저지대 독일어(Nederduitsch)[17]가 프랑스식 혼합(inmengsel)을 통해 존속한다는 것을 보여준다. 칼빈주의가 프랑스를 지배했더라면, 그를 통해 우리 국민에게 침투한 라틴어계의 다양성이 아마도 우리를 풍요롭게 만들었을 것이다. 하지만 그렇게 될 수 없었다.

성 바르톨로메오의 밤은 우리에게 위그노를 선물했다. 이는 자연스럽게 프랑스와의 단절을 가져왔다. 18세기 말에는 더 바람직한 의견의 일치가 이루어질 수 있었다. 그러나 루이 14세와 15세의 정복 욕망이 잠잠해졌을 때, 프랑스 혁명이 우리나라의 칼빈주의와 프랑스 정치 사이의 간격을 더욱 벌렸다. 프랑스의 비정치적 영역에서 여전히 우리를 매료시키는 우수한 세력에 대한 모든 감사와 많은 개인적 은사와 재능에 대한 높은 평가에도 불구하고, 반혁명 정신은 원칙적으로 우리나라가 프랑스 정치사상 안에서 표류하는 것에 맞서지 않을 수 없다. 우리 칼빈주의자들이 의도하는 것과 프랑스 정치를 이끄는 사상 사이의 근본적 대립은 1795년 이후에 둔화된 것이 아니라 오히려 더 날카로워졌다. 칼빈주의와 지금도 센 강의 도시(Seine-stad)에서 승리하고 있는 프랑스 급진주의는 하나가 될 수 없다.

제2장

오란녀의 주권

§1. 주권 문제

"우리의 정강" 제2조에 보면 반혁명당은 두 가지를 고백한다. 첫째, 국민과 국가에 대한 모든 주권은 하나님께 있다. 둘째, 이 주권에서 파생된 네덜란드의 최고 권위는 오란녀 왕가에 있다. 첫째 부분은 이 책의 Ⅰ권에서 충분히 다루었다. 그러므로 여기서는 오란녀에게 주어진 파생된 주권에 대해 짧게 설명하겠다.

하나님 외에 어느 누구도 주권을 주관할 수 없기 때문에 주권은 오직 전능자에 의해서만 수여될 수 있다. 이것은 직접 혹은 간접적으로 일어난다. 에덴동산에서 아담이 가졌던 주권은 직접 받은 것이다. 아담은 중개자 없이 직접 명령을 받았다. "땅에 충만하라, 땅을 정복하라, 그리고 땅에 있는 모든 것들을 다스리라"(참고 창 1:28). 비록 사무엘은 하나님의 결정을 전하는 전달자였지만, 이와 관련해 모세가 떨기나무 가운데서 부름 받음과 다윗의 부름 받음도 부분적으로 동일 선상에 놓일 수 있다. 시편 2편 6절에 따르면, 하나님 나라에서 그리스도에게 왕권을 위임하는 일은 직접 일어났다. 반면에 역사의 과정에서 그리고 일반적으로, 명령은 오직 '간접적으로' 주어졌다. 섭리적으로 어떤 사람, 어떤 집안, 어떤 대학, 그리고 국민 자체도 하나님의 직접적인 개입 없이 최고의 권위를 소유할 수 있었다. 어쩌면 폭력이라는 활동을 통해 가장 높은 권위자의 정복이 일어났을 수 있다. 최고의 권위는 상속되고 양도될 수 있다. 또한 그것은 국민에 의해 이양될 수도 있고, '겉보기에' 국민에 의해 제공될 수도 있었다.

그러나 어떤 식으로든 두 단계 사이의 인간의 질서나 인간의 행동에서 최고의 권위가 흘러나오는 근원은 항상 하나님 자신이며 그렇게 유지된다. 여기서 인간은 도구로 섬길 뿐이다. 왕은 항해하는 함대의 최고 권위를 함장에게 부여하는데, 이 권위가 날인된 서류는 대체로 직분자를 통해 만들어지고, 봉인되어 아랫사람을 통해 함장에게 건네질 수 있다. 왕은 단지 서명만 할 뿐이다. 하지만 직분자와 사신이 단지 도구로 섬기기만 했다는 사실은 변하지 않는다. 또한 왕의 권한과 권위가 오직 왕의 뜻과 결정에 의해서만 지정된 범위 내에서 함장에게 이양된다는 사실은 분명하다. 경과는 세심하게 조율되고 형식적으로 통합될 수 있다. 그래서 최고 권위의 명령과 위임이 조금의 장애 없이 완성될 수 있다. 하지만 거기에는 또한 불규칙성이 개입될 여지가 남아 있다.

§2. 오란녀에게 이양

후자는 1813년 당시 오란녀 군주가 주권군주(Souverein Vorst)로 등극한 경우, 또는 1815년 헌법의 표현 방식으로 스스로 머리에 앉은 경우에서 볼 수 있다. 1813년 이전 짧은 기간 동안 이 땅의 최고 권위는 프랑스 황제에게 있었다. 나폴레옹이 이곳에 최고 권위를 얻기 전에 루이 나폴레옹(Lodewijk Napoleon)이 몇 년간 왕으로 다스렸다. 그가 최고 권위를 수행하기 이전에는 1789년, 헌법에 따른 혁명 시기가 있었다. 1795년 최고 권위자의 등장에 우리는 그들의 주권을 열망했고, 의회(Algemene Staten)의 측면 지원을 받았다. 1747년 이후에 오란녀 군주인 빌럼 4세와 그의 후계자 빌럼 5세로 이어진 세습 총독직(Stadhoudersschap)은 지방 주들의 지지를 받았다. 그래서 1813년 11월 17일에 나폴레옹 황제의 권위가 무너졌을 당시, 스스로 주권을 주관할 사람도 단체도 분명하지 않았을 당시, 그들은 오란녀 군주에게 주권을 넘겼다. 이것이 최고 권위에 관한 규정을 준비하지 않은 채 실행된 것임에도, '실제' 상황이라는 것에 대해서는 어떠한 의심도 제기되지 않았다.

1789년과 1795년 이후에 일어난 일로 인해 국민 가운데에서 복종에 대한 열망, 곧 전국적으로 최고 권위를 강력하게 행사할 필요성이 생겨났다. 역사적 관점에서 볼 때 거의 모든 사람에게 오란녀 군주는 백성이 스스로 복종하기 원하는 사람이었다. 잉글랜드에서 급히 귀국한 군주는 피폐해져 의지할 데 없는 나라를 홀로 내버려둘 수 없다는 소명을 느꼈다. 여기에 호헌도르프(Hogendorp)의 판 드르 다윈(Van der Duyn)과 판 림부르흐 스티륌(Van Limburg Styrum)의 영웅적 요소가 개입되었다. 이 영웅들은 거스를 수 없는 열망 아래 자신이 주도하여, 곤란한 상황에 빠진 국민으로 하여금 오란녀 가문에서 그들이 생각하고 느끼는 꼭 필요한 지도자를 찾도록 했다.

법적인 측면이 나중에 15년 동안 분리된 것을 거의 마법처럼 얽어맨 실을 발굴한 것은 법적으로는 가치가 있었을 수 있지만 증거로는 충분하지 않았다. 형식상 세습 총독 직에는 주권적 권위가 없다. 지주가 지주 소유의 땅에 사는 농부에게 그를 이어 아들과 손자가 농사를 계속 짓는다는 조건으로 땅을 돌보도록 맡기지만, 여기에는 적어도 소유권의 이양은 없다. 1572년에 우리나라에서 반란이 일어났을 당시, 이 나라의 최고 권위는 스페인 왕에게 있었다. 그리고 그의 총독들은 일감을 준 자에게 책임을 다하기 위해 그분의 이름으로 최고 권위를 행사했다. 아직도 빌헬무스에서는 "나는 항상 스페인의 왕을 섬겼다"라고 고백한다. 군주가 종교에 대항하여 하나님을 대적하는 곳에서, 군주보다 하나님에게 가장 높은 경외심을 부여해야 한다는 의무감이 반란과 함께 필립(Philips)의 포기를 불러일으켰다. 그리고 그때 이후 자신의 최고 권위자에 대한 지방의회(Staten-Provinciaal)의 엄격한 감독과, 의회를 격상시켜 국민단결을 추구하고 오란녀에게 영감을 주는 상징을 발견하려는 대중의 욕구 사이에 처참한 싸움이 일어났다.

§3. 정부와 오란녀

이것이 공식적으로 지방의회가 상대적 독립성을 유지했다는 것과, 세습 총독에게 그들의 주권을 이양한다는 것에 대해 공식적으로 문제가 된 적이 한 번도 없다는 사실을 바꾸지는 않았다. 그렇게 그것은 두 흐름 사이의 싸움에 남아 있었다. 공식적으로 막다른 흐름은 계속해서 통치자들의 파벌에게 주권을 부여했지만, 국민의 삶은 그와 반대로 흘러갔다.

상퀼로트들의 외침으로 인해 사람들은 계약사회에서 길을 잃었다. 썩은 열매가 매우 쓴 맛을 내기 시작하자 사람들은 프랑스의 멍에와 의상을 벗어 던지고, 희망한 대로 오란녀 아래에서 더 나은 미래를 기대했다. 그 결과로 모든 높은 권위가 이전 권력자들에게서 빠져나갔고, 공식적 해결을 통하지 않은 채 역사의 사실을 통해 오란녀에게 이양되었다. 그리고 오란녀가 이를 받았다. 최고의 권위를 오란녀에게 이양하기 위해 착수한 논증은 빈약했다. 역사에서 말씀하시는 하나님을 이해하는 사람에게는 오란녀 가문의 주권뿐만 아니라, "하나님의 은총으로"(bij de gratie Gods)도 마찬가지였다. 이것은 권위에 대한 국민의 존경심과 국민의식을 고양시키기 위해 그 어떤 반박도 허락되지 않는 것이었다.

또한 그때 정부 기관의 이양에 관한 공식 문구가 마련되어야 했다. 고려된 해결책으로 우선 1814년에는 "'네덜란드 연합의 주권은 존재하며' 위임되고 있다"라는 문구가, 그리고 1815년에는 "'네덜란드의 왕위'가 존재하고 위임되고 있다"라는 문구가 마련되었다. 또한 누가 왕가의 시조(始祖)로서 자격이 있는지를 확정하기 위해 1747년으로 되돌아가기도 했다. 그러나 사법적 논증을 위한 강력한 힘은 다른 것처럼 어느 하나에 숨어 있지 않았다. 큰 저명인사 모임(Notabelenvergadering)도 과거와의 연결고리를 줄 수 없었다. 법률적으로 인증된 출생증명서로 상황의 중대한 변화를 만들기 위해 어떠한 영리함을 발휘했든, 당시 오란녀 군주가 이를 통해 국민의 마음을 얻은 것은 아니다.

§4. 열망의 기원

국민이 오란녀 군주의 등극을 환영했던 열망은, 한편으로는 프랑스의 멍에 아래에서 모든 계급과 지위의 우리 국민이 받은 고통과 불행을 기억하고 공감한 것과, 다른 한편으로는 완전히 반대로 16세기의 위대한 오란녀 군주들에 의해 네덜란드가 가졌던 영광을 기억한 데에서 기인한다. 자그마한 네덜란드가 반세기 이상 세계 시장을 주도하고 바다의 통치자가 되었던, 과거 우리나라의 매우 예외적인 강성함과 1813년 이후의 약소함의 대조가 국민정신에 마력처럼 작용했다. 빌더르데이크가 "홀란트가 다시 성장하고 홀란트가 다시 번성하며, 홀란트라는 이름이 다시 복원되고 있었다"라고 한 말은, 당시 사람들의 마음에 있던 것을 정말 정확히 표현했다. 이는 특히 플란데런 지역이 네덜란드의 통치권 아래 들어오고 17세기의 정치적 풍부함이 다시 살아나는 것 같았을 때에 그러했다.

그런데 그것이 잘 되지 않았다. 네덜란드가 과거의 영광을 다시 찾을 것이라는 기대는 유럽 정치생태의 왜곡된 권력 관계에서 실망으로 끝날 수밖에 없었다. 또한 1848년 벨기에와의 합방이 무산된 후로 더 많은 사람들의 마음에 오란녀에 대한 분노가 치솟았다. 사실 1813년에도 군주들의 반대는 있었는데, 당시에도 여전히 비굴했던 그들은 자기수치심으로 침묵했다. 반대로 국민 가운데 동정심이 있는 주도적 사람들은 오란녀가 스헤버닝언(Scheveningen)의 해안에 다시 입항할 때 한소리로 환영의 노래를 불렀다.

§5. 다윗의 왕권

여기서도 다윗의 시대와 같았다. 왕위 요구자와 백성 사이, 특히 다윗의 영웅적 업적으로 인해 그런 연합 정신이 생겨났는데, 먼저는 유다 남성들이, 나중에는 이스라엘 모든 지파가 다윗을 왕으로 요청했고 왕관을 씌웠다. 사무엘하 5장 1-3절에 다음 사실이 아주 분명하게 명시되어 있다. 이스라엘 지파들이 헤브론에서 다윗에게 왔고, 이스라엘의 장로들이 그와 언약을 맺어 왕으로 삼았다. 그 남성들이 다윗을 왕으로 기름 부은 자들이었다. 처음에는 사무엘이 기름 부었고, 다음에는 헤브론에서 이스라엘의 장로들이 그렇게 했다. 왕은 하나님의 부름을 받았다고 느꼈고, 그와 언약을 맺은 모든 백성도 하나님께서 다윗을 자신들에게 왕으로 주셨다고 느꼈다. 백성의 열망과 의지의 표현은 유동적 특징을 지녔다는 점에서 불확실성을 내포하고 있었다. 사무엘하 2장 4절의 "유다 사람들"은 합법적으로 시행된 일반 선거권이라는 힘을 가진 투표권자가 아니라, 사무엘하 5장 3절의 "이스라엘 모든 장로들"로 표현되는 것처럼 유다의 "장로들"로 추정된다. 당시에는 부분적으로 유기적 부족관계가 유지되고 있었기 때문에, 자연스럽게 모든 부족, 모든 가문, 모든 가족의 대표 역할을 할 권리를 가진 남성들이 임명되었다.

다윗은 이 장로들과 언약을 맺었다. 다윗은 장로들에게 자기 자신을 맡기지 않았다. 그는 사무엘의 부름과 기름 부음에 근거하여 하나님의 명령에 담긴 힘에 의해 그들의 왕이 되려 한다고 주장하지 않았다. 그는 사무엘의 부름과 기름 부음에서 유추해 하나님의 소명 의식을 가졌고, 그래서 담대하게 권위를 자신에게 부여했다. 그렇지만 그것은 언약이라는 방식을 통해 그들이 다윗의 왕 자격을 인정할지 말지를 결정하는 백성의 권리를 배제하지 않았다.

§6. 그처럼 여기서도

1813년과 1814년에 우리나라에도 똑같은 현상이 나타났다. 오란녀의 빌럼 왕은 과거의 힘을 입고, 자기 가문과 함께 왕이 될 자격이 있는 자로 부름 받은 왕이라는 사실을 조금도 의심하지 않았다. 경쟁자도 함께 왕이 되고자 하는 자도 없었다. 어느 누구도 거론되지 않았다. 그렇지만 그 사실은 그가 그 자리에 이르기 위해 국민이 그를 받아들여야 한다는 사실을 배제하지 않는다. 당시에는 백성의 이름으로 행동할 수 있던 백성의 법적 대표가 존재하지 않았기 때문에, 자연스럽게 생기는 자발성에 의존하는 것은 당연한 일이었다. 그리고 이것은 용기를 내어 모든 국민의 이름으로 행동한 세 명의 고위 남성들로부터 시작되었다. 그들은 당시에 권한을 받거나 임명되지는 않았으나 전적으로 자신의 주도하에 정치적 전령 역할을 했다.

어떤 기념일에 성대한 연설을 해본 사람이 있을 것이다. 연설자는 모든 사람들이 연설에서 자기 이름이 불렸으면 하는 바람을 가지고 있다는 것을 알 것이다. 누군가 자신을 모든 감정의 통역자로 내세우고 발언대에 올라 모든 마음속에 있는 것을 큰 소리로 발언한다면, 자연스럽게 박수가 터져 나오고, 그 박수가 그의 발언을 확증할 것이다. 말하는 사람은 합법적 투표로 거기까지 이른 것이 아니다. 그냥 사람들이 그에게 기대했던 말이 무엇인지를 본능적으로 느꼈을 뿐이다. 바로 그 일이 우리나라의 정치 영역에서 일어났다. 옛 조직은 더 이상 존재하지 않았고, 새 조직은 아직 부족했다. 그럼에도 불구하고 사람들은 행동을 요구했고, 오란녀를 갈망한 국민의 마음을 관통하는 한 흐름이 있었다. 그때 '누가' 등장했는지는 중요하지 않았다. 다른 세 명이 될 수도 있었다. 그러나 이 세 사람도 해야 할 일을 자신의 주도권에 기초해서 훌륭한 방법으로 완수할 수 있었고, 그것을 해냈다.

§7. 저명인사

그것은 행해진 것을 진지한 회의에서 확증한 저명인사들과 다르지 않았다. 그런 대표하는 단체가 필요했다. 이 단체를 구성하기 위해 가장 분명한 형태가 선택되었다. 싫든 좋든 여전히 저항하는 파벌은 국민 정신이 아니라 꺼져가는 당파 정신만을 불어넣었다. 따라서 저명인사들이 진행한 회의의 구성이 어땠는지는 그리 중요하지 않았다. 어떻게 구성되었든 그 회의는 국민들의 지지를 얻었다. 중요한 것은 그들의 명령서에 담긴 글자가 아니라, 작은 당파를 제외한 모든 사람들에게 영감을 주었다고 느껴졌다는 사실이었다. 오란녀의 풍요롭고 아름다운 과거는 매혹적이었고, 1795년에 영웅들에게 일어난 슬픈 일은 국민의 마음을 괴롭혔다. 그 이유 때문에 모든 형식적 진행이 어떠했는지는 그렇게 중요한 것으로 여겨지지 않았다.

하나님의 섭리가 느껴졌다. 그 신정한 섭리는 시민의식이라는 형태로 표현되었고, 오란녀의 군주로 나타났다. 주권 군주와 이후의 왕이 자신의 존재는 하나님의 은혜에 의해 가능했다고 자신들의 칭호에 썼다는 사실은, 당시의 모든 정치적 의식에 명백한 확신으로 살아있었다. 톨런스(Tollens)가 "네딜란드 혈통"(Wien Neêrlandsch bloed)에서 "하늘 보좌 위에 계신 신성"이라고 노래한 것은 빌헬무스 판 나사우(Wilhelmus van Nassauwen)에 대한 온정의 표현이 아니었다. 그의 "네딜란드 혈통"에는 운문이 부족했는데, 톨런스는 부족한 운문을 "이상한 쓰레기에서 자유롭게"라는, 모든 사람의 자랑을 방해하는 것 같은 과장되고 요란한 표현을 사용해 보충하려 했다.

그러나 1813년 3월에 삼두정치가 우리나라의 국민들에게서 나폴레옹적인 추진기를 끊어버렸을 때, 왕뿐만 아니라 더 넓은 계층의 백성도 하나님의 은혜가 우리나라를 불행으로부터 끌어올렸던 순간을 경험할 수 있었다.

반역사적이면서 우리나라의 모든 과거와 반대되는 혁명운동의 특징은 이미 1798년 헌법에 구체화되어, 오란녀를 쫓아내려 했을 뿐만 아니라 오란녀와 분리되지 않으려던 빌더르데이크와 같은 사람을 국외로 추방시켰다. 이런 혁명운동의 특징이 1813년에 강력한 반작용을 가져왔다. 이 혁명주의가 가져온 것을 16세기와 17세기부터 지속적으로 울렸던 쇠하지 않는 영광에 비교할 수나 있겠는가?

§8. 16세기의 실수

오란녀에게 행했던 그런 배은망덕한 불의로 인해 국민의식 속에 양심을 꼬집으며 비난하는 무엇인가가 생겨났다. 그러한 역사적 순간에 죄책감이 자연스럽게 국민의식 속에 부활했다. 그로 인해 1813년에는 전 국가에서 (대도시의 케이전 파[18]는 예외) 과거의 죄를 속죄하겠다는 움직임이 생겨났고, 18세기 말 오란녀에게 가한 것을 따뜻한 열정으로 보답하려 했다. 16세기에 자행된 용서받을 수 없는 정치적 오류는 회복될 수 없었지만, 왕이 암스테르담으로 돌아오자 그 당시 무시되었던 것에 대해 두렵고 슬픈 느낌이 요동쳤다. 이 책을 읽는 사람은 어떠한 잘못과 부족을 뜻하는지를 알 것이다.

1579년에 위트레흐트 연합(Utrecht in Unie)으로 하나가 되고 1581년에 스페인 왕의 군주적 권위를 함께 폐했을 때, 그 어떤 '총독'도 생각하지 말아야 했음에도 즉시 필립의 자리에 빌럼을 군주로 앉혔다. 그를 백작이라 부르든 공작이라 부르든, 아니면 곧 왕이라는 칭호로 경의를 표하길 원하든 상관없었다. 네덜란드 연합은 군주제로 통치되었고, 전통적으로 그들의 백작이나 공작들의 지배를 받았던 작은 단위의 주(Staatjes)로 이루어졌다. 각 주에서 유효했던 영주의 주권은 점차 동일한 가문(Huis)에 부여되었고, 결국 카럴(Karel)과 필립이 직접 모든 지역의 통치자가 되었다. 이러한 사실 자체가 정부 형태를 바꾸지는 않았다. 형태는 군주제였고 그렇게 유지되었다.

1568년에 필립에게 반란을 일으킨 것은 연방제를 통해 군주적 정치형태를 대체하려는 의도가 아니었다. 그 반란은 오히려 당시 종교재판에서 나타난 종교적 학정에 대한 저항에서 비롯된 것이었다. 따라서 연방제 정치

형태로 넘어가게 된 최소한의 원인이나 동기도 존재하지 않았다. 만약 자유롭게 된 각 주가 새로운 백작이나 공작을 세웠다면 오히려 자연스러웠을 것이었다. 특히 추가 조항이 있었는데, 과거 부르고뉴(Bourgondiers)에서와 같이, 그리고 나중에 카럴과 필립의 경우와 같이 새로운 군주는 동시에 다른 나라의 군주가 되어서는 안 된다는 것이었다.

그 당시 우리나라에 필요했던 것은 국내 왕권, 곧 이곳 본토 가문(Huis) 출신의 군주이며 국민의 피가 섞인 자기 혈통의 소유자가 짊어질 왕권이었다. 역사의 논리는 오란녀의 빌럼이 필립의 자리에 앉기를 요구했다는 것이다. 그러나 그것은 정확히 그들이 원하는 것이 아니었다. 여러 지방의 주들은 필립이 붕괴함과 동시에 군주제 원리를 폐기했고, 앞으로는 주 자체가 주권을 갖고자 했다. 그것은 바로 올던바르너펠트(Oldebarneveldt)가, 곧이어 드 빗턴(De Witten)이 생각한 것이었다. 이 실책으로 말미암아 신앙의 자유를 위해 필립과 싸웠던 다양한 계급의 국민과 오직 권력 쌓기만 생각했던 주들 사이에 싸움이 촉발되었다. 따라서 칼빈주의자는 계속 개혁적 요소를 유지하고 오란녀를 계속 원한 반면, 에라스무스주의자(Erasmianen)와 항론파는 오란녀를 반대하고 주 정부를 선택했다.

그렇게 1581년 이후 우리의 정치적 관계를 오염시킨 정치적 쓰라림의 뿌리가 생겨났다. 오란녀 자신도 이에 자유롭지 못함을 모르는 체해서는 안 되었다. 군주는 막 시작된 거짓된 일에 동의하지 않아야만 했다. 이것은 나중에 마우리츠가 하나 하나 너무 심하게 개입하게 만들었다. 당시 군주인 프레더릭 헨드릭(Frederik Hendrik van Oranje, 1584-1647)과의 관계는 이미 상당히 많이 틀어졌다. 이 관계는 군주와 지방 주 사이를 잠정적으로 비교하기에 이르렀고, 그렇게 개혁교회의 성도들이 희생자가 되었다. '만약 우리가 타락한 총독직에 애쓰지 않고 처음부터 오란녀의 통치권에 의해 지배되었다면, 17세기 우리 조국의 역사는 얼마나 많이 달라졌겠는가'를 깊이 생각하는 사람은, 1581년에 용서할 수 없는 실수를 범했다는 것을 깊고 충분하게 슬퍼할 수 없을 것이다. 그리고 '만일 사람들이 치명적 결정을 내렸던 순간에 그 실수를 막을 방법을 알았더라면 우리 역사의 흐름이 얼마나 많이 달라졌겠는가'라고 마음으로 슬퍼하며 엉뚱한 생각을 하지 못할 것이다. 우리에게는 군주적 통치형태가 유일하게 생각할 수 있거나 가용한 것이라는 듯이 말해서는 안 된다. 미합중국이 보여주는 것처럼 연방 정부형태는 훌륭한 결과를 제공할 수 있다. 단지 지금처럼 필립이 축출된 이후, 지방 주 정당이 오란녀와 종교개혁 측에 대해 점점 더 반대하는 관계가 된 것은 분명하다. 먼저는 1795년에 그리고 그 뒤 1848년에 끝난, 화해가 불가능한 둘의 싸움으로부터 불행이 생겨났다.

§9. 1813년의 실망

안타깝게도 1813년에 너무나도 빨리 불안을 조장하는 실망이 뒤따랐다. 우리나라 초대 왕은 이미 오래된 반목이 되살아나는 것을 방지하기 위해 자연스럽게 그렇게 '되어야' 하는 것을 상대편(partijen) 위에 두려 애썼는데, 이것은 1789년의 원리를 절반 정도의 힘으로 작동한 것이었다. 1815년 1월에 교회를 다스리기 위해 내린 치명적인 왕실규례는 당시 개혁교회를 완전히 혼란에 빠뜨렸는데, 이는 곧 아프스헤이딩 교회에게 가해질 핍박의 전조였다. 벨기에 지역이 보인 행동 방식은, 우리에게서 다시 분리해 나가기 위해 먼저 프랑스의 도움을 받아 최상의 혁명적 행동을 기다렸다는 것 외에 다른 것일 수 없었다. 하설트(Hasselt)와 뢰번(Leuven) 전투는 군사적 성공이었지만, 우리에게 최소한의 국가적 영광만 주었을 뿐이다. 국왕의 두 번째 혼인은 추방을 가져왔다. 그래서 우리는 지난 40년 동안 절박한 상황에 직면했다. 불행하게도 1813년의 열정과 너무나 암울하게 대조되는 상황이었다.

필자처럼 1848년의 악한 시대를 살아보지 못한 사람은 그 당시 생겨난 왕권과 국민 사이의 불균형을 상상하지 못할 것이다. 그 속에 포함된 모든 결점에도 불구하고 1848년의 헌법 개정은 과거의 불안으로부터 해방을 가져다주었다. 이제 우리는 20세기에 접어들었고 오란녀 가문의 마지막 후손의 통치를 기뻐할 수 있기 때문에, 존경받는 여왕의 통치는 놀랍도록 행복한 일이다. 그것은 사실이었다. 1815년 초대 왕을 환호했던 열정에 대한 응답으로, 1913년의 우리에게 감동적인 메아리가 울려 퍼졌다. 여전히 모든 군주제 정부 아래 머무를 작은 예외적인 경우를 제외하고는 네덜란드와 오란녀가 다시금 한영혼임을 거짓 없이 고백해도 된다.

§10. 우리나라, "네덜란드와 오란녀"

반혁명주의자들은 정치적 출현 초기부터 자기 선거단체의 표어로 "네덜란드와 오란녀"(Nederland en Oranje)를 선택했다. 그들이 1813년 이후 왕실이나 왕권 행사자의 특별한 은혜를 누렸다는 의미가 아니다. 이미 1815년 1월에 내려진 국왕의 법령이 교회와 관련하여 치명적 타격을 입혔고, 이후 1834년에 국민을 거칠게 다루었다. 흐룬 판 프린스터러가 왕실 문서보관소의 관리자로 임명되었다는 사실은 그가 국무에 대해 한 조언이 정치에 참여한 세 왕 중에 특별히 한 왕에게 중요한 영향을 미쳤다는 말은 아니었다. 75년 동안 우리 측 남자들은 공립학교에서 기피 대상이었다. 국가의 공무와 직위에서 정말 예외적인 경우라 해도 그들에게는 빈약한 자리마저 허락되지 않았다. 베이츠의 '야간학교'라는 작명도 그 사실에 대한 적용이었다.

먼저 1853년과 1878년에 변화가 올 것이라는 인상을 받았고, 그 이후 마카이, 카이퍼, 헤임스케르크의 세 내각이 높이 계신 이의 손길로부터 공정한 헌법적 협력을 통해 점차 기쁨을 찾을 수 있었다는 것에 감사한다. 우리는 이전에 반복해서 발생했던 모든 후퇴가 점점 더 사라지는 것을 보고 있으며, 이제 왕궁 밖의 다른 정당들과도 거의 모든 면에서 동등하게 대우받는다고 말할 수 있다. 우리는 이제 더 이상 바랄 것이 없다. 결코 편애하지 않고 후퇴도 없다. 이 부분에서 어떻게 되든 우리는 과거와의 연결에서 나오는 힘으로 우리의 모든 소모임과 모든 학교에서, 오란녀 가문을 위한 열정을 일깨우며 반혁명당원으로 존재할 것이다. "네덜란드와 '오란녀'"는 우리의 구호로 유지되고 있다.

그리고 이제 오란녀 가문이 왕권을 수행한 이후, 오란녀 왕가에 대담하게 말하는 것은 오란녀에 대한 우리의 충성심에 반하는 것이라고 말해서는 안 된다. 오히려 그 반대이다. 우리 칼빈주의 선조들은 궁정에서 굽실대는 방식이 아니라, 충성심과 하나된 남자의 용기로 종가(宗家)에 대한 역사적 사랑 자체를 국민의 삶에 있는 능력으로 보여주는 것을 소명으로 이해했다. 아첨하는 것처럼 기어다니는 것은 칼빈주의적 특징이 아니었고, 그러하기에 오란녀에 대한 사랑에는 결코 부인할 수 없는 신비한 힘이 숨어 있다.

§11. 본능과 직관

성경적인 이미지로 표현해, 하나님의 높은 섭리 아래 혼인한 국민과 왕조 안에도 역사적 본능과 직관이 작동한다. 역사적 본능은 인간의 선택이나 규제가 아니라 환경의 전체적인 융합을 통해 여러 겹의 실로 엮이고, 스스로 국민과 왕조를 뒤흔들었던 유대감과 존경을 일으킨다. 그리고 역사적으로 서로에게 속한다는 저항할 수 없는 본능이 이끄는, 다시 말해 끌어당기는 곳에서는 내적 삶이라는 직관적 확신이 많은 논증 없이도 저절로 생겨난다. 이 확신은 자발적으로 연결을 추구하며, 이 연결은 '언약'에 의해서만 실현된다.

언약 사상은 국민과 군주 사이의 관계에 혼인 사상으로 적용됨으로써, 처음부터 성경 안에서 거룩하게 취급되었다. 만약 헌법 학자들이 이 성경적 사상을 더 널리 받아들였다면 정치계에서 큰 혼란을 피할 수 있었을 것이다. 비록 많은 경우 상호 욕망보다 폭력이 왕조를 국민과 연합시켰거나 심지어 폭력이 없는 곳에서도 족보관계가 국민의 운명을 결정했다는 것을 인정해야 할 것이다. 하지만 거의 항상 국민과 군주가 서로에게 소속되어야 함을 느끼며, 그래서 가까운 관계를 지속하는 것만을 원한다는 것으로 언제나 결론난다.

본래 그 어떤 끈으로도 백성과 군주를 묶을 수 없었던, 또 군주를 향해 모든 측면으로부터 비롯된 저항과 혐오가 군주의 힘과 다투기 이전부터 수 세기 동안, 역사는 종종 직관적 깨달음의 열매였던 더 내적인 연결에 대한 매혹적인 이야기를 풀어냈다. 그것은 모든 변화는 나빠지고, 오로지 상호 애정만이 생명력을 주어 온기를 발산할 수 있었다는 것이다. 본능적이고 직관적인 동정심을 기르지 못한 왕조가 많았지만, 이로 인해 한 번도 바르게 굳지 않았던 유대감이 결국 해체되거나 완전히 찢어지는 슬픈 결과를 낳기도 했다.

그래서 네덜란드와 오란녀를 연결하는 유대가 역사상 가장 본능적이고 현재 가장 직관적이라는 것을 강조해야 한다. 실제로 이 나라에서 '언약'이 완성되었다. 오란녀는 스스로를 강요하지 않았고, 오히려 백성들로 하여금 오란녀와 하나가 되고자 하는 욕망을 불러일으켰다. 당연히 혼인의 신실함 속에서 오란녀 왕조에 복종할 것인가 아닌가의 결정권은 국민에게 있었다. 그럼에도 불구하고 왕위 요구자로서의 유혹과 매력이 오란녀에게서 발산되었다. 그 강도가 얼마나 대단했던지, 우리는 네덜란드에서 오란녀 왕조 이외에 그 어떤 왕조도 생각할 수 없을 정도였다.

§12. 공식적 규정

물론 이 국가적 혼인은 (내가 이런 식으로 말하는 것을 허락하라) 공식적인 측면이 있다. 사람들이 군주제의 출현 시기를 이미 1813년 이전으로 정하려고 노력했을지라도, 그것은 1813년 처음 세습하는 주권이 오란녀에게서 시작되었다는 사실을 옆으로 밀어내지는 못한다. 그럼에도 불구하고 전환의 시대를 역행하게 만들었던 시도가 잘한 일이었다는 말은 아니다. 빌럼 4세가 왕조의 실제적 창시자로서 역할을 하게 되었기 때문에, 가장 강력한 결과가 만들어졌던 것이다.

국민에게 이것은 중요한 문제가 아니었다. 하지만 사망 시에 오란녀 집안의 구성원들 사이에 갈등이 생길 수 있었던 것을 처음부터 똑바로 직시하지 않은 것은 아니다. 조만간 이 영광스러운 집안이 빨리 혹은 천천히 우리에게서 빠져 나가고, 외국의 왕위 요구자들이 우리나라의 국가 업무에 개입함으로써 우리 조국의 안녕과 평화가 방해받을 수 있다. 역사는 다른 곳에서 어떻게 그러한 왕조 갈등이 국민을 분열시킬 수 있는지, 그래서 국민의 한 편은 한 왕위 요구자를 반대하고 다른 편은 다른 왕위 요구자에게 저항하게 된다는 사실을 충분히 가르쳐 주었다.

그로 인해 헌법에 왕위 계승에 대해 아주 섬세한 문구를 만들어 그러한 재앙을 막으려고 노력했다는 것이 확인되었다. 1813년, 1848년, 1887년에

반혁명 국가학 || 적용

채택된 협정을 서로 비교하고, 전쟁이 끝난 후에도 헌법을 더 급진적으로 다시금 개정할 수 있다면, 지금도 변화가 일어나는 듯이 보이는 것에 주목하는 일이 얼마나 어려운지를 알 수 있다. 그러므로 여기에 투자한 노력에서 단지 꼬치꼬치 캐는 욕망만을 발견하는 잘못을 범하지 말라. 만약 미래를 지켜야 할 정치가들이 우리 헌법에 한 단어라도 함부로 남기거나 기록했다면, 그들의 고귀한 의무를 태만히 하는 것이 될 것이다. 실제로 만약 기회가 오면, 누구의 수탉이 왕으로 울 것인지는 단 하나의 표현에 달려 있을 수 있다.

§13. 어두운 그림자

다른 관점에서도 공식적 규정은 매우 중대한 의미가 있다. 이는 특별히 오란녀 왕자가 파리에서, 알렉산더 왕자가 왕궁에서 죽은 후에, 오란녀 가문이 네덜란드에게 오래 언약을 맺을 것이라는 소중한 희망이 안타깝게도 실현되지 않았기 때문이다. 가장 최근 왕의 두 번째 배우자에게서는 아들이 하나도 없었다. 여왕이 우리에게 선물할 수 있는 재산이 우리를 부유하게 만들어 줄 수는 있겠지만, 율리아나(Juliana) 공주는 오랜 시간이 지난 후 왕관을 쓰게 되더라도, 더 이상 혈통의 줄기 역할을 하는 오란녀 가문이 아니라 매클런부르흐(Mecklenburg) 가문에 속할 것이다. 만약 남성 상속자가 없다면, 아마도 왕관은 우리에게 낯선 가문으로 옮겨질 것이다.

변신은 별 도움이 되지 않는다. 빈의 합스부르크 왕가에서 시도되었던 것이 증거일 수 있다. 그러나 감투가 아니라 혈통이 가족에게 종속됨을 드러내기 때문에, 그런 종류의 모든 시도는 이름짓기 시합으로 끝날 수 있다. 이 시합조차도 헌법 제29조에 의해 방해를 받을 것이다. 헌법 제29조에 따르면 왕의 '아들들' 중 첫째 또는 왕세자의 추정 상속인인 '남성'(mannelijke) 후손만이 오란녀 왕자의 칭호를 갖게 된다. 이 조항은 1814년 헌법 제17조와 일치했다. 그 조항은 "세습 왕자(주권 군주의 첫째 아들)에게 '왕실 전하'(Koninklijke Hoogheid)라는 칭호를 수여한다"이다. 나머지 왕자와 공주들은 그냥 '왕족'(Dooiluchtig Hoogheid)이라 불리게 된다.

이는 일찌감치 1815년에 현재 제29조에 있는 것으로 대체되었다. 왕권 행사자의 첫째 '아들'과 첫째 '딸' 사이의 아주 분명한 구별이 계속되는 생각으로 여전히 존재한다. 공주라면 오란녀 왕자라는 칭호를 받지 못한다. 그래서 율리아나 공주 역시 오란녀 공주라는 칭호를 부여받지 못한 채 그렇게 유지된다. 그것이 정말 의미가 없는 것은 아니다. 그러나 그렇지 않다고 하더라도 단순한 칭호 이상의 의미는 없었다. '혈통의 지속' 혹은 '혈통의 계승'은 칭호를 따르지 않고 오직 피를 따른다.

§14. 규정의 정확성

여전히 아직 먼 이야기일 수 있지만, 그로 인해 우리는 역사에서 단절이 일어날 수 있다는 비극적이고 고통스런 결과, 즉 영광스런 오란녀 왕가가 소멸하고 네덜란드가 마침내 사라질 것이라는 위협을 받고 있다. 이와 관련하여 우리는 아주 중요한 선택 앞에 서 있다. 이 소멸과 관련해 두 가지를 할 수 있다. 오란녀 왕가의 소멸 후에 국민에게 언약적 권리를 다시 부여하는 것이다. 그러면 헌법적 기관을 통해 스스로 새로운 왕조를 선택할 수 있다. 혹은 오란녀 왕가의 단절 이후 어떻게 승계를 준비할 것이라는 질문을 왕조의 계승에 엮어 넣을 수 있다.

전자는 제21조인 "왕이 서거했을 때 헌법에 따른 적법한 후계자가 없을 경우"에만 예외적으로 등장할 것이다. 그 조항은 2배수로 소집된 연합 의회에서 선택된 사람이 의회에 의해 직접 임명될 것이라는 점을 말하고 있다. 이에 반하는 두 번째 행동지침이 규정으로 남아 있는데, 그것은 완전히 낯선 군주가 이 나라의 왕위에 오를 수 있다는 것이다. 바로 이것 자체가 무언가 불만족스럽다. 심지어 그 지침은 네덜란드 왕위가 소멸할 경우에도 일의 과정에서 항상 결정적 통제권을 유지했던 몇 가문의 사적 소유물에 속한 것 같다는 인상을 준다. 따라서 남성 계열의 직접적 혈연관계가 소멸된 이후에는 임명권의 회귀가 국민을 미소짓게 할 것이다.

§15. 위험

그럼에도 불구하고 그런 것들을 단념시키려는 이유가 매우 중요하다. 새로운 정치 체제의 의회에서는 항상 원리적으로 다양한 정당들이 서로 대치하고 있다. 따라서 군주를 선출하는 선거는 2배수로 이뤄진 의회로 인해 피튀기는 싸움을 일으킬 수 있다. 그렇지 않으면 각 정당이 자기 원리에 전적으로 헌신한다고 입증된 후보를 미리 스스로 선택할 것이다. 그러니 선거에서 군주 A나 B 또는 C가 싸울 것이 명명백백하다. 더욱이 외세가 자기 왕실이나 정치적 지위의 이익을 위해 선거에 영향을 미치려 (당연히 직접적 방법은 아니고 측면을 통해서이지만) 노력했던 것을 너무 가볍게 생각하는 경향이 있다.

의회 선거는 국가 문제에서 그렇게 가볍게 취급되지 않았다. 또한 우리 역사의 전성기에 네덜란드는 공화국이었다는 점과 동시에 우리 쪽에서는 군주제 원칙을 느낄 수 있는 요소들이 여전히 존재한다는 것을 잊어서는 안 된다. 또 이 역사적 요소는 투쟁을 격앙시킬 수 있는데, 사회주의자들이 공화제 정부 형태가 그들에게 이상적이라는 사실을 숨기지 않는 곳에서 더 그럴 수 있었다. 물론 위트레흐트 연합의 공화제가 아니라, 1795년 우리나라에 새로운 상황이 만들어졌던 것을 기억해서이다. 아마도 선택을 완전히 개방하면 전쟁이라는 분쟁으로 이어질 수 있으며, 우리의 독립성이 위험에 이를 수도 있음을 덧붙여야 할지도 모른다.

따라서 미리 말해야 하는 것들이 많다. 헌법에는 가능한 오래 왕조의 분지(分枝)에 굳게 붙들리며, 통치자는 살아 있는 동안 계승자를 제안할 수 있는 권한을 받고 원하지 않는 계승을 절대로 강요받지 않도록 했다. 일의 순조로운 진행을 위해서 의회를 통한 국민의 직접선거가 새롭게 어느 정도 가능할 때만 변경하는 것이 적절하고 바람직하다. 이와 반대로 국민의 공감을 전혀 얻을 수 없는 저 먼 곳의 왕위계승자가 우리에게 올 수도 있다. 하지만 백성이 새로운 선택에서 아주 슬픈 방법으로 실수할 수 있고, 선택된 군주가 그의 혈통에 대해 그 어떤 보증도 제공할 수 없다는 것도 분명하다. 스스로 선택한 군주의 후손이 '실망스럽고', 원하지 않는 계승자의 후손이 생각보다 '괜찮을' 수 있다.

오란녀가 우리나라를 위해 존재했고 지금도 존재하고 있는 것은, 하나님께 영광을 돌려야 하는 일이며, 우리는 결코 그것을 갚을 수 없을 것이다. 그리고 우리에게는 왕조의 암울한 미래를 맞이하는 순간이 오고 있다. 그렇기 때문에 우리에게 한때 오란녀를 주셨고, 4세기 동안 우리 역사를 풍성하게 했던, 바로 그 하나님께 희망을 걸어야 한다. 왕세자비에게 오란녀 여왕이라는 칭호를 부여하는 것이 바람직한지 아닌지는 첫 번째 다가오는 의회의 헌법 개정에서 고려될 수 있을 것이다.

만일 이것이 단순한 칭호 이상의 문제라면 당연히 심각한 이의가 제기될 수 있을 것이다. 반면에 헌법 자체에 '칭호'에 지나지 않는다고 명시되어 있기 때문에, 왕권 소유자의 아들은 이 칭호를 가지는 반면 딸은 그렇지 않는가에 대한 질문은 언제나 열려 있다. 이 칭호는 최소한 혈연관계를 말하는 것이 아니다. 이 칭호는 왕권을 가진 남성 혹은 여성이 자신을 오란녀-나사우(Oranje-Nassau)의 군주 혹은 여군주로 제시함으로써 자기 이름과 출신 표시로 선언하는 것을 말한다.

그럼에도 불구하고 이것은 완전히 다른 문제이다. 알다시피 프로이센 왕은 스스로 자기 성에다가 오란녀-나사우 군주를 붙여 부른다. 하지만 이것이야말로 칭호에 불과하다. 예를 들어, 이제 우리나라 왕실에서 남성 후손이 태어났다고 가정해 보자. 그는 그의 혈통에 관해서는 메클런부르흐 공작이지만, 제34조에 따라 여전히 칭호로는 '오란녀 군주'(Prins van Oranje)이다. 단순한 칭호로서 이 영예는 하원의 한 여성 회원에게도 수여될 수 있다. 그렇다. 만약 20세기 말에 완전히 다른 왕조가 우리나라를 통치한다면, 이 칭호는 여전히 헌법에 따라 계속될 것이다. 이것은 일반적 헌법 개혁에서 결정될 수 있어야 한다. 적어도 헌법에서 고려해야 할 사항이 더 있다. 그럼에도 불구하고 왕위계승에 관한 조항들을 돋보기로 살피듯 모든 방법을 동원해 연구하고, 마치 금을 다는 저울로 재듯이 세세하게 관찰할 수는 없다. 반혁명당 정강의 관점에서 볼 때에는 더 이상 깊게 들어갈 필요를 느끼지 못한다.

이 추가 질문과 관련하여 법적 성질은 정당의 특징을 초월해 적용된다.

즉, 법적 성질은 다양한 정당의 법률가들도 만장일치로 동의하는 것이다. 지난 전쟁에서 범게르만주의로부터 우리 제국을 위협할 수 있는 위험이 반복적으로 지적된 것은 정당한 것이다. 그리고 이 불의한 제도의 지지자들은 계승에 대한 관점의 불일치가 발생할 때, 아주 작은 결함이나 실수를 가지고 우리를 공격하는 데 결코 실패하지 않을 것이다.

계승을 다루는 헌법 조항은 가장 미세한 틈으로도 빠져 나갈 수 있게 남겨져 있었다. 따라서 그런 모든 위험을 막기 위해 노력하는 법률 전문가의 지혜는 높이 평가되어야 한다. 반면에 모든 공식적 질문에 일반적으로 관여하지 않는 다양한 계급과 계층의 우리 국민에게 가장 중요한 것은 오란녀에 대해 계속해서 느끼는 본능적이고 직관적인 유대이다. 많은 과부가 죽은 남편이 자신 옆에 살아 있다고 직관적으로 느끼는 것처럼, 많은 네덜란드 국민에게도 오란녀는 직관적으로 오란녀로 살아 있다고 말할 수 있다. 물론 그는 델프트(Delft)의 지하 무덤에 완전히 매장되어 있지만 말이다.

제3장

헌법

§1. 이전에는 헌법을 생각하지 않다

헌법(Grondwet)을 국가 조직 아래에 두려는 생각은 최근에 생겨났다. 우리의 첫 번째 헌법은 1798년까지 거슬러 올라간다. 헌법이라는 단어 자체도 우리에게 한 세기 조금 더 되었을 뿐이다. 지금 헌법이라고 불리는 것은 1798년에 국가법(Staatsregeling) 혹은 국가법 조항(Acte van Staatsregeling)이라는 이름을 가지고 있었다. 이 이름은 1801년까지 지속되었는데, 1789년에는 그 법을 '바타비아 국민을 위한 국가법'(Staatsregeling voor het Bataafsche volk)이라고 불렀지만 1801년에는 '바타비아 국민의 국가법'(Staatsregeling des het Bataafschen volk)으로 명칭이 바뀌었다.

1805년 4월 9일부터 16일까지 벌어진 국민투표에 의해 수정된 헌법은 명칭에는 영향을 미치지 않았다. 루이 나폴레옹이 왕이 된 1806년에 변화가 일어났다. 그때 왕실 서명으로 발효된 규정을 헌법(Constitutie)이라고 이름하였다. 1806년 5월 24일, 프랑스를 모방하여 조약(Tractaat)이라는 프랑스 용어가 이 땅에 도입되었다. 그럼에도 불구하고 조약 제7조는 "프랑스의 헌법적 법령"(het Constitutioneel Statuut van Frankrijk)이라고 지칭한다.

이와 같은 의미에서 '헌법'(Grondwet)은 1814년 3월 29일 주권 군주의 선포에서 처음으로 언급되었다. 그리고 1815년과 마찬가지로 1840년, 1848년, 1887년에도 '헌법'이라는 표현은 그대로 유지되었다. 또한 공식적인 테두리 밖에서는 헌법이라는 단어는 전반적으로 잘 알려지지 않았다. 매우 정확하다고 알려진 페르담 교수(Dr. J. Verdam)의 "중세 네덜란드어 사전"(Middel-Nederlandsche Woordenboek)에는 헌법이라는 단어가 아예 나오지 않는다. 그리고 더

프리스와 터 빙컬(De Vries & Te Winkel)의 "네덜란드어 사전"(Nederlandsche Woordenboek)에는 호프트(Hooft)라는 사람이 쓴 문장 하나가 인용되어 있다. "왕은 다시 성스러운 언약을 고수하고 싶다고 선언하면서 맹세했으며, 왕국의 헌법을 스스로 지켜왔다고 했다." 하지만 여기에도 그 어떤 국가 문서의 이름은 아니었다. 호프트 다음으로 보르허르(Borger)가 가장 먼저 그 단어를 취하고 은유적으로 사용하였다. "검소는 그의 정부의 '헌법'이다." 게다가 1814년과 1815년 이후에 이 표현이 점차 유행하게 되었는데, 특히 프랑스어 'Conscience'(의식, 양심)를 플란데런 방언 'Constitutie'으로 번역하기도 했다.

국가 구조가 Constitutie나 헌법에 기초한다는 생각은 아직 수용되지 않았다. 알다시피 잉글랜드에는 그 어떤 헌법도 없다. 이집트를 포함해서 로마 제국과 그리스 제국을 되돌아보면, 국가 정부에게 헌법을 기초로 제공하려는 노력은 한 번도 없었다. 만약 지금까지 국민과 정부 사이에 그 어떤 합의나 상호 선언이 없었다고 추론한다면, 그 반대가 구체화되는 것을 보기 위해서는 우리나라의 경우 위트레흐트 연합을 참조할 필요가 있다. 국민과 정부 사이의 상호관계에 관한 규정이 필요했다. 규정 없이는 관계 자체가 혼란스러워질 것이다. 그렇지만 이 관계의 모든 부분이 문서로 작성되고, 법으로 제정되어야 할 필요가 있다는 데로는 이어지지 않았다.

§2. 국가와 가정

이제 국가와 시민 개인의 살림을 비교해보라! 개별 가정에 남편, 아내, 자녀, 종이 함께 산다면 가장과 나머지 가족들, 그 구성원들 사이에 특정한 관계가 존재하며, 이러한 관계가 특정한 법에 의해 다스려진다는 것은 분명하다. 하지만 이를 위해 헌법적인 가족 재산상속 문서를 작성하지는 않는다. 이러한 관계에 대한 규칙은 부분적으로 민법과 노동법에 기반을 두고 있지만, 훨씬 더 많은 부분이 국가의 관습에 의한 암묵적 합의를 따른다. 더 나아가 지역과 도시 또는 마을의 관례를 따른다. 사람들은 이런 관습을 부모의 집과 이웃에서 보고 듣는 것을 통해 알게 된다. 이러한 관계에는 직감에 의해 자연스럽게 행하는 일도 있고, 같은 근거로 하지 '않는' 것도 있다. 그래서 일정한 규칙성과 질서가 있다. 그러나 여기에 적용되는 것은 문서화되고 규정된 것이 아니다. 그냥 자연스럽게 적용되는 것이다. 더 넓은 사회 분야에도 그렇다. 사회생활도 기본적으로 규칙에 매이지만, 그 규칙은 '불문율'로서 작동된다. 그것은 '관례'와 '저절로'의 힘으로 일어난다.

하지만 국가정치 영역은 그런 식으로 작동하지 않는다. 끊임없는 갈등이 발생한다. 권리와 힘에 대한 투쟁이 있으며, 그 투쟁은 규정과 합의를 이끌어낸다. 도시의 조례만 해도 정부와 국민의 다양한 부분에서 정치적 관계에 대한 학문적 설명에까지 이르지는 않는다. 사실, 국가 정부와 국가의 활동을 위한 표준 조직 계획으로서 헌법 또는 헌법의 필수불가결한 선언으로 이끈 첫 자극은 프랑스 혁명이었다. 그리고 그 자체는 기피할 것이 아니라, 칭찬을 받을만한 것이었다. 초기 헌장들과 잉글랜드의 대헌장(Magna Charta) 같은 것은 성격상 너무 일방적인데다, 귀족이 우세한 상황에 적합했다. 그 당시에는 아직 국민에 대해 더욱 보편적이고 더 민주적인 관점이 없었다.

§3. 국민의 참여

국민의 발전도 계속되었다. 점차 각 신분의 집합인 전체로서의 국민뿐만 아니라 여러 개별 시민의 개인적 삶이 고려되기 시작했고, 그에 따라 정당 제도가 대두되었다. 그것이 국가 정부가 어디에서 왔는지에 대한 정치적 원리에서의 관점 차이로 인한 것이지, 경제적이고 신분상의 이익을 방어하기 위한 것이 아님은 분명했다. 이로 인해 정부와 국민의 관계가 특정 규정의 적용을 받아야 할 필요가 생겨났다. 뿐만 아니라, 같은 국민 사이에서 서로 반목하면서 저절로 생겨난 각 정당이 부수적 정당에 대해 예상치 못한 지배력을 행사하지 못하게 하는 확실한 약속이 더 시급했다.

이제부터는 비단 국민과 정부 사이에서만 문제가 존재하는 게 아니었다. 오히려 시민의 여러 분파 사이에 있는 갈등이 더 위협적으로 다가왔다. 시민 중에 유력한 자들이 전 국민을 대표할 수 있다고 생각하는 시대는 지나갔다. 특히 여기 우리나라에서 '권력을 남용하는 통치 파벌'(Regentenkliek)[19]을 경험한 후에는, 국민과 정부 사이보다 유력한 자들과 평범한 시민들 사이에 훨씬 더 격렬한 갈등이 있었다. 정부형태가 군주제라면, 억압받는 정당은 항상 위로부터의 지원과 보호에 대한 희망을 완전히는 아니지만 적어도 조금이나마 가질 수 있다. 그와 반대로 공화정에서는 지배 정당이 정부 요직을 차지하고 정부 권력을 장악하고서, 그런 방법으로 이웃 정당을 조직과 언론과 선거권이라는 정당의 무기로 자신을 보호하려는 정도가 아니라 거의 목을 베겠다고 위협한다.

1798년의 헌법을 조사해 보면, 오란녀와 함께 그것을 지켰던 사람들이 무자비한 전제정치에 의해 얼마나 궁지에 몰렸던지, 빌더르데이크 같은 사람도 피난처를 찾아 독일로 피신해야 했다. 과거와 비교해 볼 때 상황이 얼마나 근본적으로 변했는지를 곧바로 느낄 수 있다. 그 이후부터 상호관계에 대한 더욱 확고한 규정에 도달해야 할 필요성은 더 이상 부인할 수 없는 상황이 되었다. 프랑스의 칼빈주의자는 오트만과 랑게의 지도 아래 이미 이것을 느꼈다. 그리고 미국 필그림의 조상들이 자신들의 식민지 생활을 더 확고하게 조직하고자 할 때, 그들은 합의만으로는 충분하지 않으니 기록된 협약으로 넘어가야 한다는 것을 깨달았다. 특히 미국이 잉글랜드의 통치에 반발할 때, 그들은 너무나 자연스럽게 헌법 안에 새 정부의 토대를 놓는다는 생각을 했고, 초반에는 이것이 합의 없이도 모든 주에서 통과되었다.

비록 헌법이라는 개념 자체가 프랑스 혁명 승리의 해에 먼저 시작되었다는 것을 기억해야 하지만, 그렇다고 반혁명당이 헌법 사상에 대해 그렇게 적대적일 것이라고 예단할 필요는 없다. 헌법 개념은 파리에서 어떤 결론에 도달하기 전에, 이미 미국에서와 같이 칼빈주의 진영에서 추진되었다. 그리고 반혁명당은 여기 다 코스타와 덴마크의 마르턴선(Martensen)이 지지했던 사상과는 결코 하나가 될 수 없었다. 왕가의 호의에 의해 군주가 국민에게 일방적으로 수여하는 헌법으로 만족할 수도 있겠지만, 군주가 필요하다고 판단되는 순간에 다시 빼앗을 수 있는 절대법은 우리의 원리에 반하는 것이다. 지난 세기 국민의 정치적 발전이 아직 덜 이루어졌기 때문에 놓칠 수 있었던 것이, 개인주의와 민주주의의 발전이 거대한 수준으로 진전된 지금은 더 이상 용납되지 않아야 한다. 권력 남용을 막을 수 있는 보증은 이제 군주에 대항하는 국민에게만이 아니라, 다른 원칙을 따라서 사는 사람의 초월적 지배에 대항하는 일부 국민에게도 있어야 한다.

§4. 삶과 어긋나는 글자는 무력하다

이것은 요구에 따른 서명과 필요한 모든 인장들이 동원되어 기록된 문서 조각이 생명의 흐름을 막기 위해 흔들리지 않는 댐을 만들 수 있다는 듯이 강조되지는 않는다. 국민의식이 더 이상 감당하지 못하는 헌법 조항은 이미 부분적으로 마비되고 쓸모없는 운명에 처한 것이다. 헌법 안에 정해져 있고 계속해서 법에 허용된 것은 '단어에' 담겨진다. 단어 자체는 속성상 추론된 것이기에, 의미를 결정하지는 않는다. 이 단어에 문장이 붙어야 한다. 문장은 두세 가지일 수 있다. 문장들 사이의 선택이 해석을 결정한다. 그리고 여러 해석 사이에 선택이 자리하는 곳에서 시대정신과 그 시대정신에서 나오는 신념이 변한다면, 헌법에 있는 조항의 표현은 다양한 의미로 해석될 것이다.

이에 관한 분명한 증거는 교육에 관한 조항인 제194조 해석이다. 1848년에는 지금 일어나고 있는 것처럼 '사립교육'(Bijzonder Onderwijs)[20]에 국고에서 수백만 길더의 보조금을 제공할 가능성에 대해 그 누구도 의견을 개진하지 않았다. 1848년에 그들이 교육의 특수성에 대해 최선으로 제공할 수 있었던 것은 자유로운 교육의 허용가능성이었다. 사실 당시 제출된 제194조 초안에 투표했던 의회 의원들의 의도는, 공립학교(Openbare School)가 국가 최후의 수단이고 그렇게 유지될 것이며, 중립적 공립학교를 위해 필요한 경비는 항상 풍부하지만 특색을 가진 사립학교를 위해서는 아무것도 제공하지 않고 공적 재산에서 단 몇 푼도 쓰지 않겠다는 것이었다. 1848년에 이 생각은 여전히 네덜란드 사상의 지평선 아래 깊이 깔려 있었다.

우리는 이것을 엄밀하게 지적하였고, 그리하여 거의 기대할 수 없었던 자비로, 보다 풍부하고 영광스러운 자유를 얻게 되었다. 이는 1815년의 우리 초등교육과 1874년의 고등교육에 관한 것이다. 우리 고등교육은 첫 규정 덕분에 자유로운 융통성의 여지와는 거리가 멀었다. 고등교육은 오직 정부로부터만 나올 수 있었고 자유로운 시작은 용납되지 않았다. 이 조항이 1876년에 개정되었지만, 그것을 받아들이는 사람만 고등교육 기관을 설립할 수 있다는 의미로 제한되었다. 일반적 의미의 허가는 주어지지 않았는데, 단지 활용되지 않을 것이라는 생각으로 허용되긴 했다. 1904년과 1905년 마침내 이 조항은 개정되었고 자유대학도 법적으로 인정되었다.

하지만 아직 초등교육과 중등교육처럼 고등교육에는 국가 재정으로 정교수 채용을 허용할 정도는 아니었다. 당시에 재정은 체육관 건축이나 장학금 명목으로 가능했지만, 실제적 보조금 형태와는 거리가 멀었다. 그들이 그렇게 유지하려고 고수했던, 법적으로 유효한 것의 의미와 의도가 이것을 용납하지 않았다. 닫힌 수문을 두 번이나 마주해야 했다. 초등교육과 관련하여 수문은 여전히 넓지는 않으나, 지금은 절반 이상 열려 있다. 그리고 바위스 교수가 제194조를 바르게 해석하면 의심의 여지없이 보조금이 허용된다는 제안을 지지했다. 이전 해석이 조항의 표현에 위배되었다고 말하는 것이 아니다. 그러나 이후 해석이 국민 의식의 변화의 결과임은 논란의 여지가 없다. 토르베커조차도 필요한 경우 오직 자유학교[27]에서만 튼튼한 공교육을 구상할 수 있다고 인정했다. 그렇지만 그는 이를 결코 구현할 수 없었는데, 그가 자유의 개념을 추구했고, 어떤 식으로든 그 개념에 정의를 행하고자 계획하고 노력했기 때문이다. 토르베커는 이론적으로는 이상적인 목소리로 노래를 불렀지만, 실제적으로는 항상 두려워했던 정통파, 특히 개혁교회의 영향력을 뒤집는 것을 계속 숙고했다.

사람들이 이미 이 배타주의를 예리한 단어 선택으로 헌법 조항에 고착화시키려는 노력을 했는지 여부는 도움이 되지 않았다. 국민의 신념이 글자의 힘을 무너뜨렸다. 많은 사람의 눈에는 그 글자가 덜 긴장감을 주는 것처럼 보였다. 그리고 마침내 토르베커의 정신적 지지자들은 강철처럼 보였던 것을 탄력 있게 바꾸어 자유학교에 대한 재정 보조가 제194조에 공식화된 규칙과 양립할 수 있다고 생각했다. 이제 우리는 특히 초등학교 문제와 관련하여 나타났던 국민의 신념이 헌법적 성격의 다른 문제에서는 자발적으로 그다지 강력하게 나타나지 않음을 인정한다. 하지만 더 광범위한 부류의 일반 국민들은 헌법 조항을 거의 참고하지 않고, 주로 언론이 제공하는 설명과 사실에 근거한 법적 신념으로 생활하고 발전을 이룬다. 그리고 국민은 구성의 확고함을 바라는 만큼 모든 선거에서 선언할 뿐만 아니라, 실제로 법을 제정할 정도로 의회에서 분위기를 점진적으로 표현한다. 그렇다고 우리나라가 잉글랜드처럼 헌법 없이도 앞으로 나아갈 수 있다고 결론 내릴 수는 없다.

§5. 그래도 기록은 반드시 필요하다

우리나라의 헌법적 장치는 18세기 말에 너무나도 갑자기 그리고 매우 폭력적으로 땅에 내동댕이쳐졌다. 새로운 가구가 배치되었기에 1813년의 옛집에 계속 살 수 없었다. 남아 있는 것은 더 이상 집이 아니라 단지 폐허에 불과했다. 완전히 새로운 상황이 시작되었고, 이를 위해서는 기록되고 맹세한 헌법이 꼭 필요했다.

당시 양측이 확정한 헌법은 처음부터 동맹조약(verbondsverdrag)의 형태를 취했다. 네덜란드 국민은 죽을 정도의 부상을 입은 후 뜻밖에 상처가 치유되는 것을 경험했고, 과거로부터의 견고한 역사적 교훈을 잘 활용하여 하나님의 복을 간청함으로, 전례 없는 새로운 미래를 개척해 나가려는 의지를 느꼈다. 그리고 우리 국민은 미래를 위해 오란녀에게 통치를 구하는 것 외에는 다른 소망이 없었다. 그러나 16-18세기에 국민과 오란녀 사이에 있던 여러 측면의 불운을 고려할 때, 1813년에는 확고한 합의에 도달하려는 열망이 더욱 강해졌다. 그것이 1813년과 1815년의 헌법으로 완성된 합의이다.

오란녀를 신성시하는 모든 군주적 자기상상은 배제되어야 했다. 국민이 주된 사안이고, 국가기관이 관리하는 모든 것들은 부차적 문제였다. 오란녀 가문의 전통이 아무리 영광스럽고 사람들이 공화정에 대한 편애에서 얼마나 완전하게 치유되었든지 간에, '오란녀가 국민을 위해 존재하지 국민이 오란녀를 위해 존재하지 않는다'라는 생각은 1813년에도 있었고 계속 남아 있다. 그러나 양측은 그 관계에 대한 적절한 규정이 없어 어긋난 경험이 있다. 양측은 하룻밤 사이에 그런 일이 일어나지 말아야 한다는 필요를 느꼈다. 양측은 문서화된 합의만이 과거의 비참한 일이 반복되는 것을 막을 수 있음을 깨달았다.

그렇게 우리의 '성문법'이 합의에 이르렀기 때문에, 1848년의 '새로운' 헌법으로 대체될 수 없었다. 1813년, 1815년의 헌법은 그 합의와 관련하여 우리 의회가 의지하는 토대이다. 헌법은 1815년, 1840년, 1848년, 1887년에 수정, 확대, 보완되었고 곧 다시 개정될 예정이지만, 문서로서는 하나로 유지되고 있다. 그리고 합의에 따라 오란녀가 네덜란드를 책임지고 네덜란드가 오란녀를 책임질 것이며, 대중 전체의 다양한 공통 부분은 그들의 권리와 자유에 의해 규율되고 유지될 것이다.

§6. 기계적으로 연결되지 않다

다행히 네덜란드와 오란녀 사이에는 그 어떤 기계적 상호연결도 없었다. 벨기에 헌법은 기계적 성격을 지닌다. 벨기에에서는 왕권을 가진 왕이 죽고 헌법의 질서에 따라 그를 계승할 왕자가 있다해도 계승은 유기적으로 자연스럽게 이루어지지 않는다. 그런 경우에 얼마 동안 왕이 없는 상태로 정부는 장관들에게 맡겨진다. 이들이 왕위 계승자를 불러 필요한 서약을 하게 한다. 그 일이 있은 뒤 왕위 계승자와 국민들 사이에 합의가 이루어지며, 그에게 왕관이 씌워지고 왕정이 시작된다. 그러나 1813년 우리나라는 그런 방식을 결코 원하지 않았다. 우리나라에서는 이 구호가 나타났다. "왕이 죽었다. 국왕 만세!"(Le roi est mort. Vive le roi!)[22] 왕이 마지막 숨을 멈추는 바로 그 순간 그의 후계자가 왕이 된다. 그것은 유기적이고 자동적으로 일어난다. 그후 임명된 왕이 가장 먼저 하는 일은 의회 소집이다. 이를 통해 하나님과 국민의 대표 앞에서 백성과 군주의 유대를 인증받는다. 사람들은 담(Dam) 광장에 있는 니우어교회(Nieuwe Kerk)에서, 의회가 아닌 왕궁에서, 예배로 국민과 군주 사이의 유대 확립을 완성한다고 생각한다. 계승자는 1813년에 개시된 합의를 따라 자동적으로 왕위를 승계한다. 이 합의는 군주의 죽음으로 폐기되지 않고 백성과 군주 사이에 자연스레 살아있다.

바뀌는 것은 군주만이 아니다. 국민도 바뀐다. 합의가 이루어진 당시부터 백 년 넘게 산 사람도 있겠지만, 1813년의 국민 대표 전체는 모두 사망했다고 분명히 말할 수 있다. 당시의 군주만 죽은 것이 아니라, '국민'도 마찬가지다. 그러나 사람들은 새로운 합의를 맺기 위한 특정 시점의 자신을 새롭게 갱신된 존재로 인식하지 않고 옛 합의와 유기적으로 연결되어 살아간다고 생각한다. 이는 오란녀 가문에 대해서도 마찬가지이다. 빌럼 1, 2, 3세가 차례로 사망해 사라졌지만, 그 가문은 여전히 우리의 존경받는 여왕을 통해 계속 존재한다. 강력한 유기적 연결은 기계적 연결과 달리 그 자체로 지속된다. 단지 필요한 것은 새로 등장한 군주가 개인적으로 합의에 맹세하여, 국민이 처음 등극했던 왕으로부터 받은 것과 전적으로 동일한 보증을 그로부터 받는 것이다.

§7. 계속되는 합의

특별히 더 강조해야 할 것은, 몇 세기 동안 살아남은 왕조에서 왕조가 주체고 국민은 단지 왕조의 권력을 확증하는 부차적인 존재로 여겨진다는 점이다. 특히 프랑스의 부르봉 가문은 교회의 임명을 통해 새롭게 무대에 등장했다. 프랑스 왕들은 백성 밖의 특별한 계시를 통해 하나님으로부터 갈리아의 왕권을 받아 백성을 단지 대관식으로 이끌면 되는 것으로 보였다. 루이 14세는 이것을 "짐이 곧 국가다"(L'état c'est moi.)라고 표현했다. 이렇게 왕실 호칭에 있는 (우리나라에서도 적용하기 원했지만 많은 사람들이 거부하게 된) "하나님의 은총으로"(Bij de gratie Gods)라는 말이 왜곡된 것은 너무나 유감스럽다. 헌법 제72조는 "우리…네덜란드 왕은…"이라는 말로 시작한다. 1887년 헌법 개정 시 "하나님의 은총으로"라는 표현을 붙여 넣으려는 시도는 실패했다. 이 시도에 대한 자유주의자들의 격렬한 저항도 있었다. 그들은 그 시도를 '짐이 곧 국가다'를 되살리려는 노력이라고 의심했다. 특히 신앙을 갖지 않은 정치가들은 왕을 만드는 것은 인간의 일이라고 계속 주장하며, 하나님의 일하심 또는 하나님의 섭리는 있을 수도 없고 있어서도 안 된다고 여겼다. 장관으로서는 "하나님의 은총으로"라는 문구를 법 위에 새기도록 허용하지만, 이 문구는 겉으로 보이는 표제에 불과하며 더 이상의 의미는 없다. 그들은 헌법 자체가 선언의 유효성을 위해 이러한 형식을 교정하는 것을 결코 용납하지 않았다. 무신론의 관점에서는 그 문구를 남용하는 것은 견딜 수 없었다. 그러나 한편으로는 그것을 학대에 대한 저항으로 이해하는 것을 부분적으로 인정했다. 이것은 남용되지 않을 경우에만 가능했다.

왕권 안에는 인간이 부여할 수 없는 권력이 있다. 사람은 타인의 '생명과 자유와 선'을 가질 수 없고 가져서도 안 된다. 결정은 오직 하나님께만 있으며, 군주는 사람이므로 하나님의 은혜로 말미암지 않고는 다른 사람에 대한 세 가지 결정권을 가질 수 없다. 그래서 이 강력한 전제가 모든 법과 모든 결정 위에 표현되는 것은 중요했다. 최고의 권위가 죽음과 출생을 통해 같은 세대나 친족 세대로 넘어가고 자동적으로 죽은 사람으로부터 후계자에게로 넘어간다면, 그 안에 실제로 죽음과 생명을 장악하고 있는 하나님의 섭리가 있다. 아들이 왕위 계승자로서 아버지를 이을 때 그 아들을 아버지로부터 태어나게 한 분은 하나님이며, 아들은 자신에게 다가오는 왕위에 대해 하나님께 감사해야 할 것이다. 그리고 실제로 왕위를 승계해야 할 합의에서 법의 통치는 인간 쪽에서 확립되었지만, 여기에서도 이 규칙을 완성한 것은 역사 가운데 계신 하나님의 인도이다. 그러므로 왕위 계승자가 자신에게 주어진 주권이 하나님의 명령으로 인한 것이라고 결론내린다면, 그것은 말장난이 아니라 역사적-유기적 결속이 실제로 적용된 것이다.

그런 이유로 네덜란드의 모든 역대 군주는 1813년에 발생한 일을 고려해야 한다. 여기에 합의가 있었고, 군주의 승계가 이루어진 것은 1813년에 법으로 확정한 것의 적용과 같다. 여기에는 또한 자주 논란이 되는, 최고 권위는 헌법에 나오는 상세 규정에 의해 측정되지 않아야 한다는 규칙도 포함된다. 헌법적 합의에 대한 비정상적 해석을 옹호하는 사람들은 헌법이 왕위 계승자에게 부여된 모든 특별한 권리의 완전한 목록을 제시한다고 생각한다. 이 규칙에 따르면 군주는 헌법의 특별 조항에 의해 그에게 권리로 부여된 모든 것을 할 수 있지만, 반대로 그 목록에 구체적으로 언급되지 않은 모든 것은 그에게 금지된다.

§8. 여섯 번째 절

우리나라 헌법 제2장의 여섯 번째 절은 다른 의도 대신 마치 이런 식의 의도를 가지고 있는 듯한 인상을 준다. 특히 '왕의 권력'에 대해 따로 다루는 20개의 항목은 사람들이 왕에게 주어져야 한다고 생각하는 것들이 아주 세부적으로 나열되어 있다. 예를 들면 작위를 수여하는 권한, 동전에 '자기 형상을 넣을' 권한을 가지는 동전법, 훈장을 수여할 권한 등과 같은 부차적 성격의 권력조차 별도로 설명된다. 또한 가장 중요한 군주적 권한이 왕위 계승자에게 주어진다는 것도 명시되어 있다. 결국 헌법의 존엄성 아래에 있는 세부사항에서 자신을 잃어버리게 된다. 학자는 외국의 박사학위의 영예로운 칭호를 허가 없이 소유할 수 있는데, 왜 기사 작위는 군주가 왕령으로 허가해야 받을 수 있는가? 사람들은 기사 작위가 십자휘장을 수여하는 군주와 그것을 받는 사람 사이에 관계를 생성한다고 말한다. 하지만 20세기에도 여전히 그런 겉치레 모습에 의미를 부여하겠는가? 지금까지 우리나라 헌법은 그토록 사소한 부분을 다룸으로써 처음부터 그 자체의 힘을 약화시켰다. 그리고 정확히 이 때문에 20개의 조항이 왕이 할 수 있는 일을 완전하고 정확하게 담고 있다는 인상을 주었다. 그래서 여기에 포함되지 않은 것은 왕에게 금지되었다. 왕의 권력이 무엇인지 정확하게 묘사하는 사무적 설명은 도움보다는 오히려 해가 될 수 있다.

군주 또는 군주의 가문에게 국민에 대한 권위가 보편적 합의로 주어지면, 이 권위에 대한 일반적 개념이 전면에 등장한다. 모든 임명에서 그렇다. 장관으로 임명되고 서약을 한 사람은, 장관으로서 할 수 있고 해야 하는 것을 정확하게 표현한 의무와 권리에 대한 목록을 받지 않는다. 대신 그는 자신의 행동을 규정하는 세 가지를 발견한다. 첫째, 현존하는 법률과 법령과 명령이다. 둘째, 그가 속한 부서에 적용되는 것들에 관해 예로부터 유효한 관습법이다. 셋째, 군주 편에서 그를 임명하게 된 특정한 논의들이다. 그러나 이런 사항 외에 장관으로서의 일반적 인식에 따라 그의 직분 자체에서 나오는 행해야 할 의무와 권한도 그에게 적용된다. 위태로운 순간에 자신에게 부여된 의무가 책자에 없다고 말하면서 필요한 조치를 취하지 않은

반혁명 국가학 ‖ 적용

장관은, 자신이 맡은 직책보다 열등하다는 것을 드러낼 것이다. 장군, 장관, 심지어 한 가족의 아버지와 어머니의 탁월한 점은, 책임자가 어떤 법과 규정도 주지 않는 불합리하고 불규칙한 상황에서 기억과 의지로 자신의 역할을 수행하는 가운데에서 분명하게 나타난다.

그것은 여기서도 마찬가지이다. 합의를 깨뜨리는 왕은 왕위를 잃는다. 그러나 법전에 기록된 대로 다스리려 할 뿐 왕위의 일반적 성격이 그에게 요구하는 바를 전혀 알지 못하는 왕은, 왕위는 지키겠지만 왕권의 명예는 높이지 못할 것이다. 규정이 없는 곳에서도 상황은 강력한 행동을 거침없이 요구할 수 있다. 그래서 군주적 주도성이 부족한 왕은 화를 당할 것이다. 항상 군주적 주도성이 국민의 이익을 우선 보장할 때만 그후에 왕조의 이익도 보장된다.

§9. 일방적 공표

헌법적 합의를 양쪽이 아니라 왕이 일방적으로 공표하는 것에 대한 우려도 이와 다르지 않다. 왕은 '의회와의 상호합의에 의해' 헌법을 공표하며, 이 의회는 국민을 대표한다. 헌법적 합의 공표를 위해 분명히 다른 형태를 선택할 수 있었고, 그랬다면 두 당사자의 존재와 공동 작업이 더 명확했을 것이다. 그러므로 당연히 관련 핵심 당사자로서 국민이 우선적으로 지명되어야 하고, 군주는 이 합의에 따라 군주 역할을 한다. 그리고 양측이 서약한 후에 군주가 정부 운영에 관한 방법에 대해 의회와 합의하여 적절한 약속을 이뤄낸다.

군주와 국민은 헌법에 대해 다음과 같은 형태로 통합을 이룰 수 있다. 먼저 국민과 군주 사이에 왕이 할 일과 사람들이 할 일 사이의 상호 관계를 지배하는 주요 조항들을 포함하여, '왕위 계승', '소득', '섭정' 등에 관한 여러 조건들이 논의된 합의가 이루어진다. 이 합의에 근거해 군주는 자기 왕권을 얻는다. 군주가 왕관을 받은 후, 그는 더 이상 합의에 의해서가 아니라 국민의 대표들과의 통상적 협의를 통해서만 정부 행정을 위한 추가 규정을 제정한다. (이렇게 되면 실제 헌법은 길지 않다.) 그런 다음 일차적으로 관련된 일반행정에 대한 세부 규정이 마련된다. 필요하다면, 기본 합의 수정뿐만 아니라 일반 정부 운영에 관한 주요 관련 법이 통상적 심의의 특별한 조건에 구속된다는 사실을 공통의 합의에 의해 규정할 수 있다. 통상적 협의를 통해 상원과 하원의 연합 회의에 의무를 지우거나, 필요한 투표수를 위해 자체 조항을 도입하거나, 최종 결정을 내리기 전에 의회를 해산시킬 수 있다. 그러나 1813년에는 그 형태가 규정되지 않았다. 사람들은 주권 군주가 마치 그의 가문이 가진 과거의 힘에 의해 저절로 등극하여 좋은 뜻으로 국민에게 권리와 자유를 제공한 것처럼 보이기를 선호했다.

§10. 원칙적 합의와 추가 규정

이러한 관점으로 인해, 정부 행정의 원칙적 합의와 추가 규정 구분은 저절로 사라졌다. 따라서 합의와 규정이 함께 동일한 국가공식 서류로 완성되었을 때, 이를 실현한 헌법에는 상세 규정이 성가신 부담으로 작용하게 되었다. 만일 사람들이 군주에게 있는 독단적으로 헌법을 폐기할 수 있는 권한을 인정하지 않는다면, 그것은 '체면 차리기'에 불과하다. 앞서 언급했듯이 유명한 윤리학자인 마르턴선 교수는 다 코스타로 하여금 잠시 미소 짓게 했던 사상을 지지했다. 그러나 바로 이런 이유로 헌법에 숨겨져 있는 국민과 군주 간의 실제 합의의 부재를 인정해서는 안 된다.

1813년, 오란녀 왕가의 당시 승계자가 빌럼 4세의 후손임에 근거하여 통치권을 물려받았다. 그가 세습 통치자로서 정부를 책임지고, 주권자의 칭호를 받아들이고, 자기 국민을 보호하기 위해 법률을 제정한 것으로 생각하는 사람은 사실상 국민의 기본권을 포기한 것이다. 그것은 보수파가 종종 원했던 것이지만, 우리 입장에서는 절대로 받아들일 수 없는 것이다. 물론 보수파의 입장을 취하는 사람은 누구든지, 순수한 호의로 국민에게 헌법을 선물했던 군주가 전적으로 자유로운 주도권으로 자신이 국민에게 제공한 것을 거둬들일 수 있다고 고집스레 주장할 수 있다. 그러나 맹세로 한 그 어떤 서약도 그것이 존재하게 된 원인이 오로지 왕의 절대적 유언에서만 발견된다는 것을 확고히 할 수 없다. 이러한 맹세는 서로 관련된 군주의

(Vorstelijk) 법령이 유효한 동안에만 적용되었다.

이런 점에서 볼 때, 받아들여질 수도 없고 받아들여서도 안 되는 입장이 있음이 분명하다. 국민은 군주의 집안 왕조에게 경의를 표하기 위해 존재하지 않는다. 오히려 왕조가 국민에 의해 받아들여지고 합의를 통해 국민을 축복하고 번성케 하도록 도움을 요청받은 것이다. 군주는 결코 아버지로서 자기 백성을 창조한 것이 아니다. 오히려 굳건한 합의에 의해 정부가 선하고 질서 있게 운영되도록 국민이 군주의 도움을 요청한 것이다.

백성이 소유했거나 왕에게 속한 권세가 인간의 특권에 속한 것이 아니라, 하나님의 위엄의 결과라는 사실을 여기서 반복할 필요는 없다. 그러나 강력한 능력자에 의한 국가의 군사적 정복을 제외하고는 항상 그 출발점은 국민이었으며, 군주나 왕조는 국민에게 가까이 가고 국민의 승인 아래 등장하였다. 항상 우리가 지적했고, 미국에서 헌법의 수장으로 하여금 고백하도록 이끌었던 규칙, 곧 "하나님은 우리에게 우리 자신의 행정관을 선택할 수 있는 권한을 주셨기 때문이다"를 따른다. 1813년에 우리 국민이 처한 상황과 그 당시 삼두정치(Driemanschap)가 이룬 것은 사실, 사람들이 자신의 욕망과 의지를 표현할 수 있는 장기가 부족해서 말을 할 수 없는 상태와 다름없었다. 모든 보수적인 '조립가들'(knutselarij)은 이 점에서 본질적 가치가 결여되어 있다. 국민이 왕조를 영예롭게 하도록 존재한다는 식의 생각은 잘못되었다. 군주와 왕조는 오직 하나님의 은혜로 국민을 통치하고 정부를 통해 국민을 행복하게 하기 위해서 그 자리에 있다.

§11. 형식도 정확해야 한다

이것을 전면에 분명하게 내세운 후, 일단 국민에게 받아들여진 왕권은 국민과 헌법에 의해 온전히 존중받아야 한다. 여기서도 형식이 매우 중요하다. 특히 벨기에 헌법과 비교할 때, 우리나라 헌법에는 독보적으로 좋은 형식이 멋지게 남아있다고 말할 수 있다. 우리나라 헌법은 먼저 왕권에 관해 충분히 다루고, 다음에 왕권과 관련된 모든 것을 다룬다. 그 후 두 번째로 의회에 관해 논의한다.

우리나라 헌법 제1장은 '왕국과 그 주민'에 대해 다룬다. 이어지는 제2장은 '왕에 관한' 것이다. '의회에 관한' 것은 제3장의 제78조에서 논의된다. 우리나라 헌법이 가진 특징 때문에 먼저 입법권 조항이 제정되었고, 그것을 '왕에 관한' 장이 아닌 '의회' 부분 아래에 배치하는 독특한 방법을 따랐다. 그 부분은 예산에 관한 부서를 포함한 전 범위이다. 이것은 옳다고 인정될 수 없는데, 제2장의 제6부에는 입법권에 대한 그 어떤 의도적 조항도 없기에 더욱 그러하다.

제55조는 단지 행정권이 왕에게 있다고만 언급할 뿐, 입법권에 대해서는 완전히 침묵한다. 먼저 국왕이 의회에 법안 초안을 제출하면 의회는 그가 보낸 법안을 승인할 수도 있고 하지 않을 수도 있다고 규정되어 있다. 또한 적용되는 법률의 공포 방식은 제72조에 정해졌다. 따라서 여기에 두 가지 원리적 혼동이 발생한다. 한편으로 헌법은 대표자들의 협력을 통해 법을 제정할 수 있는 국민의 권한을 존중한다. 다른 한편으로 어떤 법이든 법안 초안만 작성할 수 있는 왕권 소유자의 위엄을 존중한다. 이것은 입법이 국왕이 아닌 다른 방법으로는 제정될 수 없는 것처럼 보인다. 그렇지만 입법은 '왕에 관한' 장이 아니라 의회에 관한 제3장에 나온다.

§12. 두 가지 해결 방법

혼란을 피할 수 있는 방법은 두 가지뿐이었다. 벨기에서 한 것처럼, 입법을 '왕에 관한' 장 앞에 두지 않고, 전체 의회 규정을 왕권 규정보다 앞에 두는 것이다. 이것은 왕권의 위엄에 손해를 끼친다. 모든 군주제 국가에서와 마찬가지로, 왕족 이름을 딴 정부가 통치할 경우, 헌법에서 왕권이 선행하고 의회는 뒤따라야 한다.

그리고 올바른 질서의 혼란과 왜곡을 막기 위해 두 가지 방법이 열려 있다. 입법권에 관한 별도의 장이 왕에 관한 장에 이어지거나, 국왕과 의회에 관한 두 장에 이어지는 별도의 장을 만들 수 있다. 입법권은 두 가지 요소, 즉 왕위와 의회의 산물이다. 그러므로 입법권은 왕에 관한 장에서 다룰 수 없다. 만약 그렇게 되면 그것은 절대군주제 안에서의 행위로 보일 것이다.

반혁명 국가학 ‖ 적용

입헌국가에서는 결코 왕이 입법권을 가질 수 없다. 칼빈이 특히 '법'(de wet) 전체가 그 자체의 성격에서 독립적 가치를 높이 유지해야 한다고 얼마나 강력하게 주장했는지를 기억할 것이다. 그러나 우리의 헌법에 행해진 것이나 그것들이 의회의 보호 아래에 자리하는 것은 아무런 문제가 되지 않는다.

확실히 의회가 입법권과 관련하여 협력하고 주도권을 잡을 수도 있다. 모든 입법 행위에서 국왕은 협력에 전적으로 의존하고 있으며, 따라서 의회 즉 국민의 승인에도 의존한다. 그러나 입법이 왕의 일방적 행위가 아니라고 해서, 군주적 권위가 그 나라를 통치할 때와 마찬가지로 그 통치가 국민의 일방적 행위일 수는 없으며 그래서도 안 된다. 그러므로 이 협의의 조항에 입법권의 규정을 확정하고, 입법권에서 왕권과 백성이 어떤 몫을 차지할 것인지를 결정하기 위해 국민과 왕조 사이의 합의로 시작하는 것이 가장 자연스러웠다. 그런 후에 먼저 왕이, 그리고 그 다음 의회가 조치를 취할 수 있었다. 이렇게 이 두 가지를 마친 후에야 입법의 '권한'이 아닌, 법이 제정될 방법의 '규정'을 마련할 여지가 있다. 그러나 우리나라 헌법의 협의가 변명할 수 없는 방식으로 빛을 잃었기 때문에, 우리나라에서는 먼저 왕에 대해, 다음으로 의회에 대해 다룬 후에 별도의 장에서 입법권을 다룬다.

현재 우리 헌법에 채택된 규정에 대한 우리의 반대는 적어도 우리가 국가와 국민을 왕의 손에 넘기고 싶다는 뜻에서 비롯된 것이 아니다. 오히려 칼빈주의자 측이 그러한 시도를 의식적으로 반대할 것이다. 우리는 헌법 제109조에서 공개적으로 입법권을 의회 아래 둔 것과 그리고 거기에 의회에 관한 장에 따라 군주도 확실히 참여할 수 있다는 점을 받아들일 수 없었다. 그래서 우리는 입법권이 더 이상 왕에 관한 장과 의회에 관한 장 이전에 협의라는 형태로 나타나거나, 왕에 관한 것과 의회에 관한 다른 새로운 별도의 장에 나타날 필요가 없게 되기를 선호한다. 이렇게 함으로 한편으로는 왕권 소유자의 위엄과 다른 한편으로는 국민의 근본적 법적 지위가 각각 고유의 권리를 확보하게 된다. 이것은 한편으로는 전체 입법에 관한 것이며, 다른 한편으로는 유효한 헌법 개정과 관련된 특별한 의미를 가진다.

§13. 전혀 조용한 발전이 아니다

우리나라 헌법의 전체적 성격이 적어도 그 형태에 관해서 그러한 근본적 변화를 가져올 수 있는지 여부는 의심의 여지가 있다. 지금까지는 1848년에만 원리적인 변화가 있었는데, 그것은 당시에 일반적으로 지배적이던 혁명적 상황의 영향때문이었다. 정치적 하늘에 잔잔한 날씨가 계속되는 한, 왕의 입장에서는 큰 변화를 일으킬 의향이 거의 없다.

첫째, 파리와 독일과 오스트리아에서 일어난 사건이 모든 나라의 통치자들로 하여금 1789년과 몇 년 동안 프랑스에서 벌어진 일이 반복될까 두려워하게 만들었을 때, 그리고 프랑스 혁명의 결과로 이미 다른 나라에서 많은 혼란이 일어났을 때, 그들은 왕의 방법을 인정했다. 그런 시대적 상황이 다시 돌아올 수 있었다. 실제로 1914년 세계대전의 결과로 일반적 불만이 터져 나오고, 그에 따라 매우 심각한 사회적 불안을 야기하지는 않을까 하는 두려움이 여러 영역에서 발생했다. 만약 이것이 사실이라면, 기다리고 있는 중요한 개정은 당연히 유권자들 사이에서 가장 많은 계급의 대중적 영향력을 다시 한번 크게 넓힌다는 단 하나의 목표를 향하게 될 것이다.

물론 그러한 소동의 또 다른 결과로 유럽 전체를 위해서나 각 국가를 위해 나폴레옹이라는 인물이 다시금 등장하는 것을 생각할 수도 있다. 그는 아래로부터 불거져 나오는 혁명적 행동을 강력한 힘으로 격퇴하고, 국가의 활동에 더 독재적 구조를 부여했다. 나폴레옹 시대가 계속해서 유사한 것을 암시하고 있음에도, 그러한 경우에 헌법과 관련해 어떤 일이 일어날지는 예측할 수 없다. 그러나 그 어떤 독재적 개입도 일어나지 않고, 혁명적 요소가 지금까지 헌법에서 방해한 것을 제거하고, 한쪽으로 치우쳤던 권력의 이동을 하층계급으로 밀어주는 데 성공했다면, 헌법의 합의를 더 공정하게 하고 더 나은 형태를 추가하는 것은 당연히 문제가 되지 않는다. 따라서 1814년과 1815년에 범해진 근본 오류는 우리나라 헌법에서 결코 쉽게 제거되지 않을 것이며, 동시에 그것이 여전히 보여주고 있는 복잡하고 혼란스러운 특징으로 인해 국민과 왕조 간의 합의와 통치의 기본 체제가 쉽게 정화되지 않을 것으로 우려된다.

반혁명 국가학 ∥ 적용

§14. 모호함

1814년 이후부터, 헌법이 일단 도입된 다음 변경될 수 있는 방법에 대해 끝없는 이견들이 제기되었는데, 이는 국가공식서류(Staatsstuk)의 성격이 모호하다는 점과 관련이 있다. 국민과 왕조 사이의 합의 조건에 관한 법 수정의 경우, 양 당사자가 동일한 조건 아래 수정 형태를 결정해야 했는데, 이것은 그런 수정을 불편하게 하려는 의도이다. 그런데 헌법의 각종 권리에 관한 세부 규정을 합의나 계약과 함께 하나의 문서로 정리한 실수를 저질렀다. 그리하여 헌법 개정에서, 합의나 계약 수정은 상상할 수 있는 가장 엄격한 규칙을 적용하는 반면, 세부 규정에 관한 한 최대한 느슨하게 할 수 있다는 모순이 나타났다. 이미 언급했듯이, 지금은 왕조의 왕적 권리가 아니라 행정부의 규제, 그리고 그 많은 세부 사항과 관련하여 완전히 다른 투쟁, 즉 국민의 다양한 계급과 정당이 벌이는 분쟁에 직면해 있다. 왕권이 아니라 국민들끼리 서로 다투고 있다는 말이다. 이제 우리나라는 군주제 형태의 정부가 확고하게 유지되고 있기 때문에, 헌법 개정에서 국민과 왕권 행사자 사이의 갈등은 줄어들었지만, 나라의 계층과 국민의 여러 정당 사이의 갈등은 더 많이 생기고 있다.

합의에 관한 것이 아닌, 국민의 활동을 구성하는 부분에서의 분쟁은 항상 두 가지 방향으로 발생한다. 한편으로는 자신이 소유한 것을 유지하려는 마음이고, 다른 한편으로는 아직 소유하지 못한 많은 것을 얻으려는 마음이다. 기존 것의 보존과 새로운 형태로의 전환은 양면적인 구호이다. 결코 작지 않은 부분에서 발생하는 분쟁의 결과가 어떤 헌법 조항을 수정하기에 더 쉬운지 어려운지에 달려 있다면, 수정을 어떤 조건으로 제한할 것인가라는 질문은 아주 중요한데, 제11장 전체가 수정 문제를 빈번히 지배할 것이다.

헌법적 형태의 정부를 가진 대부분의 국가에서 헌법 개정은 일반적 입법 방식을 따르지 않는다는 것이 기본 견해이다. 의회 건물의 일반적 수리나 확장이나 장식은 대부분 자유롭게 할 수 있지만, 기초는 기본적으로 그대로 유지해야 한다. 이를 위해 일반 입법이 적용될 수 없다. 일의 과정은 느리게 진행되도록 시작되어야 했다. 이를 수행하는 많은 방법이 고려되었다. 사람들은 지속 가능성을 높이기 위해 더 많은 다수, 즉 투표수의 3분의 2 또는 4분의 3을 요구했다. 이 법안의 중대함을 높이기 위해, 사람들은 이 활동을 위해 선택할 의회 의원의 수를 두 배로 늘렸다. 원칙적으로는 국회가 양원으로 나뉘어 별도로 모이고 결정하는데, 사람들은 헌법 개정과 관련해 두 의회가 함께 모이고 혼합 투표로 결정을 내릴 것으로 예상했다. 신중하게 주재하기 위해, 사람들은 종종 어떤 점에서 어떤 형태의 수정이 필요한지를 나타내기 위해 일반적 입법 방식을 먼저 따라야 한다는 원칙을 제안했다. 그 후에야 새로 선출된 의회가 법안의 최종 채택이나 거부를 결정하게 된다. 수정안은 하나 이상의 헌법에 따라 정부뿐만 아니라 필요한 경우 의회에서도 제출될 수 있다. 반면, 국왕은 그것에 동의할 것인지 안 할 것인지에 대해서는 자유로웠다.

영국에는 헌법이 없지만, 내정자치(Homerule)와 관련하여 좀 더 앞선다. 하원은 채택한 법안이 상원에서 거부당해도 다시 상정할 수 있다. 그러나 그 경우에는 다음의 이해가 있어야 한다. 즉, 하원은 그 법안에 대해 두 번째로 확실히 동의해야 한다. 그 후 상원에서 다시 거부되면, 하원은 더 이상의 상원의 협조를 요구하지 않고, 국왕의 보호 아래 자기 권한으로 상원의 저항에 대해 법 초안이 유효하다고 선언할 수 있다. 이 점에 대한 독립성은 거의 무한한 것으로 판명되었다. 사람들은 가진 것으로 결코 만족하지 못했다. 그들은 항상 자신의 체계가 더 융성하기를 기대했다. 그리고 대부분의 국가에서 점차적이고도 장기적으로 헌법 개정을 용이하게 하려고 했으며, 그것은 지속될 것이 확실하다.

§15. 판 호헌도르프Van Hogendorp

이것은 네덜란드에도 적용된다. 우리가 헌법의 기본 형태를 헤이스베르트 카럴 판 호헌도르프(Gijsbert Karel van Hogendorp)에게 빚지고 있는데, 이 정치가는 이른바 그의 '초안'에 헌법 개정이 채택될 수 있는 방법에 대한 생각들을 기록했다. "그는 항상 변화되고 새로운 제도로 바뀌는 상황을 자신의 '초안'에 썼고, 그래서 그러한 경우가 더 이상 존재하지 않는다는 것이 항상 법률로 설명될 수 있었다. 문제는 그 자체가 명확하게 확인되고 표현되어야 하며, 법은 일반적 방식으로 주 의회[23]에 전달되어야 한다."

그의 의견에 의하면, 주 의회가 특별한 경우에는 의회 의원을 배수(倍數)로 파송할 것이다. 의회의 이 배수 회의는 다른 법률의 경우와 마찬가지로 일반적 방식으로 법안을 결정할 것이다. 아마도 판 호헌도르프는 통치자의 민감도가 여전히 영향을 미쳤던 주 의회나 국가 의회에 대한 그의 생각을 가능한 한 타당하게 다듬기 위해서 이런 방법으로 제안했을 것이다. 그가 밧줄을 조금 더 단단히 당기기를 선호했다는 것이 분명하다. 그는 적어도 몇 명의 더 원기 왕성한 의원들의 생각을 싫어하지 않았으며, 결국 1814년 헌법에서 최종 결정은 예상한 대로 3분의 2 이상을 요구했다. 그러나 제144조는 "참석 의원의 3분의 2 이상으로 표결, 과반수의 찬성이 있어야 한다는 것을 제외하고는 통상의 법률과 동일하다"라고 규정하였다. 또한 제146조에서 헌법 초안을 작성하기 위해 임명된 위원회가 결정된 규정의 해석에 의문이 있을 경우, 적어도 향후 3년 동안 공식적으로 유효한 설명을 제공할 고유한 특권을 가진다고 명시한 점도 주목할 만하다. 이것은 미국에서 어떤 헌법적 분쟁에 판사를 소환한 것을 연상시킨다.

처음에는 국가라는 기차가 현재 놓인 궤도에서 거의 미끄러지지 않았다. 그러나 벨기에 지방을 우리나라로 병합함으로써, 1815년에 이미 필요한 개정에서 제142조의 규정이 상당히 심하게 손상을 입었다. 이 조항에는 일반 입법자가 개정의 필요를 선언할 뿐만 아니라, 새롭게 재정되었거나 개정된 조항을 포함하는 단어마다 문구를 표시해야 한다는 규정이 있었다. 이 두 번째 규정은 1815년에 준수되지 않았고, 새로운 문구가 사전에 법적으로 확립되지 않은 상태에서 이런 저런 점에서 수정이 필요하다는 것을 일반 입법부가 단독으로 결정하도록 했다.

이 두 번째 탈선은 네덜란드 북부에서는 양원에 의해 결정되겠지만, 벨기에 지역에서는 저명인사들이 결정을 내릴 것임을 의미했다. 1815년 헌법 편집자들에게 일반법도 개정안의 문구를 결정해야 한다는 규정이 남아 있기 때문에 더욱 큰 영향을 미쳤다. 그럼에도 불구하고 제229조에는 개정이나 추가의 필요성뿐만 아니라, "변경 또는 추가 자체가 명확하게 확인되고 표현되어야 한다"라고 명시되어 있다. 반면에 결정을 내릴 협의회의 구성과 그 결정이 내려질 방식과 관련하여 제232조에 따르면, 회의를 구성한 위원의 3분의 2 이상이 참석, 출석 회원의 4분의 3이 의견에 동의해야 진행될 수 있었다.

이와 관련해 상원이 개정에 참여하는 것은 아직 언급되지 않고 있다. 물론 1815년 제78조와 제79조에 상원이 도입되었지만, 헌법 개정을 규정하는제232조에는 하원만 있을 뿐 아직 상원은 고려되지 않았다. 9명의 남자 (De Negen Mannen)가 상원의원들로 하여금 개정에 협력하길 원했지만, 2배수로는 아니었다. 양원 의원들은 공동회의에서 결정내릴 것이었지만, 이 혼합회의에서 하원의원은 2배수인 200표를, 그에 비해 상원의원은 기껏해야 40표를 던질 수 있었다. 물론 나중에는 그조차 더 줄어들었다.

§16. 차후의 구상

1848년에 수정된 헌법 제196조는 일반 입법부가 '꼭 필요한 경우'가 아닌 경우에도 개정을 선언할 수 있지만, 변화가 요구된다는 것을 명시해야 한다는 결론에 도달했다. 제197조에 의하면, 양원이 해산되면 새로이 선출된 양원에서 각각 개별적으로, 그리고 2배수가 아니라 '투표수의 3분의 2 이상'으로 상정된 개정안이 결정되었다. 1887년에 이를 변경하기 위해 힘을 썼지만 좌절되었다. 지금도 1848년에 확정된 그대로 남아 있다.

헤임스케르크(Heemskerk) 내각이 활동할 수 있었던 헌법 위원회가 먼저 완전히 다른 개정을 제안했다. 드 메이스터르(De Meester) 내각 역시 이미 제11장 조항들의 개정 가능성을 열어 놓았었다. 후에 드 메이스터르 내각의 제안과 헤임스케르크 내각이 제안한 것들은 결정되지 않았다. 이 점에서 아직 코르트 판 드르 린던(Cort van der Linden) 내각에 무엇을 기대할 수는 없다. 그가 주도한 결과로 일부 수정이 이루어지면, 그는 제11장에 관여하지 않을 가능성도 있다. 그러므로 여기에서 1906년과 1912년에 위원회가 제11장을 수정하려 한 시도를 따로 논의하는 것은 불필요해 보인다. 태어나지 않은 두 아기는 헌법 과정이 아닌 기획 과정에서만 중요하다. 사회민주당(de Sociaal-democratische partij)과 자유민주당(de Vrijzinnig-democraten)이 제안한 개헌에 대해서는 여기서는 언급하지 않겠다.

포커르(A. J. Fokker) 박사는 1906년에 완성된 국가위원회(Staatscommissie)의 개헌 제안과 함께 이 문서를 깔끔한 판으로 작성했으며, 이는 두스부르흐(Doesburgh) 근처의 레이던(Leiden)에서 출판되었다. 그들은 그것을 필요한 만큼 언급했다. 이제 우리에게는 가장 권장되는 방식을 설명하는 것 외에 다른 선택지가 없다.

§17. 두 종류의 개헌

이제는 헌법의 모든 조항을 동일한 개정 방식으로 묶지 않는 것이 바람직하다는 점을 지적해야 한다. 헌법이 한편으로는 국민과 왕조의 계약을 수립하고 다른 한편으로는 행정부를 규율하는 조건을 수립하는 것으로 규정되면, 완전히 다른 두 집단에 관한 조항을 개헌하거나 개정하기 위해 완전히 동일한 방식으로 처리해야 한다는 규정은 위험할 수밖에 없다.

국민과 군주 가문 사이의 합의에 의한 개정을 제안하는 것은 국가행정부(Staatsbewind)가 조율하는 추가 조항의 개정과 성격상 완전히 다르다. 협약이나 조약, 그리고 그것의 개정에는 두 개의 독립적인 '커다란 힘'이 서로 대치한다. 한편은 국민이고 다른 한편은 왕조를 동반한 군주다. 따라서 상호관계의 규제 자체가 결정적이어야 하고, 상호동의 없이는 어떤 변화도 일어나지 않아야 한다는 사항이 요구된다. 다스리는 군주는 매 개헌에 자신의 승인을 보류할 권리를 항상 가지지만, 추가 조항이 없으면 이 권리는 매우 불안정해질 수 있다.

총선에 의해 하원의 반 이상이 군주제 원칙을 공화정 원칙으로 바꾸기 원하는 당으로 구성되었다 하더라도, 군주는 최소한 자신의 내각 선택에서는 완전히 자유롭다. 그럼에도 불구하고 너무 심각한 갈등을 피하고자, 개헌을 통해 외형적으로 왕조적 권위를 확장시키려는 일을 국민의 권리로 주고자 했다. 그리고 판 하우턴 박사 같은 사람도 '장식품'이라 불렀던 것을 해결해야 했다. 그러한 움직임으로부터 현재 군주제를 매우 심각하게 위협하는 개헌안을 만들어내고, 군주가 법 초안을 만드는 것을 거부한다면 (역사가 여기저기서 교훈하듯) 1848년에 레이던에서 왕궁으로 향했던 것과 같은 가두시위가 곧 일어날 것이다. 그래서 결국 군주는 위협적인 폭력에 굴복하거나 포기하게 될 것이다.

이러한 측면에서 볼 때, 헌법 조항을 너무 쉽게 개정할 수 있게 하는 것은 바람직하지 못하다. 결코 개헌 자체를 완전히 포기하고 차단해 버려서는 안 되지만, 어떤 경우에도 국민과 군주 사이의 협약의 개헌이 엄중한 대중적 신념으로부터 비롯될 수 있도록, 조항을 정하는 것이 바람직하다. 너무 빠르거나 너무 관대하게 진행되어서는 안 된다.

1814년부터 헌법 개헌을 복잡하게 하고자 시도된 다양한 조항의 유일한 목적은 왕조의 충분한 안정임이 분명하다. 이것은 물론 왕조 자체가 아니라, 항상 왕조가 존중해야 할 권리, 그리고 자유와 관련이 있다. 여기서도 합의는 본질적으로 양자 간에 이뤄진다. 왕조 편에서 국민의 이익을 위해 분명하게 확립된 것이 있어야 했지만, 그와 반대의 경우로, 국민 편에서도 왕조의 이익을 위해 확립된 것이 있어야 했다. 그러므로 이러한 상호관계를 규정하는 헌법의 장(章)은 성가신 규정을 통해 개헌될 수 없는 것이 매우 바람직하다.

그러나 헌법의 다른 모든 조항의 개헌이 그러한 성가신 규정에 구속될 이유가 전혀 없다. 교육 규제, 열악한 행정, 국가의 활동에서 교회가 차지하게 될 위치, 국가와 식민지의 독립을 수호하는 데 필요한 수단의 모든 측면에서 얼마나 많은 변화가 필요한지 분명하다. 또 국가평의회를 현재의 형태로 철회하는 문제조차도 그러한 성격의 변화가 그렇게 눈에 띄게 이뤄져야 할 이유가 없다. 벨기에 헌법에는 교육에 관한 조항조차 포함되어 있지 않으며, 거기에는 국가평의회도 없다. 이것이 바람직한지 여부에 관계없이 이제 열어 두어야 한다. 명백하게 그런 모든 규정이 국민과 군주 사이의 협약이나 조약에 미치는 영향은 매우 적다.

§18. 이로 인해 개헌이 방해 받다

국민과 군주 사이의 합의에 매우 엄격한 규정이 꼭 필요하다는 사실, 그리고 합의와 추가 헌법이 동일한 헌법에 포함되었기 때문에 사람들이 추가 규정의 조항들을 유사한 성가신 규정에 예속시켰다는 사실은 국가 발전을 심각하게 방해했다. 지금은 우리 정치계의 불편함을 피하기 위해 개헌 규정을 약화시키는 경향이 많아졌다. 그러나 이에 대해 반발이 생겨났다. 실제로 합의나 언약에 요구되는 견고함이 사라질 것이라는 위협이 있다. 개정이 이뤄질 때 모든 조항과 장의 검토는 하나의 방식으로만 계속되어야 한다는 강력한 요구가 나타날 수 있다. 이것이 지배적이라면, 그것은 주고받는 방식의 유지를 가져올 것이다. 한 부분은 너무 쉽게 개정되지만 다른 부분은 너무 어렵게 진행될 것이다.

모든 개헌 과정에서 반복적으로 지적되는 모순이지만, 매번 매끄럽게 해결되지 않았다. 두 가지 주요 요소에 대한 개헌이 언제나 단 한 가지 같은 방식으로만 이루어져야 한다는 요구는 그 어떤 것으로도 정당화될 수 없다. 헌법 자체가 협의나 조약을 제공하는 장의 개정은 협의나 조약으로만 이루어질 수 있으며, 반대로 다른 장의 개정은 다른 성격 때문에 더 간단한 방식의 수정이 유효할 것이다. 합의의 규칙에 특정한 것을 수정하려는 요구가 상당히 일반적이고 오래 지속되는 성격을 가지고 있다면, 왕권 행사자는 그것에 완고하게 반대하지 않을 것이다. 그러나 그러한 수정에 대한 욕망의 일반적이고 지속 가능한 특징은 미리 정의된 형태로 입증되어야 한다. 1814년, 1815년, 1848년 그리고 1887년에 시도되고 성공한 것처럼 말이다.

그러나 실용적 성격을 지닌 조항의 개정을 용이하게 하고자 항상 다른 소원이 제기되었다. 이러한 조항의 개헌에서는 전혀 다른 성격의 이해관계로 어려움이 나타나고, 우리나라가 정상적이고 건강한 발전을 지속하지 못하도록 방해를 받았다. 그래서 사람들은 합의된 것의 확고함을 보장하기 위해 다른 모든 개정도 똑같은 엄격한 규정에 묶어 놓았다. 우리 헌법을 두 가지 종류의 규정으로 분리하고, 개헌하는 데에 그런 엄격함을 요구하지 않는 더 관대한 조항을 채택한다면, 지금 지속적으로 겪고 있는 어려움이 제거되며, 왕조가 요구한 권리를 만족시킬 뿐만 아니라 우리 국가 활동의 정상적 발전도 이룰 수 있을 것이다.

§19. 헌법에서 많은 것을 얻을 수 있다

둘째, 우리 헌법은 세부 사항에서 너무 많은 것을 빠트리고 있기 때문에, 일반 입법부에게 맡길 수 있는 그런 모든 규정을 제외하는 것이 바람직할 것이다. 의회에 제출된 각 법안은 사전조사가 필요하며, 하원이 자체 조사를 준비하는 제111항 같은 조항은 불필요할 뿐만 아니라 사안의 순조로운 진행을 방해하고, 의회에서 의미 없이 시간을 낭비하게 만든다. 여러 교회 교단의 수장들과 편지를 교환하는 일에 정부의 개입이 요구되지 않는다라는 제173항의 규정은 불필요하다. 주화의 무게, 내용, 환율이 법률에 의해 정해진다는 제177항은 헌법으로 보기에 너무 상세한 규정이다.

우리의 헌법을 다른 나라의 헌법과 비교해 보라. 그러면 모든 면에서 다른 나라에서 헌법 조항으로 규정하지 않는 모든 종류의 세부 사항에 대해 우리가 얼마나 불필요하게 규정해 왔는지를 볼 수 있다. 바로 이런 종류의 조항들 때문에 헌법 개정 자체를 가능한 완전히 자유롭게 남겨두려는 요구가 지속적으로 다시 생겨나는 것이다. 사소한 수정이 요구되는 모든 종류의 규정이 헌법에 포함되면 다음 두 가지 중 하나가 발생한다. 하나는 헌법의 본문을 거의 고려하지 않은 채 자기주장만 하면서 사실은 헌법을 무시하는 것이다. 또 하나는 그런 세부 규정에 의해 방해받지 않도록 헌법을 너무 자유롭게 개정할 수 있게 만드는 것이다.

§20. 3분의 2

헌법 개정에서 헌법과 일반법의 다른 특성을 유지하기 위해 지정된 방법 중에 가장 중요한 것은 필요한 과반수의 범위를 결정하는 것이다. 1814년, 1815년 초기부터 과반수는 3분의 2로 설정되었다. 1848년에도 그렇게 유지되었고 1887년에도 3분의 2가 요구되었다. 3분의 2는 출석 인원에 대한

반혁명 국가학 ‖ 적용

것이며, 출석할 수 있는 의원 수의 절대치는 고려되지 않았다. 반면, 1906년 국가위원회에서는 3분의 2가 삭제되었고, "적어도 76명의 의원"이라는 숫자가 연합회의에서 요구되었다. 이 '76'이라는 숫자는 상원 의원 50명과 하원 의원 100명을 더한 150명을 절반으로 나눈 75명에 과반수를 얻기 위한 한 명을 더한 것이다.

지난 헌법위원회도 그 길을 따랐다. 이렇게 단순하게 과반수를 설정했는데, 전체 회원 수가 아니라 '법률에 따라' 양원을 구성하는 의원의 수에 따른 것이다. 과반수를 4분의 3으로 고정하기 원했던 이전의 바람직한 제한은 더 이상 들리지 않았다. 물론 그러한 규정의 결과는 양원이 균일하게 구성되었는지의 여부에 달려 있다. 하지만 그런 경우는 오랫동안 나타나지 않았다.

얼마 지나지 않아 (비록 색깔이 다양하긴 했지만) 자유당 정치인들이 하원과 상원에서 다수를 차지할 수 있었다. 이것은 1880년 마카이 내각의 등장과 카이퍼 내각 아래에서 다시 바뀌었다. 과반수가 자유당으로 구성된 상원은 우파적 성향을 가진 하원과 공개적으로 갈등을 야기했고, 이 갈등은 1904년에 상원이 해산되어 일시적으로 해결될 때까지 계속되었다. 그런데 1905년과 1913년에는 서로 반대 입장이 되어 다시 갈등이 생겼다. 하원은 자유당이 다수가 되고 상원은 우파가 다수가 되는 상황이 두 번 발생한 것이다. 이것은 양원의 색깔과 구성이, 헌법 개정에서 과반수를 얻기 위해 요구되는 숫자의 의미에 얼마나 결정적인 변화를 줄 수 있는지를 명백하게 보여준다.

상원과 하원의 정치적 색이 일치한다면, 헌법 개정을 위한 과반수로 76명의 의원을 요구하는 것은 하나의 입장이 부적절한 결정을 관철시키는 것을 방지하기 위한 의미를 가지고 있다. 반면 양원에서 과반수를 이루는 정치적 색이 서로 다를 경우 76이라는 숫자는 놀라운 결과를 가져올 수 있다. 현재 상원은 좌파 19명과 우파 31명이고, 하원은 좌파 55명과 우파 45명이다. 만약 양원을 통합회의로 합치면, 우파 76명에 좌파 74명이다. 비록 하원의 좌파가 우리나라에서 상당히 다수를 이루고 있지만, 통합회의에서는 절반에 한 명을 더한 다수가 우파이다. 호비(W. Hovy)의 죽음으로 인해 제일란트(Zeeland) 주에서 포커르(Fokker) 이외에 두 번째 자유당원이 선출된다면, 75대 75가 될 것이며 활동은 불가능할 것이다. 상원이나 하원 중 우파에서 한 자리라도 빠진다면, 통합회의의 과반수는 좌파가 될 것이다.

1916년의 의원 선거는 이런 불안을 더욱 더 악화시켰다. 그리고 일시적이지만 심각한 질병으로 인해 한쪽 편에서 한두 명의 의원이 회의에 참석하지 못할 경우, 현재 상원과 하원의 구성에서 이 불안한 상황은 훨씬 심각해질 것이다. 의도는 숫자 76을 영구적으로 유지하려는 것이기 때문에, 예상치 못하게 누군가 사망하는 경우조차도 심각한 결과를 야기할 수 있다. 150명의 의원을 호명해보면, 그들 모두가 참석하는 것은 거의 불가능하다는 것을 경험하게 된다.

§21. 가장 선호되는 방법

따라서 가장 바람직한 개헌 과정은 기초를 놓는 헌법 전체를 두 개의 주요 부분으로 나누는 것이다. 국민과 군주 간의 협정을 구체화한 부분과 추가 법령 부분이다. 이 두 가지 주요 부분 각각에 대한 고유의 수정 방법을 결정할 수 있다. 첫 번째 부분의 기준은 더 견고해야 하고, 두 번째 부분의 기준은 덜 엄격해야 한다.

첫 번째 장의 개정에 대한 더욱 확고한 규제를 위해 1814년, 1815년과 부분적으로 1848년에 결정된 내용을 고수해야 한다. 첫째, 의회가 개정의 필요성을 선언하고, 개정을 원하는 새로운 '규정'이 무엇인지 명확하게 공식화한다. 둘째, 그후에 의회를 해산하고 의원 수를 두 배로 늘린다. 셋째, 양원이 실시한 투표의 3분의 2 이상으로 결정을 내린다. 넷째, 그런 다음 서명이 이뤄진다. 다섯째, 국왕의 선포가 뒤따른다.

반면에 헌법의 두 번째 부분의 개정은 좀 더 간단한 절차로 충분할 것이다. 여기에서 종속적인 성격의 배치가 변경되는 경우가 종종 있는데, 이는 정상적인 질서를 크게 방해하지 않고 효력을 발휘할 수 있어야 한다. 헌법에서 작은 부분이 너무 많이 생략되어 비록 세부적인 규정을 잃는 것이라 해도, 너무 큰 장애물에 부딪혀서는 안 된다. 이 경우, 미리 필요성을 선언하지 않았다면, 먼저 양원이 정기회의에서 개별적으로 원하는 바와 문구를 결정하고, 다음으로 양원의 혼합회의에서 80표로 결정하는 것이 가장 바람직할 것이다.

첫 번째 투표 후 양원의 해산은 의심할 여지없이 그 자체로 바람직하고 공식적으로 더 정확할 것이다. 그렇지만 여전히 그것에 대해 너무 많은 반대가 있으며, 꼭 필요한 것으로 간주할 수 없다. 이에 대한 반대 의견은, 헌법의 세부 규정 개정만 고려한다면 새롭게 선출된 의회가 향후 정부 정책에 대한 지침이 없다는 사실로 귀결된다. 긴급 상황에서 군인의 개인적 동의 없이도 군대의 일부를 식민지에 보낼 수 있도록 안건이 제안되어, 제184항의 개정이 그런 의미로 진행되었다고 가정해 보라. 하원은 당연히 이 한 가지를 위해 선거에서 투쟁하게 될 것이며, 그로 인해 의회 해산을 시작으로 4년 동안 계속되는 국정을 처리하기 위한 모든 지침을 잃고 말 것이다. 의원 수를 두 배로 늘리는 것도 도움이 되지 않는다. 의회라는 집단에서 이동하는 것이 전혀 자연스럽지 않고, 그것에 대해 아는 것이 별로 없는 사람은 경험이 많은 사람들과 같은 수로 협력해야 할 것이다. 일반적으로 그러한 이질적인 조합은 가능한 피해야 할 위험한 결과를 초래한다.

§22. 정당들의 관계에 영향을 미치는 것

개헌에 대해 더욱 견고한 규제가 요구될지 여부에만 질문이 제기되었다. 다양한 정당이나 재산 간의 관계에 영향을 미치는 헌법 문제인 경우, (특히 투표권과 관련하여) 보다 확고한 기반 위에서 개정 규정이 요구되지 않았는지에 대한 질문이 제기되었다. 그러나 너무 쉽게 개정하는 방법으로, 즉 일시적인 다수가 이 점에서 국가법(Staatsregeling)을 완전히 비틀기 위해 자신의 입장을 너무 쉽게 남용할 수 있는 것처럼 보이기도 했다. 그런 경향이 있다는 것은 명백하다. 혁명 시대를 제외하고는 우리 헌법의 다소 중요한 개정안은 갑자기 공중에서 떨어진 것이 아니라, 이미 수년 전부터 공개적으로, 그리고 내각과 하원 사이에서 의견 교환을 하며, 의원들이 수정안 초안을 제출하여 준비되었다는 점을 간과하지 말아야 한다.

그렇기 때문에 수정이 임박했는지 아닌지의 여부는 투표에서 곧 분명해질 것이다. 만약 이 경우라면 일반적으로 이미 정당이 선거에서 제기한 것이며, 총선에서 국민이 던진 표는 이미 자신의 욕구를 선언한 것이다. 선거의 결과가 반영된 내각이 등장한 이후에는 일반적으로 국가위원회(Staatscommissie)를 임명하게 된다. 1887년 개정 이후에도 이것은 반복적으로 일어났다. 이 위원회의 보고서에서 국민들은 자연스레 더 굳건한 공식화를 요구할 것이다. 그리고 이런 식으로 의회의 해산을 통해 의도했던 것과 똑같은 것이 자동으로 의회의 무릎에 떨어질 수 있다.

§23. 전반적인가 부분적인가

이와 관련이 있는 중요한 질문은 전반적 개헌이 필요한가, 아니면 부분적 개헌을 선택해야 하는가이다. 개헌이 심하게 꼬여 있고 관련된 조치가 너무 많으면, 사람들은 단지 사소한 문제만 놓고 개헌에 착수하기를 꺼린다. 그래서 기존 조항의 문구를 약간 다른 방식으로 함으로써, 곧 개헌이 아니라 해석을 달리함으로써 목표를 이루기를 선호한다. 개헌에는 번거로운 점이 너무 많기 때문이다. 교육에 관한 조항을 생각해 보라. 개헌을 원하는 횟수가 누적되면, 마침내 전반적 개헌에 이르는 더욱 좋은 큰 길이 놓인다.

흐룬 판 프린스터러는 처음부터 이것이 어떤 결과로 이어질지 내다보았다. 그래서 반세기 또는 사반세기가 지난 후, 국민에 의해 완전히 새로운 질서가 확립되고 있다는 것을 반복적으로 보여주었다. 많은 사람들이 지금 이 나라의 헌법적 질서가 결국 1848년에야 확립되었다고 계속 생각하는 것처럼 말이다. 그것은 처음부터 지금까지 헌법이 항상 동일한 것으로 남아 있었고, 변경된 것은 단지 하나의 영구적 법령뿐이라는 대중적 인식을 위태롭게 한다. 따라서 더 간단한 수정 방법을 통해 매번 몇 가지 세부 사항에서 필요한 개정을 수행하겠다는 생각이 훨씬 더 건전하다.

개헌이 더 간단하게, 그리고 불필요한 소동 없이 더 원활하게 수행될 수 있어야 한다는 것은 말할 필요도 없다. 부분적인 변화는 항상 연기되는데 실제로는 부분적으로 헌법 규정 개정이 일어난다면, 얼마간의 시간이 지나 자동적으로 연기되었던 것들이 모두 한 번에 합쳐져 전면 개정에 이르게 된다. 만일 빠르게 진행된 부분적 헌법 개정에서 정확한 선을 한번 넘었다면, 이러한 원만한 처리는 저질러진 오류를 수정하고 필요한 경우 출발점으로 되돌아갈 수 있는 수단을 제공할 것이다.

§24. 군주의 태도

무엇보다도 의회가 왕의 중재를 통하지 않고는 목표에 도달할 수 없다는 것을 간과해서는 안 된다. 바로 이것 때문에 왕은 국민이 두 편 혹은 두 진영으로 나뉘어 싸우고 있는 곳에서 공공의 국민 권리를 일깨우도록 세움 받았다. 체결된 합의에 강하게 반대하는 왕은 이기적 의미에서 왕조의 권리를 위해 싸우는 것이다. 그런 행동은 일부 국민에게는 결코 좋은 인상을 주지 못하고, 왕조를 반대하는 구실을 제공하게 된다. 따라서 왕권 행사자는 그런 수정 사항을 인정하는 것이 더 지혜롭다.

반면 개헌이 국민과 군주 사이가 아니라 집단과 정파, 계층 간의 문제일 경우 정의를 행하느라 올바른 선을 넘는 경쟁 집단에 의해 너무 심각하게 손해를 보는 집단을 군주가 방어할 수 있다. 이것은 일방적 우세를 강화시키는 결과를 가져올 수 있으며, 그 결과로 정당 선거가 가장 불건전하게 바뀔 수 있다. 아주 오래 전에는 군주의 그러한 행동이 드문 일이 아니었고, 그로 인해 군주가 정당 중 하나를 자기 이익에 기여하도록 만들 수 있었다. 현재 거의 모든 국가에서는 헌법에 의거하여 활동하는 데 전혀 걱정할 필요가 없다.

집단과 정당의 권리를 함께 옹호하는 군주에 대한 평가는 떨어지지 않고 사람들에게 더 높은 질서의 권리를 방어한다는 인상을 준다. 그것은 1878년에 헤트 로(het Loo)[24]에 엘라우트 판 수터르바우더를 파견(deputatie)한 것에서 분명해졌다. 빌럼 3세는 우리의 초등교육법에 있는 공공의 권리가 가진 오류에 대해 무관심하지 않았음을 아주 명료하고도 분명하게 밝혔다. 그 결과 10년 후 여론을 다른 방향으로 이끄는 열매를 맺었다. 그리고 마지막으로, 더 낮은 계급의 국민들이 뜻을 관철시키기 위해 일으키는 가두시위로 인한 혁명적 혼란을 지적해야 한다. 계속 증가하는 이런 위험을 되돌리는 데 가장 도움이 되는 방법은 헌법 조항의 개정이라는 사실을 놓치지 말아야 한다.

§25. 국민 소요의 위험

개헌이 너무 어려워서 해마다 미뤄지고 일반적인 방법으로는 해결책이 거의 없다면, 이는 결국 쉽게 백성의 격정을 일으켜 폭력을 유발시킬 것이다. 백성과 군주 간의 합의를 유지하기 위해, '굳건함'의 성격을 가져야 한다는 것과, 정치적 '활동'과 헌법적 '형식' 사이에 표현되는 올바른 관계를 유지해야 한다는 두 가지 조건을 고수해야 한다. 이것이 헌법 개헌과 관련하여 가진 입장을 결정한다. 첫째가 강성을 요구하고, 둘째가 유연함을 요구한다면, 같은 관점에서 둘을 결합하는 것은 거의 불가능하다. 국민과 군주 간의 합의와 국민의 권리 규정에 동일한 개헌 방법이 적용된다면, 합의를 확정하기 위해 개헌이 너무 어려워지거나, 혹은 개헌을 위해 무리수를 두어 합의가 약화되는 치명적인 결과를 낳게 된다.

첫 번째 해악에 가장 큰 책임은 보수당에 있다. 이것은 헌법 영역의 명예와 존엄성을 훼손시키는 파도를 일으켰다. 건물은 벽이 단단해야 하고 문과 창문만 움직일 수 있어야 한다. 따라서 합의와 세부 규정을 동일한 법률에 따라 결정하는 것보다 헌법상의 확신을 크게 떨어뜨리는 것은 없다. 성문법은 아니지만 상호간의 권리(법)가 국민정신에 뿌리 내린 영국에서는 헌법적 삶이 여전히 가장 확고하고 강하다. 영국에서도 당연히 사소한 변화와 흔들림이 있지만, 건물 자체는 지금까지 흔들리지 않았다. 반면에 유럽 본토와 우리나라에서는 헌법적 공생에 대한 전반적 만족도가 특히 지난 25년 동안 눈에 띄게 감소했다. 이미 한 쪽 이상에서 돌이킬 수 없는 '실패'에 대한 불만을 토로했다. 이는 이전에 매우 흔했던 군주의 권력 남용 때문일 수 있다.

그러나 곧바로 이 일방적 해악에 대한 불만이 점점 줄어들었다. 왕실 쪽에서는 국민의 운명에 대한 따뜻한 관심을 나타내고 국민의 사랑을 얻으려고 노력했으며, 국민의 권위를 더 세심하게 존중하는 정신이 나라에 스며들게 되었다. 따라서 왕권에 대한 기존의 불만이 점점 줄어들었다. 이러한 현상은 1848년에 부분적으로 나타났지만 더 이상은 그렇지 않다. 오히려 법과 관련해 국민의 편에서 그 문제점이 점점 더 많이 드러났다. 무정부주의 경향이 강해졌고 거의 모든 유대가 깨지기 시작했다. 사람들은 하늘의 새처럼 자유로워지기를 원했다. 무질서 현상이 나타났다.

바로 이런 이유로 헌법의 특징을 더 강조하고, 적어도 다음으로 이어질 수 있는 탈출구를 찾는 것이 중요해 보였다. 지금도 여전히 서로에게 손해를 끼치는 개헌의 문제에서 군건함과 유연함의 방식으로 화해시키고 하나가 되게 하여, 둘 사이의 건강한 관계가 궁극적으로 모든 목발을 던져 버릴 수 있게 한다. 헌법이 모든 불필요한 세부 규정을 완전히 제거할 때, 이것이 가능하다는 것은 의심의 여지가 없다. 다시 말해 옆으로 삐져나온 선들을 지우개로 지우고 중심과 기본이 되는 선으로 돌아가서, '잘못된 글자'가 저절로 사라질 정도로 간단하고 명확하며 논리적인 언어로 표현해야 한다.

이 점에서 우리 헌법이 가장 좋은 것은 아니다. 비록 우리가 1830년 벨기에 헌법의 기초가 되는 헌법 원칙에 완전히 동의할 수는 없지만, 그 헌법의 언어와 형태가 모본으로서 칭송받아야 한다는 것을 부인해서는 안 된다. 여기서 주목해야 할 것은 헌법을 국민과 군주 간의 합의와 국가 규정이라는 두 부분으로 나눌 수 있는데, 국가 규정의 조항은 칼같이 나뉘지 않는다는 것이다. 현재 우리 헌법의 제79항에는 구분선이 간단히 떨어지지 않을 수 있을 것이다. 물론 현재 헌법에서 내용을 여러 조항 아래 분포시키는 것은 당연히 수정되어야 할 것이다.

제4장

국가평의회와
정무 장관들

§1. 국가평의회의 역사

우리나라의 국가평의회(De Raad van State)는 1815년 헌법과 함께 시작되었다. 물론 1805년의 바타비아 공화국 헌법과, 심지어 카렐(Karel) 5세의 통치하에서도 그와 비슷한 이름의 체제가 있었다. 그러나 과거의 협의체들은 다른 성격을 띠었는데, 그 이후 부처 장관들에게 맡겨진 임무만 부분적으로 감당했다. 1805년에는 국가평의회 이외에, 장관이 아닌 '국무장관'(고위 관료)들이 임명되었다. 제47항과 제48항을 보라. 제47항은 일반 국무장관의 임명을 명령하고, 제48항은 '외교', '해양', '국방', '내무', '재무', 다섯 국무장관의 역할을 다룬다. 그와 반대로 제44항, 제45항과 제46항에서 규정된 국가평의회는 부르고뉴 왕국의 국무회의(Conseil d'Etat)나 나폴레옹에 의해 만들어진 비슷한 종류의 협의체에 더 가까웠다.

헌법 제71항부터 제74항에는 다른 형태의 국가평의회가 등장한다. 그것은 국왕이 임명하는 24명의 하위 회원으로 구성되었고 가능한 여러 지방 출신으로, 왕이 회원권을 줄 수도 뺏을 수도 있었다. 국왕 자신은 평의회의 의장이고 오란녀 왕자는 법률적 회원이며, 왕가의 다른 왕자들에게도 이 고위 국가 기구 자리를 맡길 수 있었다. 모든 법안은 심의를 위해 평의회에 제출되고, 국왕은 국내와 제국의 식민지에 대한 내부 정부의 모든 조치에 대해 평의회의 조언을 청했다. 게다가 국왕은 자신이 받기 원하는 모든 국가 문제에 대한 조언을 청할 수 있었다. 하지만 결정은 국왕 혼자 내렸다. 평의회는 단지 결정을 통보받을 뿐이었다. 이것이 제71항부터 제74항에 정리된 후, 제75항에서는 장관급 부처의 설립에 관한 설명이 이어진다. 이 조

반혁명 국가학 || 적용

항의 두 번째 문단은 국왕이 한 명 이상의 장관을 국가평의회에 부를 수 있다고 규정했다. 장관급 부처의 권한과 의무를 다루는 추가 규정을 위한 세 가지 조항은 1840년에 첨가되었다. 그래서 1815년의 국가평의회가 국무장관들보다 확실히 우위였다는 것을 부정할 수 없다.

1848년 헌법 둘째 장의 일곱째 단원에서도 국가평의회의 설립이 항상 부처 장관들의 임명보다 선행한다는 것을 알 수 있다. 심지어 국가평의회의 설립에 관해서는 두 개 조항(제72과 제73항)이 할애되었지만, 장관에 대해서는 단지 한 개 조항뿐이었다. 왕자들은 제외되고, 오직 오란녀 국왕만 남았다. 이제 협의체의 임무는 이곳과 식민지, 그리고 재무에 관한 모든 법률 제안과 일반 행정 조치에 대해 조언을 하는 것이다. 국왕은 국가의 다른 문제에 대해서도 조언을 할 수 있었다. 국왕이 혼자 결정하고 자기의 결정을 평의회에 전달하는 형태는 그대로 유지되었다. 1815년처럼 모든 법에 제목을 붙일 때 "국가평의회를 청취하고"(den Raad van State gehoord)를 나타낼 것을 명령했다. 게다가 법률은 국가평의회의 전체 지위를 규제하게 된다.

이것이 1887년까지 동일하게 유지되었지만, 지금은 제76항에 새로운 것이 첨가되었다. 그것은 국가평의회 혹은 이 체제의 특정 부서에게 분쟁에 대한 판결을 위임할 수 있음을 의미한다. 이런 저런 추가 규정은 1861년 12월 21일, 1881년 6월 28일, 1884년 7월 11일, 1906년 12월 8일에 법으로 발효되었다. 그리고 이것이 1862년 9월 4일, 1875년 3월 29일, 1877년 12월 8일, 1881년 11월 16일, 1905년 10월 13일, 1907년 3월 28일에 왕실 법령에 따라 시행되었다. 행정부의 분쟁에 대해 별도의 부서가 설립되었고 최종적으로 행정법적 판결 규정도 설정되었다.

§2. 세 가지 예외 경우

제45항에 기술된 세 가지 경우에 대해 국가평의회에 배정된 업무는 이와 완전히 별개이며, 통치자 직분을 다루는 제2장 4절에 들어 있다. 제38항은 통치자 직분에 관해 다루는데, 장관직 부서의 수장에 의해 시행되어야 한다고 규정한다. 그러나 왕권 행사자가 없는 상태에서 국왕의 권한을 '대

신하는' 것이 불가피할 경우, 대리 임무는 장관회의가 아니라 국가평의회가 수행한다. 그리고 이 임무는 협의체에 결코 적지 않은, 매우 높은 수준의 족적을 남길 것이다.

과거 내내 그랬던 것처럼, 국왕의 권한에 대한 대리 임무가 가능하다는 점은 국가평의회가 왕위와 매우 가까운 관계에 있음을 보여준다. 다른 곳에서도 그런 것처럼 말이다. 블룬칠리 교수는 그의 책 "일반 국가법"(Allgemeines Staatsrecht) 제6판, 267쪽에서 다음과 같이 말했다. "국가평의회는 자유로운 생각을 위한 기관이다…그리고 하원이 국민의 이익과 의견을 대변하는 것처럼 '왕을 위한' 현명한 성찰을 위해 존재한다." 또 270쪽에서는 다음과 같이 말했다. "국가평의회는 국가 원수를 위한 검토와 자문 역할을 한다."

§3. 의미의 약화

더 혁명적인 진영은 거대해진 국가평의회를 정리해야 한다는 결론을 이끌어 내었다. 벨기에는 이미 1830년에 그 결론에 이르렀고, 우리나라에서도 자유당 진영이 여러 번 우리 국가 기관 중 국가평의회를 없애려 했다. 비록 그렇게까지 되지는 않았지만, 국가에서 이 국가평의회에 관한 법안의 위상이 높지 못했다는 것은 부정할 수 없다. 제45항에 따라 국왕의 일시적 부재 시, 혹은 행정부처에서 받은 지시를 국가평의회에 위임하는 것은 의심할 여지없이 매우 중요하지만, 이 두 가지 임무는 본질적으로 부수적인 것이다. 국가평의회의 주요 임무는 법에 따라, 혹은 국왕의 특별한 요청에 따라 국왕에게 조언을 제공하는 것이다. 그리고 바로 지금, 국가평의회의 조언이 더 이상 높이 평가되지 않는다는 점이 우려된다.

그 원인은 그리 멀리서 찾을 필요가 없다. 그것은 평의회의 구성과 법에 의해 제한되는 특권 때문이다. 평의회는 국왕의 요청에 의해 구성되지만, 실제로는 장관회의의 통치 아래 있는 내무부 장관이 주관한다. 따라서 지속된 자유당 내각이 국왕과 생각이 비슷한 사람들에게만 회원 자격을 부여한 것은 그리 오래된 일이 아니다. 비록 제한된 수의 로마 가톨릭 정치인에게도 자리가 주어졌지만, 어쨌든 그 전에는 1848년부터 1853년이 지향하는 자유당의 사상과 일치한다고 여겨진 정치인들이 선택을 받았다. 나중에야 반혁명당 측이나, 혹은 자유당이 아닌 로마 가톨릭 출신의 정치인도 이 협의체에 들어왔다.

협의체는 대부분의 내각에 부여될 수 있었던 것보다 더 지속 가능한 특징을 소유했고, 따라서 일반적 정치계의 과정을 더 많이 대표한다는 것을 의미했다. 장관들은 목표를 추구하고 달성하기 위해 끊임없이 바뀌며 오갔다. 내각 활동의 이런 변화무쌍함과는 대조적으로 왕권 행사자는 영속적인 것을 대표하며, 가능한 동일하게 남아 있었다. 그리고 정확히 국가평의회만이 이 영속성에 지원을 제공할 수 있었다.

한편, 내각의 성격 변화가 지속되면서 장관의 압력 하에 국가평의회의 구성이 부분적으로 어려움을 겪기 시작했다. 비록 평의회가 내각과 어느 정도 거리를 두었지만, 그 고유의 성격에 점점 압박을 받았고 내각 활동이 점점 더 흔들리게 되었다. 그로 인해 내각의 끊임없이 변화하는 정책에 직면하여 왕실의 영구적 성격을 정치적으로 증진시키려는 평의회의 본래 설립 의도는 점점 더 잊혀져 갔다.

§4. 내각과 평의회

본래의 독립성은 감소했다. 평의회의 조언도, 평의회의 평가에 대한 장관들의 응답도 공개되지 않았기 때문에, 평의회로부터 들어온 조언은 장관 사무실에서 점점 덜 중요하게 취급되었다. 한쪽으로 치우친 구성으로 인해 평의회는 일반적으로 자유당 측 의견만 제시할 수 있었다. 평의회는 초안을 작성할 때 거의 항상 더 급진적 방향으로 이끌렸는데, 이러한 독특한 특색으로 인해 평의회에 대한 비판은 좀 더 보수적 노선으로 향했다. 국왕을 통해 그런 부드러운 조언이 부처에 들어오면, 부처의 즉각적인 목표는 그 조언을 매우 사소하고 무시할 수 있는 반론으로 짧게 기록해서 옆으로 치워버리는 것이었다. 이는 평의회가 기술적 오류나 누락을 반복해서 지적하지 않았다거나, 사람들이 감사하게 받아들일만한 수정안을 제시하지 않았다는 말이 아니다. 단지 조언의 정치적 성격이 효과가 없었을 뿐이다.

평의회의 과반수 혹은 제안된 법안을 관할하는 부처의 과반수가 법안을 준비한 장관과 다른지 여부를 미리 알 수 있었다. 마찬가지로 누구의 판단으로 조언이 만들어질 것인지도 미리 알았다. 평의회 의원은 특히 부처에 이미 잘 알려져 있었기에, 그들의 정치적 견해가 어둠 속에 가려져 있지 않았다. 이런 식으로 부처는 조언이 어떤 분위기에서 나왔는지, 무엇이 승인되고 거부될 것인지, 거부된 것을 대신하여 원하는 것이 무엇인지를 거의 확실하게 미리 알고 있었다. 제기될 찬성 혹은 반대 주장에 대해 부처 사람은 확신을 가지고 있었다. 제기되는 조언은 결코 놀라울 것도 없었으며, 부처는 무엇을 고려해야 할지 대부분 미리 알았다. 그리고 평의회의 비판을 반박하고 논파하기 위해 곧바로 자신의 비평거리를 준비하고 있었다.

조언이 들어오면, 즉시 그것을 무장해제하기 위한 공무원이 지명되었다. 일반적으로 2주 안에 안건에 대한 변증으로서의 반대 평가가 준비되었다. 그 변증은 국왕에게 보내져 국가평의회에게 알려지고, 이 모든 의미 없는 분쟁은 사라졌다. 물론 국가평의회 사람은 이것을 다 알고 있었다. 그러한 안건에 전념한 연구가 대부분 무익한 작업이라는 것을 아는 데에는 특별한 노력이 필요하지 않았다. 그의 반대 조언이 거의 가치가 없을 것이라는 것, 매우 적은 관심을 받는다는 것, 또한 거절되어 거의 사용되지 않고 대중에게 읽히지 않은 채 문서보관소로 이동한다는 것을 미리 잘 알고 있는 사람들은 의무감으로 일할 뿐이었다. 그렇다고 해서 그곳에서 재능을 연마하지도 않는다. 너무나도 슬픈 진실은 국가평의회의 조언을 얻으려면 평의회 의원과 부처 양측이 밀실에서 비판적 토론을 해야 했다는 것이다. 그러나 정작 그것은 아무런 실제 성과도 맺지 못한 채 목적 없이 시간만 낭비한 것일 뿐이었다.

만약 조언을 요청받은 평의회 의원이 다른 것에는 탁월하지만, 그들에게 제출된 법안에서 논의된 특정 주제에 대해서는 전문가가 아니라는 것이 나중에 밝혀졌다면, 이미 덜 유쾌한 관계가 더 불편해질 것이다. 이전에는 조언을 위해 보내진 법안 초안이 그 중에서도 배타적이지 않은 의회법과 의회재정에 대한 주제와 관련되어 있는 한, 이로 인한 반대는 거의 없었다. 그러나 행정부가 특수한 기술적 주제에서 점점 더 완전히 특별한 성질을 잃어갔기 때문에, 평의회에 이 특수한 점에 대해 필요한 정보를 제공할 수 있는 전문가가 자주 부족했다.

매우 특별한 연구가 필요한 보험에 관해 생각해보라. 평의회의 한 회원 앞에 200개 이상 되는 조항의 초안이 놓였다. 이 초안은 전문가들에 의해 작성되어 그에게 주어진 것인데, 그가 해결해야 하는 이 문제들은 그에게 낯선 것들이다. 이것이 얼마나 이상한 모습인가 상상해보라. 이 문제와 거리가 먼 평의회 의원들을 비난할 수는 없다. 평의회의 구성은 특수 주제에 적합하지 않았다. 그럼에도 불구하고 평의회의 많은 구성원들이 두 배로 수고함으로써 평의회 구성의 오류를 보완하려 노력한 것은 칭찬으로 다 할 수 없는 명예로운 것이었다.

§5. 고유의 특징을 잃다

지금 우리나라에서 직책을 맡고 있는 국가평의회는 자기 특징을 잃고 있다. 평의회에 할당된 임무는 한편으로는 과잉, 다른 한편으로는 많은 간섭이라는 인상을 준다. 나폴레옹이 의도한 '국가평의회'(Conseil d'état)는 부르고뉴 군주 아래에서 생겨났고 카렐 5세 아래에서 가장 중요한 의미를 지녔던 기관을 개선한 복제본이었다. 나폴레옹은 부분적으로 자신에게 조언하는 두뇌 집단을 부처 장관을 넘어서 국가평의회에서 찾았고, 국가평의회의 '조언'에 따라 부처 장관들이 '실행'했다.

1814년, 1815년에 우리나라에는 다른 목표가 설정되었고, 국가평의회에서 왕실을 위한 방패가 마련되었다. 국민의 권리를 빼앗기 위한 것 같은 부정한 형태가 아니라 아래로부터 발생하는 의심스러운 혼란을 막기 위한 본부로서, 국왕이 될 주권 군주에게 자문하는 협의체를 보장하고자 했는데, 이는 잉글랜드의 '추밀원'(Privy Council)과 크게 다르지 않다. 바타비아 공화국이 위험을 무릅쓰고 시행한 것을 볼 때, 부처 장관은 점점 더 국민의 영향을 받아야 했고, 따라서 군주에게는 국가에서 두 세력 사이의 균형을 잡기 위해 인정받는 고위직 정치인들의 협의체를 자유롭게 갖는 것이 가장 중요한 관심사가 될 수 있었다.

그러나 바로 이로 인해 국가평의회는 그 중요성이 점점 더 제한되었으며, 거의 모든 독립적 지위를 상실했다. 결국 평의회가 실제로 무슨 일을 했는가 하는 의문이 제기되기까지에 이르렀다. 평의회 회원의 지위는 부처 장관들의 전체적인 위치에 비해 떨어질 수밖에 없었다. 이것은 그 자체로 평의회에 전적으로 새로운 기능을 부여했고, 이는 평의회의 의미를 다시 느낄 수 있게 만드는 기회가 되었다. 국왕의 방패라는 본래 의도는 이미 완전히 상실되어, 장관급 위기가 발생했을 때 국왕은 국가평의회의 조언과 권고를 구하는 것이 아니라 양원의 의장들에게 비공식적 조언을 요청했다. 심지어 국왕이 끊임없이 변화하는 부처들 앞에서 정부의 통합을 고유의 상임 인물에게 대리시키기 위해, 내각의 교체에도 '지속성'을 보여줄 고위급 전문가 협의체를 자유롭게 가진다라는 본래의 올바른 의도조차 상실했다. 국가평의회는 국가 문제에 대한 자문 협의체 역할을 하지 못했다. 입법에 대한 평의회의 영향력은 점점 줄어들었다. 의심할 여지없이, 평의회의 주요 의미는 일반 행정 판결과 제45항에 따른 왕적 권위의 일시적 수행이다.

§6. 행정 재판

마지막으로, 여기서는 평의회의 매우 특별한 예외적 기능을 다루고자 한다. 정상적 상황에서는 왕위 계승자를 지정할 때 필요할 경우 섭정자에게 임무가 위임된다. 그리고 만약 군주를 잃었을 때 맨 먼저 왕자 또는 공주가, 그 다음으로 섭정자가 그 자리를 차지한다. 국가평의회는 여기서 그 어떤 행동이나 조치를 취하도록 요청받지 않는다. 단지 비정상적 상황, 곧 왕좌의 계승자나 섭정자가 없는 경우에만 활동한다. 그러한 개입은 국가평의회의 의장에게 허락된 임무의 아주 본질적인 부분이다. 그러나 보통의 업무 과정에서는 이 임무에 해당하는 경우가 거의 발생하지 않는다. 그러므로 단지 이 임무만을 위해 그런 협의체를 만들 생각은 없을 것이다. 국가평의회가 없는 다른 국가에서는 그런 당혹스러운 일이 발생할 가능성을 고려해서, 우리나라의 국가평의회에 부여한 것을 각료회의(Raad van Ministers)에 위임한다.

처음에 왕권을 위한 방패로 세워지는 것을 목적으로 삼았던 국가평의회가, 왕권을 행사하는 데 각료회의보다 특유한 역할을 한다는 점은 인정해야 한다. 우리가 이것을 기꺼이 강조한다 하더라도, 거의 발생할 가능성이 없는 그 한 가지만 바라보고 그처럼 비용이 많이 드는 협의회를 유지하는 것은 불가능할 것이다. 행정 판결은 당연히 훨씬 더 확고하고 광범위한 작업을 요구한다. 그러나 우리나라에 있는 국가평의회는 그토록 꼭 필요한 판결을 위해 가장 독특한, 자체 임명된 협의회처럼 보이지 않는다.

§7. 다른 곳에서는 어떻게 세워졌는가

네덜란드보다 훨씬 작은 국가인 스위스에는 이 판결을 위한 별도의 협의체가 '연방 재판소'(Tribunal fédéral)에 설립되어 있다(헌법 제106-114항 참조). 이 재판소는 연방과 주(칸톤) 간의 분쟁, 주 상호 간의 분쟁 그리고 기업 또는 개인과의 분쟁에 대해 판결한다. 또한 이 재판소는 양 당사자가 다른 유형의 분쟁에서 소원(訴願)을 제출하는 경우에 판결할 수 있다. 또한 국가와 주 정부 간의 '권리 충돌'에 관한 판결, 주 자체 간의 공법 분쟁, 공적 또는 헌법상의 권리를 침해하는 개인의 불만에 대한 판결을 맡는다. 헌법 제110항과 제113항에 따라 연방 입법부는 다른 분쟁을 이 재판소에 회부하여 결정을 내릴 수 있는 권한을 가졌다.

그런 식으로 다른 나라도 독립적 협의체를 설립하여 공익을 추구했다. 예를 들어, 1867년 12월 21일에 빈(Wien)에서 헌법(Constitutionelles Gesetz)에 따라 수립된 오스트리아의 제국법(Reischgericht)을 생각해 보라. 제2항은 이 제국법의 재판이 법률 및 행정 당국 간의 권한 분쟁, 국가의 여러 지역에 있는 국민, 행정관, 지방 당국 간의 분쟁, 나아가 지방 자치단체나 기업 또는 다른 계급의 권한을 가진 개인 사이의 분쟁에 관해 규정한다. 확실히 강대국인 오스트리아의 예는 우리나라처럼 작은 나라에 동일하게 받아들여지지 않을 것이다. 우리보다 인구수가 훨씬 적은 스위스를 먼저 지적한 것은 그러한 오류를 차단하기 위함이다. 여기에 우리나라 국경과 가까운 벨기에를 더해 보라. 그곳에는 국가평의회조차 없는데, 결국 다른 평의회가 행정 재판을 대신해 매우 잘 활동할 수 있음을 보여줌으로 모든 추가 논쟁을 피할 수 있다. 고용법조차도 이미 그것에 대한 유추를 제공한다.

§8. 행정 재판과 독립

여기서 더욱 놀라운 것은, 국가평의회가 그 기원으로 인해 행정적 재판을 위해 자체 임명된 기관으로 간주될 수 없다는 것이다. 상급자와 하급자 사이, 민간 단체와 민간인 사이에서 분쟁과 갈등이 끊임없이 논의되고 있으며, 지자체와 지방, 그리고 저지대(Polders) 등의 독립적 지위에 대한 질문이 제기된다. 지역과 지방적 성격의 자율성은 선거와 밀접하게 관련된 관심사이며, 이를 추구하는 과정에서 전통적으로 두 가지 다른 의견이 서로 상충된다는 사실에 직면한다. 한편으로는 국가가 너무 멀리 떨어져 있어서 소통이 막힌 것과, 다른 한편으로는 강력한 중앙집권화이다. 전자는 전통적으로 우리나라에 익숙했다. 그리고 후자는 특별히 프랑스 혁명 기간의 프랑스에서 지배적이었으며, 그 후 파리에서 우리나라로 건너와 바타비아 공화국 시대에 지배적이었다. 그리고 이 중앙집권화는 1814년 이후에 다시 여기서 중단되었다.

그렇지만 유감스럽게도 우리나라 자유당은 중앙집권화를 항상 흠모했으며, 심지어 그들에 의해 우리나라 '간척집행부'(Polderbesturen)의 독립적 활동이 항상 손상되었다는 사실을 부정할 수 없다. 우리는 특히 오펜하임(Oppenheim) 교수가 시의 자치에 대한 애정과 충성심으로 다시 그것을 받아 들였다는 사실에 대해 감사를 표할 수 있다. 그럼에도 불구하고, 행정 절차상 쉽게 만들 수만 있었다면, 우리는 어려움을 피하기 위해 최대한 시와 지방의 자율성에 손상을 가하려 했을 것이라는 점을 부인하기 힘들다.

시장 임명이 오스트리아에서는 전통적으로 시에 속한 일이었지만, 우리나라에서는 중앙 당국에 맡겨졌다. 그것은 매우 오랫동안 자유당 지도자들이 농촌 지역에 영향력을 행사하는 수단과 도구였다. 시의 독립성을 전반적으로 폐지하는 것이 우리나라에서 널리 퍼지기까지 했다. 브뤼셀에서도 교외 지역은 독립적 성격을 유지했다. 따라서 여전히 중심뿐만 아니라 교외에도 완전히 분리된 시 의회가 존재한다. 그렇지만 큰 도시가 행정부 하에서 전체 마을을 합병할 것을 요구하는 즉시, 그것을 받아들이는 것은 우리나라에서 거의 규칙이 되었다.

이러한 중앙 행정부의 경향이 자연스럽게 지방과 지역 당국에서 그 행정부와 갈등을 일으킬 수 있는 한, 물론 이러한 갈등에서 중앙집권화뿐만 아니라 국민 정신의 자율적 요소에 대해 정의를 집행할 협의체가 자체적으로 일어나는 것은 바람직한 일이다. 오스트리아의 '제국대법원'(Reichsgericht)과 스위스의 연방 재판소의 설립에 이것이 고려되었고, '법원'과 '재판소'의 구성이 모든 일방성을 벗어났다.

§9. 적합하지 않은 국가평의회

우리나라에서는 이런 성격의 갈등에서 재판이 독립적으로 통치되는 협의체에 맡겨지거나, 중앙집권화와 독립성이라는 두 요소가 법을 시행하는 협의체를 통해 동등하게 고려될 것이라고 충분히 상상할 수 있었다. 그러나 우리에게 적용되는 규정은 이 요구에 부응하지 못했다. 국가평의회의 고유한 성격은 그 기원과 과거 덕택에 항상 방패가 되어야 하는 소명에 따라 국왕 편으로 기울어진다. 이제는 헌법과 법률의 후기 규정이 국가평의회의 근본적 성격을 완전히 부인하지는 않았지만, 적어도 상당히 약화시켰다.

그렇지만 국가평의회가 자동적으로 우리 지역과 지방, 기업 활동을 지지하는 협의체가 될 것이라고 주장할 수는 없다. 그 안에 국민적 삶을 위한 정치적 형태를 만드는 힘이 있다고 상상하는 현대 정치이론은 유기적인 맥락에서 순수한 색채로 국민적 삶을 성숙시키기 위해 나온 것이 아니라, 지역의 독립적인 활동과 중앙집권화 사이의 초기 대립을 넘어 점점 더 미끄러지고 있다. 이에 따라 설립을 거쳐 독립된 행정 법체제는 가능하다면 독립 활동의 협력으로 완성된, 어느 정도 일정한 균형을 제공하려고 했을 것이다. 그런데 (지금은 우리나라에서 해결된 것처럼) 중앙집권화에 대한 선호가 오히려 독립적 활동을 더 축소시키려 했다. 사실, 의도적으로 '논쟁 분과'를 목적으로 임명된 극소수의 법학자들은 권력의 중앙집권화 원리를 거스르는 독립 원리의 파동과 마주했다.

국가평의회가 본래 우리나라에 창설된 의도, 즉 평의회가 1861년과 1881년, 1884년에 받은 추가 규정은 위원회에 구성권을 주었고, 그 구성에서 완전한 보장은 제공된 독립성이 너무 강해서 고위 권력의 중앙적 특성을 훼손할 것이라는 특성을 부여했다. 하지만 현재 규정에는 자치 원칙을 요구하는 헌법 유지를 위한 보장이 거의 없다. 이와 관련해 '논쟁 분과'에서 중앙집권과 독립 원리 사이의 적절한 균형을 깨기 위한 의도적인 음모가 작용했다는 의심이 가능하다. 이 부서에는 원하고 의도된 편파성을 멀리 상상할 필요도 없다. 오히려 이 평의회에 오펜하임 교수가 참여한 것이 다시 더 많은 독립성의 기회를 제공했다는 것은 확실하다. 보여주려 했던 유익은, 1815년의 기원과 1848년의 헌법 구성의 결과로 받은 추가 규정 덕택에 국가평의회가 행정적 판결 협의체에서 저절로 첫째 요구사항이 될 기회를 제공하지 않는다는 점이다.

§10. 두 번째 요점도 다르지 않다

마찬가지로 만족스럽지 못한 결론은 국가평의회에 맡겨진 두 번째 임무인 입법과 집행 권한에 대한 감독이다. 이 임무 규정은 1861년 헌법의 제20항부터 제26항까지로 정리되었는데, 나중에 수정이 가해졌다. 제20항은 헌법 제45항에서 평의회에 부여한 임무만 확인한다. 그리고 이어지는 항에 다음 사항들이 규정되어 있다.

첫째, 국가평의회는 국왕으로부터 나온 것이든 의회에서 나온 것이든 그 모든 입법안을 숙고한다. 둘째, 국가평의회는 국가, 그 식민지와 세계 다른 지역의 재산을 위한 내부 행정부의 모든 일반 조치를 조사한다. 셋째, 평의회는 지방과 대표 의회의 결정을 기각하는 국왕의 의견을 청취한다. 넷째, 평의회는 법률이 명령하는 경우에 국왕의 의견을 청취한다. 다섯째, 평의회는 국왕이 필요하다고 판단하는 모든 일반 또는 특수 관심사에 대해 국왕의 의견을 청취한다. 여섯째, 평의회는 내무 행정에 대한 일반적 조치를 실행하는 것이 바람직하다고 판단되는 한 입법 또는 행정 주제에 대해 국왕에게 보고할 수 있다. 일곱째, 평의회의 부서들은 요청이 있을 경우 장관들에게 행정부와 입법부에 관한 정보를 제공한다.

요컨대 이것은 그들이 달성한 것과 그들이 생각해 내야 하는 것 등 모든 것에서 부처별 활동의 특정 통제로 귀결된다. 이것이 기존의 특정 필요를 충족시키는 것을 의미한다는 것은 논란의 여지가 없다. 입법과 행정의 경우에는 연속적으로 이어지는 정부 행정 기간 동안 달성된 것 사이에 확실한 연결고리가 있어야 한다. 내각이 교체될 때 종종 전임자의 공로를 깎아내리는 일이 발생하기 때문에, 내각의 교체가 정부 행정의 일관성에 혼란을 초래할 위험이 분명히 존재한다. 정부 행정의 비밀에 별로 익숙하지 않는 사람이 장관으로 취임할 수 있기 때문에 장관들로부터 나오는 것에서 일관성과 결속력이 부족할 수 있다. 장관의 영향력은 계속 그 중요성이 증가했지만, 부처에서 장관들은 종종 장관직의 흔적을 남기지 않은 채 오가는 투숙객으로 인식된다.

이로 인해 일부 부처 공무원들이 자신들에게 '법적으로' 허용되지 않은 국가 업무의 진행에 많은 영향력을 발휘한다고 자주 지적되었다. 그러한 공무원들은 오랜 세월 동안 중요한 부처의 책임자였기 때문에, 적어도 세부 사항에 관해서는 장관보다 더 지식이 많고, 그들은 점차 그 다루는 문제의 전문가가 된다. 이전에 행정부 밖에 있었던 장관은 그 자체로 흠 잡을 데 없는 공무원의 제안이나 구상, 표현을 가볍게 여길 수 있다. 국무장관(Secretaris-Generaal)이 이 부분에 대해 일정한 감독을 하지만, 그 역시 각 부처가 만들어 내는 문서의 전체 규모를 통제할 수는 없다.

§11. 각료회의Minsterraad

각료회의는 언제나 어느 정도의 통제권을 가질 수 있지만, 분주한 부처의 경우는 다루는 문서가 너무 방대하여 각료회의의 통제가 매우 피상적으로 이뤄질 수 있다. 부처에서 해야 할 일이 과중하고, 이와 관련해 의회에 지속적으로 출석해야 하는 장관은 자기 눈앞에 다가오는 나머지 일곱 개 부처의 모든 일을 정확히 읽고 판단할 수 없다. 특히 여기 우리나라에서는 관습이 굳건하게 버티고 있기 때문에, 방대한 작업의 결과인 의견서의 모든 법적 안건을 제공하는 것은 불가능하다.

그래서 모든 문서의 단독 검토는 거의 불가능하다. 매년 다시 쌓이는 문서들을 추적하는 사람이라면 즉시 다음 사실을 이해하게 될 것이다. 이 모든 문서를 처리하고 싶어 하는 장관이 있다면, 그는 자신의 일을 해결하려는 모든 가능성을 포기해야 할 것이라는 점이다. 그리고 각료회의는 시간이 너무 오래 걸리기 때문에 자주 회의를 할 수 없다. 보통 2시간 정도 지속되는 각료회의에서는 새로운 주제가 끝없이 논의되므로, 거기에 들어오는 모든 문서를 광범위하게 논의하고 세부적으로 검토할 가능성은 없다.

§12. 사건이 밖으로 나가기 전에

실제적으로 볼 때, 어떤 것이 밖으로 나가기 전에 어떤 결과가 나타날지에 대한 진지한 확인은 바람직할 뿐만 아니라 반드시 필요하다. 재질뿐만 아니라 모양에 대해서도 확인이 필요하다. 어떤 사안이 의회에 도착하거나, 의회 신문에 발표되기 전에, 정부차원에서 문서에 포함된 내용이 먼저 헌법, 곧 전체 입법과 조화를 이루는지 여부와 그것이 기존 관행, 관리 방법과 일치하는지 여부를 먼저 조사해야 한다. 형식과 언어가 기존 입법부와 행정부 방식 전체와 어울리는지도 생각해야 한다.

법안은 그 성격상 매우 다양한 형태를 가질 수 있다. 영국, 독일, 프랑스는 오랫동안 특정 규모의 법안을 작성하는 방법이 달랐다. 그래서 같은 내각에서도 서로 다양한 부처가 서로 다른 방법으로 정말 쉽게 작업했는데, 이제는 그것이 금지되었다. 네덜란드 또한 '법 구성' 이론에 대한 자체 개념을 가져야 한다. 각종 법 초안이 하나는 독일 방식을 따르고 다른 하나는 영국 방식을 따라 연속적으로 나타나는 것은 바람직하지 못하다. 이것은 언어와 관련된 이상 계속될 수 밖에 없는데, 입법에서의 언어는 더욱 엄격하게 지적되어야 할 것이다. 한 공식 문서가 다른 문서와 완전히 다른 언어로 말하면 심각한 혼란을 일으킨다. 우리나라 헌법도 이런 어려움을 겪고 있다. 예를 들어 벨기에의 헌법과 우리나라 헌법을 비교하려고 공을 들이는 사람이라면 프랑스어가 방식 면에서와 언어 형태에서 얼마나 완전한지를 곧바로 느낀다.

심지어 우리나라에서는 헌법 용어 선택도 소홀히 했다. 특별히, 우리 헌법에서 사용하는 제국(Rijk), 영토(Land), 국민(Volk)이라는 단어와 관련해 Ⅰ권에서 이미 제시한 바 있다. 우리는 공식 문헌을 자랑할 이유가 없다. 놀라운 것은 프랑스어는 공식 언어에 적합하다는 사실이다. 프랑스어가 부드러운 무지 직물을 제공하는 곳에서 독일어는 항상 주름을 만들고, 영어는 강철 조각의 법률 스타일을 제공한다. 반면에 우리나라 언어는 원하는 생각을 짧고 간결하게 표현하기 위해 매우 서툰 방식을 택하게 된다. 결과적으로, 그렇게 많은 법률과 행정 문서 안에 나오는 전문용어들과 말하는 방식은 일부러 이해할 수 없게 만든 것처럼 보인다. 납세자들이 과세표에 들어 있는 결코 즐겁지 않은 전문용어로 인해 끝없는 혼란에 빠져 있는 것을 보라. 그 어떤 국가도 입법, 칙령, 행정과 관련된 모든 발신 문서에 대한 우리의 사무적이고 형식적인 통제와 정보 제공을 필요로 하지 않는다. 입법, 행정 조치와 관련해 국가평의회가 제공한 것을 우리가 받아들였다는 비판은, 여기에 통제가 상당히 누락될 수 있다는 생각을 전혀 수용하지 않으며, 오히려 반대로 기존 통제가 만족스럽지 않음을 보여준다.

필자처럼 이런 통제가 시행된 문서를 수 년간 가까이서 살펴볼 수 있는 기회를 가진 사람은 이 점에서 주저하지 않을 것이다. 마치 통제 의견서에 오류가 일부러 저질러진 것처럼, 심지어 직접적 오류에 대한 효과적인 지적이 한 번도 없었던 것처럼, 그리고 조항의 일관성과 다른 법률과의 연결이 필요한지에 대한 광범위한 법률 초안(ontwerp)에 포함되지 않은 것처럼, 종종 결정적 언어로 주의를 끌어야 했다.

문서에 대한 비판은 대체로 그러한 법률 초안이 의회의 분과에서도 만나고, 예비 보고서(Voorloopig Verslag)에 포함됨으로써 조정을 가능케 했다. 그러한 계획에 대한 일반적 고려 사항이나, 몇 가지 조항에서 의회의 전문위원이 전면에 내세운 것은 국가평의회가 제공하는 것과 거의 유사하다. 그러한 조정 문서를 비밀스러운 방법으로 소유하게 된 사람은 문서의 불법적 탄생에 대해 그 어떤 언론 기관도 고려하지 않고, 의회 연설에서 그것을 문자 그대로 읽을 수 있을 것이다. 법률 초안이 각료회의를 통과한 후 의회 부처로 곧바로 전달된다면, 장관은 '대체로' 국가평의회로부터 그에게 오는 거의 모든 것을 의회 보고서를 통해 알게 된다.

모든 법률안에 대해 자문서 초안을 작성하는 것은 극소수의 국가평의회 회원에 의해 이루어진다. 정치적 무게를 담은 초안에서는 조사 부처나 연구 위원회의 위원이 어떤 정치적 방향의 과반수를 결정하는지가 늘 중요하다. 그래서 국가평의회가 장관들에게 의회에서 강하게 공격당할 공식적 실수를 교정할 수 있는 기회를 적시에 제공하고, 그 조언이 평의회에게 좀 덜 명확하게 설명된 주장을 완성할 기회를 제공한다 하더라도, 그 조언은 대체로 결정적인 것이 되지는 못한다. 장관이 그로 인해 더 지혜롭게 되는 것도 아니고, 법률 초안이 그로 인해 완전히 승리하는 것도 아니다.

§13. 목적 없는 시간 낭비

국가 고등 협의체(een hoog college van Staat)가 긍정적 유익이 거의 없는 조언을 제공하고 조사하는 데 너무 많은 시간을 허비하는 한편, 꼭 필요하고도 정확한 조정자 역할을 하지 못했음은 부인할 수 없는 사실이다. 입법 활동은 모두의 일이 아니다. 법률 양식과 법률 언어는 매우 독특하고 법적 표현과 관련된 방법의 이론은 그것을 포기하지 않고 배운 사람이 아니면 알지 못한다. 우선 바쁜 장관은 중요한 법안을 작성할 시간이 없다. 공무원은 그로부터 자료를 받아야 하지만, 법률 초안은 공무원이 완성한다. 그런 다음 완성된 문서로 초안이 장관에게 온다. 하지만 형식, 편집, 방식, 언어적 측면에서 완전히 바꿔야 한다면 장관이 직접 준비해야 하는데, 문제는 장관에게는 이를 위한 시간이 절대적으로 부족하다는 것이다.

토르베커(Thorbecke) 시대에는 그런 일이 어느 정도 가능했다. 당시에는 내무부서의 분주함이 지금의 삼분의 일도 안 되었기 때문이다. 따라서 벨기에에서는 법률 초안의 정확한 표현을 처리하기 위해 각 부서에 두 명의 고위 관리를 임명하는 것이 관례였다. 그 결과는 이것이 이미 일부 좋은 방식으로 도움이 된다는 것을 보여 준다.

하지만 이 보조 수단만으로는 충분하지 않다. 한 국가의 전체 입법을 위해서는, 여기에 일류의 재료, 방식, 형식을 지배하는 정신의 높은 권위가 출현해야 한다. 그리고 이들은 봉사하는 동안 충분한 수의 사람들이 수행해야 할 단 하나의 임무만 가지고 있어야 한다. 그들은 또한 입법의 위엄을 형식으로 유지하는 방법을 알고 있어야 한다. 직원은 모든 종류의 섬세한 연구를 위해 그들에게 도움이 되어야 한다. 그리고 그들에게 특권도 부여되어야 하는데, 그 이유는 매우 특별한 성격의 주제에 대해 일류 전문가와 상의해야 하기 때문이다.

이것만으로도 법률의 통일성이 상실되는 것을 막을 수 있다. 즉, 과거 입법과의 연결이 느슨할 것이라는 점, 법률 초안의 계획은 좋은 건축 방식이라고 조롱받을 것이라는 점, 법에서 경솔한 방법으로 발언함으로써 우리 법률 용어가 혼란에 빠질 것이라는 점, 그리고 법 언어는 그 자의적 사용으로 생명력이 없어질 것이라는 점이다. 영국에서는 이 규칙이 예전부터 지켜져 왔고 잘 받아들여졌다. 이런 저런 정치적 방향을 옹호하거나, 반대하는 것은 그러한 협의체의 소명에서 완전히 벗어나게 된다는 것이다.

그런 협의체의 구성원이 최소한 정치적으로 중립적 성격일 필요는 없었다. 그런 중립주의자들은 일반적으로 천재를 소유하지 못한다. 단지 그들은 조사하고 조언할 때, 당사자의 갈등과 관련한 모든 것을 엄격히 삼가야 한다. 그들은 '입법 형식'(legislatieven vorm)에 대해 깨어 있고, 그 형식을 위해서는 존재할 것이다.

§14. 독립적이라도 조언은 있어야 한다

발신 문서에 대해 국가평의회는 전혀 조언할 수 없는가? 전혀 아니다. 비록 국무회의(Conseil d'état)가 이전의 의미에서는 생각할 수 없는 것이 되었지만, 왕이 어떠한 결정을 내리는 데에 필요한 정보를 얻을 필요가 없다는 의미는 아니다. 제거되어야 할 것은 '경우에 따른' 조언이 아니라, 현재 헌법 제72조에 의해 시행되고 있는 모든 발신 문서를 아무리 사소한 것이라도 확인하는 공식적인 관행이며, 그것은 여전히 유지되고 있다.

우리 감사원같은 순수하게 공식적인 감사실은 기존 법률을 포함하여 모든 법률 초안, 방식, 형식을 최대한 정밀하게 검토하는 것이 확실히 바람직하다. 아주 작고 사소한 법률 초안에서는 필요한 형식이 부족했을 수 있다. 그런데 각 초안의 형태와 표현의 중요성은 최근, 화장(火葬) 제도가 의심의 여지가 없는 법의 의도에 반하여 실제로 최고 위원회에 의해 허용된 예를 통해 드러났다. 이렇게 된 것은 법률 형식의 정확성이 부족했기 때문이었다. 입법 분야에서 형식을 절대로 무시해서는 안 된다. 모든 누락은 후에 가장 심각한 혼란을 야기할 수 있다.

그러나 이 때문에 국가평의회와 같은 고위 기관이 이를 경계해야 한다는 것은 아니다. 하나 이상의 완전 사소한 법률에서 "국가평의회가 청취했음"이라는 말이 울려 퍼지는 것은 분명 협의체의 명예를 하락시키는 일이다. 반면, 유지되어야 하는 것이 있다. 의회로 보내지기 전에 각료회의가 일반정부(algemeen Bestuur)의 모든 법률 초안과 조치를 조사하는 것이다. 이 경우 그 문서를 수락할지 여부를 결정하는 것은 국가평의회의 몫이다. 국가평의회는 명시적으로 결정된 기간 내에 부처 수장에게 보고하거나 지체 없이 의회 제출을 진행할 수 있다. 그리고 부처는 평의회에 제출된 초안이 국왕에게 조언을 제공할 이유가 있는 경우에만 추후 보고를 기다릴 것이다. 이 때문에 평의회가 후속 보고에서 법률 초안의 실질적 혹은 형식적 수정을 밀어붙일 필요는 없다.

종종 평의회는 신중한 고려 끝에 초안을 비판하려는 모든 충동을 포기하기로 결정하여, 각 부처에 초안이 방해 받지 않는다거나, 추가 심의가 있을 것이라고 보고하는 경우가 많다. 추가 심의의 결과로 초안의 여러 부분에서 개정이 요구된다는, 또는 문서에 대한 그 어떤 비판도 금지한다는 결론에 도달할지도 모른다. 심의한다는 것은 단지 취지를 조사하는 것일 수도 있고, 혹은 만약 그렇다면, 국가 정부의 연속성, 국왕의 국가적 책임과 관련하여 초안의 취지나 의미를 국왕에게 어떤 점에서 어느 정도로 조언할 만한지를 살피는 것일 수 있다.

§15. 국왕의 의장직

일단 그렇게 이해한다면, 평의회는 왕이 의장직을 차지하고 왕실의 왕자들이 의원 자리를 맡는 것으로 구성된다. 왕은 '각료회의'의 의장은 아니지만, 그들 중 한 명을 지명하여 의장직을 수행하도록 한다. 국왕은 의회 양원의 의장도 아니다. 양원에는 국왕이 직접 임명하는 상원 의장과 의원들이 직접 선택하는 하원 의장이 있다. 지명된 의장이 일시적으로 부재한 경우에는 절차와 규칙에 따라 의장직이 규정된다. 그 결과 매우 중요한 결정이 내려지는 회의조차도 왕과 직접적으로 연결되지 않는다는 점이 추가로 제시된다. 따라서 하원 의장직은 국왕 쪽으로 너무 많이 기울지 않는다. 물론 공식적으로 왕권에 기초하여 진행되지만 그럼에도 불구하고 그 자체에 근거하여 때로는 매우 신중하게 완전히 국왕의 영향력 밖에서 행동하였다.

반면 국가평의회의 경우는 완전히 다르다. 국가평의회는 의장직 후보자 목록도 제안하지 않는다. 의장직은 전적으로 평의회 외부로부터 온다. 그것은 자연스럽다. 취임된 왕 자신이 직접 의장을 맡는다. 그리고 국왕은 부의장을 임명할 수 있고, 임명한다. 하지만 부의장은 단지 일반 의원으로 머물 뿐이며, (국왕의 사망으로 인한 것이든 아니든 상관없이) 의장의 부재 시, 국왕이 의회에 나타나지 않고 왕궁으로 부르지 않았기 때문에 부재한다고 확인될 때, 그리고 그 뒤를 이은 왕위 계승자가 아직 활동하지 않는 동안에만 의장직을 맡는다. 형식상으로 국왕의 의장직은 완전히 절대적이다. 이 점에서는 그 어떤 논쟁이 있을 수 없다. 그러나 이것은 가장 절대적 의미에서 왕이 자신에 의해 결코 성취되지 않는 기능을 가지고 있다는 것과, 그의 이름으로 항상 다른 사람에 의해 수행된다는 점에서 발견할 수 있는 의미심장한 대조이다.

§16. 고유의 특성이 사라지다

이것은 점차 본래의 특성을 잃어가는 국가평의회로부터 사람들이 무언가를 만들었다는 사실에서만 설명이 가능하다. 그리고 이 특별한 속성은 국가평의회가 '왕을 위하고, 그의 유익을 위하여'(voor den Koning en ten zijnen behoeve) 구별되었다는 데 있다. 그것은 개인적 의미가 아니라, 다스리는 군주로서의 왕을 위한 것이었다. 그러므로 국가평의회는 다른 사람이 아닌, 오직 군주에게게만 책임을 물을 뿐이다. 국가평의회에서의 심의는 공개되지 않는다. 국가평의회에서 발행하는 문서는 사적인 특성을 지닌다. 행정적 판결이나 법적 감사도 국가평의회의 임무가 아니었고 되지도 않을 것이다.

국가평의회가 왕에게 하는 것 외에는 그 어떤 조언도 제공하지 않기 때문에, 국가평의회가 작성한 문서와 기밀문서는 왕과 평의회 사이에만 존재한다. 이 경우 국왕은 마련된 문서를 장관들에게 알려줄 의무가 없다. 이는 왕이 그 규칙대로 할 것이라는 의미는 아니지만, 그 자체로 왕 자신이 평의회 의장으로서 모인 평의회에 한 명 이상의 장관들의 반응과 관련해 조언을 요청했다고 생각할 수 있다. 요즘에는 점점 더 국왕이 장관들과는 다른 개인적 협의를 하지 않는다고 알려지고 있지만, 반대로 국왕이 장관들의 반응과 그와 관련해 무엇을 해야 할지를 두고 전문가와 고위 정치가의 의견을 들을 필요를 느꼈다고 생각할 수 있다. 국왕이 항상 한 명 이상의 정치인과 비밀리에 의논할 기회가 있다는 것은 분명하지만, 신중하게 선택된 협의체가 원하는 정보로 왕을 더 잘 섬길 수 있어야 한다는 것은 당연하다.

§17. 여전히 은밀한 특성

하지만 그렇다고 하더라도 이 협의체나 평의회는 비밀로 유지되었으며, 심지어 친밀해질 수도 있었다. 독일의 여러 주 정부와 영국의 '추밀원'(Privy Council, 독일에서는 "der geheimer Rat"라고 함) 임명은 이를 명확하게 보여준다. 평의회를 필요로 하는 것은 장관들도 아니고 의회도 아니다. 그 협의체는 순수하게만 세워진다면, 국왕과 부분적으로 왕가의 왕자들을 위해서만 필요하다. 오직 이러한 관점에서 국왕이 의장직을 맡는 것이다. 오스트리아에서는 궁정 고문관(Hofrat), 브란덴부르크에서는 비밀 고문관(geheimer Staatsrat), 더 작은 정부에서는 비밀 내각(Geheim Kabinet)이라 불렀다.

그리고 이 비밀 협의체의 활동은 항상 효과적이었다. 군주는 이를 통해 자신의 권력을 강화했고, 의회 또는 지역이나 제국의 영지 공유의 중요성을 감소시키려고 노력했다. 그렇기 때문에 이러한 비밀 평의회 혹은 '국가 평의회' 옆에 (그리고 경우에 따라 반대편에) 부처 장관들을 위치시킬 필요가 있었다. 부처 장관들의 책임은 군주와 평의회 양쪽에 국민의 자유와 권리를 위해 왕권이 지나치게 비대해지는 것을 막고, 더 나아가 완전히 저지하는 것이었다. 그럼에도 불구하고 무너질 수 없고 무너지지 말아야 했던 것은 비밀 의회나 사적인 성격의 위원회였는데, 그들은 모든 경우에서 국민의 이익과 왕권 보호를 위해 왕이 채택해야 할 태도에 관해 왕에게 조언했던 것이다.

1879년에는 공국(公國)인 알자스-로렌(Elzas-Lotharingen)에도 국가평의회가 세워졌다. 프로이센(Pruisen)과 바이에른(Beieren), 작센(Saxen)에도 국가평의회가 있지만, 뷔르템베르크(Wurtemberg)는 추밀원(Geheimer Rat)이라는 이름을 유지했다. 하지만 실제로는 협의체의 특징에서 점점 멀어졌다. 책임 있는 장관들, 결정권을 가진 의회, 그리고 여전히 효력을 발휘하는 전체 헌법적 체계는 이 추밀원이나 국가평의회로부터 과거 그들이 가지고 있던 입법과 행정 영역에서의 모든 중요성을 박탈했다. 영국의 추밀원도 다르지 않았는데, 이 기관은 어느 정도의 사법적 특권을 얻기를 간절히 원했다.

일반적으로 이 모든 협의체는 지역과 지역의 독립에 고착된 협의체에 반대하여 군주의 권위를 강화하고 숙련된 정치인으로 하여금 행정부를 위해 봉사하게 했다. 그렇게 함으로써 행정부에게 확실하면서 군주 편으로 기우는 조직을 군주에게 제공했다. 군주가 만든 이 제도는 남용되어 헌법적 체제 안에서 반발을 불러일으켰고, 마침내 내각과 의회 사이에 거대한 권력 투쟁이 일어났다. 결과적으로, 거의 권력을 쥐고 있던 협의체는 사실상 모든 실제적 중요성을 잃어버렸다. 따라서 그때부터 협의체는 행정관할권에서와 마찬가지로, 시행되지 않았거나 의미 없이 진행되었던 일을 지시하고 행정 판결과 입법 초안 결정에 대해 조언함으로써 계속 그 힘을 유지하려고 시도했다.

§18. 특별 국가평의회

특별 국가평의회를 구성하여 특별한 성격의 주제에 대해 비범한 전문가의 조언을 구하고 협의체를 강화하려는 시도는, 의도가 아무리 선하다 하더라도 효과가 없음이 입증되었고, 그것은 점점 순전히 명예직이 되었다. 국가평의회가 이러한 중요성의 지속적 감소로 인해 벨기에 헌법에서처럼 완전히 폐지되는 것은 자연스러운 결과였다. 폐지를 두려워하는 사람들은 평의회를 위한 일거리를 찾았고, 평의회에게 그들이 할 수 없거나 의미 없이 힘을 낭비하는 일을 배정했다. 독일의 "추밀원"(Geheimrat)이나 우리나라의 "특별한 임무를 맡은 국가평의회"의 명예 칭호는 적어도 고위급 기사훈장과 전적으로 동등했는데, 우리나라에서는 이들을 "국무장관"(de Ministers van Staat)이라 불렀다.

§19. 국무장관Minister van Staat

그러나 국무장관은 이제 국가 일반 분야의 전문가로서 저명한 사람에 대한 찬사로 이해될 것이다. 여기에는 세 종류가 있는데, 첫째는 특정 국무 집단을 위해 임명된 현역 부처 장관이다. 둘째는 일반적으로 국정 전문가로 존경받는 비활동 장관이다. 셋째는 외국 정부 앞에 국왕을 대신하여 행동할 전권 대사 장관이다. 토르베커(Thorbecke)는 처음 두 연설에서 너무 정확하지 않은 방식으로 장관 직함을 붙였다. 공식 문서 상의 자신을 '국무장관 그리고 내무장관'(Minister van Staat en van Binnenlandsche zaken)이라고 불렀는데, 이는 활동과 비활동의 구분을 없앤 연결이었다.

어떤 사람이 "국무장관"이 된다는 것은 국왕이 내각의 조언을 따르는 국가의 일반 정치에서 그의 중요성 때문에 이 명예를 받을 자격이 있다는 선언에 지나지 않는다. 어떤 봉사나 직무에 대한 소명이 아니라, 그냥 선언이다. 다른 한편 내무장관이라는 직함은 선언이나 명예의 수여가 아니라 '지정된 업무 수행에 대한 소명'을 나타낸다. 첫째 경우에 "장관"이라는 단어는 가짜 명칭이다. "국무장관"은 어떤 점도 우수하지 않기 때문이다. 그는 어떤 임무도 할당받지 않는다. 그는 어떤 보수나 연금도 받지 않는다. 반대로 국내 업무를 맡은 사람을 위한 "장관"은 가짜 명칭이 아니다. 그 명칭은 국왕을 정면으로 바라보는 자리에 임명된 직위의 본질적 표현이다. 그는 정말 국왕을 위한 '봉사자'이다.

라틴어 미니스테르(minister)는 '섬김'이라는 뜻이다. 구약성경을 번역한 우리나라 번역자들은 히브리어 에베드(êbed)의 가장 일반적 의미인 '종'이라는 표현을 선택했다. 오늘날 '장관'은 라틴어와 완전히 동일한 의미이다. 그 단어는 고위 공직에 종사하는 사람을 위하여 사용되었지만, 하인이나 보모로 고용된 사람에게도 사용되었다. 더 정확한 구별은 국역성경(Statenvertaling, 네덜란드어 성경) 개정판에서 '종'(knecht)과 '일꾼'(minister) 사이에 매우 의미 있는 차이가 적용되었다는 사실을 의미할 수 있다.

그러나 '국무장관 그리고 내무장관'이라고 단숨에 말하기는 어렵다. 외형과 실제는 같을 수 없다. 따라서 기사, 귀하, 남작, 백작이라는 명예 칭호가 이름 앞에 배치되는 것과 동일한 의미에서 '국무장관 토르베커, 내무장관'(de Minister van Staat Thorbecke, Minister van Binnenlandsche Zaken)이어야 했다. 그러나 이것은 제쳐두고라도, 국무장관은 명예 자체 외의 다른 의미를 지니지 않았다.

§20. 명예로운 칭호

특별 국가평의회는 특별한 경우에 소집될 수 있지만, 국무장관은 그 명칭으로는 아무것도 하지 않는다. 이 칭호를 완전히 잃어 버려도, 국가는 잃을 것이 없다. 그것의 중요성은 단지 상과 명예를 어떻게 여기느냐에 달렸다. 미국에서는 연방이 그것을 도입하지 않았고, 스위스도 그것과 거리가 멀었다. 우리의 옛 공화국에서는 유명한 제독이나 장군에게 목에 거는 황금 사슬을 수여했다. 그러나 명예로운 장군이나 정치가는 어떤 작위나 계급이 주어지지 않더라도 그의 개인적 행위나 공로를 통해 존중받는다.

프랑스에서 비록 혁명적 정치 혼란이 있었을지라도, 명예 군단(Legioen van Eer)을 비롯한 각종 작은 장식품들을 나눠 가졌다는 이야기는 이미 잘 알려져 있다. 하지만 공화정 국가 체제에서는 그런 장식품들이 설 자리가 없다. 특히 공화국 영토로 흘러들어간 칼빈주의는 그런 훈장의 출현을 장려하지 않았다고 말할 수 있다. 반면 군주제 국가에서는 그러한 구별 수단이 항상 허용되었다. 그 수단에는 두 종류가 있는데, 하나는 기사 십자훈장과 띠를 수여하는 것이고, 다른 하나는 칭호를 통해 힘을 실어주는 것이다. 그중에서 후자의 가치가 더 높았다. 대학이 고유한 학문적 공로를 칭찬하기 위해 명예박사 학위를 만드는 것처럼, 국가평의회나 국무장관이라는 직함은 정부가 정치 분야에서 어떤 사람의 등장에 명예를 부여한다고 선언하는 역할을 할 수 있었다. 그래서 독일의 '추밀원' 회원이라는 최초의 높은 계급은 공로를 이룬 사람에게 국왕의 방법으로 순전한 명예를 부여한다는 의미를 지니고 있었다.

그럼에도 불구하고 이것은 국가평의회의 전체 개념이 그러한 명예 수여에 흡수되어야 하는 이유가 될 수 없다. 사람들이 협의체로서의 국가평의회를 중단시키고, 오로지 명예를 위해 정치인을 국가평의회로 승진시켜 왔을 수 있다. 그러나 우리는 그것을 환영할 수만은 없었다. 사람들은 어떤 분야에서건 행정 판사가 되기 위해 별도의 협의체에서 임무를 맡는다. 이 협의체는 이 목적을 위해 의도적으로 설립되며, 그 구성은 이 판례에서 발생하는 매우 뚜렷한 소송 절차와 연결된다. 그런 다음 법의 형태, 언어와 법의 상호관계에 대한 보호를 요구하는 입법 감사원(een Kamer van contrôle)을 설립하기 시작했다면, 국가평의회를 폐지하지 않기를 매우 강력히 충고할 것이다.

국가평의회는 국왕과 의회 사이에 끼어들지 않은 채로 유지되어야 한다. 순수 헌법 체계의 끈을 약화시키려는 노력은 칼빈주의를 통해 항상 무자비한 저항에 직면한다. 국왕이 국민을 위해 있지, 국민이 국왕을 위해 있는 것이 아니다. 국민은 대표를 통해 발언한다. 우리나라에서는 이것을 정부 또는 책임 있는 장관을 통해 조정할 수 있다. 혹은 책임 있는 장관이 없는 미국에서처럼 의회의 위원회를 통해 조정할 수 있다. 정부와 (국회나 의회에 대표를 보낸) 국민 사이에는 다른 어떤 권력도 끼어들 수 없으며, 둘 중 하나의 영향이 필요한 경우 국민투표의 도움으로 완벽하게 정상으로 유지되어야 한다.

§21. 지속적 요소인 국왕

왕에게 조언할 수 있는 지속적 성격의 협의체는 꼭 필요하고 손상 없이, 놓쳐선 안되는 것이다. 왕은 정부에서 '지속적' 요소이고 부처 장관들은 '교체'되기 때문이다. 건강한 체질의 군주에게 40년 통치는 드문 일이 아니다. 18세에 왕으로 등극할 수 있고, 58세는 평균 수명 이하이다. 우리나라에서는 왕이 40년 동안 약 10여 명의 장관을 둘 수 있다. 우리나라 내각은 연임하지 않는다. 10개의 부처는 수정된 반대, 또는 그 반대 정치사상을 연속적으로 대표할 것이다.

주도하는 정치사상이 하나로 유지되더라도, 사람의 차이는 매우 중대한 변화를 가져올 수 있다. 국방부 장관 카페이너(Kappeyne)와 코르트(Coppello)를 비교해 보면 두 사람이 완전히 다른 역사적 흔적을 남겼음을 바로 느낄 수 있을 것이다. 너무나도 다른 장관들이 번갈아 섬기는 동일한 왕이 단지 그들의 메아리이기를 원한다면, 국왕은 그저 '장식품'이 되고 말 것이다. 판 하우턴(Mr. S. van Houten)이 왕의 모든 독립적 자발성에 이의를 제기한 것을 두고 가혹하게 비난해서는 안 된다. 단지 그가 '장식품'이라고 표현한 것은 비판할 만하다. 그를 위해 열 가지 다양한 피리로 부르는 정치적 노래를 흥얼거리는 것 외에 다른 것이라곤 하지 않고 할 수도 없는 왕은 장식품이 아니다. 즉, 보석이 아니라, 당신이 명예를 역겹게 느끼게 만드는 요인이다. 메아리로는 여전히 순수한 소리를 낼 수 있지만, 연속적으로 10개의 완전히 다른 메아리를 입술로 소리내는 것은 사람이 할 일이 아니다. '장식품'은 정부를 장식한 왕위의 광채와 영광을 의미했지만, 그에 요구되는 위엄에는 미치지 못한다. 왕은 한 순간도 자기 지위의 실제적 영광이 자신의 궁전이나 마구간과 정원에 있다고 생각해서는 안 된다. 그것은 돈에 눈이 먼 제왕주의일 뿐이다. 열정적 국민이 자신들의 왕에게서 요구하는 것은, 왕이 국민의 구원을 목표로 하고, 의전관이 입혀주는 예복을 통해서가 아니라 자기 나라와 백성을 위한 일에서 자기만족을 찾는 것이다.

실제로 국왕을 껍데기로 만드는 데 몰두했던 1848년은 지나갔다. 그때는 왕이 왕직을 수행했던 것에 대해 역사적 비판이 가해졌다. 당시 왕들은 큰 죄인이었다. 17세기와 18세기에는 악한 욕망에 굴복함으로써 그들의 직위는 적지 않게 떨어졌다. 이것에 대해 반응할 필요가 없었고, 더욱 원칙적인 헌법적 활동을 통해 그 보장이 이뤄졌다. 이때 과장이 입혔고, 민주적 표현이 민주당원들 스스로에게 해를 입혔다고 말할 수 있을 정도로, 군주제적 요소의 중요성이 다시 높아졌다.

비록 이것은 곧 다시 위아래로 요동치겠지만, 국왕이 선거의 정치적 흐름에서 변화무쌍한 요소와 구별되는 영구적이고 지속적 통합의 요소라는 점은 확실하다. 장관은 오고 가지만, 국왕은 남는다. 이런 이유로 왕이 장관들과만 의논해야 한다는 주장은 의미가 없다. 이 주장은 급진 진영의 요구 사항이며, 그 요구 사항은 피상적 사고의 결실이다. 공식적으로 이 주장은 인정될 수 없다. 국가평의회의 강제 청문회 자체가 이미 다른 곳에서 각료 회의의 결과에 대한 조언을 요청하기 때문이다. 지금 이 조언이 제기되는 방식은 그 중요성을 너무 많이 감소시켰을 수도 있다. 하지만 왕이 그의 장관들의 제안에 구속되지 않을 뿐만 아니라, 심지어 의무가 있더라도, 그 제안에 전적으로 의존하지 않고 오히려 반대 방향, 즉 확고하고 영구적이며 지속적인 협의체에게 항상 그 제안에 대해 듣는다는 것이 분명하게 명시되어 있다.

이것은 국왕의 정부 운영의 지속 가능한 성격과 일치한다. 각 장관의 교체에 직면했을 때 왕실의 권한이 영구적이고 지속적으로 서 있다면, 국가평의회의 성격과 구성은 여러 장관들을 거쳐 살아남고, 후속 내각들의 활동과 조치를 평가를 위해 순차적으로 찾을 것이다. 매우 많은 의회가 교체되고 이로 인해 내각이 대체되더라도, 행정부는 동일한 국가의 동일한 국민을 위해 존재하며 머무른다. 행정부에서 어떤 변화가 발생하든, 입법의 다른 부분들 사이에는 연관성이 존재해야 한다.

§22. 장관직 통계

특히 우리나라에서는 장관직이 매우 불안정한 권력임을 고려해야 한다. 1849년 11월 7일, 토르베커는 지난 세기의 후반기가 시작될 때 내무부 장관직을 받아들였다. 그리고 1913년의 코르트 판 드르 린던 내각 때까지 전직 자유당, 온건한 진보당, 급진당 그리고 반혁명당 측에서 무려 '27명'의 내무부 장관이 임명되었다. 순탄하지 않았다. 정치적 파도가 몰아쳤다. 1848년부터 1901년까지 50년 동안 24명 이상의 장관들이 임명된 것을 볼 때, 정치적 파도는 2년마다 생겨난 것이다.

왕직에서는 이번 반 세기 동안 두 번의 계승(overgang)이 일어났지만, 24번 교체된 내무부에 비하면 두 번의 계승은 일치, 견고, 결속에서 강한 인상을 주었다. 특히 빌럼 3세를 계승한 여왕은 여전히 젊음의 활력을 가지고 있고, 하나님께서 허락하신다면 인간의 계산으로 20세기 전반기를 넘길 수 있을 것이다. 1880년에 태어난 여왕은 그때에 70세에 다다를 것이다. 모세가 이미 시편 90편 10에서 "우리의 연수가 '칠십'이요, 강건하면 '팔십'이라도"라고 노래했지만, 우리가 기도한 여왕이 1960년까지 살아 있을 것이라고 생각할 수 있다.

1850년부터 1950년까지 100년 동안 왕권 소유자는 두 번만 교체된 반면, 내각은 반 세기 동안 열두 번의 두 배로 교체되었다. 1960년까지 계산하면, 지금부터 4년에 한 번씩만 교체가 발생하더라도 약 '40개'의 내각이 자리를 차지한다. '40번'의 내각 교체가 비영속성을 낳는 데 비해, 단 '2번'의 왕좌의 교체는 영속성의 개념을 제공한다. 이것은 왕권 소유자에게 정치적 활동-요소가 유리하다는 주장이 얼마나 정확한지를 보여준다. 이것은 비군주국이나 심지어 군주적 토양의 내각 생태에서 거의 상상할 수 없는 일이다.

§23. 독립된 정책

이를 염두에 둘 때, 왕권 소유자는 확실히 자신만의 정책을 가져야 한다. 이것은 물론 뒤따르는 내각에게는 낯설 것이다. 연속되는 내각 사이에는 정치적 방향에서 점진적 차이가 존재한다. 정치적 관점에서 근본적으로 서로 반대 입장에 선 내각들이 연속된다면 확실히 더 그렇다. 근본적으로 이질적인 내각을 대체하기 위해 입각한 내각은 이전 내각이 설정한 긴 양말에 계속 뜨개질을 하지 않고 오히려 실을 끊는 경향이 있다. 즉, 다른 조직이라는 실로 교체하는 것이다.

지금까지 이를 완화하려는 시도는 있었으나 (의원으로서 이의를 제기했던) 최근 발효된 법률의 단호한 철회는 매우 드물었음이 밝혀졌다. 열광적 과신만이 자기 건물을 세우는 내각 교체에서, 지어진 건물의 철거를 먼저 생각할 것이다. 그러나 이러한 생각이 언제까지 가든지 간에, 내각 교체는 이미 점진적 차이를 보인다. 특히 근본적으로 상반되는 내각은 거의 그 자체로 통일을 해체하거나, 두 가지 법안을 견고하게 고정하는 통합을 위태롭게 한다. 트뢰브가 탈마(Talma)[25]의 법에 반대하여 무엇을 했는지는 잘 알려져 있다. 그래서 입법의 통일성과 일관성은 끊임없이 교체되는 내각이 아닌, 그 동안에도 지속되는 왕권 안에 머물러야 한다는 결론에 도달한다. 여기에 왕권과 관련된 완전히 특별한 소명이 있다.

입헌군주는 국민의 신념에 반하는 자신의 정치적 신념을 추구할 수 없다. 이것은 적어도 우리나라 국민에게는 전혀 받아들여지지 않는 왕권 인식이다. 국왕은 명백하게 나타나는 백성의 신념에 따라 정부 운영에 자신을 포함시킨다. 스스로 이것을 받아들일 수 없는 사람은 헌법상의 왕권에 적합하지 않은 사람이다. 헌법적 선이 그어져야 하지만, 그래도 색채의 다양성은 존재한다. 초월적 요소가 국민투표에서 어떻게 지속적으로 약화되는지를 경험적으로 아는 국왕은 입법 과정에서 항상 일정한 통일성을 유지할 수 있는 능력을 가지고 있다. 단일성을 유지하려는 이런 요소는 장관직에 적합한 사람을 선택하는 데 효과가 있을 것이다.

§24. 내각 교체

바로 이 목적을 위해 국왕은 내각의 모든 변화, 논의되고 있는 중요한 조치에 대한 상황, 향후 몇 년간의 일관성을 명확하게 고려할 수 있어야 한다. 국왕이 내각 교체에 관해 양원의 의장과 상의하는 일이 잘 이루어질 수는 있지만, 그것은 헌법에서 완전히 벗어나는 것이다. 양원의 의장은 이러한 목적으로 선출되지 않는다. 그들은 의회에서 업무를 지휘하는 데 탁월할 수 있지만, 그들의 정치적 식견이 내각 교체에 대해 조언하는 데 필요한 명확성을 가지고 있다고 할 수는 없다.

양원의 다수가 다르기 때문에, 의장이 매우 다른 정치적 경향에 속하는 것도 드문 일이 아니다. 또는 양원의 투표로 반대했더라도, 국왕이 정치적 방향에서 다수와 반대 입장인 사람을 상원 의장에 임명했다면, 선출된 사람은 자신이 의장으로 있는 체제를 위해 투표하지 않을 것이다. 따라서 지금 등장한 의장협의(het Presidentenconsult)라는 관습을 버릴 필요가 없다. 그것은 헌법에 의해 요구되지는 않지만, 확실히 유용할 수 있다. 한편 의장협의가 그러한 순간에 왕에게 필요한 것을 제공할지 여부는 상당히 의심스럽긴 하다. 일반적으로 국왕에게 정보를 주기 위해 의도적으로 목표한 기관과 전혀 협의하지 않았다는 것은 정말 이상한 느낌을 준다. 국가평의회가 정부 운영의 통일성을 유지하기 위해 교체되는 장관에 반대해 국왕의 고문이 되어야 한다면, 이 문제에 대한 조언이 그 자체로 출발하는 법안에서보다 내각 교체에서 훨씬 더 중요하다. 이 사실을 반대하는 것은 유감스러운 일이다. 당연히 이 문제에서는 군주의 개인적 감수성에 거의 영향을 받지 않는다.

§25. 군주는 조언이 필요하다

때로 어떤 국가에 천재성과 뛰어난 재능, 그런 모든 것을 아우르는 전문가적 군주가 등장하는데, 그는 모든 결정을 자기 스스로 내린다. 정말 탁월한 군주는 그 어떤 조언이나 요청도 경멸한다고 말하려는 게 아니다. 아주 높은 자리에 있는 사람에게는 여러 측면에서 많은 세부 사항과 상황에 대한 추가 정보가 필요하다. 어쨌든 그렇게 개인적으로 우수한 군주는 직접 고문을 선택할 줄 알며, 정부의 통합에 대해 직접 책임을 지고 그 일을 맡는다. 하지만 그런 고귀한 인격은 대부분의 왕가에서 매우 드물다.

오란녀 가문에서 수세기 동안 일련의 천재적 영웅이 연속해서 등장한 것은 정말 예외적인 일이다. 그런 예외에 사안의 진행을 맡길 수는 없다. 특히 세습 왕자가 18세에 통치할 수 있는 곳에서 20세 미만의 청년이 항상 올바른 선택을 할 수 있는 충분한 통찰력과 판단력을 소유해야 한다는 규칙을 만들고 싶지는 않다. 그래서 왕권 소유자에게 명확한 조언을 줄 수 있는 협의체를 제공해야 할 필요성이 생긴다.

왕의 협조를 기다리는 사안의 다양성 또한 협의체의 필요성을 보여준다. 가장 유능한 정치가조차도 모든 부처에 대응할 수는 없다. 어떤 사람은 재정적 영역에 익숙하지 않고 국가의 재정적 미래를 어떻게 견뎌낼 수 있는지는 알지 못하지만, 수자원이나 전쟁에서는 훌륭한 장관일 수 있다. 그처럼 농업과 공업과 무역의 문제에서는 익숙하지 않지만, 법률 영역에서는 훌륭한 장관이 있을 수 있다. 내각에서는 누구나 자기 부처를 대변하고, 각료회의에서는 의장의 지시에 따라 우회적으로가 아니라 다른 부처의 특별한 경우에만 개입할 수 있다. 익숙하지 않은 것은 조용히 다른 사람에게 맡겨 결정하도록 하거나, 각료회의에서와 같이 결정에 참여하도록 부름 받은 경우에 다른 동료의 조언을 따른다. 의회에서 결코 거부할 수 없는 것에 대해서도 거의 동일하게 적용된다. 극소수의 의원만이 국가의 모든 문제에 대해 어느 정도 익숙하다.

따라서 사람들은 위원회(clubs)에서 하나가 된다. 위원회는 연구를 위해 올라온 초안을 몇 위원의 손에 맡긴다. 그 위원들은 그 안에서 다루어질 주제에 대해 더 구체적으로 알고 있다고 간주된다. 그들이 공통된 조언에 도달하면, 위원회 위원들은 그들 자신이 그 문제에 대해 잘 모른다는 것을 알고 그 조언을 따르는 경향이 있다. 일례로 프랑스 같은 나라에서는 공식적으로 의회에 다양한 범주의 문제를 위한 위원회를 구성한다. 위원회의 수에 비례하여 다양한 당사자가 가능한 많이 협력할 수 있게 한다. 그러나 어떤 행동 방식을 선호하든, 한 의원이 모든 조치에 대해 판단을 내리는 것은 정말 예외적인 경우라는 게 지배적인 생각이다.

§26. 한 사람은 전체를 보지 못한다

한 사람이 도움 없이도 전체 국가 영역을 감독하고, 높거나 낮은 정치적 사안에 대해 오로지 자기 관점에서 늘 올바른 결론에 도달하는 것은 불가능하다. 다른 모든 곳에서 인정된 이 사실을 고려한다면, 사람들이 군주를 최소한 비하하거나 깎아내리지는 않을 것이다.

군주 역시 이해력이 유한한 사람이다. 그렇기에 그에게 모든 유용한 조언을 불필요하게 만드는 포괄적 통찰력을 기대할 수는 없다. 비록 그가 그의 장관들이 그에게 묻고 제안하는 것에 대해 성숙한 판단을 내릴 수 있는 능력이 있어도, 군주에게는 정보가 꼭 필요하다. 하지만 그러한 이유로 '국왕은 전적으로 장관들에게만 의존해야 한다'라고 결론내리는 것도 부당하다. 그렇게 되면 모든 군주의 판단은 배제되고 그의 결정은 장관의 메아리 정도로 축소된다. 국왕은 장관들의 제안에 대해 홀로 결론을 내려야 한다. 그리고 이 목적을 위해서는, 군주가 그에게 제출된 사건을 지지할지 반대할지를 명확하게 결정하고 예상하며, 국가 혹은 왕실의 미래를 위해 부인할 수 없는 중요성을 증명하는 데 도움을 주는 협의체가 필요하다고 생각할 수 있다.

결론적으로 입헌군주제에서 통치하는 군주에게는 비밀리에 정보를 제공할 수 있는 신뢰할 만한 협의체가 반드시 필요하다. 그 협의체로 인해 장관들의 강력한 압박 아래에서 군주가 성급하게 결정내리는 일(이는 사실상 미래의 국가 이익이나 왕실의 위치에 돌이킬 수 없는 손상을 입힐 것이다)을 방지할 수 있다. 당연히 국왕은 정치적 문제에 대해 언론에서 권고나 논쟁하는 것들과 마찬가지로 정치 집회나 회의, 또는 모든 정치 모임에서 말하는 것들을 인지하고 있어야 할 의무가 있다. 심지어 월간지에 나오는 것들조차도 그에게는 중요할 수 있다. 소책자의 글조차도 국민의 분위기에 영향을 미칠 수 있다. 이 모든 것을 개인적으로 알려 한다면 군주에게는 너무 엄청난 일이 될 것이다.

§27. 개인적인 도움으로는 충분하지 않다

비록 개인 비서가 이 모든 것을 국왕에게 알려주는 데 도움이 된다 하더라도, 그것으로는 충분하지 않다. 국민으로부터 표현되는 모든 것들은 정치적 관점에서 측정되어야 한다. 혹 이것이 정치적 의미를 띠지 않아도, 개인 비서에게 맡겨질 수 없다. 중요한 것은 정치적 의미이다. 군주가 내각에서 정보를 제공하는 부하 직원을 각 부서에 보내는 것이 중요하다는 것은 분명하지만, 정보 자체는 조언이 아니다. 조언은 정치적으로 무의미한 것으로부터 중요한 것을 구분할 수 있게 하는 것이다. 또한 실제로 왕에게 정치적으로 중요한 것이 무엇인지에 대해 관심을 끌 수 있게 하는 것이다. 바로 이 관점에서, 저명한 사람들로 구성된 매우 믿을 만한 협의체만이 왕이 필요로 하는 것을 제공할 수 있다.

그러나 협의체는 부수적 사건에서 일어나는 온갖 종류의 보고서로 왕을 피곤하게 할 필요가 없으며, 중요한 것에 대한 군주의 관심을 확인하여 선택하고 결정하게 할 수 있다. 이 정보 업무를 협의체로만 할 수 있게 제한할 필요는 없다. 군주가 때로 세부사항에 대해 협의체 중 한 명의 전문가와 개인적으로 상담하는 것을 금할 이유는 없다. 장관들은 모든 것으로부터 단지 종이 한 장이 되기에는 너무 높은 군주를 자신들이 섬기고 있음을 깨달을 수 있어야 한다. 그들은 생각하는 마음과 자발적인 의지를 가진 군주를 상대하고 있음을 인식해야 한다. 그들만 사상가여야 하는 것은 아니다. 그래야 군주가 그들의 생각의 산물을 봉인하는 밀랍이 되지 않는다. 장관직이 아무리 중요하고 장관의 책임이 아무리 심각하더라도, 그는 자유로울 뿐만 아니라 심지어 그들의 의무와 소명이 군주에게 정치적 압력을 가할 수 있다 하더라도, 그들은 '생각하는 군주'를 왕으로 섬기고 있음을 분별할 수 있어야 하고 '의지가 이성의 자리에 서지'(stat pro ratione voluntas) 않은 채 협의와 정책이 결론에 도달해야 한다.

만약 군주가 편의를 위해 밀랍이 되기를 원한다면, 사람들은 묵인해야 하겠지만, 그런 일은 결코 입헌군주의 이상으로 제안되거나 대표될 수 없다. 처음부터 왕의 왕자 교육은 훨씬 더 높은 질서의 의무감을 일깨워야 한다. 왕은 예외적인 경우에만 자신의 군주적 혹은 왕조적 권리를 위해 싸움을 시작해야 한다. 오히려 그와 그의 조언 협의체 사이의 관계는, 왕이 국민의 권리와 이익을 옹호하는 것을 우선으로 하며, 왕과 의회 사이의 균형이 해를 입을 것 같을 때 왕으로 하여금 그가 신뢰하는 협의체의 경고를 듣게 하는 것에 기초를 두어야 한다.

군주는 모든 부처, 곧 국가 전체를 협의 대상에 포함하며, 왕은 장관들처럼 약속을 계속 이행한다. 과거, 현재, 미래의 통합, 즉 일치는 장관이 아니라 군주에게서 나타난다. 각료회의가 부분적으로 할 수 있는 일은 모든 부처의 결과물을 아주 작은 범위로 통합하는 것이며, 그것을 군주에게 알리는 것이 국가평의회의 임무이다. 이는 군주제의 독특한 특징으로, 국왕이한 부처를 직접 감독하지 않고 전 '국가'를 위해 깨어 있다는 것을 정확히의미한다.

§28. 외무부

이것은 국가 전체 사안과 관련된 것이지만 특별히 외교, 전쟁, 식민지 사안에 적용된다. 군주와 다른 외국 군주와의 관계는 독특한 성격을 띤다. 군주들은 종종 서로 혈연이나 친족 관계로 존재한다. 그들은 상호 서신교환을 한다. 그들은 서로 방문하고, 방문 중에 중요한 토론을 나누기도 한다. 그것이 외무부 장관의 직무를 침범하는 것은 아니었다. 군주 자신이 참석하여 이것을 수행하곤 했다. 국왕은 다른 강대국으로부터 사절을 받고, 심지어는 다른 곳의 대사를 만난다. 전에 헤이그에서 그와 같은 것이 있었지만, 나중에 사라졌다.

대사들은 외무부 장관을 넘어 국왕을 직접 방문하고, 무게 있는 중요한관심사를 국왕과 개인적으로 상의할 수 있는 권한을 가진다. 외무부 장관을 방문할 때 책임자가 머무는 것을 강조하던 아니든, 국왕 스스로 회의를주도하는 것을 막을 수는 없다. 군주가 축배를 들 음료조차 먼저 외무부에전달되어야 한다는 것은 잘 알려져 있다. 하지만 군주가 이것에 구애받지않는다는 것도 잘 알려져 있다.

군주가 공식적으로 다른 정부를 방문할 때, 외무부 장관이 항상 그와 동행하고 모든 논의에 참석해야 하는 것이 국제관례이다. 그와 반대로 우리나라에서는 위험이 도사리고 있는 정말 예외적 경우가 아니라면, 그런 일은 일어나지 않는다. 궁전에서 외국 사절을 영접할 때, 외무부 장관은 관례적으로 사절을 안내하기 위해 온다. 이것은 나중에 군주가 자기 책임하에그러한 사절과 합류할 기회가 매우 많다는 사실을 바꾸지는 않는다.

이와 관련해 외무부가 매우 심각한 어려움을 초래할 수 있다는 사실은 충분히 주목할 만하다. 국왕이 여러 군주들 가운데 하나로서 꼭 필요한 정보를 제공받을 수 있어야 한다는 것은 자명하다. 1911년과 그 이후 모든 사람이 그것을 느꼈다. 그러므로 헌법 제57항은 "왕은 외교에 대한 최고 행정권을 가진다"라고 명시하며, 심지어 제58항은 왕이 전쟁을 선포한다고 규정한다. 마찬가지로 제58항에 따르면, 국왕은 외국 강국과의 모든 조약을 체결하고 비준하며, 국가의 이익에 기여한다고 생각하는 경우에는 그 내용을 의회에 추가로 통보할 필요가 있다. 이것은 항상 매우 미묘한 지점이다. 조약의 체결은 일반적으로 의회에 통보하기 전에 이뤄지곤 하기 때문이다.

§29. 해군과 육군

어떤 점에서는 해군과 육군도 마찬가지다. 국왕은 조약을 체결하고 전쟁을 선포할 수 있을 뿐만 아니라, 제60항에 따라 "해군과 육군의 최고 권위자"로 임명된다. 국왕은 자기 군대의 머리가 되어 전쟁을 치를 수 있다. 국왕과 장교 단체 사이에는 항상 독특한 관계가 존재한다. 이것은 이미 오란녀의 휘장(cocarde)으로 표시되어 다른 공직자 단체로 인식되지 않도록 하고 있다. 장관들이 교체되고, 지나가는 내각이 해군과 육군의 지위를 크게 약화시키려는 강한 충동을 표명한다면, 곧 다음 내각에서는 그 힘의 회복이 어려울 것이다.

국왕에게 열정적으로 국방을 강화시킬 의무가 있다는 것에는 의심의 여지가 없다. 1848년 이래로 이것이 늘 실행된 것은 아니다. 심각한 당파적 추구는 우리 국방을 소홀히 여기 게 했다. 그리고 1914년에 전쟁이 발발했을 때 해군과 육군이 얼마나 많이 약해졌는지를 거의 모든 당파가 느꼈다. 우리나라 국방의 견실함을 가장 많이 주장했던 정당들조차도 보편 징병제(algemeenen dienstplicht)라는 비상조치를 요청했다. 이러한 국가적 이익의 경우 국왕이 영속적이고, 영구적인 대표자로서 지나가는 내각에 그러한 압력을 가하여, 국가적 이익의 요구에 따라 도움을 받도록 하는 것은 매우 바람직하다. 이를 고려할 때, 정보 협의체가 국가의 이익을 지키기 위해 항상 국왕을 섬기는 것이 정말 필요하다.

§30. 식민지

여기서 강조되어야 할 세 번째 지점은 우리나라 영토(Bezittingen)와 식민지(Koloniën)의 통치이다. 헌법 제61항은 "국왕이 세계의 다른 지역에서 식민지와 제국의 영토에 대한 최고 통치권을 가진다"라고 규정한다. "세계의 다른 지역"이라는 첨가 문구는 빠졌어야 했다. 이것은 여기에서 중요 사안이 아니다. 중요한 것은 영토와 식민지가 제국의 일부가 아니라, 제국에 속한다는 것이다.

헌법 제1항이 1887년 식민지와 영토가 네덜란드 왕국의 일부를 구성하는 것으로 간주되도록 수정되었지만, 그것은 분명 개선된 것이 아니다. 1815년 개정 때, 제1항은 오직 네덜란드 왕국에 대해 말하는데, 여러 지방주들을 염두에 둔 것이다. 그럼에도 불구하고 1848년에 상당한 수정이 이루어졌는데, 네덜란드 왕국은 '유럽에'(in Europe)는 열한 개의 지역으로 구성되어 있다고 이해되었다. 이것은 이미 식민지가 제국의 '일부'(deel)로 간주될 수 있다는 쪽으로 기울어진 것이다. 그리고 1887년 더 나아가 식민지를 제국에 포함시켰다.

이것이 틀렸다는 것은 자바와 다른 식민지들이 국왕이 아닌 왕국에 속하고, 네덜란드의 왕은 자바의 왕이 아니라는 사실에서 이미 분명히 드러난다. 자바와 다른 식민지들은 제국에 속하며, 최고 통치자(het Opperbestuur)는 왕권 행사자이다. 그는 통치하는 제국의 군주이기 때문이다. 그러나 이것을 제쳐두고라도, 왕권(de Kroon)과 수마트라와 헬데를란트와의 관계는 모든 측면에서 분명히 달랐다. 이것으로 인해 유능한 협의체의 필요성이 제기된다. 일반적으로 익숙하지 않은 넓은 지역의 행정 문제에 관한 정보를 제공함으로써 국왕에게 봉사해야하기 때문이다.

나는 세 가지 사항을 지적해야 한다고 생각한다. 헌법 자체가 제55항, 제58항, 제59항에서 예외를 규정하고 있기 때문이다. 나머지 다른 부처와 관련된 정보의 필요성이 이어진다. 국왕은 '국가'(Staat)의 상태와 필요에 대한 명확한 이해를 가져야 한다. 젊거나 나이가 많을 수 있는 국왕 자신이 '국가' 문제에 대한 충분한 지식을 갖추지 못할 수 있다. 지식이 있을 수 있지만, 없을 수도 있다. 그리고 이와 관련하여 불확실성을 고려할 수는 없다. 요구되는 것은 확실함이다.

§31. 결론

간단히 요약하면 결론은 다음과 같다.

첫째, '국가'(State, 더욱 명확하게 표현하면 Staat) 평의회, 또는 평의회는 법률, 행정 조치, 결정을 감독하는 임무에서는 제외되어야 하며, 그런 다음 언어, 방식, 법적 형식, 법률과 조례의 상호 관련성에 관한 일은 정치적 의미 없이 적절한 형식과 적절한 관계를 관리하는 별도의 감사실에 위임되어야 한다. 둘째, 그 행정 재판은 국가평의회에 속하지 않고 독립적 평의회, 즉 일방적으로 구성되지 않은 평의회를 필요로 하지만, 우리 시와 지방 행정의 자치적 요소도 대표한다. 셋째, 국가평의회는 왕권 행사자에게 정보를 제공하는 신뢰할 만한 협의체가 되어야 한다.

국왕은 협의체의 당연직 의장이다. 그는 필요하다고 느낄 때, 협의체를 피난처로 삼을 수 있다. 협의체가 종종 다수결로 결정을 내려야 한다고 할 수 있다. 이것은 부처가 나누어져 있는 것과 반대되게 국가의 통일성을 대리하는 경향이 있다. 입각과 실각하는 내각에 대한 지속가능한 공익을 대변한다. 그리고 한편으로 국가와 국민, 다른 한편으로 왕과 왕조의 관계를 올바른 균형으로 유지하는 것이다. 특별한 국가평의회는 활동적 요인이 되어야 하며, 특별한 이익의 관점에서 임명되어야 한다.

마지막으로 국무장관은 명예 칭호로서, 귀족 또는 기사의 십자가 작위의 소유자와 다르지 않지만, 왕권으로 인해 개인적 속성이나 특별한 활동을 목표로 하는 다른 종류의 존경과는 차이를 가지고 있다. 다른 한편, 왕권에 의해 임명된 사람은 공익과 국가 전체에 가치 있는 일을 했거나 할 수 있는 것으로 간주된다. 이러한 종류의 기사 십자가 작위와 명예 칭호 수여는 군주제 제도와 관련이 있다. 몇 사람을 자신에게 결속시키려는 순진무구한 수단은 군주에게 허락되어 있지만, 그 자체의 영향은 미미하다. 본래 국무장관직은 1842년 3월 31일 법령(Staatsblad) 제9항 9번에 의하면, 단순한 명예 칭호 이상을 의미했다.

이 조항은 국왕이 임시로 장관 회의에 국무장관을 포함시킬 수 있음을 의미했지만 이 생각은 지속되지 못했다. 이것이 우리에게 권장되었던 이유는 국무장관이 부처 장관에 관한 장이 아니라 국가평의회에 관한 장에서 논의되었기 때문이다. 장관들은 부처의 특징을 가졌다. 그래서 전체로서의 국가에서 그들의 위치를 도출하지 않았다. 장관들이 놓치고 있는 이 포괄적인 성격은 국가평의회와 국무장관들에게 속해 있다. 따라서 이 둘을 결합하는 것이 더 올바르게 보였다. 각료회의는 부분의 총합으로 남고 유기적 일치 개념이 결여되어 있다. 어떤 형태로든 행정부의 업무수행을 제외하고, 단지 정치적 권력만 국가평의회에 주어져서는 안 된다.

제5장

부처 장관

§1. 국가 업무 분할

산마리노(San Marino)[26]나 호엔촐레른-지크마링겐(Hohenzollern-Sigmaringen)[27] 같은 극소수의 소형 국가를 제외하고는 어떤 국가에서도 국가 업무가 너무 광범위하여 몇 사람의 손에 그 실행을 맡길 수 없다. 따라서 일반적으로 부처(Departementen) 또는 부서(Ministeriën)라고 불리는 단위로 행정부를 분할한다. 하지만 이 기관은 단지 업무의 분류일 뿐이다. 국가는 또한 왕권 행사자와 국민의 대표 사이에 없어서는 안 될 연결고리를 마련한다. 이 자체는 필요하지 않다.

§2. 미국의 차별성

정부와 의회를 연결하는 데 필수불가결한 연결고리는, 북미에서 실제로 존재하는 경우처럼 다른 방식으로 이루어질 수 있었다. 그동안 국가 형태가 공화정(republikeinsch)이었기 때문에 거기에서 가능한 것을 군주제(de Monarchie)에서는 상상할 수 없었다. 역사가 교훈하듯이, 정부와 의회를 연결하는 영국식 방식은 미국에서 형성된 것과는 맞지 않다. 미국에서 장관은 대통령의 비서관과 다르지 않다. 그 임무가 너무 크기 때문에, 대통령 자신이 그들을 선택하고 임명한다. 그 조력자들은 대통령을 둘러싸고 그와만 관계하지만, 오직 대통령 혼자 책임을 진다. 따라서 이 장관들의 정치적 성격은 우리나라나 영국에서의 의미와 상당히 다르다. 미국의 장관은 절대로 의회에 출두하지 않는다. 그들은 대통령의 팔일뿐, 그 이상은 아니다.

책임 있는 사람들(verantwoordelijke personen)이 미국 연방에서 활동하지만, 대통령이 아닌 국민의 대표자들에 의해 임명된다. 의회(het Congres)가 자기 의원 중에서 국가 정부의 다양한 부분을 돌보기 위한 상임위원을 임명한다. 이 상임위원들이 대통령과 그리고 대통령을 통해 장관들과 접촉한다. 그러나 대통령은 의회에서는 법안을 직접 제출하고, 상임위원회는 의회를 대표하여 일을 처리한다.

여기에서 느낄 수 있는 것은 국민정부(Volksregeering)의 집중화(een toespitsing)이다. 총선에서 의회를 임명하는 주체는 국민이지 국가가 아니다. 전체 연합을 위해 한 번에 통합적으로 진행한다. 개별 주도 발언에 참여할 수 있지만, 이는 상원으로 제한된다. 반면에 의회 대표단은 혼합되고 섞인 유권자에 의해 직접 선택된다. 의회에 관해 말하자면, 전체 연합이 하나의 모든 것을 포함하는 국가(Staat)를 형성한다. 그것이 개별 주에 실질 주권이 존재하지 않는 이유이다.

따라서 이렇게 선출된 의회는, 권력의 토대가 본래 인간에게 있다는 식으로 국민의 구성원에 의존하는 프랑스 혁명적 의미가 아니라, 한 사람이 다음과 같은 고백을 통해 전체 국민을 대표한다. "하나님께서 우리에게 우리 자신의 행정관을 선택할 권한을 주셨기 때문이다." 그러므로 모든 권위와 권세의 기원은 전능하신 하나님 안에서 영예롭게 남아 있다. 그러나 하나님과 그분의 방법으로 이 권위와 권세가 국민들에게 주어졌고, 실제 정부는 그 국민의 대표에게 맡겨져 있으므로, '미국 국민'이 권위자이며 권력자이다.

그럼에도 불구하고 대통령의 임명은 의회에 맡겨진 것이 아니라, 국민에게 주어졌다. 그래서 사람들이 그렇게 바라는 것처럼, 국민은 두 종류의 삶을 요구한다. 한편으로는 대통령직이 머리 역할을 하고, 다른 한편으로는 의회에 대표를 부른다. 거기에 상원을 더한다. 만약 우리가 그렇게 표현해도 된다면, 대통령과 의회는 혼인해서 두 가지 자리를 차지한다. 첫째, 대통령이 그들 안에서 조력자를 임명하는데, 그들은 그의 장관들이다. 반면에 의회는 그 안에서 국정의 여러 부분을 담당하는 상임위원회를 선출한다. 이 위원회는 대통령과 함께 제안한 안건을 준비한다. 그러면 안건은 차례대로 의회와 상원의 판결과 승인을 받는다. 이런 일처리 방법은 우리 지역과 유럽의 대부분의 국가에서 확립된 체제와 완전히 다르다.

유럽의 일처리 방법은 한 가지가 아니다. 특히 잉글랜드는 그 분야에서 자신의 고유한 자리를 차지하고 있다. 어쨌든 잉글랜드에서도 국왕이 국가 업무의 다양한 부분을 위해 장관을 임명하지만, 국회의원의 자격으로서만 장관 역할을 할 수 있다. 우리의 경우처럼 장관이 국회의원이 될 수 있는 것도 아니고, 그가 임명된 후 하원 의원으로 재선되어야하는 것도 아니다. 후자가 필수불가결하지만, 장관의 역할을 하는 지명자는 한편으로는 유권자의 신뢰, 다른 한편으로는 군주의 신뢰라는 이중적 특성을 가지고 장관직을 수행한다. 국회는 홀로 서있지 않다. 왕이 선출한 후보자가 의회 자리와 매우 다른 장관석에 자리를 잡기 위해 입각하는 그런 국회가 아니다. 장관석과 의원석이 전체를 형성한다. 장관으로 활동하는 사람은 먼저 국회의원으로서 국회에 앉는다. 그러나 그는 군주의 신뢰로 존경받는 의원인 것이다.

잉글랜드에서도 장관은 군주와 국민 사이를 연결하는 고리이다. 하지만 국왕이 외부에서 연결고리를 국민의 대의기관에 연결한다는 의미가 아니다. 잉글랜드에서는 장관들이 국회의원이며, 왕이 이들 의원을 장관으로 임명함으로써, 하원에서 자신의 첫 번째 견고함을 가진 연결고리를 스스로 확립한다는 의미로, 이해해야 한다. 그렇기 때문에 앞에서 설명한 미국식 방식이나 영국식 방식은 우리에게 적용되지 않는다.

§3. 장관 의회의원

왕권 행사자는 우리나라에서 독립적 권력을 소유한 사람으로서, 헌법에 합의된 방식에 따라 국민과 하나가 되고 의견에 일치를 이루어 업무의 과정을 이끌기 위해 국민대표에 오르는 자이다. 그래서 우리나라는 장관을 의회의 일원으로 선택하도록 허용하지 않았다. 피어선-보르허시우스(Pierson-Borgesius) 내각은 시험적 조치를 행했는데, 고명한 보르허시우스(Borgesius)[28]와 렐리(Lely)는 모두 전권을 구하여 얻었지만, 이는 충분하지 않았고 그 이후로 이어지지 않았다. 특히 모두가 아닌 두 명의 장관만이 이중 자격을 소유한 상황은 실제로 방해가 된다고 판명되었다. 동료 중 한 명이 의회의 심의에 초안을 제출하면, 두 의원 중 한 명이 반대할 것이라고 생각할 수 있었다. 의회의원 신분으로 발언하는 것은 그들에게 어려운 일이었다. 의회 부서에 참석하는 것도 순조롭게 진행되지 않았다. 요컨대, 장관 편에서와 같이 하원 편에서도 두 자격의 연결이 원활하지 않다는 것이 곧 확인되었다.

때때로 사람들은 선출된 자들이 자신의 전권을 유권자에게 반환하는 것을 선호할 것이라는 인상을 받았다. 이전에는 이 생각이 실제로 이뤄지지 않았다. 실험은 소규모로 진행되었다. 그리고 전체 실험은 실패했다. 1901년에 그 실험은 저절로 모습을 감췄고, 그 이후에 등장한 내각에서 새롭게 표면화된 실험도 즉시 현장에서 사라졌다. 예상할 수 있듯이, 실행되지 않은 채로 남아있다. 헌법에 그러한 이중 고용의 가능성을 만들지 않았어야 했다. 제94항은 장관이 국회의원이 될 수 있음을 간접적으로 인정한다. "내각 부처 수장들은 양원에 모두 자리를 갖는다." 이어서 "만약 그들이 의회의원으로 임명될 수 없는 한 자문 투표만 한다."고 덧붙였다. 따라서 이중 고용의 가능성이 배제되지 않고 열려 있다. 하지만 우리는 여전히 단어 선택에 있어서 정상적이고 바람직한 것보다 관용(een dulding)이 더 많다고 느낀다. 왜 제94항에 이 추가 부분이 등장하며, 왜 그런 이중 고용의 차단되지 않았는지 물을 수 있다. 다른 입헌국가에 존재하는 관습을 우리나라에서 단호하게 반대하기가 쉽지 않았고, 변형된 의미의 어떤 부분을 허용했다는 것이 그에 대한 대답이다. 반면에 군주의 지위는 그 기원에 있어서 너무 독립적으로 간주되어 장관들과 의회의 관계에서 어떠한 다른 결과를 초래하지 않았다.

§4. 군주와 의회

군주와 의회, 둘 다 그들의 특권을 부여받고 인정되는 것을 보았다. 그러나 군주의 장관들은 군주의 명령을 받는 사람이지, 의회나 국민의 일꾼이 아니다. 왕권 행사자가 그들을 임명하고, 그들은 그 안에서 완전히 자유롭게 일했다. 만약 의회가 그들 직분의 수행에 필수불가결한 협력을 거부하면, 군주에 의해 임명된 사람들은 완전히 무력한 상황에 처하게 된다. 장관의 책임이 도입됨에 따라, 군주의 종들이 국민투표에 나타난 네덜란드 국민의 의도와 정신에 자연스럽게 일치되어야 하는 연결 고리가 확립되었다.

국민은 투표를 통해 이번에는 이런 의미로 말하고, 다른 때에는 저런 의미로 말했다. 대립은 완전히 반대되는 것과 관련될 수도 있고, 단순히 정도와 관련될 수도 있다. 하지만 정부의 조력자 역할을 하는 장관들이 국민투표의 결정에 대해 전혀 순응하지 못하는 경우, 군주는 더 이상 통치업무를 수행해 나가지 못하고 방해받을 수 있다. 철저한 유대(verband)에는 아무 문제가 없이, '이원성'(de tweeheid)은 그대로 유지되었다. '국민'(het Volk)은 대표자들을 통해 발언했고, '국왕'(de Koning)은 역사적 권리의 왕조 계승자로서 왕권을 유지했다.

권위의 의회적이며 왕실적 성격의 혼합에 대해서는 논란의 여지가 없었다. 공식적으로 양자는 서로 자매와 같이 분리되어 있었고, 헌법은 상호관계를 규정했다. 보수 귀족 측은 마치 국민이 군주의 영광을 높이기 위해 군주 옆에 온 것처럼, 군주를 앞세우려고 수십 년 동안 노력해 왔으며, 다 코스타조차도 잠시 이 권위의 관계에서 혼란에 빠졌었다. 반면 반혁명당은 이 점에서 결코 실족하지 않았다. 우리에게는 항상 국민이 앞쪽에 서 있었고, 하나님께서 오란녀 왕조를 주신 것도 국민 때문이다. 이 관계가 너무 자주 왕정의 고상한 의미를 평가절하하는 결과를 낳았다.

우리는 장관의 불행한 선택이 때때로 이 폐해(euvel)를 촉진시키지 않았다는 점에 이의를 제기하지 않는다. 모든 것은 개인의 문제이다. 영국에서도 왕권 행사자가 천재적 헌법 감각이 풍부하다면, 군주의 영향력이 얼마나 풍부할 수 있는지 매번 다시 입증되었다. 천재적 헌법 장관이 강력한 민주적 압력에도 불구하고 어떻게 왕의 명예를 지키는 데 성공할 수 있는지 확실해졌다. 그리고 민주주의 맹신자와 추종자들을 개인적으로 대우하는 방법도 사건의 진행 과정에 적지 않은 영향을 미친다는 것이 입증되었다. 1914년에 유럽의 살림살이(huishouden)가 전쟁으로 인해 황폐해졌을 때, 사회민주당이 취한 태도를 생각해 보라. 문제의 권위에 굴복할 수도 없고, 해서도 안 된다. 국왕에게는 자기 백성을 축복하는 것보다 더 큰 명예는 없을 것이다. 그리고 이 점을 깊이 깨닫지 못하는 장관은 비록 그가 의도하지는 않았다 하더라도, 더 고귀한 목적을 향해 군주와 백성 사이에 존재해야 하는 좋은 관계를 망치게 된다.

§5. 선거와 새 내각

바로 이러한 이유로, 왕권 행사자가 새 내각 임명에서 지난 선거의 결과를 너무 밀접하게 연관시키지 않으려고 애를 쓴다면, 자신의 지위를 망칠 위험에 처한다. 1913년 선거에서 하원의 과반수를 획득한 정당들이 서로 합의에 도달할 수 없었을 때, 국왕은 요구되는 것처럼 보이는 결과에서 벗어나도록 권한을 부여 받고, 심지어 그렇게 하도록 강요받았다. 그럼에도 불구하고 그때 여왕은 투표 요구를 따랐고, 내각 구성을 보스(Bos) 박사에게 위임하기 시작했다. 이 사람이 맡은 임무를 요구에 따라 수행할 수 없어서, 자신의 전권으로부터 스스로 물러났을 때, 코르트 판 드르 린던이 소환되었다. 그러나 그러한 일이 발생하는 것은 매우 드물다.

따라서 일반적 과정에서 군주는 선거 지침(aanwijzing)에 관대하고, 대응이 신속하며, 유권자 대다수가 원하는 것을 가장 순수하게 표현할 수 있다고 생각되는 내각 구성자를 요청하는 것이 바람직하다. 모든 사람이 이에 동의하지는 않는다. 특히 보수파 측에서는 이러한 행동지침(gedragslijn)을 따르는 것이 군주의 가치를 해칠 것이라고 반복해서 주장했다. 장관 선택은 국왕의 절대적 자유이며 권리이다. 그리고 국민투표가 나타내는 것처럼 어떤 종류의 정치가가 내각 구성에 책임을 맡을 것인지를 생각한다면, 사람들은 왕권을 희생하고, 국민주권을 증진시킬 것이다. 외관상으로 이것은 전적으로 옳다. 선거에 의해 자유당이 완전히 다수가 된 후, 왕권 행사자가 우파 정치인을 임명하여 내각을 구성하도록 했다고 하자. 그것은 적어도 헌법에는 저촉되지 않을 것이다. 하지만 군주는 그로 인해 자신의 명성을 해치게 될 것이다. 그런 명령의 결과는 바로 내각과 의회 간의 격렬한 충돌로 이어질 것이다.

§6. 어떤 망설임도 거부

우파 입헌주의 의원조차도 그러한 임명에 대한 반대에 반드시 참여해야 할 것이다. 아무 일도 일어나지 않을 수 있다. 오래지 않아, 새로 임명된 내각은 사임을 요청해야 할 것이다. 만일 사임 이후 자유당 내각이 입각했다면, 국민은 영향력을 얻었을 것이고 국왕은 명성을 잃었을 것이다. 오란녀 왕가 주변인들(Oranje-randjens)과의 선언의 날(de dagen der Proclamatie)이 생각난다. 마카이 내각이 실각했을 때, 국왕이 국민투표의 결정을 즉시 따를 필요가 없다는 말이 있었다. 그러나 국민투표의 결정에 승복할 필요가 없다는 이 항의는 매우 짧은 시간에 사라졌고, 틴호번-타크(Tienhoven-Tak) 내각이 들어섬으로써 다시 정상으로 돌아왔다. 그래서 내각 구성자의 선택과 국민투표 결과 사이에 갈등을 일으키는 선동에 대해 군주 자신의 이익을 위해 경고하는 것은 쉽지 않다.

이 중요한 지점에서 국왕의 통치 위엄을 더 단호하게 유지할 수 있는 비결은 한 순간도 주저하지 않는 것이다. 국민투표 결과를 가지고 옥신각신하려는 가장 유약한 시도는 결코 하지 말아야 한다. 의문의 여지가 있는 국민투표 결과의 경우 불확실성이 발생할 수 있으며, 내각 구성자로 부를 사람의 선택을 두고 의견 차이가 발생할 수도 있다. 국왕이 나머지 부처 장관 후보자에 대해 비판할 수도 있다. 다른 한편으로, 내각 구성자에 관한 한 군주는 작은 반대 시도도 없이 과반수 유권자의 결과를 따를 경우 가장 빛나는 지위를 차지한다. 바로 그때 그의 위엄은 해를 입지 않고 유지되며, 잘못된 국민투표 행동의 비생산적 결과는 국왕의 책임이 아니라 선거 문제에서 국민에게 주어진 실수투성이의 지도력의 책임이 된다.

국민투표의 지도력뿐만 아니라 선거법 자체도 사람들의 의견을 잘못 표현한 것일 수 있으며, 나중에 이를 시정하기 위해 입법 조치가 필요할 수 있다. 그러나 국민투표가 시행 중이고 시행의 결과로 하원에서 특정 방향으로 과반수가 채워졌다면, 새 내각에서 취해야 할 방향은 바로 그 방향이다. 만약 국왕이 전혀 반대하지 않고 국민의 결정을 시행하도록 한다면, 국왕은 흠과 상처를 받지 않고 그의 명예를 유지하게 된다. 국왕이 국민을 위해 존재하지, 국민이 국왕을 위해 존재하지는 않는다.

§7. 의회 해산

국왕이 의회와 다르게 선택함으로 인해 의회에서 반대가 너무 심하게 일어날 경우, 국왕은 의회를 해산할 권한을 가진다. 그것은 바로 의회의 반대에 대항하기 위해 만들어진 것이다. 이것도 우리나라에서 '국왕 선언의 날'[29]에서 증명되었지만, 이 길을 걷는 것도 쓰디쓴 실망으로 귀결되었다. 유권자의 선거권이 아니라 국왕의 위신이 매우 심각한 피해를 입었고, 아직까지도 완전히 회복되지 않았다. 선거 결과가 나온 후에는 이와 같은 분쟁이 일어나지 않아야 한다. 그러한 싸움에서는 더 고귀한 원리가 작용하지 않는 한, 군주가 항상 패배한다. 그래서 분쟁은 군주적 권위의 위엄(de hoogheid)에 관한 문제가 아니라, 신성한 이해관계(een heilig belang)에 관한 것이다.

그 해산권(het ontbindingsrecht)이 국왕에게 본래부터 맡겨진 것 같았지만, 사실은 전혀 달랐다. 해산과 관련된 모든 실험(proefneming)은 적어도 대체로 실망스럽게도 실패했고, 의도한 것과는 반대되는 결과를 낳았다는 것이 역사적으로 입증되었다. 따라서 선거에 의한 확고한 결정에 저항하는 모든 것은 항상 군주의 위엄을 실추시켰으며, 선거 결과에 온전히 순응했을 때 군주의 지위가 고통보다 명예를 얻었다는 것을 분명하게 확인할 수 있다. 군주가 자기 자신의 이익을 대표했기 때문에 국민이 이런 독립적 이익을 위해 헌신해야 했다는 인상을 조금도 주어서는 안 된다. 이런 생각 자체가 일어나서도 안 된다. 특히 내각 교체 순간에 국민 여론의 파동이 내각의 결정에 가장 중요한 요소임을 국민이 느껴야 한다. 1905년 카이퍼 내각의 실각이나 1913년 헤임스케르크 내각의 실각에서 1891년의 흔들렸던 주저함은 되풀이되지 않았다.

§8. 아직 끝나지 않은 투쟁

우리는 이제 반대 이론에 관해 말할 수 있다. 고령의 헤임스케르크가 걸어간 폭력적 여정은 우리가 일반규칙에 대한 모든 반대를 영원히 포기하게 만들었다. 국가를 통치하는 정치적 방향은 군주가 아니라 국민투표가 결정한다. 그 책임은 임명하는 군주가 아니라 새 내각을 구성하라는 소환을 실행할 정치인에게 있다. 특히 다 코스타 무리에게서 비롯된, 헌법의 권위에 대한 부정확한 이해와 관련된 이념이 우리 사이에 확산되었다. 그러나 흐룬 판 프린스터러가 영향을 받았을 법한 사람들을 재빨리 치료했다. '쿠데타'(Coup d'état)만이 이것을 중단시킬 수 있지만, '쿠데타'를 지지하는 이론에 대해서 이론적으로 논쟁을 펼칠 필요는 없다. 국가 질서에 대한 그러한 공격을 진행하는 사람은 자신이 전적으로 자의적으로 행동했음을 인정한다. 그런 공격의 필요성을 지지하는 논지는 배후에서만 진행될 수 있다. 이를 위해서는 실제로 나라가 정치적 생존의 위험에 처했다는 것이 명확히 인식되어야 한다.

이것은 두 측면으로부터 위협이 될 수 있다. 만약 아직 구원의 가능성이 존재할 경우 즉각적이고 무조건적인 강력한 개입이 필요한 국제 관계에 있는 국가에게는 생존의 위험이 될 수 있다. 또는 자코뱅파의 소동과 무자비한 '프롱드'[30]에 의해 기존 질서의 생명이 위협받을 수 있다. 쿠데타가 항상 위험한 조치이지는 않을 것이지만, 그것이 언제나 자체적으로 정당화될 수 있다고 주장할 수는 없다. 국가 헌법 이론에는 기존 질서에 대한 그런 공격의 여지가 전혀 없다. 장관은 국왕과 국민을 살아있는 관계로 만드는 중간 고리이다. 그리고 국왕과 국민의 관계가 서로 덜 이론적이며, 군주가 선거 생리의 과정이 더 조용하고 차분하게 진행되게 할수록 군주의 존엄이 더 빨리 뿌리를 내릴 것이다. 새로 싹이 트는 뿌리를 보기 위해 땅에서 어린 식물을 끊임없이 뽑아 올리는 소년은, 바로 그렇게 행함으로써 식물의 정상적 성장을 망치고 마침내 완전히 죽게 만든다. 이 사실은 군주제라는 식물에 대해서도 동일하게 적용된다. 실제로 더 차분하고, 더 정상적으로 뿌리내리도록 내버려두면 군주제라는 꽃은 더 잘 피어난다. 군주제의 뿌리를 끊임없이 만지작거리는 것만큼 그 생명력을 약화시키는 것은 없다. 단지 차분히 자라게 하는 것만으로도 만개가 보장된다.

§9. 각료회의

국가평의회가 있는 것처럼, 각료회의의 존재 여부에 대한 질문은 중요하다. 1848년 시작된 우리나라의 정치계의 새로운 시기에, 매우 느리지만 그러한 평의회를 인정하고자 하는 경향이 나타났다. 하지만 프란선 퓌터조차도 1901년에 카이퍼 박사가 지지했던 그런 생각에 반대했다. 그리고 그러한 평의회를 잘 고려해야 한다는 점이 인정되지만, 우리 헌법이 제38항을 제외하고는 그런 평의회의 설립에 관해 말하고 있지 않다는 점을 부인할 수 없다. 헌법 제2장의 일곱 번째 부분에는 "국가평의회와 장관직의 부처에 관하여"(Van den Raad van State en de Ministerieele Departementen)라는 제목이 붙어 있다. 거기에는 "국가평의회와 각료회의에 대하여"(Van den Raad van State en den Raad van Ministers)라고 되어 있지 않고, 아주 확실히 각각 그 자체로 "그리고 장관직의 부처에 관하여"(en van de ministerieele Departementen)라고만 되어 있다.

제77항은 각료회의를 말하지 않고, "국왕은 장관직의 부처를 구성하고, 거기에 의장을 임명하며, 필요할 경우 해임한다"라고 규정한다. 더 진기한 것은 우리가 제72항 두 번째 문단을 다음과 같이 읽을 때이다. "장관직 부처의 의장은 헌법과 다른 법의 시행에 대한 책임이 있다." 우리 헌법에는 당연히 온갖 종류가 규정되어 있지만, 장관의 충분한 협력을 통해서만 이것이 성립될 수 있다. 그런데 평의회에 대해서는 그 어떤 언급도 없다. 마치 국가 행정부가 조각과 덩어리로 나뉘어 있는 것처럼, 부처의 의장들만 개별적으로 거론된다. 헌법은 단지 제38항에서만 국왕이 정부를 관찰할 수 없게 된 경우에 대해 말하며, "장관직 부처의 의장으로 등장해 평의회로 연합한다"라고 되어 있다. 정말 좀 이상한 이 표현은, 그렇게 표현한 사람이 각료회의를 공식적 상임 기구로 생각하지 않았음을 드러낸다. 그것이 내포하고 있는 생각은 정부의 통일이 단지 국왕이라는 인간 안에 존재한다는, 말하자면 국왕 안에 있는 통일의 힘이 장관들 안에서 자기가 필요로 하는

일을 위해 여전히 손과 발을 밖으로 뻗었다는 것이다.

그래서 우리 헌법에는 국왕이 국가평의회의 의장인 것처럼 각료회의의 의장일 수 있다고 되어 있지 않다. 반대로 장관 가운데 한 명이 의장으로 활동한다. 참으로 장관들은 함께 나라 전체에 대한 왕적 권력을 행사하는 기관이다. 이런 관점에서 기관(organen)은 개별적으로 7개 혹은 8개가 될 것이라고 상상할 수 없다. 그들은 함께 일하고 의장의 지도 아래 협력할 수 있다. 또한 의회로 갈 모든 초안에 대해 모든 장관들이 공동으로 장관으로서의 책임을 진다. 부처의 의장 모임에 대한 규정이 발표되었을 때, 필연적으로 장관들은 우연히 서로 만나는 공직자로서가 아니라 하나로 묶인 국왕의 신하로서 행동해야 했다. 그들은 정기적으로 함께 모여야 했고 그것을 의장에게 요구했다. 실제로 평의회는 거기에 존재했다. 많은 경우에 평의회는 매 주 두 번 모였다.

§10. 상임의장

여전히 남아 있는 한 가지 의문은 내각 구성자가 계속 상임의장이 될 것인가, 아니면 여러 장관들이 차례대로 전체 장관들의 지도자가 될 것인가였다. 처음에 사람들은 상임의장 제도를 허락하려 하지 않았다. 정해진 순서에 따라 각 장관은 차례대로 의장봉을 받았고, 각 기간 동안 고유의 통치가 이루어졌다. 의장직은 한 달이나 두 달, 혹은 더 길게 차이가 날 수 있었다. 기간에 대해서는 상대적으로 무관심했지만, 어떤 경우에도 의장직을 지속하는 것은 금지되었다. 1901년에 바로 이 규정이 개정되었는데, 여왕이 의장을 지명하고, 여왕에 의해 선택된 장관이 의장직을 수행하는데 그 기간은 여왕이 원하는 동안이다.

과거 순서에 따라 바뀌었던 의장직에 어떤 것을 선호했는지 묻는다면, 두 가지 종류를 말할 수 있다. 첫 번째로 모든 장관은 자유인으로 남길 원했는데, 그의 동료들과 동일한 입장에서 교류하고, 집단 아래 압력을 받지 않고, 일정 지도력이 꼭 필요한 정도에서 자기 동료 공무원들과 지도력을 공유할 수 있었다. 그것은 함께 모이는 평의회가 될 수 없었으며, 동등한 동료 공직자들의 분리된(los) 모임이어야 했다. 그들 가운데 한 사람이 4년이라는 전 기간 동안 의장봉을 잡는다면, 그 동등성이 위협받는다. 사람들은 '단체로'(en corps) 행동하는 것에 반대했다. 결속된 것(Het stel)은 협의체(college)가 될 수 없었다. 장관들은 전적으로 독립적 개인이어야 했다. 그래서 공동의 이해를 가진 자로서만 만나 공동의 이익을 증진하기 위해 논의했다. 그리고 장관들로부터 그 어떤 평의회도 성장하지 못하게 하려는 첫 번째 움직임은 그들 행정부에서 개별적 독립을 바라는 장관들의 열망에서 나타났다.

두 번째로 군주가 군건하게 함께 결성된 각료 '평의회'에 의해서가 아니라, 독립적 대리인을 통해 조정하는 것을 선호한다는 것이 분명했다. 그럼에도 불구하고 이 생각이 점차 장관직의 통일된 개념으로 넘어가야 했던 것은 당연했다. 통합적 사고(de eenheidsgedachte)는 이미 새 내각에서 작용했다. 국왕은 과거에 그랬던 것처럼 자신의 판단과 찬성에 따라 6명, 7명 혹은 8명의 정치인을 차례대로 불러 장관으로 임명하지 않았다. 대신 전면에 등장하는 정치인 가운데 한 명을 불러 전체 내각의 구성을 맡기고자 했다. 그렇게 처음 유일하게 소집된 자로부터 다른 나머지 장관들 없이 추천인 명단이 나가고 국왕은 도장을 찍었으며, 짧지만 생각을 교환했다. 국왕이 새로 임명된 장관들의 선서 때 장관들 전체와 개인적으로 인사하는 일은 드물지 않았다.

국왕은 각종 방법을 동원해 내각 구성에 가장 적합한 사람에 대한 정보를 얻을 수 있었다. 이것에 대한 국왕의 선택이 어떤 특정 정치가로 향했다면, 추가 인선은 한 사람에게 위임되어 맡겨졌다. 목표와 관계된 모든 추가 단계의 우선권이 그에게만 있었다. 그가 찾고, 선택하고, 조건을 의논했다. 그는 아직 서로를 알지 못하지만 그의 관심을 끈 다양한 정치인들을 서로 연결하는 사람이었다. 그는 초대된 사람들과 새로운 내각이 수행해야 할 행동 지침에 대해 논의했다. 요컨대, 그만이 실제로 내각 구성의 '실무자'였다. 제공할 정부 계획의 결정은 그에게서 나왔고, 그가 함께 불러 온 사람들이 동의를 통해 그가 고안한 것을 검증했다. 그 후, 그는 이 후보자 명단을 해당 지명과 관련된 계획과 함께 국왕에게 제출해야 했고, 내각 구성에 대해서도 필요한 만큼 군주와 논의해야 했다.

또한 국왕이 변경을 원하고, 내각 구성자가 그의 미래 동료들과 이 변경을 실행하는 경우가 발생했다. 그러면 어떻게 할 수 있었을까? 군주는 '동의'(fiat)만 할 수 있었을까? 그러나 왕권에 대한 모든 존경을 표하면서도, 국왕이 아닌 내각 구성자가 그만큼 '구성'(formatie)하는 것이 관습으로 정착되었다. 7명에서 8명의 새로운 장관이 전체로 묶여 동질의 정부행정을 수행할 수 있는 여건이 그에게서 나왔다.

§11. 동질성

우리는 흐룬 판 프린스터러가 이처럼 정부의 동질적 성격을 항상 주장해 왔음을 안다. 각자 자기의 길을 걷고, 자기의 정치적 방향을 우세하게 만들려고 노력한 장관들로 구성된 내각은 곧 의회의 장난감(speelbal)이 되었다. 하나가 아니기 때문에 '통일된'(einheitliche) 힘을 발휘할 수 없었다. '내각'(Kabinet)이라는 옛 이름 속에는 이미 통일성과 확고한 연합이 내포되어 있었다. 국민의 삶에 정부의 간섭이 더욱 더 확대될수록 한 장관이 다른 장관을 반대하지 않도록 감독해야 할 필요가 더 커졌다. 더 슬픈 것은 틴호번-타크 내각조차도 동질성 결핍이 결국 내각 전체에 얼마나 치명적일 수 있는지를 우리에게 가르쳐주었다는 것이다.

그러나 정부 계획에 따른 내각 구성에서 동질성을 보장하는 것만으로는 충분하지 않았다. 연속되는 행정부에서도 내각 전체의 동질성을 유지하는 것이 필요했으며, 아직도 더 필요하다. 한 장관이 다른 장관에게 걸려 넘어지게 하지 않으려면, 다루어야 할 주제의 순서까지도 확실하게 보장되어야 했다. 그럼에도 불구하고 이 모든 것은 한 장관이 다른 장관보다 협의체 앞에 앉았다면 절대 달성될 수 없었다. 앞에 앉은 사람은 의사봉을 휘두를 뿐만 아니라, 항상 일의 진행에 적지 않은 영향을 미친다. 그래서 지도부로부터 나오는 이런 영향력이 항상 같은 방향으로 나아가고 계획을 준수하며, 저항과 지체 없이 계속 일해야 한다는 것은 모든 장관들에게 공통적으로 가장 중요한 관심사이다. 혹은 추진력을 찾지 못해서 한 내각이 실패한 것일까? 일이 그렇게 지속된다면, 어떻게 모든 장관들로 하여금 연속해서 의장직을 맡게 하겠는가?

내무, 해군, 전쟁, 수자원, 식민, 농업 역시 이어지는 논의의 대상이다. 외교관으로서 많은 나라를 더 가까이 배워 많이 알지만 자기 나라의 정치적 상황에 대해서는 잘 모르는 사람이 외무부 장관으로 입각할 수 있고 또 그럴 것이라는 점은 분명하지 않은가? 강하고 명석한 해군 장교가 해양 전쟁부에 있을 수는 있지만, 자국의 정치적 상황을 살펴보는 일에 실제로 더 많은 위험이 있지 않은가? 전쟁부에서 원하는 대로 국가의 방어를 유지하는 장군의 경우도 똑같지 않은가? 일반 정부를 이끄는 일반법은 충분히 알지 못하지만 자신의 직업에는 탁월한 기술자가 수자원과 농업을 위해 일하는 것은 전적으로 생각할 수 없는 일인가? 그리고 자바에 거주하며 조국의 정치적 상황에 대해 다소 이상한 태도를 가지고 있는 정치가는 식민지에 대해 말하지 말아야 하는 것인가?

사람들은 '나'(mij)를 잘 이해해야 한다. 나는 우리의 외교관, 제독, 장군, 기술자, 식민 분야에서 국가의 사람으로 태어나 정책의 정확성과 정무수행을 위한 통찰의 다양성을 능가할 사람이 나타날 수 있다는 가능성에 대해 논쟁하지 않는다. 그러나 여기도 '예외가 규칙을 확립한다'. 토르페커, 노령의 헤임스케르크, 카페이너 코필로와 판 하우턴 같은 정부 요인들은 정복을 입은 적이 없고, 기술자도 아니었고, 동인도에서 오랫동안 머물지도 않았다는 규칙을 가지고 있다. 내각 구성자가 의장직에 정통한 사람이지만, 용감한 제독, 숙련된 외교관 또는 노련하고 신중한 기술자가 그와 함께 장관회의에 앉아 있다고 가정해 보자. 그렇다면 이 전문가들이 의장직을 위해 선택된 자일 수 없다든가, 오히려 일반 정치에서 업무를 수행하기에는 경험이 부족하다고 느끼지 않을 것이다. 또한 의회가 먼저 장관에게 의견을 듣거나, 심문을 할 필요성을 느낄 수 있다. 국가의 일반 정치에 대한 논쟁을 유발하는 것이 시급하게 필요한 것 같다. 식민지와 관련해서도, 지금 진행되는 것처럼 전체 내각의 이름으로 의회에 대한 답변이 먼저 부름 받은 사람, 곧 모든 동료가 자신의 장관 활동을 빛지고 있는 그에 의해 수행되는 것을 감안할 수 있다.

한 사람에 의해서가 아니라 실제 헌법에 의해 통치되는 국가에서는 이것이 다르게 이해되며, 만약 내각 구성자가 그런 일에서 침묵하거나, 군사 또는 기술 장관이 전면에 배치되면 의회의 불만이 줄어들지 않을 것이다. 그러므로 이 문제의 과정은 실제 있었던 것과 다를 수 없다. 내각 구성자는 임명된 의장이어야 하며, 그것은 마지막까지 지속되어야 한다. 그리고 그의 의장 직무와 지도력 아래 '각료단'(het corps)은 자동적으로 각료회의로 통합되어야 한다.

§12. 부처의 수

우리나라의 부처 숫자는 오랫동안 6개에 머물렀다. 외교, 내무, 법무, 해군, 전쟁과 식민 부서가 있었다. 여기에 일곱 번째 부처로 1877년 11월 6일에 '수자원 관리와 상무와 산업'이라는 이름의 새로운 부처가 생겼으며, 첫 장관으로 타크 판 포르트플리트가 재직했다. 그리고 새로 설립된 부서는 더 메이스터르 장관의 통치 아래 다시 한번 둘로 나뉘어 여덟 번째 부처로 '농업, 상무 및 산업'이 생겼다. 특히 내무는 이렇게 해서 업무가 가벼워졌는데, 옛날에는 '수자원 관리, 농업, 상업 그리고 산업'이 내무부에 포함되었기 때문이다. 1901년부터 1905년까지 역시 새로운 부서의 일부였던 노동부가 내무부에 배정되었지만, 1905년의 위기 이후 이 부처는 다시 수자원 관리로 돌아갔고, 이어서 '농업, 상업 및 산업' 부처로 되돌아갔다.

우리나라 부처의 수는 많지 않은데, 인구는 과거에 비해 두 배로 늘어났다. 특히 여기서 말하고자 하는 것은, 이전에는 거의 언급되지 않았던 경제 문제에 대한 정부의 참여가 그 후 대규모로 확대되었다는 것이다. 현재 하나 이상의 부처에 관해, 장관 한 명의 몫 이상으로 추산되는 작업이 적어도, 과거보다 두 배 이상 늘어났다고 말할 수 있다. 1848년의 정치적 변혁 당시에는 장관직의 부담이 크지 않았는데, 토르베커같이 바쁜 사람도 나중에 내무부 장관이 맡게 되는 일의 절반 수준만 감당해도 되었다. 지난 세기 후반의 매우 심각한 업무 증가로 인해 토르베커 통치 아래 있었던 규모의 내무부가 곧 세 개의 부처로 나뉘었다. 2개 부처의 증설은 환영받아도 되었다. 그것은 필수불가결했다. 벨기에에는 1914년에 '11개'의 부처가 있었다. 별도의 예술과 학문부, 철도부, 농업과 공공 사역부, 산업과 노동부가 예전 일반 부처에 더해졌다. 따라서 네덜란드의 '8개' 부처가 과도하다는 것은 어불성설이다.

해군과 전쟁부의 분리가 정당한지에 대한 의문은 남아 있다. 일찍이 1901년에 카이퍼는 이 둘의 합병을 주장했다. 1912년에 두 부서의 책임자였던 콜레인(Colijn)은, 국민투표 이후 내각이 존속한다면 두 부서를 통합하기로 결심했다. 두 부서를 합병하는 구상은 출구를 찾지 못했다. 1913년 람보네트(Rambonnet)와 보스봄(Bosboom) 때에 다시 두 명의 장관이 등장했는데, 합병은 성공하지 못했다. 이 점에 대한 최종 결정은 식민지 해군이 최종 법을 통과할 때만 기대할 수 있다. 이 경우 네덜란드 해군과 식민지 해군을 분리할 필요성이 공감을 얻을 것으로 예상된다. 이것이 성사되면 네덜란드 해군은 축소되고 국토방어(Landsdefensie)와 자동으로 합쳐져서, 즉시 전쟁부로 합병될 것이다. 그것은 1901년에 제안되어 1912년에 다시 시도된 것처럼, 우리나라에 적합하지 않는 '전쟁'이라는 이름이 국방이라는 이름으로 전환될 기회를 제공한다.

§13. 모두에게 동등한 투표권

정말 중요한 질문은 각료회의의 모든 장관들이 동등한 투표권을 행사할 수 있는지 여부이다. 심각한 정치적 결정을 내릴 때 이것은 중요한 질문이될 수 있다. 편견에 빠지지 않기 위하여 전문 기술 관련 분야 장관들은 대체로 앞장서서 정치 영역에 의견을 개진하지 않았다는 주장이 있다. 지금 우리에게 있는 8명의 장관들 가운데 적어도 4명은 기술 관련 분야 출신이다. 이것은 수자원 관리, 상업, 농업 그리고 산업 분야뿐만 아니라, 해양과 전쟁부처에도 해당된다. 네 개의 국가적 중요한 일을 위해 내각에 의석을 얻은 장관들은 당연히 자기 자신의 부처에서는 이미 최고의 사람이기를 바라고 또 그렇게 된다. 그런데 예외적 상황에서가 아니라, 기술자와 장교들이 정치적 영역에 너무 심취해서 일반적 정치의 진행과정 속에서도 결정을 내리는 데 도움을 줄 수 있는 자격을 가졌다고 생각했다. 그럼에도 불구하고 현재 그들이 각료회의에서 가지고 있는 역할은 의사 결정을 내리는 것뿐이다.

각료회의가 의견이 나뉘는 매우 중요한 문제를 다루고 있을 경우, 한 표가 이 의견을 지지하느냐 저 의견을 지지하느냐에 따라 결정적 역할을 할 수 있다. 선거권은 보편적이어야 하는데, 선거권을 가장(huisman)에게만 줄 것인가를 결정하는 순간이 되었을 때, 내무부와 외무부와 법무부 장관은 가장의 선거권을 지지하지만 재무부 장관과 네 개의 기술 관련 장관은 보편 선거권을 지지하는 상황이 발생할 수 있다. 그러면 당연히 네 명의 기술 관련 장관들에 의해 결정이 내려진다. 네 명의 정치 장관들 가운데 한 명은 재무 책임자 자리에 있었는데, 부분적으로 정치보다는 기술 관련 경력을 가지고 있을 수 있다. 코르트 판 드르 린던 내각에서 재정부 장관이었던 트뢰브와 그가 사임한 다음의 장관인 렐리가 그 경우였다.

기술 관련 장관들은 선거권과 같은 정치적 문제에 대해 거의 모두가 공감하는 것처럼 의견을 형성할 것이다. 하지만 인정해야 할 것은, 좀 더 정치적인 세 명의 장관들에 반하여 의견을 개진하기 위해 그들에게 도덕적 권리가 허용되지 않을 것이라는 점이다. 그래서 각료회의에서 그러한 기술 관련 장관이 기권하는 경우가 종종 발생한다. 마치 정치 장관 중 한 명이 기술적 안건에 대해 기권하고자 하는 것처럼 말이다. 비록 수평계(waterpas)가 늘 정확하지 않을 수 있지만, 그럼에도 불구하고 기술 관련 장관과 정치 장관을 완전히 동일시하는 것은 심각한 순간에 실제 위험을 감출 수 있는 것으로 생각된다. 대체로 기술 관련 장관이 의장에게 동의할 것이라고 가정할 수 있지만, 이에 대한 확실한 보장이 없다. 따라서 각료회의에서 몇 표의 투표에 대한 추가 조치가 없는지에 대한 질문을 막을 수 없다. 영국에는 모든 장관과 동일하지 않은, 다른 장관들의 머리가 있다. 우리나라에서는 정치적 문제의 결정은 정치 장관들에게 맡기고, 나머지 장관들은 조언을 하는 것으로 어려운 문제를 해결하려 한다. 결정적 투표는 네 명의 정치 장관들에게 주어졌다.

§14. 장관들의 보수

우리나라 장관의 보수가 너무 낮은 것이 아닌지에 대한 질문은 매우 심각하게 논의되어야 한다. 우리나라에서 한 장관이 받는 보수는 연간 11,000길더 정도이다. 실제 12,000길더로 정해져 있지만, 연금으로 공제되는 금액이 거의 1,000길더 정도이기에, 1년에 거의 11,000길더 정도 된다. 이 금액이 충분한 것인지 여부에 대한 평가는, 12,000길더가 한 세기 전에 정해졌다는 사실에서 분명해진다. 금세기에 화폐 가치가 50%이상 떨어졌다는 상황을 고려하면, 1815년에 필요하다고 생각했던 금액을 지금으로 따지면 거의 18,000길더가 될 것이다. 더구나 1815년이 나폴레옹에 의한 비참한 시기여서 가장 고위 계층도 힘든 삶을 살았음을 생각하면, 당시보다 50퍼센트가 적으니 정말 견뎌내기 어려운 보수임을 곧바로 느낄 수 있다.

그러므로 현재 보수를 받는 장관들이, 그 품위에 걸맞게 그들의 직책이 요구하는 거주지에 살지 못한다는 것은 부인할 수 없는 사실이다. 부유하지 않은 장관들이 낙후된 지역의 값싼 임대 주택을 찾아야만 하는 일이 반복되고 있다. 멀리 이사하기 때문에 필요한 이사비용과 설비비용이 빈약하게나마 제공되지 않았다. 그리고 장관들은 매년 반복되는 모든 종류의 등록에 참여해야 했기에 어려움이 더 컸다. 공식적으로 받을 수 있는 가능성은 당연히 없었다. 그리고 장관들이 헤이그의 시민으로서 가져야만 하는 지위는 그들의 높은 지위와 맞지 않다고 아무런 과장도 없이 말할 수 있다. 이에 대한 불만은 더욱 커졌다. 한 명 이상의 장관이 그 직위를 떠날 때 연간 6,000길더를 손해 봤고, 그 중 연금에서 4,000길더만 돌려받았기 때문이다. 처음부터 공직 생활을 했을 경우, 발생한 피해는 실로 적지 않다. 지금 외무부 장관은 부인을 대동하는 외교관 연회를 위한 추가 금액을 받는다. 이 금액은 일례로 각료회의의 의장에게는 도움이 되지 않는다. 또 장관이라는 특별한 지위 때문에 외교관들의 만찬에 지속적으로 초대되기도 하고, 직위를 마치게 되면 퇴임을 위한 응대차원의 만찬을 하는 것이 거의 의무이다. 그런 상태가 지속되지 않아야 한다.

문제는 정부의 장관으로 있는 자가 높은 보수를 의회에 요구하여 얻으려 하지 않는다는 것이다. 따라서 헌법 개정에서 장관급 보수를 헌법적으로 설정하는 것이 고려되었다. 이런 식으로도 목표에 도달할 수 있다. 아니면 수정안을 찾는 것이 유일한 준비 방법이다. 모든 정당 구성원들이 조화롭게 구성한 개정안은 현존하는 비상사태에 대비할 수 있는 가장 사려 깊은 형태가 될 것이며, 그 금액은 연 20,000길더와 연금 인상으로 5,000길더가 될 것이다. 이것은 소급해서 적용되지는 않는다. 외무부 장관의 수당도 8,000길더에서 10,000길더로 인상되어야 한다. 그래야 장관들이 1813년부터 그들에게 부여된 것과 거의 동일한 재정적 지위를 보장받을 것이다. 벨기에와 다른 곳에서 볼 수 있는 고정된 장관 사택은 권장하지 않는다. 가족의 규모와 관련하여 너무 많은 것을 고려해야 하며, 실내가구와 장식도 계산해야 하기 때문이다.

§15. 정부 부처 건물

최근 정부 부처 건물이 더 많은 관심을 받고 있다. 건물이 수년 동안 한 개 이상의 부서를 감당할 수 없는 상태가 되었다. 점점 증가하는 인력을 수용하기에 건물이 점차 비좁아졌다. 뿐만 아니라 하나 이상의 부처가 도시의 서로 다른 지역에 3, 4채의 독립주택을 임대해야 했는데, 이는 부처나 부서의 한 부분을 위해 본관에 잠잘 곳이 없는 문제를 해결하기 위한 조치였다. 당연히 이것은 장관에게는 매우 불편했다. 만약 그의 부하 직원 중 한 명을 만나려 해도, 그 직원이 멀리 있으니 전화를 걸어야 했다. 점차 이 부분은 개선되었고, 이에 대해서는 박수를 보낼만하다. 스위스는 고위 공무원의 품위, 장관들과 그들의 직원들 간의 원활한 의사소통이라는 문제를, 건물에 낭비하지 않고 어떻게 잘 해결할 수 있는지를 보여주는 좋은 모본이 된다.

§16. 공무원의 보수

공무원도 역시 자신의 지위를 향상시킬 생각을 하고 있다는 것이 우리 시대의 정신이며, 그 목적을 위해 노조를 설립하는 것은 이해할 만하다. 여기서 제기되는 유일한 문제는 사무실을 줄이고 공무원 수를 약간 줄이면 개선이 이뤄지는지 여부이다. 지금처럼 한 사람은 너무 바빠서 매일 저녁 집에서 일을 끝내기 위해 수고해야 하는데, 다른 사람은 반나절 동안 무엇을 해야 할지 알지 못하는 경우가 많다. 아마도 한 위원회가 해외 상황을 파악하도록 하고, 더 나아가 이 봉사직을 완전히 재구성하는 것을 계획하는 편이 바람직할 것이다. 여기에는 또한 두 가지 관점이 선호된다.

§17. 더 나은 부서 조직

우선, 현재 부처의 구조는 장관으로 하여금 각종 작은 세부사항에 관하여 필요 이상을 요구하게 만든다. 이런 방식이 거대한 나라에서 실행될 수 없다는 것은 말할 필요도 없다. 잉글랜드, 프랑스, 독일, 러시아를 생각하면, 이 나라에서 장관이 자기 손을 통해서만 결정과 서명을 기다리는 모든 일을 밤낮 처리하더라도 단순하게 이뤄질 수 없을 것이다. 물론 여기에서 거대한 국가에서 적용되는 구조를 따른다면, 장관은 자기 연구와 자문, 그리고 노조와 민간인의 목소리를 듣는 일에 많은 시간을 들이는 것을 삼가려 할 것이다. 우리나라에서는 이 모든 것이 특히 1848년 이후에 더 작고 매우 경제적인 방법으로 계획되었다. 자그마한 개정은 크게 도움이 되지 않는다. 오직 구조의 전면적 개정만이 우리나라 장관들에게 최상의 것을 제공할 수 있을 것이다.

마지막으로 분업과 관련해서는 벨기에의 관습을 지지한다. 필요하면, 두 분야의 고위 공무원을 장관 부처에 임명하여 한 명은 행정업무를 담당하고 다른 한 명은 입법 업무에만 전념하게 할 수 있다. 우리나라에서는 이 두 부분이 부서 업무에서 대부분 얽혀 있다. 그래서 하나의 같은 공무 집행자(Referendaris) 혹은 행정관(Administrateur)이 한편으로는 전체 행정업무를 감독하고, 다른 한편으로는 결정이나 법안을 준비한다. 이는 입법 문서의 설계자가 이를 기존의 현실에 정확하게 연결시키는 방법을 알고 있음을 시사하지만, 다른 한편 태생적으로 행정 활동을 위해 존재하는 마음은 대체로 입법 활동이 요구하는 규칙을 따르지 못한다는 것을 부정할 수 없다. 분리가 당장 부족한 것을 보완할 수 있었다. 법안이 같은 부처에서 네다섯 명의 공무 집행자에 의해 다양한 문체와 표현 방법으로 준비되기 때문에 특별히 더 평가할 것들은 존재하지 않는다. 우리가 이전 장에서 추천한 것을 나중에 이행해도 되고, 형식 감사 위원회가 우리 입법의 통일성을 유지하기 위해 오더라도, 각 부서는 법안의 초기 준비를 위해 스스로 임명된 것처럼 간주되는 2, 3명의 특별 공무원을 임명하는 것이 바람직하다.

끝으로 여기 공직자의 직함에 대한 몇 마디 말을 덧붙이겠다. 점차 누가 더 높은지 혹은 낮은 지위에 있는지를 구분하여, 더 많은 특권을 가진 자들에게 적절한 명예 칭호를 부여하는 경향이 있다. 먼저 사무실의 각 부서마다 공무 집행자(een Referendaris)가 있었고, 그 다음으로 주사무관(Hoofd-Commies), 사무관(Commies) 혹은 부사무관(Adjunct-Commies)이 있었다. 반면 모든 직원의 우두머리로 사무총장(Secretaris-Generaal)이 있었다. 그러나 점차 행정관이라는 이름이 새로운 칭호로 등장했고, 이제는 공로가 있는 공무 집행자 혹은 더 많은 공직생활을 한 공무 집행자를 '행정관'으로 부르는 관습이 생겼다. 다른 곳에서는 평의회 고문(Raad-adviseur), 재무회계국장(een Thesaurier-generaal) 등이 있다.

공직과 칭호의 증가는 자연스럽지 않다. 어쨌든 부서의 수장에게 행정관이라는 칭호는 그리 좋은 선택이 아니다. 행정관이란 더 특별하게도 행정 업무만 하는 사람이다. 부서의 장이 어느 정도 행정 일을 하지만, 그것이 그의 주요 업무라고 말할 수 없다. 그의 업무 중 행정 업무는 일부분이며, 그의 높은 공적 지위를 제대로 표현하지 못한다. 그러므로 우리가 부서의 장으로서의 행정관이라는 칭호를 잃어버리더라도 잃을 것이 별로 없을 것이다. 둘 혹은 그보다 더 많은 공무 집행자가 하나의 같은 부서에 일한다면, 책임자로 평의회 고문이 훨씬 더 적합할 것이다. 공무 집행자는 장관에게 위임한다. 위임할 뿐만 아니라, 조언을 하는 자는 자연스럽게 더 높은 자리에 있을 것이다.

제6장

감사원

§1. 두 이해 당사자

감사원은 우리 측에서 많은 관심을 끌지 못했었다. 우리 가운데 가장 영향력 있는 정치인이 감사원에 임명된 이후 이 기관에 대한 관심이 더 생겨났다. 그래서 이제 바로 이 정부 기관에 대한 간략한 논의를 할 수 있다. 재정은 점차 더 많은 정부 분야에서 매우 중요한 역할을 하게 되었다. 국가 예산의 경우 그 수치가 계속 증가한다. 마찬가지로 지방의회에서도 권력자들에게 점점 더 많은 액수가 할당되고 있다. 대도시의 시 의회조차 점점 막대한 연간 자원을 처리했는데, 이렇듯 행정의 가장 낮은 단계에서도 재정이 점점 더 큰 목소리를 내기 시작했다.

바로 이 지점에서 두 가지 질문이 생긴다. 하나는 정치적 차원의 질문이고, 다른 하나는 행정적 차원의 질문이다. 정치적 관점에서 볼 때 이것은 정부와 국민 사이의 싸움에 해당하고, 행정적 관점에서 볼 때 국가의 돈을 정확하고 정직하게 사용하는지에 대한 의문이 제기된다. 이 두 가지 질문이 너무나 달랐지만, 감사와 관련된 사안은 하나의 같은 기관의 관리를 받게 되었다. 이 기관이 바로 감사원(de Rekenkamer)이다. 여기서 두 대상이 중요하다. 정부의 수장으로서 왕권 행사자는 정부 기관이 정확한 방법으로 재무관리를 한다는 확신을 불러일으켜야 한다. 그리고 국민은 정부 대표를 통해 양도한 국민의 돈이 체결된 합의에 따라 실제로 사용되는지 여부를 감사할 수 있어야 한다. 여기에서 의미하는 군주와 국민의 합의는, 수입과 지출에 관한 예산법의 의회 승인을 통해 이루어진다. 따라서 수집된 내용과 수집된 자금이 어떤 목적을 위해 어떤 방식으로 사용되었는지 확인하기 위해 감사권이 의회에 위임되어야 한다.

감사권은 당연히 행정적 성격을 가지지만, 대체로 정치적 형태를 지닌다. 잠시 생각해보라. 정부가 광산에서 자금을 마련하거나 출처가 무엇이든 모든 면에서 충분한 자원을 가지고 있다면, 세금 인상을 고려할 필요가 없다. 그러면 국민은 정부의 판단에 맡길 것이며, 국민의 권리는 축소되고 사라져갈 것이다. 정부의 판단은 국민이 소유하고 든든히 서 있는 권리를 점점 더 많이 정복해갔다. 정부가 몇 영역을 제외하고는 재정이 빈곤했고, 마음대로 할 수 있는 수단이 없었기 때문이다. 그래서 거의 모든 통치행위는 국민의 이름으로 필요한 자원을 정부에게 허락할 것인지 아니면 거부할 것인지에 대한 권한을 부여 받은 의회에 의존했다. 필요한 자원을 승인하거나 거부할 권리는 자연스레, 자물쇠의 열쇠로서 의회가 승인한 자원의 수집과 사용이 그 규정에 따라 시행되는지 여부를 확인할 것을 요구한다. 이에 따라 필수불가결한 감사권은, 기관이나 공무를 맡은 자의 행동에 대해 왕권 행사자가 요구하는 중앙집중화(de centrale)와는 전적으로 다른 특징을 가진다.

명목상으로 돈을 모으고 쓰는 자는 국왕이다. 그러나 개입되는 단계들은 너무나 광범위하여 그가 직접 관리할 수 없을 정도이다. 그래서 국왕은 정부 기관이 공정하게 일하고 있는지 확인하고 조사할 의무가 있다. 불행하게도 역사는, 이 나라가 아니지만 다른 곳에서 얼마나 수치스러운 부패가 일어났는지 보여준다. 따라서 자신의 책임을 감당하기 위해 왕권 행사자는 자기 기관과 관리들의 정부 재정을 면밀히 감독할 의무가 있다. 그가 속고 있지 않다는 것을 알아야 한다. 그렇게 두 개의 감사 위원회가 생겨났다고 볼 수 있다. 하나는 국왕의 이름으로 공무원을 감독하고, 다른 하나는 의회 의원을 대신하여 그 이름을 가지고 정부 자체를 감독한다. 첫째는 순전히 행정적 성질의 감사 위원회였지만, 둘째는 정부가 합의한 내용을 지켰다는 보증을 제공하는 데 관심을 두었다.

§2. 두 감사의 통합

거의 모든 곳에서 일어난 것처럼 두 가지 근본적으로 구별되는 감사권을 하나의 동일한 협의체의 몸짓에 맡기는 것을 막을 이유는 없다. 그럼에도 불구하고 이중적이고 성격상 다른 감사권을 하나의 동일한 협의체에 위임하는 수단은 하원이 협의체의 의원 후보자를 국왕에게 제시하고, 국왕은 하원에서 제시한 후보자 가운데 선택한다는 사실에서 발견된다. 이런 식으로 우리는 두 가지 목표를 동시에 달성한다. 하원이 3명의 후보를 지명하고 국왕이 3명 중 1명을 새로운 의원으로 선택해야 할 의무가 있다면, 하원은 선출된 사람이 의회의 권리와 관련하여 적절한 감사자가 될 것이라고 확신한다. 한편, 신입 위원의 임명은 하원에서가 아니라 국왕으로부터 나왔다는 사실에 의해 명예로운 왕의 위엄을 확보했다. 국왕이 의장을 전적으로 자유롭게 임명하고 하급 보좌관도 임명했기 때문에, 국왕의 존엄에 대한 존경이 한층 강화되었다. 국왕은 이 규정이 자신의 존엄을 위협했다는 우려 없이 그 생각을 받아들일 수 있었다. 자신이 관리들에게 행사했던 감사가 충분히 예리할 수 없었기 때문이다. 그리고 이와 관련해 하원의 추천으로 위원(leden)을 임명하는 것이야말로 명목상의 감사가 되지 않을 것이라는 확신을 주었다.

이 형식은 이중 감사의 연결을 위한 헌법과 법률에 적절한 문구를 제공하는 데 어려움을 주었지만, 정당들 사이에서는 이 부분에서 분쟁이 발생하지 않았다. 모든 정당은 적절한 감사를 고수했다. 그리고 하원이 3배수의 후보자를 추천하고, 국왕이 그 중에 한 명을 선택하는 일단 도입된 조합은 거의 만족스러웠다. 그때 결정된 감사원의 한 위원은 정부의 자금 사용과 관련하여 다른 직위에 참여할 수 없다는 규정을 만들어야 했다. 선출된 자는 재정적으로 구속했던 유대를 끊어야 했고, 임직하면서 각종 역할을 못 본 체해야 했다. 반면에 그는 '평생' 임명된 것이며, 정신적으로 약할 때나 그 어떤 이유로도 사법적 최종판결이 아니면, 그의 직분에서 해임될 수 없다. 특히 감사원이 의회를 위해 국가 재정의 공식 보고서를 작성하고, 정부를 섬길 때 단순히 숫자만 아니라 규정에서 발견된 오류를 교정해서 제안하는 권리를 부여하는 것이 나중에 결정된 후에는 이 협의체의 회원권을 선호하게 되었다. 이런 일이 자주 발생하지는 않지만, 그럼에도 불구하고 감사원에 그렇게 할 수 있는 권리가 주어졌고, 그로 인해 처음부터 그 위상이 높아졌다. 감사원은 '검산'(nacijfering)을 하는 부서일 뿐만 아니라, 동시에 재정적 '자문'(consult)과 '조언'(advies)도 하는 곳이다.

§3. 주州와 시市 감사

감사원의 감사권이 국가의 재정뿐만 아니라, 시행된 행정을 살펴보기 위해 주 정부와 시의 재정에까지 확장된 것은 아무런 고려 없이 된 것은 아니다. 주와 관련해서는 그 어떤 반대의견도 제출할 것이 없다. 주 행정부는 주 의회 위에 있는 국가와 다르게 판단할 수 없다. 필요하다면, 주 의회에 자기만의 주 감사원을 설립하도록 권리를 주어도 될 것이다. 하지만 그것은 불필요하며, 번거롭고, 엄밀히 말해 정당화되기 어렵다. 그래서 감사원이 주 행정에 대해 시행하는 감사에 관해 그 어떤 비판도 어려웠다.

반면, 시 행정에 대한 감사는 좀 다르다. 사람들이 이 감사를 감사원에 맡긴 것은 당연한 것이 아니었다. 이는 프랑스의 행정부 정신이 우리나라에 가한 치명적 영향 때문인 것 같다. 프랑스에는 회계 감사원(Cour de Comptes)이라는 협의체가 있는데, 거기에 고위 사법 협의체의 고위직이 부여되었다. 그리고 이 협의체가 지금은 국가와 부처의 재정뿐만 아니라 시의 재정까지도 감독한다. 프랑스에서는 감사 개념이 시와 지방 정부의 독립을 거의 완전히 마비시켰기 때문에 이해할 만했다. 그 개념은 여기 우리나라에서 항상 주 정부와 지방 시 정부에 맡겨진 자치권과는 반대되었다. 우리나라에서는 시 재정에 대한 감독이 주 의회에 맡겨졌어야 했다.

더 강조해야 할 것은 시 행정에 대한 감사원의 감사가 거의 불가능하며, 항상 부족한 점이 있을 수밖에 없었다는 것이다. 감사원 같은 협의체가 모든 세부사항에서 수천 개의 행정적 사안을 확인하는 것은 불가능하다. 법도 이 점을 인정하고 있으며, 그래서 감사원은 매년 단지 몇 개의 시만 감사하도록 하는 권리를 부여받았다. 여기서 두 가지 오류가 발생한다. 감사가 일정하지 않고 모든 면에서 충분하지 않다는 것, 그리고 막 감사를 마친 시에는 아마도 다음 해에 게으름이 파고들게 될 것이다. 일단 감사가 다시 오지 않을 것이기 때문이다.

제7장

외교

§1. 19세기의 침체

우리가 부처에 대해 최선을 다한 후에도 외무부에 대해서는 여전히 별도의 논의가 필요하다. 지난 세기 중반에 이 부처는 매우 보잘 것 없어지고 매우 심각하게 침체되었다. 그래서 국제회의에서 엘라우트 판 수터르바우더가 이 부처의 장관에게 이렇게 소리친 적이 있다. "뭔가를 알려면 당신은 그것을 배워야 했다"(Pour savoir quelque chose il faut l'avoir appris). 이 장관의 이름을 거명하고 싶지는 않다. 그는 1861년 1월 둘째 주에 임무를 시작했고, 같은 해 3월에 다른 사람에게 장관직을 넘겨주어야 했다. 1878년에 우리는 "우리의 정강"에 이 안타까운 부처에 대해 썼다(1907년의 제5쇄 312쪽을 보라).

기독교적 관점에서 볼 때 덕스럽고, 유능하며, 힘이 넘치는 외교란 사치를 멀리하고, 꼭 필요한 기구로서 독립성을 보장하고, 다른 국민과 정부와의 유기적 연대를 모색하고, 기독교적 유럽이 자리하고 있는 공동 작업에 모든 국민을 균등하게 협력하게 하는 것이다. 말하자면 이교주의와 회교주의의 싸움에서 권리를 신성하게 여기는 것, 인간 사회에서 인간을 높이는 것, 그리고 하나님의 영예를 높이는 태도이다. 하지만 그러한 외교의 수립과 유지는 엄청난 노력을 필요로 한다. 그것은 유럽의 균형이 깨졌기 때문이기도 하다. 그로 인해 가까운 미래라도 일의 결과에 대한 예상에서 실패할 수밖에 없었다.

풍부한 지식, 성숙한 발전, 개념의 신속성, 풍성한 발명과 유연한 형식으로 거의 불가능한 임무를 완수하도록 필요한 것을 제공하는 국가 공무원 단체로 구성된 그런 외교가 이전보다 훨씬 더 요구되고 있다. 외교는 결코 덜 중요하지 않고 또 그래서도 안 되는 일이다. 첫 사전 형성에까지 모든 움직임을 조사하여 그것이 국가의 이익이나 안녕에 배치될 수 있는지를 살피는 일이다. 그리고 신중한 정책으로 가능한 자국의 영향력을 확대하는 일이다. 또한 내각과 국민에게서 공동체 의식의 형성을 가능한 호의적으로 이루기 위한 일이다. 게다가 어떤 순간에 불쑥 나타나는 무기력으로 인해 우리나라가 미래의 이익을 잃거나 쇠망하게 될 것인지 고민하는 일이다. 이 요구는 충족되지 '않았다.' 우리에게는 내각에 적절한 영향력을 가진 외교관이 없다. 만약 영향력이 있다면, 정치적 의미라기보다는 사회적 의미가 더 크다. 그 사람을 존중하지만, 우리나라에는 유익이 되지 않는다. 직원에게 부족한 것은 여러 의미에서의 능력이다. 부처에 부족한 것은 생각과 의지력의 일치이다. 의회에 부족한 것은 가치부여이다.

요즈음 벨기에 외교관들조차도 너무나 우리를 앞서고 있으며, 우리가 거의 모든 협상에서 얼마나 다른 나라의 영리함의 희생양이 되고 있는지, 또 다른 나라가 우리나라를 여전히 나라로서 인정하지만 더 이상 공생하는 국민으로 간주하지 않는다는 것이 반복적으로 확인되고 있다. 정말 그렇다. 우리나라의 병합이 바위턴호프(het Buitenhof, 외무부의 별칭)[31]에 알려지지 않은 채, 논의되어 되돌릴 수 없이 결정되기도 했다. 식민지에서도 우리는 이 운명을 따르고 있다. 영국 '정착민'(Settlers)은 우리를 능가한다. 최근에는 스페인이 교활한 방법으로 우리를 먹어치웠는데, 감쪽같이 술루(Sulu) 제도의 주권을 취했고, 일을 끝낸 뒤 우리에게 우스꽝스러운 소식을 전해왔다.

게다가 우리는 데지마(Decima)[32]에서조차 이미 뒤처져 있다. 아프리카의 황금해안(Goudkust)[33]과 수마트라의 북쪽 해안[34]에 대한 영국과의 좌파적이고 잘못된 협상은 우리에게 엄청난 손해를 입혔다. 이러한 사실을 생각한다면, 우리가 이미 가지고 있는 심각한 불만이 충분히 뒷받침될 것이다. 그동안 유럽 국가동맹에서 우리의 소명을 위해 아직 결정을 할 수 없지만, 우리는 발생하는 모든 분쟁에서 해방되고, 미래를 위한 모든 동맹으로부터 멀리 떨어져 있는 비겁한 침묵과 불명예스러운 무행동(niets-doen)에 대해 거친 항의를 불러일으키는 불만을 가지고 있다.

'트란스발'(Transvaal) 문제, 곧 덴마크가 절반 그리고 나사우(Nassau)가 전부 철수하기 이전에, 우리 정부는 이미 발언을 했어야 했다. 회교주의가 정리되었을 당시에, 두 번째 식민 강국은 권력자들에게 알려야 했었다. 그리고 좀 더 말해 보자면, 사실과 외교 비밀 기록물 보관소와 확실한 방법으로 볼 때 두 번째 국가로서의 존재감도 위협받고 있음이 분명하다. 우리 네덜란드 외교는 오랫동안 동맹의 정치와 관련하여 주도권을 취하는 일에 앞장섰다. 우리가 아직 그런 상황이라는 것을 확인할 수 있도록 행동했던 것이다. 선지자가 말하는 것처럼, '내려놓고 손을 모으는 방법으로'는 아무 것도 얻을 수 없다.

§2. 각종 요구

특히 작은 나라의 국민에게는 용기가 생명보다 우선한다! 하지만 더 적극적인 외교에 도달하고, 그것을 통해 더 강력한 외교 조치를 위하기 위해 다음 네 가지 사항이 요구될 것이다. 첫째로, 외무부 장관은 앞으로 절대로 '이름'만이 아니라 실제 장관이어야 한다. 둘째로, 외무부에는 고도로 숙련된 경험이 풍부한 남성들의 협의체를 추가하여, 내각이 교체되어도 전통의 통일성과 실을 꼬는 것을 유지해야 한다. 셋째로, 우리 임무에 대해 봉급이 지불되어 능력은 있지만 가난한 사람을 고용할 수 있어야 한다. 넷째로, 모든 중요한 임무에 필요한 보조 인원이 연결되어 사절이 '사절'로서 일할 수 있어야 한다. 베네치아(Venetië)가 행했던 것을 생각해 보라. 우리 외교관이 아직 귀족이 아니었을 때를 생각해 보라. 그때 어떤 인물을 가지고 있었는가! 훌륭한 영사관 덕분에 때로 더 강력한 제국을 능가하는 스위스를 생각해 보라.

§3. 1905년 우리의 위치

1905년에 내가 내무부 장관 직위를 내려놓아야 했고, '고대 세계의 바다로' 여행을 했을 때, 우리가 외교 영역을 대표하는 데서 얼마나 취약한 지가 특히 동양에서 잘 드러났다. 당시 우리가 모든 세계에 보낸 대표들은 "외교

사절과 전권 대사"(Buitengwoon gezant en gevolmachtiged Minister)라는 이름을 가진 13명의 평범한 사절이 전부였다. 페르시아에는 겨우 한 명의 장관 대리공사(Minister-Resident)를 두었다. 루마니아에도 그러했고, 그리스에도 다르지 않았다. 다른 나라에는 더 빈약했다. 세 개의 남미 공화국인 아르헨티나, 우루과이와 파라과이에도, '대리자'(zaakgelastigde)라는 개인적 직함을 가진 총영사(een Consul-generaal)가 겨우 한 명 있었다. 브라질에도 동일하게 부가 직함이 없는 총영사가 있었다. 칠레에도 다르지 않았다. 콜롬비아에는 아르헨티나처럼 영사가 있었는데, '대리자' 직급이 아니라 개인적 명예 직함이었다. 에콰도르에는 단지 영사관만 존재했다.

이슬람이라는 측면에서 중요한 이집트에는 '정치국원'(politiek agent)이라 불리는 영사가 있었다. 그리스에는 당시 판 렌넙(Van Lennep)이 '대리자'라는 직함을 가지고 있었다. 벨기에도 사절을 가지고 있었던 모로코에는 영사관을 두었다. 파나마와 파라과이에는 우리 영사관이 '대리자'라는 칭호를 가졌다. 세르비아에는 영사밖에 없었다. 시암(Siam)에도 '대리자'라는 직원 자격의 영사가 있었다.

요약하면, 우리나라의 조직은 가능한 간소했으며 지금도 여전히 전반적으로 그러하다. 사절이 필요 없는 곳에는 영사를 보내 처리했고, 결국 우리의 수줍은 영사에게 어떤 지위를 부여하기 위해 순전히 더 높은 계급의 칭호를 주었다. 때로는 이 문제에서 사람이 약간 부각되기도 하지만, 결과는 할 수 있는 한 검소하게 마무리되었다. 그런 식으로 많은 대도시에서 우리나라를 대표하는 사람의 외교적 지위는 종종 아주 고통스러웠다.

§4. 죄책감이 드는 절약

우리나라가 외교에 있어서 얼마나 인색한가는 벨기에의 예산과 우리 예산을 비교해 보면 분명하게 드러난다. 1916년에 제출된 우리나라 외무부 전체 예산은 150만 8,436길더 밖에 되지 않지만, 벨기에는 1914년에 499만 686프랑이 허락되었다. 다시 말해 벨기에의 예산이 거의 100만 길더가 더 많다. 이 점에서 우리나라는 시대에 뒤떨어졌다. 1813년과 1815년에 다시 독립했을 때, 우리나라는 재정이 매우 열악했다. 나폴레옹이 우리나라를 처절하게 빈곤하게 만들었다. 그래서 당시에는 외무를 위해 가능한 검약할 수밖에 없었다. 우리 옛 공화국도 자주 대사를 파송했었기 때문에, 이것은 우리나라에서는 굉장히 놀라운 일이었다. 그렇게 지극히 평범한 대표부 파송에 재정 삭감이 이뤄진 것은 당시 정부가 보여준 '가난의 증거'였다. 만약 한편으로 벨기에가 행한 신뢰 파괴와 배도가 우리로 하여금 재정적으로 절망적 상태로 만들지 않고, 다른 한편으로 해외에서 우리의 위신이 떨어지지 않았다면, 이것은 점차적으로 개선되었을 것이다.

1848년 이후 토르베커(Thorbecke)가 그의 추종자들과 함께 해외에서 더 나은 방향으로 인도한 것은 사실이지만, 토르베커 아래에서 승리했던 부르주아는 외교에 대한 시각도 마음도 없었기에 하원에서 적은 액수라도 높이기 위한 법안을 제안하지 않았다. 1848년 이후에는 법안이 의회에서 격렬한 싸움을 반복한 뒤에 결렬되었다. 그런데 사람들은 외교관의 임금에는 눈을 부릅뜨고 관심을 기울인다. 예를 들면 일본 주재 대리공사(de Minister-resident)는 1916년 예산에 따라 6,000길더를 받지만, 거기다가 '거주 수당과 보너스'로 1만 7,000길더를 받고, 또 통역사 수당으로 2,700길더를 더 받는다. 이것을 다 합하면 한 직무를 위해 2만 5,700길더가 지출된다. 터키에는 주재 대리공사 임금으로 수행원들을 위해 2만 2,000길더가 소요되는데, 여기다가 거주비용 1만 2,500길더가 추가된다. 그러면 모두 합해 3만 4,500길더가 된다. 이 나라의 총리가 단지 1만 2,000길더를 받고 거기서 또 거의 1,000길더가 연금을 위해 공제된다는 점을 고려할 때, 그 고귀한 발걸음을 위해 외교에서 소비되는 재정이 세 배가 넘기 때문에 이것을 사치나 낭비로 보아야 한다는 것은 동양 국가의 평균생활 수준에 대한 이해를 갖지 못한 데서 온 잘못된 인식이다.

브뤼셀에서도 직원과 함께 대사에게 지급되는 봉급이 1만 3,800길더이지만, 거기에 거주비용으로 1만 5,000길더가 추가된다. 벨기에가 조그마한 국가로 생각되고 브뤼셀에서의 생계비가 그렇게 많이 들지 않음에도 불구하고 총 2만 8,800길더라는 금액은 과도하지 않은 것 같다. 몇 년간 우리나라의 대사가 브뤼셀의 한 거리에 있는 정말 작은 시민의 집에 거주했는데, 사람들은 외무부 장관이 우리 대사를 그렇게 낮은 사회생활 수준에 머물게 했다는 것을 이해하지 못했다. 당연히 이것은 우리의 외국 대표부를 위한 재정을 아낀 것이겠지만, 그것은 우리 대사들의 지위뿐만 아니라 우리나라의 지위에까지도 악영향을 미쳤다.

우리 사절들이 여러 환경에서 잘 대우받지 못한다는 것이 분명해졌다. 종종 개인 재산으로 부족한 것을 채웠지만, 그러려면 매우 부유해야만 한다. 예를 들면 런던에 있는 더 좋은 사회적 지위에 있는 사람들과 같은 수준에서 생활할 수 있어야 한다. 런던에 있는 우리 대사는 겨우 8,000길더를 받는데, 거주비용으로 2만 6,000길더를 더 받는다. 그러면, 총 3만 4,000길더가 된다. 이는 겉보기에 상당히 많은 액수이지만, 그 어떤 대사도 귀족적 환경에서 자신의 위치를 유지할 수 없다. 그 부류에서는 '1만이 넘는' 자만이 평범한 재력으로 간주된다. 연간 1만 길더는 런던에서 충분히 일하려는 대사가 받아야 할 최소한의 액수이다.

§5. 우리의 과거에서 비롯된 요구

이러한 인색한 절약은 비난거리를 만들며 국가의 짐이 된다. 우리 정부는 높은 수준의 개인적 재능을 가진 사람을 파송한 몇몇 수도에서 그들의 재산이 적음으로 인해 우리나라의 외교가 후퇴하고, 국제적으로 어려움을 당하지 않도록 해야 했다. 사회적으로 너무 낮은 지위에 있는 대표자는 우리에게 도움이 될 수 있는 영향력을 잃어버릴 것이라는 의미이다. 포르투갈과 덴마크같이 뒤쳐져 있고 낮은 지위로 평화를 만들 수 있는 훨씬 더 작은 국가에 대해서는 동일한 차원에서 말할 수 있다. 그러나 네덜란드 같은 나라에는 그러한 생각이 용납될 수 없다. 검소하게 재정을 운영해야 하지만, 우리의 영광스럽고 강력한 과거가 낯선 국가들에 대항해 우리의 영광스러운 이름을 유지하도록 강요한다는 것을 잊지 말아야 한다.

또한, 다음 사실을 잊지 말아야 한다. 독일, 영국, 프랑스라는 강력한 세 국가가 세계적 정치를 통해 그 사이에 위치한 우리를 옥죄기 때문에, 우리는 스스로 거대한 국제적 움직임으로부터 이름으로나 겉모습으로나 결코 벗어날 수 없으며, 항상 막강한 국제 정세에 휘말릴 수 밖에 없다는 것이다.

이것이 더욱 더 사실인 이유는 우리 식민지가 우리나라의 작은 크기에 비해 불균형적으로 큰 비중을 차지하기 때문이다. 이것은 거의 반세기 동안 가려져 왔는데, 동아시아에서는 침묵 속 무덤과 같았다가 일본의 시모노세키 항구에서 너무 크지 않은 두 척의 전함으로 강력하게 드러내 보일 수 있었다. 우리는 여전히 데지마에서 작은 권력자였다. 그러나 이제 이 모든 것이 완전히 새로운 단계로 넘어갔다. 동아시아의 모든 것이 새로운 생명의 힘으로 일어나고 꿈틀거리고 있다. 일본이 '자기 자신의 법으로' 주도적 위치를 차지했다. 그래서 군도에서 우리의 오래된 지위를 유지하려는 노력 자체가 큰 부담이 될 것이다. 지금 우리 외교관이 시암(Siam)에서 뒤처지게 행동하고, 일본은 헤이그에 사절을 잔뜩 유지하고 있는데 비해 우리는 도쿄에서 대리공사가 그 업무를 그럭저럭 꾸려나가고 있다면, 네덜란드의 미래를 결정할 세계무대에서 우리 지위가 약화될 것이다.

우리는 귀족 세계에서 벨기에보다 뒤쳐져 있다. 벨기에는 우리보다 귀족이 네 배나 많고, 그들은 지위가 낮지 않다. 베를린에서 우리에게 가장 최근에 알려진 소식은, 벨기에 대사들이 일반적으로 높은 지위를 가지고 있어서 국가에 경고하는 중요한 역할을 완수할 수 있다는 추측에 확신을 제공한다. 벨기에 사절 중 베를린의 흐레인들(Greindl) 남작과 파리의 기욤(Guillaume) 남작은 매우 숙련되고 예리했다. 나는 두 사람을 개인적으로 알게 된 영광을 누렸다. 그들이 정말로 낮은 지위에 있는 사람이 아님을 증언해야 하겠다. 우리나라에서는 외교사절들이 아주 낮은 지위에서 나오곤 했는데, 그 때문에 그들은 종종 뒤로 밀려날 수밖에 없었다. 우리는 명예로운 예외를 알고 있지만, 런던이나 파리의 해외사절단들은 정말 많은 봉급을 받는다. 낮은 임금을 받는 사람들이 없다. 자산이 부족한 보통 시민 계층 출신의 괜찮은 사람이 사절로 일하는 것이 정말 바람직할지라도, 그는 런던이나 도쿄, 베를린 혹은 파리에 갈 수 없다. 이런 화려한 도시에서 외교적 경로를 통해 파악해야 하는 것을 우리나라에 제공하기에는 그의 사회적 지위가 너무 낮다.

§6. 대우 받지 못하는 사절

유감스럽게도 강대국과 약소국의 분리는 세계 거대 도시의 외교 무대에서 네덜란드 사절의 지위를 낮췄다. 언제나 일의 주도권은 강대국의 사절이 쥐곤 했다. 거대한 국제 체스 게임을 자세히 들여다보는 자들은 대사들이다. 작은 나라의 일반 사절들은 무도회와 저녁 만찬에 초대되긴 하지만, 실제 일 처리에는 배제된다. 만일 처리할 어떤 일과 밀접한 관계가 있다면, 그 나라의 사절이 초청받지만, 언제나 '당신 없이도 당신에 관해'(sine vobis de vobis)라는 법칙이 적용된다. 실상은 그들이 초청받기 전에 이미 그들과 관련된 일의 처분이 내려진다. 작은 국가가 강대국에 비해 제대로 된 대우를 받지 못하는 경험은 고통스럽다. 그래서 작은 국가의 정부는 자기 사절이 괄시받는 자리에 가지 않도록 노력해야 한다. 혹은 지위가 낮은 칭호를 부여받지 않고, 소위 사교적 '참여'가 가능하도록 움직여야 한다.

그러니 조국의 미래를 사랑하는 사람은 해외에서 우리나라의 외교적 지위를 조금이라도 원하는 수준으로 올리기 위해 노력해야 한다. 과한 인색함과 너무 심한 근검절약은 버려야 한다. 우리나라의 유능한 외교관 중에 능력 있는 인물이 빈곤한 도시에서 인생을 소진하도록 만들지 않아야 한다. 다른 한편, 중요한 외교적 직위는 정부의 힘을 빌리지 않고도 자기 재력으로 조달할 수 있는 사람에게 가야 한다. 우리의 영광스러운 역사를 생각할 때, 우리는 칼빈주의자로서 이 점에서 결코 근검절약하는 쪽을 선택한 적이 없다. 우리는 유럽 외교 평의회를 지배하지는 못하지만, 참여는 해야 한다. 그런 영향력 있는 모임에서 사력을 다하는데, 특별히 값비싼 다리 따위를 만든 분위기가 사회적으로 조성된다면, 네덜란드도 사회적으로 그런 대규모 공사에 참여해야 한다. 모임에서 정치적 활동에 참여하기를 원한다면, 사회적으로 그런 대규모 공사에 참여해야 한다. 그래야 그 모임 안에서 정치적 활동을 전개할 수 있다. 당연히 개인적 재산 일부가 확실히 활용 가치가 있을 수 있다.

하지만 중요한 지위를 재력가와 꾸리는 것은 피해야 할 일이다. 첫 번째 순번의 사람이 파송되어야 하지만, 제2계급 사절은 활동할 수 없는 실정이다. 사회적으로 요구되는 척도로서의 '활동 가능성'이 너무 낮은 급여로 인해 주목받게 되기 때문이다. 한 중요한 직위에 두 외교관이 있는데, 한 사람은 부자이지만 신분이 제2계급이고, 다른 사람은 인정받는 지도자라면, 뭔가 위험을 무릅쓰기에는 너무 재산이 적어, 제1계급 외교관을 파송하는 것이 더 많은 수당을 보증할 수 있었다.

§7. 비외교관

특별히 심각한 사안의 경우, 외무부 밖의 사람을 대표로 파견하기 위하여 과거 우리나라와 또 다른 곳에서 시행했던 방식은 무조건 비난할 것이 아니다. 카츠(Cats)가 우리 정부의 특별 파송으로 영국 하원에서 임무를 맡았던 것을 생각해 보라. 오히려 요즘은 각료회의에 의해 장관들 중의 한 명이 그런 임무를 맡거나, 그 나라의 군주가 특별한 협정을 맺기 원하는 국가의 원수를 만나고자 초대한다. 외국에서는 군주가 다른 나라의 왕실을 방문할 때 외무부 장관이나 장관 대표가 군주를 모시는 것이 좋은 관례이다. 그런 것이 우리에게 이뤄지지 않는 것은 모든 것으로 평가해 볼 때 네덜란드가 국제 영역에서 그다지 중요하지 않게 되어서, 군주의 방문조차도 단순히 친선 관계의 표시에 불과한 것으로 간주된다는 것을 보여준다.

§8. 군주의 방문

만일 작은 국가가 위험에 처하게 될 경우라면, 방문하는 군주가 대개 개인적으로 정치 문제에 개입되지 않으려 하는 일이 일어나곤 한다. 정말 그게 사실일 수 있다. 세습 군주제는 사망이나 퇴임에 의해 왕권이 방해받지 않고 전환되는 데 정말 탁월한 유리한 점이 있지만, 반대로 그로 인한 불리함도 있다. 종종 왕권 행사자가 나이나 능력이 부족하여 중요한 정치 문제에 깊이 관여하지 못하기도 한다. 사실 다른 곳에 공식적으로 방문하는 군주는 장관들 중에 한 명을 대동하는 것이 고정된 지침이 되었다. 우리나라의 경우 정치의 국제적 지위가 더 이상 그러한 지침이 생각나지 않을 정도로 정상적 수준 아래로 떨어졌다. 이것은 칭찬할 일이 아니다. 입헌군주제에서 군주는 장관 중 한 명이 그 일을 감당하지 않고는, 어떤 정부의 일도 수행할 수 없다. 이런 이유로 군주가 다른 왕실을 방문할 때, 양국의 상호관계에 대해 많은 대화를 하는지 여부는 별 유익이 없다.

어쨌든 두 가지 중에 하나이다. 그런 군주의 외무부 장관은 정말 슬프게도 꼭두각시가 되어야 할 것이다. 시험이나 조사 없이 자신의 군주가 좋다고 생각한 모든 약속과 협의에 단순히 '예'와 '아멘'만 해야 한다. 혹은 공식 방문을 마치고 군주가 돌아왔을 때, 자신의 군주가 어떤 방식으로든 약속한 것에 장관이 뭔가 덧붙일 수 있을지에 대한 의문이 생길 수 있다. 만약 그렇게 할 수 없다는 것이 밝혀지면, 방문한 왕실의 군주에 대해 자기 군주의 지위가 손상을 입을 것이다. 물론 여행을 떠날 군주가 방문할 궁전에서 상대방 국가의 수장과 논의할 수 있는 사항을 장관과 미리 의논할 수 있다는 점을 고려할 수 있다. 그러나 모든 국제 문제의 자연스럽게 진행되는 복잡성을 조금이라도 아는 사람은 좀 더 깊이 들어가자마자, 일어날 수 있는 문제에 대한 그러한 예비 논의를 통해 곧 전개될 반대를 해결하고 확고한 결론에 도달하는 것이 절대로 불가능하다는 것을 바로 고백할 것이다. 그래서 우리 왕실에 적용되는 관습은 장관을 대동하지 않는 것이다. 그와 같은 왕실 방문만이 거의 75년 동안 국왕의 국제적 직무 수행의 특징이 되었다. 반면에 외국의 군주가 수행원 없이 답례방문을 오는 것은, 그동안 우리에게 익숙한 관점에서도 무언가 이상하게 보이는 것이다.

§9. 평화회의 De Vredesconferentie

지난 세기 우리나라의 국제적 위상이 약했기 때문에 평화회의가 우리나라에 어느 정도로 기여했는지는 분명하지 않지만, 적어도 1899년 7월 29일 이후에는 우리에게 짐이 아니라 명예로운 긍정적 변화를 일으켰다. 이 회의가 처음 기대에는 미치지 못했으나, 의심의 여지없이 네덜란드의 첫 등장에 명예를 가져다 주었다. 이 회의를 헤이그에서 유치할 것인가의 선택이 러시아의 차르에게 달렸었는지는 확실하지 않다. 그럼에도 불구하고 나중에 점점 더 분명해진 사실은, 국제법 분야에서 러시아를 위해 조언했던 정치가인 마르텐스와, 당시 외무부 장관이었던 무라비에프(Muravieff) 백작이 네덜란드에 확실한 총애를 보였다는 것이다.

문제의 본질은 차르가 국제회의를 페테르부르크에서 개최할 수 없었던 데 있다. 강대국 가운데 한 나라의 수도나 도시에 모이는 것도 논의의 대상이 될 수 없었다. 작은 유럽 국가들 가운데 한 나라가 선택되어야 했다. 당시 일반적으로 브뤼셀이 국제회의를 개최하기에 가장 매력적으로 보였음에도, 차르가 네덜란드에 우선권을 주었다. 당연히 '작은' 나라여야 했고, 유럽의 중앙에 있으면서 접근이 용이해야 했다. 벨기에, 네덜란드, 스위스 이외에는 선택의 여지가 없었다. 차르가 군주에 의해 통치되는 나라를 선호했다는 것은 놀라운 일일 수 없었고, 그런 이유로 브뤼셀과 헤이그가 경쟁하다가 네덜란드가 우선권을 얻게 된 것은 역사적으로 충분히 이해할 수 있었다.

벨기에와 네덜란드가 경쟁하게 되었을 때, 러시아가 벨기에와 한 번도 가까운 관계를 가진 적이 없었다는 사실을 간과할 수 없다. 그와 반대로 잔담(Zaandam)의 페터르(Peter) 황제의 역사적 전통, 베르헌(Bergen)의 기념비, 그리고 빌럼 2세와 여대공작 안나 파울로나(Anna Paulowna)의 혼인이 양국의 관계를 활발하게 했다. 그럼에도 불구하고 정치적으로 같은 시대를 경험하는 우리나라 사람에게는 차르의 선택은 예상하지 못한 것이었다. 유럽에서 정말 무시할만한 정도로 작아 구석에 처박혀 있던 우리는, 그렇게 높은 영예를 받을 것에 대비하지 않았었다. (룩셈부르크의 문제를 생각해 보라.) 또 일반적으로 우리나라에 여성이 왕관을 쓰고 있다는 사실이 차르로 하여금 선택을 촉진시켰고, 그 결정이 우리에게 이끌리게 한 것이기도 했다.

§10. 실망

평화회의와 그 회의의 결과물은 분명히 처음에 가졌던 높은 기대에 미치지 못했다. 오히려 모든 면에서 실망으로 끝났다. 가장 쓰라린 실망은 러시아 정부가 직접 나서서 1898년 1월 11일자로 돌린 회람의 첫 번째 사안에 영향을 미쳤던 차르는 첫 번째 사안에서, 모든 국가는 상호합의에 의해 최 댓값을 설정하고 최댓값의 확장을 규제함으로써 군대와 함대의 지속적인 확장에 한계를 정해야 한다고 주장했다. 이것은 평화회의의 전체 결과를 지배할 문제였다.

1871년 이후로 늘 그렇듯이 상호경쟁이 점점 더 가속화되어, 무장을 통해 끝없는 군비 경쟁을 벌인다면 평화회의가 세계의 평화를 위하여 제안 하거나 노력한 것이 결과적으로 다시 무서운 전쟁으로 이어질 것임을 예상할 수 있다. 그러나 평화회의의 군사위원회는 러시아 정부의 첫 번째이자 가장 중요한 제안을 거부하는 것 외에 다른 결정을 내릴 수 없었다. 한 결의안이 채택되었지만, 그것은 옷 조각으로 출혈을 막는 것에 불과했고, 당연히 악을 치료할 수는 없었다. "이 결의안에서 언급된 평화회의는 강대국이 군사력 감축의 가능성을 추후에 고려할 것이라는 희망을 표명한다." 그런데, 두 번째 결의안은 더 강력하다. "평화회의는 지금 세계에 가해지는 군사적 부담의 축소가 국민의 물질적 번영뿐만 아니라, 도덕적 번영을 위해 매우 바람직하다고 판단한다."

그러나 이 모든 것은 문서일 뿐이었다. 군사적 부담과 관련하여 1899년 의 상태와 현재의 전쟁이 발발한 1914년의 상태를 개략적으로나마 비교하는 사람은 누구나 역사적으로 완전히 뒤집힌 결과에 직면할 것이다. '쓸데 없는 소문'을 말하지 않더라도, 러시아가 전면에 내세운 것이 점차 뒷편으로 밀려나, 우리에게 정반대의 결과로 나타났다는 결론 이외에는 다른 결론을 내기 어렵다. 그렇게 슬프게 시작했던 것이 좋은 쪽으로 바뀌지 않았다. 영국의 강력한 주장으로 인해 남아프리카의 완전한 독립 자유국가의 대표들조차 평화회의에서 어떻게 제외되었는지는 잘 알려져 있다. 미나스 체라즈(Minas Tscheraz)[35]와 파리에서 온 그의 동료 대표자들의 청원서 제출이 어떻게 거절당했는지, 얼마나 취약한 결정조차 없었는지, 모든 점에서 얼마나 많은 조건이 달렸으며 결국 얼마나 심각하게 불안정해졌는지 명백하다.

당시 우리나라 내각은 극도로 어려운 처지에 있었다. 그런 가운데 우리나라의 당시 외무부 장관이 모든 영예가 동반되는 평화회의를 유치하기 위해 할 수 있는 모든 노력을 기울였던 공로를 부정해서는 안 된다. 그럼에도 불구하고, 그가 행한 방법에서 나타난 지도력의 약점은 진심으로 지지하기가 어렵다. 당시 꼭 필요한 힘과 결단력이 부족했다. 그러나 이 점에서도 우리는 역시 공정해야 한다. 평화회의에서 우리나라의 위상이 그렇게 약했던 이유는, 1830년 이후 소위 우리의 국제적 지위가 낮아졌던 고통스러운 영세성으로 인한 것이었다. 하원의 반혁명당 측에서는 그 결과에 대해 환호할 수 없었다.

§11. 여전히 인내하다

여러 측면에서 볼 때 결과가 정말 고통스러웠지만, 그렇다고 그 점이 평화회의와 국제사법재판소를 유지하고 지원해야 하는 매우 중대한 의무를 면제해 주지는 않는다. 첫 평화회의 덕분에 우리나라 헤이그(Onze Residentie)는 국제 평화활동(Vredesactie)의 구심점이 되었다. 특히 카네기는 다른 경쟁 도시보다 헤이그에 호의를 베풀어 평화궁에 선물을 주었다. 이 궁전의 개장 직후에 유럽 역사상 가장 끔찍한 전쟁이 발발한 것보다 더 불행한 일은 없었지만, 우리나라가 전쟁 밖에 있을 수 있던 것은 하나님께 찬양할 일이다. 그래서 우리는 모든 평화사역을 위한 중심 지위를 가진다는 명예를 누릴 수 있었다.

국제사법재판소는 우리나라에게도 여전히 중요하다. 그동안 우리 정부가 프린선흐라흐트(Prinsengracht)에 위치한 지극히 평범한 집을 국제사법재판소 건물로 사용한 것은 정말로 불편한 일이었다. 이것은 국제사법재판소를 '무시'한다는 인상을 주었을 것이다. 해외에서 온 관계자들은 이것 때문에 틀림없이 적어도 한 번 이상은 화가 났을 것이다. 그리고 국제사법재판소의 모임 후 집으로 돌아간 사람은 누구나 다른 곳이라면 더 나은 숙소를 구할 수 있었을 것이라는 생각을 가졌을 것이다. 따라서 우리의 소명을 등한시한 것이, 발생하는 분쟁에서 국제사법재판소의 매력을 약화시킨 것처럼 보인다.

그럼에도 불구하고 1900년 이래로 어떤 국제분쟁이 해결되어야 했는지, 그리고 그 문제들 중에 어떤 것이 국제사법재판소의 결정을 구했는지를 묻는다면, 중요한 모든 문제는 우리나라를 지나갔으며 그다지 중요하지 않은 부수적 분쟁만이 우리 국제사법재판소에 피난처를 찾은 것 같다는 인상을 은연중에 받는다. 특히 발트해에서 출발한 러시아 함대가 해협을 통과해 일본으로 항해하던 중 영국 해안에서 만난 영국 어선에 발포한 무모함에 대해, 다행히도 칼을 뽑지 않고 중재를 요청하기로 동의가 이루어졌다. 그렇지만 그 중재를 위해 헤이그에 자리 잡은 국제사법재판소를 지나치고, 파리에서 중재재판(Scheidsgerecht)을 요청했다. 이것은 당연히 헤이그에 있는 국제사법재판소의 위상에 타격을 입혔으며, 사소한 사건을 제외하고, 우리 헤이그에서 법정이 세워지는 것을 볼 수 있을지 의심하게 만들었다.

그런 실망스런 결과는 아마도 국제사법재판소와 평화회의 전체를 실패로 간주하도록 유혹할 수 있지만, 우리가 이에 굴복하는 것은 정치적 실수가 될 것이다. '그것을 잘 이용하는 것'(To make the most of it)은 우리가 지혜롭게 행동하기 원할 경우 우리 국민과 정부가 지켜야 하는 매 절차를 위해 자연스럽게 마련된 규칙이다. 우리는 국가적 유익을 위해 모든 방법을 동원하여, 중재를 위한 국제사법재판소의 의미와 세계의회(de Wereldcongressen)가 거점을 찾았다는 사실을 통해 가능한 한 우리에게 많이 의존하도록 만들어야 한다. 비록 정도의 차이가 충분하지 않지만 1900년 이후를 1830년부터 1899년까지의 시기와 비교할 때, 우리는 국제정치에서 중요도가 상승했다. 그러므로 우리나라는 얻은 것을 다시 포기하지 않는 것이 국제적 지혜의 교훈이라는 사실을 분명히 알아야 한다.

§12. 협력 실패

이 목적을 염두에 두고 국제사법재판소를 최고의 국제재판소로 전환하는 것이 가능한지 여부는 확실하지 않다. 특히 평화주의자들은 이것을 강력히 주장하는데, 비록 사법재판소가 다루지 않았던 사건에 대해서도 그런 세계 사법재판소와 함께 존속한다면 정말로 적지 않은 분쟁과 갈등이 확실히 종식될 것이라고 말한다. 그런 사법재판소가 좋은 결실을 맺는 것을 기대하려면, 모든 국가가 이 사법권에 복종한다는 것이 확실해야 한다.

안타깝게도 바로 이 점이 의심스러운 것이다. 만약 그런 사법재판소가 등장한다면 당연히 사법재판소의 사법권이 시작되어 계속되고 시행되는 방법에 대한 확고한 법이 만들어져야 할 것이다. 실제로 국제형사소송법(wetboek van Strafvordering)과 더 많은 것들이 매우 광범위하게 제정되어야 할 것이다. 게다가 소송법에 대한 개정안이 어떤 식으로 제출될 수 있는지를 결정해야 할 것이다. 그러한 소송법을 '모든' 국가에 부과하고, 사법재판소의 판결을 내리고, 형벌을 집행할 수 있는 우월한 권한을 생각할 수 있다면, 이 전체 계획은 분명히 실현 가능할 것이다.

하지만 그렇게 국가라는 군집 위에 군림하고 다스리는 세상의 힘은 존재하지 않는다. 사법재판소의 설립과 유지는 자발적 합의라는 계약으로만 가능하다. 그런 사법재판소의 설립과 가동에 걸림돌이 되는 거의 극복 불가능한 반대들이 곧바로 솟아난다. 누구도 한 국가에게 그런 계획의 시행에 참여하도록 계약으로 강요할 수 없다. 평화회의의 경우처럼 전체 계획에 호의적인 여론을 만날 수 있을 만큼 운이 좋다고 하더라도, 당연히 규칙을 만드는 데 있어서 거의 확실히 만장일치에 이를 수 없는 수많은 종속적 성질의 반대가 존재한다. 자기가 원하는 것을 얻을 수 없으니 주저하고 온갖 유보조건을 만들며 어려움을 불러일으키는 강대국이 하나만 있어도, 이로 인해 강대국의 2분의 1이나 3분의 1이 먼저 반 정도 물러서고 나중에는 전면적으로 물러남으로 인해 곧 모든 계획이 수포로 돌아갈 것이다. 비록 원하는 국가들은 자기의 이익을 위해 사법재판소를 설립할 수 있지만, 이것은 이러한 가입 국가들 사이에 발생하는 분쟁에만 작용할 것이다. 그리고 비가입 국가 사이에 의도치 않게 발생한 분쟁의 경우에는 그런 사법재판소가 전혀 도움이 되지 못하고, 다시 국제사법재판소가 도움이 될 수 있어야 할 것이다. 혹은 이조차 위험에 처하면 전쟁을 통해 결정이 나야 할 것이다. 만약 그런 사법재판소가 항상 기능할 수 있도록 계약상 가능하다면, 점점 도덕적 힘을 얻어 중요성을 조금씩 획득할 것이다.

그러나 이것이 가능하긴 한가? 어떤 나라가 '언제까지나' 여기에 함께 할 것인가? 그런 사법 기관의 구성과 규정이 각종 수정의 대상이 되고, 시간이 지나면서 완전히 다른 의미를 얻을 수 있는 것이 바람직한 것인가? 그런 이유로 그런 사법 기관의 설립에 참여하는 것에는, 언제나 짧은 실험 기간이 지난 후에 국가들이 하나씩 다시 떠날 위험이 있다. 심지어 사법재판소의 결정을 인정하는 것이 국가의 중요한 이익을 훼손할 것이라는 사실을 세월이 지나 어느 강대국이 깨닫게 될 때, 실험 기간이 끝나기 전에라도 설립을 취소할 수 있다는, 정확하게 말하자면 전쟁을 막는 대신 결과적으로 전쟁을 초래할 수 있다는 두려움이 명백하게 존재한다.

§13. 까다로운 성공의 기회

모든 어려움은 갑자기 땅에서 튀어나오지 않을 것이다. 그런 어려움은 사법재판소의 성격과 그것이 설립되는 방법 사이에 존재할 수 있는 모순으로부터 비롯된 것이라고 할 수 있다. 높은 의미에서 판결은 복종해야 하는 사람에게처럼 그것을 부과하는 사람에게도 의무적이다. 악당은 살인을 저질렀을 때 자발적으로 형사 재판관에게 복종하겠다는 계약을 스스로 맺지는 않는다. 그런 계약상의 형사적 범행은 단순히 생각할 수 없다. 고대에도 그들이 제시하는 판사에게 복종할 것인지 말 것인지 여부가 분쟁으로 제기된 것도 계약상의 근거에 뿌리를 두지 않기 때문이다. 법원이 판결해야 하는 국제적 분쟁이 전적으로 중요하지 않고 형식적인 문제라면, 아마도 판결에 복종할 것이라고 짐작할 수도 있겠지만 실제로는 그렇지 않다.

국가와 국가 간에 심각한 분쟁이 지속적으로 발생하고, 마침내 어느 국가가 저지른 폭력과 불의를 두고 다른 국가가 비난함으로써 형사 소송 논의를 제기하는 국제 소송이 실제로 발생할 수도 있다. 그런 분쟁은 '주권'이라는 개념으로부터가 아니면, 그 어떤 해결책도 찾을 수 없을 것이다. 그래서 분쟁 중인 두 국가 위에 서 있는 주권적 힘이 등장해야 한다. 모든 유효한 주권과 같이 이 높은 주권은 하나님의 주권으로부터 도출될 수 있으며, 이 주권으로부터 형의 판결뿐만 아니라 형 집행도 유추될 수 있다.

그러므로 언제나 세계 모든 국가가 복종해야 하는 최고 주권자가 이 땅에 세워졌는지 여부에 대한 질문으로 돌아간다. 로마 주교의 위계에 대한 중세의 싸움은 고통스러운 질문에 대해 별 해결책을 가져다 주지 못했다. 교황을 한쪽으로 밀어낸 곳에서는 신성 "로마 황제"(Römischer Kaiser)가 높은 직위의 성취를 위해 부름 받았다고 생각했다. 그러나 이것과 상관없이 결과는 모든 국가 위에 세워진 권력이 위계적인 것도 아니고 제국주의적인 것도 아니라는 것을 분명하게 보여 주었다. 이렇게 하나처럼 보였던 것이 다시 무너지고 모든 것이 다시 합의에 이르고, 소환하고 선고하고 처형하는 권리가 생겨나는 권위 원리를 찾기가 점점 불가능해 보였다.

따라서 그러한 국제사법재판소에 대한 전망은 확실히 호의적이지 않았다. 한 가지 고정된 관점을 더 이상 찾기 어렵다. 세워지는 모든 것은 계약적일 것이다. 그리고 여기서 계약이란 지극히 약하고 흔들리는 기초에 불과할 것일지도 모른다.

§14. 국제법 학술원

이와 관련된 여러 사항에 대해 나도 종종 의논할 수 있는 사람이었던 국가평의회 회원인 고(故) 아서르(Asser)는 항상 다양한 나라들에 존재하는 법에 대한 인식을 좀 더 동일하게 만드는 데 관심을 가졌다. 그는 사법과 관련해서 결과물을 내려고 노력했고, 결국 성공했다. 하지만 공법에서 가능한 한 좀 더 통일성을 촉진하려는 생각을 가졌다. 그래서 우리나라 수도(Residentie)에 국제법을 위한 학술원을 설립하려는 큰 계획이 서서히 등장했다. 그것은 여러 국가의 법 인식을 가능한 한 통일시키려는 것이었다.

하지만 여러 나라가 얼마나 다른지 더 분명하게 드러났다. 그래서 국제법 관련 문제에서 서로 충돌하는 결론이 나곤 했다. 그로 인해 국제법 학술원 설립이 불가능할 것 같다는 생각도 생겨났다. 주도적 국가의 공립 대학은 여러 국가의 역사적 산물이기 때문에 영향을 끼치려는 요구를 할 수 있다. 그래서 보편적 국제법에 대해서는 말할 수 없다. 그러나 특수한 관점과 영향을 받지 않고, 국제법과 관련 내용을 가르칠 수 있는 학술원을 헤이그

반혁명 국가학 || 적용

에 설립하는 의견이 제기되었다.

　그래서 아서르가 생각한 것처럼, 역사의 굴곡과 경쟁하는 강대국이 지향하는 목표에 의해 영향을 받지 않는 국제법에 대한 고등교육이 생겨나는 것이 바람직한 것으로 보였다. 그곳에서 객관적이고 학문적인 교육을 받은 유럽 정치인들 사이에서는 더 많은 관점의 일치가 자연스럽게 생겨날 것이다. 물론 그런 학술원의 비용 부담도 크지 않을 것이다. 교수는 25명으로 충분할 것이다. 급여를 1,000파운드로 계산하면 총 연봉으로 2만 5,000파운드가 필요할 것이다. 거기에다 건물, 도서관 그리고 보조 직원을 위한 연간 비용을 계산하더라도 네덜란드 돈으로 50만 길더를 넘지 않을 것이다. 이는 모든 국가에게는 그리 큰 금액이 아니다.

　그렇게 그런 기관을 만들려는 시도가 있었지만, 비용에 대해 여러 국가들이 국제회의를 통해 의논하는 대신 카네기에게 문을 두드렸는데, 나는 당시 미국 특사와의 식사 자리에서 카네기와 그 일에 대해 아주 잠정적으로 논의했다. 그러나 곧 우리가 이 부분에서 궤도를 벗어났다는 것이 밝혀졌다. 카네기는 기꺼이 비용을 지원할 준비가 되었지만, 그의 등장으로 그 일은 헤이그의 우리 손에서 완전히 벗어나 카네기가 그의 생각을 발전시키기 위해 워싱턴에 구성한 위원회의 손으로 넘어갔다. 이 위원회의 대표로 헤이그에 온 브라운 스코트(Brown Scott)는 그 큰 구상을 실현시키기 위해 온갖 방법으로 노력했다. 하지만 시작부터 의견 차이가 있었고, 결국 전체 시도는 완전히 실패하고 말았다. 워싱턴의 위원회는 단지 적은 금액만 제공하려는 의도였고, 게다가 다른 목적을 가지고 있었다. 헤이그의 학술원을 위해 아주 적은 금액 이상 제공할 준비가 되어 있지 않다는 것이 밝혀졌다.

　사실 그들은 처음부터 아서르가 의도했던 학술원을 원하지 않았다. 그들이 원한 학술원은 일종의 위원회가 될 것인데, 매년 일정한 수의 국제법 학자들을 초청해 우리 헤이그에서 몇 번의 강의를 하도록 하는 것이다. 가능하면 매번 여섯 번의 강의를 하고, 강의들은 곧 인쇄물로 만들어져 보편적 결과물로 사용할 수 있었다. 이를 위해 매년 6명의 교수들이 참여하면, 겨울에만 약 40개의 강의를 할 수 있었다. 원하는 사람은 누구나 참석할 수 있도록 한다.

§15. 정반대 계획

당시 나는 의도한 목표에 도달하지 못할 것이기 때문에 매우 단호히 반대해야 한다고 생각했다. 나는 내가 위원장이 되는 영예를 가졌던 '국제협력을 위한 네덜란드 중앙위원회'(Nederlandschen Centralen Raad voor Internationalism)의 지지를 받고 있었다. 이 위원회는 국제관계의 정착을 증진시킨다는 일반적인 목적을 위해 설립되었다. 위원회는 이미 오래된 기관이었다. 이것은 헤이그의 호헌하이저(Hogenhuyze)에게서 특히 암스테르담의 뷘허(Bunge)에게로 표류했지만, 이름을 변경하고 아서르를 명예 위원장으로 세운 것이 그 힘을 강화하는 데 기여했다. 게다가 뷘허(Jul. C. Bunge) 여사, 판 호헌하이저, 림부르흐(J. A. Limburg), 루프(J. A. Loeff)는 위원장인 나를 중심으로 실행위원회를 구성했다. 그리고 판 아쉬 판 베이크(van Asch van Wyck)[36], 후만 보르허시우스(Goeman Borgesius), 렐리, 놀런스(W. H. Nolens) 교수, 오펀헤임(J. Oppenheim) 교수, 그리고 스베이르츠 더 란다스 비보르흐(E. C. Sweerts de Landas Wyborgh) 남작이 위원으로 구성되었다.

이 위원회가 국제법을 위한 학술원 문제를 다루었지만, 안타깝게도 아서르가 워싱턴 위원회에게 설득되었다는 것이 밝혀졌고, 실질적인 '학술원' 구상에 '동계강좌'의 개념이 자리를 잡았다. 이것을 받아들일 수 없었기 때문에, 우리는 카네기를 실제 학술원 계획에 끌어들이고자 설득하려 했다. 그렇지만 성공하지 못했다. 이로 인해 학술원의 현실적 구상이 등장했고, 그렇게 동계강좌 계획이 탄생했다. 그 결과로 나는 위원회에서 물러났으며, 내가 예상했던 것처럼 이 위원회는 곧 자연사했다. 우리 정부의 국제적 지위와 관련된 일의 경과에서 손해만 볼 수 있다. 종신교수가 '수업' 대신에 '강의'를 하는 것은 의도한 것과 정반대의 결과를 낳을 것이다. 그럼에도 불구하고 그 목적은 참여하는 다른 여러 강대국에서 강의되는 것을 고려할 때 이것 대신, 그리고 이것에 반대되게 절대적으로 '공평하게' 유지되는 국제법 교육을 자극하는 것이어야 한다.

만약 주로 작은 국가로부터 국제법 강사가 헤이그 학술원에 임명되었다면, 학술원이 계획된 대로 3년이라는 정규 과정을 가르칠 수 있었다면, 이 학술원이 시험을 치러 수료증을 줄 수 있고, 세계 각국으로부터 온 학생들이 학술원에 등록하도록 했다면, 이 고상한 목표에 도달할 수 있었을 것이다. 이런 합리적 계획 대신 임명되지 않고 몇 가지 강의를 위해 초청된 학자들의 동계강좌 몇 개로 운영하려고 한다면, 의도한 목표를 이루지 못하고 오히려 반대 결과를 낳을 것이다. 그런 강의를 위해 (달리 다른 방법이 없으니) 강대국, 즉 영국, 독일, 프랑스, 러시아, 그리고 오스트리아 출신의 최고로 유명한 강사들을 초청했을 것이다. 그리고 여러 다양한 국가로부터 여기로 오게 된 학자들이 그토록 드문 기회를 이용하여 특히 자국에 가장 바람직한 사상을 설교하는 것이 아니고는 무엇이겠는가? 강의 결과는 대학 영역에서는 비당파적이지만, 정치 영역에서는 상당히 당파적일 수 있었다. 나는 카네기와 그의 하수인들이 고정되고 정기적인 교육보다 그러한 일련의 강의를 선호했다는 것을 완전히 납득할 수 없었고, 지금도 여전히 그러하다.

침묵할 수 없는 것은 이 강의에 쇄도한 청중이 추정컨대 실망했을 것이라는 점이다. 의심할 여지없이 대부분의 청중들은 우리나라에서 왔을 것이다. 일반적으로 유명한 사람에게는 몰려들고, 무명의 사람들은 냉정하게 외면받았을 것이다. 그리고 외부로부터 일부 야심찬 정치가들이 전체 강의를 들을 것이라고 자신을 내세웠을 것이다. 하지만 우리는 그 숫자를 50명 이상으로 추정하지 않을 것이다. 실제로도 출판된 작품에서 이미 그 유명한 강사들의 견해를 찾을 수 있고 그들의 강의 자체도 언론을 통해 제공되기 때문에, 추운 겨울에 몇 주 동안 왕의 도시 헤이그에 머물 곳을 찾아 강의를 듣는 것보다 매년 강의 시리즈를 책방에 주문하는 것이 훨씬 간단하고 저렴하고 쉽다는 것이 확인되었다. 그런 학술원에서 무엇이 나올 것인지는 두고 볼 일이다.

이렇게 학술원의 본래 기능을 벗어난 모습은 당연히 우리나라의 국제적 지위에 손해를 가져온다. 아서르는 비록 미국 친구들에게 묶여 있다고 느꼈지만, 비록 두 명일지라도 고정 교수를 임명하는 생각을 옹호하는 명확한 시야를 가졌다. 그러나 이것은 소용없는 조치의 절반도 되지 않았을 것이다. 결국 이 학술원을 매우 매력적으로 만들었던 것은 박사 학위 정도였으며, 이 생각은 당연히 두 명의 교수를 임명하는 것으로는 실현될 수 없었다. 그리고 이것은 추상적인 국제법뿐만 아니라, 본래의 의도대로 국제법의 실제에 점점 더 영향을 미치는 주요 경제문제를 교육하기 위한 것이기도 했다.

나는 이 점에서 미래가 우리에게 무엇을 제공할 수 있을지 관심을 가지고 기대하고 있다. 우리 왕실 도시에 그러한 학술원이 존재한다는 것이 우리의 국제적 지위를 강화시켰으리라는 것은 의심의 여지가 없다. 그것이 지금까지 없었다는 것이 우리의 국제적 영향력을 적지 않게 차단했었다.

§16. 회의 규칙

두 번째 실망은 끝도 없는 일련의 세계회의(wereldcongressen) 가운데 국제적 관점에서 가장 중요한 것을 헤이그 혹은 적어도 우리나라 어딘가에서 개최하도록 하는 거대한 계획이 산산조각 난 것이다.

1911년 헤이그에서 판 스토쿰 엔 존(Van Stockum en Zoon)이 출판한 에이크만(Eykman) 박사의 "국제주의와 과학"(L'Internationalisme scientifique)은 두 번째 부록에서 614개나 되는 국제회의 목록을 제공하며 이미 국제회의가 500개를 넘어섰음을 보여준다. 끝이 없어 보이는 엄청난 수의 국제회의를 모두 네덜란드로 유치할 수 있다는 것은 아니다. 브뤼셀, 파리, 런던, 부다페스트, 빈, 로마 같은 수도는 가장 큰 국제회의를 자기들에게 끌어당기는 기술을 알고 있었다. 어떤 국제회의는 처음부터 회의 장소를 계속 바꾼다는 규칙을 따랐다. 대신 몇 국제회의는 좀 작은 도시에 우선권을 주었다. 고정된 사무소가 필요했던 국제회의는 대부분 고정적으로 연결되었고, 그 모임을 위해 분명하고 특별한 요구가 있었다. 그러나 어떤 측면에서도 보더라도, 10분의 1에 해당하는 약 50개 이상의 국제회의를 우리나라가 주최할 수 없다고 주장할 필요는 없다. 실제로 큰 국제회의는 상당히 규모가 큰 장소가 필요하지만, 이로 인해 연간 국제회의 중 같은 도시에서 모이는 횟수를 줄일 수는 없을 것이다.

그러므로 처음부터 분배가 있어야 하며, 더 일반적 목적을 지닌 국제회의와 세부적 주제를 다루는 더 작은 국제회의 사이에 명확한 구분이 이루어져야 한다. 구분은 의학 국제회의에서 가장 쉽게 느낄 수 있다. 일반적으로 의학에 영향을 미치는 의학 국제회의가 열렸지만, 부차적으로 특별한 질병이나 치유 방법만 논의하는 많은 특별 국제회의도 열렸다. 물론 처음 의도한 의학적 성격의 총회에 대한 이해 당사자들의 영향력은 치과, 청각, 시력 또는 기타 전문화하려는 모든 분야에 대한 세부적 국제회의보다 훨씬 크다. 이것은 저절로 이곳에서 일반 의학 국제회의를 소집하고, 다른 곳에서 치과, 이비인후과, 안과에 관한 특수 국제회의로 모이는 명료한 결과로 이어질 것이다. 그러므로 여기서 매년 혹은 적어도 2년에 한 번씩 개최될 수 있는 일반적 성격의 국제회의 24개만이 다뤄졌음을 감안하더라도, 이를 위해 30주가 소요될 것이며 4월에 시작하면 10월 말까지 연속해서 진행될 수 있다. 이 계획이 성공적이었다면, 평화궁과 관련해 우리나라의 국제적 입지가 엄청나게 강화되었을 것이다. 그런 총회에 참여하는 수백 명의 학자들이 우리나라를 방문하여 우리 국민과 개인적 친분을 가질 수 있다는 것만으로도 가치가 있었을 것이다. 대부분의 사람들은 그 기회가 아니면 결코 우리나라를 방문하지 않고, 역사나 소문을 통하지 않고는 우리에 대해 알지 못한다. 그래서 우리나라에도 "무지는 무정을 만든다"라는 말이 통한다.

여기서 큰 국제회의를 정기적으로 개최하면, 호텔, 소상공업, 교통 분야에 이익을 가져다 줄 것이라는 점은 제쳐두자. 우리는 더 고귀한 목표를 가지고 있다. 우리나라의 목표는 어떤 의미에서 우리나라를 모든 민족을 위한 "산 위의 도시"로 만드는 것이다. 고대 그리스 세계에서 델피가 높은 지도력의 중심이었던 것처럼, 네덜란드도 유럽에서 그럴 수 있었다. 국제사법재판소와 관련해 우리는 단순히 유럽뿐만 아니라 아메리카 대륙, 그리고 부분적으로 아시아에서도 독립에 대한 우리의 애정을 보임으로써, 그 작은 나라들 가운데서 네덜란드가 모든 민족을 위한 거룩한 보석으로 정말 중요하다는 생각을 모든 나라가 은연중에 가지게 할 것이다.

당연히 파리는 국제회의 방문자들에게 삶을 즐길 수 있는 더 호화로운 기회를 제공하겠지만, 이것은 오히려 단점도 제공한다. 중요한 국제회의가 개최되는 곳에 오락거리가 너무 많아서는 안 된다. 그렇지 않으면 국제회의 모임의 진행이 너무 빨라진다. 그에 비해 우리나라에는 오락거리가 거의 없다. 암스테르담이나 헤이그에는 매일 좋은 회의 참석률을 보장할 수 없을 정도로 많은 관광과 관람이 가능하지 않다. 여기 우리나라에서 열리는 큰 규모의 국제회의들은 많은 사람이 목적에 맞게 모임에 방문하고 있는지를 잘 보여주었다. 그 어떤 사람도 이 나라에서 개최된 국제회의에서 실망하고 돌아가지 않았다.

집으로 돌아오면 무심결에 불만이 입술에 묻어 나오는 경우가 있다. 당신이 느끼고 짐작할 수 있듯이, 국제회의가 풍성하고 즐길 거리가 많았겠지만 나는 그 국제회의에서 별로 얻은 것이 없었다. 오락거리에 대한 이러한 주장이 대도시에 반대하여 강하게 제기되므로, 이미 하나 이상의 사무소가 국제회의를 시골 지역에서 개최했다. 특히 이것은 기독교 쪽에서 여러 차례 시도되었는데, 지나고 보니 모든 시도가 성공했다. 그리고 이것은 우리 과거의 기억을 떠올리게 하는 것과 자연스럽게 연결된다. 파리에 들어오는 사람은 누구나 세계적 도시의 경이로움을 기대하며 자연스레 호화로운 분위기를 느끼게 된다. 그러나 역사적 기억은 '성 바르톨로메오의 밤'과 '9월의 학살'을 말하고, 사치가 제공하는 것과 그 세계적 도시에서 악한 열정이 솟아오르는 것 사이에 뚜렷한 대조를 불러일으킨다. 반면에 이 나라에서 역사와 박물관은 외국인 방문객에게 과거의 화려한 영웅주의, 거의 비교할 수 없는 산업, 그리고 여전히 역사의 독자를 놀라게 하는 우리의 작은 영역에서 능력을 발전시킨 것에 대한 기억을 불러일으킨다. 반면에 아직도 분리될 수 없는 '오란녀'라는 이름은 네덜란드라는 이름이 낯선 사람들에게 여전히 인상적이다. 심각한 국제회의를 위한 고조된 분위기는 무관심과는 거리가 멀다. 전 유럽이 중대한 정치적, 의학적, 경제적, 문학적, 기술적 또는 철학적 이해를 논의하기 위해 모이는 국제회의는 그 역할에서 벗어나서는 안 된다. 그리고 더 진지한 어조는 모든 분위기를 지배하는 역할과 분리될 수도 없다.

§17. 필수불가결한 건물

더 중요한 국제회의를 이곳에서 유치한다면, 당연히 네덜란드는 그런 국제회의에서의 영접을 스스로 준비하는 기술을 알아야 한다. 이런 면이 지금까지 전반적으로 부족했다. 그것을 위해 아무것도 하지 않았다. 사람들이 여기로 온 것이 우리에게 영광이라는 것처럼 행동하지 않았고, 마치 방문을 허락받은 것이 방문자들에게 영광인 것 같은 태도를 취했다. 국제회의 업무가 외무부 밖에 있었다는 것은 비난거리가 아니다. 당연히 회의의 매우 독특하고 다양한 성격으로 인해 한 회의는 사법과 관련이 있고, 다른 회의는 농업과, 세 번째 국제회의는 내무부와 관련이 있을 수 있는데, 영접은 그런 국제회의의 성질과 성격에 가까운 부처에서 먼저 하는 것이 자연스럽다.

그러므로 우리는 국제회의 전체의 관리를 외무부에 맡기는 것을 규칙으로 세우려 하지 않는다. 반대로 이런 국제회의에서 지금까지 경시된 요소가 외무부에만 축적되었을 수 있다는 점을 분명히 해야 한다. 해외에서 직함과 중요성을 파악하는 기술이 능숙한 외무부의 업무는 모든 부처의 것이기도 하다. 이것은 특히 우리나라에 해당된다. 일반적으로 우리 국민은 해외에서 유효한 고위 직함과 계층 구분을 전혀 이해하지 못한다. 나의 경험이 이 부분에서 확신을 주었다. 장관직을 사임하고서 고대 세계의 정취를 가진 나라들을 둘러보는 상당히 긴 여행을 했을 때, 나는 외국 정부가 외국인 손님을 어떻게 영접하는지 경험했다. 손님들은 일시적이지만, 자국에서 높은 지위에 있었고 거의가 큰 영예를 얻었던 자들이었다. 영접은 왕실 측이나 외무부 일이었고, 심지어 프랑스에서는 공화국 대통령이 나를 정말 아첨하는 방식으로 영접했다. 나는 외무부 장관과 같은 대우를 누렸다.

그것이 나 개인 때문이었을까? 당연히 그렇지 않다. 그것은 자신의 나라에서 특정한 지위에 있는 낯선 사람을 정중하고 구별된 방식으로만이 아니라 매우 품격있게 대하는 고착화된 관습에서 생겨났다. 그런 국제회의에 참석하는 외부 방문자들은 영접받는 데 익숙하다. 일단 그렇게 영접에 익숙해진 사람들에게는, 여기 우리나라에서 개최된 회의에서 외무부가 외교적인 일을 완전히 등한시하고, 영예롭게 영접하는 데 전혀 노력하지 않는 것은 냉담하고 둔감한 것으로 보일 것이다. 외교적인 일을 뒷전으로 미뤘을 뿐만 아니라, 거기에 어떠한 관심도 가지지 않는 것이 우리나라의 상황이었다. 우리 외무부는 국제회의에 모인 유명인을 영접하는 것이 외국에서 얼마나 자연스러운 일인지 알아야 했다. 브뤼셀에서는 이런 일이 상당히 다르게 이뤄졌다. 반대로 우리나라는 성사될 수 있는 최소한의 방법으로 그런 영접을 무시했다. 이것이야말로 사람들이 두 번째 국제회의를 우리나라에서 개최하지 않으려 하는 명백한 이유들 가운데 하나이다. 그런 국제회의를 다른 곳에서 개최한 것을 생각하면, 우리 헤이그에 대한 사랑이 식었던 것이다.

§18. 거부된 제안

이것을 생각하면서 내가 의장이었던 국제 위원회(het internationaal Comité)는 1912년에 그런 국제회의를 개최할 수 있는 더 나은 장소를 마련하기 위한 수고를 감당하도록 내각에 요청했다. 우리나라에는 그런 국제회의에 필요한 것을 제공할 장소가 없다. 스스로 그럭저럭 꾸려 나가야 했다. 현존하는 장소 중 적절한 곳이 없다는 것은 국제회의가 제대로 개최될 수 없는 큰 원인이었다. 스헤버닝언의 퀴르하우스(Kurhaus)[37]가 최고의 조건을 갖추고 있었지만, 매년 10개 이상의 국제회의가 연속해서 진행될 정도는 아니었다. 그렇다고 지금 그런 국제회의가 개최되곤 하는 다른 장소가 항상 요구되는 최고의 상태를 제공했다고 말하고 싶진 않다. 적어도 그렇지 않다. 그래서 오직 대형 국제회의만을 위해 계획적으로 세워진 독립된 건물, 곧 '임시' 건물이라도 우리 헤이그에 있다면 매력적인 요소가 될 것이다. 거의 모든 사무소가 필요한 때에 자체 국제회의를 위해 그곳을 '임시로' 차지하기 위해 경쟁하게 될 것이다. 지금까지 거의 모든 국제회의가 성사되지 못했다. 만약 임시 건물을 소유했었다면, 그 건물로 사람들을 끌어들일 수 있었을 것이다. 평화궁과 스헤버닝언 사이의 지형은 자연스레 그러한 건물을 건설하는 데 필요한 것을 제공할 수 있었다.

이전에 뷘허(H. H. Bunge)가 몇 사람과 발스도르프(Waalsdorp) 주변의 완전히 새로운 지역에 국제회의 건물을 짓는 그림을 그렸지만, 이 계획은 너무 거대하다는 이유로 오랫동안 실현되지 못했다. 반대로 국제회의라는 목적을 위한 단일 건물에 적합한 장소로 야콥 캇츠(Jacob Cats) 가로수 길에 있는 그늘이 많고 조용한 곳을 찾을 수 있었다. 그리고 이 목적을 염두에 두고서 그 일을 위한 재단의 설립을 진행하겠다고 정부에 요청했다. 당연히 비용은 높아질 것이다. 그러나 그것은 가치가 있고 그로 인해 매력적인 건물이어서 매년 적어도 10번에서 12번의 국제회의를 믿고 개최할 수 있을 것이다. 그러면 임대료로 충분히 비용을 감당할 수 있을 것이다.

물론 그런 계산은 나의 포부가 너무 작음을 보여준다. 오히려 우리의 국제적 중요성을 높인다는 목적에 도달하려면, 국제회의가 그 건물을 마음껏 사용하도록 제공해야 할 것이다. 그래서 위원회는 정부가 국가의 이익을 고려하여 적어도 원칙적으로 동의하고, 위원회에 공감하는 말 한 마디도 아끼지 않기를 기대했다. 이 제안은 장관들 중의 한 사람이나 장관 의장에게가 아니라, 의도적으로 각료회의에 전달된 것이었다. 그것이 우리 전 국민과 미래에 매우 중요할 수 있던 선거의 이해관계가 있었기 때문이다. 그럼에도 불구하고 그 요청은 큰 실망을 안겨주었다. 제안이 잠시 보류된 것이 아니라 완전히 '최종적으로' 거부되었는데, 요청의 가치조차도 언급되지 않을 정도로 냉정하게 거절되었다. 여기에는 재정적 절약만이 원인이 아니었다. 정부의 답변을 읽고 또 읽어보면 오히려 사람들이 그 계획에 대해 두려움을 가지고 있다는 인상을 느낄 수 있었다. 이 계획의 실현은 필연적으로 많은 어려움을 불러일으킬 것이며, 각 부처가 이런 활동과 참여의 확장으로 인해 반발하고 있는 것처럼 보였다.

§19. 외무부의 주도력

이제 이해할 수 있다. 유럽 회의(Europeesch Congres) 혹은 더 좋은 이름인 세계 회의(Wereldcongres)는 거의 3, 4일 동안 진행되는데, 항상 어느 정도의 준비 기간이 필요하다. 그래서 한 국제회의 회기 당 꽉 찬 1주일은 절대로 넉넉하지 않다. 이렇게 일련의 국제회의가 뒤따를 경우 국제회의에 관련된 장관들이 모든 회의에 얼굴을 보이거나, 개회 만찬이나 폐회 만찬에 배석하는 것은 절대로 불가능하다. 사무총장도 여기에 자신을 내어줄 수 없다. 부처 업무는 이로 인해 너무 많은 고통을 받을 것이다. 공식적 책임을 부처 최고 책임자에게 맡기는 것은 오랜 세월 동안 사회적으로 높은 지위에 있던 사람이라면 예외적으로 정말 좋을 수 있을 것이다. 하지만 대체로 이것은 실용적이지 않을 것이다.

그런 이유로 국제회의의 횟수를 확대함에 있어 그 어떤 부처도 너무 심각한 피해를 받지 않으면서도 공식적 대표자가 될 수 있는 방법에 대해 오랫동안 질문해왔다. 당연히 이것은 일반 언어지식, 보편적 발달, 구술의 유창함, 그리고 귀족적 매너를 가진 사람이 이 목적을 위해 의도적으로 임명된 이유였을 것이다. 분쟁이 발생하면, 한 번은 관련 장관이 행동할 수 있고, 또 한 번은 사무총장 중 한 명이나 예외적인 경우에 고위 관료 중 한 명이 개입할 수 있을 것이다. 하지만, 이것이 다른 높은 지위에 아첨하는 것이 아니라면, 국제회의 특무위원은 정부의 이름으로 모든 명예와 경의를 국제회의에 표할 수 있을 것이다. 동시에 국제회의 특무위원은 세부사항에 대해 국제회의 사무실 직원들과 의논하기 위해 작은 사무실이 필요하다. 사무실이 있는 특무위원은 당연히 영접 전문가일 것이다. 여기로부터 영구적이고 신중한 법이 개발될 수 있을 것이다. 그리고 한 해에 12개 이상의 국제회의가 이어지더라도 모든 것이 순서에 따라 완벽하게 진행될 수 있을 것이다. 특무위원은 또한 국제회의 건물의 관리자가 되어야 하며, 항상 필요한 봉사와 수리, 요구되는 가구 설비, 청소, 비상시 난방을 처리해야 할 것이다.

이 모든 것이 발생시키는 비용은 분명히 그렇게 적지는 않을 것이다. 하지만 매년 5만 길더에 달한다고 가정해 볼 때, 해외에서 온 의회 의원들에게 우리나라에 대한 인상을 전달하게 된다면, 그 액수가 의미하는 바는 너무나 강력하여 해외로부터 우리나라에 국제회의 의원으로 온 사람들에게 강한 인상을 주고, 중심적 개최국으로서의 네덜란드에 대한 존경과 경외심을 강화할 것이다. 그럼에도 불구하고 바로 이러한 이유로 외무부는 새로운 기관에 대한 충분한 영향력을 보장받아야 한다. 그래서 우리는 국제회의 특무위원을 내무부가 아닌 외무부에 추가하는 것을 선호한다. 의학 국제회의에 내무부가 참여해야 하는 한, 당연히 보건부처의 의원이 참여할 것이고 국제회의 특무위원은 옆으로 물러날 것이다.

§20. 우리나라 대사직에서의 전문가

그러한 외무부의 특무위원 추가는 다른 여러 국가에서 무역 문제 전문가를 공관이나 대사관에 추가하기 위해 이미 수행된 방법과 비교하면 그리 놀라운 일이 아니다. 런던에서 이미 그렇게 진행했다. 한편 다른 나라에서는 그런 상임기관은 일반적이다. 우선 영사, 특히 임금을 받는 영사가 이곳에서 봉사해야 한다는 사실을 잘 알고 있었다. 영사, 심지어 총영사도 이전에는 지역의 힘 있는 인물이었지만, 사절이 달성할 수 없는 일을 스스로 감당할 수 있는 보편적 지식을 풍부하게 갖추는 것이 점점 더 필요해졌다.

우리는 해운과 무역을 통해 해외와 접촉하게 된다. 따라서 외무부는 특히 외국과 이익을 놓고 갈등을 일으킬 수 있는 곳에서 국가를 위해 개입할 수 있어야 한다. 우리나라의 공사 교육을 경제 영역으로 옮기면, 그런 무역 대표부를 아낄 수 있지 않겠냐는 질문이 있다. 이에 대한 올바른 대답은 당연히 외교적 관계가 사무실이 아니라 사교장의 향취를 풍긴다는 것이며, 해운과 무역에 관계되는 일을 처리하는 좋은 사무실 남자 직원은 항상 투우사와 같다는 것이다.

해운과 무역이 외국과의 접촉을 낳는다는 것은 부정할 수 없는 사실이다. 이 사실로 인해 외교도 이 분야에서 당연히 고유의 소명을 가진다. 지금까지 해운과 무역에 관해 내무부, 재무부, 농업부 등이 일을 넘겨받았지만, 사람들은 상황이 얼마나 자주 잘못되었는지를 알고 있다. 물론 우리를 해외와 접촉하게 하는 것은 항상 외교와 관련이 있어야 하며, 그 밖의 다른 부처는 특정 사안과 관련된 한 가지 도움만 제공하는 것이 당연하다. 사법부는 사법적 문제, 재무부는 세율, 내무부는 의료문제가 그러한 것이다. 이런 올바른 연결이 없을 때 우리의 협상이 얼마나 잘못될 수 있으며, 더 많은 대표자들을 보유한 다른 국가가 얼마나 자주 우리를 넘어섰는지가 반복해서 드러났다.

외무부 장관이 사절로서 일하는 것이 바람직한지의 여부는 다른 질문과 관련이 있다. 일반적으로 그렇게 하지 '않는' 것이 바람직하다는 것이 분명하다. 이것은 부분적으로 우리나라 대사의 혼인이라는 관점에서 계속된다. 신생국가에서 자신의 직책을 맡은 사절은 상대적으로 해외에서 혼인하기 쉽다. 그렇게 타국에서의 혼인은 우리 대사뿐만 아니라, 다른 국가의 대사에게서도 종종 일어났다. 유명한 벨기에 대사인 기욤 남작과 부쿠레슈티(Boekarest) 출신인 그의 매력적인 아내를 언급하는 것으로도 충분하다. 그런데 바로 이 사실이, 혼인한 대사가 외무부의 수장으로 일하는 것을 가장 적절하지 않게 만드는 이유이기도 하다. 특히 외교의 영역에서 여성의 영향력이 결코 과소평가되어서는 안 될 것이다. 그런 고위 여성이 그녀의 조국의 이익을 전면에 내세운다면, 특히 전쟁 중에 남편의 나라와 자국 사이에 이해가 상충될 경우 네덜란드의 이익이 손해를 볼 수 있다는 것을 예상할 수 있다. 왕실 혼인에서는 가끔 심각한 상황이 발생한다. 그런데 여기에 두 번째로 대사에게 비슷한 문제가 덧붙여진다면, 그렇게 외국인과 혼인한 외교관의 생각이 외무부에 이익을 제공할 수 있을지에 대해 충분히 짐작할 수 있다.

그럼에도 불구하고 이 첫 번째 이유가 가장 중요한 문제는 아니다. 외무부 장관이 사절로서 활동하는 것을 반대하게 하는 가장 큰 이유는 오히려 우리 사절들이 외교 근무 기간이 길수록 네덜란드 재정에서 더 많이 소외된다는 사실 때문이다. 런던에서 수년 동안 대사로 일하며 모든 면에서 존경받는 외교관이 있었지만, 그가 우리나라에는 거의 거주하지 않았으며 가능한 다른 곳에서 휴가를 보냈다는 사실을 모두가 알고 있다. 외무부 장관이 '총리'였을 때, 그런 사람이 적합하다고 간주되었다. 하지만 그는 외교문제를 다루어야 했기 때문에, 이제 우리 자신의 재정에 영향을 미치는 상당 부분을 점차 감당하기 어려워하게 되었다. 우리가 오랫동안 외교에 전념했던 외무부 장관을 만났다는 것은 분명하지만, 그런 선택은 우선순위가 아니다. 우리 외무부 장관들 명단을 확인해보면, 대사들이 예외가 되고 있다는 사실을 곧바로 알 수 있다. 그리고 이는 계속 굳건히 유지되어야 할 것이다.

§21. 외무부의 영구적인 전문가

두 번째 견해를 덧붙이는 것이 필요하다. 우리나라에서는 거의 매 4년마다 내각 교체가 일어난다. 두 번의 선거 기간 동안 지속되는 내각은 사실 거의 존재하지 않았다. 심지어 최근의 더 메이스터르 내각은 더 짧았다. 적어도 외무부 장관이 새 내각으로 이어질 수 있다면, 그러한 내각 교체는 바람직하지 않은 것이 아닌가라는 질문이 자주 제기된다. 외무부가 작고 완전히 고립된 작은 부처라면, 확실히 그렇게 생각할 수 있었을 것이다. 외교가 반복해서 우리 내무 재정과 관계되어 있다는 것이 인식되면 될수록, 그 가능성은 사라진다. 그런 이유로 앞으로 이 부처의 지속적이고 새로운 입지 확보를 고려해야 할 것이다.

그러나 이것이 바로 우리가 외국 정부와 관계를 정립하는 데 필요한 '지속성'을 약화시키지 않는가라는 질문을 제기하게 만든다. 일반적으로 사무총장은 남아 있는데, 그가 남음으로 인해 일정 부분의 지속성은 유지되겠지만 충분한 것은 아니다. 다른 곳, 예를 들면 벨기에는 여기서 제기되는 문제를 해결하기 위하여, 부처에 총고문(een Generaal-Adviseur)을 임명했다. 이를 위해 그들은 일반적으로 이전 시대의 숙련되고 경험이 풍부한 대사를 선택했다. 이것은 장관으로 하여금 아래 직원들을 덜 의존하고 점차 일에 경험이 있는 사람의 조언을 구하도록 만들었다. 이는 외국 정부와 벌이는 모든 종류의 협상이 이중적으로 진행되지 않고 너무 심각하게 꼬이지 않는 것을 어느 정도 보증했다. 특히 새로 임명된 장관은 총고문에게서 종종 필요한 지원을 받았다. 지속성을 지닌 사람이 총고문 혹은 내각의 장이라는 직함을 지녔는지 여부는 당연히 상관이 없다. 중요한 것은 내각이 교체될지라도 외교에 대한 고정된 기조가 유지될 수 있었다는 것이었고, 지금도 그렇다는 것이다.

§22. 외교와 선교

우리나라에서 우리 식민지 바깥으로 선교를 가든 낯선 나라로부터의 선교가 우리 식민지에 자리를 잡든, 둘 중 하나가 이뤄지는 경우 외무부는 해외에서의 기독교 선교와 밀접한 관계를 맺게 된다. 우리 식민지로의 선교의 경우는 식민부처와 접촉하는 것으로 충분하다. 반대로 중국의 아모이(Amoy)[38]에서 고(故) 오토(Otto) 박사가 행한 우리나라의 선교 혹은 수마트라(Sumatra)에서 독일이 행한 선교와 관계해야 한다면, 외교에 영향을 미치는 어려움이 발생할 수 있다. 영국이 이 선교 과정을 유심히 관찰했다는 것과 세계대전이 발발한 후 지체 없이 독일 선교부를 파괴하기 위해 다방면으로 노력했다는 것이 알려져 있다. 심지어 이를 위해 폭력이 행사된 것도 놀랄 일이 아니었다. 수많은 선교사들이 아내와 아이들과 함께 바로 투옥되었고, 곧 추방되었다. 이 일은 영국이 항상 그들의 정치적이고 국제적인 영향력을 확산시키기 위한 선전 수단으로 자국의 선교를 소중히 여겼다는 사실과 관련이 있다. 특히 아프리카에서 영국 선교는 거의 영국 식민지 정착의 선구적 역할을 했다. 그것은 영향력을 가질 수 없었던 지역에서 어느 정도 주도성을 얻기 위해 상습적으로 이뤄진 방법이었다고 말할 수 있다. 이런 방법에 대해 나는 웃을 수 없었다. 국가의 소유에 대한 이기적 탐욕에 선교를 이용한 것이었다. 우리는 영국 정부를 모방하는 것에서 멀리 떨어져야 할 것이다.

이러한 선교의 오용을 배제하더라도 외무부 장관이 우리 측 임무를 맡아 중국으로 파송되거나, 혹은 바르멘에서 수마트라로 간 독일의 임무와 아무 관련이 없다고 생각하는 사람은 실수하는 것이다. 특히 중국에서 선교부와 베이징 사이에 얼마나 자주 갈등이 발생했고, 심지어 중국에서 일어난 가장 큰 내전 가운데 하나도 선교가 그 원인이었다는 것은 잘 알려져 있다. 그래서 외교에서는 우리나라를 떠나 낯선 지역에서 행해지는 그런 모든 선교사역에 대한 정확한 정보가 확보되어 있어야 한다. 우리 대사와 영사는 외국에서의 선교가 어떤 중요성을 가지고 있는지 알아야 하고, 외무부는 식민지에서 우리의 외국 선교가 심각한 문제의 원인이 되지는 않는지 감독해야 한다. 문제가 발행할 경우 외무부는 '기회가 되는 대로' 정보를 확보하는 것이 아니라, 적극적으로 선교사들의 사역에 대한 전반적 정보를 계속 확보해야 한다. 예를 들면 중국 베이징의 우리 대사나 남부 지역의 영사는 누가 우리나라 선교사로 일하고 있으며, 선교사들이 지방 정부와 어떤 관계를 맺고 있는지를 알려고 애를 써야 한다. 이와 관련해 전혀 놀랄 필요가 없다. 외무부가 몇 외교관의 '사적 모임'이 되어서는 안 되고, 외국과 접촉하게 되는 국가적 재산의 모든 부분과 관련된 네덜란드의 이익과 임무수행을 위해 외무부는 눈을 부릅뜨고 졸지 않고 깨어 있어야 한다.

§23. 영사관의 추가 조치

일시적으로 국경 밖으로 이동하거나, 네덜란드 시민권을 포기하지 않은 채 영구적으로 해외에 정착한 네덜란드 국민의 이익을 위해 외교 문제에 대한 경계심을 놓칠 수 없다. 물론 이러한 동포에 대한 보호는 영사관의 범위를 넘어선다. 각종 신고는 영사관에서 일어난다. 그 목록은 영사관에 놓여있다. 이와 관련하여 외무부는 이미 충분한 지원을 받았다.

1914년 전쟁의 시기는 영사 관리가 얼마나 많은 점에서 실패할 수 있는지 잘 보여주었다. 이것은 다른 곳에서 영구적으로 거주하는 네덜란드 사람들과 관련되어 있다. 반면에 우리나라를 지나가는 여행자나 국제회의에서 해외로 이끌린 사람들의 입장은 상당히 다르다. 당연히 그런 사람은 우리나라 영사관이나 공사관(Legatiën)에 신고한 사람만 고려될 수 있다. 반면 예를 들어 큰 해변의 휴양지에서 수영하는 사람, 회의에 등록한 사람, 체육, 문학 혹은 경제 분야에서의 모임에 등록한 사람의 목록이 공개되면, 우리나라 영사나 영사가 없을 경우 공사관의 도움이 필요하다고 생각되는 곳에 적합한 지원을 위하여 명단을 확보하는 것이 중요해질 것이다. 영국의 경우, 그런 접촉은 지속적으로 있었음이 분명하다. 그리고 영국 사람은 영어 능력이 부족하지 않기 때문에 외국에서 활동하기가 어렵지 않은데, 이것이 상당 부분 영사관의 도움 덕분이라는 것은 의심의 여지가 없다.

특히 해외에서 개최되는 국제회의에서는 이러한 노력이 무시될 수 없다. 중요한 국제회의는 거의 매우 큰 대도시에서 열리며, 방문자의 이름은 비밀이 아니다. 헤이그에서 개최되는 국제회의에서 해외 대사는 외교 중재자를 통해 자국 동포에 대한 의무수행을 소홀히 해서는 안 된다고 생각한다. 그처럼 현재 우리가 논의 중인 것에서도 우리의 공사관이나 영사관 쪽 사람들이 네덜란드 출신의 국제회의 참석자들을 등한시하지 않아야 하고, 적어도 무시하지는 않아야 한다. 다른 정부들은 외국에 거주하는 신하들이 자기 공사관과 영사관에 대한 친근한 추억을 집으로 가져온다고 높이 평가한다. 우리나라에도 앞으로 그런 일들이 일어나야 한다. 아픈 것과 같은 예외적인 경우를 제외하고 외무부는 외국에 사는 네덜란드 사람들을 별로 신경 쓰지 않고 한적하고 조용하게 활동했다는 인상을 주었다. 거기에서 공식적으로 일하는 사람들이 해외에 있는 네덜란드인을 대하는 방식은, 네덜란드 외교가 자기 동포의 운명에 관심을 갖는 방법에서 그들이 관찰하는 심각성과 상당히 많은 관계가 있다. 헤이그에 있는 우리 정부가 국제회의 참석자들을 고려할 수 있다고 본 정중한 생각은 네덜란드에서 열린 국제회의 참석자들이 자신에게 유익하다고 생각하는 대우를 잘 받았다고 느끼는 바탕 위에서만 주장될 수 있다.

§24. 왕실 간의 관계

여기에 외국의 주권자나 왕족 가족들을 영접하는 것에 대해 짧은 말을 덧붙여야 한다. 당연히 여기서는 공식적 방문과 사적 성격의 방문을 구별해야 한다. 정부와 외무부 장관은 단지 왕실과만 관계가 있고 왕권 행사자인 군주와는 무관한 왕족과 관계를 맺는 것에 대해 신경을 쓰지 않는다. 짧은 알현조차도 개인적 일로 치부되고 아무런 공식적 성격도 제공하지 않을 것이다. 그러나 제국의 정부 책임자로서 군주가 네덜란드의 왕권 행사자를 방문하는 것은 두 제국의 우호관계를 새롭게 하고, 공식적으로 연결하거나 강화시킨다. 그러면 그 방문은 왕실만이 아니라 왕실과 정부에 관한 것이며, 정부는 그런 주권자를 영접하는 수고를 해야 하는데, 그 영접은 고귀한 영예와 최고의 정중함을 기초로 이뤄져야 한다.

그렇긴 하지만, 지금 상황으로는 수도라는 이름에 걸맞은 왕궁을 제공할 수 없다는 결정적 이유 때문에 우리나라에서는 이것이 완전히 불가능하다. 물론 수도인 암스테르담의 담(Dam)에 있는 궁전을 대안으로 취했지만, 방문하는 군주의 수행원 일부는 매번 대형 호텔에 머물러야 했고, 분리된 영접은 유쾌하지 않은 인상을 주었다. 외무부 장관 건물이 확실히 이 부분에서 도움을 제공할 수 있겠지만, 적어도 이전에는 매우 멀리 떨어져 있었다. 이제 외무부가 바위턴호프에 있는 보조적인 건물에서 마침내 플레인(het Plein)에 있는 더 나은 건물로 옮겨갔기 때문에, 가능성은 아마도 열려 있을 것이다.

그러나 어떻게 생각하든 방문하는 군주, 그의 수행자들, 대사들, 그리고 심지어 외국에서 언론을 위해 방문한 특파원들에 대한 고통스럽고 해로운 인상은 국제적 영향력을 가지고 있다. 그렇게 사람들은 네덜란드에서 그런 중대한 방문을 위한 적절한 준비가 이뤄지지 않았다는 것을 알게 된다. 루마니아는 우리와 비교할 때 역사가 오래 되지 않은 나라이지만, 부쿠레슈티(Bukarest)와 시나이아(Sinaia)에, 특히 외무부의 아름다운 건물에서 모든 것을 매우 명예로운 방식으로 준비했다. 심지어 러시아의 황제가 거기에서 정말 괜찮은 영접을 받았다. 그러나 이것이 우리나라에는 전혀 해당되지 않는다. 최근에 독일 황제가 방문했을 때에도 우리 쪽에서 완전히 초라한 방식으로 그를 영접했다. 그 일에 관해 아는 사람에게는 그것이 상처가 되었다.

우리 헤이그에는 왕궁이 하나도 없다는 점을 분명히 인정해야 한다. 노르트에인더(Noordeinde)에 있는 것은 구시가지 형태의 거주지에 불과하다. 여왕의 어머니가 거주하는 곳은 수도의 여러 저택 뒤에 있는 평범한 저택일 뿐이다. 암스테르담의 궁전은 궁전으로 불리지만 사실은 궁전이 아니다. 여기 이 나라에서 외국의 군주가 왕권 행사자의 거주지 외에 다른 곳에서 영접 받을 수 없었고, 그렇게 하는 것이 허용되지 않는다는 인식이 자리 잡았다. 조르흐블리트(Zorgvliet)에 왕궁을 건설하는 것이 더 빠를수록 좋으리라는 것은 우리 여왕에게 기쁨을 주기 위한 노력일 뿐만 아니라, 우리나라의 국제적 지위를 위해 긴급히 성취해야 하는 요구이기도 하다.

우리나라의 크기가 아무리 작더라도, 우리가 유럽 전체, 아니 전 세계에서 중요한 역사를 가지고 있음을 간과해서는 안 된다. 오란녀 왕가의 독보적인 명성, 영국 다음으로 아직도 여전히 식민지 세력을 형성하고 있는 거대한 식민국가라는 중요성, 그리고 평화회의와 국제사법재판소와 평화궁의 나라로서 중요한 의미를 잊지 말아야 한다. 그래서 우리나라가 중 가장 작은 국가 중 하나로 간주되는 것을 허락하지 않는다. 부쿠레슈티, 리스본(Lissabon), 마드리드(Madrid), 브뤼셀, 또 그와 같은 도시에서 외국의 원수를 영접할 준비를 하는 장엄한 광경을 목격할 수 있었던 사람이 여기 이 나라에 방문한다면, 외국 군주와 그의 사절단에게는 바람직하지 않은 인상을 줄 것이라고 느낄 것이다. 우리가 준비하지 못한 것 때문에 계획된 방문이 진행되지 못했다는 소문도 들리는데, 충분히 이해할 만하다. 그렇다. 때로는 우리 쪽에서 단념하라는 조언을 주기도 한다. 이제 이 정도에서 멈춰야 한다. 우리가 총독과 함께하는 공화국이었던 과거에, 우리가 그런 것을 바랐던 것이 이상할 수 없다. 공화국인 미국에서도 사람들은 군주에 대한 너무 화려한 영접을 받아들이지 않는다. 스위스도 마찬가지다. 그러나 네덜란드는 군주국이며, 식민지와 평화회의를 통해 중심 지위를 차지하기 시작할수록, 외국 군주에게 경의의 표시로 숙소를 제공하지 못하는 안타까운 문제가 더 지속되어서는 안 된다.

§25. 장관 관사

이와 관련해 두 가지 다른 질문이 서로 관계가 되는데, 그중에 국왕의 장관들이 머물 '거주지'가 왕궁 문제와 연관성이 있다. 알려진 바와 같이 브뤼셀에는 왕궁 건물 주변에 일련의 기념비적인 궁전이 서 있는데, 그곳에는 외무부 장관이나 총리 등이 '군주처럼' 거주하고 있다. 나는 이 기념비적인 여러 궁전에서 공식 축제에 참석할 수 있었는데, 화려한 홀에 깊은 인상을 받았다. 이것은 다른 곳에서도 계속된다. 적어도 최고위급 장관들은 대부분 일반적으로 개성이 돋보이고, 화려한 시설로 강렬한 인상을 주는 집에 산다.

그에 비해 우리나라는 어떤지 한 번 보라. 우리 동방(onze Oost)에서 4천만 명의 거주민을 돌보는 장관이 도시의 외딴 모퉁이에 있는 아주 작은 중산층 집에서 반복되는 일을 수행해야 했고, 그 때문에 식민지 회의에서 손님에게 저녁을 제공하는 것조차 어려웠다. 일례로 "피가로"(Figaro)의 특파원이 네덜란드 장관들을 방문했을 때, 네덜란드 거주지의 권위자들이 꽤 좋은 시민 거주지보다 못한 곳에서 사는 것에 놀란 표정을 짓는 것을 보지 못했는가? 이것은 우리가 바라는 것과 반대되는 것이다. 여기로 사절 혹은 언론 취재로 오는 사람들은 그런 작은 시민 거주지에 사는 사람에게 높은 지위에 마땅한 존경을 자연스럽게 표시하지 않게 된다. 우리에게는 장관이 작고 검소한 서재에서 탁월하게 일을 할 수 있지만, 외국인에게는 그렇지 않다. 외국인이 존경심을 더 낮게 표하면, 네덜란드의 국제적 지위에 손상을 주게 된다. 이런 관점에서 적어도 외무부 장관, 식민지 장관과 총리에게 훌륭하고 좋은 집을 마련할 수 있을 정도의 급여를 제공해야 한다는 주장만으로는 충분하지 않다. 헤이그에 있는 총리가 2, 3개의 방이 딸린 위층을 더 이상 사용할 수 없었던 일은 일어나지 말아야 했다.

§26. 총리

이미 다른 곳에서 논의했지만, 다시 한번 여기서 언급하려는 두 번째 질문은 각료회의의 의장단과 관련되어 있다. 네덜란드의 미래가 달린 국제적 작업이 외무부 장관의 주도권과 권한에 의존해서 이뤄져선 안 된다. 국제적 결과를 초래할 수 있는 문제는 내각 전체가 평가하고 처리해야 한다. 만약 장관들이 협의에서 하나가 되고, 결정된 것에 대해 내각의 수장으로서 전적 책임을 지는 의장의 인도 아래 함께 결정하지 않는다면, 나라의 이익에 결코 도달할 수 없을 것이다.

이것은 내각의 문제에 직접적으로 영향을 미친다. 예전에는 장관들이 항상 자기 부처에서 주인이자 선생이 되려고 노력했고, 종종 자신의 그러한 욕망을 표현했다. 그것이 군주가 가지는 권위의 명예를 지지하는 것이라고 여겼기 때문이다. 각료회의는 상임의장이 있는 고정된 협의체가 아니었다. 반대로 행사의 요청에 따라 장관들이 보인 회의일 뿐이며, 그 회의를 위해 각 장관들은 '차례대로 의장'의 역할을 맡았다. 그런 다음 모든 경우에 왕권 행사자 자신이 결정권자이고, 결정을 내리기 위해 7, 8명의 고문관을 갖출 수 있다는, 의도된 인상을 만들어야 했다.

1901년에 상원에서 고(故) 프란선 판 드 퓨터(Franssen van de Putte)가 지금은 완전히 낡아빠진 입장을 옹호했던 것이 기억난다. 세습 군주제는 권좌에 앉는 왕실의 후손이 늘 국가 중대사를 충분히 연구하고 이해했음을 보장하지 못한다. 특히 행정부가 전체적으로 찢겨져 정부의 모든 일치가 어려운 경우에는 절대로 불가능하다. 장관만 있는 것이 아니라 내각이 있어야 하며, 내각은 동질(同質)이어야 한다. 그리고 이를 위해 내각의 구성을 상임 협의체로 만들고, 협의체의 주도권은 상임의장에게 주는 것이 불가피하다. 그렇게 할 때 나라가 국제적으로 안전하다. 외무부 장관이 반드시 의장이 될 필요도 없고 그것은 바람직하지도 않다. 룔(Roell) 내각 때에 그러했는데 이 행정관의 놀라운 신중함 덕분에 모든 것이 계획대로 진행되었다. 하지만 더 좋은 것은 의장이 외무부 바깥에서 나오는 것이다. 이런 식으로 적어도 두 사람이 항상 우리의 국제관계를 지켜보고 깨어 있어야 한다.

§27. 외교와 깃발 전시

이와 관련해서 더 논의해야 할 것들에 대해서는 여기에서 자세히 논할 수 없다. 단지 두 가지 관심에 짧게나마 주의를 기울여 보아야 한다. 식민지에 대한 우려를 제쳐두고, 해안방어, 광산, 잠수함과 항공기에 관심을 집중하기 위해, 우리나라가 대규모 함대 보유를 포기해야 한다는 생각이 계속 제기되었다. 이제 네덜란드가 심각한 공격을 받을 경우, 우리나라를 지킬 수 있는 식민지와 우리의 방파제에 있는 '드레드노트'(Dreadnoughts)[39]로 구성된 두 개의 함대의 유지가 불가능하다는 생각이 사실일 정도로 부족해졌다.

그리고 새로운 세계대전이 발발했을 때 우리가 전쟁을 수행하는 세력에 관계된다면, 아마도 곧 우리의 제도(諸島)와의 통신(아마도 전화)은 단절될 것이다. 그래서 우리는 깃발을 표시하기 위해 선박을 유지하는 수고를 아껴서는 안 된다. 뉴욕에서 구형 선박이 제안되었을 때, 그 이상 좋아 보일 수 없었다는 것은 이미 우리를 화나게 하는 것이었다. 영국의 가장 최근 왕이 대관식을 치렀을 때조차도 우리는 바람직한 모습을 보여주지 못했다. 옛 해군력과 식민지 강대국으로서 우리 국기도 그런 예식에서 자랑스럽게 전시되어야 했다.

그리고 두 번째로, 우리를 해치려는 자가 우리를 놀라게 하지 않도록 방어하기 위해 외무부가 항상 전쟁부와 해군부에 접촉할 수 있어야 한다는 사실을 숨기면 안 된다. 유럽이 점점 더 영향을 받고 있는 복잡한 상황에서 헤이그 정부도 국제적으로 비밀스럽게 위협받는 것에 대한 정보를 알아야 하는 긴급한 요구가 있다. 우리 사절들에게는 사람들에 대한 지식이 점점 더 많이 요구되고 있으며, 외무부는 우리에게 손해를 끼치는 갈등을 예방할 수 있는 사람을 더 많이 확보해야 한다.

제8장

주 정부

§1. 주 의회와 상원

현재 주 의회에 제기된 주장에 대한 광범위한 논의는, 이 책의 실천적 부분과 큰 관련이 없을 것이다. 주 의회는 더 이상 우리 국민의 정치적 중심이 아니다. 간척과 제방 집행부의 주 수자원 관리의 이익을 위해 이해 관계자들이 여전히 노력하고 있다. 이 영역에서 이해 관계자들의 참여가 점점 축소되고 있지만, 스스로 문제를 해결하고자 하는 오랜 열망은 여전히 부분적으로나마 남아 있다. 다른 한편으로, 주 의회의 업무는 삶에 거의 영향을 미치지 않기 때문에, 이 협의체에 투표할 자격을 가진 대다수의 사람들이 주 정부의 활동에 거의 관심을 두지 않는다.

반면에 주 정부의 구성은 상원의 정치적 성격에 큰 의미를 가지고 있다. 과장하지 않고 말해보자면, 거의 모든 주에서 주 의회를 위한 정기 선거가 점차 증가하는데 그 열기가 대단하다. 이는 주로 상원 구성을 위한 투쟁으로 인해 자극을 받은 것이다. 아주 가끔 이런 저런 지역에서 순수하게 지방 정부적 성격의 사안이 어느 정도 관심을 불러 일으키기도 하며, 두 후보가 한 자리를 놓고 경쟁할 때 대지주나 공장주의 개인적 영향력이 중요한 경우가 생겨나기도 한다.

그러나 전반적으로 볼 때, 유권자 집단의 경우 생각을 표현하는 모든 지방 선거에서 상원에 대한 정당의 선택이 두드러진다. 적어도 지지 대상이 편중되는 지역에서는 정당의 정치적 투쟁이 각 선거의 결과를 지배한다. 과거에는 그렇지 않았으나 지난 세기 마지막 때에 처음 그렇게 되었는데, 그 후 이어진 기간에 자유당 정부가 거의 모든 시장 자리를 자기 색깔로 점령했다. 남홀란트에서만도 자유당이 180개 시 중 170개를 차지했다. 상원에서도 자유당의 우위가 압도적이어서 우리 쪽은 단 한 명의 대표자도 배출하지 못했다. 주 의회를 선택하는 일은 전혀 관심의 대상이 되지 않았다. 그런 관계가 유지되었다. 그러나 우리 당 조직이 마침내 정치적 장벽을 무너뜨리는 데 성공했기 때문에, 상원을 바꾸는 것이 불가능하지 않을 것이라고 믿기 시작했다. 지방마다 열정이 깨어났으며, 후에는 상원 구성을 완전히 변화시키는 데 성공했다. 대기변화처럼 불규칙하게 나타났다가 다시 안개 속에 사라지기도 하는 문제가 있지만, 이것은 여전히 지속되어 우리 정치적 상태의 상당 부분을 지배하고 있다. 그러나 이로 인해 주 정부를 위한 선거의 지역적 성격은 국가정치에 거의 완전히 흡수되었다.

§2. 주 정부 재정에 대한 무관심

하원 의원들에게서는 주 정부 재정에 대한 관심과 열정을 찾아보기 어려웠다. 재정은 주 행정부(de Gedeputeerde Staten)에게 맡겨졌다. 주 의회 의장(Koninklijke Commissaris)의 감독과 협력 하에 필요에 따라 재정 사안이 처리된다. 주 의회의 회의 보고서는 주 정부의 문제에 대해 얼마나 무관심했는지 증언한다. 더 좁은 의미로, 지방 문제 처리는 점차 주 의회 의장이나 의회 의원들에게 맡겨졌다. 이미 언론이 이에 대해 보도했지만, 대중은 신경 쓰지 않았다. 더 좁은 의미의 원칙적인 언론 기관조차도 그것에 대한 관심을 불러일으킬 수 없었다. 이것이 농업 혹은 수자원 관리 문제와 관련해서는 매우 드문 경우일 수 있겠지만, 지방 공공기관의 참여는 그만큼 드물었다.

이 결과는 1815년부터 나타나 한 세기 동안의 결실로 부상하고 있으며, 부분적으로는 우리나라 지방 문제에 주어지는 규정에 대한 판단으로 이어지고 있다. 판 호헌도르프의 견해와는 완전히 다르게, 바위스 교수는 1815년 헌법 네 번째 장 제1항에서 첫째와 둘째 부분으로 기록된 뒤 개정 없이 보존된 것으로부터 정확한 결론을 내렸다. 그것은 사람들이 지방 정부의 생명을 없애지 않고 오히려 일깨우기를 원한다는 것이다. 그것은 논란의 여지없이 고상한 의도에 부응하지 못했다. 경악스러운 것은 지방 정부가 자신의 오래된 주권적 자부심을 새롭게 하려는 것이다. 이 점에 대해 모든 수단을 동원해 주의를 기울여야 한다. 그렇다. 그 가능성이 차단되어야 한다. 추천 없이 국왕을 통해 주 의회 의장을 임명하는 것은, 그의 지도하에 거의 모든 지방 정부 행사와 권한이 의원에게 수렴되는 것이다.

꽤 고무적인 것은, 지방 법규에 대한 장관의 입법 권한을 계속 확대하는 방법을 통해서, 그리고 지방 의회의 결정을 철회하는 것을 국왕에게 설명하기 위해서 부분적으로 장관의 권한이 계속 증가하고 있다는 것이다. 우리 헌법에 14개 이상의 조항이 지방 의회의 특정 권리와 권한을 영속시키기 위한 것이었으며, 이는 1887년에도 그대로 유지되었다. 그러나 토르베커가 측면에서 국가를 되살리기 위해 한 일이 무엇이든, 그 의미는 아직까지 원하는 것을 많이 얻지 못했다. 특히 상원을 선택하는 주 의회 선거가 중요하게 느껴졌기 때문에, 주 의회가 그 아래에서 하고 있는 일에 여전히 더 어두운 그림자가 드리워졌다.

§3. 중앙집중화와 탈집중화

여기 올바른 균형을 찾는 중앙집중화와 탈집중화의 체계가 있다. 모나코와 세 개의 다른 초소형 도시국가를 제외하면, 유럽에 있는 공화국은 프랑스와 스위스 둘 뿐이다. 이제 둘의 차이점을 찾아보자. 프랑스는 국가 영토의 모든 주(Provintiën)를 없애버렸다. 그리고 해방된 영토를 하나의 몸으로 해서 80개가 넘는 데파르트망(Departementen)[40]으로 나눴다. 이 87개 지역의 각 책임자에는 거의 유일한 통치자인 파리에서 온 지방 장관이 배치되었다. 그리고 지방 장관에게는 부서별 '보좌관'(Conseil)이 추가되었는데, 그가 하는 일은 지방 장관이 원하고 책임을 맡은 일에 '예'와 '아멘'을 말하는 것뿐이다.

사실 이런 권력의 중앙집중화는 지금까지 근대성의 저주인 통일성을 프랑스 국가의 내부 전체로 확장시켜왔다. 1870년 이후에는, 가능하다면 중앙집중화로 옥죄었던 것이 다시금 조금이나마 완화되는 경향이 나타나기 시작했다. 이런 엄격한 중앙집중화로부터 프랑스 혁명의 모든 자기 생명을 살상하는 원칙이 선언되었다. 처음부터 프랑스의 왕들은 봉건군주로서 거의 절대군주였다. 그래서 봉신(leenman, 封臣)은 점차 봉건군주의 주권에 대항했고, 결국 왕은 '아무 것도 없는 왕'(roi fainéant)이 되었다. 이것은 군주로 하여금 강력한 지위를 망치도록 자극하여, 루이 14세는 마침내 '짐이 곧 국가다'라고 선언했다. 그때 '제3계급'이 군주적 주권에 원리적으로 저항했고, 이것이 프랑스 혁명으로 이어졌다.

개별화된 나라는 중앙 집권적인 단일체로 합쳐졌고, 이 단일체는 '국민'이었다. 거기에는 신(神)도 없고 주(主)도 없었다. 국민 자신이 신과 주가 되었다. 지방 자치는 더 이상 존재할 수 없었다. 프랑스 지도는 조각난 모자이크가 되었고, 고유한 역사와 응집력을 가진 국민의 모든 개별적인 특징과 본질이 사라져 버렸다.

§4. 스위스

스위스에서 진행된 과정을 살펴보자. 스위스는 공화국과는 관계가 없었다. 하지만, 1874년 5월 20일 헌법의 서두는 1908년에 개정이 된 이후에도 여전히 "전능하신 하나님의 이름으로"(Im Namen Gottes des Allmachtigen)라고 말한다. 제1조는 스위스가 '연방', 즉 '민족' 연맹임을 강조한다. 연맹은 22개 주 각각이 '주권자'(Souverein)로 활동하는 방식을 따라 정치적으로 조직된 민족 연합이다. 그들은 하나님 앞에서 맹세로 서약하여 연결되었기 때문에 '맹약자'(Eidgenossen)라 불린다. 모든 도시는 함께 대규모 연맹의회(제7조)를 통해 권력을 행사하며, 연방의회는 두 부분으로 나뉜다. 하나는 '국민 의회'(Le Conseil National)이고, 다른 하나는 '시 의회'(Le Conseil des Etats)이다.

제72조에 따르면 국민 의회는 스위스 전 국민이 선출한다고 규정한다. 주민 2만 명당 한 명씩 평의회 위원이 될 수 있는데, 20세가 된 스위스 시민에 의해 직접 선출된다. 이 의회는 3년이 임기이고 3년이 지나면 완전히 사임한다. 반면에 시 의회는 상원을 구성한다. 이 두 번째 평의회(Raad)에서 모든 주는 두 명의 위원을 선출한다. 두 개의 대표기구 이외에도 실행 평의회(een Raad van Bestuur)인, '연방 의회'(conseil fédéral)가 있다. 위원회는 7명으로 구성된다. 그들은 두 의회의 합동 회의에서 3년 임기로 선출된다. 마지막으로

전 연맹의 수장으로 연맹 모임에서 1년 임기인 대통령이 선출된다. 장관은 없다. 대통령과 연방 의회가 일을 나눠가지는데, 우리의 장관 부처에 해당된다. 의원들은 의회에서 의석과 발언권을 가지지만 투표권은 없다.

이 의회 외에 대법원이 있다. 우리에게는 고등 평의회에 해당하는데, 대법원의 위원은 '연방 총회'(Assemblee federale)를 선출하며 그 권한은 법에서 규정한다. 스위스는 프랑스가 투쟁의 종식을 가져왔던 것과는 정반대로 그냥 평탄했다. 탈집중화 체계는 우리가 I권에서도 지적했듯이, 국경 사무소가 외국 정부와의 협상을 시작할 수도 있었을 만큼 구현되었다. 그래서 두 극단이 존재한다. 이 둘 사이에 바른 길이 있다.

§5. 미국의 해결책

미국이 최종 해결책으로 찾은 것은 스위스 사례에 매우 가깝다. 미국의 주는 스위스의 주(칸톤)에 해당하며, 이는 지금도 숫자가 늘고 있다. 물론 명목상이 될 수밖에 없지만, 각 주는 주권을 가지고 있다. 여기에도 의회가 그 자체로 각 주 위에 서 있다. 의회는 '하원'과 '상원'으로 나뉜다(제1조 제1장을 참조). 이것은 우리가 '첫째 원'(하원)과 '둘째 원'(상원)이라고 부르는 것에 해당한다. 의회는 모든 주의 총 주민에 의해 선출된다. 상원은 하원 옆에 위치한다. 상원은 각 주의 입법부가 두 명의 위원을 뽑아 지명한다. 입법 기관의 구성원은 2년, 상원의 구성원은 6년 임기이다.

두 부분으로 구성된 이 의회 밖에는 행정권자인 대통령이 있다. 그는 4년 동안 재직한다. 각 주가 임명한 선거인단에 의해 선출되며, 이는 의회와 상원에서 각 주가 차지하는 공동 의석수와 동일하다. 사실, 모든 유권자가 선거인단(de Comité-leden)을 선출한다. 대통령은 자기의 뜻에 따라 자신의 조력자로 장관을 선출한다. 그러나 더 이상은 없다. 장관은 의회에서 권위를 대표하지 않으며, 의회에 가지 않는다. 정부의 두 기관인 의회와 대통령 외에 세 번째로 사법부가 있다. 사법부는 입법 해석과 관련된 독립적 권한과 역할을 갖는다. 마지막으로 사법부의 구성원을 임명하고, 하위 사법재판소에서 법에 따라 구성원을 세우고 권한을 규정하는 것은 결국 의회이다.

§6. 펜실베이니아

아직 충분히 말하지 못했다. 연방 개별 주의 조직은 적어도 주 정부의 권한과 관련하여 추후 논의되어야 한다. 나는 1873년 12월 16일 최종 헌법을 공포한 펜실베이니아를 실례로 선택한다. 펜실베이니아는 이미 세 번이나 헌법을 가졌다. 첫 번째 헌법은 1776년 9월 28일에 완성되었다. 두 번째는 1790년 9월 2일에 선포되었다. 이 헌법에 대해 1838년, 1850년, 1857년, 1864년에 다소 중요한 개정이 이루어졌다. 이렇게 총 네 번의 개정 후, 1873년에 우리가 지금 목표로 하는 최종 헌법이 완성되었다.

나는 연방 주 가운데 펜실베이니아를 선호한다. 이유는 이 주의 거주민이 스웨덴 사람을 제외하고는 대부분 네덜란드 사람들로 구성되어 있기 때문이다. 물론 처음에는 펜(Penn)이 정착했고, 발전시켰지만 말이다. 내가 이전에 어딘가에서 지적했듯이 이곳에서는 네덜란드적 요소가 초기부터 매우 강력하게 자리 잡았다. 필라델피아 주소록에는 아직도 '판'(Van)이 포함된 이름이 다섯 단락(klommen) 이상 나열되어 있다. 이 이름의 판은 우리처럼 성의 철자에 붙지 않고 앞에 따로 떨어져 나와 있는데, 이는 대부분 명문가 출신임을 가리킨다.

나는 무엇보다도 우리나라의 후손들로 구성된 거대한 식민지 필라델피아에서 큰 인상을 받았다. 그 이유는 필라델피아가 아니라, 해리스버그(Harrisburg)[41]가 펜실베이니아의 수도이기 때문이다. 1873년 당시 유효한 헌법도 필라델피아가 아니라 해리스버그에서 완성되었다. 이 초창기 헌법 본문의 도입부에 '만왕의 왕'(Koning der Koningen)에 대한 고백이 굳건하게 연결되어 있음을 주목해야 한다. 그것은 이렇게 기록되어 있다. "우리 펜실베이니아 공화국은 우리가 누리는 시민적, 종교적 자유라는 혜택에 대해 전능하신 하나님께 감사드리며, 그분의 도움을 겸손하게 요청 드리면서, 다음에 이어지는 헌법을 제정하고 공포한다." 1776년에는 그런 서두가 별 관심을 끌지 않았겠지만, 1873년에도 해리스버그 사람들이 말했던 시민국가에 대한 신적 기원의 존중과 인정에 대해 분명하게 말하고 있다.

내가 이것을 더욱 더 강조하는 이유는 제4조에서 눈에 띄는 조항이 발견되기 때문이다. "하나님의 존재와 내세에 선악을 갚을 영생을 믿는 사람은 그 누구도 자신의 특별한 종교적 감정 때문에 공직 임명에 부적합하다고 공언할 수 없다." 여기에서 분명한 것은 일반은총이라는 기초 위에 정치적 구조가 세워졌다는 점이다. 프랑스 혁명의 사악함과 공모했다는 흔적이 없다.

과거 우리 지방 정부 조직의 발자취에 서 있는 이 주의 입법부는 현재 전체 미국처럼 상원과 국민의 대표인 하원, 두 부분으로 구성된다. 하원은 2년마다, 상원은 4년마다 바뀐다. 총회는 이 두 기관으로 구성되는데, 이 두 기관은 동일한 방식과 같은 관계로 협력한다. 제3장의 제7조는 의회가 거리를 두어야 할 것을 명시한다. 그 규정은 총회에 유보되어 있기 때문이다. 그러나 예외를 둔다. 주 의회가 이것 혹은 저것을 할 수 있다는 세부 규정을 두지 않는다. 예외적인 경우를 제외하고는 모든 것이 가능하다. 그래서 지역기관이 시행하는 것은 위임된 권한이 아니라, 헌법에 예외로 규정하는 고유 권한이다.

제4장은 행정부(de uitvoerende macht)를 다룬다. 행정부는 '주지사', 부주지사, 국무장관, 법무부 장관, 감사원장, 재무부 장관, 외무부 장관, 교육부 장관으로 구성된다. 그렇게 대표, 부대표, 그리고 필요할 경우 5명의 장관이 있다. 이 행정부원은 국회가 아니라 유권자에 의해 선출된다. 주지사 임기는 4년이다.

세 번째로 펜실베이니아는 그 형태에 있어서 완전히 독립적으로 움직이는 사법부가 있다. 대법원은 7명으로 구성되며, 위원은 지역의 전체 유권자에 의해 임명된다. 그들은 21년 동안 재임한다. 이 고등법원에는 다양한 형태의 각종 하위 사법기관이 있는데, 그 가운데 특이하게 3개월 정도 일하는 분기별 회의가 있다. 게다가 상원의 협조 아래 국회는 새로운 사법 협의체를 구성할 수 있다. 제15조는 대부분의 사법 기관의 구성원은 법률 고문이어야 한다고 규정하지만, 대법원 구성원은 예외이다. 사법 협의체의 구성원은 대부분 10년 임기이다.

펜실베이니아가 '주'(Staat)라고 불리지만, 연방 안에서 지역적 특성을 지닌다는 점을 명심하고, 이 지방 자치정부에 맡겨진 의미와 특권을 우리의 지방 정부가 가지고 있는 것과 비교해 보라. 그러면 우리 지방 정부 규정이 지방의 독립적 특성을 제대로 세우기에 너무나 빈약하다는 주장은 더 이상 불필요할 것이다.

내가 이를 더욱 강조하는 이유는 프랑스의 중앙집권 체제가 밀고 들어오기 전에 사실 우리나라 지방정부가 고유 주권을 그와 같은 방법으로 열망하고 있었기 때문이다. 당시에는 시 의회에서 행정부의 일치가 이루어질 수 없었다. 예를 들어, 펜실베이니아와 남홀란트를 비교해 보면, 펜실베이니아의 자치에 비해 우리의 지방 자치가 얼마나 취약한지 더 명확하게 증명된다. 판 호헌도르프가 겉모양으로는 우리의 고대 지방 자치제로부터 뭔가를 구했다는 명성을 주는 것이 얼마나 근거가 약한 주장인지 드러난다. 그가 그것을 확고하게 이루려 했을 수도 있지만, 그 이후 그와 토르베커 둘 다 우리나라의 지방 존재를 자체적으로 발전시키는 데 실패했다. 확신하건데, 우리 주는 프랑스의 데파르트망과 더 이상 맞지 않고, 우리나라의 지방 장관(Commissarissen)은 프랑스의 지사(Prefecten)가 아니다. 우리의 지금 주는 펜실베이니아 주와 같지 않고, 우리 지방 장관은 미합중국의 한 부분에 속하는 '주지사'와 같지 않다.

§7. 과거에 실패한 모방

주목해야 할 점은 미국의 현 규정이 의회의 권력 중앙집중화를 대표한다는 것이다. 1876년에 첫 번째로 시도되었던 것은 우리나라에서 공화국 체제 아래 존재했던 것의 모방이었다. 이미 1787년에 사실상 불법적으로 끝나버린 것이지만, 그 이후로도 여전히 존재하던 것이 더 중앙집중화된 기구로 완성되었다. 나는 첫 번째 책에서 이에 대해 이미 언급했다. 그럼에도 불구하고 특별히 강조되어야 하는 것은, 미국의 지방 자치가 연방정부의 중앙집중화된 제도와 밀접한 관련을 가지면서도 완전체로 거듭났다는 것이다.

우리나라에서 공화국 체제 아래 존재했던 것은 중앙 정부를 희생한 지방 자치였다. 위트레흐트 연합에서 시작된 이 제도는 역사적으로 잘못되었다고 판명되었다. 처음부터 미국을 모방해야 했지만, 그렇게 되지 않았다. 역사적으로 고려해 볼 때, 네덜란드가 오란녀 군주에게 빚진 것은 우리나라의 지지할 수 없는 국가구조에도 불구하고 이 나라에서 성취된 것보다 절대로 낮지 않다. 그럼에도 불구하고 반대로 이제 미국으로부터 배워야 할 필요도 있다. 그것은 중앙 정부가 무력함이나, 혹은 의지할 곳 없는 운명에 처할 수 있다는 것을 제외하더라도, 건강한 지방 자치제가 매우 잘 운영될 수 있다는 것을 첨언할 필요가 있다. 이미 내가 지적했듯이, 펜실베이니아가 소유했던 것을 우리나라가 아직 갖고 있다면, 주 정부의 재정을 줄이라는 요구에 대해 더 이상 불만이 생기지 않을 것이다.

§8. 중앙아메리카, 남아메리카, 아르헨티나

중앙아메리카와 남아메리카 국가들은 주로 연방 시스템을 따랐고, 아직도 그것을 유지하고 있기 때문에 더 강력하게 말해도 된다. 여기서는 세 가지 예만을 언급하려 한다. 첫째는 아르헨티나이다. 아르헨티나 헌법 제1장 제2조는 로마 가톨릭 교회를 국교로 확정했음을 보여준다. 북미와 마찬가지로 남미에서도 국가 활동의 종교적 기조를 유지하고 있다. 이렇게 로마 가톨릭 교회에 일방적 존경이 주어진 것은 스페인 통치의 잔재였다. 제2조 이외에도 제14조는 시민의 불가결한 권리 가운데 예배의 자유도 언급한다. 로마 가톨릭 교회를 국가교회로 유지하는 것은 명목상의 것일 뿐이다. 스페인의 전통과 미국적 자유사상 두 가지가 여기에서 자리를 잡았다. 물론 미국적 자유사상이 지배적 위치를 차지한다. 1901년 이후 케이프타운 출신의 정착민들과 함께 아르헨티나에 터를 잡은 우리 정착민은 현재 그랜드래피즈(Grand Rapids)에 있는 판 롱크하위전(Van Lonkhuijzen)의 인도 하에 교회를 조직했는데, 전혀 어려움을 겪지 않았다. 아르헨티나는 외국 정착민을 유치하고 싶기 때문에 문을 가능한 넓게 열고 있다.

우리가 지금 다루고 있는 주제의 핵심은 1860년 9월 25일 만들어진 헌법 제5조이다. 이를 읽어보면 다음과 같다. "각 지역은 국내 헌법의 원리, 선포, 보증에 일치한다는 조건 아래 공화정적 대의제에 기초한 헌법을 제정해야 한다. 각 지역은 자기 영역에 사법 행정, 지방 자치단체, 초등교육을 위한 기관을 설립해야 한다. 그리고 이 조건 아래 주 정부는 각 지역에 대한 권리의 향유와 행사를 보증해야 한다." 헌법 제2부는 두 개의 원(Kamers, 院)으로 구성된 입법부가 만들어져야 한다고 추가로 규정한다. 국민이 하원을 선택해야 한다. 다른 하나는 지역과 수도의 선택으로 결정된 상원이어야 한다. 전국의 유권자가 제37조에 명시된 것처럼 지역 유권자로서 이 선택에 관여해야 한다. 각 지역은 네 명의 상원 의원을 임명하고, 이들은 9년 동안 직무를 수행한다. 한편 하원은 겨우 4년 임기로 선출된다.

제74조는 "아르헨티나 국가의 대통령"이라는 칭호를 가진 대통령에게 행정권한을 위임한다는 것을 명시하고 있다. 대통령의 임기는 6년이다. 그는 임직할 때 제80조에 의거하여 다음과 같이 서약해야 한다. "나 ○○○는 충성과 애국심으로 대통령의 직분을 수행할 것임을 우리 주 하나님과 그분의 거룩한 복음을 걸고 맹세합니다. 그리고 나는 아르헨티나 국가의 헌법을 충성으로 따르겠습니다. 내가 그렇게 하지 못한다면, 하나님의 국가는 책임을 물을 수 있습니다." 아르헨티나에는 여덟 명의 장관이 있는데, 미국과 달리 하원에 출석하여 토론에 참여할 수는 있지만, 투표권은 없다.

제94조에 따르면 세 번째 권력으로 사법 조직이 있으며, 그것은 대법원과 그 아래 하급 법원으로 구성된다. 사법기관은 임명되기도 하며, 스스로 대통령의 도움을 받아 하원에서 결정되는 국가법에 따라 활동한다. 이러한 고유 권한의 결과로 세 가지 일반 권력이 두 의회에 규정되는데, 제109조 이후부터는 지방 혹은 주 정부에 관한 규정이 뒤따른다. 그 규정은 몇 가지 특정한 예외를 제외하고는 지방 의회(de Pronvinciale Staten)가 헌법의 첫 장에서 입법부와 행정부와 사법부에 부여되지 않은 모든 권한과 특권을 소유한다고 규정한다. 그러므로 주 의회는 중앙 권위의 보조기관이 아니라, 국민 스스로가 자신의 권리를 정하는 자치 기구이다. 현재 전국적으로 구성된 이 기구는 지금처럼 전국적으로 통합되어 병합되지 않고, 헌법이 특별히 명시하는 한계와 제한에 종속되어 있다.

§9. 브라질과 칠레

아르헨티나 이외에도 브라질과 칠레도 있다. 이 국가들은 'A B C 국가'라고도 불리는데, 아르헨티나는 'A', 브라질은 'B', 칠레는 'C'로 시작하기 때문이다. 브라질의 헌법은 상당히 최근인 1891년 2월 24일에 제정되었다. "국가로서의 브라질"이라는 이름은 1889년 헌법에 이미 명시되었다. 브라질은 20개의 연합 공화국으로 구성되어 있다. 20개의 공화국을 묶는 연맹은 영구적이고 해산될 수 없다. 헌법 첫 머리에 있는 제1조가 그렇게 규정한다. 모든 옛 주들은 헌법에 따라 이름을 부여받았다. 제6조에 따르면 중앙정부는 다음과 같은 예외적 경우 이외에는 주 혹은 지방 정부 행정에 개입할 수 없다. 그 경우들로 첫째는 국내외로부터의 군사력을 동원해야 할 때, 둘째는 국가의 연방 공화주의 특징을 수호해야 할 때, 셋째는 각 주의 질서를 회복해야 할 때, 넷째는 국내법 준수를 보장해야 할 때이다.

브라질의 국민의회도 제16조에 의해 하원과 상원, 이렇게 두 단체로 이루어진다. 의회는 대통령의 승인 하에 입법권을 행사한다. 하원은 3년, 상원은 9년 임기이다. 행정부는 국민 투표(제41조)로 선출되는 대통령의 권한에 속한다. 대통령의 임기는 4년이고, 상원의 동의를 받아 대법원 법관과 특사를 임명할 수 있다. 장관은 대통령을 돕는 자들이다. 각 주는 연방 헌법에 명시된 원칙을 엄격하게 존중하는 범위 안에서, 자기 고유의 헌법을 공포하고 입법권을 가진다.

거의 비슷한 제도를 가진 칠레의 경우를 일부러 설명할 필요는 없다. 지금까지 언급한 내용이 거의 대부분 미국의 제도와 비슷하며, 남아메리카와 중앙아메리카의 모든 공화국도 대부분 비슷하다. 하지만, 부가적으로 몇 가지 특별한 것들을 지적할 필요가 있다. 연방의 기능으로 간주되는 지역 정부에게서 어떤 권리와 권한이 박탈되는가이다.

그 예로서 아르헨티나 헌법 제67조가 규정하고, 28개의 하부 조항에 있는 것들을 지적할 수 있다. 국민의회에 맡겨진 28개 하부 조항을 요약해 보도록 하자. 1. 수출입 관세를 규정한다. 2. 국가의 방위, 공동 안녕과 일반 세금을 위한 자금이 운용 가능해야 한다는 전제하에서 모든 지역의 세금

반혁명 국가학 ‖ 적용

을 높인다. 3. 국가 대출을 결정한다. 4. 국가 영토를 마련한다. 5. 국립은행을 조사한다. 6. 국가 내외부의 대출을 준비하고 추진한다. 7. 국가 연간 예산을 결정한다. 8. 도움이 필요한 지역에 대출을 시행한다. 9. 전기 공급을 조정한다. 10. 주화 정책을 시행한다. 11. 민법, 상법, 형법 같은 것을 공포한다. 12. 해외 국가와 각 지역 상호간의 선박 운송권을 조율한다. 13. 우편을 담당한다. 14. 국경을 규제한다. 15. 인디언을 돌보고 로마 가톨릭 교회로 인도한다. 16. 전 국가의 발전과 복지를 증진한다. 17. 하급 병원을 설립한다. 18. 대통령의 사임 이유를 평가한다. 19. 다른 국가와 조약을 체결한다. 20. 교회 성직자를 허가한다. 21. 선전포고의 권리를 가진다. 22. 노획한 선박의 도입을 조정한다. 23. 육군과 해군을 유지한다. 24. 민병대를 통제하고 권한을 행사한다. 25. 필요할 경우 외국군의 진입을 허용한다. 26. 계엄령을 선포한다. 27. 국가 재산으로 선언된 모든 장소와 항구를 관리한다. 28. 국가 행정부를 가동시키기 위한 법과 제도를 공포한다.

이 모든 하위 규정들 가운데 당연히 제16항이 가장 탄력적이다. 이것은 좁은 의미로 적용될 수 있지만, 매우 넓은 의미로도 적용 가능하다. 하지만 나머지 부분을 통해볼 때, 제67조의 28개 조항은 아르헨티나의 지방 자치가 결코 헛된 문구가 아니라는 것을 보여준다. 사실은 '공동의' 성격을 띤 것은 지방에 부여되지 않고, 국민의회와 대통령과 고등법원에 주어졌음이 분명하다.

§10. 1815년에 우리나라에서 사라진 자치 기능

위트레흐트 연합 이전의 우리나라의 7개 주 연합이 하나의 거대한 전체 국가의 일부였다면, 지금 이것을 지적하는 것은 별 의미가 없을 것이다. 적어도 1581년에는 그랬다. 1815년 이후에 우리 지방 정부에 주어졌던 아주 미약한 자치권을 스위스 혹은 남아메리카와 북아메리카의 지방 정부에 맡겨진 것과 비교한다면, 우리나라의 지방 자치가 당시 형성된 '토지 소유자의 통치'에 잠식되었다는 판단을 피할 수 없다. 수년 후에 스위스에서도 같은 방식으로 주의 자치권을 평가절하하는 사상이 점점 많아졌지만, 곧 반발이 일어났다. 그리고 1914년의 세계대전으로 인해 스위스를 국경 국가로 끌어들이는 혼란이 야기되는 동안, 특히 프랑스어권 주에서 자치권을 다시 강화하려는 무시될 수 없는 움직임이 나타났다.

한편 스위스와 우리나라 모두에서 주와 지방의 협소함이 주의 통일 혹은 제국이라는 형태의 자치권을 해결하는 데 기여했다는 사실에 주목해야 한다. 그에 비해 미국에서는 각 주가 우리나라 전체보다 훨씬 더 크다. (대서양 연안의 작은 주들은 계산에 넣지 않았다.) 단지 크기와 관련해서는 홀란트만 내보일만 하지만, 이 지역도 두 부분으로 나뉘었다.

지금 스위스와 미국은 공화정이고 우리나라는 1813년 이후 군주제라는 것이 서로 상충된다면, 우리는 이 구별을 강조하면서도 이것 때문에 지방 자치가 치명적 손실을 입었다고 인정할 필요는 없다. 이 문제가 그렇게 불운하게 작동한 것은 두 가지이다. 첫째, 간략히 말해서 프랑스 지역을 완전히 잘라내어 데파르트망을 만드는 것으로 해결책을 찾은 프랑스혁명의 예가 있다. 둘째, 정복자 빌럼(Willem den Veroveraar) 이후 잉글랜드가 통치권을 장악한 일이다. 잉글랜드에는 옛 지방 자치가 거의 흔적을 찾기 힘들게 되고, 중앙집권 정부가 유일한 입법자이며 권력자가 되었음에도, 정말 필요한 균형을 잡아준 것은 오직 예전부터 강력하게 시행된 지방 자치였다. 그것은 우리나라에서도 마찬가지였다. 그러나 실제로 1815년 이후 우리를 이끈 국가 지도자들의 성향을 크게 주도했던 것은 프랑스와 잉글랜드의 영향이었다.

여기서 내릴 수 있는 결론은, 판 호헌도르프가 다른 것을 의도했지만 공화국 시대의 대단했던 자치권은 1815년 이후부터 거의 남아 있지 않았다는 것이다. 그리고 1848년 토르베커가 굳건한 단일 연대를 최소한 어느 정도 완화하는 데 성공했다고 말할 수 있지만, 지방 자치를 유의미한 수준으로 우리 지역에 되돌려 놓지는 않았다.

§11. 자율과 자치

다시금 바위스가 지적했던 구분에 이르게 된다. 즉 자율(autonomie)이 아니라 자치(zelfbestuur)이다. 이것이 실제 상황이다. 주와 관련된 모든 법은 위로부터 기원하고, 법을 통과시킨 주는 책임을 진다. 그리고 도로, 운하, 수질 관리, 그리고 전기 연결에 관한 주권을 유지하는 한, 중심 활동이 위로부터 전 지방 활동을 지배한다. 다른 한편, 특히 시청, 간척지, 그리고 이탄 습지와 관련한 법 '시행'의 경우 주 정부에게 맡겨진 다양한 활동이 활발하게 이뤄진다.

그러나 다양한 분야에서 사람들은 이런 문제에 관한 한 더 높은 손길로부터 법적 조치를 구하는 방향으로 점점 이동했다. 그로 인해 지방 정부 영역의 자율적 주도성이 점점 더 축소된다. 많고 다양한 개입이 존재하지만, 그것은 점차 중앙 권력의 명령에 의해 수행되는 하인의 일이라는 특징을 지닌다. 우리가 지적한 것처럼, 계속 증가하는 중앙집중화된 권력에 대해 스위스에서 일어난 불만은 여기서도 정당화될 수 있다. 지방 자치단체의 오래된 독립성이 점점 더 사라지고 있다. 시장과 시 정부처럼, 시 의회도 법에서 발생하는 업무로 인해 과부화가 걸리지만, 대체로 행정 집행에 좀 더 많은 짐이 부여된다. 그리고 그러한 것 중 적지 않은 부분이 소위 외부에서 고용된 의장, 곧 왕을 대신하는 지방 장관의 지도하에 수행된다.

§12. 우리나라 지방 장관

이제 이 고위 관리에 대해 짧게 말해 보자. 스위스와 미국에서는 주나 지방 스스로 고위 관리를 선출한다. 반면 우리나라의 경우는 전적으로 외부, 즉 왕이 고위 관리를 임명한다. 추천도 없고 협의도 없다. 누가 임명되는지는 지방 신문을 보고 알게 된다. 누구도 주도하지 못하고, 주에서 협조할 수 있는 것도 없다. 심지어 '지방 장관'(Commissaris)이라는 이름까지도 매력적이지 않고, 뭔가 혐오감을 준다. 총독이라는 옛 명칭도 군주와의 유대를 풀기보다 오히려 강화하기를 의도했다. 1813년에 선택한 '주지사'라는 이름도 정부와 집행부를 지칭했다. 그에 비해 지방 장관은 전권을 위임받은 자이며, 당신 위에서 더 높은 권력을 행사한다는 인상만 준다. 그런 이유로 잘 선택한 이름이라고 생각할 수 없다.

이 이름이 더 알맞지 않은 이유는, 지방 장관과 주 행정부(de Gedeputeerde

Staten) 사이에 의견 차이가 발생할 경우, 전자는 집행을 연기할 권한이 있고, 내무부에 지원을 요청할 수 있기 때문이다. 지방 장관이 주 행정부에서 투표권을 행사하는 것에도 의문점이 있다. 주 의회와 주 행정부는 유권자로부터 파생된 협의체이다. 주 행정부처럼 이미 극소수의 사람들로 과반수가 구성되는 협의체에서는 외부에서 들어온 지방 장관에게 조언할 권리뿐만 아니라, 완전한 의결권을 줌으로써 지방 장관이 결정적 차이를 만드는 것이 자연스럽다. 만약 주 행정부의 사람이 5명 혹은 7명이라면, 쉽게 2명과 3명 혹은 4명과 3명으로 나뉜다. 그리고 그 결과는 지방 장관의 투표에 의존한다.

우리나라의 정치적 살림을 완전하게 엮어내는 법적 조치의 연결망이 확장되어 더욱 다양하고 복잡해짐에 따라, 주 의회 의원들은 이런 구조에서 점점 편안함을 느끼지 못하고, 이 구조에 있는 몇몇 주 행정부 위원조차도 말을 잃었다. 그래서 이 모든 것을 꿰고 있는 지방 장관의 영향력이 점점 증가하고 있다. 세 가지 요인이 이런 방식으로 일어나게 된다. 그래서 결론적으로 전체 주는 매우 드물게 모이고, 모든 것을 미리 준비한다. 주 행정부가 결정을 준비하기 위해 행하는 것보다 그들의 결정이 앞선다. 그리고 지방 장관이 이 결정에 참여할 뿐만 아니라, 조언과 투표권을 행사한다. 이 모든 요인을 통해 지방 장관이 내무부에서 받는 지원과 법적 지식, 그리고 그의 개인적 지위에서 나오는 당연한 영향력이 그 모든 것 안에서 그리고 아래서 작동한다. 상당히 큰 주에서는 그의 지배적 영향이 주 행정부에서 선출된 더 높은 지위의 사람들에 의해 분명하고 확실한 반발을 일으킨다. 그에 비해 작은 주에는 그에 비례해서 지방 장관의 권력과 영향력이 더 큰 비중을 차지하게 되기도 한다. 이것은 자율을 빼앗고 자치를 아래쪽으로 확장하는 모든 행정기관의 일반적 파생물에 지나지 않는다. 위로부터 오는 법적 규정의 체계가 복잡하면 복잡할수록, 그것을 유능한 지도력 아래 시행할 사람이 더 필요하다. 물론 그것은 점점 더 주 의회의 많은 일반 의원들의 영역을 넘어서는 것이다.

§13. 중앙집중화의 긍정적 측면

"중앙집중화된 지역 정부가 긍정적 측면도 있지 않는가"라고 묻는다면, 우리는 주저하지 않고 "그렇다"라고 대답할 것이다. 우리나라의 과거와 자유 감각을 별개로 하고, 우리 주는 몇 예외를 제외하고 그리 크지 않거나 전적으로나 위로부터 상당히 통치를 잘 받을 수 있었다. 뿐만 아니라 우리나라의 수자원 공사가 여러 주에 너무 많은 자유를 주었다는 것이 너무나 분명하게 증명되었다. 사실, 과거에 우리를 괴롭혔던 큰 홍수가 없었기 때문에 더욱 중앙집중화가 이뤄질 수 있었다.

모든 가정 살림에 유효한 것이 여기에도 유효하다. 행정 기구가 더 크고 엄격할수록 소란의 위험이 더 적다. 이삼백 명을 돌보는 큰 고아원에는 모든 것이 저녁과 아침 시간에 맞춰서 진행되지만, 자녀의 수가 적은 소규모 가정에는 질서 정연하게 진행되어야 하는 일이 그리 많지 않다. 살림이 크기 때문에 기계식 형태를 취하면 취할수록 규칙은 더 굳건해진다. 매우 엄격한 질서를 가진 큰 고아원과 부인할 수 없는 불규칙성을 가진 가정 중에서 어떤 삶이 더 낫고 풍요로운지 묻는다면, 그 어느 누구도 기계적 기관을 선택하지 않을 것이다. 여기도 마찬가지이다. 우리나라 행정부의 중앙집중화를 주 정부에 적용한 것이 규칙성을 촉진했으며, 매우 고정된 질서가 많은 재앙을 예방한다는 것은 의심의 여지가 없다. 매년 언론이 버리는 무더기 보고서를 조사해 보면, 문서상으로는 모든 것이 훌륭하게 진행된다. 그러나 적어도 삶이 더 건강하고 더 풍요롭게 번창하는 것은 아니다.

§14. 다양성 소실

만일 삶이 각종 두려움으로 인해 자기 고유의 특성을 잃어버린다면, 다양성(veelvormigheid)은 줄어들 것이다. 당신이 우리나라를 돌아다니며 어디에서나 보게 되는 네덜란드 사람들이, 모든 곳에서 동일한 행동을 하고 앞으로도 그럴 것이라며 사실인 양 말할 수도 있다. 하지만, 그렇지 않다. 우리는 다방면에서 이제 막 성장하기 시작한 국민이 아니라, 정치 영역에서는 오히려 늙어 고령이 된 국민이다. 화려한 과거는 지나갔다. 풍요로운 과거에서 다양한 지역의 주민들은 자기 본성에 따라 다양한 방식으로 발전했다. 제일란트 사람은 흐로닝언 사람과 전혀 관계가 없고, 림부르흐 사람은 프리슬란트 사람과 관계가 없다. 혈통부터 다르다. 예로부터 사람들이 정착한 나라의 지역이 다양성을 만들었다. 활동과 삶의 방식이 이런 차이를 크게 했다. 우리 국민 집단의 다면성(veelzijdigheid)과 다형성(veelvormigheid)이야말로 우리나라의 힘이다. 지금은 이 역사적 힘이 감소하고 있으며, 우리 주변에 퍼져 있는 중앙집중화로 인해 사라지고 있다. 우리나라는 그렇게 국가적으로 궁핍하다.

더 슬픈 것은 우리가 중앙집중화 경향으로 인해 옛 역사적 노선에서 벗어났기 때문에, 다시 분권화에 도달하는 것이 부분적으로는 가능하겠지만 완전히 이루어질 수 있는지는 상당히 의심스럽다는 점이다. 최근 북브라반트가 전기 공급과 관련해 택한 자세는, 결국 어떤 오래된 정신으로부터 깨어날 수 있었다는 것을 보여주는 행복한 삶의 신호였다. 반대로 인정해야 하는 것은 일반적으로 지방 자치에 관심을 갖고자 하는 시도가 아주 드물게 나타난다는 사실이다. 건설될 도로나 파야 할 운하에 관한 상세한 질문이 제기되면, 당연히 사람들은 도로나 운하가 지나갈 주의 지역에 관심을 가지게 된다. 그러나 그 밖의 다른 주들에는 관심을 보이지 않는다. 내가 옴먼(Ommen)을 위한 하원 의원으로 있었을 때, 나는 가까운 곳에서 그러한 사안의 현실을 알게 되었다.

반대로 지방 의회가 실행하는 일이 주에 어떤 중요성이 있는지 일반적으로 묻는다면, 정말 관심이 적다는 것을 인정해야 한다. 혹시라도 그런 관심을 드러낸다 하더라도 극히 미지근한 정도이다. 의회 사안에 대해서는 거의 관심이 없고, '전체'(heel) 프리슬란트 주나 '전체' 위트레흐트 주를 뜨겁게 만드는 것에도 거의 관심이 없다. 왕실을 쳐다보고 의회에 관한 것을 읽어 보고 관보를 알려 하지만, 지방의 번거로운 것에 대해서는 더 이상 관심이 없고 냉랭하다. 슬픈 일이다. 일상생활에서 누구나 인정하듯, 본질적 힘은 일반적 형태에 있지 않고, 일반 유형의 특별한 변화에 있다.

가족 전체 사진을 찍는다고 생각해 보라. 얼굴과 사람들의 자세와 날카로운 눈매를 보면서도 특별한 것을 발견하지 못하면, 이 가족은 특별하지 않다고 결론을 내린다. 이것도 가족의 형태이지만, 본질적 인간 형태가 존재하지 않는다. 이 차이점이 여기에도 적용된다. 우리 이전 시대에 각 지방은 고유한 특성대로 발달했고, 고유한 풍속을 꽃피웠고, 독립된 유형을 보여주었다. 고유한 것이 존재했고 그것을 향유했다. 그것은 지방 시민의 전 생애에 담긴 독특성을 밝히 드러내는 것으로, 복식(服飾)이나 민속놀이로 표현되었다. 프리슬란트 모자(Kap)는 전체 프리슬란트 시민에게서 발견되는 세련된 취향과 위엄 있는 진지함의 풍성한 정신을 나타냈다. 플란데런 주에서는 전혀 다른 유형이 나타났다. 전국적으로 보면, 다양한 유형의 풍성함 속에서 훌륭한 독특성도 발전했음이 드러난다.

§15. 역사적 아름다움 상실

한편 이 역사적 아름다움에 반하여 고유성을 약화시키는 파리의 모습에서 차용한 중앙화의 일반성에 너무 많이 녹아드는 것을 목격하게 된다. 이런 중앙집중화를 통해 획일화시키려는 시도에 대한 우리의 비판은 절대로 부차적인 것이 아니다. 예로부터 우리 칼빈주의는 항상 독립성을 키우고, 자유를 열망하고, 옛 것의 고유한 형태를 소중하게 여기는 고귀한 국가와 도덕적 능력을 알았다. 만약 우리가 그 길을 따라갔다면, 우리 국민은 지금 경우와 상당히 다른 힘을 보여주었을 것이다. 칼빈의 정신은 우리를 풍요롭고 강하게 만들었다. 그러나 당통과 볼테르와 로베스피에르의 정신은 우리의 칼빈주의적 특성을 너무 많이 벗겨버렸고, 우리나라를 유럽 자유주의의 획일화 속에 빠트려버렸다. 이에 대해 그 어떤 항의도 없었으며, 오히려 그것을 칭송한다.

스헤버닝언 도로를 걷다보면, 당신은 마을에서 두 가지 유형을 만나게 된다. 하나는 옛 스헤버닝언의 모습으로 전통 양식 의복과 모자로 치장한 것이다. 다른 하나는, 헤이그에서 마주치는 어린 딸들이 파리에서 유행하지만 그들의 얼굴에 어울리지 않는 드레스를 사서 입은 모습이다. 프리슬란트에서도 같은 모습을 만나게 될 것이다. 전통 모자를 벗고 파리의 방식을 좋아하는 사람이 스스로 숙녀라고 생각하고, 옛 방식으로 치장한 사람들을 반쯤 경멸하는 눈으로 쳐다본다. 다행히도 우리 칼빈주의자와 반혁명당원 중에는 자기만의 유형에 대한 애정이 상당히 강력하게 자리하고 있다. 이 것이 계속될 수만 있다면, 우리는 유익을 얻게 될 것이다.

자신의 형태는 자신의 본성과 자신의 삶을 보여준다. 그것은 같은 분위 기를 따라하는 것이 되어서는 안 된다. 오히려 다른 분위기의 다양한 것이 어야 한다. 많은 점에서 비슷하지만 거친 잎사귀가 아니라, 끝없이 다양한 잎과 꽃의 유형이 당신의 정원을 풍요롭게 만든다. 이것은 정치 영역에도 적용된다. 예를 들면, 초등교육은 시에서, 중등 교육과 김나지움 교육은 주 에서, 고등 교육은 제국이 돌보도록 조직되어 있다고 가정해 보자. 그런 독 특한 구분을 통해 많이 부족한 교육의 삶이 너무나도 풍성해질 것이다. 전 쟁이 진행되는 동안 전해오는 전보를 보면, 헤센(Hessische), 바덴(Badensche), 작센 (Saksische) 군대와 다른 군대 사이의 상대를 향한 경쟁이 얼마나 전사들의 용 기를 불러일으키는지 볼 수 있다. 그리고 '만일 우리 군대에 주 지방의 형 태가 적용되었다면, 우리나라가 더 강력해지지 않았을까'라는 질문을 해본 다. 하지만 앞서 말했던 것처럼, 과거의 풍요롭던 다양성으로부터 멀어질수 록 우리는 중앙집중화하는 획일성의 저주로부터 벗어나게 될 기회를 잃게 된다. 특히 국가의 전적인 간섭이 증가하고 있는데, 우리나라에서도 점점 국가로부터의 전적 보호를 갈망하는 사람이 늘어나고 있다.

제9장

시 단체

§1. 관심 유발

이제 주 단위 규정에서 시 단위의 규정으로 옮겨오면, 주 단위의 이해관계에 무관심하던 사람들이 시 단위의 재정에 대해 아주 뜨거운 관심을 보이는 다소 극명한 대조를 마주하게 된다. 이것은 주로 대도시에서 계속 증가하고 있는데, 이미 소득의 5, 6퍼센트에 해당하거나 좀 더 넘어서는 지방 자치세가 상당히 무거운 부담으로 작용하기 때문이다. 주 단위의 재정을 위해서도 의무를 다해야 하지만, 개인세로 부과되는 부가세가 둘 모두 상당히 다르다. 흐로닝언은 논외로 해야 한다. 이미 아는 바와 같이, 이곳은 예외적으로 주 정부가 수자원에 대해 많은 비용을 지출하고 있다. 하지만, 일례로 남홀란트에서는 전쟁 상태를 제외하고, 1912년에 헤이그 시에 내야 하는 부가세는 110인 반면 주 정부를 위해서는 11이었다. 이렇게 무려 10배나 차이가 났다. 그런데 자극하는 요인은 더 높은 세금만이 아니다. 훨씬 더 자극적인 것은, 시 정부 재정과 관련해 근무하는 공무원과 일꾼의 수가 점점 증가한다는 것이다. 그리고 간접적이긴 하지만, 월급을 받는 시 공무원이 유권자 자신으로서 노동조건 규정을 결정하는 것은 이제 그리 이상한 현상이 아니다.

§2. 종종 월급쟁이가 상황을 지배한다

거의 모든 대도시에서 공립학교의 교사들과 특히 시 노동자들이 시 의회의원 선거를 거의 완전히 통제하는 현상이 계속되고 있다. 세 번째로, 시 의회가 아낌없이 각종 방법을 사용해 사람들이 원하는 것을 공급해야 한다는 욕구가 시민들 사이에 점점 더 커지고 있다. 시민의 안락과 행복과 쉼을 시 의회에 있는 원로들이 제공해야 한다고 믿는 것이다. 연극 공연이 대표적이다. 게다가 사람들은 많은 시립 목욕시설과 점점 더 부유한 시설을 갖춘 시립 병원을 공급하길 바란다. 공원과 산책로를 아름답게 건설하는 것, 전기 열차 설치, 잘 정돈된 수도시설, 그리고 무엇보다도 가난한 사람을 위한 자애로운 지원(더 이상 '지원'이라고 말하지 않는다)을 바란다.

그래서 주 단위에서 나오는 조치는 대부분 상당히 제한적인데 반해, 오히려 시 의회의 활동이 점점 더 확장되고 때로는 포괄적인 것은 이제 놀라운 일도 아니다. 전에는 주 정부의 이익에 전혀 관심을 두지 않던 사람들도 시의 이익과 관련된 중대한 결정을 내려야 할 때는 종종 자신의 위치에서 정신을 차리고 있다. 현재 주 의회가 가지는 의미를 16세기, 17세기, 18세기의 지방 정부가 가진 의미와 비교한다면, 당시에는 권력이 막강했으나 지금은 거의 무력해지고 말았다. 반대로 우리의 시 의회는 적어도 대도시에서는 과거의 높은 세계적 명성을 상실하고 정치적 권력으로서의 지위는 잃었지만, 다른 한편 재정과 시민의 삶의 지위에 대한 권력을 얻었고, 아직도 더 자기 것으로 만들려 한다. 과거 당시와 비교하면 이는 상상할 수 없는 것이다.

이렇게 시 의회는 모든 주민들의 관심을 얻었다. 국가적 입법은 이러한 시민의 자유가 독립적으로 발전하는 것에 호의적이지 않지만, 그럼에도 불구하고, 시민이 살아가는 영역에서 삶의 활력이 폭발하고 있음을 점차 인지하고 있다. 그것은 호의적이지 않은 입법에도 불구하고 시민의 삶이 어떻게든 잘 개선되며, 때로는 주 의회에도 강력한 영향을 행사하게 만든다. 그 영향이란 종종 고위 정부 사람들을 적어도 대도시와 관련짓는 것이다.

§3. 도시의 과거와 현재

주권을 상실한 지역이나 주는, 제국정부(het Rijksbewind)와 지방의 거주 도시로 나눠진 땅의 원주민을 연결하는 중간 연결고리에 불과할 수 있다. 반면에 시는 처음부터 작은 규모의 고유 국가였고, 고대에는 도시가 종종 핵심 권위를 가졌음이 분명하다. 이집트에는 멤피스와 테베, 아시리아에는 니느웨, 바빌론에는 바벨, 페르시아에는 수산이 그랬다. 그리스에서 스파르타와 아테네, 고린도가 생겨났고, 이탈리아 반도에서 로마가 생겨났다. 이탈리아는 그리스처럼 많이 언급되지는 않는다. 그리스의 아테네는 정치적 권력을 대표한다. 그렇게 신흥 정치적 권위는 도시적 성격을 지녔다.

로마 제국이 전 세계를 지배했을 때에도 결정권을 손에 쥔 로마의 원로원은 하나의 도시 기관에 불과했다. 세 개의 대륙을 지배하고 있었을 때에도 로마는 티베르(Tiber) 강의 도시로 이해되었을 뿐이다. 다시 말해 로마 제국의 황제는 도시의 공직자였다. '로마 시' 옆, 주변, 아래에는 무니키피움이 있었는데, 그것이 우리가 시라고 부르는 특성을 지닌다. 어떻게 보든, 우리가 그리스와 로마 제국에서 이름을 불러 가리키는 중앙 도시들이 실제적인 국가 권력을 휘둘렀다. 그것은 본질상 우리가 시 혹은 도시라고 부르는 것과 다르지 않다. 여기에서 사람들은 '도시'(stad)라는 이름과 '시'(gemeente)라는 일반적 이름을 구별했다.

우리에게는 이런 강한 어조의 구분이 우리 시 의회법의 공식적 법 언어로 인해 완전히 없어졌다. 우리 인간의 삶 전부를 치명적 획일화로 통합하려는 광란의 열망은 가장 절대적 의미에서 볼 때, 수도(een hoofdstad), 도시(een stad), 읍(een vlek), 마을(een dorp) 그리도 촌(een gehucht)의 구분을 지워버렸다. 오래전부터 독립적 지위를 얻으려고 경쟁하던 것이 이제부터는 완전한 통일체로서의 '시'라고 불릴 것이다. 그러다보니, 법은 50만 명이 넘는 거주민의 암스테르담과 같은 도시와 많은 마을들 중의 하나를 거의 구별하지 못한다. 특히 제일란트와 관련해서 그렇다. 어떤 마을은 거주자가 500명도 되지 않는다. 시 의회 의원 숫자나 입법 의원 숫자는 인구수의 많고 적음에 의해 달라지지만, 나머지에서는 우르크(Urk)나 암스테르담이 완전히 동등한 지위에 있다. 정치계도 비슷한 원자로 용해된다. 삶의 풍부한 다양성은 사라진다. 이것들은 모두 현실에서 끊임없이 마주치는 프랑스 혁명의 편협함을 모방한 것이다.

반혁명 국가학 || 적용

§4. 프랑스 혁명의 영향

프랑스 혁명의 열병을 피했던 나라는 이것과 관련이 없다. 라인강 지역과 벨기에는 프랑스를 모방했지만, 독일의 동쪽 지역에서 작은 마을과 읍의 내정은 베를린이나 브레슬라우(Breslau)의 그것과 완전히 다르다. 우리나라도 처음부터, 토르베커가 모든 도시와 마을을 통합시키는 것에 반대해 여러 다양한 방식으로 시위를 벌였다. 비록 고위 계층 사람들은 비판에 둔감했지만, 지금은 저지른 실패가 상당히 일반적으로 인식되어서 두려움 없이 반대의견을 말할 수 있다. 그래서 유기적 법도 개정을 하려면, 우리의 시청을 둘이나 셋 아니면 네 계급 또는 종류로 나누는 것을 생각할 수 있다. 작은 마을과 읍의 재정은 십분의 일로 단순화할 수 있고 또 그렇게 해야 하지만, 더 큰 도시의 재정은 상당한 정도의 규칙을 가져야 한다. 지금 있는 법규로는 삶의 요구를 충족시키지 못한다. 삶에 대한 최대한의 일체감을 적용하고 있는데, 그것은 자유로운 삶의 표현을 방해한다.

다른 한편 우리가 얻어야 하는 것은 삶의 뿌리 자체로부터 피어나는 규칙이다. 그것은 평범한 마을이 아니라, 풍요롭게 발전한 시민생활이 유리해지는 도시 안에서만 의미가 있다. 옛날에는 이것이 고전적 도시의 출현에서 의도되었을 뿐만 아니라 실현되었다. 그런 주도적 도시는 우리가 지금 국가(staten)라고 부르는 것이었다. 도시들은 중요성과 법적 지위에 있어서 거의 완전히 동일했다. 그것들은 독립적으로 생겨났다. 그것들은 자기 군대와 때론 심지어 함대로 무장함으로써 독립을 보장할 수 있었다. 다른 도시에 종속되는 문제는 없었으며, 다른 도시가 자기 도시에게 종속되는 일은 있었다. 그럼에도 불구하고 우리의 현 도시는 고전적 시대의 주권적 도시와 같은 선상에 놓일 수 없다. 오히려 우리나라에서는 일반 백성이 농업에 몰두하고, 성 주변 전부를 정복한 영주의 지배를 받는 상황이 펼쳐졌다. 당시 우리나라에는 단 하나의, 아니면 최소한 중요한 도시가 없었다.

§5. 도시 생활의 부상

도시 생활은 본래 알려지지 않았다가 귀족적 영주의 권력과 농업에 종사하는 주민으로부터 점차 분리되어 사업, 제조업, 해운, 무역, 학문과 예술이 등장하기 시작했을 때 처음 알려지게 되었다. 당시 이런 다양한 삶의 영역에 헌신한 사람들 중 일부는 너무 수준이 높아서 농업 인구로 흡수되지 못했고, 다른 일부는 너무 평범해서 다시금 도랑과 성곽에 거처를 찾아야 했다. 회사, 산업, 해운과 무역은 또 다른 삶을 구축하고 조직하는 방법을 필요로 했다. 이렇게 점차 스스로 삶에서 생존하려는 다른 방식이 출현하게 되었고, 크든 작든 다양한 종류의 도시가 탄생하는 동기가 되었다.

당시 그런 도시에 정착하려고 했던 사회의 강력한 마법적 수단은 그들의 돈이었다. 농경 계급의 재정 수준은 그리 높지 않았다. 귀족 영주는 종종 많은 빚을 지고 있었다. 충분한 재산을 가졌다고 말할 수 있는 유일한 부류는 도시의 거대 상인과 은행가였다. 그들은 그 귀한 돈을 빌려주고 그 일부를 귀족 지주에게 주기도 했지만, 대가를 받았다. 오히려 그들은 주거나 대출해 준 돈에 대한 권리와 특권을 조건으로 내걸었다. 얼마 지나지 않아 도시가 스스로 성벽을 쌓고 궁수를 고용하여 폭력으로부터 자기를 방어할 수 있게 되었고, 성벽 안에서 점점 더 자유롭고 독립적 삶을 조직해 힘을 길렀다. 마침내 그들은 봉건 영주와 요새에 사는 귀족의 힘을 훨씬 넘어섰다.

고대의 고전적 도시는 이것과 달랐다. 무역업에 종사하거나 제조업에 헌신한 사람은 아테네에서 온전한 사람으로 간주되지 않았다. 그들의 지위는 오랫동안 자유 시민의 지위와 달랐다. 그래서 고대 고전적 도시에서는 더 높은 재능을 가진 자유 시민 계급이 정치, 철학, 예술적 영역에서 훨씬 광범위한 방식으로 발전했다. 다른 한편 해운과 무역, 사업은 새롭게 개척된 식민국가로 빠른 속도로 진출하게 되었다.

그러나 우리나라에서는 그렇지 않았다. 얼마 지나지 않아 과학과 예능을 겸비한 능력자들이 신흥도시에 정착하는 것을 선호했지만, 노골적으로 그 분위기를 표현하지는 않았다. 그들은 상인들 사이에 오르내리는 예술 애호가들로부터 이익을 취하고, 재정적으로 거대한 권력을 가진 어전(御典)을 개최하는 궁궐처럼 집을 건축하고 장식했다. 하지만 도시 자체는 '부유한 신흥 귀족들'의 도시로 머물렀고, 이탈리아 출신 같은 상인과 은행가가 그들의 화려함과 호화로움을 과시했다. 그 결과 도시의 시 당국과 시 의회는 점점 더 독립적으로 행동하게 되었다. 영주가 위급한 상황에 처해 있지 않다면, 귀족은 금고를 채우기 위해 그들이 필요했다. 마침내 이 중요한 도시들이 정치적 권력을 장악하게 되는 결과로 이어졌다. 도시의 포병이 스스로 봉쇄한 성벽 위에 서고, 군대를 철수시킬 수 있었다. 그리고 도시들이 강의 본류나 바다 옆에 있는 경우에는, 함대를 배치하여 매우 큰 규모로 힘을 강화하는 방법을 알았다.

§6. 옛날과 지금의 암스테르담

암스테르담 시 당국이 마치 국가 전체의 운명을 결정해야 하는 것처럼 행동했던 때가 있었다는 사실은 이를 통해서만 설명이 된다. 이제 이 부자연스런 관계가 점차 더 정상적 관계로 바뀌었고, 우리나라 도시들은 암스테르담을 포함해 모두 조국 전체에 협력하는 관계에 이르게 되었다. 그래서 암스테르담 시 당국은 당연히 암스테르담 시에 대해서만 권한을 가지게 되었다. 1815년 이후 암스테르담도 왕실 앞에 무릎을 꿇었고, 세계적 대도시로서 오로지 자신의 번영만을 생각하게 되었다. 고대의 의기양양했던 도시들이 국내법에 복종하게 된 것은 그리 고통스러운 것이 아니었다.

이제 남은 유일한 질문은, 이 국가법이 도시민의 삶에 자유로운 번성과 견고한 생존을 보장할 수 있는가 하는 것이다. 이 질문에 긍정적으로 대답하기 어려울 수 있다. 대도시는 옛날부터 있었지만, 우리나라에 등장했을 때 삶의 뿌리에서 솟아나는 것을 방해하는 장애물이 없었을 때에만 번성할 수 있었던 독특한 생명현상을 드러냈다. 여기서 분권화는 구호로만 남아 있어야 했고, 이 점에서는 정확히 실패했다.

§7. 우리의 반대는 나중에 등장

반혁명당 사람들조차도 이 폐해에 대해 거의 주목하지 않았다. 그들에게는 처음부터 관심을 끌었던 더 거룩한 사안들이 많았다. 게다가 그들이 지켜왔던 전통은 정말 너무 오래, 그리고 강하게 "주인이 지시하는 대로 시행되어야 한다"(Zoals de heeren het wijzen, zullen wij het prijzen)라는 옛 격언의 특징을 고수했다. 17세기의 사반세기가 지난 후 '상인귀족정치'가 권력을 장악했고, 거대 도시에서 우리 소시민은 목소리를 거의 낼 수 없었다. 시골에서는 영주의 귀족정치가 아직도 소농민에게 더 강력한 압력을 행사했다.

이것이 반혁명당이 시의 이익에 좀 더 관심을 가지기까지 수년이 걸릴 수 밖에 없었던 이유를 설명해 준다. 이미 "우리의 정강"에서 시의 권리 축소에 대해 불만을 제기했고, 시장직의 해방을 호소했다. 하지만 1879년의 당 정강에는 시 재정에 관한 조항이 하나도 등장하지 않았고, 정치 선거 강령에서도 그 실제적 이익에 전혀 관심을 기울이지 않았다. 심지어 흐룬의 시대에도 폭넓은 토론의 주제가 되지 못했다. 모든 내각이 연이어 진보당원이든 보수당원이든 시장으로 활동했었다. 진보적 시장은 자기와 사상이 같은 사람을 고위 관료로 임명하려고 애를 썼다. 시 의원 선출에도 위로부터 강력한 압력이 가해졌다. 그러므로 우리나라에서는 20세기가 되어서야 시정에 대한 더 많은 관심이 정착되기 시작했다고 볼 수 있다. 많은 우리 당원들도 이제 모든 곳에서 시 의원에 선출되었다. 심지어 대도시에서도 반혁명당 시 의원들을 만날 수 있었다. 우리 당에 속하는 시장은 아직 적은 수지만, 그럼에도 불구하고 점차 증가했다. 이 때문에 불가피하게 우리 당의 원리로부터 선출된 자와 유권자들에 대해 어떤 태도를 취해야 하는가라는 질문이 제기될 수밖에 없었다. 이것이 지방 선거 협회에서 지방 자치 문제가 점점 논의되고, 모호한 용어와 소수의 법 조항들을 가지고 시의 계획을 처음으로 세우기 시작하는 계기가 되었다.

§8. 우리의 시 연맹

그래도 여기에만 머물러 있지 않았다. 1908년 10월 '네덜란드 반혁명당 시 의원 연맹'(BAGN, Bond van Antirevolutionaire Gemeente-raadsleden in Nederland)이 창설되었다. 그때 나는 위트레흐트에서 열린 이 연맹 모임에서 "독립적 시의 정체성"(Zelfstandig Gemeentewezen)이라는 제목으로 기조연설을 할 수 있었다. 이 연설은 헤이그에 있는 보츠마(Bootsma)라는 출판사에서 같은 해에 출판되었다.

열정이 불붙었다. 로테르담의 판 스타베런(Van Staveren) 박사의 적극적인 지도로 우리의 시 의회 의원의 필요와 우리 공동체의 신념을 확산시키기 위해 별도의 기구를 만들 계획을 세웠다. 이 기구의 월간지 창간호는 1910년에 빛을 보았고, 편집장을 맡은 변호사 드 하이 포르트만(B. de Gaay Fortman)에 의해 15년이나 지속되었다. 드 하이 포르트만 이외에도 편집인으로 다음과 같은 사람들이 있었다. 로우스다위넌(Loosduinen)의 시장인 고명한 변호사 호비 박사, 로테르담의 판 스타베런 박사, 델프트의 샤르동(J. P. Chardon) 변호사, 위트레흐트의 벤틴크(D. G. Wentink) 경이다. 첫째는 '사업', 둘째는 보건, 셋째는 '교육 업무', 넷째는 '도시건설과 국민 주택 부분'을 담당했다. 이 잡지의 이름은 "드 허메인터라트"(De Gemeenteraad, 시 의회)이다. 일반적으로 16절 인쇄 크기로 14쪽 정도 된다.

연맹의 출현과 월간지의 출간은 모든 좋은 삶의 징조라고 할 수 있다. 우리의 정치적 개입이 과거처럼 단지 나라의 이해관계만을 향하고 있지 않다는 것이 명백해졌다. 시의 규정과 재정이 우리 쪽 사람들로 하여금 신경쓰도록 만든다. 우리가 처음 시작했을 때와 비교할 때, 우리가 있어야 할 곳에 아직 이르지 못했고, 논의되어야 할 원리적 문제들조차 아직 세밀하지 않다는 점을 인정해야 하지만, 그럼에도 불구하고 우리는 이 영역에서 거대한 도약을 이루었다. 대도시의 이해관계와 마을 단위의 시정 사이의 엄격한 구분이 점차 양측의 개별적 발전으로 이어지게 되길 바란다.

§9. 대규모 시와 소규모 시

거대한 도시에서 논의되고, 언론에서 가장 주목을 받고, 강력한 자극을 제공하고, 이로 인해 편파적으로 전면에 부각되는 거대 담론이 있다. 그럼에도 불구하고 정말 필요한 것은, 일반 촌락에 대한 연구가 더 많이 이루어져야 한다는 것이다. 우리 동맹은 대도시에서만 살지 않는다. 농업의 특성과 적은 인구 때문에, 자체 지도력을 요구하는 시에 반혁명당의 지지자가 정말 많다. 그래서 우리 동맹은 지금까지 이 '두 가지' 종류의 시 재정에 더많은 관심을 기울였다고 해도 과언이 아니다. 시골과 도시의 크고 작은 시를 모두 하나로 묶은 토르베커의 시정법(市政法)이 큰 실수였을까? 이 실수에 대한 저항이 계속되어야 할까? 그리고 우리는 이 구별이 우리 기관의 편집 위원회의 구성에서도 나타나게 될 것이라고 확실히 기대할 수 있다.

의심의 여지없이, 가장 작은 마을에서도 가장 큰 도시에서처럼 논의하게 되는 관심사들이 존재한다. 예를 들면, 주일성수, 음주 규정, 놀이동산, 창녀촌, 집사와의 관계가 있다. 우리 가운데 관점의 차이가 사라지고 강압적 방식으로 기획될 규정이 현지 조건과 조화되는 것이 더 중요하다.

§10. 기업

하지만 우리는 아직 그 정도는 아니다. 사회적 문제점 또한 중요해졌다. 시청에서 일하는 사람들의 지위를 반사회적인 시장(市長)의 작은 통찰력에 맡겨놓아서는 안 된다. 그리고 여러 시 의회를 원하는 대로 좌지우지하는 대도시의 기업들은, 자신들의 독자적인 법적 관점으로 그와 같은 종류에 대한 조사를 요청한다. 기업이 시 의회를 좌지우지하고 있는지 여부는 매우 중대한 조사를 요구하는 문제이다. 그러다가 사회주의에 빠져 들어가지 않으려면 말이다. 다음으로, 거의 모든 것을 통제할 수 있는 재정적 의제가 있다. 이는 시 의회가 적게 가진 자에게 혜택을 주기 위해 많이 가진 자의 주머니에서 원하는 대로 가져갈 수 있는지 여부에 관한 문제이다.

우리는 이제 학교 문제에 대해 거의 말하지 않는다. 이 문제는 최종 결정을 앞두고 있다. 그래서 이런 주요 문제에 대한 "드 허메인터라트"의 정기 간행물이 점점 환하게 빛나기를 바란다. 다마쉬케(A. Damaschke)가 1901년에 빛을 본 그의 "시 의회 정치의 과제"(Aufgaben der Gemeindepolitik)의 네 번째 판에서 아무리 극단적으로 말했다 하더라도, 그의 대략적인 생각을 요약하는 것은 유용한데, 그것은 항상 정치적 원리의 출발점으로 돌아가게 하기 때문이다.

§11. 시의 자율성

특히 시의 재정에는 개별 가정처럼 사방에서 세세한 요구들이 쏟아진다. 시 정부의 판단으로 확고한 지침을 따르지 않으면, 세부적인 요구로 인해 알지 못하는 가운데 완전히 잘못된 길로 이끌릴 수도 있다. 지침을 느슨하게 해놓으면, 계속 부딪치게 될 수 있다. 각종 지침을 동일한 실타래에서 풀어내지 않으면, 한 쪽에서 세우는 것을 다른 쪽에서 무너뜨릴 수 있다.

정치적 세계로 나아가는 시는 본질상 국가 자체와 유사하다. 국가와 마찬가지로 시 역시 하나의 법인(法人)이다. 시는 존재가 탄생하여 지속되는 자기 영역을 소유하며, 영역을 가진 국가처럼 권한을 행사할 인구를 가지고 있다. 시의 권한은 국가와 마찬가지로 수정된 한계이지만, 시의 영역에 거주하는 모든 사람과 모든 일들에 유효하다. 시 역시 시작되고 수행하는 것에 따라 질서를 가진다. 시도 국가처럼 고위 관리나 하급 관리, 공무원과 공익원이 있다. 그래서 시 역시 자기 영역에서 공공 생활을 규제하고, 법을 시행하기 위해 필요한 자치권을 가져야 한다.

시는 국가, 주와 분리된 자기만의 집행부를 가진다. 마치 혼인하고 독립해, 각 가정에서 자녀를 출산하는 독립된 관리체계와 같다. 예전에 다른 곳에서 그랬던 것처럼, 시가 자기 권한을 주장하는 것은 너무 높은 목표는 아니었다. 경찰이 이를 위해 등장할 수 없다. 경찰의 목적은 실제적 질서를 유지하는 것이지, 복잡한 관계에 있는 법을 말하는 것이 아니다. 시는 국가처럼 고유한 주체이기 때문에 구매자나 판매자 역할을 할 수 있고, 봉사를 제공하고 그것을 위해 돈을 지불하며, 사법에 따라 역할을 수행할 수 있다.

시는 단순히 여기에 머물지 않고, 국가처럼 생존하기 위해 필요한 수단을 갖추어야 한다. 이윤을 내는 재산을 소유할 수 있어야 하며, 기업을 운영하여 돈을 벌 수 있어야 한다는 뜻이다. 그리고 시는 외부에서 들어오거나, 지나가거나, 혹은 물건을 들여와 시와 혹은 시민, 그리고 시의 땅과 관계를 맺는 사람들에게서 어떤 방법을 동원해서든지 세금을 징수할 수 있다. 파리는 아직도 높은 수익권을 계속 소유하고 있다. 전에는 사람들이 여러 방법으로 이윤을 거두었다. 성문의 경비원은 그것을 지켰다. 시가 자유를 그대로 잘 유지하기 위해서는 시정(市政)에서 자급자족이 꼭 필요하다.

§12. 도시와 국가

국가와 도시의 활동을 특징짓는 정체성은 도시가 국가를 모방한 것이 아니라, 오히려 거대하게 부상하는 도시에서 시민생활이 발전했고 시민생활을 위한 규정이 형성되었다는 것이다. 그래서 도시의 활동이 국가의 활동에 본보기를 제공했다. 정확한 정부, 신하이지만 동료인 시민, 일반 복지와 동시에 일반 질서를 지키기 위한 의무라는 개념은 거대한 광역도시에서 처음 시작된 것이 아니라, 오히려 고대의 고전적 도시, 거대 상업도시, 제국의 자유도시에서 더 명확하게 인식되었고 거기로부터 국가법이 생겨났다. 국가가 앞서고 도시가 뒤따른 것이 아니다. 오히려 반대로 거대 도시, 곧 공생이라는 뿌리에서 질서와 규칙이 생겨났다. 그 뒤에 더 광범위한 영역에서 국가 정부가 뒤따랐다.

그래서 역사의 흐름 속에서 자유 대도시와 국가 정부 사이의 패권 다툼이 반복적으로 계속되었다. 우리나라에서도 영주들 가운데 유력자의 절대 권력이 시작되었다. 영주는 농부를 지배하고, 농부는 영주의 고유한 위대함에 자원하여 복종하게 되었다. 이러한 일방적 지배는 당시 거대하게 번성하던 도시의 저항을 받았다. 도시가 국가를 부유하게 만들고 상당한 지위에 이르게 하자, 저절로 국가 정부가 약화되었다. 그러자 국가가 도시를 다시 무너뜨리려 했고, 새로운 혁명으로 앙갚음했다. 이것은 특히 18세기 말에 존재했던 어마어마한 변혁을 통해서 일어났다. 이 변혁으로부터 19세기에는 보다 질서 있는 상태로 회복되었지만, 우리의 아주 중요한 과거를 완전히 포기해야했다. 지금까지 우리의 독특한 특징을 형성했던 것을 지워버리고, 네덜란드에서 생성되지 않은 질서, 곧 도시나 마을이나 전 국가에 한 가지 모양으로 적용되는 질서가 생겨났다. 이것이 바로 프랑스의 혁명적 통일 개념에서, 나중에는 벨기에 헌법에서 파생된 결과이다.

물론 지금 우리나라 모든 시의 자율성이 완전히 상실되었다고 주장하는 것은 너무 지나친 말일 것이다. 프랑스의 경우는 그러하지만 우리나라는 그렇게까지는 아니었다. 시는 다시 자치 기구를 가질 수 있었다. 판 호헌도르프가 이에 대해 인식하고 있었고, 실제로 그는 만족할 만한 자율성을 확

반혁명 국가학 || 적용

보했다고 믿었다. 그러나 토르베커가 우리에게 부과한 것처럼 우리 시의 법이 우리에게 부여한 중대한 문제를 고려한다면, 우리에게는 프랑스인이 질투할 만한 상당한 자치권이 분명히 존재했다. 그런데 우리나라에서 이런 자치권은 시와 국가 정부가 맺고 있는 많은 관계로 인해 제한되었고, 이런 다방면으로 중앙집중화된 권력 아래 놓여 있었기 때문에 너무 초라하고 빈약해 보였다.

§13. 시장의 지위

자치권의 축소는 시 위에 있는 주 정부와 중앙 정부의 실존하는 권력에 의해 발생했을 뿐만 아니라, 확실히 시장에게 부여된 특권에 의해서도 발생했다. 자주 언급되는 제188조만 살펴보자. 거기서는 극장, 여관, 선술집, 대중에게 공개된 모든 건물과 집회, 공공 놀이시설, 창녀촌, 그리고 그와 같은 것에 대한 경찰 업무를 시장과 시 의원이 아니라, 오직 시장에게만 단독으로 부과하고 있다. 거기에 또한 "그, 즉 시장은 공공질서나 도덕에 어긋나는 행위를 방어한다"고 덧붙인다. 게다가 시장이 시 의회의 조언이나 지원 없이 왕실에 의해 임명되고 그렇게 외부로부터, 사람들이 바라는 위로부터의 손에 의해 시정에 임명된 관리임을 생각해 보라.

그러면 다음과 같은 결론에 이른다. 이 모든 중요한 지점에서 시의 자율성은 완전히 사라지고 만다. 이는 세 번째 장 제2번의 제목, "공공질서의 유지를 위해"에 따르면 분명한데, 경험은 모든 측면에서 다음을 보여준다. 그것은 매우 분명한 의견을 확립하는 일이 여러 관점에서 의미가 있다는 것이다. 시장이 시에서 발생하는 의견을 완전히 무시하고, 자기 개인적 의지를 밀어붙이기 위해 무한한 권력과 특권을 계속 유지했다. 하지만 공공 도덕을 함양하지 않는 그런 방법은 실패하곤 한다. 막강한 권력을 지닌 경찰청장도 외부에서 임명된 시장과 마찬가지로 왕실이 임명한다. 그의 보수조차도 높은 정부가 조정한다. 물론 주 정부의 국장의 의견을 듣지만 말이다. 경찰 공무원과 경찰관도 시장에 의해 임명되고 해임된다. 그렇게 주 청장과 협의하고 필요한 공무 훈령을 내린다(제191조). 경찰은 시장이 임명하지 않고, 단지 그와의 협의 하에 주 정부의 청장이 임명한다. 그래서 권력 행사와 관련해 시 의회뿐만 아니라, 시장 평의회와 의원조차도 온갖 방법으로 배제되었음을 알 수 있다. 그리고 다른 곳에서 임명하고, 고위 권력과 외부에서 부여한 권한이 허락된 공무원의 규정과 업무가 어떻게 시행되는지 알 수 있다.

§14. 자치

이렇게 이른바 '자율적인 시'(autonome Gemeente)의 권한이 제한될 수밖에 없던 것은, 시 의회에게 너무나 일방적인 간섭권이 인정되었기 때문으로 여겨진다. 우리 시 의회법에 따르면 시 의회는 공동의 이해관계를 돌보고, 필요한 규정을 만들고 채택하는 것뿐만 아니라, 위로부터 맡겨지거나 시 의회 자체가 규정하고 결정한 것을 실행하는 데 필요한 협력을 제공하도록 요청받았다. 여기에 별도의 토론이 필요한 두 종류의 질문이 숨겨져 있다. 첫째는 입법부와 행정부의 구분처럼 '시 의회'(Raad)를 '시장과 시 의회 의원(wethouder) 협의체'로 날카롭게 구분하는 것이 바람직한지 여부에 대한 질문이다. 그리고 둘째는 위로부터의 법 제정과 집행을 지금 경우와 같은 정도와 방법으로 지방 시 의회 의원에 맡겨도 되는지 여부, 곧 자치의 문제이다.

두 가지 사항 가운데 첫 번째 질문과 관련해서는, 시 의회에 규정 권한이 주어져야 한다. 지역 시민 단체에게 자치가 맡겨지는 한 이 권한은 시 의회가 행사해야 한다. 지역에서 확정할 수 있는 모든 규정과 조례는 시 의회에서 발의되어야 한다. 시 의회는 시민을 대표하는 몸이고, 따라서 사람들이 그렇게 원하는 협의체는 입법적 임무를 수행해야 한다. 그 일의 수행은 시장, 여왕이 임명한 지방 장관, 주 행정부와 국가 정부의 끝없는 통제를 받을 수 있지만, 그것은 본질적으로 입법적 성격을 가진다. 긴급하게 필요한 경우에, 시 주민을 여러 계층으로 나눈다면 한 계층에서는 입법권이 덜 사용될 것이다. 하지만 시 의회는 그것이 좀 적은 수치로 바뀌도록 시 경영을 위해 시민들이 따를 수 있는 확실한 규정과 조항을 제정해야 한다. 헌법 제144조에는 "시 의회에 시의 규정과 행정이 맡겨져 있다"라고 기록되어 있고, 지금까지 그대로 지속되어 왔다.

입법권뿐만 아니라 행정권도 있다. 이 점에 대해 점차 반론이 제기되었다. 더 규모가 작고 인구가 적은 시의 시 의회가 이 두 가지 권한을 잘 수행하지 못한다는 말은 아니다. 하지만 이것은 여기서 다루는 문제가 아니다. 우리 시의 법은 모든 시를 아직도 하나로 묶고 있고, 그렇게 제144조의 첫 문장도 이것이 가장 작은 시와 가장 큰 시에 동등하게 적용된다고 선언한다. 그렇기 때문에, 더 큰 우리 도시의 시청에서도 단지 통치 역할뿐만 아니라 집행 역할이 시 의회에 맡겨져 있느냐는 질문이 제기될 수밖에 없다. 1912년 제출된 헌법 개정위원회의 보고서는 분명히 이 질문에 대해 부정적이었다. 그래서 제144조에서 "그리고 행정이"라는 문구를 빼자는 제안이 나왔다.

§15. 1912년의 제안

이 보고서는 반대로 해석하지 말고, 제안된 내용 그대로 이해해야 한다. 앞으로는 시 의회가 행정권을 전혀 행사할 수 없다는 의미가 아니다. 이것은 헌법 개정위원회의 제안 의도가 결코 아니었다. 오히려 반대이다. 헌법 개정위원회는 제144조의 개정 이후에도 여전히 많은 시 의회가 입법과 행정을 모두 담당할 것이라는 가정 하에 출발했다. 의도한 것은 시가 등급으로 나뉠 경우 다음과 같은 시행을 위해 시정법이 허락을 받는 것이었다. 곧, 시 의회가 행정에 전혀 참여하지 않는 시도 있으며, 입법과 더불어 행정도 전체적으로 혹은 일부 관여하는 시도 있다. 개정위원회의 보고서 22쪽에는 그것이 가능하다고 명확하게 기술되어 있다. "헌법은 법률의 권한에 더하여 행정의 권한도 모든 상황과 완전한 형태로, 모든 시에서 차별 없이 시 의회에 맡겨져야 한다는 요구를 없애야 한다.

시는 시의 본질과 관련하여, 법률적으로 법에 맡긴다는 점에서 집행기구를 안전하게 통합할 수 있다. 시는 시 의회에게 법률과 조례의 권한을 완전하고 축소하지 않은 상태로 요구하도록 스스로 규정해야 한다. 행정 조직과 관련하여 시 의원은 자유롭게 자기의 관점을 기초로 삼을 수 있다. 시

의원은 몇몇 시의 행정부를 다른 곳과 다르게 조직할 수 있다. 그는 그것을 상당 부분 시 의회에 남겨둘 수 있다. 혹은 시 의회로부터 취하여 시 의회를 통하거나 다른 방법으로 선출되어 시 의회 외부에서 생겨난 협의체에 넘겨줄 수 있다. 요컨대, 규정과 입법권이 시 의회에 맡겨지기만 한다면, 시 의원은 시 행정부의 가능한 모든 기구를 수용하고 그로 인해 시정법에 구현된 제도의 모든 반대에 직면할 수 있다."

나는 이 개정안에 동의한다. 이 개정안은 스타인(Steyn)이 독일을 위해 고안하고, 우리나라 동부권 주민들에게 매우 유익한 것으로 판명된 것에 더 가까워질 것이다. 여기서도 일을 망친 것은 획일성이다. 3천 명 시민에게 적용 가능한 것이 반드시 30만 명 시민에게 맞을 수는 없다. 이 점에서 기구는 삶의 다양성에 따라 다양하게 부여되어야 한다. 먼저 헌법 제144조의 문구, "그리고 행정이"라는 문구가 사라지면, 시 의원은 크고 작은 농업과 상업을 추구하는 시의 매우 강력한 구분을 고려할 자유를 되찾게 될 것이다. 낮은 등급으로 구성된 시에서는 대부분의 행정을 시장과 시 의원의 손에 맡길 수 있을 것이다. 다른 등급의 시에서는 각종 위원회를 설치함으로써 행정부의 일을 위임할 수 있다. 다른 곳에서도 방해거리만 없다면, 지금처럼 유지될 수 있을 것이다. 요컨대 각종 시의 시정법의 조직과 설립은 각각의 상태에 부합하게 규정되어야 한다. 유의해야 할 것은, 시장이 국가 행정부의 대리인처럼 행동하지 않는 경우에만 행정업무가 시 의원 협의체에 맡겨지는 것이 바람직하다는 것이다.

§16. 여기에서도 더 부유한 삶을

지난 세기 중반에 우리나라 시립 자료 보관소에 맡겨진 암스테르담이나 로테르담 같은 시의 회의 의사록(Handelingen)을 이 시대의 의사록과 비교해 보면 이미 페이지 수에서 차이가 드러나는데, 의제와 논쟁의 과정에서 더 큰 차이가 나타난다. 당시 유용해보였고 토르베커에게도 받아들여졌을 법한 것이 이제는 실패하고 있다. 제헌의원이나 혹은 입법자의 의도와 책략과는 완전히 별개로 우리나라 의회라는 국가의 활동과 시 의회라는 도시의 활동이 내용적으로 네 배나 될 정도로 다양한 방향으로 발전했다. 1850년과 현재의 의회 의사록은 더 이상 비교할 수 없으며, 50년 전 시 의회 의사록을 오늘의 그것과 비교할 때도 마찬가지이다. 그리고 명백히 개인의 손에 맡기는 것이 더 나았을 많은 부분이 공적 영역으로 옮겨갔음을 인정해야 하지만, 어느 누구도 70년 동안 국민생활의 맥박을 힘없이 뛰게 만들었던 빈약한 활동으로 되돌아가려 하지는 않을 것이다.

지금의 우리 국민은 당시 시민과 완전히 다르다. 삶의 전반적 표준이 상당히 변했는데, 과거에 주도적이었던 냉철함을 영속시키는 것이 완전히 불가능하게 되었다. 1845년에는 사람들이 여전히 모든 것을 내버려 두었지만, 지금은 모든 것에 관여하는 경향이 있다. 1840년에는 그 자체로 보잘 것 없었던 언론이 이제는 대중을 깨우고 열정을 갖게 만들었다. 사람들은 모든 것에 대해 듣고, 모든 것에 관여하고, 모든 일에 자기 관심을 행사하기 원한다. 투표권의 확대는 공적 활동의 더 넓고 광범위한 발전을 앞당겼다.

1850년 이후 놀란 대중을 덮친 강력한 발명은 공동체적이며 공적인 발돋움을 필요하게 만들었는데, 과거에는 모든 사람이 개인적으로 모든 영역에서 자기의 길을 찾고 발견했었다. 양초와 램프가 지배하는 동안은 각 개인이 자기 방에서 빛의 주인이었다. 지금은 가스와 전기가 전 도시의 조명을 차지하기 시작했기에, 모든 것이 공공의 영역으로 흘러갔다. 수도 공급과 교통수단도 마찬가지였다. 결국 시 의회는 이 모든 것을 개인에게 맡길 수 없었다.

물리적 수치에 나타나는 것처럼, 사회적 문제도 점점 더 많아지고 있다. 사람들은 더 이상 자신의 이익만을 위해 싸울 수 없었다. 클럽, 군대, 노동조합에서의 연결이 일반적인 구호가 되었다. 그렇게 이 모든 것이 인식하지 못하는 가운데 저절로 진행되었으며, 시 의회는 모든 것을 다루는 첫 협의체가 되어야 했다. 그래서 우리나라의 시 의회의 설립은 삶의 활동에 있어서 더 이상 일치하지 않는다. 헤임스케르크의 집권 하에 있는 국가위원회는 이것을 보고 인정했다. 결국 '행정'이 제144조에서 빠진다면 우리의 모든 공적 삶에 유익이 될 것이다.

§17. 시 행정부의 협력

우리는 이제 두 번째 지점에 도착한다. 제126조에서 말하는 지역 시의 협조는 "법, 집행부의 일반적 조치, 이와 관련된 국왕의 명령, 주 정부의 규정과 조례의 시행을 위해" 필요하다. 대체로 시장과 시 의회 의원만이 협력의 권한을 가졌다. 이것이 인식되고, 명백히 나타날 때에만 시 의회가 개입한다. 시 의회가 이 부분에서 지체하면, 시 의회에 맡겨진 일은 시장과 시 의회의 의원으로 구성된 협의체의 몫이 된다. 만약 시장과 시 의회의 의원이 충분히 협력하지 않으면, 이 책임은 시장뿐만 아니라, 주 행정부의 수장에게로 넘어간다(제127조 참고).

이 모든 것은 영국식 규정을 따른다. 영국에서는 지방과 지역 행정부가 위에서 명령한 것을 수행한다는 법이 동일하게 적용된다. 이 규정은 국가정부와 부분적으로 주 행정부가 각종 방법을 동원해 그것을 규제하며, 임무를 부여하고 명령한다는 것을 의미한다. 이것을 실행하기 위해 자기 관공서 직원이나 종사자 혹은 경찰관을 임명하는 것은 예외적으로 가능하다. 대체로 지역 시가 이 일을 한다. 시에서 발생한 부담은 시 의회나 혹은 시장과 시 의회의 의원을 통한 시 의회 안에서 처리될 것이다. 이를 실행하기 위해 지역을 갖추고, 영구적으로 혹은 임시적으로 공무원을 고용하고 사무처와 위원을 모으며, 비용을 지출하는 등, 이 모든 것을 위해 일반적으로 시장과 시 의원(B. en W.)이 주도권을 쥐고 비용은 시가 부담한다.

대도시를 고려해 보면 얼마나 많은 비용이 들지 알 수 있다. 그리고 규정된 모든 법의 준수와 모든 조세공급의 집행에 대한 우려가 얼마나 과도하고 쓸데없는 시간 낭비인지는 그런 큰 시의 시청에서 확인할 수 있다. 그것은 이미 존재하는 많은 시청의 업무에 일부분 추가되는 우려와 간섭의 문제가 아니다. 그것은 시장이나 시 의회 의원도 자세히 살필 수 없는 그 자체로 꽤 편만한 문제로, 오히려 시청 회의실에서 더 많은 권력과 함께 자리 잡은 무성한 관료주의이다. 이미 오랫동안 사람들은 암스테르담 시장이 그것에 거의 굴복했다는 불평을 확인할 수 있었다. 그러나 여기에 숨겨진 과제는 줄어들지 않고 계속 증가한다. 수도와 주 정부는 지시하고 명령하지만, 그 이행과 시행은 대체로 시장과 시 의회의 의원에게 맡겨져 있다. 재정적 부분에서는 이것에 큰 이의를 제기하지 않는다. 시가 국세에 제법 큰 액수의 부가세를 부과하는 권한을 받았기 때문이다. 하지만 재정적 부분을 제쳐 두면, 이런 방식으로 일하는 것에 대한 반대가 상당히 많을 것이다.

§18. 상위 기관의 집행 권한

시 자체가 결정한 것을 시 행정부가 준수하고 집행하는 것은 아주 자연스럽다. 거기에는 시에서 시작되고, 모든 시 의회의 의원이 감독할 수 있는 영역 안에 있는 규칙이 효력을 가진다. 여기에 대해 누구도 의심을 품지 않았다. 지역의 통제 범위를 완전히 벗어난 법률, 상황과 관련하여 발생하며 완전히 다른 권력에 의해 시행되는 규칙, 법률, 조치, 명령은 경우가 매우 다르다. 이런 종류의 법령과 명령에 대한 지식은 신중한 연구가 필요한데, 그런 것은 대다수의 시 의회 의원에게 부담시킬 수 없는 것이며, 심지어 대부분의 시 의회의 의원들에게 그것은 먼 미지의 영역으로 남아 있다. 혹은 이 전체 꾸러미가 다시 부풀어 오르는 곳과 지금까지 그랬던 것에 한 달도 지나지 않아 작거나 큰 규모로 다시 변화가 시작되었다.

이런 모든 중앙 정부와 주 정부의 법률, 규정, 명령을 포함하는 것들을 모두 알고 있으려면, 계획적으로 이에 헌신할 수 있는 사람이 요구될 수밖에 없다. 특히 지금 모든 것을 결정하고, 모든 것을 정밀하게 정리하고, 모든 것을 최대한 치밀하게 법적 형태로 만들고자 하는 정신이 점점 더 많이 요구됨으로 인해, 여기 전체 꾸러미는 오직 계획적으로 이것을 연구하는 데 헌신할 수 있는 사람만이 그 지식에 이를 수 있는 어마어마한 규모에 이르렀다. 거대 시는 예외로 하고, 일반 시 의회의 의원은 전적으로 고려될 수 없으며, 시 의회 의원은 아주 예외적으로만 고려될 수 있다. 오직 시장과 고위 관료의 경우 그것이 가능하다고 고려될 수 있을 뿐이다.

안내 지침은 부분적으로 도움이 된다. 주 정부의 고위 관료도 도움이 된다. 그렇게 사람들은 문제를 해결한다. 하지만 대다수 마을 집행부가 행하는 활동의 상당 부분은 결국 국가와 주 정부의 이해관계에 편승하고 만다.

특히 가장 큰 도시가 가장 작은 마을과 거의 완전히 동일한 법률 아래 있을 경우, 충격적인 불균형으로 이어질 것은 뻔하다. 대도시에서는 일자리가 너무 많아 시장이 더 이상 처리할 수 없기 때문에 믿을만한 사무국이 맡아야 한다. 그리고 마을 지자체에서는 이 복잡한 일을 시 의회 대부분의 사람과 심지어 시 의회의 의원이 맡아야 한다. 그렇지 않으면 모든 일을 주로 시장과 고위 관료가 맡아야 할 것이다. 마을의 일은 그런 시 의회의 의원이 익숙하고 잘 안다. 그들은 그런 일을 판단할 수 있고, 일에 대한 지식과 성숙한 판단력으로 투표권을 행사할 수 있다. 하지만 중앙 정부와 주 정부의 명령을 준수하고 집행하는 훨씬 넓고 광범위한 일은 그들의 능력을 초월한다. 결국 작은 시에서 모든 책임을 져야 하는 시장과 고위 관료는 대체로 시 출신이 맡을 수 없다. 그래서 다른 지역의 더 높은 자질을 가진 사람이 시의 조직을 담당하도록 해야 한다.

§19. 시의 자율성

이것은 자율성과 전혀 관련이 없다. 첫째, 시의 자율성 축소는 나라와 주가 시에 할당된 규정을 스스로 취함으로 인해 발생했다. 둘째, 중앙 규정이 제정되어 외관상으로 고유 규정에 대한 권리조차 종종 사라져 보이게 되었다. 제70조에 의하면 시장도 특권을 받았지만, 만일 법에 위반될 뿐만 아니라, (여전히 그렇게 이해되는) '공통적 이해관계'에 반하는 것이라고 판단되는 경우, 시 의회의 결정 혹은 시장과 시 의회 의원의 결정을 실행하지 못한다.

용어가 참 모호하긴 한데, 여기서 권력은 상상할 수 있는 정도로 매우 확실히 증가했다. 이런 권력의 남용이 오랫동안 이루어졌다. 그러나 시의 자율성, 시의 자치와 완전히 분리해서 생각하면, 지역 시는 국가 정부나 주의 권력의 이익을 위해 수행해야 하는 임무와 관련된다. 국가 정부와 주 통치자들은, 법을 준수하기 위해 임무를 수행할 직원을 임명하고 비용을 지출해야 할 의무가 없다. 오히려 그들이 생각하는 것은 시 당국이 이 목적을 위해 스스로 임명되었다는 것이다. 그래서 그들은 단순하게 시 당국에게 임무를 맡기는 것이다.

바로 이런 이유로 사람들은 우리나라에서 시장을 정부의 대리인으로 만들었다. 시장은 시 의회를 '통해' 선출되지 않고, 일반적으로 시 의회 '중에서'도 선출되지 않는다. 이것은 본래 의도였다. 그래서 우리나라 헌법 제143조 마지막 줄에는 매우 이상하게 들리는 조항이 있다. "의장은 국왕을 통해, 그리고 '시 의회 의원 밖에서도' 선출된다." 이러한 표현 방식으로 말하는 것을 잘 보면, 시장은 외부에서 시에 불러들여서는 안 된다는 것이다.

그렇다. 반드시 지켜야 할 규칙은 먼저 시장이 시민에 의해 시 의회의 의원으로 선출되는 것이다. 그럼에도 불구하고 오래전부터 이 규칙은 부분적으로도 지켜지지 않고 있다. 새로운 임명이 있을 경우, 지역 동료가 임명되는 경우는 대단한 예외사항이 아니다. 암스테르담, 로테르담, 레이던, 위트레흐트 그리고 원하는 어떤 도시든지 다른 지역 출신인 시장의 통치하에 놓인다. 그리고 작은 마을 지자체의 경우 규칙이 너무 확고해서, 자기 마을에서는 시장 목록의 10퍼센트를 만드는 데에도 어려움을 겪을 것이다. 자기 마을 의회로부터 찾는 것은 말할 것도 없다. 내무부 장관이 누구든지, 한 사람을 그가 있는 자리에서 쫓아내는 것은 거의 할 수 없는 일이다. 그 자리가 인구가 적은 곳이라면 이는 불가능하다. 우리 시대에 시장이라고 불리는, 광범위하고 많은 공부가 필요한 일에 대처할 수 있는 사람을 그런 마을에서 찾는 것은 엄청나게 예외적인 일이기 때문이다. 더 큰 도시에서는 적임자를 찾는 것이 자연스럽게 이뤄지겠지만, 더 큰 도시의 시장 직무는 믿을 수 없을 정도로 방대하며, 특별한 자질을 요구한다. 따라서 사람들은 조금 더 작은 곳에서 일했지만, 상대적으로 큰 시에서 시험을 통과한 사람을 선호한다.

§20. 여기에서 조언을 얻는 방법

현 상태처럼 시장 임명을 시 의회에 돌려주는 것이 불가능해 보인다는 사실을 빨리 인정해야 한다. 시는 사람들이 주 정부를 다루는 것처럼 다루어져야 하고, 국왕은 자기 권한으로 시장을 임명해야 한다. 주에 속한 국왕의 지방 장관은 임명권에 따라, 제국으로부터 연봉과 연금과 해당되는 사택을 받는다. 그런데 시 의회로부터 독립적으로 국왕이 임명하는 시장이 시로부터 연봉을 받아야 한다는 것은 이상하게 보인다.

세 가지 종류의 개별 권리가 있다. 예전에는 시장이 지역 자체에 의해 선출되었다. 정부와 주 정부는 관계가 없었다. 나는 티롤에서도 지방 의회가 자체적으로 시장을 임명했던 것이 옳다고 보았다. 두 번째 권리는 국왕이 시장을 임명한다는 것이다. 그러나 시 의회는 최소한 추천할 권리를 갖는다. 세 번째 권리는 국왕이 완전히 자유롭고 절대적인 권력으로 주 장관과 지방 장관의 다른 조언 없이 국왕이 선호하는 자를 시장으로 임명하는 것이다. 특히 칼빈주의 쪽에서 이에 반대해 점차 강력하게 반응했는데, 이는 개혁교회의 교회적 관행으로부터 나온 것이었다.

개혁교회로 이루어진 마을에는 시의 분위기를 조성하는 두 부류의 사람이 있다. 시민법의 영역에 속하는 시장과 교회의 영역에 속하는 말씀의 봉사자이다. 종교개혁 이전에는 교회의 수장과 관련해서 교회의 목회자 혹은 목사가 주교의 제가를 받는 것이 관례였다. 그러나 종교개혁을 거쳐서, 칼빈주의 아래서는 당회에 임명권이 주어졌다. 특히 프리슬란트와 헬데를란트에서는 많은 대영주가 종종 공무원 임명자의 권리를 포기하지 않았으며, 그래서 그들이 말씀 봉사자의 임명권을 행사했다. 하지만 이것은 칼빈주의 원리와 '대립'되었고, 임명은 대부분의 경우 '교인의 동의'[42]에 맡겨졌다.

일반적으로 말씀 봉사자는 지금의 시장처럼 외부로부터 왔다고 말할 수 있다. 하지만 말씀 봉사자는 외부의 권력에 의해 배치된 것이 아니라, 당회에 의해 선택된 것이다. 만일 시장 임명과 관련해 외부로부터 사람이 오는 것이 규칙이지만 그 선택이 시 의회에 알려졌다면, 추측하건대 사람들은 그 선택을 받아들였을 것이다. 어떤 식이로든 시장이 시 당국과의 합의에 따라 높은 자리에 올랐다면, 국왕이 임명하는 것 자체에 그리 대단하게 반대하지 않을 것이다. 반대로 시 의회의 사전 고지 없이, 더 높은 권력에 의해 완전히 외부에서 시장을 임명하려는 극단적 상황까지 갔기 때문에 완전히 부자연스러운 상태가 살아나게 되었고, 그것은 어떻게 진행되든 유지될 수 없다. 주 정부의 의장을 임명할 때 이런 식으로 진행한 것은 이미 불편하기 짝이 없는 일이었으나, 옛 주지사에 호소하면서 적어도 부분적으로 이치에 맞는 지지연설을 할 수 있었다. 그와 반대로 시장직에 관해서 헌법 제143조는 우리의 자유로운 시민개념의 본질과 성격에 너무나 반대되는 원리를 도입했다.

§21. 요약

짧게 요약하자면, 시 관련 활동과 관련하여 다음과 같은 정치적 신념의 차이와 모순에 도달하게 된다. 한 가지 견해는, 고위 국가 정부 아래 있는 전체로서의 제국에서 출발한다. 국가 정부는 전 국토를 몇 개의 지역으로 나누고, 다시 그것을 몇 개의 시로 나눈다. 그리고 그 지역과 시를 국가가 임명한 최고 관리자에게 맡긴다. 그 관리자는 지역을 위한 주정부 장관과 시의 시장이라는 직함을 가진다. 국가는 최고 관리자에게 법률, 행정조치와 명령에 따른 필요한 지침을 제공한다. 그리고 지역과 시의 수장에게 유권자들은 지역을 위한 '의회'(Staten)와 시를 위한 '시 의회'(Raad)를 할당할 수 있는데, 그들 가운데서 한편으로 주 행정부와 다른 한편으로 시 의회의 의원을 의회로 임명한다.

이제 주 정부와 시 행정부는 국가의 중앙 정부로부터 행동 지침을 받는다. 그로 인해 부분적으로 자율적 특권을 부여받지만, 법률과 일반 행정조치와 명령에 의해, 뿐만 아니라 일부는 지방 장관과 시장이 소유하고 일부는 주 정부의 권력과 중앙 정부로부터 발생하는 높은 권력에 의해 제약과 제한을 받는다. 그리고 이는 매우 광범위하게 삶 속 깊숙이 스며들어 활동의 자유를 방해한다.

이 견해의 반대편에는 전혀 다른 것이 버티고 있는데, 그것은 우리나라의 과거와 연결된 폰 쉬타인(Von Steyn) 남작의 지지를 얻었다. 그 견해는 원칙적으로 아메리카에 통용된다. 그것은 전체 국가가 앞서며 그 후에 지역으로, 그리고 지역에서 시로 나눠지고 분할되는 형태가 아니다. 반대로 지역과 시로부터 독립적으로 발생하는 형태로 시작되었다. 이 지역과 시를 통해 합병이 전체적으로 이뤄지고 완료되었다. 유추해보면, 드렌터(Drenthe) 같은 단일 지역이 추가되었을 수 있었다. 그리고 같은 방식으로 새로운 도시가 출현하여 기존 지역에 추가될 수 있었다. 하지만 일반적으로 볼 때, 지역과 시가 먼저 있었다는 기본 원칙은 유지된다. 전체적으로 가위로 나뉜 것이 아니고, 역사의 끈으로 하나로 연결되었다. 첫 설명에 따르면 지역과 시는 단지 국가 전체의 기관으로 일하며, 국가법의 통치 아래 고위 정부에 의해 섬기는 보조 구성일 뿐이다. 우리나라의 경우를 가장 바르게 설명하자면, 성질상 독립적이고 부분적 형태의 융합이 전체 형태를 구성했다고 말할 수 있다.

§22. 칼빈주의 노선

마지막 확신은 칼빈주의 노선에 있다. 더 높은 권위가 구성된 전체를 지켜야 한다는 것은 논란거리가 아니다. 지역 사이의 이해 충돌이 발생할 수 있다. 이러한 갈등은 지역 스스로 평화롭게 해결할 수 없다. 같은 경우가 여러 시 사이에서 발생할 수 있다. 여러 시에서도 소수가 그들의 권리를 침해하는 다수에게 아무런 저항 없이 지낼 수 있었다. 여기서 고위 정부가 법률과 감독으로 지켜야 한다. 하나의 지역 혹은 하나의 시를 넘어서는 위협이 강이나 해안에 닥칠 수 있다. 여기로부터 다른 쪽으로 방향을 돌리는 것이 화해를 통해 이뤄지지 않으면, 고위 정부가 돌보아야 한다. 전염병이 사람이나 동물에게 발생하거나 해외로부터 유래하여 위협을 가할 수도 있다. 그러면 국가는 악을 물리치기 위해 도움을 제공해야 한다. 진정한 자율과 진정한 자치를 지지하는 자들은 어떤 논쟁을 조정하고, 어떤 공동의 위험을 피하기 위해 요구되는 것을 공급하기 위해 지역과 국가 정부의 소명과 권한을 두고 협상한 적이 단 한 번도 없었다.

핵심은 투쟁이었다. 기계를 제작할 때는 마음껏 부속을 만들고 조립한다. 유기체적 생명에는 부분들이 생명의 중심에서 생겨나고, 그 뿌리에서 자기 생명의 법을 동반한다. 이런 생명존재의 요구에 따라, 시와 주, 국가는 각자의 임무를 수행해야 한다. 위험 없이 시에 남아 있을 수 있는 모든 것은 시에 할당되어야 하고, 전체적으로 반드시 보존되어야 하는 것 이상은 개입하지 않도록 통제되어야 한다. 시 영역이 아니라, 전체 지역의 재정과 관련되는 것은 지역 행정부에 남아 있어야 한다. 마찬가지로 국가는 자기 임무를 수행하기 위해 필요한 조치를 해야 하며, 이를 위해 필요한 경우 자체 관리, 자체 지역 당국, 자체 위원회, 자체 평의회를 구성해야 한다. 이미 후자에 해당되는 것들로 육군과 해군, 공증, 대학 교육, 교육감독, 세관, 더 큰 조세 영역, 보건위원회 등이 있다. 이 모든 것을 위해 국가는 이미 특별한 반대 없이 점점 더 자체 직무, 자체 공무원, 자체 사무국을 탄생시켰다.

§23. 타개책

시장, 시 의원, 고위 관료 그리고 부분적으로 시 의회에 맡겨지는 국가의 불편한 일을 스스로 실행하기 위해 시 조직에게 떠넘기지 말아야 하는 이유를 생각할 필요가 없다. 외국의 경우에는 시장이 시 의회에서 임명되는데, 오히려 국가가 임명하고 보수를 주어, 국가가 일반적으로 책임져야 하는 것을 실행하고 이행해야 하는 지역 기구나 지역 당국이 있다. 이 중 많은 부분이 초기에 시 행정부에 이양되었다는 사실은, 당시에는 이런 간섭이 대체로 큰 문제가 아니었다는 것을 보여준다. 그렇게 지역의 관여가 지역 행정부 없이 고유의 독립적 성격을 상실하는 혹은 국가기관 속에 스며들어 본래 성격을 잃어버리는 일이 발생할 수 있었다.

이런 부자연스러운 작업을 다시 시 행정부에게서 취하여 이 작업을 위한 자체 국가기구가 설치되면, 등급과 유형으로 시를 나눔으로써 가장 작은 마을까지도 시장의 임명권을 시 의회 자체에 줄 수 있었다. 그리고 그 임명이 그런 식으로 왕에게서 나왔다고 주장한다면, 임명은 하원 의장의 임명과 관련해서 했던 것처럼 시 의회가 3명을 추천하는 것으로 연결된다. 우선적으로 해당 지역의 거주자나 시 의원을 추천해야 한다는 규정은 여기에 포함된 거짓 꾸밈으로부터 벗어날 수 있었다. 만약 다른 곳의 후보자를 지명할 경우 규정에서 벗어났던 자료를 제공할 이유가 발생했을 것이다.

'다양한 방법으로 성공한다'(variis modis bene fit)라는 말이 여기에도 적용될 수 있음을 명심해야 한다. 시민이 2,000명이나 3,000명 사이의 도시에 유효한 것이 평균 10만 명이 넘는 도시에 유효할 필요가 전혀 없다. 획일성은 여기서도 부패를 가져오는 심각한 저주였다. 아주 드문 경우를 제외하고는 시장은 마을과 완전히 이질적인 외부에서 임명되었다. 시장은 시골의 자유와 고유한 발전을 더 망치고 말았다. 자율적 자치가 국민을 강하게 만든다. 국가가 시장을 고용하여 삶의 모든 부분을 획일적으로 평평하게 누르면, 생명의 박동이 느려지고 만다.

§24. 연방적 연대

둘 혹은 그 이상의 시가 합병되거나 하나로 합쳐지는 곳에서 제기되는 질문에 대해, 전반적으로 동일한 원리가 시작점에서부터 그 대답을 좌우한다. 합병은 시정 전체나 혹은 그 일부를 염두에 둘 수 있다. 특히 사안에 따른 부분적 합병이 권장되는데, 만약 연합이 실현되어야 한다면, 그것은 꼭 필요하다. 스스로 연합을 통해 합병하는 쪽은 당연히 자기의 권리를 유지한다.

가스나 전기 시설은 많은 시가 자체적으로 건설하기에는 너무 규모가 크다. 서로 가까이 위치한 작은 몇 개의 시가 이것을 할 수 있다면, 왜 연방적 협력을 하지 않겠는가? 전철 선로를 부설하는 데도 같은 원리가 적용될 수 있다. 경찰도 몇 지역에서 여섯 명만 함께 임명할 수 있다면, 그런 성격을 수용할 수 있을 것이다. 학교 체계도 서로 결합해야 할 수도 있다. 기독교 학교는 한 마을이 제공하는 학생 수로는 구성될 수 없는 지역에서 결합되곤 한다. 그렇기 때문에 서로 가까이 위치한 마을에서 잘 번성할 수 있는 공립학교가 같은 방법으로 협력하지 못할 이유가 있겠는가? 화재의 위험에 대비해 여러 작은 마을이 각자의 필요를 공급하는 것보다, 서너 개의 이웃 마을이 함께 모일 때 더 잘 대비할 수 있는 것은 자명한 일이다.

요약하자면, 각 마을이 자체적으로 필요한 것을 제공하는 것보다, 일정 수의 마을이 연방적 협력(federatieve samenwerking)을 통해 더 잘 봉사할 수 있는 여러 중요한 요인들이 있다. 두 개의 이웃 마을에 한 명의 시장을 시의 대표로 임명하는 것은 해당사항이 없지만, 그럼에도 불구하고 두세 개 시의 이익을 위해서는 추천할 만하다.

　아주 작은 시에서 능력 있고 실력 있는 사람을 일하도록 세우기에는 시장 급여가 너무 적다. 둘 혹은 필요하다면 세 개의 작은 시가 연합하여 보수를 제공할 때에야 지원하지 않았을 사람을 끌어들일 수 있다. 대체로 시장으로서 이렇게 작은 마을 두세 개를 관리하는 일은 능력을 갖춘 사람이 감당할 수 있는 역량을 넘어서지 않는다고 한다. 서로 가까이 위치한 둘 혹은 세 개의 작은 시가 더 밀접히 연합하는 것에 대해, '그 성격이 같은 것이라면' 반대가 없을 것이다. 카트베이크(Katwijk)과 노르트베이크(Noordwijk)의 사례가 보여주듯이, 바닷가 마을이 그 뒤에 있는 농사를 짓는 마을과 결합하는 경우에는 손해가 발생할 수도 있다. 바닷가 마을과 그 위에 있는 농촌 마을은 이해관계가 엇갈리는 경우가 많기 때문에 같은 사람을 시장으로 두는 것은 바람직하지 않다. 반면, 그 외의 경우에는 연합하는 협력과 결합은 여러 가지 관점에서 권장할 만하다.

§25. 병합은 안 된다

　특별히 로테르담에서 실행된 것처럼 작은 시가 큰 시에 흡수 병합되는 경우는 상당히 다르다. 그런 융해에 대한 새로운 계획이 자꾸만 논의되는 것은 건강하지 않다. 델프트의 역사를 알고, 암스테르담을 위협하는 것이 무엇인지 명확하다. 이와 관련해 우리나라는 예전에 다른 곳에서 일어난 일과 비교해도 그리 유리하지 않다.

　런던이나 브뤼셀의 경우가 어떠한 상황이었는지 잘 알려져 있다. 도시 인구가 점점 늘어나자, 도시와 주변 마을 사이의 모든 거리가 사라지고, 도시의 거리와 집들이 줄을 지어 서게 되었다. 마을은 거리와 집들의 열과 완전히 연결되어서, 그곳을 걷는 외부인들은 최소한의 분리나 구분, 심지어 차이를 인식할 수 없을 정도였다. 그러나 주변에 위치한 마을이 대도시에 녹아 흡수되는 방향으로 넘어가지는 않았다. 오히려 반대로 모든 마을은 자기 행정기구와 재정을 유지했고, 그렇게 함으로써 과거 역사적 특징뿐만 아니라, 중심가와 주변부 사이에 존중받았던 사회적 다양성과 삶의 상태를 다채롭게 보존해야 한다고 종종 생각했다. 거기에는 '도시'(city)와 '교외'(suburbs), 즉 '시'(ville)와 '외곽시'(faubourgs)가 있는데 그 안에서 자신의 삶을 보존한다. 우리는 그것을 '광역시'(een stad met haar voorsteden)라고 부른다.

하지만 우리나라를 이끄는 사람들은 이것조차 너무 힘들어한다. 사람들은 단순한 것을 좋아하고 단순하게 밀어붙인다. 재산에 폭력을 행사하는 것도 문제가 되지 않는다. 이런 교외 도시는 생활비가 적게 들고, 임대료가 낮다. 그러나 곧 마을 고유의 정체성을 단절시키는 단두대가 등장하면 집세가 오르고 높은 물가의 도시생활이 교외로 몰려들며, 자기 고유의 특성을 지닌 삶의 범위가 중앙집중화되어 하나로 합쳐지고 만다. 그래서 반혁명당은 런던과 브뤼셀을 지적하며, 가능할 때까지 혁명적 병합 방법을 반대했다.

시는 그 성질상 가족과 닮았다. 적지 않은 사람들이 가족에게서 자율과 자치를 박탈하려 했는데, 그렇지 못하면 둘을 제한하려고 했다. 이는 예부터 플라톤 같은 철학자가 이미 온 가족을 국가에 흡수시키기를 시도했다는 사실로 이어진다. 가족의 자율과 자치는 분명히 그림자 측면이 크며, 수정이 요구되는 경우가 적지 않다. 이것은 전적으로 옳지만, 균열되지 않은 가정생활을 보여주는 국민이 얼마나 강한지 느낀다. 물론 부족한 점이 있을지라도 가정생활이 국가양육기관에 녹아들어간다. 이 점이 지금 여기에도 똑같이 적용된다. 시의 자율과 자치가 매우 큰 결함을 가질 수 있다. 그러나 비록 결함으로 어려움을 겪더라도, 강력한 '시정'은 국가와 시민의 미래를 위해 국가라는 피조물로 역사적 시를 새로운 방법으로 변화시키는 것보다 더 높은 번영을 약속한다. 그러면 국가라는 대리자가 위협하지 않는다. 시는 '공익'에 부합해야 한다. 하지만, 바로 이 공익이 돌이킬 수 없는 피해를 입게 되면, 그렇게 시 체제가 약화된다.

제10장

시민적 삶과
교회적 삶

§1. 과거에는 반대가 없던 사안

이제 우리 시의 활동에 속하는 조직이 우리에게 제기하는 더 특별한 문제를 마주하는데, '거룩한 것'에 관련된 부분에 관심을 집중해야 한다. 우리 뒤에는 적지 않은 부분에서 교회 생활과 시민 생활이 거의 하나로 얽혀 있어서, 교회 건물이 시 행정당국의 보살핌 아래 있을 정도이다. 시 안에 하나의 종교만 번성한다면 그 누구도 교회와 시의 물질적 이해관계를 날카롭게 분리하는 것에 찬성하지 않을 것이다. 그래서 시골의 '대영주'와 도시의 의원이 교회 재산에 대해서나 심지어 목사를 선택하는 데 상당히 중요한 권한을 행사하며 관여하는 경우가 적지 않았다. 영적 이해관계는 거의 모든 것이 교회의 권위자들에게 맡겨졌지만, 외적 관리는 공무원이나 시 의회에 맡겨졌다.

종교개혁은 이러한 상호관계에 근본적 변화를 일으켰다. 그럼에도 불구하고 교회 공동체의 일치는 사실상 깨어지게 되었다. 물론 그리 크지 않은 마을에는 전 주민이 구 교회에 속한 경우가 적지 않았다. 혹은 그들 전체가 개혁교회로, 혹은 루터교회나 재세례파 교회로 넘어가기도 했다. 대체로 일반 대중에게서 교회 일치가 깨졌다는 것이 확실했다. 사람들은 스스로 자기 교회를 유일한 참 교회라고 선언하고, 그 바깥에 서 있는 모든 것을 이단적이라고 판단했다. 그렇지만 그것이 사상계의 큰 변화를 막지는 못했다. 비록 그들이 교회의 영역에서 그리스 정교회와 로마 가톨릭 교회를 바른 길에서 벗어난 현상이라고 단호히 거부하지만, 네덜란드 개혁교회는 전체적으로 그리스 정교회나 로마 가톨릭 교회로 남아 있던 나라에서 기독교가 존재했다는 흔적을 찾아보지 못할 것이라고 주장할 수는 없었다.

기독교의 교회가 분열되었다는 생각은 이제 분명하며, 반대할 수 없는 정도가 되었다. 사람들이 온갖 우여곡절 가운데 꽤 오랜 시간 고군분투했다. 그들 자신의 교회를 유일한 참된 교회라고 주장하면서도 신앙고백으로부터 이탈한 나라에도 그리스도의 교회가 존재한다는 것을 완전히 부정할 수 없었기 때문에 그들의 분투가 수월하지는 않았다. 새롭게 등장한 이해가 우리 사이에 상당히 스며들어 일반적인 것이 되기까지 오랜 시간이 걸렸다. 하지만, 마침내 그것이 이르렀을 때, 도시와 마을에 있는 교회적 조직과 시민적 조직의 경계선이 아주 날카롭게 그어졌다.

§2. 분리가 침투하다

그래서 분리 원리가 상호관계를 규정할 만큼 충분히 침투해 들어왔다고 생각할 수 있다. 이 관계는 로마서 13장 1-5절에 따라 모든 교회의 지도자와 회원은 시민 정부에 대해 모든 존경과 공경을 보여야 하고, 다음과 같이 교리문답에 따라 행동하고 설교함으로써 정부에 대한 임무를 수행하는 그런 관계여야 한다. 그리고 심방과 교회적 권징과 모든 혁명적 경향을 반대하고 시민 정부에 복종할 것을 권면하며, 모든 부도덕과 불의한 범죄에 맞서야 한다.

다른 한편으로 시민 정부는 공무, 가난한 자를 돌보는 일, 그리고 모든 공무수행에서 교회에 존경을 표시하면서도 주민을 이끈다는 사실에 직면한다. 시민 정부는 동등한 입장에서 일을 수행해야 하며, 스스로 교회와 교회를 구분할 수 없다. 시 행정부는 예배의 질서를 유지하도록 깨어 있으며, 예배의 정숙함이 방해받지 않도록 예배에 발생할 모든 소란을 막는 역할을 한다. 시장은 사람들이 걸어 다니는 거리에서 교회의 목사를 만날 때 경찰이 인사를 하도록 지시하기를 바란다. 요컨대 교회 기구와 시민 정부가 각각 완전히 독립적으로 서로 대척점에 있지만, 손을 잡고 한 발 위에 서 있다. 하지만 서로 어려움을 주지 않아야 하고 오히려 예의바르고 서로 도움을 주는 방향으로 관계가 수립되어야 한다. 주민은 교회와 시 정부의 권력이 각자의 임무를 수행하기 위해 각자의 길을 가고 있다는 인상을 받아서는 안 된다. 서로 싸우는 관계가 아니라 오히려 서로 도움을 주는 관계를 기대한다. 과거에는 시장과 시 의원이 예배에 참석함으로 이것이 확실하게 자리를 잡았지만, 이제는 시장이 모든 종교와 관계를 끊고 공식적 관계에 그 어떤 영향도 주지 않아야 한다는 주장이 제기되곤 한다.

국가와 교회의 분리를 통한 교회의 독립은 점점 더 '완전해져야' 하지만, 두 영역이 최종 분리될 때에 공식적 접촉은 무엇보다도 정확해야 한다. 한 교회를 다른 교회보다 공적으로 더 우대하는 것은 사라져야 한다. 아직도 다소 공식적 특성을 지니는 소위 '국가교회'(Volkskerk)라는 개념은 시 행정부에서 최소한의 영향도 가지지 못해야 한다. 시민 정부(het civiel bestuur)가 시민의 교회(de burgerlijke Gemeente)에게 우선권을 부여한 것을 회수해야 하는 것은 양심의 자유에 대한 존중이다. 시민 정부는 이스라엘 쪽에서 교회적 입장을 표명해 오는 노회적 제도조차 동등하게 예의바르게 다루어야 한다. 체결된 혼인 증명서가 없다면 교회적 혼인식은 금지된다. 이 점에 대해서는 이미 다른 곳에서 다루었다. 여기서는 시민 정부가 요청할 경우, 비용을 지불하지 않고 교회 기관을 위한 주민등록부 사본을 준비해야 한다는 바람만 지적하고자 한다. 특히 우리나라의 대도시에서 일어나는 복잡한 이동에는 교회 기구가 거의 감독을 수행할 수 없다. 만일 누군가 나서야 한다면, 교회 감독에 관심을 가지고 있는 지방 정부가 그럴 수 있을 것이다.

제11장

시민 정부의
종교와 도덕

§1. 주일성수

이 제목 아래 가장 먼저 관심을 끄는 주제는 주간마다 기념하는 안식일, 즉 주일 문제이다. 주일성수는 한 주의 시작에 죽음에서 부활하신 그리스도를 기억하려는 목적으로 안식을 취하는 '교회적 기독교'(kerkelijk-Christelijke) 제도이다. 그러나 7일 가운데 첫째 날을 구분하기 위한 이런 특별한 기독교적 형태 이면에는 매주 안식하는 날 자체를 자유롭게 선택할 수 있다는 생각이 놓여 있다. 안식일은 이스라엘에게는 한 주간의 끝에 있는 날이다. 이슬람은 금요일을 택했다. 고대 이집트와 프랑스 혁명의 시기에는 7일에서 벗어나, '10일째' 날을 준수하는 것을 선호했다.

하지만 기저에 깔려 있는 생각은, 우리 인간의 삶에 흐름이 존재하고 유지되었다는 것이다. 그래서 쉬지 않고 일하는 것은 항상 인간 본성에 어긋나는 것이다. 그리고 낮이 지나고 밤의 나머지 시간이 필요하다는 사실이 입증된 것처럼, 수많은 날 가운데 고정된 쉼은 우리 인간의 본성을 고려해 주어진 것이다. 나는 이에 관해 "안식일에 관한 소논문"(Tractaat van den Sabbath)과 1915년 샌프란시스코 총회를 위한 소논문(een Paper)에서 더 자세히 설명했다.

["세계의 안식일, 일요일"(Sunday the World's restday), 뉴욕안식일위원회, 31 Bible house, 47~63쪽 참고.]

그러므로 나는 여기에서 더 자세히 들어가지 않고, 창세기 2장 2절에 분명하게 나타나는 다음 사실을 지적하는 것으로 만족한다. 일곱째 날은 이스라엘이 언급되기 이전에 인간이라 불리는 전체 인류를 위해 일반적인 쉼의 날로 지정되었다. 7일 중의 하루를 안식일로 정한 것은 특정 기독교 제도가 아니라 일반 인간 제도이다. 이것은 특별은총 아래 있지 않고 '일반은

총'에 속한다. 이에 따라 시민 정부는 지방도시나 지역에서도 7일 가운데 하루를 쉼의 날로 구별해야 한다. 10일 중에 1일이 아니라 7일 가운데 1일이다. 7은 거룩한 숫자이기 때문이다. 3+4의 조합은 하나님과 인간 생활의 흐름에 속한다. 숫자 4는 사방을 가리킨다.

교회나 회당이 하나도 없고, 사람들이 더 이상 어떤 종류의 종교적 신앙고백도 하지 않는 마을이 있다 하더라도, 7일 중 1일을 안식일로 정할 수 있다. 우리나라의 과거에도 그랬고 여전히 상당히 강력한 기독교 인구로 인해 일요일이 가장 확실히 지정되었기 때문에, 네덜란드 시민 정부가 주일을 존중할 것은 분명하다. 일요일은 공적 활동에서 '쉼의 날'(als een dag van rust)로 존중된다. 예를 들어, 프랑스와 벨기에가 안식일에 정치적 선거를 시행한 불행한 관습이 우리에게는 다행히 실패했다. 그리고 그 관습은 우리나라에 결코 뿌리를 내리지 못할 것이다. 여기에서는 부정적인 것은 견뎌내지 못한다. 시민 정부에게 요구해도 되는 것은 적어도 이것이 정부에 의존하는 한, 정부 자체가 다른 사람을 위해 안식일의 영예와 적절한 누림을 가능하게 하는 것이다.

§2. 정부는 나태할 수 없다

물론 시 정부가 일요일에 아무런 '활동'도 하지 말아야 한다는 것을 말하는 것은 아니다. 경찰은 깨어 있어야 하고, 소방서는 출동하기 위해 대기해야 하며, 병원은 의료 행위를 계속해야 한다. 가스 공사는 저녁과 밤에 빛을 제공해야 하고, 물 공급은 주민들에게 갈증을 해소할 음료를 위해 끊어지지 않아야 한다. 그러므로 좀 축소된 형태가 되겠지만, 여전히 필요한 곳에서는 수행되어야 할 일이 많다.

이것은 가정생활처럼 공적 영역에도 마찬가지이다. 일요일에는 가능한 모든 일을 중단하지만, 어둠에 빛을 밝힐 수 있어야 한다는 요구는 유지된다. 차가운 서리가 내리면 난방이 제공되어야 한다. 정오가 가까워지면 음식이 준비되어야 한다. 밤이면 침대가 준비되어야 한다. 옷을 입고 벗어야하며, 요람에 있는 아이가 필요한 보호를 받아야 한다. 그러한 것들은 더 많이 있다. 물론 이것을 두고 먼저는 바리새인과 나중에는 어떤 기독교 집단 안에서, 특히 잉글랜드와 스코틀랜드의 율법주의 가운데서 안식일주의(het Sabbatisme)에 대해 여러 가지로 논쟁을 벌여왔다. 심지어 그들은 밤에 침대를 펼치는 것도 금지했다. 그렇지만 이제 그런 율법주의의 광기에 속아 넘어가는 선량한 칼빈주의자는 더 이상 없다. 사도 바울은 그런 것에 대해 여러 방법으로 우리에게 경고했다. 그리스도께서 친히 유대적 안식일을 적절한 한계 안으로 회복시켰고, 이 영역에서 우리의 위대한 선생인 푸치우스(Voetius)도 아주 진지하게 우리 네덜란드 칼빈주의자들에게 경고했다.

정부가 일요일에 일을 쉴 수 없다는 사실은 아무도 부인하지 않는다. 정부는 거기 없고 존재하지 않았던 것처럼 일요일에 철수할 수도 없고 해서도 안 된다. 사실, 시민의 더 심각한 부분과 덜 심각한 부분의 차이는 유지할 수 있거나 최소한 줄일 수 있는 것이 무엇인지에 의해 결정된다. 모든 가게가 일요일에 문을 닫을 수는 없다. 약국을 생각해 보라. 그러나 적어도 다른 날 구매할 수 있는 판매에 대해서는 일요일에 상점을 닫도록 법으로 정하는 것이 바람직하다. 특히 담배 가게가 그렇다. 임금 지불도 같은 경우이다. 좋은 가게 주인은 주일에 진열장의 커튼을 내려둔다. 이로써 도시와 마을이 더 높은 수준의 조용하고 차분한 모습을 얻는다.

§3. 공중 오락시설

공중 오락시설의 경우는 판단하는 데 항상 일정한 구분이 필요하다. 지방 정부가 시립극장과 같은 공중 오락시설을 지었다면, 일요일에 공연을 한다는 언급조차 해서는 안 된다. 당연히 민간 기업에 의한 그런 모든 공연의 허용은 어떤 면에서 다른 성격을 띠며, 세속 주민이 많은 시에서는 그렇게 절대적으로 금지되어서는 안 된다. 그렇지 않으면 심각한 낭비 끝에 망하고 말 것이다. 그러나 항상 그런 식으로 시장과 시 의원은 놀이의 성격을 면밀히 주시하고, 관능적 열정을 유혹하는 수단으로 사용되는 극악하게 부도덕한 오락에는 아주 심각한 손해를 주어야 한다.

사실 지금은 '모든' 통제에 실패하고 있다. 그 어떤 놀이나 전시도 그렇게 극악하게 나쁠 수 없다. 그럼에도 불구하고 허가가 내려지기도 한다. 정말 슬픈 것은 언론이 때때로 이것을 조장하기도 한다는 것이다. 언론이 모든 방종을 눈감아 주는 것은 아니다. 자유주의적 언론조차도 많은 수치스러운 연극공연을 반복해서 날카롭게 비판했다. 그러나 불행하게도 그것은 종종 다음 공연에 더 많은 관객이 참석하게 만들곤 했다. 오직 그 지역만이 그 악을 바꿀 수 있는데도, 바로 그것을 하지 않는다. 지역이 금지령을 시행하면, 다음 날 조간신문에 어떤 권리의 침해와 관련된 생각할 거리를 읽게 된다. 비록 우리가 우리의 청교도적 차분함을 정부를 통해 다른 사람에게 강요할 수는 없지만, 현재 우리 시의 법이 정확한 경계를 설정하는 데 완전히 실패했음을 보여줄 수 있다. 정부는 우리나라의 법이 악을 멈추는 수단으로 신고하는 것조차도 실제적으로 사용하지 않았다. 마치 우리의 모든 일요일 법(Zondagswet)마저도 문자 그대로 조롱거리와 웃음거리가 된 것처럼 말이다.

§4. 일반은총에서 취하는 규정

지금처럼 그대로 있을 수는 없다. 새롭고 더 좋은 결정적인 규정이 도입되어야 한다. 무엇보다 이 중요한 문제를 따로 분리하지 않고 노동법에 규정함으로써 점차 개념의 영역을 확보하는 것이다. 이미 두 번이나 그런 방향으로 법적 제안이 시도되었다. 이를 통해 의도된 것은 법적 규정을 확정함으로 일요일 노동을 통제하는 것이었다. 휴식이 불가능한 곳에서는 주중에 하루를 쉬도록 보장하는 것이다. 가능한 회피해서는 안 되는 추가 임금에 관한 규정을 일요일 노동에 연결시킨다. 이렇게 신령한 것을 존중한다는 인상을 점차 주지 않고, 전 시설의 목표인 노동자에게 약간의 휴식을 보장하려는 것처럼 보였다. 물론 그것은 여기에서 멈출 수 없고 전체 질문에 대한 별개의 규정이 함께 만들어져야 한다. 안식일 계명에는 아무 일도 하지 말라고 되어 있고 그렇게 노동을 쉬는 것이 먼저다. 그렇지만 이것은 노동을 면제 받는다는 관점이 아니라, 오히려 일을 내려놓음으로써 사람의 마음이 그 자체로 하나님의 거룩한 이름을 경외하는 쪽으로 향하게 하는 것이다. 하지만 우리 쪽에서는 조심할 필요가 있고, 현재 상황에서 감당할 수 있는 것보다 더 많은 것을 요구하지 말아야 한다.

여기서 세 가지 경우를 구별해야 한다. 전체 주민이 여전히 옛 개혁교회 유형인 마을이 많다. 그리고 칼빈주의의 흔적이 거의 남아 있지 않고, 오히려 근대주의나 로마 가톨릭으로 바뀐 시도 있다. 세 번째는 정착민이 매우 혼합된 복합적 형태를 띠는 도시가 있다. 이제 우리는 안식일에 대한 칼빈주의적 사상을 전혀 다른 원칙에 따라 생활하는 주민들에게 강요해서는 안 된다. 그리고 외부에서 유입되어 부분적으로 우리의 것이 된 스코틀랜드의 율법주의적 사상을 허용해서도 안 된다. 이처럼 다양한 신념을 가진 나라에서 우리는 일반은총에서 흘러나오는 것 이상을 요구해서는 안 된다. 더 많은 것을 요구하는 것은 율법 조문의 죽은 글자로 남을 뿐이다.

그러므로 우리나라의 일요일에 그런 목적을 위해 갖추어진 강당에서 신령한 시와 음악을 널리 알리는 기회를 주는 것은 추천할 만한 생각이다. 특히 개혁교회가 오르간 연주와 시편 찬송을 너무 무미건조하게 대하는 경우가 많으니, 거룩한 시와 음악을 다른 방법으로 접할 수 있는 기회를 주어야 한다. 주일에 자신을 성결하게 하기에는 아직 거룩한 영역이 너무나 낯선 사람들에게, 이것은 주의 날(Dag des Heeren)을 성별하는 데 매우 귀중한 기여를 할 수 있다.

§5. 시 의회에서의 기도

여기서 논의해야 하는 세 번째 문제는 시 의회에서의 기도이다. 다른 곳에서는 주 의회나 국회 모임을 항상 기도로 시작하는 관습이 있다는 것을 이미 I권에서 지적했지만, 우리나라에서는 상위 회의에서의 기도를 생각조차 해보지 않았다. 지금은 다행히도 시 의회가 이에 대해 항상 예외를 두었다. 시 의회에서의 기도는 아직 완전히 폐지되지 않았다. 이 하위 정치 회의에서의 기도는 모든 곳은 아닐지라도 많은 곳에서 여전히 지속되고 있으며, 완전히 정통주의 성향의 시골 의회에서뿐만 아니라 수도에서도 존중되었다.

평범한 마을의 시 의회가 처리해야 하는 것 같은 아주 간단한 일들을 처리하는 데 기도가 필요해서 하나님의 도움과 지지를 구하는 사람들이, 반대로 전 국가를 감안하여 내리는 중요한 결정에서 기도하지 않는 것은 충격적인 모순이다. 그렇다고 해서 시 의회에서도 점차 기도를 폐지해야 하는 것은 결코 아니다. 오히려 그 반대로 시 의회에서 기도가 여전히 많은 부분 지속되고 있음을 감사해야 하며, 오히려 상위 회의에서도 기도의 영예를 다시 높이기 위해 노력해야 한다.

그렇지만 이 경우, 우리는 이 문제에 대한 입장을 현명하게 선택해야 한다. 많은 사람의 마음과 신념에 반하거나 적어도 그들과 일치하지 않는 것을 강제로 부과하는 방법을 추구해서는 안 된다. 그러나 시 의회에서의 기도가 최대한 널리 사용되도록 하는 것은 성격이 다르다. 이것은 정확히 일반은총의 일반영역에 자신을 둠으로써 이룰 수 있다. 그러면 하나님의 섭리와 그 섭리의 경영, 그리고 하나님께서 그분의 복을 숨기시거나 베푸시는 것에 대한 믿음에 대해 논의하게 된다.

이 섭리의 영역 안에 있는 기도에는 누구나 동참할 수 있다. 하나님의 섭리적 작정에 대한 믿음은 모든 교회에 공통적이기 때문에 교회의 분파들 가운데 아무런 차이가 없다. 심지어 유대인도 이 점에 있어서는 벗어나지 않는다. 스스로 자기를 돌보고 교회에 가입하지 않은 사람들 중에는 하나님의 전능하심과 섭리에 대한 믿음을 완전히 버린 사람이 적지 않다. 개인적으로 기도를 모르는 무신론자들이 있지만, 그들은 아직 그 수가 너무 적기에 아주 예외적 경우가 아니면 고려될 필요가 없다. 시장이 시 의회의 의장으로서 명백하게 무신론자라고 밝힌 경우에 반대가 제기될 수 있다. 그러면 그에게 개인적으로 기도하라고 지시해서는 안 된다. 그렇다고 이런 시 의회에서 기도가 생략되어야 한다는 결론을 도출해서는 결코 안 된다. 누가 기도문을 읽는지는 중요하지 않다. 서기에게 그 일을 맡길 수도 있다. 아니면 예를 들어 시 의원 가운데 나이가 많은 의원에게 기도문 낭독을 맡길 수도 있다.

우리는 '읽는' 의도에 대해 말하고 있다. 그렇다고 시 의회에서 이른바

'자유기도'(vrij gebed)를 도입해야 한다는 것은 아니다. 자유기도는 모든 것이 질서 있게 되어야 한다는 점에 어긋난다. 시 의회는 자체적으로 기도의 형식이나 단어를 미리 결정해야 한다. 승인된 기도 형식은 깔끔하게 마감된 얇은 판에 부착되어야 하고, 사람들이 자연스럽게 읽을 수 있을 정도로 명확하고 큰 글씨로 인쇄되거나 기록되어야 한다. 그런 시 의회의 기도는 당연히 짧아야 할 것이다. 주기도문이 지금도 이어지는 좋은 예이다. 주님의 기도가 얼마나 짧으면서도 얼마나 풍부한가? 예를 들어 여왕의 생일을 기념할 때 이러한 목적으로 기도를 삽입할 수 있을 정도로만 양식이 허용되어야 한다. 그리고 새로운 시장이 취임하거나, 시에 전염병이 발생했을 때도 마찬가지이다. 이것 역시 기도문을 읽는 자의 자유로운 창의에 맡겨둬서는 안 된다. 그런 문장은 괄호 안에 부분적으로 채택할 수 있을 것이고, 그날에 알맞게 수정될 수 있을 것이다.

§6. 기독교적 특징

이 주제와 관련해서 '시 의회의 기도가 특별한 기독교적 성격을 표현하는 데 어느 정도 도움이 되는가'라는 더 특별한 질문에 대답해야 한다. 이것이 일반적 법규로 계속될 수 없음은 분명하다. 종교와 관련해서 시 의회의 의원들이 개혁교회, 로마 가톨릭 교회, 재세례파 교회, 유대인, 신지학파가 섞여 있다면, 단지 몇몇 위원들만이 더 특별한 자기의 신앙적 확신을 표현하는 그런 기도가 되어서는 안 된다. 기도는 거룩한 일이다. 그래서 모임에서 사람이 자기 마음에 생각나는 대로 기도하게 해서는 안 된다. 대신 자신의 공적 소명에 따라야 한다. 그러므로 기도에 거룩하지 않고, 방해를 가져오고, 중단시키는 방식으로 임해서는 안 된다.

특히 도시에서 점점 관습이 되고 있는 것이 있다. 기도에 함께 참여할 수 없는 사람이 나중에 오거나, 기도 시간에 복도로 잠시 피하는 것이다. 이런 것은 시 의회의 몇 의원에게만 적용된다는 것을 인정해야 한다. 그러나 법규가 여기에서 파생되어서는 안 된다. 그러므로 우리는 시 의회의 기도가 일반은총의 범위 안에서 이루어져야 하지, 다른 더 특별한 성격을 가져서는 안 된다는 관례를 고수해야 한다.

사람들이 암스테르담에 있는 유대인 구역을 고립시켰고, 시에서 그들만의 구역을 만들었다고 생각해 보라. (이는 충분히 가능할 법한 일이다.) 그러면 시 의회의 기도에서 이 예외적인 유대인 의회를 위해 이스라엘 색깔을 기도에 입혀준다면, 조금의 이의도 불러일으키지 않았을 것이다. 자바에서 그렇게 생각할 수 있는 것처럼 시민이 거의 완전히 이슬람 자손들만으로 구성된 시가 있다면 말이다. 반면에 그러한 유대인 시 의회나 자바인 시 의회에 어느 정도 비유대인이나 비무슬림이 포함되어 있다면, 그런 것은 허락되지 않을 것이다.

문제는 지금 우리나라에도 존재한다. 전반적으로 세 개의 일치신조를 확실하게 고백하는 자들로 구성된 시골의 시 의회가 있다면, 그런 시의 시 의회 기도에서 그리스도의 십자가에 간청하지 말아야 할 그 어떤 이유도 없다. '주기도문'조차도 중보자의 이름을 언급하지 않는다는 것을 잊지 말아야 한다. 그럼에도 불구하고 변하지 않는 사실은, 완전히 같은 기독교 교회의 신자들로만 구성된 시 의회에서 드리는 시 의회 기도에 기독교적 성격을 부여하는 것을 반대하지 않는다는 것이다. 시간이 경과한 후 취임할 수 있는 다른 유형의 시 의회 의원을 선택할 때에만, 일반은총이라는 출발점으로 다시 돌아올 수 있을 것이다. 그렇게 시 의회의 기도에서 중보자에 대한 간청은 항상 부수적이다. 기독교적 시는 자신의 교회 건물에서도 영적 필요를 충족시키기 위해 기도할 뿐만 아니라, 국왕과 조국을 위해 기도하기 때문에 기도가 결코 해를 끼칠 수 없다. 많은 시에서 교회적 기도가 오랫동안 너무 영적으로 치우친 것은 아닌지 질문해 볼 필요가 있다. 그리고 만일 아니라면, '시민의' 삶과 관련된 '기독교계의 모든 고난'을 하나님께 올려드리고, 교회에서도 더욱더 정기적으로 일반적인 교회 밖에서의 생활에 나타난 고난을 하나님께 기도해야 했던 우리의 기도문(Formuliergebeden)이 좋은 예가 될 것이다.

§7. 폭음이라는 마귀

시민생활의 번영을 위해 중요한 것은 시 의회가 특히 알코올 중독과 음행과 관련하여 '도덕적 영역'의 태도를 취하는 것이다. 이 점에서 너무나 많은 위험한 생각들이 프랑스로부터 우리에게 침투했다. 그 결과 해이함과 알코올 중독의 결과가 매우 조직적으로 확산되었고, 창녀촌의 어리석음이 퍼져나갔다. 사실 이 두 종류의 악은 점차 예사롭지 않은 조치를 취하게 만들었다. 기독교 측뿐만 아니라 근대주의자 측에서도 수치스러운 악습에 대한 저항을 조직화한 것이다. 알코올 중독과 관련된 강조는 주로 미국으로부터, 일부는 잉글랜드로부터 넘어 들어왔다. 호색(好色)과 관련해 인정해야할 것은, 스위스가 적지 않게 우리의 순수한 열망을 자극했다는 것이다. 특별히 빠르고 확실한 결과를 내도록 주도권을 잡은 것은 피어슨 박사(H. Pierson)의 덕택이었다.

지난 세기 중반까지도 자유주의자들은 여전히 "그냥 내버려 두시오"(laat-maar-gaan) 체제를 장려했다. 어떤 사람이 자신을 알코올로 해치고 싶은지는 자기 스스로 결정할 일이고, 독주는 돈을 버는 데 유리했기 때문이다. 자바에서 아편에 대항해 싸움을 벌였던 것처럼, 여기 이 나라에서는 화주(jenever)[43]에 대항해 투쟁을 벌였다. 불행하게도 영향력 있는 영주들 사이에서 집과 클럽에서 코냑과 기타 증류주를 사용하는 것이 너무 많이 유행했고, 특히 우리나라 북쪽 지역에서는 포도주를 남용하는 악습이 지역교회 재산 관리인에게까지 침투하기도 했다. 그래서 19세기 후반 국가적 악에 대항한 투쟁이 활발하게 시작된 것은 박수로는 충분하지 않다. 그리고 하나님께 감사하는 것은 1인당 그리고 리터당 알코올 소비가 점차 줄어, 더 이상 예전의 사회적 상황을 인식하지 못할 정도가 된 것이다. 그와 관련해 나는 '절대 금주자'가 가장 정확한 길을 택한 것인지 항상 의심했다.

나는 개인적으로는 '절대 폐지협회'(absolute Afschaffingsvereenigingen)의 일원으로 가입하는 것을 반대했다. 그러나 이 나라에 그러한 악이 너무 많은 부분을 장악하고 있기 때문에 남용을 되돌리기 위한 수단으로 (유일한 수단은 아니지만) 완전한 단절이 가장 강력하다는 것을 인정한다. 오래된 관행이 우리를 방해

반혁명 국가학 || 적용

하는데, 사적인 권리를 너무 많이 침해하지 않으면서도 이 악에서 벗어나는 것은 까다로운 과제로 남아 있다. 하지만 우리는 어떻게 해서든 앞으로 나아가고 희망을 소중히 여길 것인데, 노르웨이에서 달성한 결과가 여기 이 나라에서도 이뤄질 것이다.

§8. 음행

음행과 싸우는 것은 그 성격상 은밀하지만 더 어렵기도 하다. 하지만 확고하게 자리를 잡은 부도덕한 생각과 싸워야 한다. 당연히 음행은 혼인이라는 문제와 연결된다. 혼인의 결속이 점점 느슨해지는 가정이 거의 모든 영역에 존재한다는 것을 우리는 안다. 이것은 모든 기혼자들이 상호 약속한 혼인을 풀기 위해 두 사람 모두 각자의 길을 가도록 자유를 주는 것이 좋다고 생각하는 데서부터 시작한다. 그래서 이혼을 쉽게 만드는 것은 전적으로 자유주의(Liberalisme) 노선에 있다. 그 자유주의 뒤에는 소위 '자유로운 삶'(vrije leven)이라는 것을 유행시키기 위해 모든 혼인의 폐지를 선호하는 아주 더 자유로운 집단이 등장하고 있다.

사회를 이 방향으로 인도하려는 자들과 그와 관련해 부모와 자녀 사이의 관계에 대한 플라톤의 사상에 항상 의존하는 자들은, 여전히 다소 엄격한 혼인관계의 요구가 그들이 원하는 문화의 발전에 방해가 되는지 여부를 달리 판단할 수 없다. 이와 관련해 의사들은 20세 이상의 사람들이 계속 혼자 사는 것은 요구되는 건강과 상충된다고 이 악한 시대에 말한다. 어린 딸에 대해서는 아무도 그렇게 감히 확신하지 못하면서도, 젊은 남성들에 대해서는 많은 의사들이 그 연령의 성관계가 대부분의 사람들에게 필수불가결하다고 여긴다. 이 때문에 젊은이가 찾는 것을 찾을 수 있는 집의 존재가 꼭 필요하며, 그래서 그런 사창가의 존재는 거부할 것이 아니라 오히려 권해야 한다고 주장했다.

사람들이 확신한대로, 정부에게 그런 사창가가 매독의 전염에 미치는 위험을 감시하는 의무가 주어졌다. 이것은 당연하게도 상스러운 방법으로 음행을 부추겼다. 적어도 우리는 프랑스에서 이곳에 슬며시 기어들어온 매춘에 대한 감독이 사회적으로 고위층의 기혼자들 사이에 사악한 죄를 조장했던 반세기를 보냈다. 경찰은 종종 사창가와 밀월관계를 유지했고, 더 평범한 시민 사이에도 정부는 그러한 집들을 폐쇄할 권리가 없었다. 오히려 그들은 매춘에 질서를 부여하여, 이것을 이용하는 사람들을 감염의 위험으로부터 보호하는 것이 도덕적 의무라는 생각에 굴복했다.

이제 이 마귀적 견해가 근본적으로 무너진 것에 대해 우리는 감사할 뿐이다. 이와 관련하여 제턴(Zetten)에 있는 헬드링(Heldring) 재단이 정반대 신념의 승리를 가져다주었다. 이제 거의 모든 곳에서 검사가 폐지되었으며, 계획적으로 매춘을 위해 개업한 사창가에서의 매춘 착취는 엄격하게 금지되었다. 만약 모든 곳에서 신속히 부상하고 확대되는 성공을 기뻐할 수 있다면, 그것은 바로 피어슨 박사 덕택이다. 물론 그는 혼자가 아니었다. 외국에서도 그와 비슷한 노력이 강력하게 등장했다. 그러나 우리나라와 관련해서는 피어슨 박사에게 명예로운 월계관을 주어야 할 것이다. 그는 이 모든 운동의 선구자이며, 영감을 주는 자요 지도자였다.

§9. 축제|kermissen

시 관리의 부분에는 축제의 개최 여부도 포함된다. 축제는 두 종류로 구분되어야 한다. 첫째는 공공 축제이고, 둘째는 덜 일반적 산업의 제품을 접하는 축제이다. 공공 축제와 관련해, 대중들이 휴가를 내어 어느 정도 축제 분위기에 빠질 수 있어야 한다는 필요성이 주기적으로 제기되는 것은 당연하다. 우리의 삶은 특정한 주기를 따라 돌아간다. 주와 연도의 구분을 모든 삶에서 느낄 수 있다. 이스라엘에서는 달이 바뀌는 것조차도 어떤 축제의 모습에 속한다. 생일축하도 이런 타고난 필요와 관련이 있다. 칼빈은 개인적인 삶의 측면에서는 꽤 완고하고 경직되었지만, 제네바의 공공 시장에서 무대 공연이 열리는 데 기여했다. 함께 휴식을 취하기 위해 그렇게 한 날을 쉬는 기회는 여러 방법으로 확보되었다. 이것은 계절의 변화, 들판의 수확 시기, 대규모로 열리는 소나 말 시장, 고귀한 제품을 팔려는 상인들의 연간 여행, 그리고 더 많은 이유들과 관련이 있다. 나중에는 그런 축제는 국가와 교회의 기념일과 밀접하게 연결되었다. 그러나 그것이 어떻게 발전하고 어떤 국민에게 속했든지, 공공생활은 적어도 2, 3일의 휴식을 요구했다. 런던의 '은행 휴일'(Bank Holiday)이 이렇게 출현했다. 일상생활의 끈이 우리의 전 의식을 꽉 묶고 있기 때문에, 가끔 풀고 싶은 충동을 피할 수 없다. 성탄절, 부활절, 그리고 성령 강림절의 두 번째 교회 축제의 날 조차도 비슷한 필요를 말해준다. 그런 날에만 다른 곳에 사는 친척을 방문할 수 있다. 많은 사람이 방문하는 모임은 사회의 모든 계층을 위하여 개방될 수 있었다. 무엇을 하든 그런 휴식의 필요성은 계속 유지될 것이다. 이 필요성에 대해 우리 인간의 본성이 말하고 있다.

§10. 남용

슬픈 사실은 하루 일로부터 해방되는 것, 즉 사람들이 그런 축제의 날에 기뻐하는 것이 여러 측면에서 독주를 남용하는 쪽으로 이동하고, 안타깝게도 심각한 육체적 죄로 이어진다는 것이다. 모든 사람들이 이 죄를 짓는 것은 아니다. 단지 그것에 탐닉하는 사람들이 큰 소리를 치며, 공공 영역을 장악하고 축제적 성격을 망친다. 이것을 방지하는 것이 우리의 임무이다. 이를 위해 교회가 협력할 수 있고, 학교가 돕고, 언론이 자신의 역할을 감당하며, 공공생활에서의 고귀한 소리도 매우 중요한 기여를 할 수 있다. 하지만 우리가 스스로 삶의 바깥에 있기를 원하는 것이 아니라면, 우리 편에서 그런 대중적 축제를 완전히 억누르는 것을 목표해서는 안 된다. 그것은 성공하지 못한다. 그리고 우리 인간의 공존이라는 고유한 특성은 이 점에 대해 말할 수 있는 자기 권리를 가진다. 특별히 국왕의 생일에 2, 3일을 더 할당할 수 있다면 환호를 받을 것이다. 그러나 생명을 갉아먹는 대중적 축제에는 그럴 수도 없고 그렇게 해서도 안 된다.

덜 일반적인 사업 상품의 전시회인 우리나라의 박람회는 전적으로 다른 입장인 두 번째 동기에 의해 열린다. 그런 모든 상품을 전시하는 것은, 국가 간의 의사소통이 매우 어려웠으며 그러한 전시회가 매우 이례적인 일이었던 과거에 의미가 있었다. 당시에는 일정 기간 동안 이곳에, 그 다음에는 다른 장소에 나무 기둥을 세우고 천막을 치는 기업가 집단이 있었다. 이런 집단의 상인들에게 광대, 연기자 그리고 오락 관련 전시 종사자들이 종종 합류했다. 당시에는 이것이 자연스러웠고, 유흥에 굶주린 대중에게는 도시와 마을에서 소위 '재미'를 즐기기 위해 며칠 동안 이 산업적인 움직임에 합류하려는 열망이 있었다.

이제 그럴 필요가 없어졌다. 상점의 진열대가 모든 것을 해결해준다. 이전에 박람회에서 전시되던 것보다 더 많다. 작은 마을에서는 그렇지 않지만, 마을을 떠나 점점 도시로 이동하며, 거기에서 보고 싶은 모든 것을 찾는다. 박람회 혹은 이동식 놀이동산의 존재 이유는 사라진 것 같다. 그러나 바로 그 이유 때문에 우리 가운데 잘 정돈된 공공 축제를 더 명예롭게 하는 것이 더욱 요구된다. 전 국가를 대상으로 하는 국가적 의미의 축제도 필요하고 시마다 지역적 축제도 필요하다. 사람들을 연결할 수 있는 기억은 언제나 존재한다. 그런 기념일에 교회는 자기 목소리를 낼 수 있다. 음악과 다른 예술을 즐기는 것이 여기에 해당될 수 있다. 우스갯소리를 반대할 필요도 없다. 우리는 궁녀가 아니다. 우리 칼빈주의적 국민 사이에서도 공공 축제는 삶의 맥박을 젊어지게 하는 것으로 존중받는다.

§11. 구제

공공 구제에 대한 질문은 훨씬 더 복잡한 성격의 문제이다. 적어도 기독교 국가에서 이와 관련해 가장 바람직한 상황은, 시민 정부가 사랑에서 우러나오는 열망으로 가난한 자를 위해 행하는 자들에게 가난한 자에 대한 돌봄을 전적으로 맡기는 것이다. 먼저 고려의 대상이 되는 곳은 교회이다. 교회는 봉사 사역을 통해 풍성한 발전을 이루었다. 다음으로 봉사 사역 이외에 비슷한 열망 아래 행해지는 개인적 자선이 있다. 그것이 개인적 특성을 지니는지, 단체나 협회로 도움을 주는지는 중요하지 않다. 과거 교회와 국가가 하나였을 때는 구제가 저절로 이루어졌다. 사람들은 이원성 가운데서도 둘이 아니라 하나라고 느꼈다. 심지어 환자를 보살피는 것도 아주 드물게 시민 정부에 맡겨졌을 뿐이다. 전염병이나 전쟁 상황으로 인해 아주 특별한 보살핌이 요구되는 비상 상황이 생겼을 때, 가난한 자들의 모든 필요를 공급한 것은 교회나 수도원, 그리고 사적 단체였다. 더 오래 전에는 이것이 가능했는데, 그 이유는 시민 자치단체(Gemeente)가 스스로 적절한 생존 수단 없이도 시 안에 정착시키려 했던 것을 거부했기 때문이다. 하지만 모든 거주민이 함께 살아가는 교회의 회원이고, 교회가 하나였을 때까지만 이런 상태가 지속될 수 있었다.

바로 이 지점에서 이런 상황은 근본적으로 바뀌었다. 특히 언제나 가장 규모가 큰 국가개혁교회(Hervormde Kerk)에 인구의 상당수가 속해 있는데, 교회에 명목상으로만 속해 있어서 신앙이나 교회의 봉사에 동조하지도 않고 헌금도 하지 않는다. 그래서 교회가 환자 돌봄과 빈민 구호와 관련해서 극한 위기 속 가난한 자들에게 충분히 필요를 공급하는 것은 불가능하다. 더군다나, 다른 한편으로 이제 궁핍한 사람들의 삶의 수준이 더 발전되면서 가난한 사람들에 대한 돌봄의 규모가 훨씬 더 커졌다. 곧 교회가 가난한 사람을 완전히 보살피지 못한다는 것을 더 이상 의심할 수 없는 상황이 되었다. 마찬가지로 개인적 자선 역시 너무 작은 규모로 조직되었기 때문에 충분한 도움을 제공할 수 없었다. 이로 인해 지금처럼 돌봄을 받지 못하는 사람들의 고통에 대해 누가 책임을 져야 하는가라는 질문이 생겼다. 이 질문에 대한 답으로 시민 정부 이외에 다른 선택지는 없었다.

§12. 시청, 교회, 시민

시민의 시는 종종 가족의 역사적 과거 덕분에 설립된 시민 집단을 위한 공생의 기관이다. 그런데 대도시로의 이주는 거의 확실히 이것을 단절시켜 버린다. 하지만 우리가 이 문제를 나라 전체에 적용되는 것으로 받아들인다면, 정말 가난한 자들은 대체로 예로부터 자신의 가족에 의해 그들이 현재 생활하고 있는 곳에 묶여 있다. 여기에서 특정 연대가 생기고, 그 연대로부터 나약함으로 인해 쓰러질 것 같은 사람들에 대한 어떤 책임이 생겨난다. 이것이 생명을 유지시킬 수 있는 정도의 도움을 제공하는 것 이상으로 확장되지 않는다는 것은 말할 필요도 없다.

그러나 요구가 여기로 한정된다는 것이 이 도움이 연기되지 않는 이유이기도 하다. 거리나 골목에서 한 가난한 가정이 병에 걸렸으나 도움을 받지 못한 채 일부러 죽게 내버려 두거나, 궁핍의 위기에 굶주려 죽도록 내버려둔 시 행정부는 하나님과 사람에게 죄를 짓는 것이다. 지난 세기 중반에 이런 필요성은 그렇게 심각하지는 않았다. 당시에는 비록 믿음이 상당히 심각하게 약해졌음에도 불구하고, 거의 모든 사람들이 교회와 공존했다. 그래서 당시 사람들은 교회가 모든 교인에 대해 책임을 져야 한다고, 사실 전 국민을 포괄하는 돌봄에 대해 책임을 져야 한다고 생각했다. 흐룬 판 프린스터러도 그렇게 시민의 빈민구제를 해결할 수 있다고 믿었다.

하지만 그 이후 상황은 눈에 띄게 변했다. 주민이 둘로 완전히 나눠진 것이다. 한편으로 여전히 예수님의 이름으로 빈자를 돌보는 신자 집단이 있다. 다른 한편으로 교회에 다니지 않는 넓은 범위의 비신자 집단이 있다. 그런데 시민 정부가 도움을 제공하지 않으면, 병상에서 도움이 필요한 사람은 쇠약해지거나 궁핍으로 굶어죽게 된다. 이렇게 정부가 도움을 받지 못하는 병자에게 좋은 의료 활동을 제공하기 위해 자연스럽게 각종 병원을 열게 된 것이다.

두 번째로 정부 차원에서 빈민 구호 위원을 임명하여 결핍으로 고통당하는 자들의 필요를 제공하게 되었다. 이로 인해 폐단도 생겼는데, 빈민구제의 고통의 강도가 두 배로 늘어난 것이다. 시골에는 덜하지만, 특히 대도시에는 이것이 공개된다. 오히려 궁핍한 사람들이 소위 큰 국가교회(Volkskerk)로부터 지원을 받지만, 그 지원은 그들의 곤궁을 덜어주기보다는 조롱거리를 만들었다. 공적 빈민구제는 종종 꽤 충분한 도움을 제공하는 것처럼 보이기도 한다. 이것이야말로 매우 바람직하지 않은 자세이다. 그러므로 우리의 목표는, 교회적으로 이뤄지는 구제가 교회 자체를 통하게 하는 것 혹은 교회의 신자들을 통해 전체적으로 공급되게 하는 것이다. 그러나 반대로 사적 자선이 없는 경우에는 자치단체가 남은 자들을 돌보도록 하는 것이다.

§13. 후속 조치

후속 조치가 없으면 명백한 불공정으로 이어질 수 있다. 다시 말해, 자기 교회에서 도움이 필요한 형제자매들을 위해 적절하게 돌보았던 기독교 신자들이 이중으로 돈을 내야 했다. 첫째는 교회에 내는 헌금이고, 둘째는 시민 정부에게 내는 세금이다. 현재 상황이 부분적으로 그렇게 되어 있다. 당연히 이것은 없어져야 한다. 필요하지도 않다. 시민 정부가 빈민구제를 위해 별도의 세금을 부과하면, 거의 절대적으로 위협적인 불공정에 다가갈 수 있다. 잉글랜드에서는 이미 1601년에 조치가 취해졌는데 이는 엘리자베스 여왕이 만들고 결정한 것으로, 지역 교구(Parishes)가 빈민구제를 위한 별도의 세금을 내는 것이다. 우리나라에서도 그와 같이 실행할 수 있었다. 시민이 실시하는 빈민구제를 위한 재원은 일반 재정에서 취하지 않고 별도의 빈민 세금을 부과하는 것이다.

1915년에 트뢰브 장관이 거의 이와 비슷한 방법으로 별도의 세금을 임시로 노인과 해군과 육군 등을 위해 시행하기 원했다. 지금 이 일이 그런 방식으로 확실하게 결정되었다면, 모든 필요에 따라 가난한 자들을 좋은 조건으로 부양하기로 약속한 교회나 단체의 유효한 회원은 이 빈곤 세금에서 완전히 면제를 받을 수 있었을 것이다. 물론 이 교회나 단체에 속한 실제적으로 가난한 사람들은 정부의 도움이나 돌봄을 전혀 받지 않는다는 조건 하에서이다.

§14. 질서와 혼란

만약 너무 많이 청구되었다고 생각되고, 고정된 분배에만 예외를 적용하려 한다면, 전체가 아니라 백분율로 계산하면 된다. 신앙 안에서 인내한 사람을 위한 빈민구제는 거룩한 성격을 지니게 되지만, 반대로 공적 빈민구제를 받은 사람은 이것을 경찰의 일로 이해하게 될 것이다. 그럴 경우 아무도 불평할 필요가 없고, 누구에게도 불공정하지 않다. 정부는 두 요소를 모두 도왔다. 물론 교회와 사설 단체가 부족한 돌봄에 대해 당당할 수 있는가의 여부를 물을 수 있을 것이다. 그 회원들은 세금 공제를 받아 세금 계산에서 교인들이 유익을 누리지만, 가난한 자들이 피해를 입는 경우가 있었기 때문이다. 이에 대해서는 법적으로 충분히 적절한 조치가 취해져야 한다. 그런 교회나 지역 협회에 속한 어느 회원은, 교회나 협회에 의한 빈민구제를 공공 빈민구제에 넘겨줄 완전한 자유를 소유해야 할 것이다. 그로 인해 회원 수가 줄어든 교회나 협회의 경우, 그 수만큼 비례하여 빈민세금에서 많은 면제 혜택을 받아야 한다는 조건이 필요하다.

이제 이 영역에 끝없는 혼란이 생겨나면서 정부의 공적 빈민구제가 점점 확장하고 있다. 이런 현상이 우리를 무관심하게 만들도록 내버려두어서는 안 된다. 자유주의 진영이 마침내 빈민구제를 완전히 정부 아래 두고자 점점 더 힘을 쏟고 있기 때문이다. 그런 충동이 25년 전처럼 강력하지는 않지만, 지속적으로 정반대 원리로부터 다시 꿈틀거리고 있다. 그러나 이런 우리 일의 시작은 이제 더 깊게 들어가면 견뎌내지 못한다. 이 문제에 대해 완전한 연구를 하기 원하는 사람은 누구나 그런 기회가 있을 것이다. 이와 관련해 아래의 각주에 간결하게 도움이 될 수 있는 몇 가지 중요한 연구들을 소개한다.* 중요한 것은 우리의 구제사역과 우리 고유의 칼빈주의적 구

---

* 참고. A. Emminghaus 박사, *Das Armenwesen und die Armengesetzgebung in Europaischen Staaten*(유럽 국가의 빈곤과 빈민 법률), Breslau 1870; P. F. Aschrott 박사, *Das Englische Armenwesen*(잉글랜드 빈곤), Leipzig 1886; Charles Booth, *Pauperism of Old Age*(노년 빈곤), London 1892; H. Smissaart, *L'Assistance publique dans les Pays Bas*(네덜란드의 공공 지원), La Haye 1900. 이것은 Tjeenk Willink에 의해 우리말로 좀 더 광범위한 작업을 해 Haarlem 에서 출반되었다; Lic. Ed. Simons, *Die alteste Gemeinde-Armenpflege*(고대 교회의 빈민구제), 1894; Rud. Geller, *Die Armengesetzgebung in ihrer gegenwartigen Gestaltung*(현대 형태의 빈민법), 1894; Léonce Larnac, *L'Art de donner*(베푸는 기술), 1874; G. Uhlhorn, *Christliche Liebestatigkeit*(기독교 긍휼 활동), 1884, 3권으로 구성됨; L. M. Moreau Christophe, *Du problème de la Misère*(비참의 문제), Paris 1851, 3권으로 구성됨; G. L. van der Helm, *Wetgeving op het Armenwezen*(빈곤에 대한 법률), 1890; J. Everts 박사, *De verhouding van Kerk en Staat, mede ten aanzien van de Armenverzorging*(가난한 자들의 구제에 관한 교회와 국가의 관계), Utrecht 1908; Aschrott, *Armenpflege in den Vereinigten Staaten von Nord-Amerika*(북미의 빈민구제), Jena 1889; *Handwörterbuch des Staatswissenschaften*(국가학 사전), 두 번째 인쇄본에 포함된 '빈민구호'에 관한 기사, Jena 1898, 1권; Charles Raeymaker 박사, *State and Poor Relief*(국가와 빈민구호), 1907; Mr. RH. F. Falkenburg, *Armenzorg in Nederland*(네덜란드의 빈민구호), 1895; P. Biesterveld 외 다수, *The Diaconate*(교회의 봉사 사역), 1907; A. de la Chevallerie,

제를 올바른 길로 유지하거나 되돌릴 수 있는 방법을 발견하는 것이다.

여기에서 우리는 정부의 돌봄을 고려해야 하기 때문에 자유롭지 않다. 이 문단에서 나는 다가오는 위험에 대한 해결책을 제시했다고 생각한다. 이를 통해 지금 지배적인 혼란을 종식시킬 수 있다면, 그것은 나에게 큰 기쁨이 될 것이다. 앞에 제공된 작은 목록은 완전하다고 할 수 없다. 나는 내 서재에 소유한 것을 제시했을 뿐이다. 나는 이 책 제2부의 다른 장에서 언급할 것이므로 여기서는 자제한다. 나는 여기에서만 작은 예외가 인정되며 필요하다고 생각했다.

§15. 지출과 수입

논쟁의 여지없이, 절약은 시 재정의 처리 방법이다. 하지만 올바른 분별력이 없다면, 그 절약은 적용되어서는 안 된다. 시청 건축 비용을 절약하기 위해 여관방으로 그럭저럭 꾸려나가는 시 의회는 행정부에게 창피를 주는 것이다. 물론 시를 이 한 가지로 평가할 수는 없다. 대도시의 재정은 농촌의 재정과는 전혀 다른 규율이 필요하다. 마을들 가운데에서도 차이가 있기 마련이다. 여름에 도시민을 몇 주 동안의 여행객으로 유치하거나 도시민을 영구적으로 유치하는 마을이 있는가 하면, 방문자가 거의 없는 다른 형태의 마을도 있다. 단기 또는 장기 방문이 많은 마을과 특별히 도시 출신의 거주자가 많은 마을은 그로 인해 수입이 눈에 띄게 증가하는 것을 발견

Armenzetzgebung und Armenpflege(빈민목회와 빈민구호), 1854; A. Roell, *Die Reform der Armenpflege*(빈민구호 개혁), 1880; J. J. Esser 박사, *De pauperum cura apud Romanos*(로마서의 빈곤구제), 1902; D. P. D. Fabius 박사, *Armenzorg*(빈민구호), 1912; J. C. de Moor, *De ontwikkeling van het Diaconaat*(봉사 사역의 발전), 1913; Pyttersen, Hintzen & H. Muller, *Preadviezen inzake de Armenwet*(빈민법에 대한 서문), 1894; Aug. Seiffert, *Die Armenpflege der Zukunft*(미래의 빈민구호), 2쇄, 1889; P. A. E. Sillevis Smitt 박사, *Diaconia and Government*(봉사 사역과 정부), 1902; H. Visscher 박사, *Twee gevaren voor onze Kerkelijke Armenzorg*(가난한 이들을 위한 교회의 보살핌에 대한 두 가지 위험), 1902; J. L. Zegers, *Het Diaconaat*(봉사 사역), 1892. 나는 나의 장서에서 이용할 수 있는 것에 대한 이 간단한 요약을 삽입할 수 있다고 생각했다. 봉사자들 중에 단순하게 문헌에 대한 정보 없이 이 분야의 연구에 집중하는 경우가 많다. 여기에 제공된 정보는 적어도 도움이 될 수 있다.

하지만, 그것에 적응해야 한다.

특히 네덜란드 시의 활동은 끊임없는 다양성을 제공한다. 이것은 시의 소득에 영향을 미치지만, 시의 지출에도 영향을 주어야 한다. 시를 등급으로 나누는 것은 상당히 다양한 마을의 생활을 고려할 때 불가피하다. 시의 성질과 종류에 따라 시가 취하는 법과 전입하는 사람에게 요구하는 것이 달라야 한다. 그럼에도 불구하고 농촌 지역에서도 시 의회의 돌봄이 점차 더 확대되어야 할 필요가 있다. 가족생활을 장려하는 것은 매우 네덜란드답지만, 그렇다고 이것이 공동체 의식과 공동체 생활을 소홀히 하는 것으로 이어져서는 안 된다. 그래서 전력, 도로건설, 상수도, 질병 관리가 과거보다 더 좋아지고 있다는 것에 박수를 보내야 한다. 경찰이 지역적인 한, 치안을 유지하는 데 집중해야 할 것이다. 그렇지 않으면 치안을 담당하는 경찰이 국가로 넘어갈 위험이 더 커질 것이다. 이로 인해 시의 독립성이 다시 훼손될 수 있다.

시에서 일하는 사람에게 주는 임금의 기준에는 가장 저렴한 것을 위해 경쟁을 붙이는 것과는 다른 규칙이 적용되어야 할 것이다. 이와 관련해서는 다음에 논하겠다. 단지 지출과 관련해 지적할 것은, 초등학교는 국가적 사안이기 때문에 시 의회가 다시 이 학교에 추가 혜택을 주어서는 안 된다는 것이다. 이것은 주민의 평등권에 위배된다. 그리고 중고등학교와 관련하여 중등 교육은 주 정부, 대학이라는 고등 교육은 정부와 연결하는 데로 더욱 나아가야 한다. 암스테르담은 다른 것을 원했고, 시립 대학을 시도했다. 하지만 암스테르담이 그 부적절함을 깨닫는 데는 오랜 시간이 필요하지 않았다. 시장이 위에서 임명한 공직자로 남아 있는 한, 시장의 임금은 국고에서도 지불되어야 한다는 것은 이미 앞에서 언급했으므로 여기서는 간단히 언급하는 것으로 충분하다.

§16. 간접세와 직접세

지출 비용을 충당하기 위한 수단에 관해 논하기 위해서는 먼저 직접 소득과 간접 소득이 명확하게 구분되어야 한다. 물론 다행스럽게도 땅이 풍부하고, 그 비용의 상당 부분을 자기의 사적 자본에서 상환할 수 있는 시를 칭찬해야겠다. 그렇지만 우리나라 시의 토지는 (이렇게 말할 수 있다면) 크지 않은 데다가, 그리 중요한 의미를 만들어내지도 않는다. 대부분의 모든 시 수입은 이러한 이유로 거주자에게서 혹은 외부에서 시와 관계를 맺고자 하는 사람들에게서 일반 세금을 부과함으로, 또는 특별히 원조를 받거나 제공된 일에 대해 세금을 부과함으로 징수되어야 한다.

과거에는 거의 모두 간접 징수에 속했다. 지금도 외국에서는 여전히 수입세가 중요한 위치에 있다. 프랑스와 독일에서는 이 수입세를 '허가'(Octrooi)라는 이름으로 부르지만, 우리나라에서는 발명을 통해 고안해낸 것을 판매하는 데 매기는 예외적 세금(특허권)을 '특허'(octrooi)라는 이름으로 부른다. '옥트로이'(octrooi)라는 단어는 프랑스 내각 사무국에서 유래되었는데, 본래는 사람들이 하고 싶은 것에 대해 정부의 허가를 얻었다는 뜻의 라틴어 '아우토리타스'(autoritas)에서 파생된 것이다. 이 본래 뜻에서 두 가지가 생겨났다. 첫째는 특정 상품을 시에 도입할 수 있는 권리이다. 둘째는 독점 판매를 위해 어떤 물건을 장악하는 권리이다.

전자는 프랑스어로 '승인'(octroi), 독일어로 '물품세'(Accise)라 부르는 것을 시 납세 담당자에게 지불하도록 했다. 1805년 7월 7일, 법에 의해 수입 관세가 우리나라에서 폐지된 것은 잘못이다. 우리나라의 모든 시의 수입은 완전히 독립적이다. 단지 헤이그와 스헤버닝언의 경계 근처에 있는 시립 통행료 징수원 건물을 통해서만 과거의 상황을 떠올릴 수 있다. 그에 비해 해외에서는 허가권이 시 단체에 상당한 고정 수입을 제공한다. 파리를 자주 방문하는 사람이라면 누구나 어느 역의 대합실에 도착했을 때 시의 세관이 그의 여행 가방이나 여행용 손가방이나 큰 가방을 어떻게 검사하는지 경험을 통해 잘 안다. 이것은 파리뿐만 아니라 프랑스가 자랑스러워할 만한 다른 주요 도시에서도 동일한데, 아직도 그런 허가권이 폐지되지 않았으며 오히려 도시 수익의 상당 부분을 차지한다. 잉글랜드에는 이런 수입이 점점 사라지고, 런던에만 석탄과 포도주, 그리고 밀에 대한 특정 수입세가 남아 있을 뿐이다. 이탈리아는 이러한 허가권을 여러 가지 방법을 통해 거두어들였다. 바이에른과 알자스로렌에는 이런 승인권이 여전히 효력이 있다. 독일의 다른 지역에서도 여전히 그렇다. 엘베강 위의 장엄한 다리를 통해 작센의 수도에 들어오는 사람이라면, 누구나 드레스덴에 대해 알 수 있다.

종합해보면, 아직도 독일에는 통행료와 수입세를 부과하는 1,392개의 시가 있다. 1902년 우리나라 법에 의하면 생필품에 대한 시의 세금이 1910년에 만료되었다. 일반적으로 이런 세금은 최소한 자그마하거나 중간 정도 크기의 시에는 권장되지 않는다. 대도시에서는 이것의 재도입이 도시로의 인구 유출을 저지하거나, 혹은 적어도 최소화할지 여부에 대한 질문이 제기될 수 있다. 시골 출신 노동자들이 대도시에 넘쳐나는 것은 도시들이든 촌락에든 권장할 것이 아니고, 도시를 떠나는 노동자들에게도 그렇다. 이 노동자들은 다른 환경에서 사는 데 익숙하다. 너무나도 많이 경험하게 되는 슬픈 사실은, 그러한 노동자와 가족이 대도시의 빈약한 도덕성을 매우 견디기 힘들어 한다는 것이다. 생계에 부담을 느끼는 것은 마을에 부담이 되는 일이지만, 다른 곳에서 발견할 수 있는 모습은 그것이 도시의 번영과 무관하다는 것을 보여준다. 파리만 보아도 그렇다.

§17. 도시와 시골

이것은 시설이 크게 잘 갖춰지고, 모든 것을 공급받는 거대 도시에 사는 자가 누리는 행복에 부과되는 세금에 해당된다. 그러나 간접세는 여기에 그치지 않는다. 이 세금은 시 의회가 건설하고 유지 관리하는 시설의 혜택을 받는 만큼 부과된다. 수도, 공장, 가로등, 인력에 사용되는 가스 공급, 전기 공급, 펌프, 전차, 묘지, 의료, 그 밖에 더 많은 것을 생각해 보라. 이들 중 다수는 제공된 물건이나 혹은 활동을 위한 돈으로 직접 지불한다. 시 의회가 수익을 찾으려고 책정된 가격 이상의 것을 위하는 경우에도 예외는 아니다. 거리요금도 여기에 해당된다. 외딴 마을의 거리와, 골목을 궂은 날씨에 치워야 하는 사람은 대도시의 넓은 거리에 사는 것이 얼마나 특권을 누리는 것인지 곧바로 느낀다. 거리를 청소하고 수리하고, 심지어 아스팔트를 매끄럽게 만들기 위해 끊임없이 바삐 움직이는 것을 본다. 따라서 혜택을 받는 사람으로 하여금 모든 봉사와 즐거움에 대해 추가 비용을 지불하게 하는 것은 비합리적인 것이 아니다. '단일세금'(impôt unique)을 고수하는 사람조차도, 마치 시가 가스, 전기, 수도, 전차, 아직 제공하지 않는 것을 무료로 제공해야 한다는 생각에 반대한다. 누구나 이것이 목적 없는 낭비, 각종 잔혹함, 심지어 끝없는 혼란으로 이어질 것이라고 느낀다. 그렇지만 거주자들의 더 많은 편의와 안전과 즐거움을 위해 일단 이 노선을 따라 움직이게 되면, 이후에 더 나아가게 된다.

§18. 개량세

예를 들면 영국에는 '개량세'(betterment-tax)[44]라고 부르는 것이 있다. 이것은 시 내부의 다양한 주민에게 속한 토지와 이 토지에 건설된 것에 아주 쉽게 과세하도록 한다. 국가가 나라 전체를 담당하기 때문에 당연히 국가가 주도한다. 시는 토지에 대해 두 번째 권리가 있다. 그래서 시는 자기 경계선 안에서 국가가 관여할 수 없는 토지에 대해 부과한다. 이것은 토지세(grondbelasting)와 그와 같은 것 혹은 독립 세금(een zelfstandig recht)의 부과로 이어질 수 있다. 여기서 토지나 집의 소유자는 자발적으로 아무 조치도 취하지 않는데도 자신의 재산 가치가 증가하는 것을 보게 되는 현상이 반복적으로 발생한다. 그가 2만 길더로 구매한 집이나 정원은 시가 획득한 중요성의 상승으로 인해 2, 3년 동안 그 가치가 3만 길더로 치솟을 수 있다. 이것이 영국에서 '개량세'라고 불리는 것이다.

누가 가치를 치솟게 했는가? 소유자인가? 아마도 부분적으로 외관을 보수하고 개선했기 때문일 것이다. 하지만 이익의 주된 부분은 시의 중요성이 상승했다는 사실에서 생겨난다. 그리고 부분적으로 시 의회가 시를 위해 행한 것에 그 원인을 찾을 수 있다. 필자는 북역(Gare du Nord, 北驛)에서 남역(Gare du Midi, 南驛)까지 이어지는 대로(de groote Boulevards)가 건설되기 이전의 브뤼셀을 알고 있다. 이처럼 시가 어떤 방법을 통해 위세를 떨치게 된 것은 대단한 일이다. 그보다 덜 강력하지만 암스테르담과 로테르담, 헤이그와 위트레흐트에는 모든 종류의 시립 건물들이 세워졌는데, 그로 인해 모든 면에서 진보를 이루었다. 이것이 도시의 토지와 건설된 건물의 가치를 현저하게 상승시킨 원인이었다. 그러므로 여기에서 개인적으로 이익을 본 사람이 시에게 추가 비용을 지불함으로써 감사를 표시해야 한다는 요구는 분명히 부당한 것이 아니다. 이와 관련해 세금이 간접적일 수 있다는 것은 이익이 자주 그리고 특별히 향유된다는 것에서 파생된다.

§19. 시의 굳건한 활동

이에 반해 소방서, 경찰, 교량이나 건널목 건설, 그리고 보건과 관련된 종류의 일들은 다소 다른 면을 가지고 있다. 이것 또한 거주자에게 안전과 보장, 이동의 자유, 비상사태에서의 도움에 대한 확실한 느낌을 제공하지만, 이로 인한 유익은 덜 특정적이거나 덜 지속적이다. 내 집에서 발생할 화재가 저지되는 것은 나뿐만 아니라 내 이웃에게도 이롭게 될 것이다. 그렇게 발생한 화재가 내 집에서 꺼지는 것은 나뿐만 아니라 이웃에게도 좋다. 내 집에 생긴 불꽃은 너무나도 쉽사리 이웃에게 번질 수 있었을 것이다. 이처럼 특정한 것에 흡수될 수 없고, 따라서 일반 지출 아래 계산될 일반적 이익에도 적용된다.

간접 수입에서 전체 시 행정부를 위한 자금을 확보할 수 없다면, 직접세에서 대책을 마련해야 하는데, 일반적으로 이로부터 혼란과 불행이 시작된다. 국가 정부의 압력을 적어도 부분적으로나마 시 의회로부터 벗겨내기 위하여 우리가 제안했던 것을 생각해 본다면, 이 간접세의 상당 부분을 확실하게 축소하거나 없앨 수 있을 것이다. 하지만, 완전히는 어렵다. 국가가 모든 면에서 공정한 일부 국세(Rijksbelastingen)에 추가세(opcenten)를 부여하여 시에게 이것을 보상한다. 그러나 국세에 부가세를 덧붙이는 이런 방법으로 시 지출의 어떤 부분을 보상하려는 해결 방식은 칭찬할 만하지 않다. 이것은 재정에 있어서 절약이 부족해서 발생한 일이다.

§20. 소득세

그럼에도 불구하고 종종 거기에 도달하지도 못하고, 시민의 소득에 대한

반혁명 국가학 ‖ 적용

직접세 부과라는 가장 골치 아픈 일로 넘어가야 하는데, 이것이 가장 민감한 부분이기도 하다. 이를 가장 민감하게 느끼는 곳은 적은 인구를 가진 작은 시이다. 그런 곳은 큰 자본을 가진 제조업자나 임대인이 거의 없어서 부유하지 않다. 그런 시 의회에는 대체로 소시민이 다수를 차지하기 때문에, 실제로는 부유한 두 세 사람이 비용의 총액을 부담하고, 나머지 시민은 그들에게 의존해서 사는 형태로 소득세를 조율하는 경향이 있다.

여기에서 준비된 해결책은 백분율에 차이를 두는 것이다. 소득이 적으면 세금을 낮게 유지하고, 소득이 증가함에 따라 점차 세금을 인상하도록 하는 것이다. 여기서 이를 자제하게 만드는 한 가지 두려움이 있다. 부유한 사람들이 공장과 차를 가지고 마을을 떠나 다른 곳으로 이동할 수 있다는 것이다. 시는 그로 인해 가난해지고, 결국 과도한 세금을 매겨 신 열매를 따먹어야 하는 신세가 된다. 그와 반대로 조직적 약탈을 피하게 만드는 수단이 없을 경우에 곧 그 오용이 일어나는데, 그 오용을 파악하고 음모를 제지하는 곳은 대표로 구성된 주 행정부(Gedeputeerde Staten) 뿐이다. 그렇게 세운 해결책이, 다른 한편으로 위로부터의 통제를 더욱 강화시켜 시 자치정부의 독립성을 다시 훼손하는 불편함을 초래하게 된다. 그렇기 때문에 시의 재정에는 절제가 필요하다.

가정 중심의 생활에서 완전히 철수하려는 경향은 해로울 수 있다. 그렇게 되면 도시의 공생을 위한 공동체 의식을 깨트리거나 발전시키지 못하게 된다. 여기서 너무 멀리 가서는 안 된다. 우리나라의 신사 거리에 끝없이 펼쳐져 있는 카페와 레스토랑에서 확인할 수 있는 삶의 모습은 우리 도시의 수준을 높이는 것이 아니라 낮춘다. 신문은 논외로 치더라도, 독서가 고통받고 있다. 친구와의 친밀한 관계도 마찬가지이다. 카페에서는 각종 대화를 들을 수 있다. 일단 인기를 얻은 이런 종류의 카페 생활은 특히 일요일에 정점을 찍는다. 그런 식으로 교회가 그리고 교회와 관련된 고귀한 영적 활동이 고통을 겪는다. 도시는 기분 좋은 명성을 얻겠지만, 시민은 점차 고귀한 활동을 하지 못하게 된다. 가정생활은 제2순위가 아니라 제1순위가 되어야 한다.

우리가 이 단락에서 이것을 강조하는 이유는, 그것이 소득세의 지속적인 증가를 제지할 수 있기 때문이다. 간접세는 시의 영역에서 주요 수입으로 남아 있어야 한다. 직접세는 보조적 성격을 유지할 뿐이어야 한다. 그러면 일단 잘 될 것이다. 만약 잘 되지 않으면, 먼저 주 행정부의 통제를 받아야 하겠지만, 시 행정부에서 자체적으로 통제하여 직접 부과할 수 있는 금액을 제한하는 것이 가장 좋으며, 그렇게 하지 못할 경우에는 긴급한 상황에서만 확대한다.

§21. 시의 고용

시 행정부는 봉사하는 직원, 공무원, 직무나 혹은 사역 노동자의 도움을 고려하지 않고는 고유 업무를 다했다고 할 수 없다. 이와 관련해 마지막 집단을 두 범주로 구분할 수 있다. 시에 고용된 노동자는 임직에 있어서는 공적 성격을 지니지만, 고용에 있어서는 개인 사업자나 공장에 고용된 노동자와 완전히 같은 선상에 있다. 소방서의 마부와 포장도로로 돌을 옮기는 짐꾼을 비교하면, 범주의 차이를 곧바로 느낀다. 여기서 제기되는 중요한 질문은, 파업권이 시에 고용된 전 직원에게 부여될 수 있는지 여부이다. 질문에 대한 답을 하자면, 공무원으로 고용된 자들에게는 파업권이 없다. 파업권은 두 번째 범주에 속하는 노동자에게만 유일하게 허용된다. 경찰서의 경찰들이 어느 날 한 자리에 모여 성명서를 발표하고 다음 날 아침 파업을 해서 집에 머물고, 결국 그것을 통해 그들이 단체로 경찰서장에게 제시한 요구를 얻어내려는 행동은 허용되지 않는다. 경찰 봉사는 긴급한 상황에 반드시 필요하며, 여기에 관련된 공익은 경찰 개인의 이익에 희생될 수 없고 그렇게 되어서도 안 된다. 소방서도 마찬가지다. 화재가 발생하면, 화재 진압을 위해 임명된 소방대원은 자신에게 맡겨진 소화 기구를 지참해 즉시 출동해야 한다.

보건부는 좀 다르다. 사고가 발생하여 부상자가 거리에서 도움을 받지 못한 채 누워있다면, 지체 없이 긴급 구조대가 투입되어야 한다. 이것은 다시 경찰과 소방대에 경보를 울리기 위한 전신 체계가 잠시라도 무력한 상

반혁명 국가학 ‖ 적용

태가 되어서는 안 된다는 것을 의미한다. 개인적 일에 고용된 사람은 주인의 개인적 이익에 대해 자기 자신의 사적 이익을 희생할 각오가 있어야 한다. 그렇지만, 이로 인해 개인의 사적 이익이 공익과 충돌하는 경우에는 그럴 수도 없고 그렇게 해서도 안 된다. 의료 지원과 약국에서도 동일한 법칙이 적용된다. 사적 고용에서 파업할 권리가 무조건적으로 인정되어야 한다는 것은 확실히 긍정될 수 없다. 광산, 대형 증기 기관, 그 외에 그와 같은 일에서 갑작스런 파업은 정말 큰 재앙을 초래할 수 있을 것이다. 대양을 항해하는 것도 동일한 예외 사항이다. 그러나 이런 사적 관계를 제외하고, 공직에 고용된 사람은 누구나 공직의 성격과 특성에서 발생하는 논쟁의 여지가 없는 규정에 복종해야 한다는 것은 너무나도 분명하다.

§22. 공공 근로자를 위한 추가 임금

폐해를 예방하기 위해, 모집 전에 파업권의 부재가 명시되고 수용되어야 한다. 불법 파업이 발생할 경우, 시는 그런 권리에 대해 이의를 제기하기 위해 이 사건을 절차 없이 시작해서는 안 된다. 이 질문은 직무규정에 언급되어야 한다. 그리고 직무를 수행하는 사람에게 파업에 참여하지 않을 것이라는 확고한 계약 하에 고용된다는 서약서에 서명할 것을 요구해야 한다. 그러나 결과적으로 이런 공권력에 의해 고용된 사람은 사적으로 일하는 사람보다 더 불리한 조건에 처한다. 이는 곧 그들의 직무 조건이 예외적 성격을 띠어야 한다는 뜻이다.

시 행정부가 노동자에게 임금과 노동시간, 그리고 연금과 관련하여 좋은 대우를 받는 지위를 부여하는 데 있어, 시민보다 앞서 나가는 것은 그 자체로 바람직하다. 그래서 이런 이유로 일어나는 것은 과장된 것이 아니다. 시 재무부는 재정을 가득 가지고 있지만, 그 돈은 펑펑 쓰라고 있는 것이 아니다. 시 행정부에게 주어진 모범은 건전하고 견고해야 한다. 하지만 정상적 기준을 넘어서면 안 된다. 그에 비해 노동자가 특별 고용관계에 들어감으로 포기하는 권리를 고려하면, 그것은 상당히 다르다. 사적 영역에서 노동자는 스스로 파업을 통해 상황을 더 좋게 만들 수 있는데 반해, 공직에 속한 자는 그것을 할 수 없다. 그 권리는 다른 방법으로 보호되어야 한다.

이를 근거로 할 때, 시 행정부가 지급하는 급여는 민간 급여보다 좀 높은 것이 합리적이다. 불만을 제기할 기회가 있다는 것과, 시 행정부가 적절한 주의를 기울이고, 그런 불만에 대해 올바르다고 할 때, 후속 조치가 취해져야 한다. 공식적으로 임명된 사람들의 임금에는 잉여금이 숨겨져 있어야 한다는 결론에 도달한다. 하지만 이것이 모범이 되어야 한다는 것은 부정되어야 한다. 모범은 정상적인 것 이상일 수 없다. 하지만 이 부가금은 노동자가 포기하는 매우 중요한 권리에 대한 보상을 의미할 경우에 정당화된다.

이와 관련해 결사(結社)의 권리는 사라지지 않는다. 공무에 있는 사람들도 자신의 이익에 대해 함께 논의하거나 특정 문제가 있는 상황에 대해 비판받는 것을 허용하지 않을 이유가 없다. 노조 구성은 그러한 개인이나 노동자의 특정 부류나 특정 계급을 위해 허용된다. 하지만 모든 것이 공개적으로 접근 가능한 방식이어야 한다. 단체의 규정은 시 행정부의 승인을 필요로 한다. 그리고 항상 시 행정부를 대신하는 대표가 이 단체의 회의에 참석할 수 있어야 한다. 어떤 종류의 음모도 공공 활동에 용납될 수 없다. 이것은 국가적 일에도 해당된다. 1903년의 대규모 파업 동안 주요 대중교통 수단에서 이뤄진 파업의 남용에 대해 형법에서 그 어떤 조치도 취하지 못하는 공백이 발생했다. 바로 이와 같은 방식으로 국가법이든 시 조례든, 공공 생활을 방해하는 사람에 대해서는 해고뿐만 아니라 처벌도 해야 한다. 그러므로 공공 활동은 공무원과 근로자에게 더 높고 더 나은 조건을 제공해야 한다. 하지만 공공 활동에서 파업에 의한 폭력은 허용되지 않는다. 이것을 합하는 자에게는 해고뿐만 아니라 처벌이 가해져야 한다.

§23. 평화판사

시의 모든 법적 특권을 유기하는 것은 시 고유의 독립성에 결핍을 드러내게 된다. 관습법을 어긴 것과 민사상 분쟁과 질서를 깨트린 것이 지금보다 과거에 더 잘 구분되었음을 모든 나라에서 확인할 수 있다. 가정에서 머리인 아버지가 모든 일에 불려가지 않고, 어머니가 각종 사소한 다툼을 해결하거나 종종 가정교사에게 권한을 부여하듯이, 정부도 무엇이 법을 위반한 것인지 무엇이 분쟁이나 질서 위반인지를 구분하는 것은 매우 당연한 일이었다.

특히 잉글랜드에서는 1327년 이후로 마지막으로 '평화의 법'(Justices of peace)이 등장했다. 프랑스에서는 1790년에 '평화의 법'(juges de paix)이 생겼다. 스위스와 이탈리아도 그런 평화의 법(vredegerechten)을 가졌다. 소위 '중재인'(Schiedsmänner) 혹은 '치안판사'(Friedenrichter)나 '조정판사'(vermittlungsämter)가 다양한 형태로 독일 모든 주에서 발견된다.

물론 그들은 모든 면에서 동일한 모양은 아니다. 어떤 때는 고위 정부가 임명하고, 다른 때는 시가 선택한다. 그들이 법률인일 필요가 없다고 결정된 때도 있었으나, 다른 때에는 법조인을 선호했다. 어떤 나라에서는 보수를 지급받았지만, 잉글랜드에서는 명예직이었다. 그러나 그 실행되는 형태와 상관없이, 그들은 절대적 법의 원리에 미치지 않고 종속적 성격을 지니는 분쟁과 논쟁이 있다는 것을 말해주었다. 그러한 분쟁이나 논쟁은 가능한 친구 사이에 적용되고, 그렇게 잘 되지 않으면 이웃 사이에서 해결되어야 하는 것이다. 사도 바울은 고린도전서 6장 1-7절에서 같은 문제를 다루고 있다. 물론 여기서 사도가 말하는 것은 일반적 법에 위배되거나 범죄가 완전히 없어질 것이라는 의미가 아니다. 오히려 상호 다툼 때문에 법정의 문을 두드려서는 안 된다고 말한다. 다시 말해, 더 깊이 생각해보면 그런 다툼이 없어야 하지만 생겨날 경우 서로 원만하게 해결해야 한다. 그래서 바울은 4절에서 "형제 중에 경히 여김을 받는 자들"로 하여금 다툼을 끝내야 한다고 말한다.

우리나라에서도 이런 다툼을 재판관의 범위 밖에서 해결하도록 했다. 그러므로 조약에서 중재 재판소를 다르게 규정할 때 혹은 새로 발생하는 분쟁에서 중재 재판관을 선택할 때, 함께 동의하는 방법을 사용한다. 지금 우리나라에서는 이런 성질의 모든 중재와 재판을 시 행정부에 허락하지 않았다. 그리고 해결책을 그 기능이 평화판사(vrederechter)와 상당히 비슷한 지방판사(Kantonrechter)에게서 찾았다. 단지 지방판사에게는 시의 성격이 없을 뿐이다.

지방판사는 국가법원의 최하위 단계에 있지만, 전적으로 국가 사법부에 속한다. 이것은 또한 정부 구조의 새로운 부분을 위해 시 독립의 중요성을 포함한 시의 자치를 희생시키면서 중앙 권력을 확장하는 것을 의미했다. 반혁명 입장에서는 이에 대해 반대해야 한다. 만약 어느 정도 확정적 결정을 내릴 수 있는 권한이 주어진다면, 평화판사는 지금도 많은 시민이 겪는 삶의 괴로움을 제거할 수 있을 것이다. 사람들은 지방판사에 가져가기를 거부하려는 소송을 아마도 평화판사에게 기꺼이 가져갈 것이다.

§24. 공기업

점점 많은 사람들이 행정 업무와 기업 운영에는 원리적으로 차이가 존재함을 알고 있다. 그럼에도 불구하고 몇몇 기업의 운영은 개인에게서 공공 영역으로 넘어가기를 바랄 수 있다. 전차를 굴러가게 하는 시 행정부는 행정권한의 결과가 아닌 것을 하는 것이다. 민간 협회도 같은 목적을 위하여 면허를 얻을 수 있기 때문이다. 일반적으로 시 행정부는 그런 기업 운영을 먼저 수행하는데, 개인의 참여가 부족하거나 운영이 덜 준비되었을 경우에 그렇다.

보안을 위해 가능한 개인의 손에 맡기지 않기를 원하는 기업들도 있다. 암스테르담에는 한동안 영국의 가스 공장이 다른 공장 옆에 있었다. 하지만 대체로 가스 설비나 수도 설비 같은 것은 전적으로 행정부의 권한 아래 있는 것이 바람직하다. 그리고 가장 확실한 사실은, 그런 기업이 시 행정부 아래에 있어야 한다는 것이다. 그런 기업에 재무적 경직성이 발생할 수 있음을 명심해야 한다. 그것이 남용되지 않도록 만들어야 할 필요가 있지만, 그렇다고 그런 생각까지 '반드시' 잘못된 것은 아니다. 특히 1914년 8월에 시작된 전쟁 상황에서 정부는 그런 기업들을 끌어들여야 한다고 보았다.

기업은 평화의 시기에는 여전히 개인의 소유로 남아 있었다. 물론 이 길에서 너무 멀리 나가는 모험을 해서는 안 된다. 그것은 사회주의가 사회생활에서 갑옷에 갇혀 죽은 것처럼 사장된 데서 너무나 쉽게 드러났다. 하지만, 적어도 대도시에서는 시가 모든 업무를 중단할 수 없다는 것이 확실했다. 국가가 우편과 전신, 교통을 관리하는 것처럼, 시 행정부는 가스, 수도, 전화, 양로원 돌봄을 관리했다. 그래서 이런 모든 종류의 기업을 따져 보아야 한다. 처음부터 이런 기업 운영은 일반 직종으로 분류되었다. 얼마 전에는 우편사업조차도 국가예산과 별도의 영역으로 분리되었다. 그렇게 이윤과 수지만 눈에 띄게 하려 했다. 지금은 그것이 시에 속하게 되었다. 이제 시는 모든 회사에 관여할 수밖에 없다. 시가 그것을 거절할 수 있다면 더 좋겠지만, 완전히 벗어나기는 어렵다.

시는 그런 기업을 운영하여 시민을 돌보는 일에 개인보다 더 나은 위치에 있다. 그 일은 사기업이 할 때보다 돈이 더 들 수 있다. 그렇지만 사기업이 운영한다면, 더 신속하고 정기적 서비스를 위해 시민이 일반적으로 더 비싼 비용을 지불해야 한다. 그런 종류의 기업을 시에 독점적으로 끌어들이는 것을 우리 입장에서 반대할 필요는 없다. 오히려 이를 통해 민간 주도가 실패한 이유가 각 회사로부터 명확하게 입증된다면, 권장될 수 있다. 그리고 시 행정부가 그런 종류의 기업을 운영하게 되면, 대체로 통용되는 법칙은 시 의원(Gemeenteraadsleden), 곧 시 의회 의원(Wethouders)이 그 일을 맡지 않는 것이다. 일반적으로 대부분의 사람은 그것을 할 능력도 없을 것이다. 시가 행하는 활동의 기업가적 구현을 위해서는 직종의 전문가를 찾아야 한다. 그런 사람으로 구성된 위원회가 시 의회의 책임 아래 기업을 운영해야 한다.

§25. 결언

앞에서 시의 재정에 관해 비교적 폭넓은 논의에 집중했지만, 나는 그런 것들을 뒤로 제쳐둘 수 없었다. 1878년 반혁명당 정강에 대한 첫 해설이 빛을 보았을 때에는, 실제 정치에서 이 주제에 대해 후속적으로 천착하려는 동기가 부족했었다. 당시 시 의회에 출두할 생각이 거의 없었다. 자기 스스로 거기에 임명된 소수의 사람들이, 주일성수와 학교 문제에 관한 짧은 증언에만 전념했을 뿐이었다. 어쨌든 당시에는 이 분야에 우리 자신의 구상을 정리할 여지가 없었다. 그래서 "우리의 정강"에서는 시에 대한 관심사 가운데 그 어떤 계획적 항목에도 관심을 기울이지 않았다. 심지어 우리 당의 선거협회조차도 법규에 대해 거의 신경을 쓰지 않았다. 그럼에도 불구하고 이제 완전히 새로운 상황이 발생했기 때문에, 만약 이 중요한 관심을 단지 측면적으로만 간략하게 다루었더라면 변명의 여지가 없는 빈 공간으로 남아 있었을 것이다. 그러므로 내가 이 장에서 마음 놓고 펼친 자세한 논의에 대해 좋게 봐주길 바란다.

제12장

의회

§1. 세 가지 문제

"우리의 정강"에서 나는 선거와 관련해 의회(de Staten-Generaal)라는 하나의 같은 제목 아래 시 의회(Gemeenteraden)와 주 의회(Provinciale Staten)를 '협의회와 의회' (Raden en Staten)라는 이름으로 요약했다. 이전 장에서 주와 시를 별도로 논의했기 때문에 여기서는 의회만 다룰 것이다. 우리는 의회에 대한 논의에서 세 가지 문제에 대해 주의를 기울여야 한다.

첫째는 의회가 어떤 형태로 구성되어야 하는가이다. 단원제로 할지 양원제로 할지 결정해야 한다. 둘째는 의회에 어떤 권한과 책임을 주느냐이다. 마지막으로 셋째는 어떤 방식으로 의원을 선출할 것인가이다. 셋째를 논의할 때, 나는 의회뿐만 아니라 주 의회와 시 의회에 대한 일반적 선거권을 설명하는 것을 선호한다. 후자의 둘을 별도로 설명하면 불필요한 반복이 많이 발생하기 때문이다.

한편으로 주 의회, 시 의회와, 다른 한편으로 의회 사이에 존재하는 큰 차이를 간과해서는 안 된다. 시 의회와 주 의회는 '집행' 기관이지만, 의회는 '대표성'만 가지고 있다. 선거 과정과 특히 선거권에 관한 한 이 세 기관 모두와 관련된 문제가 제기되는데, 세 기관 모두에 대한 선거권 문제의 연관성을 배제할 수 없다. 만약 이것이 가능하다고 판명되면, 불필요하게 설명을 확장시킬 필요는 없다.

§2. 원리와 실제

혁명적 원리와 여기에서 파생된 자유당의 원리가 국민의 의지를 억제하지 않고 지배하려 하는 한, 원리적으로 국가 전체에서 단원제를 위한 자리만 존재한다. 처음에 프랑스 정치가들은 우리처럼 결단력을 가지고, 그들 자신의 모본을 따라 이것을 세우려고 시도했다. 이와 관련하여 1871년부터 등장한 독일 제국의회를 거론하는 것은 잘못이다. 독일에는 제국의회에 상원이 없지만, 이른바 연방의회가 거의 상원이나 마찬가지임을 잊어서는 안 된다.

그러나 오늘날에도 여전히 프랑스 혁명 체제의 매력 아래 있는 국가들 중 거의 모든 곳에서 상원과 하원이 함께 설립되었다. 1870년에 프랑스에서 나폴레옹 3세가 사망한 후에도 옛 상원이 되살아났다. 우리나라에도 군주제 수립 직후 1815년에 이미 상원이 설치되었다. 이 기관은 1848년에도 유지되었다. 그리고 우리나라에서 국민의 의지를 숭배하는 사람이 아무리 급진적 경향을 띠고 있을지라도, 사회민주당을 제외하고는 상원의 폐지가 투표로 받아들여진 적이 단 한 번도 없다. 이것은 우리의 정치적 온건함을 보여준다는 점에서 인정되어야 하지만, 우리 의회가 양원으로 나뉜 것에 대한 근본적 의미를 설명해주지는 못한다. 이 분리는 처음에는 그 안에 숨겨져 있었지만, 1848년 이후에 완전히 사라져버렸다.

1813년에는 프랑스 이론에 영향을 받아 의회는 단원제로 충분하다고 생각했지만, 1815년의 헌법 제78조는 "의회는 양원으로 구성된다"고 규정했다. 1840년에 단지 형식적으로 개정된 헌법 제80조는 상원 의원은 왕이 종신으로 임명한다는 것을, 첫 번째 조항은 왕이 "국가에 봉사한 사람, 또는 출생이나 부로 나라에서 가장 명예로운 사람 중 하나임을 증명한" 사람을 그 대상으로 한다는 것을 명시했다. 이것은 우리에게 극도로 보수적인 것처럼 보인다. 그렇지만 현재 이탈리아에서는 헌법 제33조에 따라 국왕이 상원 의원을 '종신으로' 임명하고, 마찬가지로 3,000리라에 해당하는 세금을 직접 낸 사람을 포함한 고위 저명인사를 임명한다는 사실을 잊어서는 안 된다. 1815년 헌법에 결정된 것은 이탈리아가 나중에 선택한 것보다 훨씬 더 온건한 것이었다. '60명' 이하의 의원만 임명할 수 있었기 때문이며, 필요한 경우 왕이 숫자를 확장하여 자신에게 충성스러운 새 의원을 추가함으로써, 자신의 의지를 거스르는 상원의 반대를 분쇄할 권한이 있음을 암시한다. 우리나라의 1840년 헌법에는 이 점이 포함되지 않았다. 1848년 헌법에는 의회가 양원으로 '구성된다', 즉 상원과 하원으로 '나뉜다'는 조항을 넣되, 상원이 앞에 나온다. 헌법 제76조를 참고하라.

그리고 덜 주목받아선 안 되는 것은 저명한 사람들이 이제 물러났고, 주 의회에는 "제국에서 직접세를 많이 내는 상위 계층"만 피선거권을 보장받으며 임명될 수 있다는 것이다. 1887년이 되어서야 처음으로 예전의 방식이 부활하여, 상위 계층과 함께 "하나 이상의 높고 중요한 공직을 맡아" 실제적인 선택을 받은 사람들도 다시 선거에 출마할 수 있는 자격을 얻었다. 1815년에는 여전히 저명인사들과 세금 총액이 고려되었고, 1848년에는 총 납세액만 고려되었다. 그리고 1887년에는 다시 고액납세자들이 우선 선택되었는데, 모든 고귀한 특혜는 생략되었다.

이것은 우리가 얼마나 불안하게 움직였는가를 보여준다. 양원 간의 원칙적 차이는 말할 필요가 없으며, 강력한 차이가 있을 수 있고 또 그래야만 하지만, 이 차이는 '점진적'일 수밖에 없다. 하원은 일반 유권자들에 의해 선출되어 국민과 더 가깝다. 상원은 하원의 지나침을 억제하거나 멈출 상위 계급의 사람들이다. 이러한 구성원이 왕에 의해 선출되었는지 또는 주 의회에 의해 선출되었는지는 중요한 차이는 아니었다. 어떤 경우에든 그 나라의 부자나 높은 지위에 있는 사람 중에서 선택되어야 했다. 또한 주 의회를 선택할 때 하원 선거가 다소 완화된 결과를 가져다주었다. 그러나 그들은 더는 나아가지 못했다. 저명하고 유복한 사람이 국가의 마차 바퀴 아래에 그것에 제동을 걸 신발을 밀어 넣을 수 있는 것을 제외하고, 의회는 양원제에 뚜렷한 성격을 부여할 수 없었다. 게다가 상원 의원이 9년 동안 재직하고 있었고, 그들의 협의체인 주 의회를 해산할 수 없었다. 따라서 이미 엄격한 보수적 의미에서 우리 국가생활에 개편이 필요하다고 판명되었다.

§3. 정화 시도

특히 내가 정치 경력을 시작하던 시기에 보수주의는 적지 않게 화를 불러일으켰다. 사실 자유주의는 1848년 이후 이미 의회에서 패권을 장악했다. 하원의 반혁명당과 일반 기독교 쪽에서는 이에 반대하는 반응을 이미 보여줬다. 그러나 원외(院外) 좌파가 점차 중요성을 가지는지 여부는 거의 도움이 되지 않았다. 그 당시 상원에서도 우리는 돌파구를 찾을 수 없었다. 그리고 1889년에 있었던 퀴허니우스의 몰락은, 그들이 우리를 상대로 인정사정없이 패권을 행사했음을 보여주었다. 이런 바람직하지 않은 상황을 고려하여 나는 1878년 "우리의 정강"에서 양원은 있어야 하지만, 각각은 근본적으로 구별되는 특성을 부여받아야 한다고 주장했다.

모든 국민 생활에는 두 가지 특징이 존재했다. 한편으로는 국민 생활의 뿌리부터 '유기적'으로 발전하는 것이고, 다른 한편으로는 유기적 전체에서 '개성'을 중시하는 것이다. 따라서 나는 양원을 유지하되 상원을 국민 생활에서 협력의 대표자로 만들고, 하원은 당시 유권자의 정치적 선택 기관으로 만들자고 제안했다. 국민의 유기적 삶에서 나온 상원은 사회적 성격을 띠고, 하원은 정치적 성격을 띠게 될 것이다. 그 구분을 좀 더 명확히 하기 위해 상원은 '협력적' 의회로, 이에 반해 하원은 '정치적' 의회로 칭하기까지 했다. 이후 상원에서는 제동 신발의 성격이 사라졌고, 양원 간의 끊임없는 갈등은 자연스럽게 끝이 났다.

이러한 생각은 특히 1789년 이래로 국민의 정치 생활에서 일어난 강력한 투쟁으로 되돌아가게 했다. 만인은 자연히 서로 대립하여, 한편으로는 정치적 영역에서 개인의 다양성으로부터 국민과 국가의 통일성을 구성하기 위한 통합적 노력이 있고, 다른 한편으로는 개인이 발견된 통일성에 대하여 자신의 인격적이며 개인적 독립성을 잃지 않기 위해 스스로 힘을 발산했다. 18세기에 군주는 개인의 인격적 독립성을 희생시키면서, 통일성과 결속을 지나치게 강조했다. 이에 대해 프랑스 혁명이 보복을 감행했다. 1789년과 1813년 사이에 에드먼드 버크보다 앞서 영국 정부는 파리에서 시작된 혁명적 노력을 분쇄하기 위해 훨씬 더 강력한 방어를 펼쳤다. 그러나 밀(Mill)[45]과 스펜서(Spencer)[46] 등에게서 나타난 바와 같이, 이미 반세기가 지난 지금 일방적인 개인주의가 너무도 설득력 있게, 특히 영국인의 성격에 매우 호의적으로 말을 건네며, 자리를 잡았다. 정치적으로는 다 코스타(Da Costa)의 말을 인용하면, "한 조각 땅에 많은 영혼"이라는 이론이 유럽의 정치가들 사이에서 거의 독주하는 지경에 이르렀다. 또한 1915년 헌법 개정에 대한 제안에서도 이러한 일방적 원칙이 너무나 강력하게 표출되었다.

§4. 협력

이와 대조적으로 1878년 나는 종교개혁 시대에 매우 번성했고 중세의 길드와 '수사학자들의 모임'[47]에서 이미 활발히 준비되었던, 자유로운 형태의 '협력하는 삶'의 중요성을 지적했다. 18세기 말에 이러한 협력하는 삶의 형식으로 갱신이 요구되었다. 길드나 수사학자들의 모임이 예전의 형태로는 삶에 활력을 불어넣을 수 없었다. 그들은 분열되어 사라졌다. 그 당시에는 새로운 행동이 협력적 방식으로 다시금 유기적 대중의 삶을 고무시킬 준비가 되어있지 않았다. 하지만 이제는 시대에 더 적합한 형태로 준비되어 있다.

법과 법령에서 사람들은 협력하는 삶이 더는 존재하지 않고, 이미 미세한 원자로 분해된 것처럼 존재했다. 획일성의 폭정은 삶의 모든 변화를 무시하고, 가능하면 미국뿐만 아니라 유럽의 모든 민족을 하나의 규범, 같은 삶의 법칙, 그리고 같은 헌법적 규칙에 종속시키려 했다. 그러므로 나는 처음부터 이 독재에 반대했다. "획일성의 저주"는 나의 첫 강의 주제 중 하나였다. 그러나 획일성과 전체를 원자로 분해하는 것에 대항하는 억제할 수 없는 항거가 일어나지 않았다면, 그것은 나에게는 도움이 되지 않았을 것이다.

§5. 노동계의 저항

저항은 특히 '노동계'에서 점점 더 강력한 형태로 이뤄졌다. 오래지 않아 노동자들은 전체가 순수하게 원자로 녹는다는 것이 그들에게 어떤 의미인지를 매우 고통스럽게 느끼기 시작했다. 노동자는 무방비 상태의 어린 양처럼 혼자 개인으로 고용주에게 맞섰다. 고용주가 자신의 이익을 위해 노

반혁명 국가학 || 적용

동자의 존재를 너무 괴롭힐 것을 두려워하지 않는 한, 노동자로서 단결하려는 충동을 가지고 고용주에 대해 더 강력한 태도를 보일 것이다. 노동자는 억제되지 않은 개인주의가 자신의 사회적 죽음을 의미하며, 사회적 결속과 단결만이 그를 구할 수 있다고 느끼기 시작했다. 따라서 거의 모든 국가에서 노동자의 단결을 위한 전면적인 노력이 동시에 발생하고 있다. 그러자 곧 고용주들도 단합하기 시작했다. 무역과 산업에서 협력적 결속을 찾는 경향이 알려지게 되자, 마치 이 협력이 모든 사람의 마음을 하나로 묶는 것처럼 보였다.

§6. 다양한 협회에 대한 탄식

나는 지금과 같은 방식으로 사교단체연합, 노동조합, 협회, 연합회 그리고 이미 그러한 것들이 우리 삶 전체를 지배하게 된 시기나 기간에 대해 알지 못한다. 모든 협회, 사교단체, 금융 신탁, 또는 무엇이라 부르든 그러한 것들이 우리 작은 나라, 모든 도시와 마을, 남녀노소, 모든 지역에서 형성되었다. 그리고 지금도 여전히 확장되고 있어, 모든 지역에서 표지가 거의 없는 묶음을 형성할 것이다. '협력하는 삶'이 '의사(擬似) 개인성'(pseudo-individueele)에게 복수한다는 증거가 있다. 협력하는 삶은 공적 활동과 사적 활동이라는 두 가지 형태를 가졌다. 한편으로 교회, 대학 등과 같은 협력적 성격의 영구적 기관이 존재했고, 다른 한편으로 시민의 자유로운 주도에 기원을 둔 끝없는 사적 모임, 회사, 협회, 노동조합과 의회가 나타났다.

특히 협력하는 삶은 상업, 산업, 노동 분야에서 매우 중요해지고 있다. 조직의 필요성이 점점 분명해지고 있다. 노동법은 이미 이와 관련하여 상당한 진전을 이루었다. 따라서 국가 생활의 이 유기적 요소가 결국 의회에서 발언권을 갖게 되리라는 데는 의심의 여지가 없다. 다만 시간이 걸릴 뿐이다. 이렇게 새로 부상하는 요소에 대한 부적절한 간섭은 (실패한 노동당에서 볼 수 있듯) 득보다 실이 더 많다. 누룩이 발효하여 효과를 발휘하기까지 시간이 필요하듯이, 특히 노동 분야에서 고용주와 노동자가 자기 입장에서 각각 자신의 권리를 옹호한 후, 공동 활동으로 연합하여 힘을 합칠 때에만 의회에 대표를 보낼 수 있다. 먼저 하원에서 차이를 없애고 여전히 압력을 가하는 재정 조항을 제거한 뒤, 상원으로 이어지게 된다.

§7. 상원의 더 나은 선택

'몇 단계를 거치는 간접 선거'로 선출되는 상원의 현 제도는 보존되어야 한다. 첫째 단계는 주 지방 선거이고, 둘째 단계는 투표의 결과로 유권자가 특정 방향에 따라 주 의회를 선택하는 것이다. 나아가 주 의회는 자유롭게 선택할 수 있으며, 기껏해야 나이에 제한이 있을 뿐이다. 현재 9년에 달하는 상원 의원의 임기는 반대 없이 6년으로 단축될 수 있다. 다른 조건은 피선거 자격에 적용될 필요가 없다. 그러나 주 의회의 해산이 불가능한지에 대해 의문이 제기될 수 있다. 해산은 시 의회나 주 의회에 적합하지 않은데, 이는 둘 다 대표성을 가진 기관이 아니라 집행하는 협의체이기 때문이다. 그 대표성은 의회에만 속해 있다.

이러한 이중 자격의 구분이 지나친 것일 수 있다. 시 의회와 주 의회는 의심의 여지없이 집행적 성격을 가진다. 그러나 시 의회나 주 의회의 대표성을 전적으로 부정할 수는 없다. 시장과 시 의회 의원의 협의체인 시 의회에 대해 더 직접적인 행정상의 통제가 발생하여, 시 의회의 대정부 질문과 심지어 좋지 않은 투표의 결과로 사임하는 것은 생각될 수 없다. 주 의회의 해산이 승인될 수 있다면, 그것이 그들의 통치 행위와 관련이 있어서가 아니라 그들의 선거 행위에 적용되기 때문이다. 그러면 상원 해산은 지금과는 완전히 다른 결과를 가질 수 있을 것이다. 상원을 지배하는 데 성공한 당파는 실제로 약 사반세기 동안 정치적 사안의 과정을 통제할 수 있는 권한이 있다.

하지만 하원은 이미 오래전부터 완전히 방향이 달랐다. 이것은 이제 건강한 상태일 수 없다. 당의 투쟁을 악화시키고, 정치 영역의 건전한 발전을 저해한다. 상원의 자격 요건을 모두 없애고, 임기를 9년에서 6년으로 단축하며, 제한적 조건이기는 하지만 행정 협의체가 아니라 선거 협의체라는 제한적 조건 아래에서 주 의회를 해산할 수 있다.

그래서 상원과 관련하여 추천할 만한 세 가지 기대가 있을 수 있다. 상원은 간접 선거의 결과였다. 상원은 때때로 하원이 너무 성급하게 결정할 수 있는 것에 대해 차분하게 작업할 수 있었다. 우리 정치계를 너무 성급하게 몰아가려는 시도는 상원에 의해 거절될 수 있다. 상원에서 어떤 유보가 나타날 수 있을 것이다. 그러나 상원의 개입은 적어도 12년 동안 정치적 영향력의 관습적 전환을 제지하거나, 적어도 마비시키는 해로운 결과를 더 이상 낳지 않을 것이다. 그러한 수정된 규정 덕택에 국가의 상원 존재에 대한 불만이 줄어들 것이다. 상원은 때때로 그 성가신 특성을 잃을 것이다. 한편 협력하는 삶에 더욱 공식적 규정을 부여함으로써, 그것을 대표하는 상원이 독자적 성격을 가질 수 있는 시기가 앞당겨졌다. 우리가 옹호한 세 가지 수정안 중 적어도 하나는 1912년과 1915년에 나타난 두 개의 헌법 개정안에서 이미 언급되었다. 우리가 제안한 나머지 두 가지 예비 수정안이 차츰 논의될 것이고, 때가 되면 상원에서 자연스럽게 등장할 것이라는 데는 의심의 여지가 없다.

§8. 국민을 위한 정부

폭정으로 통치하는 모든 정부는 국민을 자신의 위대함을 위한 도구로 취급한다. 국민은 황제나 왕, 집정관이나 에포로스(Ephoor)[48]의 권력 안에 있어야 할 이유를 찾지 못한다. 오히려 정부가 하나님의 경륜에 의해 지배하는 국민의 복지를 위해 존재한다. 후자는 더욱 추가적으로 논의되어야 했다. 군주는 백성이 자신을 위해 존재하며, 자신을 섬기는 자로서 자신의 위엄과 영광을 높이기 위해 존재한다고 주장할 수 없다. 백성과 군주는 모두 전능하신 하나님을 섬기며, 그분께 영광을 돌리고, 그분의 뜻 가운데 존재한다. 이것이 일단 확립되면, 군주가 우두머리이고 국민이 부차적인 것이 아님을 알게 된다. 반대로 국민이 앞장서고, 군주는 이 백성에 대하여 하나님께서 제정하신 권세로 국민의 안녕과 복지를 통해 하나님을 섬기도록 부르심을 받은 것이다.

왕과 그의 가문이 어떤 식으로든 무너지지만, 백성은 무너지지 않고 다른 우두머리만 필요로 한다고 가정해 보자. 그러나 하노버와 우리 국경 근처에서 일어난 것처럼, 국민이 패배하여 다른 민족에게 병합됨으로써 군주가 더 이상 군주가 아니며, 왕좌와 왕관도 없어지는 경우를 생각해보라. 이것이 아무리 분명하고 투명하다 할지라도, 기존 질서를 반대 방향으로 바꾸려는 정부 측의 경향은 항상 존재했다. 이것은 루이 14세가 천명한 '짐이 곧 국가다'에서 가장 강력하게 나타났다. 당시 이 나라에 자유 공화국이 존재했던 것 같았지만, 우리나라 국민은 경시되었고, 국민의 권리를 인정하지 않았던 권력자의 과두정치가 지배했다.

'만약 18세기 후반, 통치자에 대한 경멸이 백성의 권리를 위해 그 정도로 폭발하지 않았다면, 파리 대혁명이 일어났겠는가?'라는 의문이 생길 수 있다. 당시 백성은 군주와 통치자가 지배하고 사치하는 가운데 기쁨을 누리도록 그들을 위해 부름 받은 존재로 여겨졌다. 이것은 계속될 수 없었다. 그 자체로 참을 수 없는 상황이 조성되었고, 그 상황을 더욱 견딜 수 없게 만든 것이 '더 악화하여' 그 관계를 점점 더 참을 수 없는 것으로 만들었다. 그러나 우리는 반혁명당으로서 프랑스 혁명에 대해 매우 단호히 반대하고, 그것뿐만 아니라 하나님을 대적하는 원리를 동등하게 거부한다. 동시에 우리는 당시 군주와 통치가 혁명적 저항을 초래한 원인이라는 사실을 충분히 인정해야 한다. 전환과 반전은 상황에 없어서는 안 될 필수 요소가 되었다. 그 과정은 고통스러웠을지라도, 프랑스 혁명으로 인해 왕실과 통치하는 참모진 아래에서 모든 국가에 서서히 스며든 폭정으로부터 우리가 해방되었다. 이것을 분명히 말하는 이유는 1789년 이전의 곤경이 우리 가운데 다시 돌아오지 않도록 하고, 혁명 원리에 반대하는 우리의 행동이 국민과 군주 모두를 하나님의 영광의 길로 인도하는 것 외에 다른 목적을 갖지 않도록 하기 위함이다.

§9. 모든 귀족의 압력

그러나 우리 쪽에서도 항상 프랑스 혁명에 각인된 표시가 너무 많은 사람을 유혹하여 거짓 보수주의가 나타났다. 한편으로는 군주의 권력을 억제하지만, 다른 한편으로는 저명한 가문, 도매상, 학계의 권위를 가능하다면 과거보다 국민에게까지 더욱 확장시킬 준비가 되어있었다. 토르베커의 선거법조차도 중산층의 보수적 과두제와 관련이 있었다. 암스테르담의 최소 세금 수치인 160길더는 이에 대한 수치를 나타낸다. 해마다 이에 대한 자유주의적 불만이 제기되지는 않았다. 1848년 이후로 보수주의는 훨씬 더 대담하게 행동하여, 항상 군주와 함께 옛 군주의 사촌을 국토의 주인으로 만드는 경향이 있었다.

국민을 둘로 나누는 것은 언제나 '선거권 세금'이었다. 이 세금으로 선거권을 얻은 사람만이 현명했고, 선거권이 없는 자는 정치 참여와 관련하여 무지하다고 여겨졌다. 여기서 '서민'은 완전히 외면되었다. 흐룬이 말한 '가장 낮은 값의 길더'가 있다. 그는 나중에 이와 관련해 협상도 했는데, 그것이 우리에게는 보수적 분파에 대한 항의로서 중요하다. 우리나라에서 보수적 분파의 국민을 잘못 판단한 행동은 군주에게서 나온 것이 아니다. 오히려 우리 군주는 보수주의를 존중하지 않았다고 말할 수 있다. 국민을 포용하는 행동은 오히려 부유하고 자기만족에 찬 시민의 자연스러운 삶의 표현이었는데, 그들은 한편으로는 왕권을 점점 더 제한하면서, 다른 한편으로는 국가의 "서민"을 지배하며 장악하고 있었다.

국민은 두 가지 방식으로만 명확하게 구별될 수 있었다. 한편으로는 수백만 명의 추종자를 가진 네덜란드 국민 전체가 있었다. 그러나 다른 한편으로는 '권리를 산 사람들' 즉, 선거권을 가진 일부 국민이었다. 십만 명을 겨우 넘을 정도로 전체 국민의 극히 일부인 이들이 진정한 국민으로 존중받았다. 그 '수는 무시할 수 있을' 정도였다. 이것은 자연스럽게 판 하우턴이 군주에 대해 말한 표현인 순수한 '장식품'을 떠올리게 한다. 그때는 국민의 해방을 촉구했다고 했지만, 실상 국민은 공립학교의 활동으로 도시와 시골에 형성된, 그리고 재산을 기준으로 권력을 장악하고 그것을 놓아주기를 거부하며 자유로워진 모임에 불과한 것으로 이해되었다. 그런 다음 교육 수준이 더 높고 선거권 세금을 많이 내는 이들이 입법권을 갖고 있다는 사실이 강조되었다. 그 입법부에서는 왕실의 휘장이 영예를 얻었고, 이 좁은 범위 밖에 있는 모든 국민은 이에 기꺼이 복종해야 했다.

§10. 민주적인 충동

'선거권 세금-보수주의'(이를 귀족 정치라고 부를 수는 없었다)는 유지될 수 없었다. '선거권 세금 계층'에서 처음부터 점진적 차이가 발생했다. 한쪽에서는 사람들이 점점 더 자신의 특권을 강화하고, 왕실의 권력과 국민으로부터 발생하는 권력을 억제하기 위해 더 많이 힘을 기울였다. 그런데 바로 이 극단적 보수주의의 영역 안에서 자유로운 영혼이 깨어났다. 여기에 연령의 차이가 중요한 역할을 했다. 대다수 기성 세대는 과두정치를 싫어했지만, 젊은 세대는 점점 더 자유로운 것에 이끌렸다. 결과적으로 첫 번째 점진적 차이가 더욱 근본적 의미를 갖기 시작했다.

그리하여 점차 민주주의 집단이 자유주의 집단에 대항하게 되었다. 처음에 이 두 집단은 자유당 안에서 두 개의 색조로 이해되었지만, 나중에 이 둘은 너무 멀어지면서 각자 자신의 영역에 머물기로 했다. 분열은 사회주의의 부상으로 더욱 촉진되었다. 자유주의 계파는 이 새로운 정치적 현상에 충격을 받았지만, 민주적 성향이 강했던 계파는 사회주의를 준비된 지원군으로 보았다. 끝내 충돌이 일어났다. 그 충돌에서 민주주의 계파가 더 많은 힘을 가지고 있음이 분명해졌다. 그리고 1887년 헌법 속으로 더 많이 침투했다. 확고한 칼빈주의적 과거로 무장한 반혁명당도 보수주의와 귀족 과두제에 반대했으며, 비록 수정된 의미이긴 하지만 자신을 기독-민주적이라고 자부하고 있었기 때문이다.

점점 더 모든 정치적 흐름이 더욱 깊이 파인 민주주의의 강바닥으로 흘러들어왔다. 최근에 제출된 개헌안은 1887년 이래로 얼마나 큰 진전이 있었는지 보여준다. (나는 이것을 1915년 11월 19일에 쓰고 있다.) 여성선거권은 단지 '장식품'이지만, 지금 도입되고 있는 원자적이며 거의 보편적인 선거권은 더 부유한 사람의 금전적 자산에 대한 소유권을 점점 더 주장할 기회를 만든다는 점에서 대중에게 매력적이다. 부유한 사람들은 정부의 손에서 점점 더 많은 것을 받게 될 것이고, 따라서 정치적 논쟁은 결국 돈 문제로 변한다. 이 시대에 시작되고 정신을 이끌며, 선별하고 축적하는 것은 철학적 사상도 아니고 신성한 동기도 아니며 새로운 정치 체제도 아니다. 오히려 점점 더 금전 문제로 퇴보하고 있다.

문제는 지금까지 그러했던 대로 원리적으로 유지할 것인가의 여부이다. 즉, 민간 기업을 가진 국민, 기업의 결과로서의 개인 소유, 그리고 최소한 개인과 가족의 부유함, 거기다 재정을 가진 정부와 행정부 말이다. 아니면, 모든 개인 소득이나 재산에 대해 완전히 자유로운 권력을 가진 정부가, 가용한 금액을 백성에게 분배하기 위해 존재해야 하는가? 확실히 사회주의적인 것은 아닐 것이다. 몇몇 사람들이 국민으로부터 국민의 유익을 위하여 장관과 의회 의원으로 활동할 것이다. 그들은 그들 가운데 '장식품'인 왕위 수행자와 함께 너무 적게 가진 사람들에게 요구되는 수당을 준다. 그리고 필요한 자금을 가진 사람에게서 강제로 세금 또는 부과금을 통해 간단하지만 철저하게 빼앗는다. 이는 여전히 '돈에서 파생된 권력을 누가 처분할 것인가'라는 큰 문제로 귀결된다.

이 문제는 이렇게 왕과 의회 사이의 투쟁으로 시작되었다. 반면에 우리는 이미 의회가 정부로 하여금 막대한 지출을 하도록 끊임없이 노력하고 있다. 예산 토론에서 예산을 늘리기 위한 수정안을 추가해 보라. 예전에는 항상 정부가 더 많은 돈을 쓸 것을 제안했고 절약을 주장한 의회가 주민의 개인 금고를 절약하기 위해 노력했다. 그런데 이제는 오히려 장관이 불필요한 지출을 유보하고 탐욕스러운 개정안을 조율하려고 한다. 따라서 상호 관계가 근원적으로 변화되었다.

요컨대, 과거처럼 현재도 이른바 '재정권'이 존재한다. 이는 옛날부터 재산법 안에 시민의 개인적 요구를 위해 국가가 제공함으로써 정치를 조정하는 권한이다. 육군과 해군의 날로 증가하는 요구가 점점 더 통제적 역할을 하고 있다는 사실을 거의 모든 국가가 느끼지만, 국가 정책도 이제 완전히 수정된 형태로 나타나고 있다. 과거에는 누가 정권의 고삐를 쥐고서 자신의 금고에서든 자기가 만족한 곳에서든 필요하다면 해외에서 용병을 불러 모아 확보하는가가 이 문제에 대한 주된 질문이었다. 국민 자신이 국제

경쟁에서 느끼고 있으며 국가로서 독립을 유지하고 경제적으로 부유해질 수 있으려면, '사람을 모아서' 무장해야 한다. 여기에서 그것을 구별하는 것은 바로 이전 '청원'의 성격이다. 그 당시에 군주는 마음대로 군대를 얻으려면 '청원'의 형태로 '요청'하여, 백성 중 힘 있는 자에게까지 도달해야 했다. 그러나 지금은 전쟁에 참전하러 가는 국민 자신이 그 전쟁을 위해 개인 자산을 희생해야 하고, 그것을 경제적으로 회복하게 되기를 희망한다. 항상 '돈'이 군주와 국민의 정치적 공존에 분위기를 조성하고 제공한다.

§11. 영국의 예산 거부

재정에 대한 논쟁은 1848년 이후 정부가 정책 수행을 위해 요청한 자금을 의회가 거부할 수 있는 권리에 대한 학자들의 논의에서 자주 발생했다. 급진적 측면에서 특히 일반적 자유주의적 측면에서, 의회는 예산의 승인을 거부하고, 나아가 내각을 사퇴하게 하거나 강제로 돌아가게 할 분명한 권리가 있다고 주장했다. 너무 자세히 설명하기보다, 이 권리를 옹호하기 위해 영국의 사례를 살펴보는 것이 좋을 것이다. 자세히 살펴보면 영국의 이 권리가 우리나라에 부여된 것보다 훨씬 더 온건한 성격을 가졌다는 것이 드러난다. 따라서 영국에서 적용되는 내용을 간략하게 설명하는 것이 좋겠다.

영국은 처음부터 우리나라와는 달리 일반 지출과 특별 지출을 칼 자르듯 구분했다. 영국 왕실은 소위 '경상수입'(ordinary revenue), 즉 일반수입을 완전히 자유롭게 집행했다. '특별수입'(extra-ordinary revenue)은 매년 신청 대상이 되며, 의회에 계속 의존하게 된다. 통상적 업무를 위한 일반 재정에 대해 의회는 우리에게 적용되는 엄격한 의미와 달리 책임을 지지 않는다. 왕은 이 예산을 매년 받아서 집행한다. 이 예산은 의회의 협력을 통해 봉급이나 기타 목적을 위해 규칙적으로 설정되기 때문이다. 그런데도 갈수록 '통상적' 재원은 그 규모가 줄어들고, '특별' 재원은 그 규모가 늘어난다는 사실을 간과해서는 안 된다.

한편, 프랑스어로 표현하는 "특별 예산"(aides et bénévolences)만은 매년 승인을 받아야 한다는 옛 규정을 원칙으로 하고 있다. 재무 관리와 관련하여 '법적' 성격의 결정이 있는데, 이것은 '무기한' 유효하다. 그리고 그 옆에 완전히 다른 결정이 있는데, 이는 더 많은 '결정' 형태를 취하고, 1년 동안만 유효하다. 이것은 영국에 지출과 수입 모두에 대한 '이중' 예산이 존재함을 의미한다. 첫 번째 목록에서는 수입과 지출이 매번 입력되는데, 이 목록은 의회가 한 번 승인하지만, 다른 목록은 새로 시작되는 정책 연도에만 관련이 있다. 이 둘의 관계는 지출과 수입에서도 큰 차이를 가져온다. 수입과 관련하여, 왕실은 총액의 4분의 3을 얻는 권리를 가지고 있으며, 다음 해에는 4분의 1을 얻게 된다. 반면에 단독으로 지출할 수 있는 일반 비용은 주로 국가 채무, 왕과 왕실의 민사 목록, 사법 관료, 고정된 연간 임금과 관련이 있으며, 국회에서 이 '예산안'을 단번에 확정한다.

§12. 예산

'예산'이라는 이름은 법률에 따라 설정된 일반 지출에는 적용되지 않고, 새로 추가된 지출에만 적용된다. 여기서 일반 지출은 내각이 우선적으로 함대와 군대에 지출하는 것이다. 그런 다음 의회는 이러한 제안을 검토할 특별 위원회를 임명한다. 이 위원회를 '보급 위원회'라고 한다. 왕실을 대신하여 이 위원회에서 신청서를 설명한다. 그리고 제기된 이의에 대해 옹호하는 것은 장관이 아니라, 해당 사무소의 추천인이다. 의회에서 국방비 지출에 대한 제안은 이 위원회에서 나오고, 나중에 언급할 '특별 예산'이라는 명목으로 지출에 대한 자금이 요청된다. 이에 해당하는 결정은 '여왕 폐하에게 부여된 공급의 원활한 수행을 위한 법'이라고 불린다. 이 제안은 먼저 '방법과 수단 위원회'라고 불리는 해당 위원회에 전달된다. 그런 다음 '통합 기금'에서 얼마를 찾을지 결정한 후, 남은 적자를 보충할 새로운 수단을 결정하는 의회 결정이 나온다.

'통합 기금'은 이전에 법으로 도입된 모든 수입과 세금을 의미한다. 과거에는 이러한 모든 세금이 별도의 기금으로 처리되었다. 그러나 이것들이 모두 하나로 합쳐져 하나의 '기금'이 되었다. 모든 비용과 필요한 모든 수단이 이러한 방식으로 정리되면, 이렇게 생긴 두 개의 '법안'에 이른바 '세출 법안'이 세 번째로 추가된다. 이것은 승인된 자금이 승인된 용도 이외의 지출에 사용되지 않도록 하는 법안이며, 항상 전혀 예측할 수 없는 상황에 대해 약간의 여유분을 두고 있다.

'보급'과 '수단'과 '지출'에 대한 세 '법안'이 하원에서 승인되면, 세 법안 모두 상원으로 이동하여 상원에서 확정된다. 이러한 처리 방법의 결과, 일반적으로 영국에서 결정은 단일 부서의 예산에 속하지 않고 제출된 전체 예산에 포함되지만, 예산 조정이 국가의 전체 예산을 중단시키지는 않고 새로 제출된 법안만 처리하게 된다. 여기에 이전에 사무국의 비서관과 지출 및 수입을 처리하는 위원이 대부분의 분쟁을 방지하므로, 최종 결정은 세 번째 '적절한 법안'과 다르지 않다는 것이 추가되어야 한다.

§13. 안전조치

이 영국의 체계는 잘 구성되어 있다. 그런데도 약속 위반을 방지하는 방법을 고안해야 했다. 고대 역사는 군주의 권위가 헌법을 상회할 수 있었다는 것을 보여주는데, 한때 우리나라에서 다 코스타조차 왕이 그렇게 할 수 있는 완전한 권리를 가졌다는 생각을 옹호했다. 헌법은 원래 일방적 왕령으로 공포되었고, 그 뜻에 따라 철회할 수 있는 권리를 수반한다는 지적이 있었다. 법을 공포하는 데 국가평의회의 청문회를 거치고 의회와 협의를 했다는 사실은 잊혀졌다. 다 코스타의 주장을 뒤집더라도 헌법 제정은 사실상 항상 '양면적' 행위여야 하며, 이스라엘에서와 같이 한편으로는 국민에 의해 다른 한편으로는 왕정의 수장이 확정한 연방 법령에 따라 국가 생활의 기초를 확립했다.

영국에서 헌법의 작성과 공포가 단 한 번도 진행된 적이 없다는 것은 사실이지만, 그래도 이와 관련해 이른바 '반란 조례'(Mutiny-act)[49]에 주의를 기울였다. 역사를 통해 군주가 할 수 있는 일이 무엇인지 알게 되면서 '반란 조례'는 왕의 지휘 하에 있는 군대를 단 1년 동안만 임명하도록 했고, 의회는 매년 이 용병에 대한 왕의 권위를 연장해야 했다. 따라서 왕이 군대에 대한 권한을 계속 유지하기 위해 의회에 적시에 신청해 의회로부터 권한을 획득하지 않으면, 군대는 이전에 부여된 권한이 만료되는 날 자동으로 해산된다. 사실 영국에는 임명된 용병 외에 대규모의 '민병대'가 있지만, 외국과 전쟁을 치르기 위함일지라도 별도의 동의 없이는 전장에 나가는 것이 허용되지 않는다. 바로 1915년에 전쟁에 의한 징병제 도입이 논의되었을 때, 영국군의 이 규정이 결정을 매우 어렵게 만들었다.

마지막으로 이 단락에서 논의된 바와 같이, 예산안에 대한 일반적 거부는 몇 가지 예외적 사안을 제외하고는 영국에서 성사되지 않았다는 점에 유의해야 한다. 영국과 같이 관련된 모든 것이 엄격한 방식으로 규율되는 것은 이를 불필요하게 만들었다. 자물쇠와 열쇠로 잘 보호된 집은 강도에 대한 방어를 거의 말하지 않는다. 마지막으로 '예산'이라는 단어에는 비밀이 없다는 점에 유의해야 한다. '부게트'(Bouguette)란 옛 프랑스어는 노르망디의 군주가 '돈 주머니'로 사용하기 위해 영국으로 옮겼던 가죽 자루를 뜻하는데, 이것이 나중에 영국에서 '버젯'(Budget)으로 발음된 것이다.

§14. 우리나라의 상황

예산과 관련하여 우리나라는 영국의 발자취를 따르지는 않았으나, "의회는 여성을 남성으로 만들 수는 없지만, 그 외에는 모든 것을 할 수 있다"라는 말을 본보기로 삼았다. 나중에 의회주의(het Parlementarisme)라고 불리는 것으로 넘어가려는 경향이 있었다. 처음에는 '해산권'을 통해 이를 방지할 수 있다고 믿었지만, 작고한 헤임스케르크가 이 목적을 위해 수행한 실험은 쉽게 반복되지 않을 것이다. 그들은 특히 퀴허니우스가 제기한 논쟁에서 처참하게 패배했다. 특히 1905년의 상원 해산이 왕실로부터 당시 총리인 카이퍼에 의해 성공적으로 이뤄졌지만, 해산은 완전히 독립적 성격을 가졌다. 그것은 왕실이 의회에 대해 옳음을 증명하려는 의도가 아니었다. 단지 그 구성이 어떤 식으로든 주 의회의 상태와 일치하지 않는 상원을 주들과 일치시키기 위함이었다. 당시 해산을 촉발한 상원 의원 구성이 어떻게 변화되지를 미리 알 수 있었고, 또 그렇게 되었다. 이 엄중한 조치는 하원에 결코 경솔히 적용되지는 않을 것이다.

그러나 해산 문제와 완전히 달리, 예산안 거부는 쉽게 폐기되지는 않을 것이다. 우리나라에서는 총예산 거부가 있었던 적이 없다. '확정예산법'(de Wet op de middelen)[50]에 대한 논의는 거의 없었다. 거의 예외 없이 각료 위기를 일으키려는 사람들은 단일 예산, 즉 내각의 지속적 존속을 위해 필수적으로 채택되어야 하는 예산과 관련된 명백한 수단을 장악했다. 때때로 공격은 그러한 예산의 항목들 중 단 하나만을 겨냥하기도 했지만, 그러한 항목에 대해서는 총리가 포기하지 않고 내각도 공격 받은 총리를 포기하지 않을 것이 거의 확실했다.

두 가지 결과가 가능하다. 내각이 계속 남아 지휘관으로서 다른 총리를 찾을 수도 있고, 스스로 사퇴를 제안하여 공격당한 동료와 함께 사임할 수도 있다. 두 가지 중 어느 것이 선택될지는 당면한 문제와 내각의 상황에 달려 있다. 1906년의 내각은 국방장관이 사임했음에도 불구하고 지속되었다. 그러나 1907년 12월에 그를 대체한 장관이 내각과 함께 곤경에 처했을 때, 헤임스케르크의 정력적 노력 이후 내각은 다시 활동할 의미를 찾지 못하고 헤임스케르크 내각으로 자리를 옮겼다. 이는 몇 달 전부터 예견되었으며, 사임을 요청한 사람 중 누구도 내각이 더 이상의 논쟁을 거부했을 때에 놀라지 않았다.

§15. 흐룬의 복지 정책

예산안은 정치적 고려를 넘어서는 것이기 때문에 의회만이 동의할 수 있다는 확신을 주고자 한 흐룬 판 프린스터러의 시도는, 그 훌륭한 의도에도 불구하고 장기적으로 적용될 수 없었고 결국 실패했다. 이 나라에서 전체 예산에 대해 표결했다면, 아마도 달라졌을 것이다. 그러나 우리나라에서 그 일은 확정예산법 하에서만 일어날 수 있는데, 이 법은 우리에게 적합하지 않다. 따라서 각 부처의 다양한 예산에 대해 각각 투표가 이뤄졌고, 그 이전에 최소한 하원에서 그러한 예산의 개별 조항에 대해 미리 승인이 이뤄졌다.

그렇게 제안되는 특정 조항은 실제로 심각한 의심을 불러일으키며 투표에서 저항을 받을 수 있는데, 이는 의도적으로 장관에게 혼란스러운 실패를 안겨주기 위한 것이 아니라 국가의 이익을 위한 것이었다. 한편, 그것이 적용되는 문제는 일반적으로 장관들 또는 내각의 정치적 견해나 결심에 달려 있었기 때문에, 의회의 상당 부분이 일반 정책이나 장관에 대해서가 아니라 제안된 법안에 대해 반대 의사를 표명하더라도, 정치가 다시 한번 관련되어 투표가 시행되었다. 우리나라에서도 정부를 혼란에 빠트리는 것은 아니지만, 장관의 예산 초안을 승인하지 않는 것을 허용하는 분열이 있었다면, 정책을 승인하지 않기 위해 예산을 거부하는 것이 용인되었을 것이다.

그러나 우리가 보기에 '모든' 비용이 하나의 예산에 포함되어 일반 봉급과 이미 법률로 정해진 기타 비용도 포함되었으므로 미루거나 망설일 여지가 없고, 승인하거나 거부해야 했으며, 이를 거부하는 것은 개인으로서의 장관에게도 영향을 미친다. 당시 우리나라는 무질서가 지배했다. 상원은 일반적으로 다음 해 1월 말 이전에 소집되지 않으므로, 전체 예산에 대한 양원의 승인은 일반적으로 2월 중순까지 이루어지지 않는다. 그러나 정부는 1년 중 첫 4주에서 6주 동안에는 의회의 승인을 받지 않고도 경상비를 지출하는 것이 관례이다. 이는 위헌 행위를 초래하는 불법이었다. 장관들은 2월 1일에 예산의 12분의 1을 직접 받고, 그 후 하루나 더 많은 예산의 차이를 보더라도 이를 주저 없이 받아들일 것이다. 이제 그러한 상황에서 모든 권고에 주의를 기울이고, 그 이상의 이유로 예산을 거부하지 않는 것은 아무 소용이 없다. 의회가 장관이나 내각의 해임을 원할 경우 이를 비밀로 할 필요가 없으며, 동의나 의도적 연설을 통해 왕에게 이 바람을 알릴 수 있는 많은 수단을 마음대로 쓸 수 있다는 것은 매우 옳다. 하지만 조정이 항상 그보다 앞서 이루어진다. 그 방법 자체가 훨씬 더 단순하며, 게다가 완전히 다른 동기가 결부되어 있다. 동의 또는 연설은 의도에 대한 이유를 제시하면서 이뤄져야 한다. 이것은 한 정당만 말할 때 더욱 효과가 있다.

§16. 혼합된 활동

내각에 대한 조치가 둘 또는 세 정당의 협력을 기반으로 하는 경우 일반적으로 서로 적대적인 정당이 협력하는 경우가 많지 않다. 그러므로 동일한 동기를 찾을 수 없고, 왕실에 대한 연설에서 다른 어떤 것도 쉽게 말할 수 없다. 이것으로부터 사람들은 종종 동의와 연설을 모두 피하는데, 동기가 만장일치일 필요는 없고 장관이 동의한다면 예산 항목이나 전체 부서 예산의 조정에 의존해야 한다고 설명할 수 있다. 그런데도 적어도 반혁명당은 흐룬의 충고에 귀를 기울일 것을 약속했지만, 항상 이를 관철할 수 있었던 것은 아니다. 드물긴 하지만 직접적 예외는 우리 자신의 주도권과 관련해서 발생했다.

그러나 이와 별개로 다른 정당들에서 나온 예산 확인 제안에 대해 투표해야 하는 상황에 직면하게 되었는데, 여기에는 정말로 정치적 목적이 작용했다. 반혁명당 의원들이 오로지 그 자체만을 위해 어떤 조항에 반대표를 던진다고 해도, 장관은 조항이 조정되는 것을 보고, 안장에서 떼지는 것을 막을 수는 없었다. 반혁명당이 다수를 차지하는 하원이라면, 예산 조항을 그것을 뛰어넘는 이유로 거부하는 것을 막는 확실한 규정이 자리 잡았을 것이다. 그러나 다수의 정당 사이에 있는 소규모 정당으로서 우리는 그렇지 못했다. 정부가 지출에 대한 권한을 갖기 위해 의회의 사전 동의가 필요하다는 사실이 확인되면, 더 혁명 정신을 가진 집단이 권력을 이용하여 자기 뜻을 정부 행정에 실행하는 것은 지극히 당연했다. 그런 의도가 일단 생겨나면 자연스레 내각에 압력을 가하거나 사상적 동지와 결합하는 길을 만들고 싶어 하는데, 그런 사람에게 누구든지 의회에서 정부를 공격하는 모든 수단을 스스로 선택할 수 있도록 허용되었다. 이는 어떤 경우에도 가장 효과적이라고 약속하는 수단을 선택하는 것이다. 실제로 하원은 그 구성에 따라, 주저하지 않고 재정 지출을 거부함으로써 반복해서 정부를 곤란한 처지에 빠트렸다.

§17. 의회주의

우리나라에서 이런 일 처리 방식을 통해 왕권의 명예를 존중하는 이른바 의회주의가 발생했다는 것은 전적으로 정확하다. 그러나 점점 더 많은 사람이 마치 실제 정부가 의회에 의존하고, 왕실이 의회가 원하는 바를 실행하는 데 필요한 형식을 빌려준 것 같은 방향으로 향하고 있다. 이는 우리나라 헌법 제72조와 제109조에 그 책임이 있다. 그리고 그 어려움은 더 악화되었는데, 우리나라에는 예산 전체에 대한 투표가 없기 때문이다. 그리고 국가 재정이 순환되도록 자동으로 이용할 수 있어야 하는 것과 새롭게 생겨나 반대를 불러일으키는 것을 사전에 예산에서 분리시키지 않았기 때문이다.

그러나 이것 때문에, 우리 헌법이 개정될 때 국민 대표자들이 정부에 제공될 예산에 대해 완전히 자유로이 결정할 수 있는 권한을 박탈당해야 한다는 결론으로 이어져서는 안 된다. 의회는 세금 초안과 관련하여 새로운 부담이 국민에게 부과될 것인지를 스스로 결정할 수 있어야 한다. 그리고 법령에 따라 정부가 처분할 수 있는 모든 자금에 대해, 그러한 세금이 도입되면 정부는 계속해서 책임져야 한다. 정부에 대한 재정적 의존도는 매우 엄격해야 한다. 이전에 이것이 잘못된 관계를 맺었을때, 권력 남용이 발생했다. 17세기와 18세기에 목격된 유럽 국가 생활의 위험한 변화는 주로 재정 마련에 대한 이러한 오해 때문이었다. '세금부과자'가 되기 위해 먼저 '세금납부자'가 될 권리가 형언하기 어려운 혼란을 끝냈다.

§18. 반혁명당의 입장

반혁명당은 의회가 넘겨준 재정 외에는 정부가 처분할 다른 예산이 없다는 규칙을 항상 엄격하게 준수한다. 세금 수입도 항상 의회에 의해 정부에 제공되어야 한다. 세법은 정부에 세금을 징수할 수 있는 권리를 부여하고 의무를 부과하지만, 징수한 세금을 마음대로 처분할 수 있다는 것을 의미하지는 않는다. 이를 위해 정부가 예산에 세부적 제안을 하고, 요청한 처분 권한을 얻는 것은 해당 예산의 승인을 통해서만 가능하다. 의회의 전면적인 예산권을 주장하는 것은 의심스러운 의회주의가 아니라, 건강한 국가 재정을 위한 기초이다. 흐룬 판 프린스터러나 다른 어떤 반혁명 정치인도 의회가 가지는 이 분명한 권리를 협상한 적이 없다. 이것이 바로 옛 보수주의가 한 일이다. 우리나라는 이것을 한 적이 없다. 물론 어떤 국민은 미숙한 어린이처럼 낮은 발전 단계에 있으므로, 아버지나 후견인의 감독 하에 있다. 이런 수준의 저개발국가에서는 국민의 자율성에 대해 말할 수 없다. 그런 경우 정부는 적절하다고 판단하는 대로 진행해야 하며, 아는 한도 내에서 피후견인에게 재화와 재정을 제공해야 한다. 그렇다면 군주와 국민 사이의 헌법적 관계에 대해서는 말할 필요가 없을 것이다.

§19. 우리의 문화적 성숙도

옛 보수주의가 이 후견인과 피후견인의 관계를, 이미 3세기 전 문화적 성숙도에서 유럽 전체를 능가했던 네덜란드 국민과 같은 한 민족에게 적용하려 했던 것은 실수였다. 옛 보수주의는 우리 국민을 과소평가했고, 통치자들은 우리 백성의 정치적 발전을 방해했다. 그로 인해 1789년에 파리의 난폭자들이 백성을 포승줄로 묶고 장난스런 욕망으로 억압받는 백성을 쥐어짰다. 18세기에서 19세기로 넘어가면서 상황이 그렇게 터무니없이 흘러갔던 것에 대한 책임은 그들에게 있다.

통치자가 주도하는 활동은 그들의 후견인으로부터 성장한 국민의 야만적 행동에 대해 복수하는 것이었다. 1848년까지 정부는 통제되지 않은 상태를 더 나은 방향으로 이끄는 대신, 국민의 자유롭지 못한 상태를 유지시키려고 계속 노력했다. 그때 혼란이 일어났다. 토르베커조차도 우리가 있어야 할 곳에 우리를 데려가지 못했다. 그가 도입한 선거권은 우리의 문화적 발전을 조롱하는 것이었다. 바로 이것이 처음에는 반혁명당, 그리고 나중에는 그들과 함께 이른바 급진파, 마지막으로 사회주의자들의 재정적 연대를 강화하여, 국민의 권리를 보장하려 했다.

그러나 1848년 헌법에서 예산 문제가 요구사항에 따라 규제되지 않은 것은 문제였다. 그때도 국민의 정치적 호흡을 위해 한순간도 놓칠 수 없는 것과, 해마다 개별적으로 의식적이고 신중한 결단이 필요한 일을 구분하지 않았다. 국가 경제를 위해 쉬지 않고 통과시켜야 하는 것과 추가 발전의 수단으로 논의되어야 하는 모든 것이 뒤섞여 있었다. 이것은 영국에서 유래되었다. 영국에서 의회의 용감한 행동은 국민의 감사를 불러왔고, 왕실로부터 존중을 받았다. 반면에 우리나라에서는 비록 매우 수정된 형태이긴 하지만 옛 총독의 방식으로, 그리 많지 않은 정치가 집단이 권력을 끌어당기기 위해 작은 힘으로 모든 노력을 기울였으며, 지금과 같이 왕실에 반대하는 사람들은 모든 하층 계급을 희생시키면서 옛 시대의 노력을 기울이고 있다. 그것은 국가 생활에 대한 영주의 통치로 남아 있었다. 이제 우리 헌법이 선포되었고, 반세기가 넘는 관습이 우리나라 정치 생활의 행로를 결정해온 것처럼, 항론파는 더 이상 소용이 없으며, 온건한 형태의 의회주의도 더는 피할 수 없다.

§20. 내각의 반대

의회가 지닌 헌법적 권한은 포괄적이다. 특히 의회 투표로 결정된 장관이나 내각은 조언을 행하는 반면, 모든 반대를 포기하게 된다. 해산은 네덜란드 유권자들의 입맛에 맞지 않는 것으로 밝혀졌다. 오히려 사람들이 한번 내린 선택을 반복하도록 강요하는 것처럼 항상 유권자를 자극했다. 말그대로 우리나라의 하원은 어떤 권한도 거부당하지 않았다. 하원은 생각할 수 있는 모든 방어 수단을 쓸 수 있다. 그리고 의회 해산과 관련하여 다른 나라들에서 일어났던 일들과 우리나라에서 겪어온 과거의 역사와 함께, 우리가 있는 이곳에서 정치적 투쟁이 폭력적으로 일어날 때 최후의 결정은 의회에 남아 있다고 안심하고 고백할 수 있다.

상호호혜의 관습만이 발생할 수 있는 마찰과 충돌을 완화하고 약화시킨다. 예산 거부의 위험으로부터 정상적 국정에 필요한 비용을 지출할 수 있는 권리를 제거하면, 더 많은 유연성을 제공할 수 있다. 아마 그렇게 될 것이다. 그러나 나머지 부분에 대해 의회의 전권에 부과된 제한은 오직 상원과 하원 구성의 차이에 기인한다. 따라서 헌법이 개정되는 경우 상원의 유기적인 선택을 받지 않는 한, 상원의 지위를 결국 하원의 축약된 복제에 불과하게 만드는 절차를 거치지 않도록 주의해야 한다. 마지막으로, 입헌군주국의 최종 결정은 항상 국민의 대표에게 맡겨야 한다. 그러면 국민은 반혁명 원칙에 따라 제1의 주체로 남게 되며, 정부는 자주적 국민을 하나님께로부터 부여받은 명예와 국민의 행복이라는 역사적 길로 인도하게 된다.

§21. 국민투표

1874년 5월 29일 공포된 스위스 공화국의 연방 헌법 제89조는 다음과 같이 규정한다. "연방법은 만약 삼만 명의 법적 유권자 또는 22개 주 중 8개 주가 요청할 경우, 국민의 승인 또는 반대에 복종해야 한다. 이것은 긴급 명령의 성격을 갖지 않는 일반 적용에 관한 연방 법령에도 해당된다." 제89조에 따라, 한 달이 지나지 않은 1874년 6월 17일에 16개 조항이 추가된 두 번째 연방법이 공포되어 스위스 국민의 권리를 규정했다.

두 번째 법(제2조 참고)에 따르면 연방 의회는 한 법률 또는 법령이 '일반적' 성격을 가질지 혹은 긴급 조치로 간주될지를 결정한다. 하나의 주 또는 시민 집단이 잘못된 결정이나 채택된 법률에 대해 국민투표(Referendum)를 행하기 원하는 경우 90일 이내에 연방 의회에 공식 통지해야 한다. 국민투표는 스위스 전역에서 한날에 시행되어야 하며, 연방 의회에서 그 날짜를 결정한다. 제10조에 따르면 20세 이상의 모든 스위스 주민은 선거권이 있다. 제13조는 주 투표의 경우 공식 보고서를 10일 이내에 연방 의회에 제출해야 한다고 규정한다. 투표의 과반수가 법률이나 법령에 반대한다고 선언하면 무효이며, 소수만이 반대하는 경우에는 부정적 결과일지라도 접수된 법률과 법령은 즉시 유효하며 연방 의회에 의해 공포된다(제15조 참고).

무엇보다도 국민투표를 도입하게 된 이유는 다양한 주의 작은 규모 때문이다. 우리(Uri) 주의 인구는 2만 2,113명에 불과하며 두 개의 운터발덴(Unterwalden)은 1만 3,788명과 1만 7,161명에 불과하다. 추크(Zug)는 2만 8,156명, 슈비츠(Schwyz)는 5만 8,428명, 글라루스(Glarus)는 3만 3,116명, 두 개의 아펜첼(Appenzellen)은 5만 9,973명과 1만 4,659명, 샤프하우젠(Schaffhausen)은 4만 6,097명, 바젤란트(Basel-land)는 7만 6,488명이다. 이들은 이미 22개 주 중에서 10개 주이며, 우리나라의 평균 도시보다 인구가 더 작아 아주 작은 주에서는 유권자를 대표할 필요를 느끼지 못했다. 왜 스스로 법에 투표하거나 법령을 제정할 수 없었는가? 일부 주에서는 자체 국민투표에 국한되지 않았지만, 특히 취리히, 추크, 졸로투른(Solothurn), 바젤(Basel), 샤프하우젠, 아르가우(Aargau), 투르가우(Thurgau), 바트(Waadt), 뉴샤텔(Neuschatel)에서와 같이 발의권이 도입되었다. 이는 숫자로 결정된 다수의 유권자가 법안에 잠정적으로 찬성 투표를 할 수 있음을 의미하며, 연방 의회에 이 안건을 보내 다루게 된다.

이러한 국민투표에서 '비례대표제'는 유권자들이 전국적으로 또는 매우 많은 지역에서 직접 협의하도록 더 작은 구역의 분할을 제거하는 한 부분적으로 같은 수준에 있게 된다. 국민투표에 훨씬 더 접근한 이른바 '국민결의'(Plebisciet)가 로마인의 옛 트리뷴 위원회에서 공표되었다. 항상 로마 제국의 형태를 모방하는 경향을 보였던 나폴레옹 1세는 이 국민결의(Plebiscitum)도 부활시켰다. 마지막 나폴레옹은 제국 왕권의 유효성을 그러한 국민결의에 호소했다. 빅토르 엠마뉘엘(Victor Emanuel)[51]은 이탈리아의 새로운 지역과, 마침내 로마 자체를 병합할 때 같은 법적 형태를 사용했다. 그리고 프라하의 평화를 위해서도 북부 슐레스비히는 이를 받아들일지 국민투표(volksstemming)로 결정할 기회를 가졌다. 스투르크(Stoerk)[52]는 그의 책 "선택과 국민결의"(Option und Plebiscit, Leipzig, 1879)에서 그러한 국민결의와 관련된 모든 것을 정리했다. 그러한 국민투표나 국민결의에서는 유권자가 대표단을 통해 국가의 정치 상황을 통제하려 하지 않고, 스스로 그리고 직접 하려는 욕구가 표현된다.

§22. 유권자로부터 자유?

국민투표에 찬성하는 의견이 처음에 들었던 것보다 분명히 더 많다. 지금처럼 유권자들이 선거를 통해 선출된 의원들에게 국정을 넘겨주면 그 분야의 주인이 된다. 헌법 제86조는 의회의 의원은 임명한 사람과의 협의나 위임 없이 자유롭게 투표해야 한다고 규정하고 있다. 물론 이 조항은 선출된 대표자가 주나 의회가 부여한 권한을 수행해야 하는 도구일 뿐이라는 이 나라의 규정을 부인하는 것이다. 반대로 국민투표의 목적은, 필요한 경우 유권자 스스로가 자신의 대리인이 잘못한 것을 바로잡게 하고, 어떤 경우에는 대리인의 의견을 확인하고 수정하도록 하는 것이다.

여기에는 반혁명적 측면에서 감사를 표명할 만한 무언가가 있다. 일부 자유당과 일부 보수당이 항상 전면에 내세운 명제, 즉 의원은 유권자로부터 완전히 벗어난다는 주장과는 달리, 우리는 흐룬 시대부터 국회의원은 자신을 선출한 유권자들과의 연결에서 벗어나지 않는다고 주장해왔다. 우리는 즉시 각 선거를 위한 일반 정강과 특별 정강을 제시하고, 선거에 출마한 후보자들이 이러한 정강에 어느 정도 동의하는지 검토하는 것이 우리의 의무라고 생각한다. 우리는 후보자들에게 어떤 약속도 요구하지 않았고, 어떤 합의로 구속하지도 않는다. 그런데도 항상 유권자들이 무명(N. N.)[53]의 후보에게 투표할 필요가 없고, 특히 계류 중인 법안이나 추가 규제 대상과 관련하여 자신의 정치적 감정을 분명히 보여주는 후보자에게만 투표해야 한다고 요구했다. 이전에는 정치적 견해가 유권자의 의견에 동의하는 것으로 알려졌다가, 일단 선출된 후 마음을 바꾼 국회의원은 사임하게 하여, 새로 선택할 수 있게 하는 편이 좋을 것이라는 생각까지 들었다. 이러한 관점에서 선출된 의원의 대표자들을 넘어 유권자가 직접 질의하는 것이 좋을 수 있다는 결론이 나온다.

§23. 예상치 못한 상황이 발생한 경우

이러한 경우는 특히 국회의원이 선거에서 예상치 못한 주제에 대해 전혀 생각하지 못한 방식으로 중요한 결정을 내릴 때에 해당된다. 가령 1915년 10월 코르트 판 드르 린던 내각은 유럽의 전쟁으로 인해 이 나라가 직면한 재정적 어려움을 해결하기 위해 법률 초안을 제출했다. 이것은 1913년 투표에서 후보자나 유권자가 한 번도 생각해 본 적이 없는 주제와 법안이었다. 동시에 이것은 매우 예외적 입법 문제였기 때문에 정당은 이에 대한 의견이 종종 서로 매우 달랐다. 따라서 1913년에 표를 얻은 후보자가 어떤 확신을 가졌는지, 또는 어떤 식으로 자신의 감정을 표현할 수 있었는지를 유권자가 알 수 없는 상황에서 이것은 매우 중요한 결정이었다. 그러한 경우, 새로운 의회를 선택하는 것은 이 격차를 메울 준비된 수단이 될 수 있다. 한편, 의회 해산이 유권자의 신념을 반영하기에 너무 강력한 조치라고 판단되면, 국민투표가 유권자들이 직접 자신의 감정을 표현할 수 있는 해결책이 될 수 있다.

§24. 무엇이 그것에 반대하는가?

반면, 나머지 문제를 위해 국민투표를 하는 것은 추천할 만하지 않다. 국민의 대표자가 부재하고 직접 투표를 하는 상황에서, 결정은 당면한 문제에 대한 충분한 지식도, 그것에 익숙해질 수단도 없는 수천 명의 손에 달려 있다. 대다수 유권자는 일상생활에서 사용할 수 있는 거의 모든 시간을 허비한다. 종종 빛이 정치적 회의로부터 그들에게 비추어야 한다. 적절한 토론이 충분히 보장되지 않더라도 열정적인 연설이 얼마나 회의의 분위기를 조성하는지 잘 알려져 있다. 반면 국민이 대표를 선출하는 경우 선출된 위원은 문서, 부서, 위원회 회의, 공개 토론을 통해 자유롭게 세부 사항을 충분히 알 수 있다. 그들은 항상 충분한 정보를 얻을 수 있고, 필요하다고 생각할 수 있는 모든 자료를 각 부처 사무국에 제공할 수 있다.

이러한 방식으로 의원 사이에는 지속적 진영 회의 덕분에 충분한 근거가 있는 확신이 확립될 수 있다. 최소한 피상적이고 부당하게 생각되는 활동은 배제될 수 있다. 따라서 피상적인 것보다 정교한 것을 좋아하는 사람은, 알 '수' 없는 구호와 적용되는 원인에만 의존하는 대중 유권자의 찬반 투표보다 대표자를 통해 작동하는 국민의 결정권을 훨씬 더 선호할 것이다. 이것은 유권자들이 여성의 선거권과 같은 몇 가지 간단한 질문에 대해 직접 자신의 생각을 표현할 수 없다는 것을 의미하지 않는다. 그러나 투표에서 거의 아무도 언급하지 않은 주제, 아무도 생각하지 않은 주제에 대해 매우 광범위한 의미의 결정이 내려져야 하는 경우에만 국민투표를 추천할 것이다. 그러한 국민투표가 의회의 권한을 어느 정도 제한하는 것은 사실이지만, 그 제한은 논리적으로 마지막 투표를 통해 존재하게 된 상황에 기인할 수 있다.

§25. 예산 거부

반혁명당 정강의 제8조와 제9조는 이와 관련하여 우리에게 지침을 제공한다. 해당 예산을 초과한다는 이유로 예산을 거부하는 경우, 우리 당은 정강에서 권한을 초과하는 것으로 비난하지만, "매우 특별한 상황이 아닌 한"을 추가하고 있다. 가령 악의적 내각이 우리 국민이나 왕실의 기본권을 침해하려고 시도할 때, 그런 의도를 막을 수 있는 수단이 그 내각에게서 국가 재정을 즉각 박탈하는 것밖에 없는 경우를 생각할 수 있다. 더 나은 규칙을 만들기 위해 우리의 경우에 적용되는 것과, 정상과 비정상, 또는 오히려 법으로 이미 규정된 수입과 새로 신청한 수입 사이에 다른 구분이 도입되어야 한다는 점은 이미 앞에서 언급했다. 그리고 우리 정강 제8조와 관련하여 반혁명당은 유권자와 선출직 공무원 간의 도덕적 유대를 통해 국가 당국에 우리 역사의 요구에 따라, 의회가 행사하는 정당한 대중적 영향력의 확인을 요구한다고 고백한다.

제9조가 마치 의회가 정부를 위협하여 현직 내각을 전복시키는 것이 의회의 권한 내에 있는 것처럼 생각하는 혁명적 오해를 멈추게 한다면, 우리 정강 제8조는 보수주의가 고유한 권리를 가진 사람들을 정부의 장난감으로 만드는 경향을 경계한다. 군주가 먼저 와서 백성을 창조하는 것이 아니다. 먼저 국민이 그곳에 있고 군주가 국민 위에 자리함으로써, 국민은 정부 권위의 축복 아래 발전하고 번영할 수 있다. 의회주의에 대해 그 어떤 불평이 제기되든, 반혁명당은 국민 생활에 숨겨진 세력의 자유로운 발전을 위해 일어서야 할 의무를 결코 소홀히 하지 않을 것이다. 오란녀 왕가가 국민을 도왔기 때문에 왕실은 우리의 사랑을 언제나 받을 수 있지만, 우리 당에 따르면 네덜란드 국민은 어떤 왕실의 부속품이 될 수 없다.

§26. 선거권에 관한 우리의 정강

1878년 반혁명당은 정강 제11조에 따라 선거권에 대해 더 자세히 말했다. "의회가 나라에 뿌리를 내리고, 명목상으로만 국민을 대표하지 않으며, 더는 국민의 구성원 중 소수자의 권리를 침해하지 않기 위해 반혁명당은 또 다른 선거 제도의 도입을 요구하며, 이를 위한 준비로 '선거권세금'의 축소를 요구한다."

당시 이 조항에 대한 해설에서 '유기적' 선거법을 지지했다. 이는 상원에서 경제적, 과학적, 문학적, 미학적, 사회적 등 모든 분야에서 다양한 이해관계가 대표성을 찾아야 하며, 이를 위해 '이해관계가 있는 의회'를 설치하여 정당 분할에 따라 국민생활 전체에서 '유기적으로' 나타나게 함으로써 정치적 당파가 하원에서 발언권을 가질 수 있도록 했다. 당시 반혁명당이 이미 강력히 추천한 비례대표제가 가장 바람직한 것으로 평가됐다. 가장이나 가장의 선거권을 선호한다는 발상이 이로부터 차츰 발전했다. 이 기획은 주택 소유나 주택 임대료에만 의존했지만, 영국의 후기 '내정자치'에서도 유기적 구상을 기꺼이 수용할 준비가 된 것처럼 보였다. 또한 반혁명당은 로마 가톨릭 당에서도 점점 더 많은 지지를 얻었다. 1912년 헌법 개정 초안에 그것이 잘 표현되었다.

어려운 점은 원자적 선거권이 다른 모든 곳에서 수용되었고, 일단 수용되면 그 어느 때보다 엄격한 결과로 시행되었다는 것이다. 이것의 원인은 원자적 국가이념이었다. 사람들은 국민이 더는 역사적 의미에서 가족, 가정, 세대로 유기적으로 연결되어 있다고 보지 않으며, 지금은 정부 아래 조직된 국가로 생각하지 않는다. 그들은 자유 의지로 함께 같은 국토에 살게 되었고 원자적 집단으로 정부를 임명했는데, 그것을 정부라고 부를 수는 있지만 실제로는 그것을 임명한 개인적 집단의 하수인이었다. 다시 말해 '사회계약'인 셈이다!

국가 개념에 대한 이러한 원자론적 견해는 남성의 보통 선거로 이어질 수 있었고, 남성과 여성 간의 법적 개념의 차이가 점점 사라지면서, 여성에 대한 평등한 보통 선거로 이어질 수 있었다. 그 어떤 국민도 갑자기 이 방향의 길로 달려가지 않았다. 오히려 각종 방법이 동원되어 정류장이 만들어졌다. 그러나 정지 이상의 지연은 없었다. 일단 국가에 대한 유기적 개념이 포기되었기 때문에, 논리적 귀결은 점차 원자론(Atomisme)[54]을 향해 나아갔다. 원자론적 의미에서의 국가 개념이 우리와 근본적으로 반대되어 부딪히

더라도, 이러한 변화는 지금까지 멈출 수 없었다. 특히 불운한 사람들이 원자론적 의미의 보통 선거가 부자들을 희생시키면서 자신의 재정적 지위를 향상할 수 있다는 희망을 점점 더 소중히 여기고 있는 지금, 그 방향으로의 활동은 멈추지 않는다. 그래서 우리에게는 더 위험한 경우이다. 다른 방식이지만 우리도 가능한 광범위한 선거권을 주기를 원하기 때문이다.

§27. 미르 공동체

같은 장소에 여러 사람이 함께 살면 자연스럽게 이해 관계자가 모여 공통 관심사에 대해 논의하게 된다. 이와 관련하여 주목할 만한 것은 러시아인이 이른바 '미르'에서 성공시킨 방식이다. 나의 저서 "고대 세계의 바다에 관해"(Om de Oude Wereldzee I)의 119쪽에서 124쪽까지 나는 '미르'에 대해 좀더 정교하게 묘사했기 때문에, 여기서는 가볍게 언급만 하겠다. '미르'는 가족들이 결속됨으로써 이뤄지는 마을이 잘 형성되지 않았던 15세기 초에 발생한 것으로 보인다. 처음에는 모계적 연합이 가부장적 조직을 통해 더욱 약화되어 그 목적을 더 이상 달성하지 못했다. 그러자 러시아의 널리 흩어져 있는 주민들은, 마을이나 서너 개 마을이 모인 지역이 이따금 모여 이웃의 공통 관심사에 대해 상의하는 집단 주민이 있어야 할 필요성을 더 많이 느꼈다. 이를 위해 서로 가까이 살던 일정 수의 가족들이 짝을 이루게 되었고, 이들을 엮어 '미르'라는 이름을 붙였다. 필요하다면 '미르'를 다시 소작농 농가로 나누어 이를 '오스마르크'(Osmarks)라고 불렀다. '미르'의 우두머리로는 '스타리브사'(Staribsa)라는 명칭을 가진 지도자가 있었다. '미르'에서의 이러한 연합은 토지와 숲의 공동 소유, 그리고 주민사회에 직접적으로 연결되는 모든 것을 의미한다. 이른바 '볼로스트'[55]는 '미르'를 지원하는 훨씬 더 광범위한 통합이다.

'미르'에는 많은 문제에서 여성이 남성과 동등하게 행동하고, 다른 한편으로는 가능한 한 소수를 희생시키지 않으려 한다는 점에서 매우 흥미롭다. 사람들은 공격당하고 다시 조율을 경험한 소수가 인정받지 못한다고 느끼기보다는, 문제를 가능한 3, 4년 미결상태로 가지고 있다가 다시 계속

화제로 끄집어내기를 좋아한다. '미르'에 속한 모든 사람은 목적을 위해 선출된 대리인을 통해서가 아니라 직접 업무를 수행하며, 이를 위해 정기적으로 회의에서 만난다. 모두 회의에 참여한다. 이러한 회의는 몇 시간 동안 지속되며, '미르'와 관련된 모든 것이 광범위하고 열정적으로 논의된다. 러시아 농부가 '미르'에서 되살아나는 것을 볼 수 있다. 의결권 같은 것은 없다. 사람들은 선택하지 않고 스스로 회의에 참석하며, '미르' 회의에서는 매우 민주적 의미에서 사람이 자기 일을 처리한다. 이것은 그 당시 인구가 매우 얇게 분포되어 있기에 가능했는데, 부분적으로는 지금도 여전히 가능하다. 그의 마을에서 몇 시간 떨어진 러시아 농부는 목초지, 경작지, 산악지역 외에는 아무것도 발견하지 못한다. 정확히 이것은 더 높은 정부가 필요하지 않다는 것을 의미한다. 사람은 스스로 살며 자체적으로 다스린다.

§28. 베르베르족

알제리와 모로코에 존재하는 베르베르족(Berbers) 혹은 카빌인(Khabylen)[56]의 삶은 그 성격상 다소 비슷하다. 이곳은 농부가 아니라, 기업가와 상인 집단이 살고 있다. 베르베르인은 특이하게도 작은 마을에 모여 살며, 스스로 마을을 벽으로 둘러싼다. 한 마을과 다른 마을 사이에 상당히 격렬한 싸움이 벌어지면, 베르베르 요새의 모든 주민은 시민군에 참여한다. 집안 간의 피의 불화는 근절될 수 없는 경우가 많았다. 코르시카에 있었던 상황이 바로 그 경우이다. 두꺼운 요새의 문을 통과해 탁 트인 광장에 들어서면, 모임을 위한 장의자들이 놓인 모습이 시선을 끈다. 여기서도 '미르'처럼 베르베르 요새의 전체 주민이 광장에 모여 숙고하고 결정을 내린다. 미르처럼 결정은 거부될 수 없다. '미르'는 15세기에 처음 등장했지만, 베르베르는 일찍이 로마 제국 시대에 대중 집회를 했다는 점에서 둘 사이의 현저한 차이점이 있다. 가족 관계는 훨씬 더 일찍 무너졌다. 따라서 그곳 모임은 훨씬 더 오래된 기원이 있다.

§29. 1798년 헌법

프랑스 혁명 시대에 그러한 것이 출현하여 1798년에 우리나라에도 도입되었다. 적어도 그해 우리나라에 도입된 헌법에서는 이른바 기초 의회가 즉시 열려야 했다. 제1권 제6항을 참고하라. 먼저 국가는 '부서'(Departementen)로, 부서는 다시 '부처'(Ringen)로, 그리고 부처는 '시 의회'(Gemeenten)로 분할되었다. 그러나 제5조에서 세 부분으로 구분되는 것과는 별개로 제6조는 다음과 같이 설명한다. "이 부서, 부처, 시 의회로의 분할을 제외하고, 전체 공화국은 국민의 활동에 적합하도록 '기초 의회'(grondvergaderingen)와 '지방 의회'(Districtsamenkomsten)로 분리된다."

'기초 의회'에 참가할 권리를 가진 사람들로 선거 명부가 작성되었다. 제18조에 따르면 이러한 '기초 의회'는 연립 주택, 외곽 주택 단지와 구역의 500개의 선거권을 가진 시민으로 구성되고, 이 '기초 의회'에서 40개의 선거권이 '지방 의회'로 구성된다고 규정했다. 이 두 종류의 의회에서 토론하고 투표했다. 비록 거리는 멀지만 이러한 의회도 '미르', 베르베르 회의와 어느 정도 유사했다. 죽은 선거에 투표하는 것이 아닌, 그 목적을 위해 소집된 국민의 의회였다.

청교도들과 영국의 기타 이민자들이 아메리카에 상륙하여 그곳에서 연합했을 때도 비슷한 현상이 일어났고, 또한 틀림없이 일어났다고 덧붙일 수 있다. 제퍼슨 치하에서 프랑스 혁명가의 사상이 아메리카까지 스며들었다. 그러나 주도권을 잡고 있던 사람은 제퍼슨이 아닌 해밀턴과 그 뒤를 이은 워싱턴이었고, 두 사람은 루소의 '사회계약론'에 대해 매우 날카롭게 반대했다. 그러나 이것이 사실이라고 하더라도, 가장 거친 지역에 항상 소수의 이민자가 정착해야 했으므로 그들은 이웃에 정착한 모든 사람의 모임도 개최해야 했고, 이러한 집회에서 대표자가 아니라 공동의 이익을 대표해야 했다. 여기에서도 분명히 민주주의가 출발점이었지만, 처음에는 '사회계약' 사상 없이는 꿈도 꾸지 못했다. 그들은 숙고하기 전에 기도했다. 때때로 그들은 함께 무릎을 꿇었다.

§30. 대표성이 요구됨

국민의 자발적 집회는 두 가지 이유로 점차 사라지게 되었다. 첫 번째로 인구의 증가로 도시 인구가 증가했기 때문이다. 그리고 두 번째는 더 일반적 이해관계가 걸린 문제였다. 수백 명 정도의 성인 남성들 가운데서는 농촌 지역, 마을과 관련된 회의, 협의와 결정이 여전히 대부분 가능했다. 하지만 발언권이 있는 지역 주민이 수천 명에 달하자, 회의는 더 이상 가능하지 않았다. 그래서 많은 사람이 더 적은 수로 자신들을 대표하도록 허용하는 관습이 나타났다. 자연스럽게 의회나 주에서 자신을 대표하는 기관을 갖게 되었다. 이것은 우리가 두 번째로 지적한 것 때문에 더욱 필요했다. 즉 더는 촌락의 가정만이 아니라 같은 지구나 지역에 있는 촌락이나 읍의 공동 이익을 생각해야 했고, 나아가 전체 국민의 이익 증진에 참여해야 했다.

이 목표는 5-6만 명으로 구성된 대규모 대중 집회로는 달성할 수 없었고, 따라서 공동의 이익을 돌볼 수 있는 훨씬 적은 수의 대표자를 임명하기 위한 선거를 진행해야 했다. 우리는 이스라엘 역사에서 사무엘과 같은 선지자나 한 왕이 모든 백성을 불러 모았다는 것을 알고 있다. 그러나 그것은 모든 지파의 모든 사람을 불러 모았다는 것으로 이해할 수 없다. 그러한 모임은 나중에 게르만족이 경험했던 것 같은 국민 의회였는데, 사람들이 너나 할 것 없이 모인 것이 아니라, 중요한 사람들과 책임을 져야 하는 사람들이 광장이나 숲에서 최고의 야전 사령관과 같은 그들의 왕 주변에 모인 것이다. 이미 모세는 하나님의 명령으로 70명의 장로를 임명하여, 자신을 도와 공무를 관리하고 법적으로 관계된 일들을 처리하게 했다.

§31. 역사적 과정

원래 국민의회에서 대의제의 전환이 어디에서나 선택을 통해 이루어진 것은 아니다. 이스라엘과 그리고 다른 곳에서 매우 광범위한 규모로 가부장제 또는 모계제가 여전히 유효하다는 사실은 앞에서 이미 언급했다. 그러나 우리의 역사는 이런 흔적을 보여주지 않고, 다른 대의적 동인이 우리 가운데 작동했다. 중세 말에 한 지역 전체를 점령하거나 정복하고, 그 일부를 자기 땅의 농민들에게 주었던 힘을 가진 사람은 자동으로 그곳의 영주로 간주되었다. 이와 함께 성직자들이 점점 대의적 영향력을 갖게 되었다. 도시들은 나중에 군주에게 독립적 채권자로 등장했다. 전국에 흩어져 있던 기업가와 상인들은 비록 아주 작은 규모에 불과했지만, 사람들이 '호주선거권'에 대해 생각하기도 전에 그것을 확실히 얻었다. 따라서 점차 자연스럽게 귀족과 성직자와 시민의 계급이 확립되었으며, 그동안 성장한 도시가 처음으로 등장할 때까지 세 가지 공통 계급이 세기를 거듭하여 계속되다가 분리되었다.

그러나 외부 표식에만 묶인 개인적 선거권으로의 전환은 나중이 되어서야 전국적으로 이뤄졌다. 1815년에 제정된 헌법 제80조는 왕이 상원 의원을 종신으로 임명할 수 있는 권리를 그대로 두었으며, 하원 의원은 주 의회에서 임명하는 것을 명시했다. 그리고 주 의회가 어떻게 선출되는지에 관한 질문에 제129조는 그들이 다음 세 가지 자격에 의해 선출된다고 답했다. 첫째는 귀족 또는 기사단, 둘째는 도시, 셋째는 시골 영지이다. 이 셋에 대한 의석 분배는 제130조에 따라 왕이 결정했고, 세 신분의 대표자를 지명하는 방법도 주로 군주에게 맡겨졌다. 제134조는 도시별로 이른바 협의체 선택을 위한 최소 세금을 이미 설정했다. 전국 투표를 위한 추가 규정을 제공하는 헌법 없이도 제134조에 의해 지역구의 각 주가 결정되었다. 불과 100년 전인 1815년에는 국민이 자신들의 권리를 충분히 느끼지 못했다. 오히려 국민은 마치 국민의 대의원이라는 이름으로 가장하지만 그에 걸맞은 영향력을 행사할 수 없는 협의체를 세우는 데 모든 것을 바친 것 같았다. 하나는 전적으로 왕에 의해 임명되고, 다른 하나는 주-지방에서 선출되는 양원 의회는 모든 면에서 (도시와 일부를 제외한) 국민 외부에서 기능한다. 다른 하나는 가능한 한 반민주주의적이었고, 따라서 가능한 한 반칼빈주의적이었다.

§32. 돈이 차이를 만든다

그것은 1848년에 토르베커가 당시 여전히 중세적 유산을 가진 모든 것을 제거하고 '돈'을 대표성의 중심으로 만들 때까지 유지되었다. 그해에 공포된 헌법 제76조는 하원의 선거권을 제123조에서 말하는 주 의회의 선거권처럼 "지방 상황에 상응하는 금액의 직접세 납부"에 한정하되, 20길더에서 160길더로 상향 조정했다. 선거법과 관련하여 이 조항의 올바른 시행을 위한 추가 규정이 제시되었으나, 이것은 명백하게 반민주적 방향으로 시행되었다. 많은 프리슬란트의 시에서는 24길더의 '선거권 세금'이 자유당에게만 유리하게 계산된 것처럼 보였다. 따라서 이 금액을 줄이려는 반혁명당의 제안은 1875년까지 하원에서 자유주의 진영으로부터 가장 격렬하게 반대를 받았다. 특히 1887년이 된 직후에 스네이크(Sneek)[57]에서 가장 끔찍한 불의가 자행되었는데, 자유당과 반혁명당 후보의 수치에서 드러나듯이 지금은 제80조가 된 것을 모순이 없도록 하는 수정이 이루어졌다.

한편, 전체 선거권에 대한 지지가 그 당시에는 놀라운 일이 아니었다. 오히려 프랑스의 루이 필리프(Louis Philippe)[58]와 함께 공식적으로 다른 모든 구별은 무너지고 화폐 권력만이 시민과 시민 사이에 차이를 만들면서 이것이 공식적으로 시작되었다. 이 생각은 네덜란드 정치가들 사이에서도 널리 퍼지기 시작했다. 비록 토르베커 자신이 선거에서 이 맘몬을 섬기는 것을 덜 염두에 두었을 가능성이 있음에도 불구하고 말이다. '선거권 세금'에도 완전히 다른 의도가 있을 수 있음을 부인할 수 없다.

§33. 다른 의도

정부를 더 많이 누리려면 더 많은 돈을 내야 한다는 이론 자체가 불가능한 것은 아니었다. 정부도 시 의회도 시민의 이익을 증진하기 위해 활동한다. 정부가 이런 이유로 행하는 것으로부터 어떤 시민은 다른 시민보다 훨씬 더 많은 이익을 얻는다. 그렇다면 '덜' 누리는 사람들은 더 적은 돈을 지급하게 하고, '더' 많이 누리는 사람들은 더 많은 돈을 내게 하는 것이 무엇이 불공평한가.

정부가 신하들의 이익을 위해 이룩한 것이 입법적 결정을 요구했을 때, 정부가 그렇게 할 수 있게 한 사람들에게 더 많은 세금을 내게 하여 이 결정에서 주도권을 부여하는 것이 바람직해 보였다. 세금은 정부가 당신을 대신하여 한 일에 대한 대가였다. 일을 하지 않는 불우한 사람들이 빈민가의 절반을 차지했으며, 정부가 과대 조치를 통해 달성한 것에서 거의 이익을 얻지 못했다. 그러나 배를 위해 운하와 계류 선착장이 필요하고 부를 지속적으로 보호하며, 무역과 산업을 위해 도로가 개통되어야 하는 사람들은 그들과 매우 다르다. 따라서 많은 사람에게 이 재정적 선거권은 정부가 시민의 이익을 위해 더 많이 일할수록 시민도 정부의 이익을 위해 자신의 보물을 더 많이 양도해야 한다는 생각에 근거한다. 그렇지만 또한 시민은 정부가 이 돈을 적절하게 사용했는지 확인할 수 있는 권한을 가져야 했다.

§34. 선거권 세금에 대한 우리의 반대

돈의 특권은 계속되지 않았다. 이미 특권이 도입된 지 30년이 지난 1878년 반혁명당의 정강 제2조는 이에 대해 항의했다. "국가에 뿌리를 둔 의회가 명목과 구성으로만 국민을 대표하지 않게 하려고, 반혁명당은 또 다른 선거 제도의 도입과, 이에 대한 대비로 '선거권 세금'의 감소를 요구한다." 그 당시에는 아직 그 요구를 시행할 수 없었고, 시도하지도 않았다. 그러나 적어도 정강은 세울 수 있었다. 1848년의 헌법 제139조는 시 의회에 대한 '선거권 세금'이 의회와 주 의회에 대한 '선거권 세금'의 절반밖에 되지 않을 것이라고 결정했었다. 그 결과 우리는 '선거권 세금'을 절반으로 줄이면 어떤 결과가 생길지 판단할 수 있는 확실한 수치를 보유하게 되었다. 반혁명당은 의회에서 물러났고, 우리의 첫 번째 시도는 '선거권 세금'의 수치를 줄이는 것을 촉진하는 것이었음이 확인되었다.

자유당은 제76조에 따라 항상 높은 수치를 20길더 이상으로 유지하려고 노력했다. 따라서 우리의 목표는 이 수치를 20길더에서 어느 정도 낮추는 것이었다. 이것이 부분적이나마 도움이 되어 1887년 제76조의 개정에 이바지했고 다른 영향을 받지 않았다. 그해에 '선거권 세금'은 실패했고, 우리는 제80조의 선거권에 대한 조건으로 "선거법에 따라 결정되는 적합성과 사회 복지의 표시"를 받았으며, 이에 대해 판 하우턴은 나중에 자신의 선거 제도를 실험했다. 의심의 여지없이 유일한 "측정치"인 '선거권 세금'과 비

반혁명 국가학 || 적용

교했을 때 이득이었다. "정부여, 이제 나를 대신하여 이 일을 하시오. 이제 내가 당신의 수령인에게 너무나 많은 돈을 지급하니"라는 문구는, 이제 '그 사람'(den persoon)을 전면에 내세우는 것으로 대체되었다.

그들이 알고 싶었던 것은 단지 어떤 시민이 선출되기에 적합한지 아닌지의 여부였다. 거기에 "사회적 안녕"도 추가되었지만, 이것은 다름 사람에게 금전적 노리개로 전락하지 않도록 독립적 개인으로서의 자유를 더 목표로 삼는 것이었다. 또한 정치적 이데올로기를 가지기에는 신분이 너무 낮은 사람을 선별하는 것 혹은 선거에 참여하기에 충분한 사회적 성장을 이루었다고 간주되는 사람을 결정하는 것을 목표로 했다. 그러나 이것은 이미 실패가 예고되어 있었다. 여기서 직접적은 아닐지라도 세금으로 낸 금액이 계속해서 중요한 역할을 했고, 그것이 우리를 포함한 국가에서 불만을 일으킨 자명한 이유였다. 제80조의 구현에 관해 반혁명당은 타크 판 포르트플리트의 노선에 더 충실하고, 판 하우턴이 밀어붙인 결과에 저항해야 했다.

§35. 국민 전체가 국민으로서 말해야 한다

대표하는 방식에 대한 노력은 계속되는데, 그것은 몇몇 최상위 계층이 아니라 '전체로서의 국민'을 대표하는 방식이어야 한다. 이를 위해 좌파 남성들은 자연스럽게 이른바 보편적 선거권에 점점 더 단호하게 그리고 더 일치하는 방향을 추구했다. 그러나 그러한 선거권으로는 훨씬 더 '전 국민' (het geheele Volk)을 대표할 수 없는 것처럼 보였다. 독일의 자료는 우리나라에 증거가 될 수 있다. 자료가 마지막으로 다루어진 1911년의 "통계연감"(Statistische Jahrbuch)에 따르면(302쪽), 독일 인구는 총 6,064만 1,300명으로 추산되지만, 같은 해에 유권자의 수는 1,335만 4,900명을 넘지 않았다. 인구의 5분의 1이 조금 넘는다. 따라서 인구의 거의 5분의 4 또는 4분의 3 이상이 대표되지 않은 채 남아있었다. 결국 각 유권자는 자신을 대신하여 행동하고, 개인적으로 자신 외에는 누구도 대표하지 않는다는 것이 확인되었다.

개인주의적 선거권에서 각 유권자는 선거에서 독립적으로 행동한다. 우리나라에서도 그러한 선거권으로는, 아무리 광범위하게 받아들여진다 하더라도 네덜란드 국민을 매우 설득력 있게 대표하는 것 외에는 결코 다른 것을 달성할 수 없다. 1910년의 마지막 인구 수치에 따르면 1909년 인구는 585만 8,175명이다(연간 수치 7쪽 참고). 이 중 49.9퍼센트에 해당하는 289만 9,125명이 남성이다. 20세에 선거권이 생겼다고 해도, 더 어린 130만 740명이 총계에서 차감됐을 것이다. 따라서 가장 유리한 계산에 따르면, 159만 8,385명의 남성만이 우리를 대신하여 선거권을 가질 자격이 있다. 적어도 분배를 제외할 때 '덜 중요한 사람들'을 빼면 130만 명 이상이 선거권을 가질 수 없게 되는데, 이는 인구의 4분의 1 미만이다. 물론 여성이 선거에 참여한다면 이 수치는 두 배 이상이 될 것이다. 그러나 이런 식으로 진행하더라도 최대 5분의 2를 대표할 뿐 전체 국민을 대표할 수는 없다. 남녀의 보편 선거권 역시 항상 연령 제한에 부딪히며, 이는 개인의 성격을 띠기 때문에 투표하지 않는 절반을 선택하는 절반으로 대표할 수 없다. 결국, 모든 개인의 선거권에는 서로를 대표하는 요소가 전혀 없다. 그것은 개별적이고 개인적이다. 그리고 그것을 취득하는 사람에게만 그 효력이 결정적이다.

§36. 유기적 체계의 숫자 관계

반면 인간을 '유기적 전체'로 간주할 때, 그 상관관계는 완전히 달라진다. 처음에는 두 남녀가 출생을 통해 계속 번식한다. 따라서 국민을 형성하는 원초적인 시작점은 '가족'이다. 다 코스타가 말했듯이 "한 조각 땅 위의 한 무리의 사람들"은 국가도 아니고 국민도 아니다. 국민의 통합을 위한 구조는 '가족'에서 먼저 나타난다.

가족은 자기중심적으로 분리된 독립적 인간과 다르다. 가족 안에서 사람들은 상호 유기적으로 관계한다. 이러한 사람들의 상호관계 사이에 '높이 계신 분의 섭리'가 다스렸던 군건한 관계가 존재한다. 아버지와 어머니가 있고 자녀가 있으며, 마지막으로 형제자매가 있다. 이러한 가족의 결합은 가족 구성원에 대한 의무를 수반한다. 따라서 모든 민사 분쟁에서 구성원을 옹호하고 가족 구성원의 자격으로 구성원을 보호하며, 필요한 경우 구성원을 대표하도록 부름을 받는 '하나의 머리' 아래 모든 사람을 통합하는 것이다.

개별적 관점에서 볼 때에는 명목적이고 자의적일 수밖에 없는 서로에 대한 대표성이 유기적 맥락에서는 자연스럽게 발생한다. 가족의 가장에게 그 자질에 따라 의회에 투표할 수 있는 권리를 부여하고, 그에게서 그의 전 가족이 대표된다. 1909년 "연간 통계"(*Jaarcijfers*) 4쪽에 따르면 우리나라에서 별거나 독신생활을 하는 12만 5,475명 이하의 사람들을 제외한 나머지 전체 인구는 118만 1,063개 가구인데, 이는 가족 당 거의 정확히 5명꼴이다. 정확히 5명의 경우, 홀로 사는 사람을 뺀 인구는 577만 9,840명이었으며, 1909년에는 573만 2,700명에 불과했다. 이처럼 가장을 불러 보통 선거권을 도입한다면, 이미 575만 명에 해당하는 주민이 이에 의해 대표될 것이다. 그리고 이것은 개인의 합계가 아니라 국가-유기적 연대, 즉 '국민으로' 대표될 것이며, 여기서는 '매우' 작은 부분의 국민만 제외될 것이다.

가장 외에 사회에서 자신의 지위를 얻고, 자립 생활을 하는 모든 사람에게 사회 공존에 관한 선거권이 평등하게 부여된다면, 이런 의미에서 대표성을 얻을 수 있을 것이다. 그리고 모든 사람이 그 보호를 받고 권리와 자유를 위해 일어설 수 있다면 정말 좋을 것이다. 헌법 개혁 보고서와 함께 동봉된, 여왕 폐하에게 보내는 1912년 5월 13일 자 편지에서 나는 같은 주장을 더욱 자세히 서술했다. 그때와 마찬가지로, 보통 선거는 우리 국민의 거의 4분의 3을 대표하지 않은 채로 남겨두고 있다. 그리고 이러한 이유로 국민의 20분의 1 외에 모두를 대표하는 가족 선거권이 훨씬 더 풍부한 민주주의 사상을 표현하며, 의회의 국가적 성격을 비교할 수 없을 정도로 좋게 만든다는 점에서 나의 결론은 유지되어야 한다.

§37. 다시 좋은 돈

선거권 영역에서 사회주의 진영은 그 모든 자본주의 방식에 맞서 치열한 투쟁을 벌였지만, 이에 동조한 모든 사람이 이 진영의 목표가 재정에 집중되어 있다는 사실을 알기까지는 그리 오래 걸리지 않았다. 자본주의에 반대하는 싸움에서는 재력가들이 자본으로 획득한 지나치게 확대된 권리에 대한 항거가 이뤄졌다. 지금은 반대로, 자본가가 가지는 적지 않은 자본을 궁핍하거나 필연적으로 재산이 적은 사람들에게로 전환시키기 위한 권력을 얻으려고 보통 선거권을 향한 열정을 보였다. 그러나 연금과 별도로 급여, 수당, 임금을 증가시키려는 열망과 의향이 점점 더 강력하게 나타났으며, 마침내 이러한 방식으로 세금을 더 많이 내는 사람과 세금으로 더 많은 혜택을 받는 사람 사이의 균형이 잡혔다.

사회주의자들만이 이 목표를 향해 나아가고 있었으므로 위험이 없었다. 그들은 점차 더 높은 봉급, 복지혜택, 더 높은 임금, 더 높은 지위로 올라섬을 강조하였고, 마르크스 체제에 대해 동정보다 반감을 더 많이 가진 적지 않은 유권자들이 이제 사회주의 후보에게 투표하도록 독려하는 역할을 했다. 이것은 자연스럽게 자유민주당이 표를 잃는 결과를 낳았으며, 점차 자기 보존에 대한 열망에서 더 높은 급여, 임금, 연금을 지급할 수 있도록 더 높은 세금을 위한 투쟁이 나타났다.

결과적으로 매우 심한 대립 현상이 나타났는데, 선거에서 모든 투표권자는 원자와 개인으로서 등장하지만, 곧 국가 재정에서 전 국민은 사회 관계의 개별 구성원이 얻을 수 있는 조치에 따라 점차 공동 자본을 가진 하나의 기업으로 여겨지게 되었다. 정부는 더 부유한 사람들에게서 나오는 대다수 의원에 의해 통치될 것이다. 그러나 의원의 영감과 압력에 따라 사회적으로 낮은 계급의 가족을 위한 지출이 제시될 것이며, 이에 필요한 자금은 정부가 재무부로부터 징수하여 얻을 것이다. 덜 부유한 사람들이 얼마나 큰 비용을 지급해야 하는지가 점점 더 분명해지면서, 위대한 계획의 실행에 대한 쓰라린 실망이 일어났다. 남은 것은 국가가 덜 부요한 사람들의 요구를 들어주기 위해 나라에 존재하는 자본 혹은 소득을 세금이나 관세의 형태로 자유롭게 부과할 수 있다는 사상이 지배적으로 유행했다는 것이었다.

§38. 세 가지 영역

사회적 격분이 시 의회, 주 의회, 의회의 세 가지 영역에서 일어났다. 지금까지 압류에 대한 특정 제한과 최소한 어느 정도의 부담금 완화는 지방 행정부와 부분적으로는 상원에 대한 통제로 도입된 것이다. 모든 면에서 통제를 약화하려는 의도는 점점 더 분명해졌고, 그러자 과거에는 부유한 사람들이 가졌던 돈에 대한 열광이 덜 부유한 사람들에게로 새롭게 이어졌다. 국가가 모든 필요에 대해 모든 면에서 제공해야 하는 체계와 이를 위해 필요한 자금을 전적으로 재량에 따라 찾을 수 있는 곳에서 사용할 수 있다는 체계를 받아들이면, 두 번째로 자금 문제가 결정적이 되어 모든 정치를 지배한다. 사회가 두 부분으로 나뉘는데, 그중 하나는 a + x를 소유하고, 다른 하나는 a - x 이상을 얻지 못하는 한, 이 금전적 갈등은 두 부분이 관련된 금전적 상태가 어느 지점에서든 균형을 이룰 때까지 해결될 수 없다. 물론 사회주의 무리에 속하지 않은 모든 사람이 이것을 직선으로 진행해야 한다고 생각하지는 않는다.

문제는 남아있다. 이것이 걸림돌이 될 것인가? 그리고 수는 더 많지만 덜 부유한 사람들 사이의 충동은 결국 저항할 수 없다는 것이 증명되지 않겠는가? 그 당시 트뢰브 씨가 제안한 국가 연금과 같이 예외가 아닌 영구적 규칙으로 직접 분배를 진행하는 국가는 배의 키에 대한 힘을 잃고 불어오는 바람에 표류한다. 그러나 이것은 문제의 시작일 뿐이다. 이 체계는 사회주의에서만 그 종착점을 찾는다. 그런데도 가정은 개인의 자주성을 보장하는 모든 것을 삼켜버리는 하나의 강력한 국가 사회가 된다. 보험 분야에서는 보험부담금으로 비용을 충당하고, 국가 연금에서는 국가가 분배자이다. 이 분배가 일단 원리로 성숙해지면 더욱 스며들어 더 널리 퍼질 것이다. 더 새로울수록 더 온화하고 더 자유롭게 분배되며, 더 이상 지배의 문제는 없을 것이다.

§39. 여성 선거권

'공동체'라고 불리는 것에 대한 모든 참여에서 여성을 배제하는 것에 대해 우리 편에서는 의문의 여지가 있을 수 없다. 디모데전서 5장 9절 이하를 볼 때, 여성을 배제하는 것은 그리스도의 교회에서도 처음부터 비난받은 것으로 여겨진다. 또한 예수님의 가까운 모임에는 자신의 집도 없는 구세주의 경제적 생존을 보장하는 매우 막중한 임무를 맡은 여성들이 있었는데, 그녀들은 열린 무덤에서 중요한 사명을 맡았다. 다소 출신의 사도는 교회 생활에서 중요한 위치를 차지한 모든 부류의 여성의 이름을 계속해서 언급한다. 그리고 성경이 여성을 마치 자기 가족 안에 완전히 가두어 두었다고 결코 말할 수 없다. 아론의 누이 미리암과 사사 시대의 드보라는 지대한 영향력을 가진 여인이었다. 그리고 우리 시대에도 여성이 학교, 병원, 적십자 등을 위해 자원하지 않는다면 사회적 공생에 부족함이 많을 것이다.

우리는 더 나아갈 수 있고 더 나아가야 한다. 특히 여성과 아동을 다루는 공공 행정에서도 여성의 조언과 지도를 받는 것이 매우 바람직하다는 것이 입증되었다. 공적 근거로 따지면 이것은 분명히 공적 생활에 손해가 아니라 이익이 될 것인데, 초대교회에서 집사의 사역을 의미했다. 이미 아동법을 통해 이것이 우리에게 가능하다고 판명되었다. 여성과 아동이 과업을 담당해야 하는 문제에서 교육적, 지도적, 양육적 성격을 지닌 모든 것과 함께 여성의 도움을 받는 것이 점점 더 바람직함이 밝혀졌다. 우리에게 절실히 필요한 것은 교회와 국가 모두가 옛 집사직으로 돌아가는 것이다. 1914년 캄펀의 코크(Kok) 출판사가 "여성의 영예로운 지위"(De eerepositie der Vrouw)라는 제목으로 출판한 책에서 내가 이 주제에 관해 충분히 설명했으므로 그 책을 참고하기 바란다. 은사와 재능을 갖춘 여성이 자신의 특수 영역에서 물러나 남성의 영역을 모방하려고 하면 오히려 뒤처지고 힘을 잃을 것이다. 그리고 여성이 자신의 분야에서는 남성보다 훨씬 우월하지만, 남성의 분야에서는 열등하다는 것을 증명할 것이다.

§40. 강한 상태와 약한 상태

인생에는 두 가지 모습이 있다. 하나는 힘이 강한 모습이고 다른 하나는 힘이 약한 모습이다. 후자에는 세 가지 원인이 있을 수 있다. 첫째는 그 사람이 아직 성인이 되지 않은 어린이인 경우이다. 둘째는 그 사람이 아픈 경우이다. 셋째는 그가 성인이 되기 전에 아버지를 잃은 경우이다. 세 경우 모두 여성이 자연스럽게 보호자 역할을 한다. 자녀의 어머니, 병자를 돌보는 간호사 그리고 고아의 대리자인 것이다. 그리고 세 가지 경우의 지위에서 통치권은 여성에게 있다. 반면 성인 남성, 정상적이고 건강한 사람 그리고 아버지가 여전히 살아있는 평범한 가정의 경우에는 여성이 아니라 남성이 통치권을 가진다. 이는 남자가 일반적으로 체력, 사고력, 의지력, 행동할 준비가 더 강하다는 사실에 근거한다. 따라서 자명한 규칙에 따라 여성이 어디에서 어느 정도 책임을 져야 하는지, 그렇지 않은지가 분명하다.

그러한 이유로 의회 투표를 위한 여성의 선거권이나 피선거권에 대해서는 의문의 여지가 없다. 주 의회 선거도 마찬가지이다. 시 행정부와 관련해서도 정부 자체가 아니라면 여성이 다양한 임무를 수행하도록 요청할 수 있다. 그것은 교회 영역에서도 마찬가지이다. 교회의 다스림은 가르치거나 다스리는 장로에게 있다. 여성은 집사 역할만 할 수 있다. 집사직은 교회를 다스리는 직분이 아니고 섬기는 직분이기 때문이다. 그렇다고 해서 반혁명당이 마침내 선거권과 피선거권의 도입을 막는 데 성공할 것이라는 결론은 나오지 않는다. 그러나 그때에도 이것이 발생하는 방식에는 영향을 미칠 수 있다. 우리 쪽에는 규칙을 손상시키지 않고, 오히려 가능한 가장 보편적인 견해를 주장해야 한다는 점을 더 명확하게 이해해야 한다.

만약 원자론자가 순수한 개인주의적 체계가 확실한 우위를 점하게 하는 데 성공할 경우, 이 원자론적 체계에 따라 여성은 예외적으로가 아니라 일반적으로 선거영역으로 옮겨가야 한다. 여자도 남자와 같은 기준으로 행동해야 한다면, '모든' 여성은 '모든' 남성에게 그리고 남성 곁에 있어야 한다. '모든' 남성 옆에 기혼이든 미혼이든 '일부' 여성이 있는 것을 목표로 하는 것이 아니다. 그리고 이것은 우리의 신념이 원칙적으로 '모든' 여성 유권자를 피선거권처럼 선거권에서 배제한 것은 아니다. 하지만, 그런데도 여성이 이에 등장한다면, 믿음이 약한 여성이나 믿음이 없는 여성에게 투표하도록 하고, 자유당에 기대어 전향한 여성을 지지하는지를 판단해야 한다. 물론 과부가 차지하는 지위는 완전히 독립적이다. 남편이 떠나면 그녀는 자동으로 가장이 된다. 따라서 그 자격을 가지고 선거에서도 남자 가장처럼 의무를 다해야 한다. 이것은 그녀가 스스로 행동하거나 남성에게 할당된 권한을 자신에게 이전할 권리를 획득했기 때문일 수 있다.

§41. 여성의 직무

여성이 모든 종류의 지위에서 일할 수 있는지는 전혀 다른 성질의 질문이다. 의사로서, 변호사로서, 사무원으로서, 회사의 대표로서 그리고 더 많은 일들이 있다. 이에 대해 일반적인 상황, 즉 젊은 남녀의 혼인이 원칙적으로 계속된다면, 가정생활은 사적 생활과 공적 생활에서 다른 섬김을 여성으로부터 가능한 한 덜어주는 것이 바람직하다고 대답해야 한다. 하층 여성이 자신의 필요를 충족시키기 위해 너무나도 자주 다른 사람으로 하여금 가족을 돌보게 하는 것은 매우 유감스러운 상황이다. 집안의 여자도 바늘이나 베틀로 상품을 생산할 수 있다는 사실은, 르무엘 왕이 잠언 31장 10-31절에서 묘사한 "현숙한 여인"의 모습에서 매력적으로 나타난다.

현재 논의 중인 것은 확실히 모호한 측면이 있다. 모든 가내 생산이 여성을 죽이는 것은 아니지만, 부유한 사업주의 여성 학대는 징벌해야 한다. 이에 대한 더 엄격한 통제가 남용을 막는다. 그래서 주문하고 공급하는 사람들 사이의 모든 직접적 관계는 당연히 통제되어야 한다. 그리고 미혼 여성이 더 이상 부모의 보살핌에 의존할 수 없고 자기 자본도 충분하지 않은 어린 딸이 어떤 직업을 찾기 위해 노력하는 것은 당연하다. 따라서 그녀는 가정부와 교사, 간호사, 출산 보조원, 가사도우미나 재봉사의 지위를 바랄 것이다.

그러나 남자의 과도한 사치와 부도덕한 관행으로 인해 혼인할 수 없는 젊은 여성의 수가 증가한다면 그 상태에 그대로 있을 수는 없다. 혼인이 만인의 규범이었던 초기에도 '곧' 혼인할 여성에게 자신의 필요를 충족해야 할 특정한 필요가 있었지만, 우선권은 홀로 남아 있는 것이었다. 그러나 오늘날에는 아직 혼인하지 않았거나 전혀 혼인하지 않는 젊은 여성의 수가 최소한 네 배나 늘어났다. 이것은 사회의 하류 계층에는 심각하지 않지만, 상류 계층에는 심각한 일이다. 그 결과 남자는 과중한 가정 비용을 두려워하여 덜 비싼 시가를 피우거나 덜 좋은 옷을 입어야 한다. 그리고 부도덕한 첩이나 기생은 혼인생활을 하지 않기 때문에 부자 남자가 죄에 빠지도록 자신을 바친다.

도덕성의 결여는 양쪽 모두에서 발생한다. 젊은 여성은 사치와 꾸밈을 너무 좋아해서, 영국에서 '바람둥이'라 불리는 부류로 기울어버림으로 인해 둘 사이 관계에 대해 제대로 파악하지 못한다. 그 청년은 조용한 가정생활이 제공할 수 없는 호화로운 자유를 바란다. 그리고 둘의 양육은 혼인을 목표로 하는 사회생활에 대한 엄격한 개념에서 자연스럽게 그들을 멀어지게 했다. 그 결과 미혼인 젊은 여성의 수가 지속해서 증가하고 있다. 그 자체로 남성은 여성보다 수적으로 덜 대표된다. 이 차이는 남자의 덜 건강한 삶으로 인해, 그리고 지금 우리가 몇 년 동안 벌이고 있는 전쟁에서 함대와 군대에 징집된 남자들 가운데 수만 명이 사망하고 부상당함으로 인해 더욱 증가하고 있다. 그런 상황에서 온갖 직업과 사업을 찾음으로써 사회적 지위를 강화할 여성의 권리에 도전하는 것은 매우 부당한 일이다.

여기서 유일한 모순은 그들이 차지한 위치에 있는 청년들에게 가해지는 경쟁이 다시 혼인 생활을 감소시킨다는 것이다. 여기에 모든 면에서 자신을 처벌하는 사회적 퇴폐의 결과가 있다. 더 종교적이고 더 윤리적이며, 더 진지하고 더 단순한 삶으로의 회귀만이 구원을 가져올 수 있다. 적어도 세계대전의 결과로 우리를 기다리고 있는 사회적 격변이 이 회귀를 더 잘 촉진할 가능성이 있다. 1878년 나는 우리 정강에 대한 첫 "해설"(Toelichting)에 짧은 설명을 추가했다. 제목은 '당신의 가정도 반혁명적이다'(Antirevolutionair ook in uw Huisgezin)이다. 이 연구는 "우리의 정강" 5판의 410쪽부터 476쪽에 인쇄되어 있다. 여성문제에 대해서도 언급할 기회가 있었다.

마지막으로, 어떻게 하늘 높은 곳에서 탁월한 여류 작가가 존재하도록 섭리되었는지에 대한 설명은 불필요할 것이다. 여성 중에도 사람들이 사랑하는 시인들이 있다. 음악이나 기타 예술 분야에서도 여성은 고유한 특징을 보인다. 이러한 형태와 정신으로 어떤 남성도 성취하지 못한 탁월한 업적을 이루었다. 그러나 이것은 예외이기에, 여성의 삶에 대한 규칙으로 판단해서는 안 된다. 일반적으로 여성을 남성화하기를 원함으로써, 남성을 여성화하는 것으로 결코 보상될 수 없는 독특한 삶의 풍요로움을 인간 존재로부터 빼앗는다. 남성의 삶을 여성화하고 부드럽게 만드는 것은 오히려 여성의 비자연화를 가져오는 두 번째 파산이다.

§42. 선거 불참에 대한 처벌

최근 헌법 개정을 위한 정부의 법안 제80조가 의회에 도착했는데, 그 마지막 부분은 다음과 같다. "선거권 사용 의무는 법으로 부과될 수 있다." 당시 초안에서 의무투표(de stemplicht)가 도입되지 않았지만 (이후 수정됨), 의도는 일반법에 따라 그것을 가능하게 하기 위한 것이다. 이것 또한, 정치 투쟁에서 중요한 주제로 제기되었다. 스트라스부르 대학 교수인 헤르만 렘 박사는 가장 최근의 저서 "독일의 정당"(Deutschlands politische Parteien, 1912) 130쪽에서 다음의 내용들을 설명했다. 그가 매우 정확한 용어로 두 가지 정치적 의미를 구별했을 때, 이것과 관련된 문제가 제기된다. 한편으로는 '국민의 권리'를 침해하는 데 맞서고, 다른 한편으로는 '정부의 권력'을 강화하려는 열망이다. 그리고 이를 위해 그는 국민의 권리를 주장하고자 하는 사람은 누구나 모든 투표의무에 반대해야 하지만, 반대로 모든 것보다 먼저 정부의 권한을 강화하려는 사람은 누구나 정부에서 환영을 받는 수단을 찾을 수 있다고 제안했다.

역사적으로 이미 영국은 일부 아메리카 식민지를 확고하게 장악하기 위해 그곳에 투표의무를 도입했다. 특히 델라웨어, 버지니아, 메릴랜드의 경우가 그러했다. 이러한 식민지는 독립을 달성하지 못했으나, 자유 국가가 되거나 새로운 상태에서 더 이상 적절하지 않은 권력 수단을 폐지하여 유권자를 자유롭게 했다. 1889년에 미주리(Missouri)주의 캔자스시티가 투표를 하지 않는 것에 대해 2달러의 벌금을 부과하고자 했을 때, 대법원은 헌법에 어긋난다고 하여 이 결정을 번복했다.

자유 주들은 강압적 조치에 항상 저항해 왔으며, 일부 도시에서는 이러한 조치에도 불구하고 지방 선거 전에 유권자의 수가 최대 30퍼센트까지 떨어졌다. 오스트로고르스키는 그의 책 "민주주의와 정당의 조직"(La Democratie et Organisation politique, 1903) 2권 340쪽에서 자유의 법칙에 대한 이 불변하는 태도가 특히 미국에서 분명하다고 지적한다. 부유한 사람들이 유럽에서보다 특히 의도적으로 투표를 멀리하기 때문이다. 그는 다음과 같이 자랑스럽게 말할 수 있는 한 유권자를 언급한다. "나는 20년 동안 투표하지 않았으며, 다시는 투표하지 않겠다고 서약했음을 자랑스럽게 말한다!"

§43. 1910년의 보고서

의무투표의 도입은 1910년에 열린 개정 위원회의 보고서에서도 언급되었는데, 그것은 비례대표를 수락한 후에만 논의될 수 있는 조치가 될 뿐이었다. 의무투표는 그것의 도입이 "투표 열망에 대한 몇 가지 덜 칭찬할 만한 관행"을 종식시킬 수 있다는 점에서 호의적으로 판단되었다. 특히 판 드르 펠츠(G. W. van der Feltz) 남작[59]은 보고서에 첨부된 메모에서 이 두 가지 생각을 하나로 합칠 것을 촉구했지만, 분명히 우리 헌법에 부합하지 않는 생각에 기초하고 있다. 이것은 그가 '국민의' 대표가 아니라 '국가의' 대표라고 말하는 것에서 분명히 나타난다 (12쪽 참고). 그는 분명히 국가와 주와 시 단체의 선거를 의회와 주와 시 의회'에서' 국민의 대표라고 이끌지 않고, 문자 그대로 국가와 주와 시'의' 대표로 간주한다. 그러나 이는 우리 헌법에는 생소한 제도이다. 주 의회와 시 의회에는 집행위원회가 활동하는 반면, 의회에서는 국민의 대표가 정부를 통제하기 위해 활동하고 국민의 권리와 자유를 옹호하기 위해 발언하고 결정을 내린다.

§44. 의무투표

지금까지 의무투표제는 해외에서 큰 호평을 받지 못했다. 주로 벨기에와 스위스가 이 새로운 선거 제도를 처음으로 광범위하게 논의했던 두 개의 작은 국가였다. 그 이후로 선거라는 수단에 부여되는 중요성을 더 많이 인식하게 되었다. 그렇게 이 나라에도 지지자와 반대자가 나타났다. 무엇이 원론적 논쟁이었는지 분명하게 드러났다. 국가개념으로부터 국민으로 내려온 사람은 '찬성'했고, 반대로 국민개념에서 국가로 올라간 사람은 '반대'했다. 근대의 국가개념은 의회를 '국가라는 기계'가 원활하게 작동하도록 도움을 제공하는 보조 수단에 불과하다고 생각하는 경향이 있다. 국민이 아직 미성숙하다면 정치적으로도 미성숙한 상태로 남을 수 있으며, 국가 당국이 모든 것을 처리할 것이다. 반면 정치 발전이 융성하면, 국가가 의회의 협력과 지원을 얻는 것이 더 유리할 수 있다.

의회가 '이러한' 생각에 개입한다면 '국가 당국에 대한 협력자' 역할만 할 수 있으며, 국가 당국은 지원을 어떤 방식으로, 어느 정도로, 어떤 형태로 사용할 것인지 스스로 결정해야 한다. 따라서 의회는 필요한 경우 국가 권위에 대항하여, 국민의 권리와 자유를 수호하는 기관이 아니라, 국가 권위 자체가 기대하고 의지할 수 있는 협력자이다. 이에 따라 국가 당국이 법률로 그러한 지원이 필요하다고 선언하면, 유권자도 해당 지원을 제공할 의무가 있다. 그리고 집에 남아 있는 유권자[60]는 국가가 필요로 하는 것을 박탈하여, 유권자의 목적을 달성하지 못하고, 그에게 부여된 의무를 이행하지 못하는 결과를 낳게 된다. 따라서 국가는 태만하고 무지한 유권자에 대한 조치로 의무 태만을 처벌하며, 이러한 처벌 위협을 통해 모든 의무의 유기를 방지하려고 한다.

§45. 이에 대한 근대 국가론

따라서 근대 국가론을 지지하는 사람은 의무투표제를 도입할 필요가 없지만, 자신의 관점에 따라 이를 도입할 수는 있다. 따라서 국가는 군 복무에서처럼 시민에게 선거 운동에 대한 투표를 의무화하고, 의무 유기를 처벌할 수 있다. 그러나 물론 이와 정반대되는 사실은 국민의 권리와 자유에 대한 존중에서 비롯되는 선거권이 국민에 내재된 권한이라는 것이다. 국가 당국은 자유 시민의 대표와 협상해야 하며, 처벌이 부과되는 선거에 참여해야 하는 '의무'에 대해서도 말할 수 없다. 물론 '도덕적' 의미에서는, 집에 머무르는 사람이 국가 정책의 적절한 과정을 유지하는 데 협조하기 위해 투표에 빠지는 것이 가능하다. 하지만 법적으로는 그렇지 않다. 어떤 문제에 개입할 권리가 있는 사람은, 누구나 자신의 개입 없이도 일이 잘될 것이라고 스스로 생각하는 한 자주 이 권리를 사용하지 않는다. 공식적으로는 그는 모든 개입을 불필요하다고 생각하고, 시간 낭비를 피하는 것을 선택할지 여부를 결정할 수 있다. 처벌의 위협을 받아서 투표를 행사하는 의무는 호의에 의해 그에게 부여된 것이 아니라, 그의 자유로운 지위에서 주어지기 때문에 그러한 종류의 권리에서 결코 도출될 수 없다.

§46. 칼빈주의적 관점

칼빈주의자는 의무투표 자체에 대해 분개한다. 선거권이란 국가가 그에게 부여한 선물이며, 그 선물은 그에게서 보류될 수 있고, 국가 당국이 적절하다고 판단하는 경우 그에게 제공될 수 있다는, 받아들이기 어려운 생각에 근거한다. 물론 여기에도 발달 정도에 따른 등급 구분이 적용된다. 아직 어린 국민은 타고난 권리를 행사할 수 없으므로 부모 또는 후견인의 보호를 받는다. 그러나 '아이'가 자라서 '성인'이 되면 성인 자신이 권리를 행사하는데, 이는 아버지나 후견인이 그 권리를 선물로 주어서가 아니라 이제 그 권리가 그에게 속하기 때문이다. 물론 '공식적으로' 이것은 법률을 통해 이루어진다. 그는 선거 과정에 참여할 자격이 있는 자기 권리를 스스로 '행사할' 수 없다. 그러나 이것은 그의 권리를 행사하는 '형태'에만 해당한다. 그 형태는 원리를 구속하지 않는다.

유권자의 비율이 절반 이하로 너무 떨어지면 해당 시나 지역에서 특정 기간 선거권을 박탈한다고 말할 수는 있다. 그러나 형벌의 위협에 의한 완전한 집행은 국민 '대표성'의 원리와 대립하는 충돌 관계에 있다. 만일 여전히 투표장에 나오는 유권자를 자주 집에 머무르며, 특히 국가 정치에 관련해 '도덕적' 가치가 전혀 성장하지 않는 유권자와 비교하면, 그것을 더욱 느낄 수 있다. 자발적으로 또는 조직의 촉구에 따라 등장하는 사람은 정치에 협력한다. 반면에 거의 나타나지 않고 집에 머무는 자들은 그것에 대한 마음도 없고 지식도 없다. 처벌의 위협을 받아 정치적으로 둔감한 모든 시민에게 강제로 국가 정치에 관한 결정을 넘긴다는 것이 어떻게 법과 이성으로 가능한가? 이것은 특히 우리나라에서 해결책이 될 수 있다. 우파 정당과 좌파 정당은 유권자 수에서 투표 숫자가 너무 비슷했는데, 의무 투표로 인해 새로운 수의 유권자가 생겨났다. 그런데 무관심한 유권자들의 수가 선거에서 우파와 좌파 간 차이를 많이 넘어섰다. 따라서 최종 결정은 이제까지 정치 분야에 참여할 수 있는 모든 권리를 박탈당한 사람들의 손에 달려 있다.

이제 우파 진영이 좌파 진영보다 정치적으로 무관심한 사람들을 더 많이 끌어들일 수 있으며, 이것만으로도 의무투표가 때때로 우파 지지자를 찾을 수도 있다고 설명한다. 그러나 성공을 추구하기 위해 이것을 따라간다면, 분명 원칙을 잃어버리게 될 것이다. 따라서 우리는 투표 부재에 대한 처벌 도입에 협력하지 말라고 조언할 수밖에 없었다.

§47. 주 의회를 위한 선거방식

이른바 보통 선거권이 확고히 자리 잡게 되면 의회와 주 의회의 선거권 사이의 차이를 더는 상상할 수 없다. 이 두 선거는 선거구의 분포가 같지 않다는 점으로만 구별할 수 있을 뿐이다. 이는 첫째로 하원의 선거구 분할이 여러 곳에서 주 경계를 넘어 여러 곳으로 이동되었기 때문이고, 둘째로 주 의회의 시골의 인구가 대도시보다 더 많기 때문이다. 그러한 이해관계가 체계적으로 고려되지 않은 것 같다. 주 의회는 질투로 인해 권한을 너무 많이 박탈당했다. 그동안 도로와 운하에 대한 규정은 주로 국가의 권한으로 남아 있었는데, 바로 이 주제가 지방 주민에게 매우 중요한 것이기 때문에 주 의회에 적용되는 지역 구분이 성격이 많이 바뀌었다. 이것은 주 의회 선거에서 다양한 정당이 자체 정강을 가진 경우가 거의 없었기 때문에 더욱 그렇다.

특히 지난 반세기 동안 거의 모든 정당은 주 자체에 관한 강령이 없었다. 흐로닝언과 같은 주에서는 달랐지만, 일반적으로 지난 세기의 70년대 이래로 주 의회 선거가 상원 의원에 의해 거의 전적으로 좌우됐다는 사실은 분명하다. 이로 인해 사람들은 주 의회를 선택할 때, 매우 일반적으로 한 가지

원칙을 공언할 것으로 예상하는 의원을 상원에 소개하기 위해 자신과 협회가 어떤 후보자를 목표로 삼아야 하는지 궁금해했다.

물론 주 의회 선거에서는 주에서 이뤄지는 다양한 삶의 유기적 통합이 선거권을 지배하는 것이 매우 바람직할 것이다. 농업, 제조업, 해운업과 마찬가지로 농촌과 도시에서 생활하는 사람들 대다수가 자기들의 대표를 주 의회에 보낸다면, 그것은 주 정부에 완전히 새로운 삶을 제공하고 가능한 한 최대한으로 지금보다 훨씬 더 나은 사회적 상황을 촉진할 것이다. 이것이 배제되고 상원이 주에서 선출되는 한, 우리는 지금 반세기 동안 우리가 투쟁해 온 후유증에 시달릴 것이다. 모든 주의 의원들이 하나의 협의체를 구성하는 것처럼 함께 상원 의원을 확보할 수 있을지에 대한 논의가 있었지만 적어도 당분간은 그럴 것 같지 않다. 우리의 11개 협의체에는 590명의 회원이 있다. 이제 거의 600명의 회원이 상원 의원 선거에서 함께 일하기를 원했다.

결과적으로 모든 지방의 과반수가 구성될 수 있으며, 이로 인해 상원은 완전히 같은 정치적 방향으로 구성되어 소수가 완전히 배제되었다. 그런 다음 다른 사람들은 공동 선택으로 더 많은 비율을 추가하려고 했다. 한편, 주 의회에 원자론적 체제가 계속 적용될 경우 주별 선거만 용인될 수 있다는 점을 어느 정도 확신할 수 있다. 그 선거들은 간접적인 성격의 선거로 남을 수 있지만, 예를 들어 북홀란트와 헬데를란트 또는 드렌터와 위트레흐트 사이의 차이는 전국적으로 두 가지 주요 방향에 기회를 제공할 만큼 충분히 강력하다. 비례대표만이 여기에서도 도움이 된다.

§48. 시 의회

시 의회에 관한 한, 자율성을 더 강조하기 위한 기회가 아직 차단되지 않았다. 이 목적을 위해 대도시와 마을에서 시 의회를 하나로 묶지 않는 것이 얼마나 절대적으로 필요한지는 이미 지적했다. 시 의회의 경우 행정과 참여할 권리가 있는 시민들의 선택을 네 가지 범주로 나누는 것이 바람직한 것으로 판명될 것이다. 그 경우 적어도 일류나 상류 계급의 큰 단체에 관한 한, 시민에 대한 개별적 통제가 있을 것인지, 또는 학대와 잘못된 관리에 대한 통제가 오직 고위 정부에 의해 이루어져야 하는지를 주의 깊게 관찰해야 한다. 여기에서도 프랑스 혁명 시대부터 도입된 제도를 따른다면, 겉보기에 불과한 자율성에 도달한다.

다른 한편, 실제로 통제하는 고위직의 중앙 통제에 도달하게 되는데, 시 행정부는 주 행정부를 거쳐 내무부 중앙 행정부에 이르게 된다. 네덜란드적이지 않은 구조를 거부하고 자율적 시 자치제로 돌아간다면, 물론 중앙 정부의 통제는 적당한 위치에 있어야 하겠지만, 자치 정부는 관리될 수 있는 방식으로 배열될 수 있고 혼란이나 불의에 대한 두려움 없이 스스로를 운영할 수 있다. 그러나 여기에서 중요한 것은 항상 필수불가결한 통제가 해당 시 의회의 일급 시의 행정 규정에서 발생할 수 있어야 한다는 것이다. 시는 국가의 한 조각이나 일부분이 아니라, 독립된 정치적 형태에 해당한다. 이 독립적 정치 기구는 본래 행정과 통제의 두 가지 요소를 소유해야 하는데, 이 두 요소는 시 자체로부터 생성되어야지 위로부터 내려와서는 안 된다.

그러나 여기서 시가 단일 협의체로 충분할 것인지에 대한 의문이 제기된다. 국가 집행부는 행정권과 국민 감독으로 나뉘고, 국민 감독은 일반적으로 하원과 상원으로 구분된다. 정부와 의회, 그리고 의회를 하원과 상원으로 구분하는 것은 성급하고 조급한 행동에 대한 보호 장치를 제공하기 위한 것이다.

§49. 자체 통제 부족

물론 시 의회의 영역에서도 항상 느끼게 되는 비슷한 필요는, 내부적인 감시가 전혀 없기 때문에 매번 더 높은 수준의 경고와 조치가 취해져야 한다는 것이다. 모든 감시는 그 자체로 이루어져야 하는데, 그것은 지속해서 그리고 또 다시 시의 자치를 사실상 무효로 한다. 여기에서 우리는 선택해야 한다. 자신이 원하는 것이 무엇인지 알아야 한다. 상당한 자치권이 없고 국가의 일부로서 중앙 정부의 법에 종속되는 시 단체 또는 광범위한 자치권을 가진 자유로운 시 단체는 깊이 필요하다고 느끼는 불가피한 감시에 종속된다. 따라서 로마에서는 원로원과 호민원을 구분했다. 또한 12세기와 13세기의 이탈리아 도시에서도 이러한 별도의 협의체가 만들어졌다. 그리고 자율성을 강조하기 위해 그들 자신의 중심에 감시권을 두었다. 우리나라의 시 단체가 두 협의체, 즉 하나는 시 행정 권한을 가지고 다른 하나는 비판과 통제를 행사하는 두 협의체 사이에 구별이 이루어지지 않는 한, 자치의 만족스러운 회복에 도달할 수 없다. 이 둘은 모두 시민에게서 나온다.

§50. 재정 문제

앞서 우리는 특히 시의 중심에 있는 재정 문제가 어떻게 그러한 구별로 이어져야 하는지 지적했다. 지금처럼 모든 것이 뒤섞이고 혼합된 상태로 남아있다면 시민의 선택은 끊임없이 덜 부유한 사람들이 다수를 차지하는 협의체의 구성으로 이어지며, 그러한 다수는 자연스럽게 주민의 이익을 위해 시 의회에 더 많은 것을 주고자 하는 경향이 있다. 가로등 같은 교통, 수도 공급, 환자 간병, 공공 오락, 가난한 자들을 위한 배급에 대한 요구가 점점 더 증가하고 있다. 사생활의 가능한 큰 부분은 세금을 통해 필요한 자금을 징수하는 시 단체로 이전된다.

바람직한 것은 세금이 시민의 순수 소득으로 추정되는 것에 '비례하여' 징수되는 것이다. 이에 대한 징수 비율은 누진 비율로 부과되는 것이 바람직하다. 그리고 시 단체에 궁핍한 서민이 많고 부유한 제조업자나 부자 지주가 극소수라면, 부유한 사람들의 금고 속에 있는 더 많은 돈을 통해 덜 부유한 사람들의 바람을 만족시켜 주어야 한다. 이는 가난한 사람이 더 부유한 사람의 금고를 더 많이 사용하고, 부유한 사람은 시 단체의 필요를 위해 점점 더 많이 비용을 부담해야 한다는 논리적 결과로 이어진다.

이것이 지주의 문제일 경우, 이 영주는 토지를 팔고 집을 옮겨 탈출할 수 있으나, 시 의회가 종종 제재를 가하는 통제권을 발동한다. 반면에 이런 경우 제조업자는 자유롭지 못하다. 보통 그의 사업이 그를 머물도록 압력을 넣는다. 이런 면에서 과잉을 방지하기 위해 현재 중앙 정부의 통제를 받게 되는데, 그러면 시 단체의 자치권이 침해받게 된다. 따라서 상원에 사전 보호수단을 만들었던 것처럼, 의회의 과잉을 방지하기 위하여 적어도 대도시에서는 시민에 의해 선출된 집행 위원과 그 집행부에 앉아 있는 대표가 나뉘어 활동하는 것이 바람직하다. 필요하다면 두 가지, 즉 '납세자들'에 의해 선출된 '세금 부과자들'이 활동하는 협의체와 전체 주민으로부터 역할을 부여받은 사람들로 나눌 수 있다.

유일하게 참된 것은 엄밀히 말해서 시 단체의 그토록 바람직하고 성숙해져야 하는 자율성을 유기적 힘을 통해 회복하는 것이다. 모든 가장과 자유인이 선출한 협의체에서 시장이 선출된다. 그리고 납세자들이 선출한 두 번째 협의체에서는 산업, 사회 또는 교육 분야의 모든 협회의 대표 또는 대리인이 선출될 수 있었다. 그러면 자율성이 완전해지고 위로부터의 통제는 권리 침해의 경우에만 적용되며, 그렇게 함으로써 시민의 바르고 활동적인 공감이 발전할 수 있다. 그러나 그러한 상황은 힘든 투쟁이 끝날 때까지 이뤄질 수 없다. 프랑스의 중앙집중화 정신이 우리 시의 법에 따라 그토록 장려되었으며, 여전히 큰 영향을 미치고 있다. 소규모 시의 시민은 더 단순한 체계를 선호할 것이다. 그러나 당분간 이에 대해 언급할 필요는 없다. 일류 시 단체의 자치권을 확보해야만 소규모 시 단체의 해방을 추진할 수 있다.

여기서 적어도 첫 번째로 언급된 협의체와 함께 비례대표제를 어느 정도까지 계속할 수 있는지는, 의회 선거에서 이 비례 제도에 대한 경험을 얻을 때까지 논의되어서는 안 되는 문제이다. 완전히 다른 성격의 협의체에 완전히 새로운 제도를 성급하게 적용할 경우, 분명 나중에 감당할 수 없는 상태에 이를 수 있다. 비례대표제는 정당 활동이 직접 선택을 필요로 할 때 성사되는데, 이것은 소수에 대한 간접 선택이 그 영향력을 이중으로 상실하지 않도록 하기 위함이다. 현재 많은 소규모 시 의회, 특히 북브라반트, 림부르흐, 북홀란트, 드렌터에는 이런 동기가 전혀 없다. 따라서 그러한 비례대표제가 수많은 삶의 요구와 그런 거의 동질인 많은 수의 시 단체에 적합한지 여부는 여전히 의구심이 든다.

§51. 보충

지금 발생하는 사건(1916년 10월)은 여기에서 별도로 논의되어야 한다. 유기적 선거권을 위한 투쟁에 대비하여 전체 우파와의 동맹을 더는 기대할 수 없기 때문이다. 이것은 아마도 우리를 극도로 어려운, 즉 멀리서 유기적 체제를 받아들이는 것을 더는 생각할 수 없게 만들 것이다. 그런 이유로 우리는 이전 시대와 마찬가지로 악을 물리치는, 결국 그것이 우리를 부드럽게 만드는 것만 생각할 수 있을 것이다. 이 '사례 입장'은 이제 고유의 해설이 필요하며, 이러한 이유로 우리는 기본적인 고려 사항으로 '방법'에 대한 보충을 추가해야 한다. 이것은 간단해야겠지만, 명료성이 부족해서는 안 될 것이다. 먼저 문제의 진행 과정에 관해 설명하겠다.

§52. 문제의 진행과정

지난 세기 중반, 흐룬 판 프린스터러와 그 이후 "우리의 정강"은 이미 언급한 바와 같이 당시 자유당 측 사람들이 '선거권 세금'을 적용했던 것을 성가신 방식으로 흥정하는 것만으로 충분할 수 있었다. 그 당시 흐룬은 아직 자유당 체계에 대항할 만한 자기 체계를 갖추지 못했다. 그리고 1878년에 적어도 우리 강령에서는 다른 체계를 '요구'하는 말이 잘 표현되었지만, 이 더 나은 체계를 위한 대략의 윤곽선만이 그려졌을 뿐이었다. 당시 시위는 특히 우리에게 치명적이었던 인구 조사에 반대했다. 그리고 흐룬 판 프린스터러가 나중에 '선거권 세금'을 너무 심각하게 낮추는 것에 대해 항의한 것은 사실이지만, 이 저항은 또한 당시를 지배하던 구조 안에서 이뤄졌다. 그러므로 이전에 언급되고 일어난 이 모든 일은 이제 우리 중 누구도 더는 고려할 수 없는 완전히 지난 기간에 속한다고 반대에 대한 두려움 없이 말할 수 있다.

최근 몇 년 동안 우리 모임에서 선거 문제를 그렇게 위험하게 만든 것은 타크 판 포르트플리트의 계획이었다. 모두가 아직도 기억하는 것처럼, 타크의 초안은 최소한 보통 선거를 의미하지 않았다. 그의 초안에서도 선거권은 여전히 매우 심각한 제약을 받았다. 다른 한편으로 타크의 제안은 간접적이기는 하지만 '가정'에 대한 것이었다. 이것이 특히 우리 당처럼 항상 호주선거권에 의존하는 사람들에게 더 건강하고 매력적인 선거 제도였음을 부인할 수 없다. 타크의 제안은 다른 의미에서 우리를 웃음짓게 했다. 그것은 적어도 부분적으로나마 가족의 수준을 고려할 뿐만 아니라, 하층 계급의 선거권을 촉구함으로써 우리를 좀 더 기독-민주적인 길로 이끌 수 있었다. 그곳은 우리 쪽이 여전히 미래를 향한 약속을 찾고 있는 장소이다. 당시 매우 실망스러웠던 것은, 드 히르 판 유트파스(De Geer van Jutfaas)와 그의 무리들이 우리와 실제로는 거의 분리된 채 판 하우턴이 이끄는 보수당과 동맹을 맺으면서도, 선거권의 심각한 확대에 원리적으로 반대했다는 것이다. 판 하우턴은 여전히 적용되는 선거법을 도입하는 데 도움을 주었지만, 그 효과는 1894년 보수당과 드 히르 판 유트파스와 그의 무리들이 함께 의도했던 것에서 벗어났다.

§53. 위태로운 제도

한편, 이 모든 문제의 과정은 아주 중요한 결과를 낳았다. 즉 대표성에 관한 혁명적, 반혁명적 '체계'의 '원리적' 차이가 이전보다 훨씬 더 심각하게 문제시된 것이다. 여기에서 우리가 공언한 제도는 하원에 대한 호주선거권이었다. 이것은 점차 받아들여졌는데, 얼마 지나지 않아 로마 가톨릭 정당도 받아들였으며, 기독-역사당도 이것에 호의적이었다. 따라서 1913년 선거 절차와 관련하여 점점 더 많은 '제도'와 '제도'가 대립하게 되었다고 말할 수 있었다. 그 당시 투쟁은 유권자 수의 많고 적음에 관한 것이 아니라, 선거권이 발생하는 자격과 그것이 작동하는 방식에 관한 것이었다. 적어도 헤임스케르크 위원회의 보고서에 포함된 초안은 두 체계의 대조를 더 분명히 밝힌다. 따라서 '더욱 원론적' 투쟁이 임박했음을 반복해서 보고 느꼈다.

그러나 1913년 선거에서 패배한 이후 매우 유감스럽게도 처음에 얻은 이득은 상실되었다. 선거법의 새로운 규정문제를 인계받은 코르트 판 드르 린던은 혁명적 태도를 보인 것 같았다. 비례대표, 의무투표, 여성선거권 등의 추가는 제쳐두고, 코르트 판 드르 린던이 제안하는 것은 결국 토르베커 이후 선거 절차를 지배해 온 개인주의적 추진의 연속일 뿐이었다. 코르트 판 드르 린던이 지금 우리에게 제공하는 것은 순수한 '원자론'이며, 여기서는 선거법과 관련하여 인구 분포의 '유기적' 응집력을 정당화하려는 가장 미약한 시도조차도 이뤄지지 않았다.

§54. 이중적 체계

유권자의 증가와 감소는 '체계'를 결정하는 문제가 아니다. 토르베커의 법은 유권자의 수를 최소한으로 줄였다. 코르트 판 드르 린던은 가능한 늘 이기기를 원했다. 헤임스케르크는 중간 입장을 견지했으며, 판 하우턴의 지도 아래 결정된 선거 제도는 토르베커와 코르트 판 드르 린던 사이에 있는 중간 입장에 불과하다. 결국 토르베커, 헤임스케르크, 코르트 판 드르 린던과 함께 그것은 여전히 하나의 같은 출발점, 즉 근본적으로 동일한 체계로 함께 유지된다. 그리고 이 세 명의 정치인이 옹호한 이 제도에서 여전히 프랑스 혁명이 가진 근거가 직접적 결과로 나타난다. 국가에서 법과 질서가 번성하도록 스스로 계약에 임하는 것은 소수의 시민이다. 그것은 '사회계약' 체계이며 원리적으로 유지된다. 이를 수용하는 사람에게는 '민족'이나 '혈통'이나 '가족'이 존재하지 않는다. 그 지지자들은 과거로부터 생겨난 어떤 '유기적' 연결도 알지 못한다. '개별' 시민의 총합 외에는 알려진 것이 없다. 함께 모여서 함께 심의하고 함께 대표자를 임명하는 것은 개별 개인이다. 그렇게 국가 생활은 발전을 추구해야 하는 것이다.

프랑스로부터 온 이 체계는 1798년 5월 1일 바타비아 시청 앞에서 공포된 국민 헌법에 채택되었다. 그 이후로 사람들이 자기 생각을 표출하는 형식이 계속 수정되었고, 그 형식이 마침내 보수당의 죄수를 구속하는 가죽 조끼에 들어가 과거의 조롱거리가 되었지만, 1798년부터 1889년까지 '원리'와 관련하여 약간의 수정도 없었다. 코르트 판 드르 린던의 초안에서 이 나라에 법을 세울 25세 시민 중에는 아마 소수의 여성도 있을 것이다.

§55. 남아 있는 오래된 문제

우리는 1887년에 직면했던 바로 그 문제를 다시 마주했다. 원자적 선거권이 있다. 그 선거권에서 '어떤 확장'이 시도될 것이었다. 이와 관련하여 1887년 우리는 유기적 선거권을 구현하고자 노력했다. 그러나 그 일을 실패했을 때, 우리는 '더 적은' 것이 '더 많은' 것보다 더 나은지 스스로 물었다. 언제나처럼, 우리는 민주적 의미에서 '더 많은' 지원을 했다. 우리는 과거와 단절하지 않을 것이다. 우리가 유기적 선거권을 목표로 했고, 이것이 실패하고 불가능해졌다. 결과가 우리의 투표에 달린 한 '민주적인' 의미에서 계속 운영될 것이다. 선거권이 보편적인지 제한적인지는 근본적인 문제가 아니었다. 우리에게 근본적인 대립은 '유기적'인 선거권인가 아니면 '개인주의적'인 선거권인가이다. 우리는 우리의 원리와 대립된 충돌에서와 같이 개인주의적이고 원자론적인 선거권을 거부하고, 열방의 역사에서 하나님의 전능한 정부에 의해 봉인된 유기적 선거권을 위해 계속해서 열렬한 태도로 일어설 것이다. 그러나 우리의 힘과 영향력이 유기적 선거권을 실현할 만큼 충분하지 못하다는 것이 다시 한번 밝혀졌다. 동맹들마저도 이 유기적 선거권을 위한 싸움을 거의 완전히 포기했다. 우리는 출발점을 고수할 것이다.

하지만 1875년, 1878년, 1887년처럼 우리는 반대편 당의 부진을 통해 '민주주의' 원리를 계속 고수할 수 있었다. 그렇게 함으로써 우리는 우리와 반대되는 혁명적 원리를 어떤 식으로든 교정하지 않았다. 오히려 우리는 1850년, 1875년, 1896년에 그랬던 것처럼 그 체제가 기초하고 있는 원리에 대해 단호한 태도를 유지했다. 그러나 우리가 우리의 원리를 견지'할 수' 없다면, 그것은 다시 개인 선거권으로 이어질 것이 확실하다. 그래서 이 혁명적-개인적이고 원자적인 선거권이 '귀족정치적'이어서 더 낮은 지위가 악화될 것인지에 대한 질문에 직면하게 된다. '민주주의'의 모든 부분이 평등한 권리에 도달할 수 있게 건전한 의미에서 민주적으로 전환되도록, 우리는 훌륭한 칼빈주의자로 서고, 귀족적 보수주의에 정면으로 반대하며, 모든 계층의 국민을 위해 목소리를 낸다.

그것은 우리가 항상 고백했던 것에 존재한다. 개인 선거권 제도가 좋지는 않지만, 토르베커의 법은 원리적으로 같은 결점이 있었고, 헤임스케르크의 법은 판 하우턴의 법과 동일한 평가를 받는다. 이 모든 법률은 전적으로 동일한 잘못된 원리에 기반을 두고 있다. 그렇지만 이 모든 법률에 대해 우리는 훌륭한 반혁명가로서 단순히 의사진행을 방해하려는 반대표를 던짐으로 해결책을 찾은 것이 아니라, 오히려 투표에 참여하여 건강한 민주주의적 요소를 강화했다.

그러므로 우리도 이제 둘 중 하나를 목표로 선택해야 한다. 만약 우리와 함께 유기적 선거권을 변호하려는 동맹자들이 출현하고 새 의회 선거에서 우리와 함께 유기적 선거권을 지지하는 대표들을 등장시킬 가능성을 기대한다면, 제출된 법안을 거부하는 노력이 이뤄져야 하고 그 후 유기적 제안이 즉시 논의되어야 한다. 그러나 이것은 불가능한 것으로 보인다. 계획에 반드시 필요한 동맹자들을 찾을 수 없다는 것이 확실해졌다. 그것은 과거에 세 번이나 그랬던 것처럼, 새로운 선거권과 관련하여 귀족-보수당 또는 민주당이 더 다수를 차지할지를 다시 한번 결정하기만 하면 된다는 사실로 귀결될 것이다.

우리는 주저하지 않으며 보수적 요소와 함께할 수 없다. 그것이 마침내 원칙의 싸움으로 귀결되고 따라서 개인 선거권과 유기적 선거권 사이의 선택으로 이어진다면, 우리는 한 발자국도 움직이지 않을 것이다. 그러나 의회의 구성은 변동되지 않았다는 것이 밝혀졌고, 마침내 투표를 통해 우리의 선거권이 원자론적으로 제한될 것인지 아니면 확대될 것인지 질문을 받았는데, 우리는 원래의 상태대로 선거에서도 역시 '기독-민주적'(Christelijk-democratisch)으로 남을 것이다.

§56. 최종 해결을 촉구하다

세 번째 방법도 가능하다. 우리가 유기적 원리에 대한 우리의 노력을 계속할 동맹의 도움을 찾을 수 없고, 현재 제안된 것과 같은 법안에 대해 투표하는 것이 불가능하다고 생각된다면, 우리는 심각한 항의를 한 다음, 하원과 상원 모두에서 표결에 부칠 법안에 대해 투표하는 것이 우리 입장의 요구사항이라고 요청할 수 있었다. 중앙위원회와 가능하다면 대의원 회의에서도 이 문제에 대해 우리 동지들의 의견이 확실하고 분명해야 하는 것은 매우 중요하다. 하원에서는 '찬성'하고, 상원에서는 '반대'해야 하는 것처럼 생각하는 것은 아니다. 선거권과 같은 원리적 문제에서 이것은 과거를 존중하는 정당의 태도가 아닐 것이다. 물론 이 세 번째 방법을 채택하는 것에 '찬성'뿐만 아니라 '반대'하는 주장도 많이 있다. 요점은 우리가 더 순수한 선을 따라 계속 움직이며, 우리의 신념과 일치하지 않는 것에 대한 책임을 지지 않고, 우리가 가장 바람직하다고 생각하는 것을 추진하기 위해 더 적극적으로 노력해야 한다는 것이다.

그러나 실제로는 너무 많은 모순이 있어서 흐룬 판 프린스터러나 우리의 전임자들 모두 그것을 갈망하지 않았고, 지금까지 사람들은 항상 두 번째 방법을 선택했다. 반혁명당의 당원들이 거의 만장일치로 투표하고, 단합을 통해 상대적 이익을 얻으려고 노력하기 전에는 선거 과정이 의회에서 표결에 부쳐진 적이 없었다. 원칙적으로 우리 남성들이 투표한 모든 선거권 법안은 이제 투표를 위해 우리에게 제출될 것과 마찬가지로 우리 원리에 반대되었지만, 반혁명당은 이전에 이것을 최종적으로 결정한 적이 없다. 판 하우턴의 선거법이 투표에 부쳐졌을 때 단 한 번만 반대했다. 따라서 우리 당이 반대표를 던진 것은 제안이 너무 많았기 때문이 아니라, 그것이 '너무 적었기' 때문이다. '더 많은' 것을 제공한 타크의 법안은 거부할 수 없는 것으로 판단되었다.

§57. 어떤 동기에서?

항상 덜 일관된 태도를 채택하게 만드는 이유는 무엇인가? 두 가지가 있다. 우선, 그동안 우리의 마음 중심에서 원리적 결정을 내릴 기회가 없었다. 따라서 당분간은 개인 선거권을 유지해야 했고, 잠정적으로는 각각의 새로운 규정에 대해 "서민"에게 가장 유리한 조항을 법률로 도입해야만 했다. 다음으로, 우리는 선거권의 금권정치적 성격의 해체를 위해 노력해야 했다.

원리적 투쟁이 성공하지 못할 경우, 과거는 그것과 함께 가야 한다는 것을 상기시켜준다. 그리고 불행하게도 로마 가톨릭 측 사람들이 이미 이탈하는 결정을 내렸던 곳에는 원리적 투쟁을 위하여 동지들의 도움에 의지할 수 있을 전망이 없다. 때로는 로마 가톨릭 언론의 일부가 유기적 대표성이라는 큰 문제를 고려하는 것을 이미 완전히 중단한 것 같은 인상을 주기도 한다. 실망스럽지만 그다지 놀랍지는 않다. 이 나라의 로마 가톨릭 정치에 대한 가장 강력한 영감이 생겨난 독일과 벨기에에서 선거권은 수년 동안 거의 전적으로 원자론적 의미에서 확립되었다는 것을 잊지 말아야 한다.

여기서 일반적 사고의 커다란 흐름을 완전히 무시할 수 없다. 문제는 거의 모든 국가에서 논의되었는데, 우리 대륙과 미국에서 거의 모두 원자론적 의미로 결정되었다. 잉글랜드는 개별 선거권을 가장 오랫동안 보류해왔지만 점차 통과시킬 것이며, 머지않아 모든 시민에게 그것을 대영제국에까지 이르는 권리로 부여하게 될 것이다. 물론 네덜란드에서는 이 흐름에 반대하는 것이 충분히 가능했겠지만, 선거권 문제는 로마 가톨릭뿐만 아니라 반혁명파 사이에서도 너무 늦게 논의되었다. 교육이라는 큰 문제가 항상 이 강력한 문제를 옆으로 밀어냈다. 그리고 슬프게도 여기서 그치지 않았다. 1875년 이래로 선거권 문제가 우리 가운데서 더 깊이 논의되었을 때, 모든 우파 정당과 같은 방식으로 이 문제를 제기하는 것은 결코 성공적이지 않았다. 더욱 안타까운 것은 얼마 지나지 않아 이 문제에 대해 반혁명파 내부에서도 분열이 일어났고, 이 문제에 보수-귀족적 동기가 여전히 남아 있었다는 것이다. 그것은 힘과 시간 낭비였다. 필요가 생길 때에 우리 당과 동맹 모두에게 마음과 관점의 통일성을 만들 시간을 찾을 수 있으리라고 상상하곤 했다.

그러나 이 점에서 우리는 속고 있다. 선거 문제의 '최종' 해결책에 대해 강력하게 밀어붙였던 상대 당의 추진력이 우리를 넘어섰다. 그렇게 주어진 사실이 드러날 때, 반혁명당은 미래를 위한 결정을 하거나 한 번도 자기 입장을 견지한 적이 없었지만, 이제는 필요할 경우 거센 물결에 혼자서 대항할 수 있는 있을 만큼 강인해졌다. 우리 당은 선거권과 관련해서 그렇게 한

적이 없다. 우리 중 일부가 1894년에 그것을 시도했으나, 그 결과는 씁쓸했다. 그래서 '우리 당이 지금 그것을 할 것인가?'라는 질문이 남아 있다.

제13장

사법

§1. 법의 분야

본서 제1부의 제1장 서론에서는 일반적인 의미의 법을 논의했다. 여기서는 법률학의 영역을 포함하는 법만을 논의하겠다. 판사 역할을 하는 정부는 결코 보편적이거나 유일하고 충분한 법의 수호자가 아니다. 우주적 의미에서의 법은 우리 인간의 모든 삶과 부분적으로는 천사의 삶까지도 포괄한다. 후자는 지상에서 그들이 때때로 경험한 삶뿐만 아니라, 모든 영역에서 '자각적' 피조물의 삶의 표현을 위한 것이다.

자각적 피조물에서 생각, 말 혹은 행동이 일어날 때마다, 자연스럽게 이 생각, 말, 행동이 창조주께서 주신 규칙, 규례 또는 명령과 일치하는지에 대한 질문이 생긴다. 창조주의 뜻을 따르는 것이 옳다. 그 의지를 거스르는 것은 옳지 않다. 그러나 어느 나라의 주권자나 그 나라에 임명된 판사가 '모든' 법을 감시해야 하거나, 법의 절대적인 유일한 집행자라고 말하는 사람들의 오류를 가져오는 것이 바로 법의 이러한 우주적 성격이다. 지상의 주권자나 판사가 법을 찾아내고, 법을 보호하고, 법을 집행하는 일은 제한적일 수 있다.

법이 만물을 창조하신 분의 뜻에서 나온 것이기에, 오직 하나님만이 법의 완전한 수호자이시다. 세상에서 법을 찾고 행하고 옹호하는 것은 오직 하나님께서 정하신 권능에 의해 '특정한' 지역에서 '특정한' 관계에 그 의지를 뿌리내리고 있을 때뿐이다. 지상 법정 밖에서는 법 집행이 삼중으로 이루어진다. 이것은 양심에 따라 자신을 드러내고, 고통과 비참함을 느끼게 하며, 언젠가는 최후의 심판에서 복수할 것이다.

완전성을 위해, 절대적 법은 이미 갈보리 십자가에서 최고의 화해를 찾았다는 사실을 덧붙여야 한다. 십자가를 제쳐두면 우리는 주권자가 지상에서 다루는 법의 범위가 법의 전체 영역과 비교할 때 너무 작고 제한적임을 알 수 있다. 이는 마치 지상의 판사가 자신의 관할권에 따라, 또는 주권자를 대신하여 모든 국가와 모든 국민과 함께 등장하여 '법'을 명령하고 스스로 재판하는 것과 같다. 모든 자각적으로 창조된 생명의 창조주와 처분자만이 이것을 할 수 있고 또 그렇게 하며, 법의 집행을 책임지는 지상의 판사는 매우 제한된 범위에서 이를 집행하도록 위임받았다.

이것은 이미 가족법에서 명백하다. 의심할 여지없이, 법의 발견자와 범죄자는 이 좁은 범위 안의 사회에 섞이지만, 가정생활은 스스로 자기 길을 가고, 그렇게 고유의 법의식에 따라 움직인다. 가족 안에는 지상의 주권자로부터 임명받지 않고 저절로 임명된 재판관이 있다. 특히 혼인의 경우, 주권자는 실제로 그가 가족 안에서 가지는 지위에 힘을 부여하는 특정한 관계 아래에서 이를 수행할 기회를 주었다. 혼인은 법전에서 발견되는 것이 아니라 삶에서 자연스럽게 나오는 것이다.

§2. 공적 법과 사적 법

혼인이 잘 작동한다면, 다른 누구의 간섭이 없이 아버지의, 또는 대리인이 되는 어머니의, 또는 손위 형제자매의, 또는 작은 무리 안에서 교사나 양육하는 보모의 지시를 따른다. 마찬가지로 개인 사회나 협회에서도 구성원 스스로 따를 규칙을 결정할 수 있다. 의견 차이가 있는 경우, 발생하는 모든 분쟁에 대해 중재를 통해 해결하는 방법이 있다. 반면에 일반적 사회에서는 주권자가 필요한 경우에 자신의 권위 아래 시행되는 법의 규칙을 법률로 규정한다. 이렇게 할 수 있는 권한은, 사실상 위반과 상해에 대해 그 법에 규정된 권리를 집행해야 하는 그의 의무와 관련되어 있다. 그렇기 때문에 필요한 경우 이에 대한 유죄를 처벌하고, 가능하다면 침해되거나 상해를 입은 권리를 회복시키는 것도 그의 권한이어야 한다.

§3. 결함이 있는 특성

그러나 법의 발견, 실행, 집행은 항상 결함이 있는 특성을 보여준다. 하나님의 법과 그것에 대한 우리의 인식 사이의 원래적이고 직접적인 연결은, 인간이 죄에 빠짐을 통해 자의식에서 느슨해졌다. 따라서 법칙으로 간주되는 것도 불확실하고 변화한다. 법이 우리 인류의 의식 속에 식물의 생명과 비교할 수 있는 방식으로 저절로 심리적 현상으로 각인되고 뿌리내리지 않았다면, 인류가 없는 상태에서는 법에 관한 질문은 없었을 것이다. 그것은 대기의 영향, 불충분한 토양, 부적절한 관리 등 모든 종류의 유해한 영향으로 인해 성장과 발달의 순수성을 잃을 수 있다. 하지만, 이 모든 상황에서 식물의 본질에 해당하는 고유한 특성이 유지되도록 본성을 회복하려는 노력이 이뤄진다.

법은 우리 인류의 정신적 현상으로, 차츰차츰 저절로 펼쳐지고 침해당하면 자신을 회복하려고 하면서 점차 영향력과 힘을 얻는다. 성경, 곧 특별계시는 법의 이러한 성장에 대해 몇 가지 고정된 표시만을 제공한다. 우리 속의 정신적 본성에서 그것이 꽃봉오리가 일어나고 활짝 피어나게 만드는 것은 우리의 심리적 속성이다. 이 심적 현상의 질서가 하나님에게서 왔으며, 하나님께서 제정한 것인지 아니면 인간이 이 권리를 자신의 재량과 임의대로 설정하고 변경할 수 있는지가 모든 것을 지배하는 문제로 남아있다.

§4. 사람으로부터인가?

후자가 주도적 생각이다. 그 결과 모든 법은 점점 더 주관적 파도에 휩쓸리고 '동전 바꾸기'[61]로 빠지게 된다. 이것은 공개적으로 말하는 것이다. "소유는 도둑질이다"(la propriété c'est le vol)[62]라는 외침을 흠모하는 사람이 발견된다. 그리고 어떻게 같은 나라의 법 문제에 대한 의견 차이가 항상 불안한 영향을 미치는지, 또 대학 교수의 임명에 따라 어떻게 법 개념이 한동안 나라의 한 지역에서 널리 퍼지게 될지가 알려져 있다. 만약 법이 인간 생활의 심리적 현상으로서 내적 힘을 가지고 있지 않아 모든 의지에 대해 지속적으로 굴복하거나 그 진입을 허용한다면 더 높은 의미의 법질서에 대해 말할 수 없을 것이다.

이 고유한 심리적 질서의 발전과 전개가 우리의 주관적 인식 밖에서 적어도 하나의 고정된 접점을 찾는 것으로 시작될 수 없다면, 그리고 이것이 하나님으로부터 우리에게 계시된 것 바깥에서 발견될 수 없다면, 우리에게 소용이 없을 것이다. 식물이 지하실의 어두움에 숨겨지면 시들다가 태양빛이 비추면 다시 살아나고 꽃이 피듯이, 당신이 하나님의 거룩한 계시에 대한 이 연결을 무시한다면 정의도 시들고 깨달음도 요동치는 물결이 될 뿐이다. 이 연결 지점은 많은 것을 제공할 필요가 없다. 광범위한 효과는 우리가 법이라고 칭하는 심리적 현상이라는 본성에서 저절로 발생한다. 하지만, 식물이 뿌리를 잃을 수 있는 것처럼 그럴 수는 없다. 그리고 뿌리가 토양을 놓칠 수는 없다. 이렇듯 법은 하나님에게 뿌리를 두어야 하며, 삶의 토대에 자리를 잡아야 한다. 거기에 법이라는 뿌리가 피난처를 찾는다.

우리는 성경에서 법의 완전한 발전을 발견할 것이라고 절대적으로 생각할 수 없다. 법이라는 심리적 현상이 우리의 핏줄 속에 흐르는 육체적 생명처럼 그 자체로 발전하려면, 법의 집행을 위한 '출발점'이 하나님의 특별계시로부터 우리에게 주어져야 한다는 요건이 확고하게 지켜져야 한다.

§5. 낙원에서의 법과 타락

이것이 꼭 필요했던 것처럼 보이지는 않는다. 물론 죄로 타락하지 않은 세상에서는 법의 '관통하는 진동'과 '솟아나는 발산'이 저절로 완전하고 순수하게 진행되었을 것이다. 그러나 우리가 전혀 생각하지 못했던 모든 종류의 증상이 질병에서 눈에 띄게 되는 것처럼, 심리적 영역에서도 동일한 일이 일어난다. 타락이 없었다면 불의도 없었을 것이고, 따라서 불의에 대한 반작용도 없을 것이다. 오늘날 가장 강하게 정의의 감각을 일깨우는 것은 바로 불의에 대한 반작용이다.

가장 걱정스러운 것은 우리의 위엄과 자기 상상 속에서 우리가 주관을 따라 옳고 그른 것을 스스로 결정하기를 계속 원한다는 것이다. 그 결과 정의는 계속 위협을 받는다. 이것은 법의 붕괴로 이어지며, 여기서 법과 법 집행에도 확고함이 있어야 하는지에 대한 의문이 제기된다. 그리고 그 의심은 의심의 바다를 표류하는 동안 마침내 단 하나의 고정된 접점을 발견하거나, 배를 고정해 묶을 수 있는 하나의 계선주(繫船柱)를 원하지 않는 한 해소되지 못한다. 그러므로 성경이 우리에게 줄 수 없는 것을 절대 묻지 말고, 오히려 법이 싹트는 내면의 본성에 눈을 떠야 한다. 그러나 법과 관련하여 명확한 자기 인식에 대한 모든 주관적 필요에서 하나님의 법을 적용하는 데에 '하나의 확고한 실마리'를 그분의 말씀에 끼워 넣지 말아야 한다. 그러면 발아래의 땅이 가라앉는다고 느끼게 될 것이다. 그리고 곧 피해자를 강도이자 살인자, 그리고 당시에는 "용감한 헨드릭"(braven Hendrik)[63]이라고 불리는 가해자, 미혹된 자들을 살인과 강도로 몰고 간 불의한 자들로 보는 부조리에 대해 열광하기 시작하는 위험에 처하게 될 것이다.

§6. 사형 제도

사법이 주관적 인간의 사고에서 생겨난 삶의 힘이 아니라, 창조 당시 우리 인간의 본성에 각인된 심리적 현상을 표현하는 하나님에 의해 확립된 질서라면, 이 사법은 그 자체로 타락 '바깥'에서 작동한다. 그리고 죄로 인해 그것이 교란된 '후'에는 순전히 치유를 위해 가능한 한 의도적인 외과적 수술을 받아 회복되고 그 본질이 유지되어야 한다. 그러므로 하나님께서 모든 민족에게 제정하신 심리적 질서는 가능한 한 법으로 규제되어야 하고 사법으로 집행되며, 형벌로 보호되어야 한다. 이와 관련하여 여기서 사형제도에 대한 신중한 논의가 필요하다.

1878년에 "우리의 정강"이 빛을 보았을 때 사형 제도는 여전히 모든 나라와 민족에게 만연해 있었다. 그러나 지난 세기의 마지막 사반세기를 지나며 점점 많은 국가에서 폐지되었다. 1867년 포르투갈, 1847년 미시간, 1852년 로드아일랜드, 1853년 위스콘신, 1866년 베네수엘라, 1864년 루마니아에서 사라졌다. 스위스에서도 1874년에 폐지되었다가 정치 범죄를 제외하고 1879년부터 다시 시행되었다. 또한 브레멘, 올덴부르크, 안할트, 작센에서는 이미 1870년 이전에 사형제도가 폐지되었다. 그러나 10개의 아메리카, 유럽 국가와 도시의 전체 인구가 여전히 너무 적기 때문에 아직은 더 보편적 의미에서 사형제 폐지에 대해 말할 수 없다.

지난 세기의 70년대 이후로 법학자들의 단체에서 폐지를 목표로 한 운동이 점점 더 우위를 점하게 되었다. 이는 대법원 판사가 모든 인간 생명의 처분자가 될 수 없다고 생각하는 사람들 사이에서뿐만 아니라, 신앙이 있는 법학자 집단에서도 어느 정도 마찬가지였다. 이와 반대로 특정 가족 특유의 유전적 현상에서 살인 충동을 발견할 수 있었던 롬브로소(Lombroso)[64]는, 이러한 가족에게 있는 가장 위험한 요소의 근절을 위해 사형대를 통해 경고해야 한다고 주장했다. 그러한 가족에게는 혼인 금지도 몇 차례 촉구되었다. 물론 혼인 금지로 번식을 통제할 수는 없기 때문에 결코 성공하지 못할 것이다. 이러한 예외를 제외하고, 학문적 자유주의 분야에서 사형에 반대하는 움직임이 점차 증가하고 있음을 관찰할 수 있다. 이제는 법조계에서 사형에 대한 옹호자를 거의 찾아볼 수 없을 정도이다.

누군가의 생명을 빼앗는 일은 누구에게도 속한 것이 아니므로 판사에게도 속하지 않는다는 생각이 점점 더 커지고 있다. 생명을 끊는 것은 도덕교육과 개선을 단절시키는 것이다. 공개 처형의 잔혹성은 인간의 생명을 더 높이 존중하게 만들기보다는 도덕적 무법을 조장한다는 것이다. 또한, 사형당한 사람이 이후에 완전히 무죄였다고 밝혀지는 경우가 있음이 강조된다. 더욱이 반복적인 나쁜 양육, 잘못된 관계, 부도덕한 독서, 필요한 생필품의 결핍이 불행한 사람을 범죄로 이끌었을 뿐만 아니라, 거의 그것을 강요했다. 따라서 범죄를 저지르게 된 살인자가 아니라, 그렇게 심각한 상황을 만든 자본주의 사회에 우리의 분노를 표출해야 한다는 것이다. 한편 감리교 측에서도 회심하지 않은 사람의 경우 사형이 나중에 개종할 기회를 차단한다는 지적도 나왔다.

§7. 축소되는 사형 집행

이러한 법적-정치적 움직임으로 인해 아직 사형제도가 완전히 폐지되지 못한 상황에서 대다수 사건에 사형을 집행하지 못하는 현상이 점차 확대되고 있다. 프로이센에서는 '4년'동안 231건의 사형 선고가 내려졌으나, 불과 8퍼센트에 해당하는 10명에게만 사형이 집행되었다. 오스트리아에서는 이 비율이 '4퍼센트'에 머물렀다. 벨기에에서는 사형수에 대한 사형 집행이 하나도 없었다. 그리고 가장 강력한 조치가 취해진 영국에서도 사형선고를 받은 299명 중 154명이 10년 동안 여전히 사형을 받지 않고 살아있다. 이를 더욱 힘주어 말하는 이유는, 그 기간 영국에서는 여성 교수형이 아홉 번이나 진행되었기 때문이다. 다른 한편 우리와 마찬가지로 모든 정부가 식민지에서의 사형을 일반적으로 고수했으며, 사형을 폐지한 대부분의 국가에서도 주권자의 생명을 해치려는 시도에 대해서 죽음으로 되갚아주고자 했다. 사실 사형의 의미가 이렇게 실추되어 비록 그것이 법에 남아있음에도 불구하고 종종 판사에 의해 미뤄지거나 배심원단이 실행되지 못하게 하거나, 혹은 주권자의 사면으로 취소되었다.

§8. 인본주의와 성경

계속 고수되며 전개되는 움직임의 동기는 인본주의에 있는데, 대부분은 기독교의 영향력을 점점 더 확실한 문화적 힘으로 대체함에 따른 것이다. 인간은 더 이상 하나님의 법을 고려하려 하지 않는다. 실제로 법 개념 자체도 무너졌고, 죄인의 도덕성 향상에 훨씬 더 많은 관심을 기울여야 한다는 신념이 자리를 잡았다. 소위 '억제 이론'[65]이 분명히 수용되지 않았기 때문에 사형 집행이 도움이 되지 않는다는 것이 추가적으로 논의되었다. 통계에 따르면 한 나라에서 사형이 폐지된 후에도 살인 건수는 예상만큼 증가하지 않았다. 이 계산은 전혀 효과가 없었고, 여기에 식민지뿐만 아니라 종종 육군과 해군에서도 폐지가 실행되지 않았다는 사실을 덧붙일 수 있다.

이에 대해 기독 법조계는 대홍수 이후에 일어난 일을 항상 단호하게 언급했다. 대홍수 전까지는 정돈된 법률 기관이 부족했다. 가인은 자신이 아벨을 죽인 죄로 죽임을 당할까 두려워했지만 사형 선고는 따르지 않았다. 그 당시 인간의 생명을 희생시키는 야만적인 행동이 너무나 커져서, 라멕은 그의 두 아내인 아다와 씰라에게 담대하게 외치고 싶어했다. "나에게 상처를 입힌 남자를 내가 죽였다. 나를 상하게 한 젊은 남자를 내가 죽였다."[66] 대홍수 후에 그런 황폐함을 되풀이하지 않겠다는 확실한 약속이 나왔으니, 그때에야 노아의 언약, 곧 타락한 세대의 사회생활 향상을 목표로 하나님이 제정하신 생명의 질서인 일반은총이 들어왔다. 이 목적을 위해 하나님께서 친히 노아에게, 그리고 그 안에서 그의 모든 후손에게 규정을 주셨다.

§9. 창세기 9:5-6

이제 온 세상의 삶을 지배하는 규정들 가운데 성스러운 질서가 나타났다. "생명이 있는 피를 흘리게 하는 자에게는, 내가 반드시 보복하겠다. 그것이 짐승이면, 어떤 짐승이든지, 그것에게도 보복하겠다. 사람이 같은 사람의 피를 흘리게 하면, 그에게도 보복하겠다. '사람은 하나님의 형상대로 지음을 받았으니', 누구든지 사람을 죽인 자는 죽임을 당할 것이다"(새번역). 루터, 그리고 그와 함께한 적지 않은 젊은 학자들 중 특히 카일(Keil) 교수는, 그의 주석서에서 정부가 살인자를 사형에 처해야 한다는 확고한 법령을 읽어내었다. 마찬가지로 칼빈은 9-10절에 대한 그의 주석에서 사형이 분명히 의도되어 있으며, 판사가 이를 집행해야 한다는 것을 인정한다. 하지만 더 나아가 그는 이 말을, 하나님께서 종종 살인자가 자신을 죽일 사람을 만나도록 정하셨다고 해석했다. 또 다른 사람들은 이것이 주로 피의 불화와 관련이 있다고 생각한다.

그러나 해석의 차이가 무엇이든 간에 우리 시대까지 모든 전문가는, 정부가 살인자를 처형하는 것이 이 거룩한 말씀의 주된 내용으로 가장 확실하게 규정된 것임에 동의했다. 다음의 두 가지를 생각한다면, 달리 이해될 수 없고 또 그렇게 이해되어서도 안 된다. 첫째, 주님의 이 선언은 대홍수 후에 노아에게 언약을 위한 규칙으로 주신 일련의 명령에 속한다는 점이다. 그러나 그 선언은 '우연히' 일어날 일에 대한 '예측'에 적합할 수 없고, 단지 '규칙'의 설정을 추가할 뿐이다. 둘째, 첨부된 내용은 다른 해석을 배제한다. 즉, "하나님께서 자신의 형상대로 사람을 만드셨기 때문에" 그렇게 되어야 한다는 것이다. 이것을 "살인은 반드시 사적인 피의 복수로 이어진다"라는 의미로 이해하고, 하나님께서 그 피의 보복을 자기 형상대로 사람을 지으신 것에서 일으키려 하셨다고 정당화하는 것이 무슨 의미가 있겠는가? 모두가 이것은 말도 안 된다고 생각한다. 오히려 이 연결은 이렇게 이해하면 아주 자연스럽다. 하나님께서 자기 형상대로 사람을 만드셨기 때문에 반드시 그래야 한다. 이것은 하나님께서 인간에게 높은 가치와 중요성을 부여하시는 것이다. 그러므로 사람을 죽이는 것은 사람의 그 높은 가치 때문에, 하나님께서 자신의 형상을 통해 자신을 거룩하게 하신 것에 대한 공격이다. 그리고 이 때문에 하나님께서 임명한 정부가 사람을 죽인 것에 대해 사형으로 되갚아야 한다는 것이다.

비록 감리교 측에서 다른 해석을 권고했지만, 계명에 대한 그러한 해석은 의심할 여지없이 본문의 의미를 왜곡하는 것이었다. 필요한 주석적 지식으로 무장하고, 하나님의 규례를 해석하는 사람은 이 점에서 루터, 칼빈과 다를 '수' 없고, 사형에 관한 규례가 의심할 여지없이 이 말씀에서 표현된다는 것을 두 사람 모두와 함께 고백'해야' 한다. 이전에 잘못된 주석에 경의를 표하기도 했던 도멜라 니우번하위스(Domela Nieuwenhuis)[67] 교수는 최근에 자신도 더 명확하게 이해하게 되었다고 말했다. 그의 전임자인 흐라타마(Gratama)[68] 교수는 다른 어떤 신앙적 법률가보다 변명의 여지가 없는 견해를 옹호한 사람이었기 때문에 우리는 더욱 기꺼이 그를 언급하고자 했다.

§10. 회개와 도덕적 개선

창세기 9장 5-6절에 근거하여, 살인에 대해 치안 판사가 사형을 통해 되갚아야 할 의무가 확립된다. 그러할 때 회심의 기회가 차단될 수 있어서 이것을 허용할 수 없다고 말하는 것은 회심하지 않은 사람은 군인이 되지 못하도록 금지하는 것과 같다. 그럴 경우 경찰관도 회심하지 않은 사람은 임명될 수 없는데, 매년 몇 명의 경찰관이 복무 중 목숨을 잃기 때문이다. 대도시의 소방관도 다르지 않다. 바다에서 난파된 경우에는 더욱 그렇다.

사형을 선고받은 사람의 도덕적 개선의 기회를 박탈한다는 주장도 같은 이유로 옳지 않다. 범죄자에 대한 교육과 개선이 매우 바람직하다는 점을 서슴지 않고 인정하더라도 이것이 정의의 요구에 어긋나는 일은 결코 없다. 장기간의 수감 생활은 원칙적으로 도덕적 개선에도 도움이 되지 않는다. 이 목적을 위해 고안된 독방조차도 때때로 고독한 사람을 더욱 화나게 만드는 것으로 나타났다. 그러나 판사가 형벌을 선택하여 쉽게 도덕적 개선을 도모할 수 있다 하더라도 이는 판사의 부수적인 문제에 불과하다. 판사의 주된 임무는 범죄자에 대한 정의를 집행하는 것이며, 이것은 인간이 집행할 권리가 아니라 하나님의 법을 집행하는 것이다. 살인자는 그의 희생자를 죽일 때 하나님을 화나게 하고 그분의 규례를 어겼다. 모든 사형에 대한 출발점은 하나님께서 '그분의 형상대로 만드신' 사람이 죽임을 당했다는 것이다.

사형에 이르게 할 수 있는 사법부가 각별한 주의를 기울여야 함은 두말할 필요가 없다. 어떤 경우에도 사형이 적용되지 않을 것이라는 우려를 제기하지 않으며 사면을 배제할 필요도 없다. 그러나 이 모든 것은 문제 자체가 아니라, 다음을 수행하는 방식을 나타낸다. 정상을 참작할 수 없는 1급 살인에 대해서는 모든 법원에서 사형을 선고'해야' 한다.

§11. 법의 느슨함

지난 세기말 '형법이 판사의 자유를 너무 많이 박탈하지 않았는가'라는 질문이 많이 제기되었다. 법은 고대부터 모든 범죄를 아주 상세하게 풀고, 각 개인과 별개의 경우에 적절한 징벌을 결정하려고 노력했다. 특히 젊은 법조인들 사이에 점점 만연하고 있는 사고방식이 형법과 형벌법의 제정과 공포를 관장했던 법적 통찰력과 동질성을 자랑할 수 없게 만들면서 더욱 난관에 봉착했다. 이 모든 법을 한꺼번에 변경하는 것은 불가능했다. 그러나 지금은 입법부에 의해 확립된 것에 더욱 자유로운 사상이 스며들었으며, 이로 인해 앞으로는 더 많은 사안을 판사의 결정에 맡기는 것을 막을 수 있게 되었다고 여겨졌다. 따라서 법의 규정에서 법의 집행을 완화하는 것을 목적으로 하는 새로운 이론이 이전에 지배적이던 이론과 점차 충돌을 일으키게 되었다.

지금까지 특히 형벌의 위협과 관련하여 법률에 적용되었던 것이 이제는 덜 정의되고, 덜 정교하며, 덜 구체적인 형태로 법률에 확립된 것으로 생각되었다. 그럴 경우 법은 처벌할 수 있는 것에 대한 일반적 선언으로 그 자체를 제한할 수 있으며, 판사는 사안 중 재량에 따라 이에 대해 자세히 설명할 수 있게 된다. 법의 절차가 더 많이 발생하게 되며, 이 절차는 더 느슨해져서 더 자세한 설명과 적용을 위해 판사에게 더 많이 위임될 것이다. 따라서 이중 행동 양식은 점점 더 서로 반대되는 것으로 판명되기 시작했다.

결국, 특정 방식으로 규제되어야 하는 문제가 판사 자신에 의해 더 자세하게 해결되는 것이 나은지는 더 이상 문제가 되지 않았으며, 오래된 추가 결정은 다른 주제에 의해 유지되었다. 이제는 법으로 덜 구속하고 판사에게 더 많이 맡기는 새로운 구조가 마련되었다. 이후 법의 형법 조항에서 판사가 이를 집행할 수 있는 훨씬 더 큰 자유를 가짐을 알 수 있고, 분별력과 적용력이 이전보다 중요하게 되었다. 이것은 이제 바람직하지 않은 노선으로 이동하고 있다. 이전에 적용 가능한 체계에 대한 교정이 원하는 대로 승인될 수 있지만, 이는 너무 광범위하기에 판사에게 권위적 지위를 부여하는 경향이 있다. 그 지위는 입법부 아래 속하는 적지 않은 부분에서 부각되고, 법정에서 전달된다.

§12. 판사의 주관성

그 결과 사법 행정에서 판사의 주관성은 의심할 여지없이 우세하다. 국제법 분야에는 매 세기, 아니 반세기마다 매우 다양한 결론을 도출하는 모든 종류의 학파가 존재한다. 뿐만 아니라, 우리같이 작은 나라에서도 악에 대한 형벌과 관련하여 일반적으로 다섯 법학부에서 법학에 대한 통찰이 현저하게 다름을 발견할 수 있다. 당연히 각 교수진은 자신의 관점을 수업을 듣는 학생들에게 주입하려고 한다. 강의에 정기적으로 참석하고 게다가 다른 법학파의 책을 구매하여 도서관을 풍부하게 하며, 다른 이론을 숙지함으로써 연구를 풍부하게 하는 학생은 마침내 어느 정도 깊이 있는 통찰력을 가지고 선택한다. 그리고 이렇게 무장한 학생은 곧 사법부에서의 자리를 놓고 경쟁할 것이다. 그 자리를 차지하자마자, 자신의 욕망과 편애가 그를 자극하여 주관적으로 형성된 생각을 언젠가 공식적으로 적용할 것이다.

이러한 법적 이론이 일반적 고려 사항과 세부적인 적용 모두에서 너무나 많이 나뉘어, 소수가 마침내 사회 보호와 완전성을 위해 징벌적 법에 대한 거의 모든 구상을 포기하지 않는지를 생각해보라. 위반자의 경우 법으로 확정되지 않은 것에 대한 결정을 판사에게 맡긴다면, 그것이 얼마나 순전한 자의적 판단을 가져올지를 즉시 알 수 있다. 법에 따라 확립된 것을 이렇게 포기하는 것은 매우 심각한 결과를 야기한다. 매번 그렇듯이 판사는 적어도 자신이 하나님의 법에 묶여 있다고 여길 것이라는 점에 대해서는 더 이상 의문은 없을 것이다. 결국, 하늘의 빛이 꺼지는 것에 대한 비비아니의 경멸적 주장이 그들에게도 충분히 받아들여진다는 것을 비밀로 하는 판사는 적지 않다. 그런데도 더는 그 무엇에 얽매이지 않는 주관성은 더욱 과감하게 나아가고, 그 과정에서 시민은 마침내 자신을 판결할 판사의 우연한 통찰에 전적으로 무릎 꿇게 된다.

§13. 위험 완화

단 한 명의 판사가 아니라, '법정'이 판결을 내린다면 자의성의 위험은 분명하고도 확실하게 완화된다. 항소나 파기는 첫 번째 판사의 너무나 큰 주관성을 억제하고, 그가 경솔하게 판단한 것을 무효화할 수 있다는 사실을 잊어서는 안 된다. 그러나 판사가 직무를 맡을 때 더는 판사에게 서약이 부과되지 않으므로 후자조차도 주관성이 작용하는 것은 아닌지 매우 의심스럽다. 또한 주관적인 이론을 고수하기 시작하면 판결의 수정에 대한 보장도 불확실해진다. 판사가 일단 임명되면, '바로 그것'으로 인해 지나치게 만연한 주관주의와 매우 위험한 추측으로부터 그를 보호할 수 있는 우수한 자질을 갖추게 될 것이라는 생각은 그저 상상에 불과하다. 사법부에서도 그러한 사람들은 일급으로서 '황무지의 희귀한 새'(rari aves in gurgite vasto)이다. 너무 높지 않은 중간 부류는 꽤 많다. 그러나 항상 세 번째 계층에는 사람이 혼잡해 넘치는데, 주관적 권위가 매우 일상적이다. 그것은 모든 직임과 직업에서 다르지 않으며, 여기도 마찬가지이다.

법에 너무 많은 규칙과 차별이 있으면 반론이 제기될 수 있음을 인식해야 한다. 어떤 사람은 특정 사건의 판사가 법에서 다뤄졌던 사건과의 유사성을 발견하도록 강요하는 사건에 직면하게 된다. 드문 일이 아니지만, 입법자는 전문적으로 법을 명확히 하기보다는 모호하게 만드는 경향이 있다. 나중에 발생한 '상황'이나 현상의 결과로 상당한 변화를 겪은 환경에서 입법자가 규칙을 확립했다는 불만도 거듭 제기되고 있다. 그러므로 법을 전문으로 할 때는 항상 모든 과장을 경계할 필요가 있다. 쓸모없게 된 어떤 법률의 개정이 간과되어서는 안 된다. 법률 유추 해석에서 특정 전통이 법적 관행에 적용되어야 한다. 그러나 어떤 사람이 그것을 돌이키거나 되돌릴 수 있더라도, 법은 항상 필요한 '규칙'을 계속해서 고수해야 한다. 해당 규칙의 올바른 '적용'은 법원에 요청되어야 하며, 입법부는 '채택'한다.

§14. 집행유예

1878년에는 아직 논의되지 않았지만, 집행유예는 마찬가지로 중요한 사안이다. 이 결정은 판사가 유죄 판결을 받은 사람에게 형을 선고하지만, 그에게 부과된 형이 연기되는 것이다. 이렇게 잠정적으로 석방된 수형자는 법적 감독을 받는다. 감독은 처음에 그의 성격과 관련해 나쁜 인상을 심어준 악이 반복되는지 여부를 확인하려 한다. 그리고 감독의 결과 그의 범죄가 실제로 예외였다는 것이 드러나면 형이 취소된 것으로 간주되고, 그 사람은 석방되는 것으로 결정된다.

단번에 알 수 있는 모든 면에서 판단할 수 있는 동기가 있다. 사람이 자유로이 나갔는지 교도소에 갇혔는지가 그 사람의 미래에 큰 차이를 만든다는 것을 안다. 수감된 사람은 종종 상당히 넓은 범위에서 선한 평판을 잃으며, 직업이나 지위를 회복하는 데 큰 어려움을 겪곤 한다. 이것은 매우 심각한 당혹감으로 이어진다. 그리고 바로 이 당혹감 때문에 형을 선고받은 사람은 새로운 범죄에서 해결책을 찾는 경우가 많다. 그렇다고 해서 집행유예를 너무 많이 시행하는 것은 바람직하지 않은데, 이는 다음 사실을 부인할 수 없기 때문이다. 확실히 한 번의 부정직함으로 인해 자신의 미래를 모두 잃을 수 있다는 것을 미리 안다면 첫 번째 죄를 저지르지 않을 것이다. 그리고 한 사람에 대한 과도한 동정이 다른 사람의 악에 대한 저항감을 약화시킬 것이다. 그러나 우리가 반대를 고려하더라도 그가 사는 사회와 그에게 유리한 모든 관계를 항상, 그리고 즉시 단절하는 것은 아니라는 점에 대해 논쟁의 여지가 많은 것 같다.

물론 항상 제한이 있어야 한다. 죄인을 구원한다는 것은 수준과 범위가 제한된 악에 대해서만 말할 수 있다. 그에 대한 감독은 가짜가 아니라 엄격한 통제여야 한다. 자유에 대한 특정 제한조차도 배제될 필요는 없다. 유죄 판결을 받은 사람을 영원히 불행하게 만들지 않거나, 적어도 더 나은 길로 갈 기회를 영원히 박탈하지 않는 것이 법의 관점이다. 가령 반년의 수감 생활과 같이 법은 그에게 일정한 양의 형을 부과하는데, 이 형량은 그가 저지른 잘못과 동등해야 한다. 그러나 형벌을 받은 결과 그가 직장을 잃고 인생에서 큰 어려움을 겪을 수밖에 없는 경우, 특히 그에게 가족이 있다면 형벌이 세 배나 가중되는 것이 된다.

§15. 실행에 반대하는 견해

이러한 이유로 집행유예에 대한 생각은 우리 진영에서도 동정심을 불러일으켰다. 필자도 "드 스탄다르트"에서 이 방향으로 반복해서 표현했으며, 허빈과 그 이후에 도멜라 니우번하위스 교수가 그것에 대해 매우 깊이 후회한 내용이 알려져 있다. 그 구상 자체가 일반적으로 우리에게 흡족한 것이지만, 사람들이 문제가 있다고 생각하는 방식이 모든 법률 개념과 화해할 수 없다는 점은 여전히 우리에게 피할 수 없는 고민거리가 되었다. 판결은 유죄인 사람에 대해 판사가 결론을 내리는 것이다. 따라서 판사는 이 판결에 영향을 미칠 수 있거나 미쳐야 하는 상황을 '판결을 내리기 전에' 조사하고 결정해야 하며, 진지한 조사가 '완료'될 때까지 판결을 내릴 수 없다. 그러나 그가 이것을 준비하고 조사 결과에 근거하여 형을 선고하면 그 형은 사실이 되며, 집행되거나 사면으로 폐기되어야 한다.

집행유예를 자유롭게 규제되고 반복되는 사면으로 변환할 수는 없는가라는 질문에는 분명히 아니라고 대답해야 한다. 만약 법이 당면한 사건을 충분히 고려할 수 없어서, 판사가 주관적으로 선고를 내려야 하고, 법의 규정을 사건의 특정한 성격과 조화를 이루는 방식을 찾아야 한다면, 특별 사면이 주어진다. 집행유예의 경우는 여기에 해당되지 않는다. 집행유예에서는 법의 규정이 모든 면에서 적절하지만, 전적으로 법의 외부에 속하는 것에 대한 숙고가 피의자에게 선고한 형에 의한 속박을 해결하도록 재촉했다는 점이 고려된다. 법의 족쇄에 집착하는 사람은 집행유예에 동의하지 못하는데, 이는 유럽 일부 국가와 미국에서 다양한 방식과 매우 다른 형태로 채택되었다.

§16. 판결이 나오기 전에

그러나 이것은 의도한 바에 유리한 다른 형식이 발견될 가능성을 배제하지 않는다. 단, 판사가 아직 정확하고, 공의롭고, 범죄에 적절한 판결을 내릴 수 없었다는 것을 인정해야만 한다. 실수는 '형이 선고된 후'에 수사를 통해 부족한 점을 더 명확히 밝히기 위해 판사에게 형을 선고하는 것이다. 이것은 거꾸로 된 것이다. 반쪽을 먼저 보고 판단할 수 없고, 반쪽이 빠진 것으로 조사를 마칠 수 없다. 판결이 내려지기 전에 조사가 '완료'되어야 한다.

따라서 우리의 제안은 사건을 소개하지만, 판단과 조사의 순서를 뒤집는 것이다. 판사는 아직 피고인에 대해 충분히 알지 못하고, 그를 판단할 위치에 있지 않다고 선언한다. 그리고 피고인을 판단하기 위해 더 많은 시간을 요구하고, 그를 사회생활에서 잠깐 지켜볼 수 있다고 주장한다. 그런 다음 이 면밀한 조사와 더한 개인적 조사를 통해 피고인을 올바르게 판단할 수 있을 때까지 판사에게 '형을 연기할' 권한을 부여한다. 그러한 조사와 확인의 기간을 거친 후에 실제로 입증된 죄가 그 사람의 성격과 관련하여 덜 무거운 형벌로 처벌될 수 있는 것으로 드러나면 유죄를 선고하고, 이를 평결에 추가하되 전달하지 않고 조사가 완료된 경우만 효력을 발생하게 한다.

반혁명 국가학 || 적용

이 조사는 적절한 감시 가운데 진지한 형태를 취한다. 지혈을 위한 수건이 아니라, 있는 그대로의 상황을 확인하는 필수적 감시이다. 이런 식으로 법은 전체 조사가 완료될 때까지 평결이 나오지 않는 한 평소의 적절한 과정을 계속한다. 거짓 판결이 아니라 실제 판결이다. 다만 이제는 죄인의 진정한 상황을 고려하고 그를 화나게 하지 않는 형이 된 것이다. 그렇지 않았다면 형 자체가 세 배나 더 가혹했을 것이다.

§17. 서약 문제

서약과 관련하여 칼빈주의자는 무엇보다 하나님의 존전과 임재 안에서 행해지는 것 외에는 다른 법정 진술을 알지 못한다. 그 자체로는 그가 누구든 다른 사람의 생명을 빼앗거나, 일시적으로나 영원히 그의 자유를 박탈하거나, 그의 재산 일부를 거부할 권리나 권위가 없다. 그러나 이것은 우리나라에서도 정부에 할당된 삼중 권력 행사에 대한 권리이며, 이 안에서 실제로 행사하는 권력을 마음대로 사용할 수 있다.

앞에서 본 것처럼 사형이 폐지되었을 수도 있지만, 전쟁 중인 정부는 여전히 국민의 생명을 잘 보호하고 있으며, 우리 인도 식민지[69]에서는 사형이 계속 집행되고 있고 징역도 지속되고 있다. 해가 질 때 우리의 감옥을 보고 가스등이 구멍을 통해 빛을 비출 때도 그것을 보라. 그리고 정부가 처벌로 위협하면서 세금이나 벌금의 형태로 우리에게 항상 소득의 일부를 세무서로 가져오도록 강요하고 있다는 사실은 더 언급할 필요가 없다.

그러므로 사실 우리 정부는 인간으로서 그 어떤 인간에게도 속하지 않는 권력을 항상 행사한다. 오직 하나님만이 우리의 삶과 우리 개인적 자유와 우리의 선에 대해 말씀하실 수 있다. 그러므로 정부는 하나님의 종으로 행동함으로써, 하나님의 이름으로 우리를 세 가지 법적 제도에 복종시킬 권리와 권위를 갖는다. 그러므로 누구든지 피고나 증인으로 법정에 나오는 자는 재판관과 같이 하나님 앞에 서는 것이다. 만일 법정에서 말하거나 행할 때 하나님 바깥에서 하면, 하나님의 거룩하심과 전지하심을 모욕하는 것이다.

§18. 정도의 차이

진실을 가지고 장난치는 모든 행위는 사람을 죄인으로 만들지만, 이 죄 책감에는 정도의 차이가 있다. 삶의 다양성 속에서 심각성이 가라앉고 책 임감이 약해질 수 있다. 바로 이러한 이유로 재판관과 고소인, 피고인과 공 의의 증인은 '의도적으로' 하나님 앞에 불려 나와 책임 의식을 고양시키고 심각성을 충분히 상기시키며 적용시키는 사람이다. 그런데 만일 그가 진리 를 가지고 장난을 친다고 여겨진다면, 그는 하나님께 이중의 빚을 지게 될 것이며, 하나님 앞에 서게 될 것이다. 그러므로 법을 지배해야만 하는 의식 은, 말하는 사람이 마치 하나님 앞에 서 있는 것처럼 하나님의 눈을 보고, 그 하나님의 눈이 자기 영혼의 비밀을 꿰뚫고 있다는 것을 느끼는 것뿐이 어야 한다.

반면 법정에서 출두하는 사람이 반드시 항상 그런 분위기에 있지는 않 다. 법정에 출두하는 것의 생소함, 법정 전체의 낯선 분위기 그리고 참으로 많은 사람이 극복할 수 없는 당혹감이 종종 자유를 잃게 하여, 그 순간 그 는 더 이상 자신을 지배할 수 없게 된다. 이것이 사실임이 거듭 증명됨에 따라, 영혼 속에 분명히 전지전능하신 하나님 앞에 서 있다는 감각을 일깨 울 수 있는 별도의 행위를 유발하도록 했는데, 그 행위는 서약하는 것이다. 서약에서 그 사람은 하나님의 거룩한 얼굴 앞에 서리라는 것을 안다고 고 백하며, 하나님의 전지하심을 인정한다. 그러므로 하나님 자신이 증인으로 서 무엇을 말해야 할지 알고 계시며, 그가 말할 것을 들으실 것이라고 고백 한다. 이것은 하나님께서 거짓을 말하는 자를 벌하실 것이라는 인식 아래 에서 이루어진다. 그러므로 그가 하는 증언이 그가 '말해야 하는' 것과 가 장 특별한 방식으로 일치하지 않는 경우, 증인인 그에게도 형벌을 가할 수 있는 권리가 하나님께 있다는 결론이 나온다.

§19. 무시된 의식

서약의 이러한 높은 중요성을 고려할 때, 서약을 점점 더 단순화하는 것 에 대해 강력히 반대한다. 주님의 뜻에 따라 서약하게 하고 하나님의 존전에 증인을 소환하고 세우는 의도라면, 우리 서약 형식은 너무 짧고 서약하는 내용은 불확정적이다. 또한 판사가 서약의 심각한 중요성에 대해 한 마디도 지적하지 않는 것은 사라져야 한다. 십자가를 표시하는 어딘가에서 도입된 관심이나, 성경에 손을 얹고 서약하는 관습은 추천할만하다. 바로 그 순간에 그러한 상징이 여기에서 요구되는 것처럼 더 높은 분위기를 만들어낸다. 또한 무신론자 재판관이 주님의 이름으로 서약을 '요구할 수' 있는지도 의문이다. 그런 점에서 예배 인도자가 서약한 것은 틀림없이 칭찬할 만하다. 그것은 의학적 판단을 내려야 할 때, 의사에게 도움을 요청하는 것과 같다. 그러나 여기에 높은 비용이 필요하다는 것을 고려한다면, 행위 자체에 다소 엄숙한 성격을 부여하는 것이 좋다.

지금 우리에게 흔히 일어나는 일처럼, 서약에는 그것에 엄숙함을 부여할 수 있는 것이 거의 완전히 빠져 있다. 실제로 몇몇 판사들이 서약의 엄숙함을 고양시킬만한 무언가를 넣으려고 했지만, 서약하는 것이 거의 전적으로 기계적이고 조롱거리가 되는 때도 있다. 서약을 하지 않을 이유가 더 많다. 가능하다면 적게 하는 것이 더 바람직하다. 50명 이상의 증인이 출석하는 재판에서 이것이 가능하지 않다면, 서면으로 서약을 할 수 있는가에 대한 질문도 고려할 가치가 있다. 공식적으로 이것은 때때로 군주 앞에서 이미 이루어진다. 이 경우 법정에서 요구할 수 있는 것은, 인계서류에 사실을 충분히 알고 서명해 책임을 진다는 선언뿐이었다. 그러나 여전히 우리는 서약의 더 엄숙하고 상징적 형식을 훨씬 더 선호할 것이다.

§20. 재세례파와 메노나이트

재세례파 정신을 따라 서약을 두려워했던 사람이 마태복음 5장 33절 이하에 나타난 그리스도의 말씀을 존중해서 그렇게 했다고 가정할 때, 재세례파와 그 후의 메노나이트 교도가 "선언"을 믿은 것은 정당화된다. 그러나 바로 이러한 이유로 더 이상 하나님을 믿지 않거나, 적어도 마태복음 5장 33절 이하에 있는 예수의 말씀에 대해 최소한의 권위를 돌리지 않는 재세례파에게도 이 면제를 적용하는 것은 매우 불합리하다. 그러므로 여기에서도 변경할 수 있으며 메노나이트로서 서약을 거부하는 사람은 구두 또는 서면으로 서약을 하지 않겠다고 선언하는 경우만 서약에서 면제된다. 메노나이트를 제외하고, 앞서 언급된 산상수훈에 나오는 그리스도의 말씀을 근거로 삼아, 서약을 두고 장난치는 수많은 경우는 무조건 비난 받아야 하며 거부되어야 한다.

§21. 서약에 대한 거부감

서약에 대한 거부감 자체가 잘 설명되어 있으므로 이것에 더 중점을 두어야 한다. 당신에게 서약을 요구하는 사람은 누구든지 당신의 '예' 또는 '아니오'가 확실하게 신뢰를 가져다주지 않았다는 가정에서 시작하며, 이것을 거부하는 것은 이해할 만하다. 서약하는 사람에 대해 생각을 진실하게 말로 내뱉는 것이 낯설지 않다고 의심하는 것과 같다. 이것이 바로 전반적인 서약 문제가 마주하는 결정적인 지점이다.

타락한 후에 인간은 더 이상 절대적 진실성에 대한 확고한 보증을 제공하지 않는다. 오히려 거짓말과 중상모략은 여전히 각종 집단에 흔한 일이다. 때로는 가장 문명화된 집단에서 한 사람이 어떻게 끊임없이 누군가를 공격하고, 그의 명성을 의심하는지 들어보라. 정치 영역에서 언론의 공공기관조차도 이것에 대한 죄 많은 대변인이 되는 경우가 너무 많다. 험담, 명예 훼손, 이웃 비방, 중상모략은 여전히 상류층 여성들 사이에서 만연한 일이다. 일반적으로 이에 대한 해결책은 없으며, 사람들에게 해결할 수 있는 능력도 부족하다.

그러나 지금 법정에서 증언해야 한다면 상황이 많이 달라질 것이다. 그것은 자신의 유죄 또는 무죄의 문제이며, 진실 또는 거짓 증언에 따라 한 사람의 전체 삶이 좌우될 수 있다. 사형이 여전히 시행되는 한, 그의 생명까지도 영향을 미친다. 특히 거짓 증언으로 사형 집행인이 무고한 사람을 죽이도록 뒤에서 증거가 제공되었다는 수치스러운 사실은 매우 심각한 문제이다. 만일 누군가가 오직 진리를 사랑하는 사람과 관련되어 적어도 증언에서 진리만을 듣는다는 완전한 확신이 있었다면, 서약의 도입은 생각할 필요도 없었을 것이다. 이 모든 것이 완전히 뒤바뀌어 일상생활에서 서로에 대한 엄격한 증거가 필요한 것이 오히려 예외적인 것이다. 그렇기 때문에 이제는 서약에 의존할 필요가 있으며, 모든 서약 속에 놓여 있는 자기굴욕을 기꺼이 감수하는 것은 죄인인 우리의 의무이다.

§22. 첨부된 가치

신앙이 없는 사람조차도 서약에 매우 진지한 가치를 부여한다. 코르트 판 드르 린던 내각에서도 의회에서 처음으로 서약 문제가 제기되었을 때, 정부가 일반적으로 서약의 이점을 계속해서 평가한다는 점을 분명히 밝혔다. 그러므로 서약을 하고 있는 증인의 입에서 아직도 수많은 거짓말이 나오고 있음을 부정할 수 없다. 우리는 주저 없이 무신론자는 이 점에서는 예외이며, '일상생활에서 하나님과 떨어져 산다'라고 공언하는 사람들조차도 법정에서 전지전능하신 하나님 앞에 그들이 해야 할 의무가 있음을 잘 알고 있음을 증언한다. 이것은 죽임이 눈앞에 보이는 난파선이나 전쟁터에서, 그리고 일상적 죽음에서 영구적으로 관찰되는데, 이는 서약의 문제에서 끊임없이 발생하는 같은 현상이다.

확실히 어떤 악당들은 경계를 늦추지 않고, 스스로 돈으로 매수되어 자기들이 전혀 알지 못하는 문제에 대해 거짓 증언을 한다. 그러나 이러한 악에 대해서도 성스러운 마음과 함께 냉철한 진지함으로 접근한다면, 아주 잘 방어할 수 있을 것이다. 어떤 남용과 씨름하더라도 법정 증언은 유무죄를 결정할 수 있으며, 비방과 중상모략을 고려하면서도 법정 증언이 서약으로 강화되고 정화된다는 것은 분명한 사실이다.

일반적으로 "품위 있는" 사람들은 진실을 말하고 하류층 남녀의 증언은 신뢰할 수 없기에, 전자는 서약을 면제할 수 있고 후자는 서약을 유지해야 한다는 생각은 순전히 귀족정치적 교만이다. 어느 정도 하류층에 무차별적 거짓말이 더 먼저 몰래 숨어 들어온다는 것은 인정할 수 있다. 그러나 사회 상류층에 이르기까지 개인이나 가족의 이해관계가 밀접하게 관련되면, 신사들뿐만 아니라 귀부인들도 거짓 진술에 빠지게 된다는 것은 논란의 여지가 없는 사실이다.

§23. 높은 지위와 낮은 지위

서약은 서민을 위해 남아 있어야 하지만 사회적 지위가 높은 사람은 '선언'으로 충분할 것이라는 생각은 완전히 잘못된 자료에 기반을 두고 있다. 1914년에 발발한 세계대전에 관해 가장 위대한 정치가들이, 의회와 거짓 증언이 인쇄된 신문에서 어떻게 공개적으로 서로를 비난했는지 생각해보라. 이것을 읽으면 마치 거짓 증언이 열등한 사람에게만 국한된 것이라고 즐겨 생각하는 것으로부터 저절로 입장을 바꾸게 된다. 그 자체로는 논쟁할 것이 없으나, 하나님의 이름으로 사람의 죄와 무죄를 심판할 재판관은, 심판을 위한 증언의 진실함을 가능한 최대한으로 입증할 수단을 가져야 한다. 모든 시대에 걸쳐 이 수단은 증인을 하나님의 얼굴 앞에 두는 것이었는데, 이것은 오직 서약에 의해서만 이루어질 수 있다. 남아있는 문제는 소환된 증인이 서약을 거부하는 경우 판사가 이 문제를 어떻게 처리할지이다.

여기 세 가지 방법이 있다. 첫째, 서약의 거부는 법으로 금지되며 처벌받을 수 있다. 둘째, 서약의 거부는 받아들여질 수 있고, 그 근거로 소환된 사람은 증언에서 면제될 수 있다. 또는 마지막 셋째, 서약하지 '않고도' 증언의 가치를 '충분히' 확보하기 위해 출구를 찾을 수 있다. 처음 두 생각 각각에 대해 간단히 설명하고, 세 번째 생각에 관해 더 자세히 설명하겠다. 서약에 대한 모든 이의와 관련하여 그것이 무신론에서 비롯되는 한, 서약 거부자에게는 예로부터 전혀 자비가 베풀어지지 않았다. 이는 무신론에는 존재 근거가 없다고 믿었기 때문이다.

§24. 비종교적 방해물들

고백과 관련된 이른바 '비종교적 방해물들'은 원래 엄격하게 해석되었지만, 현재 이 제도는 매컬리가 그토록 아름답게 주장한대로 유지될 수는 없어 모든 국가에서 점점 더 포기되었다. 그렇지만 포기가 반쯤 조롱하거나 고상한 무신론과 관련이 있는 곳에서 계속되어야 하는 것은 아니다. 특정

교회의 신앙고백에 의존하여 완전한 시민권을 부여하는 이전의 제도는 잘 알려진 칼빈주의 원칙과 정면으로 배치되는 것이며, 우리 편에서는 이에 전혀 찬성할 수 없다. 오히려 우리는 단호하고 절대적 의미에서 투쟁해야 한다.

또 다른 하나는 하나님을 믿지 않는다는 공개적인 선언이다. 국가 공동체 전체가 하나님의 주권적 성품에 의존한다면, 하나님의 존재를 부인하는 사람은 공동체 '전체'에 관한 것에 대해 그 공동체에서 자신을 배제하는 것이다. 만일 어떤 사람이 하나님에 대한 불신앙 때문에 시민권의 완전한 향유를 제한하는 것이 힘들지 않느냐고 묻는다면, 우리의 대답은 명확하다. 이른바 무신론은 사람들이 부여하는 그 분량을 오랫동안 소유하지 못하고 있다.

우리는 이미 난파선에서, 갑작스러운 죽음의 위험에서, 그리고 더 조용한 임종 속에서도, 그러한 모든 무신론이 끊임없이 자신을 부인하는 방법을 지적했다. 따라서 서약 거부를 처벌하는 것은 생각만큼 심각한 것은 아니겠지만 우리는 거기에 강력히 반대한다. 양심에 폭력을 가하는 것처럼 보이는 것은 가능한 한 항상 피해야 한다. 그것이 항상 가능하지 않다는 것이 최근 새로운 운동이 일어났을 때, 그리고 평화주의를 근거로 조금의 과장도 없이 소수 집단이 현역 입대를 거부했을 때 나타났다. 여기서도 비판적 "양심의 각성"이 일어났고, 판사는 이를 거부한 사람에게 주저하지 않고 선고를 내렸다. 따라서 정부가 개인적 유보를 피하는 것이 절대적으로 불가능한 사례가 더는 발생할 수 없다고 말해서는 안 된다. 그러나 여기에서는 그 규칙을 적용할 수 없는데, 조롱하는 사람이나 뻔뻔한 무신론자가 강제로 서약하는 것은 그의 증언의 가치를 높이는 것이 아니라 오히려 떨어뜨리기 때문이다. 법정에서 증인을 소환하는 목적은, 문제가 되는 상황에 대해 적절한 근거를 제공하는 데 도움이 되기 위한 것이다. 이 목적은 양심에 대한 강압 때문에 촉진되는 것이 아니라, 오히려 완전히 잃게 될 것이다. 강제 서약 하에 이루어진 모든 증언은 진지한 사람에게서 즉시 매우 심각한 반대를 불러일으킬 것이다. 오히려 시민권의 '완전한' 박탈이 무신론자에게 호의를 베푸는 것이 될 것이다.

　존재했던 사실에 대해서 증언하는 것을 저해하고, 심지어 방해하는 다른 원인이 있다. 나약한 마음, 불완전한 발전, 어리석음 등을 생각해보라. 따라서 많은 사람이 본질적 무신론자를 상대한다면 그의 증언의 호소를 완전히 포기하는 것에 찬성할 것이다. 세상 재판관만을 알고, 세상 재판관이 벌하지 않는 것은 자유롭게 행해도 된다고 결론내리는 사람은 이를 인정할 수 없다. 그러나 우리의 관점에서 이는 계속 이어진다. 우리는 세상 재판관의 형벌은 극히 불완전할 뿐이며, 진정한 징벌은 이 땅에서 양심과 삶의 고뇌에 있든 내세에서 심판으로 주어지든, 오직 하나님 편에서 온다는 것을 고백한다. 그러므로 세상 재판관에 의한 것 외에 다른 심판을 인정하지 않는 사람들은, 많은 죄악이 심지어 재판관의 통제 범위 밖에 있다는 부인할 수 없는 사실에 극도로 당혹스러워한다. 잘못된 생각에 따라 뒤에서 그의 판단을 한탄해야 하는 경우가 여러 번 있었다. 그리고 범죄자가 알려지지 않거나 자신을 추적할 수 없게 만들기 때문에 점점 더 많은 범죄가 판사에 의해 재판을 받을 수 없었다. 따라서 서약의 결함에 대한 두려움 때문만으로 증언의 기회가 포기되지 않아야 한다는 주장은 말이 될 수 없다.

§25. 위협적인 남용

　한편 증언의 기각이 처벌할 수 없는 서약 거부로 나아간다면, 이 새로운 제도가 증언을 회피하기 위하여 남용될 수 있을 것이라는 전혀 다른 반대 의견이 제기된다. 사람들은 공개적으로 증언하는 것이 유죄 판결을 받은 사람들에게 증오심을 불러일으키고, 따라서 대부분 소환된 증인은 그것을 떨쳐버리려고 할 것임을 알고 있다. 소환된 사람의 서약이 심각한 의심을 받고 선언에 따라 기각된다면, 특히 심각한 형사 사건에서 증언 거부는 의심할 여지없이 급격히 증가할 것이다. 바로 이 때문에 증언의 기각을 권고해서는 안 되는 것이다. 그리고 우리가 그렇게 하지 않는 이유는, 서약에 대해 그렇게 높게 제기된 반대가 진실한 것이라기보다 의도적으로 꾸며낸 것임이 점점 더 분명해지고 있기 때문이다.

특히 한 가지 사실이 여기에서 그 자체를 말해준다. 재세례파 교인은 누구든지 서약에서 제외된다. 이 교회의 교인이 되는 것은 전적으로 자유이며, 특정 고백을 받아들일 필요가 없기에 다른 교회의 반대자들은 단순히 이 교회로 넘어가는 것을 고려할 것이다. 그런 다음 그들은 모든 어려움에서 벗어날 것이다. 그러나 이런 일은 일어나지 않는다. 적어도 이 목적을 위한 개종에 대해 거의 알려진 바가 없다. 국가개혁교회에서 너무나 괴로워했던 사람들은 여전히 항론파에게로 넘어가지만, 메노나이트파로는 거의 가지 않는다. 이것은 갑자기 이 문제를 다시 제기한 잘 알려진 대법원의 판결 이후 절차상의 어려움이 거의 보고되지 않았다는 사실에 의해 확인된다. 그것들은 완전히 고립된 매우 소수의 사례이며 현재도 그렇게 남아있다. 그러므로 이와 관련하여 사람들의 머리를 뜨겁게 하는 것은 실천이 아니라, 오직 서약 이론일 뿐이다. 서약이란 하나님을 가리키면서 전지하신 하나님과 함께 공식적으로 법정에서, 다시 말하면 정부 앞에 있음을 고려하는 것이다. 사람들은 그것을 원하지 않는다. 그러므로 제3의 길만 열려있다. 사람들은 하나님의 이름으로 재판하는 재판관이 그것으로 평화를 얻을 수 있다는 보증을 얻기 위해 맹세할 수 없다고 말하는 사람에게서 방편을 찾는다.

§26. 출구

한편, 나중에 '선언'이 완전히 또는 부분적으로 사실이 아닌 것으로 판명되면 더 가혹한 처벌을 부과함으로써 충분한 확실성을 추구했다. 위증은 엄중하게 처벌된다. 이제 더 큰 위협으로 거짓 증언 시도를 차단할 수 없겠는가? 의심할 여지없이 이것은 분명히 한 번 이상의 재판에서 효과적이겠지만, 그 길을 걷는 것은 위증이 거짓 선언보다 덜 처벌될 것이라는 단순한 생각을 가져왔고, 이는 거룩함을 과소평가하게 만드는 것처럼 보였다. 그러므로 우리도 감히 그 과정을 권하고 싶지 않다.

심판은 반드시 하나님의 이름으로 이루어져야 하므로 모든 과정이 그분의 거룩한 임재 안에서 진행되어야 한다. 심판은 사람과 사람의 단순한 행위로 진행되어서는 안 된다. 모든 법정 진술의 거룩한 특성은 증인에 관해서도 존중되어야 하며 그렇게 지속되어야 한다. 바로 이러한 이유로 잘 알려진 바와 같이 로마 가톨릭 당과 기독-역사당을 막론하고 한 명 이상의 기독교 정치가와 불행하게도 반혁명당 측에서도 극소수가 서약과 선언의 법적 가치를 동일시하자는 반대 측의 제안에 거의 주저하지 않고 따랐는데, 이것을 완전히 설명할 수 없다. 더는 고민하지 않고 서약의 거부를 인정하고 선언(또는 약속)에 국한한다.

§27. 서약 보조인

더욱이 이 사건은 일부 반혁명당 정치가에게도 해당되었기에 경악을 금치 못하게 했다. 지난 세기에 이미 깊숙이 이곳에서 발생한 불편으로부터 스스로 구하기 위한 수단이 제안되었기 때문이다. 그들은 너무나 빨리 자유당의 조언을 따라 행하였고, 이것을 열정적으로 옹호했는데, 그것은 우리 쪽에서 취한 수단을 진지하게 시험해 보지도 않은 것이었다. 사람들은 그냥 단순하게 걸어갔다. 그것은 노를 불러 일으켰고 여전히 그러하다. 이러한 태도가 이제 조금이라도 바뀐 것은, 법무부 장관인 오르트(Ort)[70] 가 상원에서 이 제안을 제시했기 때문이다.

§28. 오르트 장관

그는 이 제안을 진지하게 받아들였고 '우리의 정강'의 핵심으로부터 이것을 해석했다. 그러면 문제가 잘 해결될 수 있지만, 실제로 사용하기에는 문제가 있다는 의견을 표명했다. 1915년 6월 17일자 "상원 일지"(Handelingen der Eerste Kamer)에서(392쪽) 이것은 다음과 같이 우리에게 보고되었다. 장관은 말했다. "정부가 위기에 처한 상황에서 무엇이 의무였는가? 보쉬 판 아우트 아멜리스베이르트(Bosch van Oud Amelisweerd)[71]는 서약 문제가 일시적일 것이라는 희망에 문제를 그대로 두었다고 말했다. 그러나 오늘의 상황은 그렇게 행하기에는 너무 심각했다." "카이퍼 씨가 지적한 대로 상황을 다시 연구하고 '우리의 정강'에 설명된 대로 지금까지 변호사들이 찾지 못한 몇 가지 해결책을 고려하고자, 그 책에서 무신론자를 위해 강제적 서약의 면제를 위해 어떤 절차가 필요한지 읽었다."

여기서 나는 다음과 같이 읽는다. "무신론자들, 즉 살아계신 하나님을 무조건 믿겠다고 선언하지 않은 사람들은 서약도 하지 않고, 세 번째 단락에 명시된 약속도 하지 않지만, 이 최초의 사람들과 함께 이런 식으로 진행해야 한다고 선언한다."

"첫째, 그런 사람은 그가 어떤 교단의 회원이 아님을 증명해야 한다. 결국, 하나님의 교회의 회원으로 남아있는 무신론자는 그 자체로 이미 자신이 부정직한 사람임을 보여준다. 둘째, 그는 서약을 거부하는 이유가 살아계신 하나님을 믿지 않는다는 사실 때문임을 서면으로 선언해야 할 것이다. 셋째, 그는 적어도 그가 정직하고 진실한 사람으로 아는 최소한 세 사람이 서명한 증명서를 제출해야 한다. 모든 무신론자는 이 증명서를 발급할 수 없고 정부에 거절할 권리가 있다고 판단된다. 넷째, 그는 그가 하려는 약속이 그가 만일 하나님을 믿을 때 그의 앞에 하는 서약과 같을 것이라고 서면으로 선언해야 한다. 그리고 다섯째, 그는 정부가 만족할 수 있도록 자신을 준비하여, 계류 중인 사건에서 요구하는 경우 평판이 좋은 사람이 이 무신론자의 진실성에 의심의 여지가 없다는 것 (이에 대해 똑같이 도전할 권리가 정부에 남아 있어야 하며, 관련자를 충분히 가까이 오랫동안 알고 있다는 것이 입증된 사람)을 선언하도록 해야 한다."

이 제안에 대해 폐하의 판단은 어떻게 되는가? 그는 이어 말한다. "의심할 여지없이 '이 계획은 매우 교묘하게 고안된 것이며 이에 대해 검증 가능한 보증이 제공됨을 부정할 수 없다.' 그러나 이에 따라 판사의 심리적 판단과 다른 평가를 받는 즉시 이 규정은 '그 소동으로 인해' 사실상 불가능해질 것이다. 그렇다면 그러한 기반으로 작성된 법안이 의회로부터 호의를 받을 가능성이 있다고 믿을 수 있는가?"

§29. 서약 보조인 제도

여기에서 저울을 정당하게 휘두르는 자유주의 법학자를 칭찬하는 것은 더 설명이 필요하지 않으나, 그 유보는 문제를 해결하지 못했다. 그리고 우리의 제안에는 정의의 신성함을 유지하면서도 동시에 서약을 거부한 자의 증언을 유용하게 사용하려면, 그것을 방해하는 성가심에서 탈출구가 발견되지 않았는지에 관한 질문이 수반되어야 했다. 이것은 1878년에 내가 설교단에서 정치로 막 넘어갔을 때, 우리가 아직 올바른 행동 방침을 정의할 자료를 갖고 있지 않다는 것을 관대하게 인정했기 때문에 더욱 그러했다. 따라서 우려의 감소는 충분히 상상할 수 있고 허용될 것이다.

우리의 제안은 무엇으로 요약되는가? 우리는 중세 시대에 유행했던 '서약 보조인'(Eedhelpers)을 소환했다. "서약 보조인"이라는 법률 제도의 특징은 그것이 게르만 기원이라는 사실에 있다. 그 결과 로마법이 점점 더 우리 법률 제도를 완전히 지배하기 시작했을 때 자동으로 무대 뒤로 사라졌다. 게르만법에서 이 제도는 또한 교회법에 존재했고 공감을 얻었다. 헤마이너 (Gemeiner) 박사와 힐덴브란트(Hildenbrand)[72] 박사는 모두 1841년과 1849년에 이 제도에 대해 로마 가톨릭 측에서 필요한 설명을 했다. 헤마이너 박사에 의해 1849년에 출판된 책은 "구 독일법의 서약 보조와 서약 보조인에 관하여"(Ueber eideshülfe und eideshelfer des älteren deutschen rechtes)[73]이며, 힐덴브란트 박사의 논문 제목은 "교회법적이고, 통속적인 증명의 날"(Die Purgatio canonica et vulgaris)이다.

공식적으로 이 서약 보조인은 요술사 또는 봉헌자라는 이름을 지녔으며, 민사 절차와 형사 절차 모두에서 서약한 사람을 지원하는 일을 했다. 그런 다음 그들은 서약 아래 증언했는데, 그들이 증인이나 당사자를 개인적으로 충분히 밀접하게 알고 있었고, 그의 증언이 사기로 이뤄지지 않는다는 것을 확인했다. 여기서 판사가 증인이나 당사자를 충분히 자세히 알지 못했다는 점을 고려하여 재판을 위해 서약 보조인은 그를 아주 잘 아는 사람으로 증언의 정직성을 보증했다. 이들은 대부분 7명이었다. 반면에 13세기 이후에는 서약 보조인들이 활동하지 않았는데, 교회법에 의해 로마법이 강화될수록 서약 보조인들은 감소했다. 물론 그들은 사건 자체에 대해 논평하지 않았다. 그들의 증언은 서약 아래 사람의 '신뢰성'을 보장하는 역할을 했다. 특히 '교회법적인 증명'(purgatio canonica)[74]으로 그들은 11세기 이후부터 결정적인 의미를 얻었다. 때때로 그들의 수는 12명으로 늘어났고, 지금도 이

교회법은 적용된다. 당시에는 7명의 혈족이 서약해야 했기 때문에 '일곱 손의 서약'(juramentum septimae manus)이라고 한다.

§30. 유사한 제도

서약 보조인 제도는 서약을 강화하기 위한 것이 아니라 그 신뢰성을 뒷받침하기 위한 것이었다. 따라서 예전과 완전히 같은 제도를 지금도 수행할 수 있다는 주장은 한동안 제기되지 않았다. 그것은 같은 제도가 아니라, '종류가 같은' 제도에 해당할 것이다. 그때나 지금이나 법정에서 진술을 듣다가 문제의 사람이 말하고, 증언한 내용이 진실과 일치하는지에 대한 의문이 생기면, 우리도 서약 보조인들을 등장시킴으로써 이 불확실성을 해소하고자 한다. 현재로서는 이 제도가 법무부 장관이 1915년 6월에 그의 첫 초안에서 제안한 것과 정확히 같은 목적을 가질 것이다. 이 제안은 완전히 진실만을 증언해야 한다는 의무를 회피하기 위해 서약 거부를 시도할 수 있음을 전제로 했다. 이에 대해 오르트 장관은 판사가 증인의 서약 거부에 대해 묵인할 합리적인 근거가 있는 정도를 독자적으로 판단할 권한과 그러한 의무를 가진다는 법률 조항에 의존했다.

당시 좌파와 우파 모두로부터 강력한 반대가 있었다. 서약 제도가 지속되는 한, 서약하기를 거부한 사람을 그 서약에서 그냥 면제해주는 것은 문제가 되지 않으며, 서약의 거부가 실제로 무신론에서 발생했는지 아니면 숨은 동기에서 발생했는지 확인하기 위해 도움을 받는 것이 여전히 바람직하다는 점은 인정되었다. 비록 사람들이 이 목적을 승인하고 어떤 보증에 관심을 보였어야 했다고 느꼈더라도, 사람들이 반대한 것은 모든 사건에서 판사가 다루기 어렵고 중요한 부분을 결정할 재량권을 가진다는 것이었다. 대부분의 경우 판사는 관련된 사람을 거의 알지 못하기에 그에 대해 매우 낯설다. 판사는 법정에 있는 사람에게서 받은 인상이나, 다른 사람들이 그에 대해 아는 정보에만 의존할 수 있었다. 그 정보는 완전히 자의적인 것처럼 보였다. 그러나 모든 면에서 결정적인 이유로 제안이 더 자세히 논의되지 않아 장관이 개정 과정에 그것을 완전히 취소했다면, 그것이 훨씬 덜 중요하다고 느낄 것이다. 그리고 오르트 장관이 두 번째 법안에서 제안한 것처럼, 소환된 증인이 서약할 것인지 거부할 것인지는 전적으로 소환된 증인 자신에게 달려 있다. 그래서 모든 확신이 사라졌고, 누구에게나 설명 없이도 서약을 피할 기회가 주어졌다.

§31. 1878년의 제안

이와 관련하여 1878년에 우리는 수정된 서약 보조인 제도를 해결책으로 제안했다. 첫 번째 이의가 제기된 법안에서는 소환된 사람이 믿음의 부족으로 서약을 할 수 없다는 주장의 진실성을 어느 정도 보장할 필요성을 인식하고 우리 측에서 제안한 바로 그 보증을 제공하기로 약속했다. 이 조사를 판사에게 맡긴 첫 번째 법안은 의도한 대로 우리의 제안과 상당히 일치했다. 초안과 우리의 제안 모두에서 신빙성에 대한 추가 증거가 필수불가결하다는 것이 인정되었다. 둘 사이의 차이점은 정부의 초안이 이 조사를 판사에게 맡기고, 우리 제안은 전혀 다른 규정이었다는 점뿐이다. 법안은 소환된 사람이 낯선 사람인 경우, 판사에게 그를 조사하도록 맡겼다. 반면에 우리의 제안에서는 적어도 그 사람을 오랫동안 밀접하게 안다고 여겨지는 세 사람에게 위탁해, 그에 대한 의견과 진술에 대해 추측할 수 있게 했다. 물론 후자가 훨씬 더 합리적이고, 판사의 평결이 스스로 제공할 수 없는 것을 주었다.

따라서 우리의 제안은 모든 면에서 권장되었다. 서약의 위엄은 그대로 남아있었으나, 재판도 하나님 앞에서처럼 온전히 지켜졌다. 양심적 병역 거부로 서약을 거부할 수밖에 없다고 생각했던 사람은, 그를 도울 수 있는 친구나 동료와 사전에 문제를 논의하고, 그의 주장이 참되며 진실하다는 것에 관해 그 지인들이 개인적인 확신을 제공함으로써 이 어려움에서 벗어나게 되었다. 이제 이 친구들이 그를 대신하여 행동했으며, 그의 증언이 진실하다는 것을 서약하고, 그들에게 증언했다. 나중에 속임수가 있었음이 밝혀지면 스스로 벌을 받을 위험이 있지만, 그 과정의 심각성은 포기하지 않을 것이며, 사람들 사이에서 믿을 수 있는 최고의 확실성을 얻을 것이다.

§32. 번거로움에 맞서

이에 우리는, 우리의 제안이 합리적이고 효과적일 수 있으며, 너무 많은 말로 자신을 비난하지 않는다면 추천할 가치가 있다는 자유당 오르트 장관의 의견에 전적으로 동의한다. 이에 대해 우리는 우선 이 주장이 매우 약하다는 점에 주목한다. 어떤 번거로운 조치가 자주 사용되는지, 의학적 심리적 불확실성과 관련되거나 혹은 다른 기술적 조사에서도 사실의 정확한 성격을 입증해야 하는 것처럼 조사한다면, 그것은 별로 경건하게 들리지 않는다. 거룩함에 대한 보증이 적용되는 곳에서 성가신 일을 조심하다니 말이다.

또한, 서약 보조인들의 그러한 도움을 즉시 호출해야 한다고 제안하지 않는다. 정부가 첫 번째 초안을 제출할 때 하원에 전달한 부록에서 알 수 있듯이 법원 사건에서 연간 1, 2건 이상의 사건이 발생하지 않는다. 그러한 경우의 발생은 예외이며 여전히 그렇다. 그러나 이것과는 별도로 그리고 이것에 대해서도 우리는 제안한 행동 과정을 정확히 따를 필요가 전혀 없음을 분명히 했다. 그것은 훨씬 더 간단할 수 있다. 서약에 대해 이의를 제기한 증인은, 그 이의에 대해 거부의 근거가 되는 사유를 규정된 형식을 따라 서면으로 진술하는 것으로 충분하다. 그리고 그는 서약 아래에서 자신이 완전히 신뢰할 만한 사람이라고 선언할 준비가 된 적어도 세 사람에게 진술을 요청할 수 있다. 이들이 그 사람을 충분히 알고 어느 정도 신뢰할 수 있다는 인상을 주었다는 것이 확인되지 않으면, 판사는 세 사람을 거절하거나 다른 사람으로 교체할 수 있다. 이것으로 모든 일이 완료된다. 보다시피 번거롭지 않고 오히려 형태가 단순하다.

§33. 긴급 구조법을 따르지 않다

우리는 형식을 떠나 원칙적으로 우리의 제안을 유지하기 위해 잠시도 주저하지 않는다. 그리고 더 이상 고민하지 않고 함께 자유당 체제에서 반혁명당 법학자들이 내 제안이 성공할 수 없거나 비실용적이라는 결정적인 증거를 제시하기를 항상 기대한다. 그러므로 우리는 서약 문제를 아무렇지도 않게 그리고 갑자기 기각하지 말고 최종 초안이 발표될 때까지 이 제도에 관한 결정을 나중으로 미룰 것을 항상 촉구했다.

이것은 중요한 문제에 대한 논쟁을 문제 자체의 신성한 특성이 요구하는 높은 위치로 끌어올리는 데 적합했다. 따라서 처리와 결정을 연기하는 것은 더욱 더 허용될 수 있다. 정부는 여전히 서약을 법정에서 추방하려는 의도에 대해 이질적이라고 계속해서 주장하고 있으며, 서약 이외의 진술로 선고를 받은 사람은 항상 그에게 완전한 정의가 이루어지지 않았다는 의심을 가지고 있기 때문이다. 그러므로 서약 문제에서 소환된 증인의 어려움을 그만 바라보고 모든 사람의 의무를 이해하며, 이 점에 대한 질문을 되살려 거짓 증언에 의해 무고한 사람을 정죄하는 것으로부터 보호하는 방법을 찾아야 한다고 촉구하는 것으로 충분할 수 없다.

덧붙여 간단히 말하자면, 이 질문은 비록 신앙이 없는 사람은 서약할 수 없지만, 그 이유로 서약 거부에 대한 실상을 판단하기 위해 검토권(toetsingsrecht)이 있어야 한다는 진술로 축약될 수 있다. 이로부터 이제 판사의 검토권은 여기에 적용될 수 없는데, 판사는 그것이 적용되는 사람을 잘 알지 못하기 때문에 그를 개인적으로 아는 사람들이 이 검토권을 위한 기관으로 행동해야 한다. 이를 통해 자신의 주장이 참되며 진실함에 대해 진술할 수 있다. 우리가 생각하기에 이 기관은 서약 보조인에게서 발견할 수 있다.

제14장

재정

§1. 국가 조직과 국영 기업

재정과 관련하여 우리는 "우리의 정강"에서 다뤄진 이 중요한 질문과 관련된 주요 내용을 계속해서 올바른 방향으로 변호할 것이기 때문에, 이 장에서 짧게 논하는 것으로 충분할 것이다. 이미 8장과 9장에서 시 단체와 지역의 이익, 그리고 공공 기관에 관한 재정적 문제에 대해 더 광범위하게 논의했다. 1878년 이후 우리나라의 공식 국가 생활에서도 당시에는 항의로만 머물 수 있었던 것이 인정되었다는 사실을 감사하게 받아들일 수 있다.

우리는 여기서 특별히 국가 기구에서 파생되는 재정 관리와 완전히 다른 성격을 지니는 국가 기업의 관리를 구분하려고 한다. 두 가지 관리 부분은 형태뿐만 아니라 원리적으로도 다르다. 두 번째 부분인 회사의 관리는 필요한 경우 완전히 사라질 수 있으며, 따라서 시 단체나 개인에게 맡겨질 수 있다는 의미에서 다르다. 반대로, 유기체로서의 국가의 특성에 의해 요구되는 매우 다른 재정 관리는 제국의 정부 관리에게 위임될 수밖에 없다. 현재로서는 적어도 국립인쇄소의 우편, 전신, 전화 제도 등에서 공식적으로 인정된다. 우리나라의 국가 예산은 순수한 기업이 분리되어 따로 정산되는 지경에 이르렀다. 그렇더라도 우리는 이것이 '기업'에 적용된다는 외적인 관찰에 만족해서는 안 된다.

또한 기업은 우리 국가 존재의 유기적 성격에서 비롯된 결과가 아님을 인식함으로, 이를 거부하는 방향에 대한 우리의 항거를 계속 유지해야 한다. 그러나 금융 분야에서 국가 측에서 일어난 모든 일은 초기 기간뿐만 아니라 정부와 '개별 시민들' 또는 독립된 개인 사이의 행위로 간주할 수 있다는 견해가 부정되어서는 안 된다. 이것은 먼 과거인 19세기뿐만 아니라, 오늘날에도 여전히 옹호되고 있다. 이는 도로의 통행료 문제에서 매우 강력하게 나타났다. 결국 통행료 체제는 국도 건설과 유지 보수에 대해 국가에 배상해야 하는 책임이 보행자가 아니라 오직 운전하는 사람에게만 있다는 견해에 기반을 두고 있었다. 일부 지방에서는 여전히 보행자도 통행료나 교량 사용료를 내야 하는 것이 사실이지만, 적어도 우리나라에서 정부는 국도에 대해 오래 전부터 더 이상 보행자에게 그런 통행료를 부과하지 않고 있다.

§2. 몽테스키외의 이론

이 견해의 근본적 결함은 정부가 개별 시민에게 재산과 소득의 소유와 향유를 보장하고, 그러한 원조를 제공하는 대가로 정당하게 봉사를 요구하는 권력으로 착각했다는 점이다. 특히 몽테스키외(Montesquieu)[75]는 당시 "보증이론"(assecurantietheorie)으로 불렸던 이 제도를 광범위하게 주장했다. 그 후 시민들은 자신의 재산이나 수입에 경비원을 어떻게 참여시킬지 모르는 위치에 놓이게 되었고, 둘 다 끊임없이 위험에 처했다. 그리고 이제 정부는 자신을 제시했다. 아니 오히려 정부가 많은 시민에 의해 함께 세워졌는데, 그렇지 않을 경우 정부는 완전히 부족했던 안전을 제공할 수 없었다.

정부는 특정 재산을 소유하거나 특정 소득이 있는 모든 사람에게 중요한 제도를 제공했다. 이를 확보하기 위해 정부는 제도를 제공하는 데 지출한 비용을 정부에 상환해야 한다. 더구나 자금 부족으로 인해 그 존재가 위태로워지지 않도록 정부 자체에 그러한 임금을 보장해야 한다. 그러나 이 모든 생각은 '사회계약'이라는 잘못된 가정에 기초하고 있으므로 청문회를 요청할 수 있는 변호인이 더 이상 없다고 가정할 수 있다. 그렇다고 해서 오래된 보상이론 그리고 보험제도의 이론적 근거가 비록 수정된 형태이기는 하지만 이른바 '손해배상'제도로 소생했다는 사실은 바뀌지 않았다. 차이점은 이 두 번째 체계가 시민들을 훨씬 더 엄격한 의미에서 순수한 개인으로 간주한다는 점뿐이다. 그러면 한 사람은 더 많은 혜택을 받고, 다른 사람은 정부의 보호를 덜 받는다.

자본을 소유하지 않은 사람에게 정부는 자동으로 안전하고 손상되지 않은 소유를 보장할 필요가 없다. 한 사람은 10길더 정도의 주급 외에는 전혀 가진 것이 없고, 다른 사람은 매년 금 1톤의 이자를 징수한다고 상상해 보자. 두 시민이 나란히 존재하는 국가는 첫 번째 임금 노동자를 보호할 수 없는데, 그가 보호받아야 할 것이 거의 없기 때문이다. 반면에 금을 몇 톤이나 소유한 사람은 조용히 소유하는 데 방해가 되지 않도록 보호막이 필요하다. 이에 따라 임금을 적게 받는 사람에게는 아무것도 청구할 수 없는 반면, 금 몇 톤을 가진 사람은 그에게 제공된 수고에 대한 비용과 수수료를 국가나 정부에 지급해야 할 의무가 있다고 추론하려고 했다.

그러나 이 보상이론은 국가가 개인적으로 독립된 사람들의 우연한 집합체일 뿐이라는 그릇된 생각에 기초하고 있었기 때문에 여론에서 잠깐 누렸던 호의를 유지할 수 없었다. 그것은 국민 생활의 유기적인 성격을 전적으로 오해하는 것이었다. 이 이론은 실제로 잘못된 것으로 판명되었다. 이것은 국민의 특정 부분만 부채를 지게 했다. 뿐만 아니라 한 시민이 국가로부터 개인적으로 누리는 것을 고정된 기준에 따라 계산하여, 공동 부담에서 각 시민의 정당한 몫을 계산하는 것은 곧 점점 더 불가능해졌다.

§3. 이중 정부 운영

보상이론은 개념의 과도한 혼란 속에 꽤 오랫동안 지속되었는데, 여기서 지적해야 할 것은 바로 이것이다. 정부는 국민의 이익을 위해 두 가지 종류의 활동을 수행한다. 두 가지 활동 중 정부의 특성과 관련하여, 하나는 가장 확실하고 자연스럽게 흐르지만, 다른 하나는 정부의 과업에서 마음 가는 대로 그리고 부수적으로만 흘러간다. 국경에서 수입을 통제하는 것을 모든 국경 마을에 맡길 수는 없다. 이러한 수입과 마찬가지로 수출도 우리나라와 이웃 국가와의 관계에 영향을 미친다. 따라서 시민들이 이익을 개별적으로 규제할 수 없다는 점에는 의문의 여지가 없다.

여기서 하나의 국가 정부는 모든 국민에 대해 권력을 갖는 역할을 해야 한다. 따라서 정부는 전체 주민의 유익과 이익을 위해 이행해야 하는 일련의 의무를 지고 있으며, 이는 소수 시민의 과업으로 축소될 수 없다. 이미 언급한 바와 같이 이것은 또한 육군과 해군, 국가 부채의 이자와 상환, 영공상 다른 지역들 사이의 식민지 소유, 그리고 외무성 등과 관련해 적용된다.

§4. 전혀 다른 종류

이 모든 일은 국가의 '일치'를 통해 '전체' 국민의 이익을 위하여 수행되어야 하는 과업이며, 또한 과거와 관련해서도 그렇다. 다른 한편, 필요하면 시민 스스로가 어떤 일을 감당할 수 있음에도 편의상 정부에게 맡기는 일은 완전히 다른 종류이다. 종교개혁 시대에도 서신과 문서는 사비로 보내는 경우가 많았다. 어떤 사람이 러시아에 간다는 소식을 들으면, 러시아에 가족이나 무역 관계가 있는 사람은 그러한 편지나 물품을 가지고 가 줄 것을 부탁했다. 편지와 물품과 관련한 상호 의사소통은 그 당시에 너무 부족하고 작아서 거의 헤아릴 수 없었다. 하지만 이것은 우편 체계의 부상으로 완전히 바뀌었다. 전신과 전화 제도가 곧 국가의 기능에 추가될 것이다.

물론 이러한 다양한 상호 교류 제도는 공동체의 사적인 사람에 의해서도 이루어질 수 있는데, 한 가지 이상의 의미에서 그렇게 되었다. 이것은 특히 철도에서 두드러진다. 벨기에와 독일에서는 정부가 철도를 제공했다. 반면 우리나라에서는 사적 성격을 지닌 여러 철도 회사가 개입했다. 그런데 이러한 민간 기업은 엄격한 법의 적용을 받아야 하며, 국가의 추가 규제로 인해 처벌을 피할 수 없다는 것이 우리에게 점점 더 분명해졌다. 이것은 1903년 철도 파업에서 가장 분명하게 나타났다. 그리고 이러한 민간 기업은 정부에 보험을 요구하여 수입이 더 이상 비용을 충당하지 못할 경우 정부가 개입하거나 전체를 인수할 것임을 보증하도록 했다. 여기서 이미 기업의 성격을 지닌 정부 업무가 다양한 특성을 띤다는 것을 볼 수 있다. 어떤 기업에는 국가가 실제로 개입할 필요가 없는 반면, 다른 기업에는 정부가 완전한 방법으로 관여할 수 있다. 각종 화물운송과 여객 교통은 여전히 방해받지 않는 사기업의 영역이다. 반면 우편은 더 이상 사기업이 되지 못한다.

§5. 고정 금액에 반대하다

그러나 기업의 특성을 가진 모든 국가 제도에는 일반적으로 누구든지 언제나 고정 가격을 지불한다. 우리는 우편으로 보내는 각 소포에 대해 우표로 지불한다. 마찬가지로 각 전보에 대해서도 직접 돈을 낸다. 철도가 정부의 손에 넘어가도 모든 여행자는 자신의 좌석에 대해 계속해서 비용을 지급하거나 정기권을 통해 지불한다. 따라서 이러한 모든 산업 제도의 특징은 누구든지 그것을 사용하지만, 사용하는 사람은 그에 대한 대가를 지급해야 한다는 것이다.

실제로 정부가 재화와 관련된 제도를 운영하는지와 상관없이 정부에 기회를 제공하는 것은 개별 시민이다. 그것을 사용하는 사람은 누구든지 자신의 몫에 대한 비용을 정부에 전액 지급하고, 그 기업은 일반적으로 정부에 추가 수입을 제공한다. 이것은 우편, 전보, 전화의 경우에 그렇다. 철도의 경우는 벨기에와 프로이센에서도 다르지 않다. 가스 공사, 수도 등에도 동일하게 적용되지만, 국가 정부가 아닌 시 의회가 이 사업에 관여하는 경우도 많다. 따라서 이것은 분명 구별되지만, '기업'의 성격은 남아있다.

그러나 기업의 성격을 띠는 모든 것을 완전히 옆으로 밀어 놓아도, 국가라는 본질에서 정부에 속해 끊임없이 확장되는 사업이 여전히 존재한다. 그리고 모든 기업적 사고를 버리고, 국가의 재정적 관여를 당연하게 여기는 것은 기본 과제에 속한다. 물론 정부가 기업 활동에 여러 면에서 자의적으로 개입할 여지가 있다. 잘 알려진 바와 같이 담배와 성냥 판매처럼 정부가 여러 기업을 독점하는 국가가 있는데, 이것은 시민의 편의를 위한 것이 아니라 오로지 정부의 이익을 위한 것이다. 이것은 국민의 자유로운 활동을 방해하므로 권장할 가치가 없다. 그렇다고 해도 그러한 독점은 여전히 지원 기업으로 남아있으며, 국가의 성격이나 국민의 민족적 존재로부터 결코 도출될 수 없다.

§6. 개인보다 정부가 뛰어나다

이로부터 국가 체제의 정부적 성격을 순수하게 유지하기 위해 그러한 모든 사업을 다시 민간 주도로 환원해야 한다는 결론이 나오는가? 어느 정도는 그렇다. 특히 부분적으로 기업으로 소개된 '국민학교'(Volksschool)의 경우, 국가의 전면적 개입에 대한 욕망이 어떤 잘못된 결과를 초래할 수 있는지 잘 보여주었다. 다른 한편 정부보다 민간이 사업을 더 잘 규제하고 주도할 수 있는 수많은 영역이 있다. 역사는 또한 계속되는 인구 증가와 함께, 정확히 말하면 인구의 더 빠른 증가 때문에, 수 세기 동안 완전히 사적 성격을 가졌던 모든 종류의 회사가 정부에 의해 독점되어야 했음을 보여준다.

여기에는 정해진 규칙이 없다. 여기에 있는 모든 개입은 그 자체로 판단되어야 한다. 학교는 점점 더 민간 부문으로 돌아가고 있다. 뿐만 아니라 우리의 식민지 관리에서도 민간이 점점 더 많은 주도권을 가지게 되었다. 국가재정을 다룰 때 이것이 개선되었는지 악화했는지의 여부는 항상 모든 대상을 고려해야 한다. 이러한 이유로 국유 기업을 유지해야 하는 경우가 많지만, 국유 기업은 국유 '기업'으로서 해결해야 하는 재정 문제에서 점점 더 분리되어야 한다.

정부가 사업에서 하는 일은 국민에게 부과된 염려를 대신하는 것인데, 민간이 주도할 때 이 모든 일을 정부만큼 빠르고 저렴하게 수행할 수 없다. 여기에는 어떤 선호도를 예측할 수 없다. 모든 시민이 한 가게 주인에서 다른 가게 주인으로 옮겨갈 수 있는 것처럼, 후자가 더 좋고 더 빠르고 저렴하다면, 국민도 자발적으로 민간 주도에서 공기업으로 넘어가는 것이 자신들에게 유익하다고 생각한다. 반면에 이것은 실제 국가 과제나 정부의 기본 소명에 영향을 미치지 않는다. 그 과업과 소명은 그 자체로 국가 체계에서 나온다.

국민의 본질은 집회에 모인 시민들이 사적으로 동의한 결과가 아니라, 수 세기 동안 계속되어 온 과거에 뿌리를 두고 있으며, 조상으로부터 다음 세대로 계속 재생산되는 공통의 본성에서 발생한다. 바로 이 때문에 다른 나라의 민족성과는 다른 성격이 항상 매우 독특한 방식으로 발전한다. 그것은 아직 요람에 있을지라도 새로 등장하는 세대에게서 작동한다. 그들의 본성은 그 자신의 의지가 아니라 전적으로 그의 조상으로부터 물려받은 것으로 보인다. 한 나라에서 10세 이상의 사람들이 갑자기 모두 죽는다고 생각해 보라. 그러할지라도 10년이나 20년 후 같은 시민으로 구성된 한 민족이 성장하게 될 것이다. 그 기원이 같기 때문이다. 국민 전체의 유기성은 대중의 본성과 성격을 지배한다. 이것은 특히 1914년과 그 이후의 세계대전 중에 다시 명백해졌다. 당시 분위기를 조성한 것은 소수의 개인이 아니었다. 한 국민이 다른 국민을 대적했고, 민족의 유기적 통합을 다시 한번 확인하기 위해 모든 정치적 차이는 무너졌다.

§7. 왕국의 축소

프랑스 혁명 원리는 재정적으로도 영향을 미쳤는데, 국가의 구성 부분에서 상대적인 독립성을 박탈하여 결국 국가 자체만 남게 만들었다. 이 혁명 원리의 영향을 받은 우리나라도 마찬가지였다. 결과적으로 시 단체와 지방의 재정은 국가재정보다 점점 더 불리한 상황에 놓이게 되었다.

시 단체 연합의 경우 1911년 모든 수입의 합계는 1,125만 길더에 불과했지만, 지출은 1,075만 길더였다. 차입금을 제외하면 같은 해 모든 시 단체의 예산은 1억 6,175만 길더였고, 이에 함께 1914년 국가 예산은 1억 7,300만 길더였다. 이에 비해, 1913년에는 2억 850만 길더였고, 2년 후에는 2억 3,950만 길더로 증가했다. 주마다 독립성을 유지한 스위스의 경우는 인구는 375만이었지만, 1911년 국가의 수입이 9,800만 스위스 프랑, 즉 4,750만 길더를 초과하지 않았음을 알 수 있다. 나머지는 주에서 제공했다. 1911년 미국에서는 연방 전체로 9,385만 달러의 일반 수입이 예상되었지만, 개별 주에서는 6억 2,000만 달러를 모았다. 1813년과 1815년에 이전 주권 지역이 이전 독립을 더 많이 유지하도록 허용된다면 우리나라의 국가 재정도 훨씬 더 낮아질 것이고, 반면에 지방은 완전히 다른 예산을 보여 줄 것이다.

정확히 말해 이 지역과 시 단체의 부분적으로 자치적인 성격은 프랑스 혁명 원리에 의해 영향을 받지 않았다. 프랑스에서는 모든 자율성이 깨지고 거의 소멸했다. 그리고 1813년과 1815년 우리나라에서도 주들이 왕국 통합에 반기를 들까 두려워 재정적으로도 모두 왕국의 감독 하에 놓이게 되었다. 1911년 11개 주를 위한 총 수령액인 1,125만 길더 중에서 문제를 실제적으로 해결하기 위하여 빌려준 돈이 250만 길더이고, 거의 500만 길더를 국가 부가세를 위하여 준비해야 했다. 그래서 사실 자체 재산과 세금 징수로부터 모든 주 정부를 위해 400만 길더가 남는데, 이는 주 정부의 자치라는 관점에서 보면 일종의 조롱이다.

§8. 직접세와 간접세

반면에 직접세와 간접세의 대립에 관해서는 프랑스 혁명이 주도적 지위를 잃어버렸다. 새로 등장한 제도의 절대적 요건은 기본적으로 단일 세금을 부과하고 모든 시민이 연간 소득에 비례하여 세금을 더 내는 것이다. 이것은 너무도 자연스러워 보였다. 지역 사회는 확실히 국가 행정과 국방을 위해 예산이 필요했다. 이 지역에서 시민은 구성원으로 간주되었다. 연간 소득이 있는 사람은 누구든지 그에 따라 납세해야 했다. 이상적으로는 모든 사람이 자신의 몫에 대해 자발적으로 이러한 비용을 제공해야 한다. 국가의 모든 재정적 필요는 자동으로 충족될 것이다. 그러나 이것은 어디까지나 실현 불가능한 유토피아라는 것이 금세 밝혀져, 이전과 같이 간접 징수가 계속되었다. 독일의 국가 재정을 제외하고, 지금도 독일의 몇몇 주들, 오스트리아, 영국, 프랑스, 러시아, 이탈리아, 거론되지 않은 작은 주에서는 간접세가 가장 큰 비중을 차지한다.

간접세에는 장단점이 있다. 그것은 자연스럽고 눈에 띄지 않게 일어나야 하며, 지급하고 싶든 그렇지 않든 전혀 자신의 힘으로 변경할 수 없다. 이는 소비세의 경우 두드러진다. 특히 외부에서 수입된 것은 자연스럽게 그러했다. 포도주, 모든 종류의 양주, 맥주, 담배, 커피, 차 등의 경우가 그에 해당되었다. 우리나라에서는 담배가 주로 무관세였지만, 일반적으로 외국에서 수입되거나 국내에서 제조된 그러한 사치품은 관세나 소비세의 영향을 받는다고 말할 수 있다. 우리가 이미 보았듯이, 우리가 식민지에서 아편에 대해 조치했던 것처럼, 특별히 프랑스에서는 그러한 물건들을 국가가 독점하는 방향으로까지 나아갔다. 이 나라의 시 단체에 대한 수입세(Octrooi)는 약간의 예외를 제외하고 폐지되었지만, 프랑스에서는 이러한 부과 수단조차도 널리 사용되었다. 1913년 우리의 소비세만 해도 거의 6,700만 길더에 달했는데, 이는 전체 예산의 4분의 1 이상을 차지한다. 반면에 모든 직접세는 5,275만 길더에 불과하다. 수출입 관세 등 1,700만 길더와 기타 간접비용 3,275만 길더를 추가하면 이미 전체 예산의 거의 절반을 차지한다.

그러나 사람들은 곧 우리의 예산이 주로 간접적인 세금 수입에 의존해 장기적으로 감당하기에는 너무 많이 증가하고 있다는 것을 확신하게 되었다. 너무나 높은 간접비용이 소비를 강하게 방해하여, 제조업자, 임금 노동자, 상점주인 모두가 고통을 겪는다는 것을 더 인식해야 했다. 따라서 소득에 대한 과세는 곧 피할 수 없게 되었다. 이때, 가장 낮은 계층의 소득만이 과세에서 면제되고 나머지 모든 계층의 시민이 소득에 비례하여 납세하게 되었다.

여기서 지적된 한계는 과세를 통한 국민소득의 연간 감소가 다른 수입의 더 강력한 증가로 상쇄되지 않는 한 그 해부터 자연스럽게 국부를 증가시킬 것이기 때문에 과세가 그 원천에서 소득 자체에 영향을 미쳐 국민의 생활력을 침해해서는 안 된다는 것이다. 문제는 각 시민의 실질 소득을 계속 추정하는 것이 쉽지 않다는 점이다. 이것이 그러한 세금의 부과를 왕국에서 시 의회로 이전하는 것을 선호하는 이유다. 시 의회에서는 가장 순수한 방법으로 서로의 소득을 추정한다.

§9. 개인 세금과 사업 세금

어떤 크기의 토지라도 매년 토지세를 내야 하며, 이는 그 소유자와는별개이다. 토지의 가치는 토지 그 자체에 있으며, 국가의 업무를 잘 규제함으로써 토지의 본질적 가치의 작지 않은 부분을 오르거나 내리게 하는 것은 정부의 몫이다. 가령 정부가 건설한 진입 도로가 자동으로 그 토지의 가치를 높이는 목적에 부합했다면, 교통로를 충분히 고려하고 수해에 대비하여 실행 가능한 조처를 취함으로써 그 땅의 금전적 가치를 높인 것이다. 그리고 그 자명한 사실은, 그 땅에서 자란 것의 수익금에서 정부에 대한 보상으로 매년 일정 금액을 지급해야 한다는 것이다.

이미 알려진 바와 같이 이스라엘에서는 소출의 10분의 1 이상이 구별되어 있었다. 토지가 소유자와 완전히 분리된 채 정부의 이러한 보살핌으로 이익을 얻는다는 그 사실은, 이 토지세가 매매할 때 비인격적으로 취급된다는 것을 의미한다. 구매자는 세금에 의해 나타나는 자본 가치보다 훨씬 적은 금액을 지급하려 한다. 세금은 실제로 더 낮은 구매 가격에 포함되며 덜 지불된 이자에 세금 합계가 포함되기 때문에 구매자는 결국 세금을 내지 않는다. 이것은 철도나 운하 건설로 땅의 가치가 높아지는 경우에 자연스럽게 바뀔 것이다. 따라서 토지세의 경우 항상 이를 고려해야 하며, 토지의 순수 가치가 상승하면 증가해야 한다. 소유자는 아무것도 하지 않았으나 그의 재산 가치가 상승하는 것을 보았으므로, 이것은 정당할 수 있고 공정하다.

가치 하락은 그 반대의 효과가 있다. 토지 재산과 같으며 특히 도시에서 건축물 재산과 다르지 않다. 주 의회는 지금까지 임대료가 1,000길더밖에 안 되던 집의 임대료를 1,500길더로 인상할 정도로 도시의 시세를 변경할 수 있다. 따라서 토지세와 사업세의 흔들리지 않는 체계는 이러한 감소와 증가를 고려하는 방식으로 조정되어야 한다. 당신의 집세를 1년에 1,000길더에서 1,500길더로 인상하는 것이 정부의 간섭일 뿐이라면, 그러한 재산에 대해 지급하는 세금도 인상되는 것이 공정하다. 또한 소비와 사치품은 일반적으로 사업세의 대상에 포함되는데 이는 누구든지 그러한 모든 물건을 포기하거나 전유할 수 있는 권한이 있기 때문이다.

반면에 자본, 소득세, 재산세, 사업세 등으로 부과되는 개인 비용은 성격이 완전히 다르다. 여기서는 개인이 겉으로 드러나는 소득을 처리해야 하지만, 그가 나라를 떠나거나 죽으면 그 성격이 바뀐다. 개인의 재산은 상속받았거나 개인 사업을 통해 취득한 것에 달려 있다. 그는 자신이 수집하거나 소유한 것에 대한 주인이며, 그만이 그것을 통제하실 수 있다. 정부는 그의 소유나 재산을 보호하기 위한 모든 정보를 그에게 제공한다. 그러므로 정부의 보살핌 덕분에 이 자본 또는 수입으로 사회적 행동을 가능하게 하는 것이 국가의 일반적 상황이다.

정부의 보살핌이 없어지는 경우 개인의 재산이 태양 아래의 눈처럼 줄어들 것으로 생각된다면, 정부가 재산을 지켜주는 것에 대해 세금 형태로 보상하는 것이 법과 형평성에 부합한다. 이 세금은 백분율에 따라 계산되며 위로 올라간다. 그리고 후자는 부유한 자산가가 더 많은 세금을 납부할 수 있음을 고려해서가 아니라, 막대한 소득원을 위해 정부의 지배권이 더 높은 가치를 가지기 때문이다. 정부는 재산이나 소득의 액수에 따라서 광범위할 뿐만 아니라, 집약적으로 더 큰 자본이나 소득을 보장하기 위해 훨씬 중대한 조치를 취할 수 있다.

1만 길더의 소득을 확보하기 위해서는 주당 10길더의 소득을 보장하는 것보다 훨씬 더 많은 정부의 조치가 필요하다. 물론 재산과 소득을 정확하게 추정하는 데 큰 어려움이 남아있다. 수전노가 종종 보여주는 것처럼 몰래 저금하는 것은 매우 심각한 약점을 가지고 있다. 11세 소년이 아버지가 매년 모으고 있는 돈을 이미 정확히 알고 있다면, 가정에 부담이 되고 양육에도 해로운 영향을 미칠 수 있다. 이 일시적인 안개 속에는 확실히 선을 위해 영향을 미칠 힘이 존재한다.

일반적으로 중앙 정부는 재정정책에서 신중하고 겸손하게 일을 진행해야 할 의무가 있다는 사실을 추가로 말해야 한다. 세금 납부 기간이 생활의 실용성에 부합하도록 주의를 기울여야 한다. 정부가 세금에 대해 말하는 어조가 너무 엄격하거나 위협적이어서는 안 된다. 징수비용은 가능한 한 최소화해야 한다. 비록 세금이 지위에 절대적으로 비례하여 부과된다는 이상은 결코 달성될 수 없는 것이지만, 정부는 엄격하고 정확한 균형을 목표로 하며, 정의에 부합하지 않는다는 증거를 제시하는 모든 불만에 대해 열린 귀를 가지고 있음을 시민으로 하여금 느끼게 해야 한다. 이러한 이유로 예산 결정은 항상 의회의 권한에 속해야 한다. 어떤 국민도 이에 관한 결정을 내릴 수 있는 권리를 박탈당해서는 안 된다. 전체 헌법 체계는 반드시 이 권리의 집행을 보장해야 한다.

§10. 세율

우리 시대에 더욱 효과적인 수입 세율을 얻는 가장 적합한 방법은 여기에서 논의할 수 없다. 이것은 상황이 변화함에 따라 매우 다른 방식으로 해결될 전략의 문제이다. 1878년부터 우리 당은 관세 인상을 전면에 내세우기 시작했고, 마침내 그것을 선거 공약에 포함시키기 시작했다. 처음에는 이것이 중요하지 않았다. 우리 당이 선거 시에 관세 인상을 심각하게 받아들였음에도 불구하고, 1901년에 우리는 상당한 승리를 거두었다. 1905년에 좌파 진영은 관세 인상에 맞서 싸웠다. 이것은 1909년에도 그대로 유지되었는데, 그때 우리는 선거 공약에서 관세라는 안장으로부터 자유당을 다시 한번 들어 올렸다. 1913년의 선거에서만 좌파는 관세를 우리에 대한 주요 무기로 사용했다. 그들은 수입이 위협을 받는 외국 공급업체로부터 많은 돈을 지원받아 행동을 취했고, 결국 우리가 패배했다.

이것은 지금부터 계산된다. 실제로 우리가 선거 전략에 관세 인상을 다시 포함시킬 경우, 관세 인상에 반대한 동일한 행동이(1913년에 시작되어 성공한) 즉시 반복될 위험이 있었다. 따라서 1913년의 경험 이후 그 방법을 변경하는 것이 좋다는 조언이 있었다. 관세 인상을 지금부터 갑자기 하는 것이 아니라 부분적으로, 그리고 그 영역에서 주도권을 다시 가지게 되면 시작하는 것이다. 자유당 내각도 관세 수입을 늘렸다. 지금으로부터 30년 전인 1885년에는 수출입 관세가 500만 길더에 불과했으나, 그 이후로 1,725만 길더로 증가했다. 그해에 인구는 450만에서 625만으로 증가한 반면에 소득은 500만 길더에서 1,700만 길더로 증가한 것을 볼 때, 비례적으로도 상당한 증가가 있었다는 것은 분명하다.

그러나 여기서 더 논의할 필요는 없다. 선거 전략은 여기에 적용되며, 선거에서 먼저 결정을 내릴 수 있다. 1913년 콜크만(Kolkman)[76]의 등장이 우리의 분위기를 바꿨다는 주장조차 말이 되지 않는다. 1909년에는 하르터 판 테클런부르흐(Harte van Tecklenburg)[77] 전 장관의 거의 동일한 계획이 그들 앞에 있었지만, 이것이 우리가 1909년에 선거에서 거둔 화려한 성공을 결코 방해하지 않았다. 그러나 1913년에 외국 공급업체들이 깨어났다. 그들이 돈을 퍼

부었다. 그들은 이 돈으로 우리를 죽였다. 이제 이러한 공급업체가 시험에 성공했기 때문에, 같은 방식으로 계속해서 우리를 공격할 것이라는 데 의심의 여지가 없다.

§11. 우리에게 혼재된 의견

세율 자체와 관련해 우리나라에는 원활한 자유 무역에 대한 규칙이 없다. 맥주 50퍼센트, 설탕 제품 25퍼센트, 담배 10퍼센트, 카펫과 같은 일부 품목에는 동일한 정도의 매우 높은 수입 관세가 부과되지만, 이것들은 예외이다. 전반적으로 현재 부과되는 금액은 전혀 없거나, 매우 미미하다. 외부에서 네덜란드는 여전히 자유 무역 국가에 포함되는 영광을 누리고 있다.

여기에는 고정된 행동 규칙이 설정될 수 없으며, 우리가 공언하는 원리에서 도출될 수 없다. 우리가 지금 부과하고 있는 것조차 폐지하고 싶은 충동이 압도적이 되는 날이 올지도 모른다. 수입 관세는 거의 모든 국가에서 항상 부과되었으며, 지금도 여전히 부과되고 있음을 인정하면 된다. 자신의 상품을 판매하기 위해 우리 시장으로 온 사람은 누구든지 자신의 이익에 대한 보상을 지급해야 한다고 법률에 따라 주장할 수 있다. 그가 여기서 행하는 판매도 우리 헌법 전체의 보호 아래 이루어지기 때문에, 그가 우리 정부의 지출에 대해 지불하는 것 또한 부당한 것이 아니라고 할 수 있다.

이 지배적인 생각은 오늘날에도 여전히 널리 실행되고 있는데, 심지어 영국에서도 그러하다. 영국이 자유 무역 국가라고 불리는 이유는, 해외로부터 수입품을 과도하게 탐닉했기 때문이 아니라, 자체적으로 생산되지 않는 것에 대해 부분적으로는 아주 독특한 방식으로 세율을 부과하고, 부분적으로 매우 높은 소비세 관세로 전환했다는 사실에 있다. 이제 전쟁 기간을 피하려고 1913년에 영국이 관세 3,620만 7,793파운드와, 소비세 4,115만 9,574파운드를 부과했음을 주목해야 한다. 4,600만 명이 넘는 인구에 대해 합계 7,650만 파운드가 된다. 1915년에는 전쟁으로 인해 관세가 상당히 인상되었는데, 다른 나라보다 더 높았다.

이제 다른 국가에 대한 통계 자료를 참고하면 모든 큰 국가가 관세를 광범위하게 설정하는 경향이 있으며, '우리'와 더 잘 비교될 수 있는 작은 국가도 마찬가지로 그렇게 하는 것을 알 수 있다. 벨기에의 1913년 예산은 인구 750만 명에 대해 672만 5,000프랑의 수입으로 계산되었다. 스위스는 이미 1911년에 인구 375만 명에 대해 거의 8,100만 프랑을 모았다. 스웨덴의 경우 1914년 통계에서 관세와 소비세를 합해 1억 1,100만 크로네이다. 1크로네는 39센트로 계산되며, 스웨덴의 인구는 약 600만 명이다. 단 하나의 국가도 예외 없이 모든 소규모 국가가 그렇다. 미국에서든, 유럽에서든 아시아에서든, 아프리카에서든, 어디에서나 높은 세율이 부과된다. 사실 네덜란드는 다소 심각한 성격의 인상이 여전히 투쟁 중인 유일한 작은 국가이다. 우리나라의 자유 무역 체제 지지자들은, 네덜란드가 원칙적으로 전 세계가 항상 따랐고 지금도 따르고 있는 규칙에서 벗어나야 한다는 것을 입증할 확고한 의무가 있다고 주장한다. 원칙적으로 그들은 이것을 할 수 없으며, 거기에 그들의 약점이 있다.

§12. 세계 제국

앞으로 확실히 모든 통행료가 제거되고 전 세계, 모든 국가, 인류 전체에 걸쳐 모든 상품의 자유로운 이동이 허용될 것이다. 그것은 모든 국가에서 동일할 것이며, 그 결과는 모든 곳에서 느껴질 것이다. 광산, 농업, 제조업이 풍부한 생산국은 무역으로 넘쳐나 더 부유해질 것이며, 반대로 지하에 아무것도 없고 땅 위에도 거의 없는 나라는 생산도 더 많이 줄어 빈곤해질 것이다. 따라서 세계 제국의 개념은 금융 영역에서 극단으로 치닫게 될 것이며, 물질적으로 유리하거나 불리한 관계가 여러 민족과 국가의 운명을 결정할 것이다.

물질적 출발점에 반하여 국가들은 자기 생존을 위해 끊임없이 저항했다. 부분적으로는 수입을 늘리고, 부분적으로는 자체 생산과 제조 기회를 보장하기 위해 국경에 통행료를 부과하고 수입 관세를 부과했다. 영국도 19세기 초반에 그렇게 했으며, 해외 재산과 강력한 해군 덕분에 점차 세계에서 지배적 지위를 차지하게 되었다. 그러자 스스로 생산한 모든 것을 다른 곳에서 수입하는 것을 허용했으며, 적어도 소비세가 아닌 세금은 매기지 않았다. 그 덕분에 일시적으로 비할 데 없는 성공을 거뒀다. 그러나 이 또한 바뀌었다. 보수당은 돌아서서 이전 세율을 복원하는 것을 목표로 삼았고, 전쟁 기간에는 자유당도 이에 따라갔다. 영국이 처음으로 돌아섰을 때 경제학자들은 우리나라에서도 마음을 바꿨고, 계속해서 관세를 낮추는 데 성공했다.

이것이 공장 노동자들의 독일 이주를 눈에 띄게 촉진시켰다. 이전에는 독일에 거주하는 네덜란드인의 수가 3만 명을 넘지 않았지만, 1910년에는 14만 4,175명에 이르렀다. 그 결과 네덜란드는 이민 목록에서 2위를 차지했다. 오스트리아는 독일에 625만 명의 자국인을 보낸 반면, 우리는 거의 14만 5,000명이 되었다. 인구에 비례해 볼 때, 네덜란드가 오스트리아를 이겼다. 이들 대부분은 일자리를 찾기 위해 네덜란드에서 독일로 이동했다. 따라서 이전과 반대가 되었다. 이전에는 독일인들이 일자리를 찾아 이곳에 왔지만, 지금은 반대로 수줍은 네덜란드 사람들이 임금을 받기 위해 독일에서 일자리를 찾기 시작했다. 경제적으로 그것은 벨기에와 정확히 같기 때문에 더욱 강조되는 것이다. 1910년 통계에 따르면 7만 명 이상의 네덜란드인이 네덜란드에서 벨기에로 갔지만, 네덜란드로 온 벨기에인의 수는 1만 8,338명을 넘지 않았다. 벨기에의 인구는 약 750만 명이었고 우리는 600만 명에 불과했지만, 네덜란드로 온 벨기에인보다 3배 이상 많은 네덜란드인이 벨기에로 건너간 것이다.

§13. 당분간은 상상도 할 수 없는 절대 체제

주어진 상황에서 우리의 자유 무역 체제를 어떤 식으로든 지속하는 것이 정당화될 수 없다고 무조건 확신해도 된다. 우리가 늘 그래왔듯이 그러한 체제 자체가 일반적으로 받아들여진다면 생각하고 수용할 수 있다는 사실이 인정되더라도, 사실 그대로 말하자면, 그것을 의도하는 사람들의 소원은 결코 받아들여질 수 없다. 국가 수입은 우리가 현 체제를 통해 포기하는 천만 이상을 잃을 만큼 그렇게 남아돌 정도로 넘치지 않는다. 자명한 것은 특히 그것이 손해 보험과 '자유 무역' 사이에 있을 때, 우리가 여기에 도입된 예외 제도에 대해 그렇게 구체적이고 강력하게 표현된 관심을 포기해서는 안 된다는 것이다.

이 외에도 너무 자유로운 수입은 모든 면에서 우리가 필요로 하고 여기에서 아주 잘 공급될 수 있는 매우 많은 양의 상품이 해외에서 우리에게 온다는 것을 의미한다. 그 결과 외국인은 금전적 이익을 얻고 여기에서 각종 물건을 제조한다. 그렇지 않을 경우, 많은 일자리를 찾았을 수많은 노동자가 실업 때문에 국경을 넘어야 한다. 그래서 그들은 독일 공장을 위해 독일에서 제조를 시작한다. 만일 외국 상품이 가격을 내리는 방식을 통해 여기 이 나라에서 모든 경쟁을 차단하지 않았다면, 제조업체들이 자기 나라에서 우리 자신의 공장을 위해 훨씬 더 정상적으로 준비할 수 있었을 것이었다. 이제 이 나라에서 산업이 자유주의의 재정 과 경제 체제에 순응했다. 그 결과 특히 오버레이설(Overijsel)에서 자체 산업이 꽃을 피웠고, 특히 동인도에서 탁월한 사업이 이루어졌다.

이것은 이상한 일이 아니다. 이것은 항상 이런 식으로 진행된다. 영국은 관세를 매기는 지역을 바꾸면서 어떻게 아일랜드를 그 전환의 희생자로 삼았는지, 그리고 영국의 경제 호황 아래에서 인도뿐만 아니라 아일랜드가 문자 그대로 어떻게 빈곤하게 되었는지를 보여주었다. 우리 업계가 새롭게 부상하는 상황에 희소한 힘을 통해 적응했다고 해도, 이것은 당시에는 별로 도움이 되지 않는 위안에 불과했다. 우리나라가 독일에서 의복과 담요와 온갖 생필품을 제공받으면서 중국과 일본을 돌보는 것은 불가능한 상황이었고, 지금도 마찬가지이다. '질서정연한 자선은 자신으로부터 시작된다.' 그리고 산업과 상업도 마찬가지이다.

네덜란드는 다른 나라들이 여기에서 하는 일에 의해 자신이 결정되도록 허용해서는 안 되며, 무엇보다도 먼저 네덜란드 자체의 필수품을 제공할 수 있어야 한다. 현재는 이 지역의 거의 모든 것이 무시된 상태이다. 우리 노동자들의 산업 교육을 위해 거의 아무 일도 하지 않았다. 공예학교도 교직원이 너무 적어 만족스러운 수익을 내지 못했다. 독일이 이미 오랫동안 많은 도시에서 소유했던 것을 1904년에 하를렘(Haarlem)에서 발견하려는 시도가 있었을 때, 자유 무역의 동맹들조차 그 일에 이의를 제기했다. 이제 무역학교와 함께 로테르담에서 이 위대한 목표를 위한 첫 번째 단계가 마침내 이루어졌다. 그러나 나머지 모든 영역에서 우리를 뒤떨어지게 한 것은 여전히 자유 무역에 대한 거짓된 사랑이다.

제15장

공적 예의

§1. 수치심과 예의

지구상에서 인간 생애의 첫 번째와 두 번째 기간이 시작될 때 '수치심'이 작용했다. 첫 번째는 아담과 하와, 두 번째는 노아이다. 물론 아담과 하와는 모두 벌거벗은 상태로 창조되었고, 옷을 입지 않은 채로 낙원에 있었다. 완전한 순진함이 그들 안에 있는 죄성을 억압하는 한, 그들에게는 부끄러운 감정이 생길 수 없었다. 그러나 그들의 영혼이 하나님과 분리되는 상태가 되자 수치심이 생겼다. 우리는 창세기 3장 6절에서 그들이 금지된 나무의 열매를 먹었으며, 그 직후 7절에서 자기들의 벌거벗음을 가리기 위해 무화과나무 잎사귀로 앞치마를 만들었음을 알게 된다. 그리고 하나님께서 수치를 가리는 다른 방식을 제공하셨다는 사실이 창세기 3장 21절에 나타난다. 여기서 하나님은 아담과 그의 아내를 위하여 동물의 가죽옷을 지어 입히셨다. 여기에는 두 가지 의미가 있다. 한편으로는 부끄러운 감정이 일어났다는 것이며, 다른 한편으로는 몸의 부끄러운 부분을 덮는 하나님의 규례가 있었다는 것이다.

이와 관련하여 주목할 만한 것은, 대홍수 이후의 노아 시대를 기점으로 하는 인간의 두 번째 시기 역시 부끄러움과 관련되었다는 것이다. 창세기 9장 20-21절에서 우리는 다음을 알 수 있다. "노아는, 처음으로 밭을 가는 사람이 되어서, 포도나무를 심었다. 한번은 노아가 포도주를 마시고 취하여, 자기 장막 안에서 아무것도 덮지 않고, 벌거벗은 채로 누워 있었다"(새번역). 노아가 누운 장소는 종종 묘사되는 것처럼 들판이 아니라 그의 천막이었다. 함은 이것을 먼저 알아차리고 그의 형제들에게 알렸다. 그러나 셈과

야벳은 "그 아버지의 벌거벗은 몸을 가리고" 아버지의 하체를 보지 않기 위해 얼굴을 뒤로 돌렸다. 깨어난 노아가 이것을 깨닫자 일반은총의 기간이 예언적으로 시작되었다. 함에게는 저주가 내려지고, 셈에게는 복이 내려지며, 야벳은 셈의 복에 참여하게 된다.

정욕과 도취라는 두 가지 강력한 죄의 요소가 소개되는데, 첫 번째는 낙원에서 타락할 때, 두 번째는 대홍수 이후에 가장 중요한 의미가 있다. 포도주나 독주를 대홍수 이전에도 마셨는지 아닌지는 그대로 두자. 사실 홍수 이전 시대에는 온갖 공포가 만연했지만 취하게 할 수 있는 것에 관한 말은 한마디도 나오지 않는다. 따라서 이것은 사람들이 홍수 이전에도 포도를 먹었지만 포도주를 만드는 일은 홍수 이후에 일어났을 가능성을 전제로 한다. 그러나 관찰된 바에 따르면 대홍수 이후와 같이 낙원에서도 인간 삶의 두 가지 시작에서 수치심은 주된 신호를 나타내고, 수치를 모르는 것은 하나님의 진노를 도발한다. 따라서 정부가 하나님의 종이라면 공적 생활에서 부끄러움을 모르는 일을 멈추게 하라는 부름을 받은 것이고, 따라서 공적 생활에서 예의를 지키게 하는 것이 정부의 임무가 되었다.

§2. 사적 삶과 공적 삶

낙원에서 아담과 하와, 둘뿐이었을 때 이미 동물의 가죽으로 옷을 입었다는 것은 놀라운 일이다. 따라서 수치심은 남성과 여성의 사회로 확대되었다. 여기서 동물은 예외로 해야 한다. 부끄러움이 너무 커져서 남녀 사이, 따라서 가족 전체에서나 심지어 가장 친밀한 남녀관계에서도 어느 정도의 부끄러움을 모든 인간 생활의 요구사항으로 부과하므로 특히 공적 생활에서 알몸으로 부끄러움을 자극하는 모든 것은 은폐를 요구한다. 그리고 길에서나 거리에서, 창문과 열린 문 앞에서의 생활에서 이러한 수치심이 절대적 지배권을 주장하기 때문에, 정부가 공적 삶의 수호자로서 이 모든 뻔뻔한 일을 금지하고 처벌하는 것은 너무나 당연하다. 정부는 이것을 "공공의 예의를 위한" 보호라고 말한다.

여기서 즉시 삶의 두 영역 사이의 심오한 차이가 전면에 드러난다. 즉

'사적'인 삶이 있고 '공적'인 삶이 있다. 우선, 우리는 실내와 폐쇄된 집에서 생활하지만, 다른 한편 모든 사람에게 열려있는 공적 영역도 있다. 이러한 구별과 관련하여 정부는 첫째 영역에서 물러나야 하지만, 다른 둘째 영역에서 모두가 정부의 의지에 복종해야 한다는 사실을 항상 염두에 두어야 한다. 영어 표현인 '내 집은 내 성이다'(My home is my castle.)는 절대 과장된 것이 아니지만, 수치스러운 것과 예의에 관해서는 분명하게 말해야 한다. 집안은 가장이 책임지고 밖은 정부가 책임진다.

또한 동시에 주의해야 할 점은, 외부에 있는 것이 가정생활에 대한 통찰을 제공한다는 사실이다. 가정을 벗어난 사람이 원하는 대로 자유롭게 접근할 수 있는 모든 방이나 집은 공공 영역에 해당한다. 로마서 13장 1절 이하에서 하나님께서 제정하신 권세와 행정관이 하나님의 종이라는 사실을 사도와 함께 고백하고 생각할 때, 하나님을 위하여 그리고 그분의 규례에 순종하여 공공의 예의를 지키는 것이 계속되어야 한다.

§3. 간음

우리는 의도적으로 음행뿐만 아니라 '간음'에 대해서도 말하는데, 죄의 수치를 숨기기 위한 프랑스어인 '매춘'(prostitutie)도 마찬가지이다. 정부가 공공 영역에서 막아야 할 것은 모든 음란한 노출 혹은 행위이다. 노출과 관련해서 가장 먼저 고려되는 것은, 부분을 노출하는 음란한 의상이다. 여기에는 거리에서 여성의 가슴이 일부 노출되는 것, 치마의 길이가 짧거나 치마의 일부가 갈라지는 것, 강한 장력의 로브로 여성의 몸을 감싸 매력적인 형태를 최대한 강하게 부각시키는 것 등이 있다. 이러한 의상이 이전에는 우리에게 자연스러운 것이 아니었지만, 최근에는 우리 도시에서 점점 더 뻔뻔한 모습을 취하고 있다.

이 점에서 유행의상의 힘은 무엇보다도 악이 그토록 빠르게 퍼지게 만드는데, 더욱이 파리의 유행 의상은 악을 교화하지 않으면서 오히려 매우 성가신 방법으로 악을 조장한다. 여기에는 부끄러움이 줄어든다. 잠시 후 미술계의 전시로 인한 피해를 설명할 것이다. 따라서 예술은 여기서 논의하지 않겠다. 여기서는 거리 매춘에서 너무나 강력하게 드러난 음란한 행위를 강조하는 것이 훨씬 더 중요하다.

이것을 두 가지 형태로 살펴보겠다. 한 가지 형태는 직접 거리 매춘이고, 다른 하나의 형태는 홍등가에서 나오는 유혹물이다. 피어슨 씨의 적극적 행동 덕분에 이 악이 점차 줄어들었다는 것은 부정할 수 없다. 신사들과 젊은이들이 공공 거리에서 그토록 강력한 유혹에 이끌리고 반쯤 취하는 행태가 줄었다. 그러나 그것이 사라지지는 않았다. 경찰은 그런 종류의 어떤 것도 용납해서는 안 된다. 매춘 업소는 창녀를 미끼로 문에 세워두거나, 창녀가 자신을 드러내는 투명한 커튼을 사용하여 조명이 있는 방으로 유혹함으로써 많은 수익을 올렸다. 특히 이른바 '방문 성매매'가 추천되었는데, 선술집이 이것을 덜 위험한 것으로 이해하고 따랐다. 다행스럽게도 우리나라에서 이뤄진 방문 성매매의 폐지와 함께 이 사악한 악도 누그러졌다. 음행이 그 유혹물을 상실했다고 믿지는 않지만 말이다. 공공의 예의에 관한 관심은 계속되어야 한다. 몰래 그리고 은밀하게 음행을 저지르고자 하는 자는 하나님 앞에서 스스로 책임져야 한다. 반면에 하나님의 종인 정부는 '공개적' 음행이 무엇으로 암시되든 간에 그 소명을 잠시라도 잊지 말고 가서 싸워야 한다.

§4. 경찰

무엇보다 경계해야 할 악은 경찰과 매춘의 불순한 관계다. 매춘 업소 주인과 사적 창녀는 경찰과의 기밀 유지에 관심이 있었다. 경찰은 무슨 일이 일어나고 있는지 모르는 척했으며, 매춘 업소 주인은 지갑을 너무 꽉 쥐지 않은 채 음탕한 경찰관이 그의 여성들에게 자유롭게 접근할 수 있도록 했다. 방문 성매매가 계속되고 악이 돈을 가져오는 한 악행은 계속될 수밖에 없었다. 특히 악은 뿌리와 가지를 근절해야 한다. 경찰의 모든 국장과 경찰관은 이와 관련하여 약간의 오해가 있어도 직무 해제로 처벌될 수 있음을 알아야 한다.

개인적이고 엄격히 가정적인 음행은 정부의 감독과 임무 범위에 속하지 않는다. 그러나 정부가 음행에 반대하는 행동을 하는 한, 거룩하고 고결한 태도로 그 행동을 항상 추구해야 한다. 악을 용납하지 않을 뿐만 아니라 악에 대항하고 징계를 통해 음행 자체에서 돌이키는 행동으로 나아가야 한다. 그러므로 죄를 짓는 행위는 반대되어야 할 뿐만 아니라 처벌받아야 하며, 특히 시민권의 축소나 박탈로 처벌되어야 한다. 이것은 우리나라에서 아직 거의 사용되지 않는 징벌의 수단이다.

§5. 혼인의 고귀함

이와 별개로 정부는 혼인에 대한 법적 규정에서 혼인의 신실성을 조장하지 말 것을 심각하게 요구받고 있다. 이것이 발생한 이유는, 결혼한 모든 사람이 필요하다면 완전히 위장된 정보를 통해 결혼을 파기하도록 판사를 강제할 수 있는 위치에 있었기 때문이다. 바람직한 것은 법이 부부의 별거든지, 혹은 완전한 이혼이든지 모두 허용할 수 없다고 선언하는 것이다. 로마 가톨릭 교회의 혼인 성사에서 빌려온 법은 혼인의 목적과 관련해서 상당한 공로를 인정받아야 할 것이다. 에베소서 5장 25절 이하에서 혼인의 유대를 교회와 그리스도의 유대에 적용하는 것이 이를 지지한다. 그리고 그리스도께서 친히 언급하시기를, 모세가 남편이 아내를 떠나도록 허락한 것은 "그들의 마음이 완악하기" 때문이라고 분명히 선언하셨다(마 19:7-9 참고).

이상적으로 볼 때, 그리스도의 교회 안에서 자신들의 굳건한 지위를 가지고 있는 중생한 자와 회개한 자들은, 이혼 증서를 주는 것이나 이와 같은 모든 이혼이 정죄를 받으리라는 것에 대해서는 전혀 의심하지 않았다. 하지만 국가 교회는 높은 이상을 고수하던 데에서 점차 떨어져 나갔다. 이제 국가 교회 구성원의 가족에서도 간음뿐만 아니라, 다른 이유로 죽을 때까지 동거하는 상황이 일어났으며, 이것을 당사자와 그 자녀들도 합리화한다. 그러나 정부가 이것을 고려하여 이혼을 가능하게 한 경우, 자의성의 모든 기회를 완전히 막아야 하는 의무는 훨씬 더 큰 비용을 지불하는 정부에 있고, 정확히 그 기회는 이제 법으로 조정되었다. 사생아에게 복수하는 부모의 죄는 결코 우리로 하여금 미소를 짓게 하지 않는다. 그러나 같은 방법으로 혼외 출산이 점차 정상적인 일이 되지 않도록 주의해야 한다. 반면에 혼인 전에 동거한 사람들의 혼인은 촉진되어야 하며, 음란한 마당에서도 '아이를' 돌보는 것은 입법자의 의무로 남아있다. 그러므로 모든 음행의 관점에서 볼 때, 시장의 임명, 의원의 임명, 자문단의 선출에서, 특히 경찰의 임명과 사법부에서 음행의 후원자로 알려진 사람들의 손에 있는 정부 권력은 엄격히 거부되어야 한다.

§6. 출산 억제

신맬서스주의와 낙태가 외설에 영향을 미치고 따라서 정부가 감독해야 하는 문제임은 의심의 여지가 없다. 정부는 이 두 가지 문제를 무시할 수 없다. 인구 문제는 국토와 국가의 현재와 미래와 관련해 매우 중요하기 때문이다. 우리 시대에 인구가 해마다 계속 증가하는 한 큰 문제는 없다. 그러나 이것이 위협적으로 변화되고 있는 지금, 사람들은 인구 상태에 더 많은 관심을 기울이기 시작했다. 특히 독일과 비교해 프랑스의 사례는 한 국가의 전체 미래가 인구의 흐름에 의해 지배될 수 있음을 보여주었다.

이 문제가 학문 분야에서도 더욱 두드러지게 된 것은 특히 1798년 이후였다. 당시 맬서스(Malthus)[78]는 잘 알려진 "인구 원리에 관한 에세이"(*Essay on the Principles of Population*)를 출판했는데, 여기서 그는 자신이 말하는 '견제'가 가해지지 않으면 인구가 거의 끝없이 확장되는 경향이 나타날 수 있다고 주장했다. 그는 인구는 항상 1, 2, 4, 8과 같이 기하학적으로 증가하는 반면에 식품의 생산은 2, 3, 4와 같이 산술적인 규칙으로만 증가한다고 생각했다. 따라서 이것의 결과로, 더는 적절한 식량을 찾을 수 없는 가장 낮은 계층의 인구가 항상 존재하고, 결국 비참하고 가련함 가운데 굶어 죽는다는 것이다. 따라서 생존을 위한 다윈의 후기 투쟁이 여기에도 적용될 것이며, 이를 극복하기 위해 도움이 필요하다.

끊임없이 나타나는 필요를 충족시키기 위한 모든 노력, 특히 이민, 식민지화, 실업에 대한 투쟁, 국가에 의한 빈민구제는 이 심각한 악을 피하는 데 실패했다. 그렇다고 출생이 중단되어야 한다고 주장하는 것은 물론 타당하지 않다. 특히 러시아, 남미, 호주 그리고 광활하고 비옥하지만 사람이 거주하지 않는 곳에서는 인구 증가를 멈출 필요가 없다. 그러나 이것이 1877년 '맬서스 동맹'(Malthusian League)의 설립과 월간 잡지 '맬서시안'(The Malthusian)의 출판과 함께 이른바 신맬서스주의가 영국에 등장하는 것을 막지는 못했다. 결국 이 '동맹'은 남녀관계에 대한 최소한의 제한 없이 임신을 효과적으로 예방할 수 있는 모든 수단을 제공함으로써, 이른바 '인구주의자'(Populationistic)에게 도덕적 원칙을 제공했다.

§7. 우리의 입장

불행히도 이 제도는 우리나라에도 도입되었다. 그러면 특히 가난한 지역에서 더 적은 수의 자녀가 태어날 것이다. 노동자의 수를 줄이면 임금은 올라갈 것이다. 따라서 너무 많은 자녀를 낳는 사회적 악은 양면에서 동시에 극복될 것이다. 그러한 관행이 현재 사생활에서, 따라서 비밀리에 퍼지고 있는 것이 사실이다. 정부는 이러한 사실을 되돌릴 수는 없지만, '공적' 영역에서 이러한 노력에 반대해야 할 의무가 있다.

그리고 더욱이 이 제도의 대중적 전파는 이미 여러 국가에서 그러하듯이 혼외 성범죄에 탐닉하고자 하는 모든 사람에게 사면증서를 부여함으로써 생명 존중에도 영향을 미친다. 특히 상류층 사이에서 신맬서스주의의 공개적 등장이 해로운 결과로 나타나기 때문에 더욱 그렇다.

§8. 낙태

낙태는 수정이 계속되도록 허용하지만, 접근 가능한 수정란을 제거하려고 시도하는 것이다. 이것은 주어진 수단을 통해, 또는 접근 가능한 수정란에 구멍을 만들어 제거하는 것으로 실행된다. 이 제도에서는 불명예스러운 산파들과 의사들의 도움을 받는데, 낙태 수단을 사용하기 위해 대부분 큰 돈을 지불해야 한다. 그때 관련된 유혹은, 의사가 때때로 태아의 정상적 출산을 약속하지 못한 채 산모의 생명을 위협할 수 있는 임신을 예방한다는 것이었다. 그러한 경우 낙태 시술은 고대부터 인정되었는데, 이것은 그리스와 로마에서 도덕이 쇠퇴했기 때문일 뿐만 아니라, 단순한 의학적 고려 때문이기도 하다. 정확히 이 사실은 많은 의사에게 어떤 식으로든 낙태 제도를 확장시킬 수 있는 것처럼 보였다. 특히 뉴욕에서는 이것이 이미 임신의 10퍼센트를 차지한 것으로 추정된다. 결국 많은 사람이 신맬서스주의보다 낙태를 선호하는데, 첫 번째 방식은 동침하는 사람을 괴롭히는 반면, 두 번째 방식은 일찍 그리고 즉시 적용하면 짧은 시간 동안만 불쾌한 고통을 일으키기 때문이다.

모든 인간 생명의 기원이 오직 하나님께만 있다고 고백하는 사람은 누구나 자연적으로 이 두 방법, 즉 신맬서스주의와 낙태 행위 모두를 하나님에 대한 절대적 범죄이며 저주받을 행동으로 정죄한다. 따라서 첫 번째나 두 번째 인공적 수단 사용이 우리 진영에서는 발생하지 않아야 한다. 더욱이 낙태에 대한 처벌법은 독일, 오스트리아, 그리고 우리나라에서도 거의 모든 곳에서 위협이 되고 있다. 이제 질문은 이런 것들이다. 신맬서스주의도 처벌법에서 그와 달리 논쟁해야 하는가? 모든 대중적 권고가 그에 대해 반대해야 하는가? 그리고 이와 관련한 수단의 판매를 중단해야 하지 않는가? 낙태 문제와 관련하여 성공의 희망을 품고 수용할 수 있는 결정적 구제책은 단 하나뿐이다. 그것은 의사나 조산사가 낙태를 시술한 것으로 판명되면, 자격증을 영원히 박탈하는 것이다.

§9. 거짓 인구 이론과 동물

동시에 거짓 인구 이론에 대해서도 모든 면에서 맞서 싸워야 한다. 잡초와 동물에게 일어나는 일은 결코 사람에게 적용되지 않는다. 우리는 이와 관련하여 동물에 관해 이야기하려고 하는데, 잘 알려진 것처럼 개는 이스라엘에서 허용되지 않는다는 점에 유의해야 한다. 지금은 법령에 따라 개가 반려용이나 사냥용이나 산책용으로 쓰이도록 허용된 것이 사실이다. 그러나 정부는 우리나라 거리에 방치된 유기견을 관리해야 한다. 우리 정부가 공공 도로의 명예로운 특성과 반대되는 것에 대해 제한을 가해야 한다는 것을 이해하려면, 동방 특히 콘스탄티노플에서 개들의 자유로운 배회가 얼마나 성가신지를 보면 될 것이다.

§10. 놀이 감시

놀이 자체를 정죄해서는 안 된다. 놀이를 즐기는 것은 아이들의 삶의 일부이다. 더 자연스러운 삶을 사는 주민들조차도 여전히 모든 종류의 순전한 놀이에서 즐거움을 추구한다. 그러므로 정부가 그러한 모든 종류의 놀이를 허용할 뿐만 아니라, 공적 축제에서 장려하고 촉진하는 것도 좋은 일이다. 집에서 하는 키넌(Kienen)[79], 거위 게임(het ganzebord)[80], 서양장기(het dammen)[81], 체스(het schaken)[82]와 같은 놀이는 우리가 무료한 시간에 여러 나쁜 것을 멀리하고 마음을 단련할 수 있게 한다. 우리 칼빈주의자들은 댄스 놀이에서 나쁜 인상을 받고 있다. 댄스 놀이를 금지하는 이유는 단지 동작 자체 때문이 아니라, 두 어린 남녀가 춤을 추면서 이를 남용하여 타락에 빠지기 때문이다.

그러나 사회를 위협하는 실제 놀이는 '돈을 목적으로 하는' 놀이이다. 이는 특히 복권과 카지노 도박장에서 점차 발전했다. 무엇보다 도박장의 치명적 결과는 너무나 분명했기에, 공공 도박장은 거의 모든 곳에서 폐지되었다. 모나코는 거의 돈을 독차지하기 위해 거칠게 놀 뿐만 아니라, 그 작은 영토에 도박으로 인해 자살하는 사람들을 위한 많은 묘지가 있다는 점에서 나쁜 평판을 얻었다.

당시 복권은 부분적으로는 기금을 조성하고, 또 부분적으로는 돈을 목적으로 하는 놀이에 더 순수한 인상을 주기 위해 고안되었다. 하지만 더 나은 경제학자들도 결국에는 이러한 국영 복권을 만장일치로 비난했으며, 40년 동안 국영 복권에 반대하는 투쟁은 심지어 상당히 보편적 성격을 띠기까지 했다. 하르트 판 테클런부르흐 장관은 1903년부터 몇 년 이내에 복권을 없애는 계획안을 제출했다. 그러나 이 안건은 정치적으로 다루어지지 않았다. 1909년 이후 콜크만 장관은 국영 복권을 무해하게 만드는 것을 목표로 했음에도 불구하고, 복권을 억제하기보다는 더 강화했다. '영국 경마'의 지칠 줄 모르는 플레이는 마차 경주[83]에도 침투했다. 그러나 이것도 중단되었고, 영국 경마에 참여하는 것도 금지되었다.

따라서 우리는 돈을 목적으로 하는 놀이가 부적절하다는 사실을 깨닫고서 올바른 길을 가고 있다고 말할 수 있다. 사악한 악을 억제하라. 경마와 도박장과 많은 복권에서 볼 수 있는 정도와 방식으로 돈을 위한 도박은 그 자체로 독이 되고, 영혼을 파괴하는 도박중독으로 전락하여 공공 영역의 예의를 깨트린다. 따라서 돈을 목적으로 하는 놀이는 옳지 않으며 정부는 이에 대응해야 한다.

§11. 예술

정부의 관심사 중 가장 어려운 문제는, 대중에 대한 예술의 영향력이 계속 증가한다는 것이다. 예술은 성격상 가정생활이 아니다. 예술은 보여주고 들려주기를 원하며, 그래서 자연스럽게 홍보를 추구한다. 특별히 어려운 세 가지 영역이 있다.

첫 번째는 극장이다. 극장 또한 공공 생활의 일부이다. 때때로 혼인예식이나 연례 축하 행사에서 가정생활적 측면이 제공되지만, 이것은 본질적으로 사적 모임이기에 해를 입힐 위험이 없다. 반면에 극장은 푯값을 지불하는 모든 사람에게 열려있다. 정부는 극장 공연을 감시하여, 부끄러움을 모르는 수준으로 전락하지 않도록 해야 한다. 그러나 사람들이 흉악한 연극일수록 더 매력을 느끼며, 수준 높은 공연에는 거의 참석하지 않는다는 슬픈 사실은 도덕에 대한 매우 심각한 위험을 초래하므로 정부는 이를 경계해야 한다. 정부가 실제로 이것을 하지 않는 것은 불명예스럽고 시정이 필요한 악이다.

두 번째는 예술 박물관이다. 사람들은 이러한 박물관에서 높은 예술적 감각으로 나체 여성의 아름다움을 전시할 뿐만 아니라, 부도덕한 장면과 자세를 묘사함으로써 관능적 욕망을 철저히 자극하는 데 점점 익숙해지고 있다. 지금도 이것은 모든 바른 생각을 하는 사람이 수치라고 부를 정도이다. 나폴리에는 폼페이의 추악한 장면이 최소한의 특별 허가 없이도 들어갈 수 있는 별도의 방에 모여 있다. 여기에도 정부는 신중하게 행동해야 한다. 자신을 진정한 고급 예술로 정당화하지 않고, 관능적 자극만 하는 모든 것은 배제되어야 한다. 이는 부분적으로 문학에도 적용된다. 프랑스 문학은 그 성격이 거의 짐승같이 되었는데, 우리나라에서 많은 사람들이 이를 게 걸스럽게 집어삼키고 있다. 이러한 것의 공개 판매는 공공 예절을 심각하게 무너뜨린다.

그래서 세 번째로 정부는 서점, 광고, 포스터의 전시에도 주목해야 한다. 상점에 걸리는 것은 공적 성격을 띠므로, 불쾌한 나체 사진이나 부도덕한 표현은 모두 금지해야 한다. 그러나 바로 이 영역에서 사람들은 성가신 일을 허용할 뿐만 아니라 권장할 수 있는 것으로 간주한다. 이것은 적어도 '종교'를 과소평가하는 것은 아닐지라도, 전통적으로 종교가 사람들에게 가졌던 명예의 자리에서 점차 종교를 밀어내고 그 자리를 '예술'이 차지하도록 하는 지배적인 사고방식과 관련이 있다. 오늘날의 정신적 태도는 예술이 개입할 때에는 환상과 같은 영감이 떠오르지만, 종교가 관련될 때에는 자유롭지 않다고 느끼는 것 같다. 그리고 불행히도 정부 역시 이 불행에서 종종 주도적 여론에 동조하며 괴롭힌다.

§12. 만취

포도주, 증류주 또는 아편의 남용으로 발생하는 마비는 부분적으로 대중 생활의 명예를 건드리게 된다. 즉 그것은 공공 도로에서 불명예를 입는 원인이 될 수 있다. 그리고 그것은 대중 문화회관에서나 대중 판촉을 통해 직접 대중의 삶에 영향을 준다. 반대로 술에 취한 깡패와 함께 사는 사람이 경찰의 보호를 요청하지 않는 한, 내부적으로 일어나는 일은 포함시키지 않아야 한다. 정부는 그밖에 만취와의 싸움을 교회, 가족, 문학 또는 사적 단체에 맡겨야 한다. 이와 관련하여 술에 취하게 할 수 있는 것의 판매나 사용을 법적으로 금지하는 절대금주(teetotalers)[84] 제도는 바람직하지 않다.

사적 단체가 만취하게 할 수 있는 것을 완전히 삼가는 경향이 있는 것은 남용이 끼치는 해악을 고려할 때 정당화되고, 심지어 칭찬할 만한 일이다. 반면에 양심을 위해 포도주나 술의 사용을 모두 금지해야 한다는 것은 그 자체로 옳지 않다. 포도주도 하나님의 창조에서 생겨난 것으로, 약함이나

반혁명 국가학 || 적용

과로로 쓰러졌을 때 생기를 강하게 하고 북돋는 데 도움을 준다. 그러나 완전히 다르게 정부가 우리나라에서 면허 제도를 통해 행하는 것처럼 '남용'을 방치하기 위해 법률에 따라 판매와 소비 기회를 제한함으로써 사생활에 개입할 수 있는지에 대한 질문이 발생한다. 만일 국가가 음주의 죄를 통해 돈을 축적하는 것을 목적으로 삼는 것이 된다면, 그 죄로부터 돈을 모으는 것은 분명히 잘못된 방향으로 나아간 것이다. 반면에 그 법의 의도가 취하게 하는 것의 사용을 제한하는 것이라면, 우리의 경험과 다른 곳에 비추어 볼 때 그러한 법적 규제는 훌륭하게 작동하는 것이다.

§13. 모든 과잉은 처벌이 가능하다

정부는 여기서 멈출 수 없다. 일례로 경찰이 술에 취한 사람들의 모든 과잉 행동을 억제할 뿐만 아니라, 반복을 방지하기 위해 가혹한 처벌을 가하고, 일부 시민권을 박탈하는 것은 보호라는 차원에서 다른 방법으로서 도움이 될 수 있다. 정부가 고용주 역할을 하고 직원을 임금으로 고용해도 해당 직무에서 모든 알코올 사용은 제외되어야 한다. 그 문제와 관련해 악의 재정적 장애가 제조자, 판매자 또는 구매자에게 전가되는지는 원칙적으로 관심의 대상이 아니다. 여기서 어떤 선택을 하든 그 효과는 동일하게 유지되는데, 생산자와 판매자 모두가 그들에게 가해진 부담으로 인한 손해를 술꾼에게서 보상받으려 하기 때문이다.

정부는 좋은 질서와 공공 품위를 지켜야 하는 소명 때문에 무분별한 만취에 대해 개입할 권한을 가질 뿐만 아니라, 부분적으로 범죄를 감소시켜야 할 의무도 있다. 통계가 우리에게 반복해서 보여주듯, 이는 무분별한 만취로 인해 위법과 범죄가 일어난다는 사실뿐만 아니라, 공중 보건에 대한 우려에서도 비롯된다. 무분별한 만취만큼 건강 상태에 치명적인 영향을 미치는 것은 거의 없기 때문이다. 술주정뱅이의 악한 습관을 없애기 위해 정신병원을 개원하는 것은 정부의 정신과 치료의 일부이지만, 그마저도 정부에게 방해가 될 수 있다. 그러나 정부는 민간 주도의 지원이 없는 한 만취와의 전쟁에서 승리할 수 없다. 따라서 이 주도가 점점 더 활기차게 되살아나는 데 전적으로 감사해야 한다. 그 결과 우리나라 국민 1인당 주류 소비 비율이 눈에 띄게 감소했다. 우리는 본 장의 마지막에서 만취를 다루었다. 이 주제는 자연스럽게 정부의 위생적 소명에 대한 공중 보건을 다루는 제16장으로 이어진다.

제16장

공중 보건을 위한 대책

§1. 청결

칼빈주의는 항상 청결과 깨끗함을 강조하여 인정을 받고 있다. 칼빈주의는 우리나라, 스코틀랜드, 북미에서 가장 강력한 영향력을 행사했으며, 이와 관련하여 바로 이 세 나라는 가정생활의 청결이 항상 최우선 순위에 있었다. 그리고 세 국가 중 네덜란드가 여전히 가장 높은 평가를 받고 있다고 말할 수 있다. 청결에 관해서 네덜란드 주부가 어느 정도 과장된 측면이 있다는 점은 인정할지라도, 강조해야 할 점은 18세기 우리나라 가정에서 육체의 청결보다 의복과 식탁, 복도, 계단, 현관, 심지어 다락방과 그 위에 있는 창고의 청결을 더 중요하게 여길 정도로 관심을 쏟았다는 점에 대해서는 이의를 제기할 수 없다는 것이다. 적어도 목욕은 우리가 보기에 나중에 중요하게 되었다. 그러나 이와는 별도로 가정의 청결도가 항상 높은 수준의 공중 보건을 유지하는 데 매우 크게 이바지했다고 자부할 수 있다.

이 방향으로, 특히 지난 세기 후반에 더 진전이 있었다. 그 결과 많은 질병이 예방되거나 완화되었다. 마침내 우리나라의 사망률이 현저히 떨어졌는데, 한때 가능하다고 생각했던 것보다 훨씬 더 가파르게 떨어졌다. 물론 이전 시기에 훨씬 더 높은 비율의 사망이 줄어든 것을 우리나라에 유행했던 청결로만 설명할 수 없다. 그러나 가정에서의 목욕과 도시의 공중목욕탕 사용이 증가했다. 이것은 또한 좋게 작용했다. 삶의 위대한 진보는 다른 것으로 설명할 수 있다고 해도, 가정의 청결이 국가의 수명 연장 시도에 힘을 실었다는 점을 간과해서는 안 된다. 우리나라 의료진은 주부들로부터 많은 지원을 받았다. 그들이 없었다면 의존할 다른 곳이 없었다.

정부 자체가 건물과 가정에서 우리의 오랜 국가적 미덕인 청결을 충분히 존중했는지에 대한 질문이 남았다. 우리 병영이나 수감시설이나 정부 청사는 이에 관해 항상 자랑할 것이 없었다. 이러한 의미에서 공공 영역에서도 청결에 대한 요구가 점점 더 높아지는 것이 공중 보건에 도움이 되는 것으로 간주할 수도 있다. 정부는 이미 거리의 오물을 제거하고, 하수도를 원활하게 운영하며, 양질의 물을 사용할 수 있도록 더 많은 일을 하고 있다. 이것은 또한, 청결에 대한 우리의 사랑의 표현이자 국민의 위생 복지에 도움이 되는 역할을 해야 한다.

§2. 정부의 소명

공중 보건에 관한 정부의 중대한 의무는 많은 질병 중 특유한 전염성에서 곧바로 설명 가능하다. 어떤 식으로든 감염된 사람과 접촉하면 감염에 노출된다. 심지어 편지조차도 종종 질병, 특히 성홍열을 매개한다. 같은 마을이나 도시에 거주하고 있으며, 이와 관련하여 계속되는 접촉으로 인해 위험이 자주 발생한다. 이에 대해 자신을 안전하게 관리하기란 거의 불가능하다. 첫째, 위험이 인식되기도 전부터 너무 자주 질병이 발생했기 때문이다. 둘째, 이 질병을 고립시키는 능력이 부족하기 때문이다.

전염으로 인해 사회로부터 직접 위험이 발생하는 경우, 사회의 공식적 규제를 위임받은 정부만이 당신을 보호하기 위해 행동할 수 있다는 사실을 알 수 있다. 민간 주도적 구조에서는 자신을 구할 수 없다. 정부는 이러한 위험으로부터 유기적 삶의 맥락에 있는 것을 보호해야 한다. 이것은 정부가 의사들에게 전염병의 모든 징후를 보고할 의무를 부과하도록 강요하며, 모든 사람이 위험에 대비할 수 있도록 이 사실을 공개적으로 알리고, 집이 너무 작아 동거인과 격리할 수 없을 때에 필요하다면 병영이나 병원에서 병자를 격리하도록 조치한다.

특히 전염병의 경우 이 문제에 대한 정부의 권한은 때때로 매우 광범위해야 한다. 심지어 '내 집은 내 성이다'라는 말도 여기서는 항상 존중받을 수 없다. 개인의 독립적 존재를 엄격히 존중함으로 인해 동거인이나 이웃

이 치명적 위험에 빠질 수 있기 때문이다. 정부의 이러한 의무가 발생하는 두 번째 원인은, 의학과 의료가 결코 그 자체로 충분히 제공되지 않는다는 사실에 있다. 도시에서는 혜택을 누릴 가능성이 있으므로 이에 대한 두려움이 덜하다. 반면에 외딴 지역이나 작은 마을에서는 그렇지 않기 때문에 필요한 도움이 부족하지 않도록 감독과 돌봄이 시급하다.

의사도 약사도 자신의 역할이나 활동을 남용하지 않도록 주의해야 한다. 이미 낙태에서 지적했지만, 독약 판매도 자유에 맡길 수 없다. 따라서 실제로 정부가 손을 떼는 것은 우리가 꼭 필요로 하는 것을 종종 부족하게 만들 뿐만 아니라, 사용할 수 있는 것을 너무 남용하게 되는 동기가 될 수 있다. 물론 여기에서도 정부가 해야 할 일과 하지 말아야 할 일을 명확히 구분하기는 어렵다. 특히 미국에서는 의사가 좀 더 자유롭게 생활하지만, 우리는 함께하는 유대에 매우 강하게 끌린다. 우리의 의견으로는 어떤 과잉을 피하는 것이 항상 가능하지는 않지만, 또한 우리는 유기적으로 연결되어 있고 육체적 의미에서 하나가 되어야 하는 전체 국민의 건강을 정부가 돌보아야 한다는 것을 원칙적으로 고백해야 한다.

§3. 결핵과 암

공중 보건과 관련하여 가장 위험한 질병 중 하나는 특히 우리나라에서 여전히 전체 국민에게 영향을 미치는 결핵이다. 이것은 유전에 의한 것이 아니라 가족 내에서 번식하기 때문에 매우 위험한데, 자신이 의도하지 않았는데도 저절로 가족 구성원을 감염시킬 위험이 발생하기 때문이다. 호흡으로 감염될 수 있다. 기침이 더 강해지기 시작하면 가족의 환경에 독성 성분을 증가시킨다. 그리고 침은 아무리 조심해도 공중에 흩날리듯 흩어져, 아무도 의심하지 않는 곳에서 위험을 초래한다. 부유한 가정에서는 그러한 환자를 위한 방을 마련해 효과적으로 격리시킬 수 있지만, 소규모 가정에서는 그렇게 격리시키기가 매우 어렵고 가난한 사람들의 경우는 완전히 불가능하다. 따라서 처음부터 결핵으로 고통 받는 사람들을 수용하여 가족을 감염 위험으로부터 안전하게 보호하는 방법이 점차 더 많이 사용되고 있다.

그러나 여기에서 상호 도움은 매우 제한된 정도로만 제공될 수 있다. 그러한 수용 시설에서의 연간 생활비는 꽤 부유한 시민 계층에게도 너무 높다. 그러면 더 부유한 가족이 나서야 한다. 자선단체가 도와야 한다. 대중은 이런 식으로 도움을 받지 못한다. 독일에서는 상해 보험이 위험에 처했거나 위험에 처한 피보험자를 보호함으로써 지출을 줄이는 데 성공했다. 그러나 여기서도 정부는 멈출 수 없다. 정부의 소명은 더 많은 것을 요구한다. 부분적으로는 나중에 더 나은 집을 제공하는 것뿐만 아니라 관찰과 격리를 통해서도 돌본다.

다행스럽게도 세심한 배려 덕분에 우리 민족을 강타했던 결핵이라는 저주가 점차 그 힘을 잃어가고 있다고 말할 수 있다. 폐결핵으로 인한 사망률이 1909년의 7,250명에서 4년 후에 6,557명으로 떨어진 것을 볼 때, 계속되는 보살핌이 이 민족적 질병을 훨씬 더 멀리 몰아낼 것이라는 기쁨과 희망을 얻는다. 인구 증가에도 불구하고 4년 동안 거의 700건 가까이 감소한 것은 하나님께 감사할 일이다.

'결핵' 이외에도 여전히 우리의 위협적인 풍토병 중 가장 강력한 '암'이 있다. 다행히도 이에 대한 대응 방법을 찾았다고 한다. 그러나 전반적인 결과는 여전히 슬프다. 1909년과 1913년의 사망 수치를 비교하면, 그 질병이 완치된다는 암시가 없고 심지어 명백한 악화만 있다. 1909년 암 사망률은 6,012명이었고, 1913년 6,748명으로 다시 증가했다. 따라서 4년 동안 736명이 증가했다. 그러므로 여기에서도 가능하다면 하나님의 도우심으로 심각한 공공 질병을 예방하는 것이 정부의 소명으로 남아 있다.

§4. 예방 접종

우두병[85]은 부분적으로는 전염병이고, 부분적으로는 풍토병이다. 일반적으로 예방 접종을 하지 않는 국가와 지역에는 이 악질적 질병이 발생하고 그다음에는 소규모로 지속되다가, 다시 한번 더 널리 퍼질 수 있다. 이 질병에 대한 우리의 주요 관심은 예방 접종을 간접적 혹은 직접적으로 강제하는지 여부이다. 출생 후 일정 기간 이내에 접종이 법으로 의무화되는 경우 이러한 강제의 성격은 '직접적'이다. '간접적으로'으로도 마찬가지인데, 우리나라에서 예방 접종을 받지 않은 사람은 학교에 출석하지 못한다.

우리는 예방 접종 자체에 대해 이의가 없다. 욥기 12장 6절의 "하나님을 멸시하는 자들도 평안히 산다"(새번역)라는 말씀에 대한 항의는 여기에 전혀 적절하지 않다. 여기서 욥이 외치는 것은 전혀 다른 의미이다. 경건한 자는 고난을 겪지만, 악인은 삶의 기쁨을 누리거나 다가오는 모든 고난에 대한 확신을 가진 것처럼 보이도록 하나님께서 정하셨다는 것이 욥의 쓰라린 불평이다. 접종을 통해 숨어 있는 세균이 생성되고 퇴출될 수 있다는 것은 순전히 의학적 문제이며, 결과는 일반적으로 사용되는 접종이 질병의 발병률을 감소시킨다는 것을 보여주는 것과 같다.

그러나 접종이 천연두를 방지한다고 해도 다른 부작용이 없는가라는 의문이 남는다. 이 역시 의학적으로 증명되어야 한다. 그래서 반복적 접종 거부로 그 자체를 반대할 수 없다. 따라서 우리는 의학적 관점에서 이 사건에 개입한 적이 없다. 우리의 저항은 자유 시민 자신의 몸에 영향력을 행사한다는 점의 '강제'에 대해서만 이뤄졌다.

물론 우리 각자는 적절한 시기에 지역 사회를 위해 희생해야 한다. 우리는 우리 환경을 오염시키는 원인이 되어서는 안 된다. 이것이 우리에게 이 질병과 관련하여 다른 사람들에게 해를 끼칠 수 있는 경우 가장 신중하게 예방할 의무를 부과한다. 그러나 이러한 이유로 우리도 예방 접종을 해야만 하는지에 대한 질문이 제기될 수 있으므로, 우리는 반드시 이 문제를 다루어야 한다. 즉 정부가 우리에게 우리 자신의 신체에 대해 행동을 취하도록 강요할 수 있는지에 대한 매우 심각한 질문은 완전히 열려있다.

우리는 이 질문에 대해 항상 생각했고 지금도 생각하며, 결국 부정적인 대답을 해야 한다. 정부는 여기서도 신념을 가지고 일해야 한다. 그러고 나서야 예방 접종이 점점 더 많은 근거를 얻게 될 것이다. 개인적으로, 나는 자신과 아이들을 위해 그것을 할 수 있는 모든 자유를 가지고 있다는 사실을 결코 숨긴 적이 없다. 그러나 학교 문제와 관련하여 나는 장관으로서 모든 학령기 아동의 부모와 보호자가 예방 접종이 학교 출석 요건이 아니라

고 주장하는 경우 학교에서 예방 접종을 의무화할 수 없다는 태도를 변호
했다.

§5. 전염병

심각한 전염병이 우리나라에 들어왔을 때 정부의 소명은 더욱 포괄적
인 성격을 띠게 된다. 우리는 전염병의 정도가 더 약한지 더 치명적인지 판
단해야 한다. 성홍열[86]은 국부적이고 일시적으로 평소보다 훨씬 더 심각하
게 발생할 수 있다. 1911년에는 성홍열로 인한 사망자가 113명에 불과했지
만, 그 직후 1912년에는 200명 이상으로 증가했다. 독감의 경우 사망자가
1911년에는 767명이었으나 1912년에는 298명으로 반 이하로 감소하였다.

사람들은 일반적으로 홍역[87]에 대해 덜 말한다. 모든 사람이 차례로 이 질
병을 겪을 수 있기 때문이다. 그러나 1913년에 최소한 남자 아이 616명과
여자 아이 580명, 따라서 아이들 약 1,200명이 이 질병으로 희생되었다는
사실을 잊어서는 안 된다.

§6. 모세의 율법

더 심각한 성격의 무시무시한 전염병은 내가 두 번이나 쓰라리게 경험한
파괴적인 콜레라[88]이다. 이제 우리가 모세의 율법 중 레위기 13장 이하에서
하나님의 권위 아래 나병[89]과 다른 질병의 퇴치에 관해 명령한 것을 읽을
때, 마치 그런 전염병에 대한 의도적이고도 강력한 싸움은 하나님께 대항
하는 싸움이고 허용되지 않을 것이라는 식의 모든 주장이 성경에 부합하기
보다 악마로부터 나오는 것임이 분명해 보인다. 결국, 죄의 결과로 인간의
생명과 복지를 모든 종류의 방법으로 위협하는 악마의 힘이 있으므로 우리
자신과 우리에게 맡겨진 사람들을 지키는 것이 우리에게 달려 있으며, 우
리의 힘으로 가능한 한 많은 관심을 기울이면 생명에 대한 모든 위험을 피
할 수 있다.

이 의무는 우선 가장에게 있지만, 결론적으로 그의 모든 가족을 위한 대
표와 모든 국민을 위한 정부에 있다. 전염병이 심각하게 발생하면 의사는

즉시 사람들에게 경고해야 하며, 모든 사례를 즉시 보고해야 한다. 소독과 배설물 처리를 엄격하게 해야 하고 궁핍이 예상될 때 더 좋은 음식으로 힘을 북돋아야 한다. 가능한 한 병자들은 즉시 격리해야 하며, 사망의 경우 시신도 가능한 한 빨리 무덤으로 운반되도록 관심을 기울여야 한다. 특히 가난하고 열악한 주거 환경에 사는 주민은 전방위적 보살핌을 받을 수 있어야 한다. 한 시민의 부주의가 다른 주민에게 해를 끼칠 수 있는 상황에서 정부는 이를 극복할 수 있는 권한을 부여받아 위협으로부터 국민을 보호해야 한다. 이스라엘에서 그러한 경우에 정부에게 허용되고 명령된 예는, 하나님의 말씀에 굴복한다고 말하는 자들에게는 '주저할 수 없다'는 것을 분명하게 보여준다. 당연히 이것은 페스트[90]가 발생했을 때 더욱 시급한 일이다. 특히 최근 몇 년 동안 자바에서 페스트가 발생한 사례는 효과적인 정부의 지원 없이는 모든 전염병 가운데 가장 무서운 이 질병에서 치료받을 수 없음을 보여주었다.

§7. 매독

가장 고통스러운 성질의 질병 중에 매독[91]이라는 이름으로 불리는 유독한 성병이 있다. 이 죄스럽고 가장 위험한 질병이 고대인들에게도 널리 퍼졌는지는 불확실하다. 과거에는 이것이 논쟁의 여지가 있다고 생각되었다. 그러나 그 이후로 반대의 근거를 주장하는 목소리도 있다. 그러나 15세기와 16세기에 이르러 이 사악한 질병이 더욱 일반적 의미를 가지게 된 것이 확실하다. 이 때문에 매독이 미국에서 우리에게 왔다는 의견이 제기되었다. 매독은 특히 당시 프랑스에서 유행했으며, 따라서 오랫동안 "담석증"(morbus gallicus) 또는 "프랑스 질병"이라는 이름을 지녔다. 특히 프랑스의 샤를 8세(Karel VIII)의 군대가 처음으로 패배하는 결과를 얻을 정도로 큰 피해를 주었다.

이 성병의 슬픈 점은, 초기에 대개 치료가 가능한데도 부끄러움 때문에 비밀로 하고 조용히 지내다가 점차 더 심각한 위험을 맞게 된다는 것이다. 혼외 또는 혼인 생활에서 여성과 관계를 맺고 그녀에게서 태어난 자녀에게도 쉽게 옮겨진다. 낮은 계급의 사람들뿐만 아니라, 사회 최상류층의 남성과 여성도 악한 삶에 의해 혹은 안타깝게도 1차, 2차, 3차의 형태로 물려받음으로 인해 매독에 감염되어 있음이 밝혀졌다. 이는 정부가 이 질병의 발생을 최대한 비밀로 하지 않았기 때문이다. 본래 질병을 치료한 의사는 그 어떤 것도 사회에 공개하는 것이 엄격히 금지되어 있다.

방문 성매매가 지속되는 한, 정부는 매춘으로 인한 위험을 엄중한 조치를 통해 막으려고 노력했다. 매독 성병에서 보았던 것처럼, 점점 더 자유분방한 삶의 결과로 정부의 어떤 보호 조치를 청구할 수 있는 권리가 유효한 것처럼 보였다. 이 질병은 토굴 수감시설과 사귀어야 할 아무것에도 관심 없는 대중 사이에 가장 위험한 방식으로 퍼졌다. 해군의 상황도 심각한 것으로 판명되었다. 육군의 상황도 그다지 좋지 않았다. 본서 마지막에 부록으로 작성된 통계는 이곳과 동인도에 대한 명확한 통찰을 제공한다.

§8. 숨기기를 중단하다

매춘에 반대하는 일반 협회(De Algemeene Vereeniging)의 보고서를 '빈민구제와 아동보호 잡지'(Tijdschrift voor Armenzorg en Kinderbescherming) 1915년도 722호에서 찾을 수 있는데, 이 질병의 위험이 여전히 얼마나 심각하게 인식되는지 보여준다. 따라서 헤이그에 한 위원회가 설립된 것은 놀라운 일이 아니다. 이 위원회는 '혼인을 위한 의학 연구 촉진 위원회'(Comité ter bevordering van geneeskundig onderzoek voor het huwelijk)라고 불리며 사무국은 플레인(Plein) 17a번지 주택가에 있다. 매우 난처하게 들릴 수 있고 많은 무고한 사람에게 어려운 일로 여겨질 수 있지만, 남자나 여자가 절정기에 이르러 명목상으로라도 의심된다면, 매독 검사를 충분히 권장할 만하다. 성적인 죄에 빠지지 않고도 매독에 걸렸을 수 있기 때문이다. 케사르 롬브로소(Cesar Lombroso)의 심층적 연구는 또한 비밀의 중단과 홍보를 촉구한다.

이와 관련하여, 악한 세대의 증가를 막기 위해 남자의 거세를 실시하면 안 되는가라는 의문이 제기되었다. 부록(630쪽)에서 알 수 있듯이, 1907년 교도소 직원 중 결핵 환자는 62명, 성병 환자는 200명에 불과했다. 그러나 1910년에는 200명을 넘어섰다. 그리고 수감자뿐만 아니라 왕립 노동 기관과 교도소의 인원까지 고려하면 성병 환자의 비율이 1907년의 3.90퍼센트에서 1912년의 7.83퍼센트로 증가했음이 분명해진다. 참으로 혼란스러운 숫자이다. 다행히도 이와 관련하여 정부가 채택한 태도는 이미 개선되었다. 그러나 지금 있는 그대로 머물 수도 없고 그래서도 안 된다.

그런 절대적 의미에서 비밀로 인한 이익이 더는 이 악한 질병에 주어져서는 안 된다. 그 비밀스러움이 악을 더욱 성행하게 하고, 죄를 증가시키며, 자라나는 세대가 정신적으로나 육체적으로 타락에 빠지는 결과를 가져온다. 더 거룩한 동기만이 이 악을 멀리 제거할 힘을 만들 수 있다. 모든 음행과 혼인 밖에서의 모든 성관계가 재고의 여지없이 주님의 이름으로 정죄되고 낙인찍히고 쫓겨나는 곳에서만, 매독 역시 뚫을 수 없는 벽 앞에서 멈춘다. 그리고 너무 많은 것을 자랑하는 것은 아니지만, 칼빈주의자들이 그들 사이에서 이 악마적인 영역에 미끄러지는 것은 항상 극히 드문 예외로 남아 있었다.

§9. 주거 여건 개선

앞에서 논의된 내용은 주택 개선을 위한 정부의 관심을 기다리는 것과 직접적인 관련이 있다. 다행히도 우리는 여기서 더 개선된 길을 가고 있으며, 특히 1901년에 발효된 법은 더 나은 길을 열어주었다. 비록 이 법이 사유재산권에 지대한 영향을 미쳤다는 사실과 여전히 본질적 가치를 대표하는 것이 무가치한 것으로 간주되도록 한다는 사실을 인정하더라도, 우리 쪽에서 인정해야 하는 사실은 이 법으로 우리를 더 좋은 방향으로 인도할 수 있었다는 것이다.

사람들은 비참한 주거상태가 불우한 사람들의 건강과 명예에 미치는 매우 심각한 위험에 대해 분명히 알아차리게 되었다. 흔히 그렇듯이 아버지, 어머니, 자녀가 작은 방에서 함께 밤을 보내야 하는 곳에서는 수치를 느끼고, 모든 건강을 해치게 된다. 그러면 성장하는 청소년의 성생활에 영향을 미치는 모든 것에 대해 더는 엄격하고 엄중한 비밀을 유지할 수 없으며, 필요한 환기에 대해 생각할 것도 훨씬 적다. 특히 빈민가에서 살아가야 하는 주민에게서 어린이 사망률이 가장 높게 올라간다는 것도 부인할 수 없는 사실이며, 이것은 종종 놀라운 비율로 추정되고 가장 높이 증가한다. 신체의 적절한 청결에 관해서도 대부분 자료가 부족하다. 목욕에 대한 것은 말할 필요도 없다. 조그마한 집의 구석구석에 나쁜 물질과 심지어 가스가 발생하기도 한다. 말씀의 종인 목회자가 그러한 가정을 방문해서 발견하는 상황은, 문자적인 의미에서 레위기 13장 이하에서 따라야 하는 것과 정반대된다.

여기서 우리는 이제 거의 해결할 수 없는 인구 문제에 직면해 있다. 조건이 개선되고 최하위 계층의 생활도 향상되어 훨씬 더 어린 나이에 혼인할 수 있게 된다면 혼인은 급속히 늘어나고 인구는 증가할 것이며, 모든 사람이 일자리를 찾는 데 어려움을 겪을 것이다. 따라서 증가하는 국민을 위한 주택과 음식을, 성인과 어린이의 건강한 생활에 필요한 최소한의 기본 요건이 충족되는 형태로 어떻게 그리고 어떤 방식으로 찾을 수 있는지에 대한 질문을 자연스럽게 던지게 된다. 그러므로 우리는 주택 문제에 대한 해결책 자체가 인구 문제에서 독침을 제거하리라는 최소한의 보장을 의미하지 않는다는 것을 조금도 숨기지 않는다.

그런데도 우리의 대도시뿐만 아니라 시골에서도 주택 조건을 꾸준하게 개선해 나가는 것이 가장 중요한 문제로 남아있다. 자기 땅에 일꾼이 있는 지주들은 일꾼에게 사람답게 살게 해줄 의무를 지고 살아야 하고, 이것은 건강한 삶을 가능하게 한다. 전반적으로 이 질문이, 우리 반혁명당 진영에서도 주택 문제의 중요성에 관해 점점 더 많은 관심을 불러일으키기 시작했다는 점에 매우 감사한다. 공중 보건 조사관이기도 한 건축가 밴팅크(D. E. Wentink)는 '건축법과 주택문제'(De bouwverordening en het woningvraagstuk)라는 제목의 최근 연구에서 또 다른 예시를 제공했으며, 우리 또한 이 문제에 전념하기 시작했다.

§10. 화장

화장이 공중 보건과 간접적으로 관련이 있다고 해도 이 문제에 대한 완전한 침묵은 용납될 수 없다. 1874년 7월 1일부터 1875년 6월 12일까지, 당시 새로 창간된 "드 스탄다르트"는 이 주제에 관해 13개의 기사를 연속으로 게재했으며, 그 기사들은 부록과 함께 "우리의 정강"의 큰 판에도 인쇄되었다. 따라서 이 무거운 주제를 다시 다루는 것은 불필요하다. 그 당시 우리가 이 주제에 관해 충분히 해명했다고 말할 수 있으며, 첫 번째 기간 이후로 이 질문에 대해 새로운 의미 있는 주장이 제기되지 않았다. 그러나 코르트 판 드르 린던 수상이 우리나라에서 불법적으로 화장을 시작한 것을 간과할 수 없기 때문에, 우리는 화장에 관해 완전히 침묵할 수는 없다.

화장의 지지자가 발견한 바와 같이 장례법에는 명확한 금지사항이 없었다. 이 격차를 해결하는 대신 코르트 판 드르 린던 수상은 법 밖에서 충분히 명시적으로 금지되지 않은 것을 시행하도록 허용했다. 당시 내각의 한 장관은 자유당 식민지 정치인을 화장하는 자리에 참석하여 불법적 시체 소각을 선망하게 만들 수 있었다. 화장은 아직 많은 사람들에게 선호되지 않으며, 예외적인 것으로 남아 있다. 그러나 안타까운 사실은 이 비기독교적인 관행이 우리에게 은밀히 소개되었고, 사람들이 법적인 수단을 통해 이 문제에 관한 결정을 촉발하기를 원하지도 않고 시도하지도 않았다는 것이다. 이런 식으로 시체가 사라지는 것에 대한 법적 반대도 무시되었다. 그런데도 이러한 법적 어려움은 여전히 이 문제에 부담을 줄 것이다. 그리고 이 어려움을 제거함으로써 계획된 법에서 화장이 인정될 수 있었다.

물론 화장에 대한 우리의 불만은, 우리가 보기에 그것이 죽은 자의 부활을 방해할 것이라는 데 있지 않다. 화장장이 아니더라도 고요한 무덤에서 안식처를 찾지 못한 시체들이 무수히 많다. 수많은 난파선 선원이 파도에 가라앉는다. 특히 영국령 인도에서는 불행하게도 여전히 2만 명이 넘는 사람들이 매년 야수에게 찢기고 파괴된다. 대형 화재에서도 시체는 여전히 사라진다. 전장에서 시체가 갑자기 쌓일 수 있는데, 특히 더운 여름날에는 시체를 태우는 것이 유일한 해결책이다. 전능하신 하나님을 믿는 사람이라면 생명에서 그처럼 치명적으로 사라진 사람이 영원히 다시 살아날 것을 의심하지 않는다.

각 신자가 화장하게 되는 경우는 개인마다 상당히 다르다. 첫 번째로, 화장은 이교도가 만들어낸 일이기에, 기독교 전통에서 다시 강제로 유행시켜서는 안 된다. 두 번째로, 모든 이교도 나라에서도 시신의 보존과 적절한 관리를 소중히 여겼다. 이집트에서는 모든 화장을 부끄럽게 만들 정도로 시신을 과도하게 보존했다. 세 번째로, 땅의 흙은 마치 시체를 받아들일 수 있도록 준비되어 있고, 정상적 방식으로 점진적으로 부패하도록 하는 성질이 있다. 마지막으로, 우리가 가장 심각하게 고려해야 하는 부인할 수 없는 결과가 있다. 만일 화장이 이스라엘에서 규칙적이고 지속적으로 이루어진 유일한 장례방식이었다면, 당연히 돌아가신 그리스도의 시체도 화장으로 불태워졌을 것이고, 임마누엘의 모든 부활이 신성한 역사로만 설명되었으리라는 것이다. 하지만 이것은 복음 전체를 자연스럽게 뒤집어 놓은 것이다. 그러므로 자유로운 선택을 주기 위해 화장의 기회를 열어야 한다면 강력한 법적 보증 하에서, 그리고 화장의 모든 전시를 무력화하는 조항을 적용함으로써 화장이 완전히 한적한 장소에서 이루어지게 해야 한다.

§11. 영아 사망률

영아 사망률 감소에 성공한 이후 위생에 관한 관심이 높아지고 있다. 따라서 내보일 수 있는 결과는 설득력이 있다. 1904년부터 1913년까지 연속되는 10년 동안의 수치만 보아도, 자료가 수집된 짧은 기간 동안 놀랍도록 감소했음을 발견할 수 있다. 우리나라 전체로 볼 때 1904년에는 여전히 100명의 출생 중 13.66명이라는 좋지 않은 수치였는데, 이는 생후 첫해에만 해당한다. 10년 뒤인 1913년 자료를 지금 참고하면, 13.66명에서 9.14명이라는, 몇 년 동안 거의 믿을 수 없을 정도의 수치로 감소했음을 볼 수 있다. 또한 생후 첫해에 사망하는 생존 출생아 수는 기혼자에게서 낳은 자녀보다 사생아에게서 훨씬 더 많다. 제국 전역에서 1904년 이전의 사망률은 13.49명을 넘지 않았으나, 사생아는 22.25명이었다. 그리고 1913년에 첫 번째 수치가 9.00명으로 줄어들었지만, 사생아의 비율은 여전히 15.73명에 머물렀다. 사생아는 대개 어머니의 보살핌을 받지 못하는데, 이 수치는 모성적 보살핌의 결여가 신생아의 생명에 얼마나 위협적인지를 보여주는 증거이다.

이와 관련하여 지역들이 보이는 차이는 덜 놀랍다. 림부르흐를 북홀란트와 비교하면 차이는 거의 설명할 수 없는 방식으로 두드러진다. 1904년 림부르흐의 수치는 모든 어린이를 합하면 17.16명, 사생아의 경우 37.28명이었으나 1913년에는 각각 13.94명과 35.47명으로 떨어졌다. 반면에, 지금 북홀란트의 수치를 계산해 보면 다음과 같다. 북홀란트에서는 전체 어린이의 사망률이 1904년 총 12.58명이었으나, 1913년 6.88명으로 떨어졌다. 그리고 사생아와 관련하여 1904년 이전의 사생아는 19.26명이었으나, 10년 후에는 마찬가지로 11.27명으로 감소했다. 프리슬란트에서는 1913년 수치가 훨씬 낮아 전체는 5.87명, 사생아는 10.15명이었다. 합법적으로 태어난 아이들 중 생후 첫해를 계산하면 100명 중 5.80이다. 다른 국가 특히 스웨덴과 노르웨이에서는 수치가 훨씬 더 긍정적이다.

영아 사망률에 대한 이러한 수치를 설명하기 위해 사망률이 유전 질환, 특히 매독에 의해 촉진된다는 주장이 거듭 제기되었다. 가난한 계층의 사망률은 부유한 계층의 사망률보다 훨씬 높다. 어머니의 젖을 물리지 못하면 수치가 올라간다. 일부 지역에서는 엄마가 되기를 꺼려하는 것이 조기 사망의 가능성을 높이는 데 일조한다고 한다.

그러나 이 슬픈 사망률의 감소가 어떤 식으로든 위생이 더 개선되었기 때문이라는 생각은 착각이다. 결국, 이 감소에 두 가지 죄가 작용했음은 의심의 여지가 없다. 첫째는 출생률을 실제보다 현저히 감소시킨 신맬서스주의라는 죄이고, 둘째는 낙태라는 죄이다. 이는 점점 더 넓은 범위에서 적용되기 시작했다. 출생 수가 동일하게 유지된다면, 사망률은 지금과 다를 것이다. 그러나 이제는 우리나라에도 출생자 수가 10년마다 감소하고 있다. 당연히 영아 사망 사례에서도, 러시아와 발칸반도는 여전히 40명이 넘는 수치인데도 그에 대해 우리의 20명을 자랑할 수 없다는 사실을 고려해야 한다.

제17장
학교에 관하여

§1. 상황의 변화

1878년 "우리의 정강"에 있는 '학교'(Van de Schoolen)라는 장은 자유교육에 대한 카페이너의 공격에 대해 강한 인상을 받아 작성되었다. 따라서 당시 우리가 제시한 조언은 상당 부분 카페이너가 열망했던 것의 영향을 받았다.

여기서 이상한 점은 카페이너가 반혁명당에 대해 조금도 해가 되는 태도를 보이지 않았다는 것이다. 좌파 정치가와 접촉하면, 그것은 매우 부자연스러운 상황을 낳게 된다. 좌파 정치가와의 관계는 믿을만한 것이 아니었다. 신사다운 예의를 양쪽 모두 마음에 새길 수 있다면, 그것만으로도 충분하다. 반면 당시에는 상황이 완전히 달랐다. 나는 카페이너와도 우호 관계를 유지했다. 우리는 상호 정기적으로 방문했다. 서로를 완전히 신뢰하면서 국정에 대해 논의할 수 있었다. 나중에 돌레앙시가 일어났을 때 카페이너는 자발적으로 매우 솔직한 조언자로 나서기까지 했다. 당시 우리는 지속적으로 그의 조언을 받았다. 그는 개혁교회를 지지하는 서면 권고도 발표했다. 그리고 마침내 전투가 종결되자 우리는 법적으로는 불이익을 받았지만, 암스테르담에서 카페이너를 기리는 명예로운 만찬을 열기까지 했다.

지금도 반혁명파와 좌파 정치가 사이에 유사한 관계가 있다. 가령 드뤼커(Drucker), 메이스터(Meester) 또는 후만 보르허시우스는 더 이상 멀리 있지 않았다. 1878년 그것이 저절로 드러난 것처럼, 학교 논쟁에서 서로의 입장에 대한 올바른 관점을 제공하기 위해 이 관계가 전면에 자리해야 했다. 1869년에 흐룬 판 프린스터러가 위트레흐트의 베이츠에 대항하여 등장한 이후로, 공립학교와 청소년 교육에 대한 기독교의 요구 사이에 합의를 추구하기 위한 모든 제안은 우리에게 낯설었다. 1876년 사망하기 직전에 흐룬이 다시 정치에 복귀한 것은 너무 쓰라리게 실망한 "야전 사령관"과 버려졌던 그의 군대가 일으킨 '절망적 쿠데타'에 더 가까웠다. 그러나 이 마지막 안타까운 사건으로 그 지위가 그런 식으로 평가받아서는 안 된다. 우리는 계속해서 1869년으로 돌아가야 한다. 이와 관련해 카페이너가 우리에게 가한 공격으로 인해 받은 비통한 느낌과 함께 말이다.

§2. 변경된 전술

상황의 전환은 마침내 우리가 학교비용에 관해 이전에 국가에 대해 취했던 입장을 포기하고 거의 반대 입장을 취하도록 만들었는데, 그 요건은 정부가 공립과 자유교육 모두에서 학비로 충당되지 않는 거의 모든 교육비용을 제공해야 한다는 것이다. 거의 믿을 수 없을 정도로 교육비가 치솟는 것을 점차 피할 수 없게 되었고, 예전의 관점을 지지하는 것이 문자 그대로 불가능해졌다. 영국인이 말하듯 수치는 의미심장했다. 우선 1860년부터 1912년까지를 계산해 보면, 반세기가 넘는 기간 동안 수치가 거의 완전히 달라졌다. 1860년 인구는 총 330만 9,128명에 이르렀으나 1909년 인구 조사에 따르면 인구가 585만 8,175명으로 증가했으며, 이는 이미 1860년의 거의 두 배에 이르는 수치이다. 그러나 두 배를 지금 모두 고려하더라도, 정부가 초등 교육에 대해 1860년에 지급한 금액과 현재 지출하는 금액 사이에는 극명한 차이가 있다. 1860년에는 총액이 225만 9,735길더에 불과했지만, 1912년에는 이미 3,530만 2,087길더로 증가했다. 즉 15배 이상 증가한 것이다.

이제 초등 교육 지출의 엄청난 증가가 카페이너의 법이 발효된 직후에 어떻게 될지 주목하라. 이미 1년 반 후인 1880년에는 총 수치가 850만 길더까지 늘어났으며, 10년 후에는 1,125만 길더까지 증가했다. 그리고 꾸준한 증가는 거의 멈추지 않아 10년 후 수치는 이미 1,750만 길더 이상에 이르렀고, 다시 10년 후에는 3,150만 길더 이상이 되었다. 그 이후로도 중단 없이 재정 온도계는 계속 상승해 왔다. 인구 증가로 인해 학교 수가 증가했으므로 지출 증가로 이어질 자연적 원인이 이미 존재했다는 사실은 기억할 필요가 없다. 1880년 공립학교와 사립학교[92]의 수는 다음과 같았다.

공립학교,	남학생	……………	227,023
	여학생	…………	180,769
	합계	…………	407,792

사립학교,	남학생	…………	59,346
	여학생	…………	73,857
	합계	…………	133,203

따라서 공립학교와 사립학교를 합하면 돌보아야 할 학생 수가 총 54만 995명이 된다. 반면에 25년이 더 지난 1913년에는 이 수치가 인구 증가로 인해 더욱 커졌다.

공립학교,	남학생	…………	313,855
	여학생	…………	248,270
	합계	…………	562,125

그리고

사립학교,	남학생	……………	168,919
	여학생	…………	212,162
	합계	…………	381,081

두 가지 유형의 학교를 모두 합하면 총 94만 3,206명인데, 여기서 1880년의 수치를 빼면 33년 동안 학생 수가 40만 명 이상, 정확히 말해 40만 2,211명 증가했음을 알 수 있다.

§3. 재정적 결과

이 완전히 변경된 입장에서 볼 때, 우리 기독학교의 필요를 제공한다는 이상적인 개념은 더 이상 실현될 수 없었다. 존재했고 여전히 유지되는 이상은 모든 부모가 자기 자녀의 양육을 위해 필요한 것을 제공할 것으로 본 것이다. 그리고 적은 수입 때문에 이런 필요가 불가능한 곳에는 기독교적 사랑이 도움을 주기 위해 달려가리라는 것이다. 다만, 기독교 자선사업에도 한계가 있는데, 학교 위기로 갈수록 그 한계를 넘어서고 있다. 1875년 사립학교의 학생 수는 남학생이 5만 5,485명, 여학생이 6만 7,912명으로 합계 12만 3,397명이었다. 1913년에는 이미 남학생이 16만 8,919명, 여학생은 21만 2,162명으로 늘어나 합하면 총 38만 1,081명이 되었다. 30만 명이 넘는 이 아이들의 대다수는 보조금 없이 교육비를 자신의 힘만으로는 감당할 수 없는 가정에 속해 있으므로 기독교 자선단체가 막대한 금액을 지급해야 하는 것으로 여겨졌는데 이 단체도 전체 필요를 채울 수 없었다.

초등 교육 비용이 예전 수준으로 유지되었다면 불편은 덜 했을 것이다. 그러나 상황은 전혀 그렇지 않았다. 교장들과 교사들의 임금은 점점 더 높이 올라갔다. 각 지역은 점점 더 높은 수준을 요구했으며, 보조 도구들의 가격도 점점 더 비싸졌다. 따라서 한 번에 두 가지 어려움이 발생했다. 한 번 이상 도와야 할 아이들이 너무 많았고, 아이들 한 명당 지급해야 할 금액은 곧 세 배 이상에 이르렀다. 그리고 여기에 세 번째 곤란이 생겼다. 정부가 공립학교에 대한 재정 지출을 늘릴수록 우리도 학교에 더 큰 비용을 내야 했다. 세금과 관련하여 우리는 공립학교의 지지자들과 같은 입장이었다. 앞 단락에서 본 바와 같이 공립학교에 대한 지출이 겨우 150만에서 2,700만 길더까지 증가했다면, 사립학교의 지지자들도 이에 비례하여 더 많은 세금을 내야 했다. 이에 대한 정확한 액수는 말할 수 없지만, 2,700만 길더 중 700만 길더로 본다면 그리 높은 수치는 아닐 것이다.

이제 우리는 세금으로 공립학교에 700만 길더를 지급해야 했지만, 우리 기독학교의 자금원은 점점 더 많이 사용되어 마침내 거의 고갈되었다. 사립학교가 1916년과 1917년에 925만 길더의 보조금을 받았을 때도, 여전히 도움이 필요한 많은 학교를 돕기 위해 전국에서 매번 징수가 이뤄져야 했다. 우리가 훨씬 더 많은 경우에서 부족한 모든 것을 제공하고 각 학교에 더 큰 비용을 내며, 각 납세자에 대해 훨씬 더 많은 액수를 제공해야 한다면, 우리 학교는 어떻게 되겠는가? 여기서 우리는 완전한 불가능에 직면한다. 대부분 "서민"으로 구성된 우리 진영은 계속 증가하는 요구사항에 무릎을 꿇었을 것이다. 방과 후 학교는 파산했을 것이다. 그리고 흐룬 판 프린스터러의 죽음 직전에 그를 압도했던 절망이 우리의 모든 모임에 퍼져 기독학교의 활력을 소멸시켰을 것이다. 따라서 우리는 이전의 이상을 버려야 했고, 앞으로는 두 종류의 학교에 대해 정부가 평등하게 지원해야 함을 주장해야 했다.

§4. 그 결과

이 동등함을 끝까지 견지해야 했다. 1869년 이래로 우리 쪽에서는 자유학교가 지배하고 공립학교는 보완책일 뿐이라는 제안이 원칙이자 출발점으로 받아들여졌다. 그 정부의 재정을 통해 단지 보충할 공립학교를 국가와 지방 자치단체 집행부의 특별한 응석꾸러기로 만드는 것은 생각할 수조차 없었다. 그랬어야 하는 것처럼, 학교 위기에서 양측은 각자의 방식으로 방향을 전환하여 필요를 채워야 했을 것이다. 그런데 공립학교의 지지자들은 공금이 점점 더 풍성하고 아낌없이 쏟아 부어지면 자유로운 기부가 자동으로 끊어지는 것을 전혀 생각하지 못했다. 공립학교가 소정의 학비를 제외한 모든 재원을 공금에서 제외하면. 정부는 또한 자유학교에 대해 아동 1인당 최소한 같은 금액을 제공해야 한다. 그래서 그것은 그렇게 진행되었다.

이미 언급한 바와 같이 1916년과 1917년에는 1,000만 길더의 보조금을 요청받았다. 학생들의 숫자가 같이 유지된다고 해도, 1,000만 길더는 각각 1,500만 길더로 올라야 했을 것이다. 저울의 균형은 수평이어야 한다. 각 아동에 대해 두 학교 모두 같아야 한다. 시 당국이 이것을 다시 바꾸는 것도 허용되지 않는다. 초등 교육에 대해 시 당국의 역량을 영속시키려면, 이

법은 또한, 각 아동이 공립학교나 교사를 위해 지출한 금액을 시 당국에 제공할 의무를 부과해야 하며, 사립학교도 마찬가지이다. 공립학교에 대한 모든 비용을 지지자들이 독점적으로 부담하고, 이를 위해 공립학교를 위한 별도의 세금을 도입했다면, 정부에 의한 평등한 재정 지급 체계를 피할 수 있었을 것이지만, 자유학교를 선택한 사람들은 지급하려 하지 않을 것이다. 그러나 탈출구를 찾을 의향이 조금도 없는 한 정부는 두 저울 모두에서 아동 1인당 완전히 같은 금액을 내야 한다.

§5. 일시적인 대안

일시적이고 일차적으로 제시되었던 대안은 규모가 큰 시의 당국이 단수 혹은 복수의 학교가 동일한 종교를 가진 부모를 선택할 수 있게 해야 한다는 요청을 수락하는 것이었다. 여기서 부모는 교사, 교과서, 학교 교육 과정 등을 완전히 자유롭게 선택할 수 있어야 한다. 그러나 소수의 경우 더 이상은 이 제도가 권장되지 않는다. 규모가 큰 시의 경우 아이들을 한 학교에 모두 모으기에는 집에서 학교까지의 거리가 너무 멀고, 교사들도 마찬가지였다. 따라서 그러한 배치로 아이들과 부모들을 분리하는 데 적지 않은 어려움이 있었다. 또한 주민 사이에 충분히 종교적으로 일치된 마을에서 공립학교 자체가 종교적 성격을 띠도록 하는 해결책도 방법이 될 수 없다. 우선, 모든 마을에는 학교 형태에 관해 의견이 다른 부모가 적어도 몇 명 있을 것이다. 가령 한 명의 유대인이나 다른 곳에서 온 공무원 한 명을 생각할 수 있다. 더욱이 새로운 가족의 유입은 언제든지 모든 것을 뒤집을 수 있다. 그리고 중요한 것은 정부에서 파송된 공립 교사가 가르칠 때 절대로 특정 종교 사상에 매이면 안 된다는 것이다. 종교적 성격이 부여되는 학교는 자유 또는 사립학교라야 한다. 원리적 특성으로 인해 공립학교는 이에 적합하지 않다. 그 방향으로 이끌려는 시도는 여전히 거의 정통 기독교로 간주하는 한 마을의 목사에게서 비롯된다. 옆에 있는 기독학교의 교장 자리에 자신보다 더 따뜻한 동정심을 지역 구성원들과 나누려고 하는 두 번째 영적 목자가 등장하는 것을 불쾌하게 여긴다. 초창기에는 공립학교에서 반(反)정통파 목사의 종교 교육을 제공하는 공립학교의 인위적 방법이 모든 주에서 반복적으로 시도되었지만, 예외 없이 모든 곳에서 잘못되었다. 국민이 잠도 자지 않고 졸지도 않고, 오히려 생기있게 살아서, 세례를 받고, 기독교인이 된 후손에게 무엇을 잘못했는지를 알고 있는 곳에서는 그러한 시도가 모두 실패했다.

공립학교와 자유학교의 대립은 국민학교로 돌아가야만 한다는 생각과 아니면 자유학교를 함께 존중하되 필요하다면 국민 전체를 존중해야만 한다는 생각의 사이를 크게 벌려놓았다. 이러한 절차를 진행하기 위해 나는 드 빌더(H. de Wilde)의 "반혁명당과 그 원리 강령"(De Anti-revolutionaire Partij en haar Program van beginselen, 제4판, Bootsma 1915, 's gravenhage) 209쪽 이하를 참고한다. 학교 문제에 대해서는 초등 교육이 '국가 사안'이 되고 초등학교 수준에서 흐룬 판 프린스터러의 신조에 따라 자유학교가 규칙이 되며, 공립학교는 보충 역할에 불과하기 전에는 궁극적인 해결에 도달하지 못할 것이다.

§6. 국민학교

'국민학교'가 느낌상 만인의 후손을 생각하게 하는 큰 매력이 있다는 것은 사실이다. 그 안에 표현되는 것은 국가적 단결이다. 국민 전체가 모여 하나의 복합체를 형성하는 '국가교회'도 다르지 않았다. 따라서 국가교회와 국민학교의 두 개념은 수년 동안 서로 관련되어 있었다. 국민학교의 일치를 가능하게 만들었던 것은 사실 국가교회의 일치였다. 국민학교 옆에 전적으로 개별적 성격을 지니는 사립학교가 위치했는데, 특히 유대인을 위한 학교가 그러했다. 심지어 미국에서도 그런 일치를 이루기 위해 실행 가능한 일을 했다. 거기에 영적 요소인 기도와 성경 읽기가 매우 미미한 부분에 국한된 것은 사실이지만, 명목상으로 공립학교는 초등학교였다.

이러한 강한 선호에도 불구하고 특히 로마 가톨릭 시민이 자기 학교를 설립하는 데 관심을 기울였고, 일부 다른 집단이 자유학교를 선호하기 시작하는 것 또한 막을 수는 없었다. 독일에서도 같은 과정이 실행되고 있다. 국민학교와 국가교회는 더 이른 기간에 존립하여 지금은 구식인 것처럼 보인다. 매우 강력한 역사적 사건이 풍부했던 그 과거에, 특히 모든 것을 통합하여 자체의 독립을 보존하기 위해 로마의 권력에 대항해 국가마다 저항했다. 이를 위해 국력을 강화해야 했다. 당시에는 이것이 자동으로 국민학교로 이어질 수 있었다. 적어도 초등학교 분야에서는 거의 모든 인구가 그 신앙고백적 학교가 제공할 수 있는 것 외에는 아무것도 요구하지 않았기 때문이다. 영적 일치가 있었고, 그 영적 일치도 젊은이를 위한 하나의 국민학교를 요구했다.

§7. 완전히 바뀌다

특히 프랑스 혁명의 영향을 통해 같은 국가 안에서 집단 간의 영적 투쟁이 나타났다. 특히 네덜란드에서는 우리나라의 특징인 강한 개인주의가 프랑스 혁명으로부터 생겨난 차이를 날카롭고 첨예하게 만들어 온갖 반항을 일으키게 되었다. 그 역시 어린이 세계에 대해 매우 다양한 요구를 일으켰으며, 따라서 모든 사람이 수용하고 받아들일 수 있는 하나의 학교에 이를 수 없었다.

이로부터 지난 세기 중반부터 많은 사람의 마음을 변화시킨 구시대의 칼빈주의적 성향과, 파리에서 온 사상의 신세계 사이에서 학교 영역을 두고 싸움이 발생했다. 그 바뀐 정신은 서로 달랐지만, 역사적 전통의 영향에 대항해 여러 다양한 근대적 당파들이 하나로 뭉쳤다. 이 조합에서 근대적 종파학교가 출현했고, 이로 인해 국민학교의 운명이 결정되었다. 새로운 시대에는 사상의 다양성이 너무 강력해졌다. 초등학교의 통합은 국가적인 자기기만으로 변질되었다. 국민이 발전할수록 더 높은 발전은 더욱 다양한 형태로 나타나야 하고, 따라서 하나의 국민학교는 무익하고 앞으로는 쓸모없다고 판단되었다.

§8. 모든 방향을 위한 자유학교

소수의 사람이 사회민주당이나 무신론자 편으로부터 길을 잃은 사람들 사이에서 어떻게 자유학교를 '지지'하고, 공립학교를 '반대'했는지 이해했다면, 무시무시한 기분을 경험할 것이다. 사람들은 마치 이 나라의 기독 단체들만이 초등학교의 해방을 통해 혜택을 받으려는 것처럼 이해했다. 그러나 만약 무신론자에게도 같은 제도가 적용되고 그들에게도 동일한 양육 보조금을 주며, 학교 설립의 자유가 부여된다면 사람들이 판단하는 것처럼 여전히 피할 수 있는 전쟁에 돌입하게 될 것이다. 우리에게 학교 영역에서의 자유는 요구이며 권리였다. 하지만 그들에게 이것은 결코 허용될 수 없다.

이러한 생각은 오해에 근거한다. 일단 자유학교가 원칙으로, 공립학교가 보완책으로 받아들여지면, 자유가 전면에 등장한다. 그러면 예외 없이 '모두' 참여해야 한다. 당연히 전적으로 자기 자신의 책임 아래 있어야 한다. 로마 가톨릭 학교에서도 교리적 사상을 젊은이에게 주입하는데, 그런 것 중 일부는 우리 진리와 일치하지 않기 때문에 단호히 버리는 것들이다. 그렇다고 이로부터 로마 가톨릭 자유학교가 사라져야 한다고 결론을 내릴 수 없었다.

여기에서 선택할 수 있는 두 가지 관점이 있다. 소위 '가치중립적 학교'의 지지자들이 정부가 스스로 진리가 무엇인지 결정해야 한다고 주장하는 것처럼, 그리고 만약 그 진리를 학교의 어린이들에게 가르칠 수만 있다면 그렇게 해야 한다고 주장할 수 있다. 어떤 사람들은 정부가 그런 권한을 가지면 안 되고, 여기서 교회가 등장해야 하며, 교회와 관련하여 각 시민은 자신의 생명과 자녀의 생명이 돌봄을 받을 수 있는 원리가 무엇인지 독자적으로 판단해야 한다고 고백한다. 처음 관점은 정부가 특별한 신앙고백을 공포할 당시에는 유효했지만, 그것을 모두 포기한 지금은 유지되기 힘든 강압적인 제도이다. 두 번째 관점대로 단순히 신념의 자유를 선택하고 이것으로부터 교육학적 관점에서 자녀를 교육하는 자유를 도출한다면, 모든 시민도 이와 관련하여 평등한 정의를 내려야 하며, 자신과 영적 동반자를 위해 다른 시민에게 무엇을 거부할 것인지를 질문할 수 없게 된다.

우리는 여기에 우리를 괴롭히는 무언가가 있음을 진심으로 인정한다. 그러나 이제 우리 주 하나님께서 하시는 일을 보라. 그리스도께서 친히 우리 모두에게 자신의 해를 악인과 선인에게 모두 비추어 주시며, 의로운 자와 불의한 자에게 비를 내리게 하시는 방법을 가르쳐주셨다. 대홍수 이후 하나님의 정부는 주님을 고백하는 자들과 주님을 대적하여 싸우는 자들이 평등한 조건에서 자유로운 생활을 계속하도록 허용하고 있다. 때때로 우리는 경건하지 않은 자가 더 큰 복을 누린다는 인상을 받기까지 한다. 시편 73편과 욥기를 읽어보라. 여기에 우리를 위한 지침이 있다.

§9. 학령 연장

현재 초등 교육은 일반적으로 12학년인데, 이를 넘어 14학년까지 2년 더 연장하려는 욕구는 줄어들지 않고 오히려 더 강해지고 있다. 특히 프로이센과 스위스가 보여주는 예는 여전히 살아 있으며, 1914년 발발한 세계대전과 당시 독일이 거의 모든 전선에서 달성한 부인할 수 없는 성공이 학령 기간의 연장을 어느 때보다 권장했다는 사실도 부정해서는 안 된다.

이러한 연장은 두 가지 이점을 제공한다. 한 가지 이점은, 2년 동안 학교에 남아있으면 자동으로 소년들이 충분히 신체가 발달하여 더 힘든 일을 하게 된다는 것이다. 이는 또한 노인들의 실업이 감소된다는 것을 의미한다. 또 다른 이점은, 학교에서 2년을 더 보내면 저소득층의 정신적 수준이 더 높이 상승한다는 사실을 부정할 수 없다는 것이다.

그러나 이에 대해 가볍게 여길 수 없는 반대 의견이 있다. 학령 기간의 연장으로 인해 많은 궁핍한 가족의 임금이 줄어든다는 것이다. 국가와 시 단체의 학비가 3분의 1만큼 더 증가할 것이며, 특히 5년에서 7년으로의 전환은 지역적으로 그리고 교직원 모두에게 이례적인 어려움을 초래할 것이다. 모든 학교가 한 층을 더 짓거나 교실을 추가로 짓는 것은 적합하지 않다. 그리고 교직원이 3분의 1이 증가하는 것 또한 매우 심각한 어려움에 부딪힐 것인데, 14학년까지의 학령 기간에 교육 자체도 자연스럽게 교육 과정의 연장을 요구하기 때문에 더욱 그렇다.

학령을 연장할 경우에 이 제도가 모든 학생에게 적용되는가라는 의문이 우리 쪽에서도 반복적으로 제기되었다. 독일과 스위스의 제도를 수정하여 최하위 수준의 학생을 연장 대상에서 제외하고 학생의 절반 또는 3분의 2

에만 적용할 수 있었다면, 그런 심각한 어려움을 당하지 않았을 것이다. 이미 교육을 확대하고 연장하는 정신으로 일하는 모든 기관에서 야간 학교, 반복 학교 등의 연장, 그리고 더 확대된 초등 교육에서 특정한 연장이 이루어졌다. 그러나 여기에 해당하는 거의 100만 명의 학생들에 비해 이 혜택을 받는 학생의 수는 현재 상황에 안주하기에는 너무 적다.

§10. 유치원De Bewaarscholen

'보호학교'(Bewaarschool, 유치원을 가리킴)라는 이름을 구성하는 두 단어는 그리 잘 선택된 것이 아니다. 여기서 '학교'(School)라는 개념은 사라져야 했다. '보호하기 위한'(om te bewaren) 학교라는 말은 허용하지 말았어야 했다. 프뢰벨(Fröbel)[93]이 '유치원'(Kindergarten)이라고 불리는 곳에 대한 풍부한 구상을 제안하기 전까지 그곳은 보육원에 불과했다. 그러나 프뢰벨의 발명으로 인해 이러한 '보호소'의 비참함은 완전히 종식되었다.

물론 집에 있는 모든 어린이가 6세까지 필요한 보살핌과 지도를 받을 수 있다면 훨씬 더 좋을 것이다. 그러나 이것은 불가능하다. 자녀를 둔 홀아비들이 너무 많다. 일하기 위해 집을 나가야 하거나 약하고 병든 어머니들이 너무 많다. 가난한 가정은 아이들을 집에 두는 것이 불가능하다. 과거에는 이러한 상황에 처한 아이들을 주변의 이웃에 사는 젊은 여성이 돌봐줌으로써 필요를 충족시켰다. 아이들을 그곳에 데려다 놓은 다음 오후 4시에 다시 데려오고, 그동안 아이들은 좋은 건강상태 유지와 사고 방지 등의 '보호를 받는다'. 이것은 우리뿐만 아니라 다른 도시에서도 마찬가지였는데, 적어도 이 결점을 막을 수 있었던 사람은 슈바르츠부르크(Schwarzburg)와 루돌슈타트(Rudolstadt)의 프리드리히 프뢰벨이다.

1782년에 태어나 1852년에 사망한 프뢰벨은 뛰어난 재능으로 일생의 대부분을 '유치원' 설립에 바쳤다. 그는 1839년 블랑켄부르크(Blankenburg)에 첫 번째 '유치원'을 설립했다. 그 이후로 유치원의 수는 독일에서만 증가한 것이 아니라 전 세계적으로 확대되었다. 특히 미국에서는 유치원이 25년 만에 양육의 필수 요소가 되었다. 리나 모르겐슈테른(Lina Morgenstern)[94], 하르트만(H. Hartmann)[95], 그리고 쾰러(A. Köhler)[96], 프리드리히 자이들(Friedrich Seidel)[97], 그리고 다른 사람들이 프뢰벨의 사명을 계승했다. 이 교육 분야의 직원에게 필요한 훈련을 제공하기 위해 사립학원도 설립되었다. 처음에는 이 모든 것이 완전히 비공개로 유지되었다. 여러 정부가 이 유치원에 반대하기도 했다. 그러나 1872년 이후 오스트리아 정부가 도움의 손길을 내밀어 급히 유치원을 지원하게 되면서, 유치원은 점차 우리나라 국민의 교육에도 도움이 되고 힘이 되었다. 유일한 아쉬움은 프뢰벨의 신조이다. "이 학교에는 문자와 숫자가 없다! 더 이상 경직된 모방도 없다."

우리나라에는 초등학교에 대해 너무 많이 준비되어 있었다. 시 정부가 참여했고, 따라서 우리 공립학교 체계의 그림자가 유치원을 억누르기 시작했다. 그것에 대항해 기독유치원은 명예롭게 맞섰다. 여기에 재정 문제가 끼어든 것은 유감이다. 시 당국은 기독유치원을 기독교적 성격과 충돌하는 사적인 법에 묶어 두고 싶어 했으며, 불행히도 보조금의 유혹이 기독학교의 자존심을 무너뜨렸다. 이 유치원 제도를 가장 활발한 방식으로 홍보하는 것은 우리에게도 분명히 적합할 터인데, 그렇게 하면 사립으로 남을 것이며, 교육에 관한 한 초등학교의 예비 학년으로 전락하지 않을 것이다. 따라서 이러한 제도의 중간 역할을 포기해서는 안 되며, 무엇보다 지역이 활력과 밝음을 보장하도록 항상 주의를 기울여야 한다.

1912년 말 우리나라에는 총 3만 3,000명에 가까운 어린이가 있는 공립유치원과 14만 1,000명에 가까운 어린이를 둔 특별 혹은 사립 기관이 있었다. 공립학교는 매우 느리게 발전할 운명에 놓인 것이다. 1900년에는 2만 7,000명의 어린이를 수용했으나, 12년 동안 겨우 5,000명만 늘어났다. 반면 사립학교는 같은 기간 동안 11만 7,533명에서 14만 1,000명, 즉 2만 4,000명이 증가했다. 정부가 초등학교를 보조학교로 만들지 않아야 할 필요성이 점점 더 커질 것이다. 그런데도 이 학교들의 성격이 퇴보하면, 그들은 이미 죽음을 맞이할 운명이다. 언제 어디서든 이러한 어린이 놀이 학교에서는 어린이의 어린이 됨을 고려해야 한다. 국가 위원회가 홍보하려고 노력한 것이 이 유치원에 복이 될지는 두고 봐야 할 것이다.

§11. 교사 양성

우리나라 초등 교육의 전체 기구에서 지금 확정적으로 도입되고 확고히 검증된 성격의 이중성은 교육에서의 일치성과 그와 관련된 시험에서의 동등성을 가져오지 못한다. 이미 오래전에 교육에서의 성질상 일치성은 포기되었다. 그 일치성은 첫째, 특정 학교에 다니거나, 둘째, 공통 수업을 듣거나, 셋째, 마지막으로 교사를 위한 사립학교 교육을 통해 시험을 치를 수 있는 자격을 얻을 수 있었던 방법이었다. 이 세 가지 방법에는 정부의 관여가 두드러졌다. 정부가 자발적으로 그렇게 했고 장려하려고 돈을 지불하는 방식을 사용했다. 그러나 사립 사범학교도 포함되었고, 우리 쪽의 보통학교가 시작했고, 기독 교사가 예비 교사를 훈련했던 자유는 있었다. 공립학교 제도는 정부의 우호를 받고 금전적 혜택이 늘 그쪽으로 확대됐지만, 교육을 위한 준비는 자유로웠다는 점을 인정해야 한다.

그러나 이러한 자유는 시험의 단일화 때문에 대부분 허구로 판명되었다. 첫 출발부터 소수의 공립학교 교사가 고시 위원에 임명되었으며, 학군에 대한 학교 감독은 처음부터 공립 교사에게 독점적으로 위임되었다. 따라서 시험이 그러한 조건으로 그리고 공립학교에 그 성격을 완전히 부여하는 방식으로 시행되는 것은 불가피했다.

그 이후로 이러한 상황은 의심할 여지 없이 그렇게 독점적으로 지속되지는 않았다. 이제 사립 기독학교를 확고하게 지지하는 학군과 학교 감독자들이 학교 집행위원회에 자리를 차지하고 있다. 그리고 고시 위원회에는 적어도 소수의 기독 교사들이 여기저기서 보였다. 따라서 이전의 경직성이 사라지고 더 많은 유연성이 자리 잡았다. 그러므로 과거의 경직성이 더 지속되도록 허용하기에는 너무 높이 있던 몇몇 위원회가 활동했음이 인정된다. 그러나 우리가 이것을 아무리 기뻐하더라도, 참을 수 없는 일방적 태도는 아직 극복되지 않았다.

§12. 시험

아직도 시행되는 시험은 여전히 고통스러운 것이다. 무엇을 시도하든 이중적인 학교 제도는 항상 시행되어야 하는 요구사항인데, 시험에서도 하나로 통합할 수 없음을 제턴(Zetten)의 피어선(H. Pierson)[98] 목사는 진실하게 말했다. 학교 교육의 이중성은 시험의 이중성을 반드시 요구한다. 악은 종종 충분히 관대한 것으로 판명된 위원회가 아닌, 한 번의 시험에 숨어 있다. 그 한 번의 시험이 후보자들로 하여금 공교육의 사상, 문헌, 교육적 방법에 완전히 익숙해지도록 강요했다. 후보자들을 훈련시켜야 했던 사람들은 그와 같은 일을 하지 않을 수 없었는데, 거기에 부패가 있었다.

수년간의 교육이 공교육 후보자에게 필요한 모든 것과 평생 봉사할 수 있는 모든 것을 제공했다. 반면에 우리 후보자들은 시험 문제를 이해하고 답을 알기 위해 일시적으로 우리다운 것을 제쳐두고, 전적으로 공립학교 사람들의 명예를 위해 살아야 했다. 중요한 시험에 합격한 사람은 시험관의 질문이 매우 긴장감을 준다는 사실을 안다. 모든 시험은 원칙적으로 무엇이 질문으로 주어질지 추측하고 그 질문에 대한 답을 스스로 준비하는 것이다. 그리고 이 준비에 성공하지 못할 때 혹은 기독 교사가 되려는 사람이라면 근대사상의 세계에 많이 빠져들 수 있기 때문에 시험에서 매우 심각한 손해를 본다.

이것은 그렇게 될 수도 없고 또 그래서도 안 된다. 초등학교에서 자신의 지위를 차지하고, 일례로 최소한 100개 학교라는 특정 규모를 가지는 모든 집단은 다음 권리를 획득해야 한다. 첫째, 정부의 재정에서 필요한 자원과 또한 시험을 치기 위한 동등한 교육을 받는다. 둘째, 같은 시험관을 임명한다. 셋째, 이 시험관에게 심사 요건과 이에 필요한 문헌을 결정하게 한다. 우리가 여기까지 이르렀을 때에야 자유가 완성될 것이다. 또한, 다가오는 헌법 개정이 지금 약속하는 것은 더 나은 방향으로 가는 중요한 단계가 될 것이다. 그러나 이로 인해 학교 투쟁에서 우리의 완전한 권리를 얻게 될 것이라고 잠시 상상한 사람은 우리의 학교 정강의 기본을 결코 이해하지 못한 것이다.

§13. 기혼 여교사

여기에서 여교사의 혼인 문제를 간략하게 논의할 필요가 있다. 혼인 후에도 자격증이 유효하다는 것은 말할 필요도 없다. 유일한 질문은 그들이 혼인한 후에도 초등학교에서 실제로 계속 일할 수 있는가이다. 거의 모든 분야에서 여성을 남성과 동등하게 만들고자 하는 사람들에게는 당연히 교사도 예외가 될 수 없다. 혼인한 교사는 당연히 임신을 할 수 있지만 그렇지 않을 수도 있다. 임신하게 되면 그것에 맞추면 된다. 질병으로 인해 교사가 몇 주, 때로는 몇 달 동안 수업을 못 하기도 한다.

이런 질문이 있다. 임신한 교사가 질병으로 입원한 교사와 같은 방식으로 대우를 받는 이유는 무엇인가? 그 질문은 거의 어리석은 것처럼 보이며, 임신한 교사의 경우가 이긴다고 말할 수 있다. 다른 면에서 보면 어머니는 가족에 속하며, 다른 집 자녀를 돌보기 위해 집 밖에 있으면서 자기 자녀를 포기해서는 안 된다. 학교를 필요로 하는 기혼 여성은 이미 앞에서 지적한 바와 같이 종종 악한 행위에 빠지려는 강한 유혹을 받는다. 그리고 임신한 여성은 그 모습이 학급 앞에서 청소년에게 보여야 하는 광경이 아니라는 사실을 알고 있어야 한다. 질병이 예외라면 기혼 여성의 어머니 됨은 규준인데, 합법적 예외에 근거해서 규준이 될 것이라고 결론내려서는 안 된다. 그렇지 않으면 결국 미혼자의 임신이 용인되어야 할 것이다. 사람들이 모든 방법을 동원해 얼마나 더 많이 '자유로운 사랑'을 정당화하려는지 읽어보라. 이와 관련하여 해야 할 일은 자녀가 없는 과부는 일상으로 다시 복귀시키고, 기혼자라도 위기의 나이가 지난 교사에게는 계약의 자유를 회복시키는 것뿐이다. 그렇지 않으면 혼인으로 인해 교사는 학교에서 제외되어야 한다. 기혼 교사는 거기에 속하지 않는다.

§14. 중등 교육

나는 장관으로서, 1903년 암스테르담 자유대학교 교수인 볼쳐(J. Woltjer)[99] 박사를 의장으로 하는 국가위원회의 위원을 여왕에게 추천하는 특권을 가졌다. 이 위원회는 중등 교육과 관련된 전체 주제를 조사해야 했으며, 이와 관련된 사항에 대하여 보고하고, 필요한 안을 제출하여야 했다. 이것은 내가 중등 교육에 대한 논의에서 너무 멀리 나가지 않도록 억제하는 역할을 했다. 위원회 보고서는 매우 방대한 8절지 크기로 작성되었으며, 이는 여러 당과 이 분야의 지도자들이 함께 숙고한 결과였다. 따라서 이 중요한 보고서를 참고하는 것이 기본적으로 더 낫다고 생각한다.

교육 분야에서 중등 교육이라는 개념은 하나의 이름으로 요약되는 것만큼 많은 함정이 있는 영역이므로 여기에 더욱 주의가 필요하다. 초등, 중등, 고등 교육에는 마치 초등, 중등 교육을 연속적으로 밟고 마침내 고등 교육에 도달하는 것 같은 3단계 계단이 있다. 지금까지 적어도 김나지움(Gymnasium)은 고등 교육 수준으로 간주되었고, 고등 교육을 언급한 사람들은 중등 교육을 일반적으로 언급하면서 초등 교육에서 고등 교육으로 직접 건너갔다. 오히려 세 부분은 사회에서 교육의 세 가지 결과를 나타낸다. 초등 교육은 이 학교 방문자의 일부에게만 혜택을 주는 부속 교육을 포함하여 모두에게 제공된다. 고등 교육은 자신의 학문 연구를 목표로 하거나 국가와 사회에서 고위 직책을 맡으려는 사람에게만 제공된다. 그리고 매우 일반적 초등 교육 그룹과 고등 교육을 추구하는 극도로 제한된 집단 사이에는 상당히 혼합된 성격의 세 번째 집단이 놓여 있다. 이 집단은 많지는 않지만 다른 고등 교육을 받는 사람들보다 훨씬 더 넓은 분야를 포함한다.

§15. 학생들의 부류

학생들은 일반 학생과 특별 학생이라는 두 부류로 나뉜다. 부속되는 것이 있는 초등학교보다 더 높은 부류인 '더 포괄적인 초등 교육'(M. U. L. O, Meer uitgebreid lager onderwijs)[100]으로의 일반적인 진학은, 특정한 급여를 받지 않아도 일반적으로 사회에서 더 높은 지위를 원하는 이들을 위한 것이다. 그러나 이것과 완전히 분리된 중등 교육에는 국가와 사회의 특별한 관계를 준비하는 일련의 학교도 포함된다. 후자는 차례대로 다시 두 개의 하위 집단으로 나뉜다. 한편으로는 하나의 직업을 목표로 하는 교육을 제공하는 무역학교, 해양학교, 군사학교 등이 있다. 다른 한편으로는 예를 들어 공예교육, 농업

교육, 미술교육, 여성 공예교육 등이 있다.

중등 교육의 규제를 훨씬 더 어렵게 만드는 것은 그것의 극도로 혼합된 특성에 기인한다. 이 특성은 그 자체만이 아니라 원리적 모순과도 관련된다. 순전히 기술적 성격의 것은 원리에 영향을 미치지 않지만, 학생들의 태도, 대우와 도구는 수년 동안 그 원리에 따라 있었던 사람들에게 깊은 영향을 미친다. 따라서 이 상황에서 기독학교와 비기독학교로 나누고 관점의 차이를 만들고자 하는 시도는 부분적으로 성공했는데, 이러한 성공은 이와 관련하여 형성된 연맹에서도 분명히 드러났다. 그러나 일관된 구현은 이 영역에서 근본적 차이가 아니다. 특히 매우 특수한 과목에 대한 교육에서는 등록하는 학생 수가 너무 적기 때문에 그렇지 않다. 이러한 모든 교육은 현지에서 제공되어야 한다. 대도시만이 이러한 모든 특수 과목을 학생들에게 제공한다. 따라서 소규모 지역에서는 분류가 전혀 문제가 되지 않는다. 암스테르담에서도 직업이 본질적으로 '너무' 특별해짐에 따라 분류가 점점 더 불가능해지는 것으로 밝혀졌다.

국가 정부와 시 당국은 이러한 교육 대부분을 민간 주도에 맡기기를 선호하며, 보조금을 통해서만 교육을 유지하는 데 도움을 줄 수 있다. 그러므로 그러한 사립학교의 수당과 보조금이 확고한 조항에 매이고, 이 조항을 맡길 법규가 있다면 반대할 것이 없다. 동시에 학생의 양심의 자유를 지키고, 그러한 모든 교육과 완전히 동떨어진 채로 남아있어야 하는 자유사상가들의 선전활동에 대항해야 한다.

§16. 유럽에서의 경쟁

나는 출판인으로서 그리고 일시적으로 장관직에 있을 때, 이에 해당하는 특수기술과 실기교육이 우리나라에서도 더욱 발전되어야 한다고 항상 주장했다. 필자처럼 해외에서 기술적이고 더욱 특별한 작업을 관찰할 충분한 기회가 있는 사람은 언제나 우리의 후진성을 안타까워할 것이다. 우리가 섬세한 은제품, 담배 제조, 치즈와 버터 제조 등과 같은 매우 소수의 분야에서는 유럽에서 명성을 누리고 있음을 인정해야 하지만, 나중에 등장한 기업에서는 안타깝게도 뒤처져 있다. 이 현상은 많은 수입품에서 볼 수 있다. 영국식 복장은 지위가 높은 남자에게 거의 없어서는 안 될 필수품이다. 우리 숙녀들은 파리에서 온 것들에 눈이 홀린다. 큰 작품을 만들 때에는 항상 독일, 영국, 벨기에에서 온 노동자의 도움을 받아야 한다. 해외에 있는 우리 직공 중 일부는 여전히 레인란트(Rijnland)의 섬유 분야에서 좋은 평판을 얻고 있다.

우리는 두 가지 면에서 뒤처져 있다. 우리 남자들은 다른 나라에서 온 노동자들보다 노동자로서 열등하다. 그리고 우리 상품은 외부에서 들어온 상품으로 인해 상점과 창고에서 사라진다. 이를 개선하기 위해 모든 노력을 기울이지 않았다고 불평할 수는 없다. 사람들이 조언을 구하지 않은 직업은 거의 없다. 특히 우리의 공예학교는 모든 칭찬을 받을 자격이 있는 감독관의 성실한 보살핌으로 점점 더 확장되었다. 1870년에는 214명의 학생과 32명의 교사가 있는 단 2개의 학교만 있었다. 1912년에 그 수는 7,894명의 학생과 807명의 교사로 83개 학교가 되었다. 그러나 우리는 여전히 우리가 있어야 할 곳에 있지 않다. 영국을 방문하는 사람이라면 누구나 이를 즉시 알 수 있다. 벨기에의 페이퍼룬(Pyfferoen) 교수는 짧은 기간 동안 목표로 한 많은 결과에 도달했다.

이러한 후진성의 원인은 적합한 교사의 부족에서 찾을 수 있다. 교사가 받는 임금은 높지만, 그의 직업에 진정으로 숙련되고 열정적인 사람은 그 영역의 지도자로서 훨씬 더 많은 수입을 얻어야 했다. 그래서 그들 중 종종 자신의 직업에서 책임자로 올라가지 않은 사람만이 교사로서 지원했다. 어쨌든 그들은 이류 교사였으며, 우리 직업학교는 어쩔 수 없이 그들에게 맡겨졌다.

이런 의심스런 결과를 감지한 나는 장관으로서 하를렘에 고위 교사를 확보하기 위해 교육을 잘 받은 공식 학교를 설립하는 법안을 제출했다. 그리고 하를렘 시 의회는 지원 승인에 기꺼이 동의했다. 그러나 특히 북쪽 지방의 의회 의원들은 북쪽에 유치할 수 있다면 질이 낮은 시설을 선호했다. 그 이후로 도르트레흐트에서 시도되고 부분적으로 성공한 것이 있다. 그러나 이런 방식으로는 진행이 너무 느렸다. 독일, 영국, 벨기에는 계속 우리를 앞서갔다. 이러한 기술적 후진성과 관련하여 관세의 자유는 우리 주변 국가의 전문성 개발과의 경쟁에서 우리가 뒤지는 원인으로 남아있다. 장인을 지도할 사람들의 교육은 상당히 달라야 한다. 우리는 이것 없이는 목표에 도달하지 못할 것이다.

§17. 기독 중등학교

시민학교[101], 고등 시민학교[102], 그리고 추가될 수도 있는 김나지움 영역에서 기독학교의 고유성을 어떻게 계속 추구할 수 있는지에 대한 문제가 점점 심각해지고 있다. 50년 동안 이 분야의 자체 학교를 설립하는 것은 생각조차 하지 못했다. 흐룬 판 프린스터러가 이를 간신히 시도했다. 당시에는 거의 모든 관심이 초등학교에만 집중되어 있었다. 그러나 이것은 이후 바뀌었다. 국가 또는 시에서 설립한 중등학교와 김나지움에 다니는 것은 우리 청소년의 신앙고백적 성격을 크게 훼손할 수 있음을 인식했다. 따라서 그 이후로 보통, 일반, 중등, 김나지움 교육의 분야에서 우리 자체 학교를 세우려는 매우 진지한 시도가 있었다.

초기 진행 상황은 점차 등장한 사립 김나지움에서 가장 잘 나타났다. 1903년에는 9개 학교에 739명의 학생이 있었다. 1912년에는 15개의 김나지움이 교육을 제공할 수 있었고 1,593명의 학생이 도움을 받았다. 그 외에도 1,769명의 학생이 있는 19개의 관련 시설이 나란히 서 있었다. 이 분야에서도 볼처 교수만큼 많은 공을 세운 사람은 없다. 이것은 자유대학교가 어떻게 함께 열매를 맺었는지 보여준다. 볼처 교수가 직접 설립한 기독 김나지움은 우리나라에서 가장 번성하고 가장 인기 있는 김나지움 중 하나이다. 때때로 진보 성향의 부모조차도 이 사립 김나지움에 아들을 보내 공부시키길 좋아했다.

반면 일반적 발달을 위한 중등 교육의 경우에는 우리의 저조한 성과에 대해 불만이 있다. 고등 시민학교의 수는 1865년에 21개(5년 과정 18개, 4년 과정 2개, 3년 과정 1개)에서 1912년에는 이미 88개로 늘어났다. 88개 학교에서 27개는 정부에 속하고, 48개는 시에 속했으며, 13개만이 사립으로 생겨났다(정부 보조금이 있는 곳 6개, 없는 곳 6개). 공립학교 대부분은 여학생들도 다닐 수 있다. 이 학교들 중에서 처음에 세워진 학교들 외에도 17개가 여학생 전용 학교로 설립되었다. 공립학교는 여기에 포함되지 않았다. 17개 중에 12개는 시립학교이고 5개는 사립학교이다. 시립학교도와 사립학교 모두 정부 보조금을 받지 않는다. 충당해야 하는 비용은 높은 수업료뿐이다. 1912년 이 17개 학교의 280명의 수험자를 위한 교직원에게 지급하는 보수만 해도 3,000길더가 넘었다. 그러나 여기에 큰 어려움이 있었는데 기독 중등학교의 지지자들 또한, 시와 국세뿐만 아니라 공립 중등학교에 찬성하여 돈을 내야하며, 동시에 자신의 필요를 위해서도 돈을 지불해야 했다. 비록 지금은 국가가 기독 김나지움 교육을 위해 받은 대로 보조금을 지급하는 데 개입하고 있지만, 적어도 어느 정도 고등학교를 운영하는 시 당국 자체는 개입에 대해 생각조차 하지 않고 있다.

§18. 비참한 결과

이로 인해 우리는 학교를 설립하고 유지하기 위해 절실히 필요한 돈을 공립 중등학교의 수혜자를 위해 예치해야만 했다. 뿐만 아니라 학비가 낮은 공립 중등학교와 절대 이길 수 없는 비참한 경쟁을 펼쳐야 했다. 자녀를 우리 중등학교에 맡기며 해결책을 찾는 부모는 다음과 같은 짐을 지게 된다. 첫째, 공립학교 비용도 함께 부담해야 한다. 둘째, 그들은 자신의 학교에서 훨씬 더 높은 '학비'를 부담해야 한다. 그리고 셋째, 자기 학교에 대한 '기부금'으로 끝없는 적자를 매워야 한다.

여기에 더하여 이 부담을 감당할 수 없어, 어쩔 수 없이 자녀를 공립 중등학교에 보내야 하는 우리 주변의 부모들은 대출도 거절당해 재정적 어려움이 더욱 악화되었다. 여기에 기독 중등학교나 김나지움이 통학하기에 먼 거리일 경우에는 그로 인해 높은 비용이 발생한다. 학생이 부모의 집을 떠나 학교가 위치한 도시에서 숙소를 구해야 한다. 또는 최소한 자신이 사는 곳에서 통학하는 데 매일 상당한 여비를 지출해야 한다. 모두 같은 나라 국민인데도 단지 신앙의 차이로 인해 너무나 많은 재정을 불평등하게 부담해야 한다는 것은 정의롭지 못한 것이라는 느낌을 갖게 한다.

따라서 최소한 시 당국은 시립학교에서 아동 1인당 지급되는 보조금의 형태로 우리 학교에 대해서도 학생 1인당 얼마의 보조금을 지급해야 할 의무가 있다. 이것이 국가와 시 당국에 사실이라면, 기존의 필요는 최소한 어느 정도 충족되어야 한다. 그러나 그때에도 우리는 멈출 수 없다. 적어도 모든 주에서 마을과 작은 마을의 젊은이들이 원하는 교육을 가장 저렴한 비용에 찾을 수 있는 곳에 우리의 두 개의 기관, 즉 중등 기숙학교를 설립하려는 목표를 포기해서는 안 된다. 일단 초등학교에서 공립학교와 완전한 평등이 이루어지면, 우리의 희생은 여기에서 동등하게 거룩한 목적을 위한 또 다른 제단을 발견하고, 우리나라의 모든 기독 단체에 복을 줄 수 있을 것이다.

§19. 고등 교육에 의한 언어 혼잡

"언어 혼잡"이라는 표현은 창세기 11장 7절에서 빌린 것으로, 징벌적 의미를 내포하고 있다. 그 자체로는 민족들이 말하는 언어가 차이를 보인다는 것 외에는 아무 의미가 없다. 실제로 그렇게 되었다. 사람들은 국적이 서로 다르며 이러한 국적의 차이는 모든 구어의 다양성으로 표현된다. 그러나 이 사실이, 가능하다면 세계 전역에서 하나의 공통 언어를 사용하려는 바벨론적 경향을 막지는 못했다. 그래서 이중 사용이 발생했는데, 하나는 일반 사람들이 사용하는 일반적 구어체이고, 다른 하나는 자신이 일반 사람들보다 우월하다고 느끼는 귀족 계층이 사용하는 '하나의 약속된 언어'이다.

고대 제국인 로마에서 이미 고위 귀족은 라틴어를 사용하지 않았고, 대부분 그리스어를 사용했다. 민족 대이동으로 로마 제국의 기존 질서가 모두 산산조각 났을 때, 고위층 사람들은 오로지 일반 백성을 위해 존재하는 다른 나라 언어를 사용하지 않고, 라틴어를 사용함으로써 어느 정도 통일성을 유지시키고자 했다. 어느 정도 라틴어는 세계 공동체를 위한 언어로 기능했다. 로마 주교의 지도로 교회는 먼저 이 일에 전념했으며, 예배 일부와 더 상부 집회에 라틴어 사용을 도입했다. 그 결과 라틴어의 사용은 우리가 "학문 세계"라고 부르는 '문자 공화국'(Respublica litterarum)에도 도입되었다.

어떤 역사적 과정 후에, 항상 그리고 모든 영역에서, 거대한 군중과 소수의 '엘리트' 사이에는 어떤 분열이 발생하며, 발전을 통해 더 높은 위치로 올라간다. 엘리트는 귀족, 곧 귀족 정치를 혈통이 아니라 학문과 기술로 형성했다. 이 상위 집단은 모국어가 아니라 '선택된 언어'를 항상 사용하려고 한다. 귀족의 경우는 종종 프랑스어였다. 무역 업계에서는 영어가 점점 더 많이 사용되었고, 학문 세계에서는 독일어가 선호되곤 했다. 로마에 속한 교회만이 예배할 때 라틴어를 계속 사용했다. 이 관습은 오랫동안 계속해서 우리 학계에서 널리 퍼졌다. 지난 세기 중반에 나 자신도 라틴어 논쟁에 참여했고 라틴어로 경시대회에 참여했으며, 학위논문을 썼다. 이 관습은 그 이후로 없어졌다.

요즘 사람들은 대학 생활에서도 거의 모든 곳에서 모국어를 사용한다. 일반적으로 프랑스어, 독일어, 영어와 같이 그 언어를 이해할 수 있는 나라에게는 문제가 되지 않는다. 반면에 이것은 덴마크, 루마니아, 네덜란드와 같은 국가의 경우 외부에서 온 학생들이 더는 학교를 방문하지 않는 이유이기도 하다. 바로 이런 이유로 벨기에, 브뤼셀, 뢰번[103]에서처럼 라위크 (Luik)[104]에서도 강의에서 프랑스어를 포기하지 말라는 주장이 있었던 것이다. 그러나 플란데런어를 사용함으로써 세계 공동체와 관계를 끊었다. 고등 교육 과정을 이해하려면 이 어려운 경우를 진지하게 고려해야 한다. 이탈리아, 독일, 프랑스, 기타 지역에서 대학이 생겼을 때, 라틴어는 여전히 신학 세계뿐만 아니라 학식 있는 세계의 공용어였다. 그러므로 라틴어는 당시 '모든' 고등 교육의 언어여야 했다.

§20. 고등 교육의 범위

원래 사람들은 '학문'(scientiae)과 '기술'(artes)에 대해 이야기하면서 '학문'은 형이상학과 관련된 모든 고등 학문으로, 그리고 '기술'은 우리 인간 생활의 기술적이고 실용적 부분을 언급하는 매우 다른 학문으로 이해했다. 영국에서는 지금도 "과학"(sciences)이라는 단어를 한 부분에만 사용하는 것이 관례이지만, 이로 인해 '과학'은 형이상학에서 배제되고 단지 기술적이고 실용적인 연구를 하는 학문으로만 이해되었다. 그러나 가장 오래된 대학에서는 귀족적 요소가 너무 지배적이어서 르네상스 학파와 인본주의에서 나온 모든 학파에서도 라틴어 사용이 유지되었다. 따라서 이들 대학에 입학을 준비하는 학교는 '라틴어 학교들'이라는 이름을 얻었다.

하지만 장기적으로 사람들은 이 학교로 만족하지 못했다. 사람들은 고전 세계와 형이상학에 대한 지식뿐만 아니라, 기술적이고 실용적인 삶에 대한 지식이 필수불가결하다는 것을 깨달았다. 따라서 라틴어 학교에서도 현대 언어, 물리학, 역사 교육을 도입했다. 결국 이것은 김나지움을 낳았다. 하지만 여기서 그치지 않았다. 이미 혼합된 이러한 김나지움에 더하여 일반 학교라고 불리던 학교가 점차 실제 생활의 요구에 맞추는 모습을 보였다. 이것은 자연스럽게 의학과 물리학 학부에 라틴어가 필요한지 아닌지에 대한 질문으로 이어졌다.

따라서 두 방향이 나란히 진행되었다. 한편으로는 유서 깊은 고전교육의 분위기가 계속해서 조성되었으며, 이는 라틴어와 그리스어, 고전 문학에 대한 지식을 계속 요구했다. 그러나 그에 더하여 자연, 기술, 실제 생활에 대한 지식이 등장하였고, 이 진영에서부터 점점 더 많은 사람이 라틴어의 지배에 대해 항의하기 시작했다.

지금도 고등 교육을 위해서는 어느 정도 라틴어에 친숙할 것이 계속 요구되지만, 나머지 고등 교육 연구는 두 방향으로 나뉘어 진행될 것 같다. 즉, 한 방향은 전문대학을 중심으로 실용적인 기술을 다루는 것이고, 다른 한 방향은 더욱 심화된 학문 연구로 대학 생활을 풍요롭게 하는 것이다. 그렇게 되면 전문대학에서는 라틴어가 완전히 사라질 것이다. 반면에 종합대학들에서는 라틴어가 신학, 법학, 문학부에서는 오래된 명예의 자리를 지키지만 의학이나 물리학 연구에서는 어원학적인 관심 이외의 영역에서는 아주 부분적으로만 중요성을 가질 것이다.

이것은 자동으로 고등 교육의 김나지움에서 중등 교육으로 전환하는 것으로 이어질 것이다. 김나지움뿐만 아니라 일반 학교에서도 대학 진학을 준비하며, 김나지움에서도 고전 교육 외에 현대 교육이 이뤄지고 있다. 따라서 김나지움 교육은 고등 교육에 독점적으로 통합될 이유도 없고, 전문대학과 종합대학에서의 교육만큼 고등 교육의 개념을 흡수할 수도 없다.

§21. 전문대학 출신

내가 1909년에 상정한 고등 교육법은, 우리의 고등 교육이 김나지움을 졸업한 후에 종합대학으로만 진학하지 않고 고등 교육의 두 번째 유형인 '전문대학'을 별도로 지명할 수 있는 것이었다. 거기에 그치지 않고 제4조에 이 명칭이 삽입되었지만, 나중에 제30조부터 제69조까지는 델프트 공대의 완전히 새로운 부서도 포함되었다. 그 당시 자유당 진영은 종합대학과 전문대학을 구분하는 즉각적 전개를 방해했지만, 구분의 추가 적용은 곧 삶 자체에서 등장했다.

완전히 같은 바탕에 세워진 로테르담의 무역전문대학을 생각할 수 있다. 이러한 제도는 나중에 농업, 항해 등에 동등하게 적용될 것이다. 그러나 이것이 여전히 사실이라고 해도 원리는 이미 조정되었다. 토르베커가 중등 교육으로 완전히 잘못 포함시켰던 폴리텍대학은 마침내 기술 전문대학으로서 명예로운 정당한 위치에 도달했으며, 종합대학과 전문대학의 공식적인 구분이 확정되었다. 이제 기술 분야에서도 '박사 학위'를 취득할 수 있다. 중등 교육과 고등 교육의 구분은 이제 종합대학과 전문대학 모두에서 나타난다. 중등 교육에서는 이미 발견된 것만을 학생들에게 전달하고 최선을 다해 도움을 제공하지만, 독립적 연구나 새로운 발명에는 관심을 두지 않는다. 전문대학은 바로 이 후자의 방식으로 종합대학처럼 고등 교육의 특성을 형성한다.

고등 교육법 제1조에 따르면 고등 교육은 두 가지 형태로 구성된다. 첫째, 독립적으로 학문을 연구할 수 있도록 양성, 준비시키는 것이다. 둘째, 사회적 직업을 갖도록 양성, 준비시키는 것이다. 기술자는 이제 법학자, 신학자와 같은 선상에 있다. 따라서 두 가지 형태는 모두 학문적인데, 즉 고등 교육을 요구한다. 법이 오직 국가를 위한 봉사와 학문을 위한 학생의 양성만을 종합대학과 전문대학의 존립 목적으로 인정한다는 것은 흠이다. 어떤 학과에 학생이 부족하더라도 그 학과의 교수는 명예로운 지위를 유지해야 했다. 제공되어야 할 고등 교육의 배후에는 학생뿐만 아니라 국가와 사회와 교회에 이익이 되는 학문적 연구가 있으며, 이것 역시 고등 교육의 '목적'으로 표시되어야 한다. 그리고 이것은 그 목적 자체를 고등 '교육'의 개념 안에 너무 꼭꼭 가두지 않는다면 가능하다. 이와 관련된 문제의 본질은, 어떤 경우라도 우리 의사 중 일부의 훈련을 전문대학에 위탁할 수 있다는 것이다. 확실히 모든 의사가 학문적으로 독립적 연구자가 되는 것은 아니다. 그들 중 많은 의사는 오로지 진료만을 위해 일한다.

§22. 종합대학교

종합대학은 전문대학이 거의 알지 못하는 어려움을 가지고 있다. 그러나 그것은 삶의 가장 깊은 원리를 꿰뚫어 보고, 따라서 같은 주제에 대해 필요한 빛을 퍼뜨리기 위해 함께 모인 교수들이 동일한 기본 원리에서 출발할 것을 요구한다. 무신론자와 칼빈주의자는 동일한 학생 집단을 형성하기 위해 함께 일할 수 없다. 한편은 다른 편이 구축한 것을 파괴하고, 그 결과 학생들의 마음에 고통스러운 혼란이 발생한다. 한 교수의 '주장'은 동료의 논증과 다를 수 있다. 어떤 사람은 다른 사람보다 학문의 어떤 부분을 더 강조할 수 있다. 개인적 차이는 교육의 내용을 풍부하게 할 수도 있다. 그렇지 않으면 재능이 저절로 나오지 않을 것이다. 같은 종류의 교과서를 사용하는 것은 언급할 필요도 없다. 여기에서도 획일성은 장식품이 아니라, 가르침에서 그 광채를 빼앗는 것이다. 다만 모든 부분이 동일한 토대 위에 놓인 동일한 학문의 전당으로 함께 세워져야만 하고 그렇게 남아있어야 한다.

이제까지 바티칸이 모든 기독교국가의 분위기를 조성하는 한, 이것은 적어도 부분적으로나마 아무런 어려움이 되지 않았다. 그때에 교회는 감시를 행했고, 교회의 세계관을 버린 사람은 마침내 종교재판을 받아야 했다. 처음에는 르네상스와 나중에는 인본주의가 이것을 어느 정도 느슨하게 만들었지만, 종교개혁의 역사, 특히 칼빈주의의 역사는 근본 원리의 모든 포기가 얼마나 예리하게 감시되었는지를 증명한다. 이 나라에서도 종교개혁이 일어나고, 국가와 사회에서 일탈적 삶의 원리가 우선시되면서 바티칸의 검열은 당연히 무시되긴 했지만, 적어도 이제 학문을 원리가 없는 자의에 맡기려고 한 것은 아니었다. 그와 반대로 레이던 대학교도 세 개의 일치신조에 서명을 요구했다. 다른 곳에서 나는 이미 스홀턴 교수와 퀴에넌(Kuenen) 교수도 그 문서에 서명했음을 지적한 바 있다. 지난 세기 중반부터 원리에서 이탈하여 모든 고등 교육이 중립을 선언한 것은 사실이지만, 자유로운 개인적 성찰의 원리가 이제 모든 정부-대학교에 적용되어야 한다는 것 외에 다른 결과는 없었고, 그래서 정부가 교수를 임명함으로 신앙과 관련없는 학문이 점점 더 전면으로 이동했다. 이제 사용할 수 있는 유일한 척도는 영리함과 재능이었다.

§23. 재능의 원리와 다양성

임명이 행해지는 곳에서 하나, 셋, 다섯, 열 가지 재능을 가지는 후보자는 항상 고려의 대상이다. 이 구분은 항상 지속된다. 이것은 모든 인간 사회뿐만 아니라 동물의 세계에도 퍼져있는, 피조물의 일반적인 다양성이다. 타고 다니는 말이나 사냥개가 저마다 가치가 얼마나 크게 다를 수 있는지 보라. 이 기술, 이 아름다움은 조금도 과소평가되어서는 안 된다. 똑똑한 선생과 바보 사이에서 선택할 때에 어리석은 사람을 임명하고 천재를 집에 두는 사람은 죄를 범하는 것이다.

하지만 재능이 원리를 대체하지는 않는다. 어느 아버지가 자기 아들을 위해 통치자를 찾는 데 좀 더 능력이 있다는 이유로 도덕적으로 타락한 사람을 선택한다면, 그것은 자기 아들을 배신하는 것이 될 것이다. 놀라울 정도로 똑똑하지만 무신론자인 사람을 신학교 교수로 임명하는 것은 엄청난 죄일 것이다. 재능이 많지만 그리스도를 단지 피조물로만 여기는 사람을 선교사로 보내는 것도 원칙을 버리는 일이 될 것이다. 그러므로 핵심은 이것이다. 탁월한 재능과 충분한 기술을 가지고 있음이 인정될지라도, 임명된 사람은 항상 자신이 일할 학교가 고백하는 원리의 통제 아래 있어야 한다. 마음을 다해 원리에 전념하지 않는 사람은 아무리 놀랄 정도로 똑똑하다 해도 임명되어서는 안 된다. 그리고 그가 나중에 원리에서 이탈한다면 그 자리에 계속 있을 수 없다. 통제는 모든 것을 지배하는 원리의 금지될 수 없는 요구이다.

§24. 협력

우리는 이미 협력의 요구사항을 언급했다. 네 마리 말이 끄는 마차가 달리려면 네 말이 모두 선별된 수말이어야 한다. 네 말이 아주 아름다운 백마 또는 회색마가 아니면, 한 마리는 오른쪽으로 다른 한 마리는 왼쪽으로 방향을 틀어 마구의 끈을 끊어버리고 만다. 이에 미치지 못하면 저절로 다시 중도로 되돌아가고, 원리를 포기함으로 다시 기술적이고 혹은 지적 재능만 중요하게 여기게 된다. 원리에서 비롯된 규칙은 당연하고 원리가 대학의 전 기관을 지배해야 한다. 이사, 자문, 교수 등은 모두 무조건 원리에 따라야 한다. 공언된 원리를 따르는 것보다 더 높은 명예는 없다. 따라서 이러한 원리적이고 자유로운 대학을 설립할 때, 이 원리가 모든 권력을 감독한다는 것이 가장 절대적 의미에서 공언되어야 한다. 마치 암스테르담의 자유대학교가 그 학칙에서 "모든 교육은 개혁주의 원리에 전적으로 의존해야 한다"고 요구하는 것과 같다. 따라서 이것은 시험 중에도 계속되어야 한다. 학생은 최종 시험, 특히 박사 학위에 도달하여 대학을 대신해 스스로 가르치고 다른 사람을 가르치는 권리를 부여받는다. 그런 일을 하는 학자라면, 당연히 잠시라도 그 원리에서 벗어나서는 안 된다. 이에 반대하는 사람은 누구나 원리적 대학에서 박사 학위의 중요성을 깨닫지 못했다고 말할 수 있다.

'중립적 대학'과 '원리적 대학'의 차이는, 전자가 어느 정도의 전문 지식만 요구하고, 후자는 항상 전면에 위치한 원리에 절대적으로 지배되고 모든 것이 그 원리에서 비롯된다는 점에 있다. 여기에서 자문위원회는 제공된 교육의 건전성을 감시할 뿐만 아니라, 원리에 대한 기초의 충실도를 유지하는 이중 임무를 수행한다. 따라서 때때로 교육에 참관하는 것은 그들이 소홀히 해서는 안 되는 의무의 일부이다. 자문위원이 되려면 자신도 원리를 굳건히 해야 한다는 것은 더 말할 필요가 없다.

§25. 대학 문제의 해결책

우리처럼 작은 나라에서는 앞에서 주장했던 요구사항을 엄격하게 유지해도 대학 문제를 완전히 해결할 수는 없다. 아마도 우리 중 일부 로마 가톨릭 주민은 프라이부르크(Freiburg)[105]에서처럼 원리에 따라 종합대학을 설립하는 데 성공할 수 있을 것이다. 그리고 법학, 문학과 마찬가지로 신학에 관해서는 그 대학이 교수들로 충분히 채워지고 보조 자료, 도서관 등을 제공할 수 있다는 것을 충분히 상상할 수 있었다. 이미 협회가 결성되어 조용한 힘으로 그 궁극적인 목표를 향해 나아가고 있다. 이 학부에 들어가는 비용이 그렇게 높을 필요는 없다. 그리고 가톨릭 인구가 국가의 거의 3분의 1이고 많은 부자와 사업가가 있으므로 필요한 자금을 충분히 감당할 수 있을 것이며, 또한 그렇게 하려고 한다.

그러나 의학과 기술학과는 다르다. 이러한 학과는 학부의 설립과 운영에 매우 많은 예산을 필요로 한다. 모든 진지한 경쟁을 차단하는 데 실패하면 어떤 비용도 감당할 수 없을 것이다. 로마 가톨릭 사람들은 이 점에서 성공할 수 있다고 가정하더라도, 전체 인구에서 겨우 6분의 1을 구성하거나 그 이하를 차지하는 더 작은 집단은 완전하고 효과적으로 제공되고 도구화된 자체 대학을 설립할 가능성이 거의 없다. 칼빈주의자들도 의심할 여지 없이 이 목적을 위한 인력과 재정이 부족할 것이다. 흐로닝언에는 네 개의 공립대학 중 가장 작은 규모의 종합대학이 있지만, 장기적으로 볼 때 우리는 인력, 도구, 지원의 측면에서 이 대학도 따라갈 수 없다. 초기에 그랬던 것처럼 우리나라의 모든 칼빈주의자들이 이 목적을 이루기 위해 협력했다면, 훨씬 더 작은 규모일지라도 가능한 결과를 얻었을 것이다. 그러나 교회의 대립으로 세력이 분열되었을 때, 이 이상은 저절로 무너졌다. 지금은 넷 또는 다섯 개의 학부와 각 학부 당 서너 명의 교수를 두고 있는데, 거기에다 꼭 필요한 보조 도구를 가능한 가장 작은 규모로 구매할 수 있다. 다른 한편 이것은 다음의 요구를 포함할 것이다. 정부가 이 자유 기독교 교육도 기꺼이 강력한 방법을 통해 재정적으로 지원할 최종 준비가 되어야 한다는 것이다. 따라서 이 목표를 겨냥해야 한다. 이미 일부가 진행되기 시작했고, 이제 우리는 훨씬 더 멀리 나아갈 수 있다.

§26. 문제 해결

그러나 이런 식으로 대학 문제가 저절로 해결될 것이라고는 그 누구도 생각하지 않았다. 자유대학교와 같은 재단은 잘못 놓인 정부 교육을 바로잡는 역할을 하고 있다. 그것을 반대하더라도, 그 재단은 잘못을 바로잡으며 압도적이고 중립적이라 불리지만, 중립을 반대하는 정부 교육을 볼품없게 만드는 빈자리를 채우려고 한다. 초등 교육이나 중등 교육과 달리 고등 교육은 중립적일 수 없다. 오히려 교수는 연구를 통해 학문이라는 건물의 기초를 뚫고 들어간다. 그러므로 같은 학부에서 한 과목을 다른 과목과 반대로 가르친다면 학생들의 마음에 큰 혼란이 일어날 것이다. 한 사람은 다른 사람이 쌓으려 한 것을 끊임없이 무너뜨린다. 곧 사회와 교회 생활을 지배하게 될 상류층은 그러한 모순된 교육의 산물로서 머뭇거리며 흔들리는 정신밖에 얻을 수 없다.

나는 이미 1878년에 이 문제에 대한 해결책을 제안했으며, 여전히 그 해결책이 유일하게 효과적인 것이라고 여긴다. 그 제안은 정부가 대학 교육을 위해 하나 이상의 기관을 설립하되, 직원 임명은 전적으로 포기하는 것이다. 정부의 역할은 건물, 도서관, 기구와 같은 측면에서 모든 자원을 준비하고, 각 대학이 요청한 자료를 널리 사용할 수 있게 하는 것으로 국한되어야 한다. 그러면 그 대학은 고등 교육의 원리, 정신, 방향을 각자 스스로 결정하고, 이에 대한 책임자, 자문위원, 교수, 강사 등을 임명하고 비용을 지급해야 할 것이다. 법에 따라 대학 연구소는 공식 요건을 충족해야 한다. 따라서 적어도 세 개 또는 네 개의 학부가 설치될 수 있다고 결정할 수 있고, 최소한 세 개 또는 네 개의 학부에서 각각 많은 교수를 임명할 수 있으며, 그 연봉은 일정 수준 이하로 떨어지지 않아야 할 것이다. 장학금은 정부에서 제공할 수 있으며, 재직 중인 교수의 수에 따라 추후 동등하게 집행될 수 있을 것이다.

우리는 여기서 더 자세한 모든 설명을 자제할 것이다. 우리가 목표로 하는 것은 분명하다. 정부가 원리와 방향의 선택에 전혀 영향을 미치지 않으면서 모든 외부로부터의 물질적인 지원을 제공하는 것, 그리고 특정 형식의 요구사항을 충족시키는 모든 고등 교육 기관이 전방위적인 지원을 자유롭고 광범위하게 사용할 수 있게 하는 것이다. 그래야만 고등 교육 분야에서 권리의 평등을 이룰 수 있다. 이러한 이상이 달성되지 않는다면, 정부는 항상 모든 국민에게서 자금을 지원받아 고등 교육의 영적 방향을 한쪽으로 치우치게 할 것이다. 그로 인해 신념에 따라 반대 방향으로 이동하는 일부 주민은 항상 권리가 축소되고, 신념이 있는 모든 사람에게 가장 신성한 영역은 계속해서 불법적으로 억압될 것이다.

제18장

사회 문제

§1. 과거와 현재

거의 반세기 전인 1878년 반혁명당 강령의 제19조는 사회 문제의 해결을 위한 우리의 기본 원칙을 담아야 했다. 나는 이 일반적 선언의 초안을 작성하여 다음과 같이 확정했다. "반혁명당은 우리의 입법적 수단을 통해 다양한 사회적 계층 간의 관계가 하나님 말씀의 요구에 효과적으로 부합하도록 현재보다 더 잘 협력해야 할 필요성을 인식한다." 이러한 선언은 내가 1874년 11월 28일 하원에서 행한 사회 문제에 관한 연설과 관련되어 있으며, 이것은 1874년과 1875년에 "하원의 몇 가지 조언"(Eenige Kameradviezen)이라는 제목으로 출판되었다(191쪽 이하 참고).

1874년의 이 연설에서 이미 주도적 생각으로 받아들여진 것이 1878년의 반혁명당 강령 제19조에 의해 표현되었다. 그리고 32년 후인 1910년 11월 22일과 24일에 나는 다시 하원에서 연설을 통해 덧붙일 수 있었고, 이것은 그해 12월 10일에 "드 스탄다르트"에 실렸다. 그런데 이 두 연설 사이의 기간에 우리나라에서 사회 문제가 발생하는 방식이 완전히 바뀌었다. 1874년 우리 의회에서 오직 판 하우턴만이 이 강력한 문제에 대해 동료 의원들의 주의를 환기하려고 노력했다. 오늘날 이 저명한 정치가가 원리를 바꾸지 않고, 노년에도 여전히 어떤 위치에 있는지 생각해보면, 그 당시에 제안한 것에 내가 만족하지 못한 이유를 즉시 알 것이다.

그러므로 1873년에 이 나라에서 활동을 시작한 국제노동자협회가 당시 아직 목사였던 필자를 그들이 원하는 대로 그들의 지도자 중 한 사람과 공개 대화를 나누는 자리를 만들고자 한 것은 놀라운 일이다. 나는 처음부터 우리가 원리에서 근본적으로 너무나 다르다는 것을 알고 이를 거부했다. 그때에도 내 속에 있는 모든 것이 그들 못지않게 나를 강권하여 '법으로' 보호를 받으려 하였다. 당시에 자유주의는 그들의 언론을 통해 조롱과 비웃음을 보냈지만, 하나님께 감사하게도 이 구상은 적어도 부분적으로 실현되었다.

네덜란드는 사회적 문제에서 후진적이었다. 영국에서는 모리스(Maurice)[106]가 활발하게 행동했는데, 그는 이미 긴급 상황에서 부분적인 구호에 성공했다. 독일의 로마 가톨릭 교도들 가운데 마인츠의 주교인 폰 케틀러(Von Ketteler)[107]는 이미 광범위한 운동을 시작하여 지금도 이어나가고 있다. 루돌프 마이어(Rudolf Meyer)[108]도 비슷한 말을 했다. 당시 그의 생각은 이미 정치 분야에서 표현되고 있었다. 평화롭게 잠을 자고 있는 것과 같은 우리나라에 도멜라 니우번하위스가 지체하지 않고 참회의 트럼펫을 울렸다. 여기에 퀴허니우스의 평가가 도움이 되었다. 그리고 필자에게도 그의 공감이 느껴졌다.

§2. 공포감

우리 시민과 정부 조직 사이에서 솟아난 뿔이 불러일으킨 첫 느낌은 확실히 공포감이었다. 그리고 곧 반격을 통해 우리나라 국민 사이에서 갑자기 부상하는 국제노동자협회를 진압하는 것이 목표가 되었다. 암스테르담 시민이 거리에서 "모든 사회주의자는 청어 상자 안으로"라고 노래한 것을 기억한다. 비겁한 전투 방식은 당시 반대편에서 자기 자신에게 갇혀버린 소녀들이 "우리는 오랫동안 충분히 사랑했어! 이제 미워하고 싶어"라고 외치는 소리에 자극을 받았다. 거리에서 들리는 소리는 사나운 소음과 비밀리에 폭발물을 준비한 거친 폭동뿐이었다. 그 당시에는 제도 대 제도에 대해서는 거의 들을 수 없었다. 오히려 위험한 구석에서 오는 위협뿐이었다. 밀과 그의 무리는 뭉쳐서 그들의 너덜너덜해진 개인주의로 멋진 목표를 설정했지만, 그 결과는 그들의 주장과 사뭇 달랐다. 버크스(T. Birks)[109]가 이를 예리하게 표현했다. "맹세한 목적은 최대 다수의 최대 행복에 도달하는 것이다. 그러나 그 결과는 최대 다수의 최대 불만인 것 같다."

다행스럽게도 우리는 호비(Hovy)의 맥주 양조장, 호흐터 판 던 카데이크(Hoogte van den Kadijk)[110], 볼버(Wolber)의 "진리의 친구"(Waarheidsvriend)[111], 그리고 곧 푸시아트(Poesiat)와 카터(Kater)의 "파트리모니움"(Patrimonium)에서 기독교적 반격의 부활을 보았다. 우리는 무엇보다도 우리의 기독 노동자 집단이 이 혁명 정신에 의해 휘둘리지 않은 데 감사해야 한다. 반대로 더 혁명적 집단에서는 오히려 파리 코뮌(Parijsche Commune)[112]의 정신이 계속되었다. 1871년 파리 코뮌 운동은 여전히 독일의 포위 공격을 받고 있었다. 당시 이것은 모든 서방 국가, 심지어는 러시아에서도 바리케이드 봉기를 알리는 신호처럼 보였다. 자신의 생명을 구하기 위해 자본가는 조국을 탈출해야 할 수도 있었다. 군대에만 안전이 부분적으로 보장된 것처럼 보였다. 그러나 결국 군대에서도 잘못된 소리가 나기 시작했다. 사람들은 1789년 이후 프랑스를 계속 불안하게 생각했고, 프랑스로부터 우리 시민의 평화를 깨뜨리는 일이 반복되는 것을 두려워했다.

§3. 회의

현재 상황을 이것과 비교하면, 1880년 이래로 이 무질서하고 완전히 뒤집혀 표류된 상태가 어떻게 멈췄는지 알 수 있다. 군사력을 더는 하찮게 여길 수 없다는 것이 밝혀졌다. 사람들은 거친 거리의 소문이 지속적 유익을 제공하지 못한다는 것을 깨닫게 되었다. 그리고 혁명적 행동의 선두에 점차 더 많이 연구하고 더 명확히 이해한 사람들이 나타났다. 그들은 집단행동을 중단시키는 수단이 바리케이드가 아니라 회의에 있음을 처음부터 알았는데, 그 수단은 권총과 단검이 아니라 사회적 지식으로 무장한 철저한 조사와 탄력적 사고를 제공하는 것이었다.

1871년과 그 다음 해까지 이 나라를 덮고 있던 소란스럽고 불안한 분위기를 만든 상황은 국제노동자협회의 조치에 의해 저절로 끝이 났다. 그리고 얼마 지나지 않아 자유당 진영과 기독교 양쪽의 영향력 있는 정치가들이 더 나은 노동조건 조성의 필요성을 공개적으로 인정하게 되었다. 그러자 우리나라의 기존 상황도 충분히 변화될 기회가 생겼으며, 여러 면에 존재하는 부족함을 극복하고 더 행복한 미래를 준비할 수 있었다. 마르크스가 창안한 국제노동자협회 운동은 자연스럽게 정치적 활동에 합류했다. 이 활동에 대해 여전히 잘못 고려된 많은 활동이 수반되어 나중에 비판을 통해 개선이 이뤄질 수 있었지만, 그런데도 1880년 즈음에 우리는 사회 체계를 전복시키지 않으면서 외관 그 이상을 새롭게 하려고, 더 사려 깊고 더 진지하고 더 유망한 노력에 착수했다.

§4. 성경

노동자 운동이 처음 등장했을 때 기독교계에서는 예수를 고백하는 사람은 그 운동에 거리를 두어야 한다는 보편적 인식이 있었다. 고용주가 노동자를 좀 더 관대하면서도 엄격하며 공정하게 대우하도록 유도하고, 노동자에 대해 선교적으로 행동하며 질병이나 기타 상황에서 도움을 제공하는 것은 기독교 자선 활동의 매우 확고한 요구사항으로 여겨졌다. 그러나 이것이 자비의 문제가 아니라, 강력한 사회적 논쟁이자 부분적으로는 권리의 논쟁이라는 점은 즉시 인정되지 않았다. 성경에 나오는 노예제도도 당시에는 흔한 현상으로 손대지 않은 채 방치되지 않았는가? 사도 바울도 종에 대한 주인의 권리에 영향을 미치지 않았다. 그가 빌레몬에게 보낸 편지를 보라.

노예제도는 농사를 짓고 전쟁에 굶주린 사람들에게 처음부터 자연스럽게 다가왔다. 유목민이나 해안 민족이 아닌 오늘날 아프리카의 많은 부족도 마찬가지로 무력으로 이웃 부족을 정복하려는 국가들과 함께한다. 처음에는 전쟁포로를 죽이는 것이 관례였으나, 이것이 곧 힘의 낭비라는 것을 깨닫고 그들을 살려두어 일을 시켰다. 이것은 두 가지 이점을 제공했다. 하나는 학살이 종식된 것이며, 다른 하나는 육체노동에서 해방된 노예 소유주들이 특정 문화를 겨냥하여 더 높은 계층을 이루기 시작해 인간 생활의 발전을 촉진시켰다는 것이다.

마찬가지로 노예제도는 이스라엘의 법에서 정당화되었는데, 단지 다음과 같은 차이가 있을 뿐이었다. 즉 유대인의 종은 7년 후 본인이 스스로 주인에게 남겠다고 선택하지 않는 한 다시 자유인이 되었다. 이것은 노예제도에 스며든 많은 악행을 완화하고 중단시킬 수 있는 길을 보여준다. 그렇지만 여전히 이스라엘 가운데 노예제도는 합법적이었고, 사도조차도 폐지할 생각을 하지 않았다. 형제애로 노예들을 부드럽게 대하고 모든 완고함을 제거했지만, 사회적 제도는 그대로 두었다. 그러므로 노예제도가 우리 세대의 죄로 얼룩진 발전 상황에서 생략될 수 없는 인간 생활의 한 단계라는 결론을 피할 수 없다. 그것은 와야만 했다. 그리고 의심할 여지없이 그 결과를 봤다.

야고보의 짧은 사도적 서신은 여기에서 특히 유익하다. 노예라는 말은 언급되지 않지만, 임금을 주고 노동자를 고용하면서도 모욕적이고 비인도적 대우를 하는 고용주들은 욕을 먹는다. "들으라 부한 자들아 너희에게 임할 고생으로 말미암아 울고 통곡하라…너희 밭에서 추수한 품꾼에게 주지 아니한 삯이 소리 지르며 그 추수한 자의 우는 소리가 만군의 주의 귀에 들렸느니라"(약 5:1, 4).

그러므로 두 가지를 인정해야 한다. 첫째로, 섬김을 받는 자와 섬기는 자의 관계는 모든 나라와 시대를 고려할 때 하나의 고정된 방법으로 규정될 수 없다는 점이다. 조건과 경우의 차이와 마찬가지로 과거의 역사적 과정은 잘못된 것을 바로잡을 수 있었다. 둘째로, 사회생활의 모든 단계는 고유한 악을 낳으며 이 악은 오직 경건과 이웃 사랑을 통해서만 피할 수 있다. 현대 사회 문제에는 법적, 경제적, 종교적, 윤리적 동기가 있다. 이러한 다양한 관계에서 변화를 모색하고, 더욱 올바른 경제 질서를 위해 노력해야 하며, 경건과 도덕의 영적 자선 활동으로 사회가 쉬지 않고 영향을 받아야 한다.

§5. 다양성 포기

전체 사회적 문제는 고용주와 노동자 간의 관계가 어떠한가에 달려 있다. 이기심으로 인해 항상 너무 많이 요구하거나 너무 적게 제공하는 일이 벌어진다. 반복되는 이 역사적 사실은, 태곳적부터 여러 시대에 걸쳐 모든 모순이 사라지고 이 두 집단 간의 관계에서 새롭게 발생하는 모든 죄와 불행의 원인을 차단하는 인간 사회의 체제를 상상하도록 이끌었다. 지금 시대정신을 정복하려는 사회주의는 이러한 의도를 가진 역사상 가장 강력한 계시이다.

우리도 이와 같은 태곳적 시도를 접하게 된다. 예루살렘 최초의 교회 공동체에서도 공산주의 사상을 실현하려는 경향이 있었다. 사도행전 2장 45절에 보면 "그들은 재산과 소유물을 팔아서, 모든 사람에게 필요한 대로 나누어 주었다"(새번역)라고 나온다. 여기에 강요는 전혀 없었다. 베드로는 아나니아와 삽비라에게(행 5:4) 그 재산을 판 것은 자발적 행위였으며, 판 후에도 그 돈으로 모은 재산은 마음대로 처분할 수 있음을 분명히 했다. 따라서 그 당시에 발생했던 공유 재산을 장려하는 경향은 사도적 측면에서 제정된 어떤 사회 제도를 반영한 것이 아니라, 낙원의 느낌만을 반영한 것이었다. 더 이상 "나와 너"란 없다. 삶을 통제하는 데 상충하는 이해관계가 없다. 그것은 하나님의 보호 아래 있는 하나의 거룩한 가정이 될 것이다.

같은 노력이 역사에서 반복적으로 언급되었지만, 예루살렘에서와 마찬가지로 항상 쓰라린 실망을 가져왔다. 낙원이나 천국에서는 죄가 없기 때문에 제한된 소유 또는 소유를 위한 투쟁 역시 생각할 수도 없다. 이것이 바로 공산주의 사상이 계속 매력적인 이유이다. 모든 사람이 마음에 죄를 지었기 때문에 그 결과는 비참의 증가뿐이었다. 후에 사도가 가난한 예루살렘 교회를 위해 구호품을 모으고자 돌아다녀야 했을 때, 이것은 초대 교회의 실책에 대한 심판을 말한 것이었다. 국제노동자협회가 공유 재산에 기초한 국가라는 사회주의 사상을 실현하는 데 성공했다면, 지금과 똑같은 결과가 기다리고 있을 것이다. 이와 관련해 "궁핍화 이론"(Verelendungstheorie)[113]에 잠복해 있던 잘못된 생각이 여기 존재할 수 있다. 물론, 그로 인해 사회주의자들조차도 그 오류를 인정해야 했던 마르크스 이론의 매력이 많이 흔들리게 되었지만 말이다. 따라서 "'전체' 마르크스"는 이미 포기된 지 오래다.

§6. 축소된 마르크스

본래의 이론은 오늘날에도 여전히 존재하고 있지만 축소되었다. 그렇지만 사회주의 전체는 소유와 비소유, 고용주와 노동자, 부자와 빈자 간의 모순을 영원히 제거하고, 우리 인간 삶의 문제에 관심을 두어 모든 것을 통제하고, 모든 것을 처분하고, 모든 것을 나눌 중앙 권력에 그것을 양도하려는 모든 노력이다. 투쟁도 편애도 없고 만인에게 평등한 인간 사회, 따라서 여기서 낙원으로 되돌아가는 것 또는 자동으로 새 땅이 출발점이 되고 통치하게 될 것에 도달하는 것이다. 그러나 여기에서 작동하는 것은 신성한 생각의 마법이 아니다. 일반적으로 사회주의자는 낙원이나 미래의 완성과 천상의 복을 믿지 않는다고 말할 수 있다. 그는 자신이 추구하는 것이 과거에는 불가능했음을 인정한다. 그러나 이 새로운 생활 형태가 사회를 지배하고, 그 실현에 열광하는 시대가 도래했다고 계속 주장했다.

§7. 자연 상태로 돌아가기

프랑스 혁명 초기에도 이러한 생각은 자연 상태로 돌아가고자 하는 유혹을 받았다. "구말과 리나"(Gumal en Lina)[114]를 생각하고 런던에 설립된 '원주민 보호 협회'(Aborigines' Protection Society)[115]를 생각해보라. 이러한 자연 상태로의 회귀를 당시의 의복으로 표현하려고도 했다. 반면 사회주의자들은 그런 환상에 빠지지 않았다. 그들은 문화의 과정을 질서 있는 이행으로 규정했다. 이 과정에서 처음으로, 개인 소유물은 끝이 나도 개별 활동을 위한 공동체의 활동이 자리를 잡아야 한다는 주장이 나타났다. 헨리 조지에게서 같은 주장을 발견할 수 있지만, 그는 토지 소유에만 관심을 가졌다. 1880년 뉴욕에서 출판된 "진보와 빈곤"(Progress and Poverty)에서 그는 자신의 체계를 확실히 발전시켰다. 토지, 토양, 거주 가능한 지형은 장기적으로 생존과 생활 활동의 원천으로서 상태를 지배해야 했다. 지금 상태를 망친 것은 토지의 불균등한 분배였다. 땅은 소수의 소유가 되었고, 그들 때문에 대부분의 사람들이 땅의 모든 곳을 빼앗겼다. 특히 잉글랜드와 스코틀랜드는 여기에 분노를 불러일으키는 원인을 제공했다. 따라서 그는 필요한 경우 모든 토지를 차례로 몰수하고, 전체 인구가 사용할 수 있도록 정부에 요청했다. 여기에도 완벽하게 참된 요소가 있었지만, 조지가 제공한 응용 구상은 실패했다.

같은 맥락에서, 비록 완전히 다른 동기를 가지고 있지만, 강한 독점금지법(Trusts)도 존재하고 있다. 대도시의 시 당국은 가스 공급, 상수도, 묘지, 전차, 그리고 교통 등과 같은 많은 것을 자체적으로 관리하는 경향이 있을 뿐만 아니라, 심지어 그것을 강제로 처리한다는 인상을 준다. 특히 1914년에 발발한 참혹한 전쟁 중에는, 중립국에서도 국가 정부와 시 정부가 필요한 식량의 공급, 판매, 가격 고정 등을 스스로 주선하고 규정해야 하는 일이 적지 않다는 것을 알 수 있었다. 이러한 일은 요새화된 도시에서 공성전(攻城戰)을 할 때 항상 일어났다. 따라서 일반적 상황과 특정 관계, 상태 모두에서 때때로 특정 기간에 특정 공동체 관리를 도입해야 할 필요성이 생길 수 있음을 부인할 수 없다. 심지어 돈을 벌기 위해 독점을 도입하려는 국가가 더 있는데 담배와 성냥은 프랑스에서, 아편은 동양에서 그렇다.

§8. 성경에 대한 모든 호소는 제외되다

그러므로 사회주의가 현존하는 조건 속에서 유토피아에 대한 어떤 특정한 동기를 찾았다는 것은 의심의 여지가 없지만, 결코 성경에 호소할 수는 없다. 성경의 역사는 많은 역사적 시기를 거치며, 각각의 시기마다 요구하는 바가 달랐다. 모든 기간 중 확실한 것은 다음 세 가지뿐이다. 첫째, 낙원에서 유효했고 완성 때에 다시 유효하게 될 것이 죄로 인해 혼란스러운 현재 상태에는 적용될 수 없다. 둘째, 각 역사적 기간에는 고유한 요구사항이 수반된다. 그리고 셋째, 이 문화적 기간의 변화 아래서 한 가지 요구사항은 고정되어 절대 변하지 않는데, 이는 '네 이웃을 너 자신과 같이 사랑하라'로 표현된다.

프랑스 혁명의 구호가 "자유와 박애" 사이에 '평등'을 넣은 이유는, 바로 이러한 '평등하게 만드는' 이상이 절대 실현될 수 없기 때문일 것이다. 인간 세계만큼 불평등한 것은 없다. 그런데도 우리 인간의 삶에 "균일성"이라는 악의 표식을 새기고자 한다면, 그것은 저주 외에는 아무것도 가져오지 않는다. 우리 인간의 삶을 "균일성"의 코르셋에 묶고 싶은 사람은 자유로운 호흡을 파괴한다. 형식의 단일성에 압도되어서는 안 되는, 자유롭게 숨 쉬는 삶의 풍요로움은 바로 다양성에 있다.

§9. 생존한 길드

19세기 후반에 시작된 사회적 조건의 급격한 변화로부터 오늘날까지 일렁이는 거센 파도 속에서도 계속되고 있는 고상한 노동 운동이 있다. 중세 이전에 '길드'는 적어도 도시에서는 훌륭한 일을 했다. 동쪽에 있는 이웃 나라[116]와 함께 "인눙엔"(Innungen, 길드의 독일어 이름)은 수정된 형태이기는 하지만 이 작업을 수행했다. 무역과 상업을 위한 길드는 지금 스스로 연합하는 것에 비하면 아주 작은 규모였다. 교회와 관련하여 정부의 허가를 받아 길드에 합류한 고용주들은 자발적으로 그들의 노동자들까지 엄격한 규제를 받게 하였다. 그들은 고용주가 되기 원하는 사람이 시험을 치르게 한 뒤 무역에 대한 자격증(diploma)을 주었다. 그리고 동시에 노동자들에게 좋은 대우, 특히 일요일 휴무와 야간 휴식을 보장하는 것을 고려했다. 따라서 길드의 지배하에 고용주와 노동자 사이에는 상당한 상호 신뢰가 있었다.

당시 무역, 산업 상태와 관련해 종사하는 사람은 믿을 수 없을 정도로 적었다. 다소 규모가 큰 방직 회사에서는 노동자들이 종종 자기 집에 베틀을 설치하는 것이 허용되어 아버지가 가족과 떨어지는 일이 없었다. 여러 면에서 안정되고 바람직한 상태였다. 만족하니 평화로웠다. 유일한 문제는 이러한 기관에서 흔히 발생하는 것처럼 길드가 시대를 충분히 따라가지 못해 결국 쓸모없게 되었다는 것이다.

§10. 새로운 요구사항

새 시대는 특히 네 가지 변화를 토대로 점차 다른 요구가 나타나기 시작했다. 첫째, 증기는 기술의 완전한 변화를 가져왔다. 이것은 최근에 선박 하역을 위한 증기 기중기가 도입되었을 때 나타났는데, 증기기관의 도움으로 이제 3명의 남자가 12가지 작업을 수행할 수 있게 되었다. 사실상, 증기가 작업의 모든 지점에서 만능 기계를 운용하는 데 점점 더 성공적으로 도입되면서 노동 활동에 완전한 혁명을 가져왔다.

둘째, 이러한 기술적 전환으로 인한 인력이 증가하여 고용주와 노동자 간의 긴밀한 관계가 깨어졌다. 상품 생산의 기술적 단순화는 해당 상품의 가격을 더 낮추었고, 따라서 더 많은 구매자가 소비할 수 있게 되었다. 따라서 경영, 산업, 무역, 해운이 점점 더 확장되고 더 많은 도움이 요구되었고, 이에 대해 노동 인구가 자연스럽게 더 풍부하게 늘어났다.

셋째, 수백 명의 노동자를 필요로 하는 거대한 공장들이 생겨났다. 이렇게 많은 노동자가 한 고용주 아래에 모임으로써 두 사람 사이의 모든 관계가 파괴되고, 집단이 고용주에 대한 권리와 이익에 대항해 함께 저항하게 되었다.

그리고 넷째, 이것은 노동자들 사이에서 자연스럽게, 처음에는 같은 공장에서, 다음에는 같은 업종의 여러 공장에서, 마지막으로 모든 사람 사이에서 일정한 이해와 협력을 이끌어 내었다. 그리고 마침내 이 중앙 집중화가 국경을 넘어 국제적 권리와 이익을 도모하게 되었다.

§11. 주저하는 고용주

첫 시도가 이뤄졌을 때 고용주들은 응답하지 않았다. 이런 식으로 그들은 노동자들의 행동할 권리에 도전했다. 이미 앞에서 언급한 바와 같이 더 좋은 기질의 고용주들이 적지 않았으며, 심지어 아버지처럼 직원들을 돌보고 종종 종교적 토대에서 인류애로 돕기도 했다. 그러나 이것이 상호 법적 지위의 개념을 바꾸지는 못했다. 그다음 이것은 날카롭고 때로는 격렬한 갈등을 일으켰으며, 로마 가톨릭 성직자의 지도에 의해 일부에서 점진적으로 다른 인식이 나타났다. 벨기에에서는 많은 로마 가톨릭 고용주들이 노동자들에 대한 조치와 대우에서 잘못한 점이 있는지 하나님 앞에서 돌아보기 위해, 일 년 중 며칠 동안 수도원에 혼자 있기도 했다. "보아스"를 세우는 일을 함께 도왔을 때, 나는 이와 유사한 양심의 정화를 이 기관에 연결할 수 있기를 바랐지만 성공하지 못했다. 이 구상은 아마도 아직도 칼빈주의자들에게서는 실현될 수 없었을 것이다.

그러나 이제 고용주들도 새로운 상황에 대해 더 명확하게 눈을 뜨기 시작하는 지점에 도달했다. 우리나라의 '사회 대회'(Sociaal Congres)[117]는 이미 그 방향으로 나아가고 있었다. 슬로테마커 드 브라위너(Slotemaker de Bruïne)[118] 박사와 스메잉크(Smeenk) 등의 글이 빛을 보았고, 같은 방향으로 나아갔다. 현재는 양측의 완전히 달라진 상황을 명확히 이해할 수 있을 정도로 조사가 진행되었다고 해도 과언이 아니다. 이제 변화는 큰 기업에서 고용주와 노동자의 관계가 이전의 가정적 성격을 유지한다는 사실에 있다. 이를 위해 상호 관계와 상호 권리를 공개적으로 규제할 필요성이 생겼으며, 양측의 자체 조직에 뿌리를 내리고, 두 조직 사이에 자동으로 발생하는 분쟁에 대한 해결책을 모색했다. 밀 노선에는 단 하나의 기관차만 움직였는데, 이는 '고용주의 개인주의'였다. 다른 한편, 노동자라는 기관차는 아직 모든 사람의 눈에는 아닐지라도 점점 더 널리 퍼진 여론에 따라 동등한 운행의 권리를 획득했다.

§12. 조직은 필수

영국과 미국 일부에서는 아직 해결책과 화해를 외치는 극단적인 대립에 도달하지 않았다. 상당히 광범위한 규모로 고용주와 노동자는 자신을 이해할 수 있었고, 결국 막대한 자본을 보유한 더욱 실용적 성격의 노동자 조직을 만드는 것이 가능했다. 그래도 도움이 되지 않았다. 갈등이 일단 실제로 발생하면 자연스럽게 외부로 표출되고, 근본적 대립이 유럽 본토에서 대영 제국, 나아가 국제적 거점까지 확산되는 모습이 점점 더 명백해지고 있다. 이것은 유감스러울 수 있지만, 그 때문에 낙담해서는 안 된다.

여기서 논의된 것과 같은 분쟁은 단순히 근본적 해결과 규제를 요구할 뿐이다. 극복할 용기가 없으면 가장 좋은 기회를 잃게 된다. 그러나 여기에서 발생한 분쟁은 적절한 시작이 없이도 해결될 수 있다는 환상과 거리가 멀다. 반면에 조직이 동력이 되어야 할 것이라는 데는 의심의 여지가 없지만 양측이 조직과 목적을 이루기 위해 협력하는 데에는 거의 해결 불가능해 보이는 어려움이 길을 막고 있다. 노동자뿐만 아니라 고용주도 생겨나는 난제를 충분히 뚫고 들어갈 수 없다. 계속 증가하는 세계 교통량은 아마도 우리나라가 곧 달성할 수 있는 것을 머지않아 정말 무섭도록 가로막을 것이다. 나라와 국민의 특별한 모든 것을 점점 더 빨아들이는 세계 교통량은, 조정되고 조직되고 조화를 이루어야 하는 국가적 상태에만 주의를 기울일 가능성을 차단한다.

국가의 약화는 국제 문제의 해결에서 한 국가에는 이익을 주는 반면, 다른 국가에는 매우 심각한 불이익을 가져올 것이다. 생산 자원이 풍부한 국가는 유리할 것이다. 토양이 열악하고 생산량이 적은 나라는 불리할 것이다. 이것은 물론 모든 종류의 사업에 영향을 미친다. 풍부한 복을 받은 나라에서는 노동자가 부유하겠지만, 다른 나라에서는 빈곤까지는 아니더라도 물자가 부족할 것이다. 따라서 상호 조직에 대한 국가 표준만 적용하는 것은 불가능하며, 이미 이웃 간에 조직된 사항도 고려해야 한다. 또한, 이것으로 인해 발생하는 불편함에 놀라지 말아야 한다. 목적을 원하는 사람은 수단도 원해야 하며, 일반적으로 확신에 이르게 하는 것에 적응하지 않고는 목적을 이룰 수 없다.

§13. 반대

이와 별도로 조직의 구호는 그것이 실현되기 전에 빨리 선포되었으며, 그들 자신의 진영에서도 이에 대한 준비가 되어있지 않았다. 사람들은 즉시 그러한 조직의 많은 이해 관계자가 들려고 하지 않는, 거의 극복할 수 없는 반대에 직면하게 된다. 그들은 개인적 자유를 주장한다. 자신의 방식대로 행하려는 고용주는 조직의 말을 들으려 하지 않은 직원이 없는가라는 단 하나의 질문만 가진다. 이 질문이 해결되면, 그는 어느 것에도 방해받지 않고 완고하게 자신의 방식을 행하고, 해결책을 요구하는 문제에 대해 걱정하지 않는다.

노동자도 마찬가지이다. 그가 그에게 합당한 고용주를 찾을 수만 있다면, 왜 '폭동을 노리는 폭력 조직'과 연루되겠는가? 아는 사람이라면 누구나 이 자유의 노래에 공감할 것이다. 열광자들이 너무 자주 지도자와 전임자 대신에 수레에 올라탔다. 특히 사회주의자는 조직에서 할 말이 너무 많으므로, 때때로 자신을 좋아하지 않는 고용주나 노동자에게 말 그대로 분노하고 폭언을 한다. 그들이 선언된 파업에 참여하지 않는 사람들에게 얼마나 자주 상처를 입혔는지, 여성과 어린이에게도 손을 대고 신체와 재산에 폭력을 가했는지 잘 알려져 있다.

물론 당신의 양심은 이를 거부한다. 그리고 다른 사람들도 많은 진지한 노동자들이 조직의 이익을 위해 개최되는 회의에 참여하는 것이 종종 불가능하다는 것을 인정해야 한다. 그들은 들어줄 수 없거나 듣고 싶지 않은 표현을 듣도록 강요받곤 한다. 그것에 대항하면 경멸은 아니라도 조롱이 기다린다. 또한 방해와 걸림돌이 되는 것은 그러한 회의에서 양심이 동의하지 않을 수 없는 조처를 취하기로 하는 경우가 종종 있다. 이것이 많은 고용주와 노동자들이 그러한 조직에 참여하기를 단호히 거부하는 원인이라는 사실을 어느 누가 부인할 수 있겠는가? 영국에서는 근본적으로 달랐고, 부분적으로도 여전히 매우 다르다. 미국에서도 조직화한 진영에서는 더욱 냉정하고 진지한 어조가 우세하다. 반면에 우리나라에서는 프랑스, 벨기에, 부분적으로 독일, 오스트리아, 이탈리아와 달리 사회주의적 충동이 계속해서 지배적이었다. 바로 이 때문에 조직이 목표를 놓치고 만다.

§14. 자체 조직

한편으로 조직의 필요성을 인식하고 다른 한편으로 기존 조직의 불필요성을 인식함으로써, 다른 곳과 우리나라에서는 기독교적 기초 위에 세워진 '별도의' 조직을 설립하기 위해 노력을 기울였다. 로마 가톨릭 고용주와 노동자는 이와 관련하여 다른 곳에서 노력을 기울였다. 이 일에서 그들을 이끌고 지원한 교회 연합이 이것을 가능하게 했다. 그러나 이 조직에서 그들은 자신을 지켰다. 그들은 베를린의 폰 클라이스트 레트조브와 마찬가지로 때때로 개신교도를 받아들이고 싶었지만, 종종 반대에 부딪혔다.

트벤터(Twente)[119]에서는 이미 개신교와 로마 가톨릭 노동자의 협력이 한창이었는데 로마 가톨릭 성직자들이 이를 견책하고 반대했다. 협력은 여전히 부분적으로 유지되었지만, 경제와 사회 분야에서의 정기적 협력은 이뤄지지 않았다. 그런데도 로마 가톨릭 쪽은 항상 자체 조직을 주장했다. 이것은 우리 쪽에서도 일어났고, 반혁명당은 항상 그것을 홍보하려고 노력했다. 파트리모니움이 우선이었고 다른 많은 특별한 노동조합, 협회 또는 모임이 곧 뒤를 이었다.

§15. 특이한 어려움

여기에 매우 특이한 어려움이 발생한다는 것을 숨길 수 없다. 우리 가운데 필요한 것을 정리하고 한계를 지적한 것은 지역 교회도 아니고 교회의 총회도 아닌, 이미 개별적 가입에서 비롯된 것이기 때문이다.

그렇다면 무엇이 다른 사람의 가입을 막았는가? 이것은 저절로 조직의 일반성을 손상시키는 것이다. 그들이 모든 후보자를 품을 때, 조직은 충분한 힘을 발산하며 그로부터 잠재적 단결력이 생겨난다. 반면, 참여를 거부하는 후보자가 있다면, 해당 후보자와 조직의 이해관계가 충돌한다. 그럴 경우, 협력 대신에 너무 쉽게 마찰과 소외로 이어진다. 우리 쪽에서 저절로 생겨난 독창적 조직을 기독교 깃발 아래 사회주의 조직 곁에, 그리고 부분적으로 정면에 배치하여 모든 사상적 동지를 그쪽으로 설득하려는 생각은 극히 부담되는 것이다. 여기에 추가되는 사실은, 모든 조직에는 비용이 많이 드는 반면 많은 사람은 돈을 낼 의사가 없다는 것이다. 뿐만 아니라 때로 집에서 멀리 떨어진 집회에 참석하여 육체적 휴식과 가족의 삶을 위해 확보하고 싶은 시간을 빼앗긴다.

이처럼 사방에서 난관이 도사리고 있다. 그리고 우리가 어느 정도 완전한 조직이라 할지라도 아직 먼 길을 가야한다. 확실히 앞으로 나아가고 있지만 너무 느리다. 우리는 전임자들이 이것을 유지하기 위해 관리한 인내에 거의 감탄해야 한다. 또한 이것에 대해 그들에게 감사하고 찬양한다. 우리는 조직을 발전시키기 위한 이러한 시도를 항상 장려할 것이며, 우리 언론은 가장 넓은 의미에서 이 열망을 옹호하는 것 외에는 아무것도 보지 않을 것이다. 그러나 전적으로 자발적으로 발생해야 하는 한, 하나의 특별한 기독교 조직보다 더 일반적인 조직이 전체 노동자를 포괄하는 데 성공하지 못할 것이 확실하다. 따라서 법적 규정으로 모든 사람을 수용할 수 있는 장치가 가능한지 여부를 끊임없이 연구했다. 이것은 우리를 이 문제에 관해 정부에 요구하는 소명으로 이끈다.

§16. 정부의 소명

우리는 사회학적 분야에서 다소 사적 주도권으로 해결책을 찾기 시작했다가, 나중에 이 관점에서 벗어나고 국가 사회주의에 굴복했다는 비난을 면치 못했다. 하지만 이러한 주장은 옳지 않다. 역사적으로 길드에 대한 정부의 간섭은 항상 존재했는데, 이것은 국가와 교회의 권위와 협력 없이는 어느 곳에서도 발생할 수 없다.

우리는 사회학적 문제에 관해 1874년 11월 하원에서 처음으로 개입했다. 그때 우리가 제시한 요구는, 상법이 있는 것처럼 '노동법'이 되어야 한다는 것으로 요약된다. 이 요구는 조롱을 당했는데, 당시 법무부 장관은 그러한 법률에 관한 구상을 하원 앞에서 아무런 주저 없이 두 손가락으로 부러지는 꽃자루에 비유했다. 그리고 이것은 나의 열망에 따라 노동에 대한 법적 규제 외에 다른 것이 될 수 없다고 덧붙였다.

결과는 장관이 아니라 내가 옳았음을 증명했다. 이미 우리는 노동회의소 (Kamers van Arbeid)[120], 안전법, 장애법, 노동법, 사고법 등을 제정했다. 직장에서 보험을 마련하려는 법적 시도도 자동으로 같은 범주에 속한다. 나 자신도 수습 제도에 관한 규정을 포함하는 매우 포괄적인 노동법을 제출했다. 탈마 장관도 너무나 분명하게 아주 같은 노선에서 활동했다.

의심할 여지없이 나는 처음에 민간 주도로 얻을 수 있는 것 이상을 기대했다. 나는 사회학적 문제가 적절한 해결책을 통해 질서정연하게 되는 데 정부의 도움이 절대적으로 필요하다는 것을 항상 강조했다. 나는 처음부터 무의미한 개인주의를 주장한 코브덴 학파와 싸웠다. 특히 직장 생활의 조직화와 관련하여 내가 언제나 그랬고 지금도 확신하는 것은, 자유로운 사적 주도는 결코 목표에 도달할 수 없다는 사실이다. 이에 대해 고용주는 물론 노동자 사이에 이해의 일치가 충분하지 않다. 그리고 사보타주(Sabotage)[121]

에 자발적으로 가담하지 않은 사람에게 조롱과 폭력으로 원하지 않는 것을 강요하는 시도는 불쾌감과 혐오를 일으키고 어떤 확신도 주지 못했다. 이 시도는 그 목표를 이루지 못했다. 물론 누구도 원하지 않을 것이다. 그리고 이른바 "동맹 파업 파괴자"에 반대하는 입장은 승리를 얻지 못하고, 오히려 사라지고 만다.

§17. 1910년 11월 22일의 하원 연설

특별히 내가 1910년 11월 22일에 하원에서 한 연설은 "드 스탄다르트" 11877호에 실려 있다. 그 연설에서 나는 고용주와 노동자의 기구가 각각 독립적이지만, 그 상호 관계가 정부로부터 조율이 되어야 할지 여부에 대답하려고 노력했다. 거기에서 모두가 차별 없이 수용되고, 항상 서로를 공격하는 조직화된 것과 조직화되지 않은 것 사이에서 점점 커져만 가는 쓰라림을 없애려고 했다. 그런 다음 나는 에티엔느 마르텡 생 레옹(Etienne Martin Saint-Léon)[122]의 뛰어난 저작인 "무역 길드의 역사"(Histoire des Corporations de métiers, Paris, Felix Aden, 1909)라는 책 2판을 참고하여 이 문제를 논의했다. 프랑스 학술원에서 금상을 받았던 이 책은, 마지막 장에서 '현재와 미래'(Le présent et l'avenir)라는 제목으로 다음과 같은 탁월한 방식을 제안한다. 정부는 다양한 주제에 따라 모든 고용주를 구별 없이 나열하여, 각 업종의 노동자와 같은 조처를 하도록 한다. 그리고 이 목록에 따라 같은 범주에 속하는 사람, 수장을 선출하고, 이 수장의 모임에서 중앙 대표를 만들고, 고용주를 위한 중앙 사무실과 노동자를 위한 중앙 사무실 사이에 협력을 도모한다. 그렇지만 항상 두 곳 모두 완전히 별개로 만나 심의한 후, 대표자들이 필요한 결정을 내린다.

드 묑(De Mun)[123] 학파의 이 제안은 세 가지 점에서 필자로 하여금 미소를 짓게 했다. 첫째, 이 제안은 '완전한' 조직을 제시한다. 둘째, 이 제안은 조직에 가입하지 않으려는 사람들과의 모든 고뇌에 찬 '싸움'을 차단했다. 그리고 셋째, 양 당사자가 완전히 독립적 심의를 거쳐 마침내 양 당사자의 협력에 기초한 결정을 내렸다. 우리나라에서는 '노동평의회'가 얼마나 큰 기대를 받고 있는지 잘 알려져 있다. 그러나 국회의원으로서 나는 처음부터 노동평의회에 대해 전반적으로 불만족스러웠는데, 이후에 이 노동평의회의 역사는 "나무에 묶인 죽은 말"이라는 나의 견해를 뒷받침해 주었다. 1915년, 1916년 상원의 예비 보고서에는 이를 폐지하는 것이 더 낫지 않은지 여부에 대한 질의가 이미 제시되었다.

근본적 오류는 노동평의회가 고용주와 노동자를 함께 만나도록 강요하고 모든 권한을 박탈했다는 것이다. 생 레옹은 두 가지 폐해를 피했다. 물론 그는 역시 일반 모임이 아니라 노동조합만을 의도했다. 고용주와 노동자가 모든 기업에서 서로 접촉하여 사업을 운영하는 것이 그의 의도였다. 만일 내가 그의 제안을 완전히 넘겨받았다면, 너무 멀리 나간 것이 될 것이다. 우리가 도달해야 하는 최종 결과를 간략하게 설명하는 것으로 충분하다.

§18. 출발점

출발점을 직업 교육 체계에 두어야 할 것이다. 네덜란드 노동자가 많은 무역에서 영국, 독일, 벨기에, 프랑스 노동자보다 훨씬 뒤처지는 이유는 필요한 훈련이 부족하기 때문이다. 부분적으로 이것은 고용주에게도 적용된다. 고용주 역할을 하려는 사람은 누구나 해외에서 기술을 습득할 기회를 얻는데, 이는 많은 기업가 지망생이 독일 학교에 다님으로써 고등 교육을 받은 덕분이다. 로테르담에 마침내 우리만의 무역 학교가 생겼고, 이미 언급했듯이 고등 교육법을 개정할 때 나는 기술 교육을 향상시킬 뿐만 아니라 다른 많은 전문대학을 만들려고 했다. 나의 시도가 당시에는 아주 많은 저항에 부딪혔지만, 우리는 천천히 앞으로 나아가고 있다. 여전히 공예학교들은 고민거리다. 이 학교를 운영해야 하는 교사들을 위한 훈련소가 열리지 않았기 때문이다.

§19. 하나인 전체

내가 의도한 것은 하나의 전체였다. 그것은 수습 제도의 규정에 따른 노동자 훈련, 교사의 의도적 훈련에 의한 실업학교의 승격, 직장 생활의 다양한 부분을 위한 중등학교와 고등학교, 그리고 델프트의 공대로 끝나는 것이었다. 여기에 포함된 계획은 각자 직업에 따라 자신의 전공에 대한 자격을 갖추는 것을 전제로 했다. 의사나 변호사 등의 업무에 자격증이 필요한 것처럼 모든 제조업자는 자신의 직업에 대한 자격증을 보유해야 하며, 이는 시험을 통과한 후 취득해야 한다. 좋은 노동조합에는 모든 숙련공이 자격증을 풍부하게 소유해야 할 것이다. 고용주도 노동자도 자격증이 있어야 창업할 수 있다. 그것은 '특허'(litterae patentes)가 아니고, 이전의 경우와 같은 면허도 아닐 것이다. 그런데도 그러한 면허는 국고에 이바지하도록 의도되었다.

자격증은 고용주로서든 노동자로서든 특정 직업이나 일을 할 수 있는 권리를 부여하는 것이다. 따라서 조직화된 것과 조직화되지 않은 것 사이의 모든 분쟁이 사라질 것이다. 그것은 모든 직군(職群)과 전국의 모든 도시에 대해 주제별로 하나의 포괄적 조직을 제공할 것이다. 이런 식으로 집단이 자동으로 지역에서 형성되어 관리자와 대리인을 지정할 수 있다. 두 집단의 대표는 지정된 회의에서 현안을 해결하며, 이 결정을 정부에 통보하고 정부는 그에 따라 실행한다. 물론 생 레옹이 지적했듯이 정부는 그러한 조직을 설립하기 전에 모든 업종의 고용주와 노동자의 전체 목록을 작성해야한다. 그렇지만 수습, 시험, 수여되는 자격증에 대해 내가 언급한 것 때문에 이 목록을 만드는 데 문제가 있다. 그리고 전문 지식이 없는 임시 노동자 집단이 몇몇 있다고 해도 농업, 공업, 상업, 해운업과 같은 사업에 종사하는 수많은 남성은 여전히 정규 조직에 들어가 자신의 능력을 주장할 수 있을 것이다. 물론 사무실, 상점, 하인들도 마찬가지일 것이다.

§20. 질서정연한 몸

전체는 부분이 잘 결합한 것이어야 한다. 그리고 정부의 간섭은 기업의 자유를 제한하는 것이 아니라 반대로 기업의 완전한 효과를 보장하는 것을 목표로 한다. 개인의 옛 '희망'일 뿐이었던 것이 잘 정돈된 하나의 몸으로 변하는 것이다. 그러한 조직은 또한, 그 자체로 고용주와 노동자를 '자신의 방향으로' 한데 모으는 데 꼭 필요한 기회를 제공할 것이다. 기독교적 선전은 그것에 의해 방해받지 않고 촉진될 것이다. 그러한 규칙 아래서는 아무도 배제되지 않고 모든 남녀가 자신의 사업에 참여해야 할 것이기 때문이다. 그러면 법률은 당연히 이러한 다양한 집단의 연합을 규제해야 한다. 하지만 각 집단은 항상 자체적으로 만나서 문제를 논의하고, 대표자만 서로 접촉할 수 있어야 한다. 이에 대해 이의를 제기할 필요가 없었다.

이것이 '이미' 의도되고 추구된 범위 내에서, 대표들 사이의 모든 불일치를 피하기는 쉬웠다. 그리하여 최종 결과는 더 이상 밖에 서 있는 사람이 없고, 모든 이해 당사자가 조직에 포함되어 갈등에서 배제된 그곳에서 자신의 자리를 찾는 것이었다. 그것은 단지 토론으로 끝나는 문제가 아니라, 모든 행동이 목표에 부합하고 정부가 사회 운동에 대한 완전한 정보를 제공함으로써, 고용주와 노동자 모두가 그들의 이익을 증진하고 그들의 권리가 존중받도록 도울 수 있다. 사람들이 아직 우리의 사회생활을 더 높은 수준으로 끌어올리는 데 성공하지 못하지만 당분간은 사적 영역에서, 할 수 있는 한 노동조합을, 그리고 가능한 기독교 노동조합을 추진하기 위해 노력하는 것이 의무이자 소명이다.

하나님에 대한 우리의 조용한 신뢰와 의존을 노동조합으로 옮기려는 것이 아님을 항상 명확히 해야 한다. 그 일은 예수님께서 이방인이라고 말씀하신 사람들에게 맡기자. 주기도문으로 무릎을 꿇고 기도하는 사람에게 미래에 대한 확신은 노조가 우리에게 가져다줄 것에 있지 않고 우리 하나님의 약속에 있다. 그러므로 무엇을 먹을까 무엇을 마실까 무엇을 입을까 염려하지 않아야 할 이유는 아버지께서 이 모든 것이 너희에게 있어야 할 줄을 아시기 때문이다. 그러나 "오늘 우리에게 일용할 양식을 주소서"라는 간청은 이스라엘이 광야에서 만나를 구하는 것처럼 지금 수동적으로 기다리게 하는 것이 아니라, 오히려 빵과 구매에 없어서는 안 될 돈을 더 충실하게 벌도록 자극해야 하는 것이다. 병상에 누워있는 환자는 하나님에게 치유를 간청하지만, 정확히 이와 관련하여 의사가 처방한 약을 더욱 정확하게 먹어야 한다. 여기에도 그래야 한다. 고용주나 노동자로서의 권리나 가족의 이익을 소홀히 하지 않아야 한다. 조직이 이러한 목적을 달성할 수 있는 한 이를 소홀히 해서는 안 된다. 다만 그것은 결코 '하나님의 손에 있는 수단' 이외에 다른 것이 되어서는 안 된다. 그리하여 당신 자신이 아니라, 하늘에 계신 당신의 아버지 그분이 당신과 당신의 모든 것에 복을 베푸실 것이다.

§21. 실업

일터에서 가장 무서운 역경은 실업이다. 정부도 '이' 잘못된 손해에 대한 책임을 질 수 있는가? 부분적으로는 그렇게 해야 한다. 자유 무역과 자유로운 교류 체제가 너무 강해지면 왕성하게 노동할 수 있는 사람의 일자리를 빼앗을 수 있다. 자유 무역은 국경을 넘어 수많은 상품이 "만들어지는" 결과를 가져오므로 우리나라에서 더 이상 할 일이 없다. 이것은 제재목(製材木)에서 가장 쉽게 볼 수 있다. 우리나라에 절단되지 않은 통나무가 들어오면 이곳에서 톱질 노동으로 임금을 벌 수 있다. 반면에 톱질된 나무를 들여오면 이 임금이 우리 노동자에게서 사라진다.

독일, 프랑스, 영국으로부터의 수입은 최소한 육체노동만큼은 아니지만 동일한 국가로의 수출과 균형을 이루지 못한다. 특히 원자재가 부족한 나라는 자연스럽게 수입을 더 많이 할 수 있다. 따라서 음식, 음료, 의복, 가정용품, 기술 지원 등에 대한 우리의 필요에 대한 공급에서, 우리 자신의 토지나 공장에서 생산한 것보다 해외에서 들여온 부분이 훨씬 많다는 것은 논쟁의 여지가 없다. 암스테르담의 칼버르스트라트(Kalverstraat)나 로테르담의 호흐스트라트(Hoogstraat)의 상점들에서 어떤 상품이 국내에서 생산되었고 해외에서 왔는지 조사해 본다면, 우리나라의 노동이 얼마나 고통스러운 상황에 이르렀는지 깨닫게 될 것이다.

자유로운 교류는 같은 방향으로 작동한다. 해외에서 많은 노동자가 이 나라에 들어오는데, 그들 가운데 있는 더 훈련되고 숙련된 사무직 노동자들이 자칫 우리 국민들이 차지할 직장을 차지할 것이다. 교육받은 사람들이 외국어를 쉽게 구사할 수 있다는 점에서 효과가 있다. 이 점에 관해서 지금은 오히려 예전과 반대라고 해도 과언이 아니다. 네덜란드산 제품이라는 사실 때문에 런던과 쾰른(Keulen)[124]에서는 높은 가격이 매겨졌으나, 지금은 우리나라의 국적이 빛을 잃어 젊은 여성뿐만 아니라 많은 젊은 남성이 파리나 런던에서 온 것은 무엇이든 선호하는 반면 자국 상품에는 덜 호의적으로 생각하는 경향을 보인다. 다행스럽게도 우리나라의 시가와 코코아와 같이 해외에서 찾는 다른 우리의 상품이 있다. 그렇지만 이 사실은 우리의 자유 무역과 자유 교류로 인해 우리 국민에게서 많은 일자리가 사라져 많은 사람이 '국경을 넘어' 일하게 만든다. 전쟁이 발발하기 전에 적어도 십만 명의 네덜란드 노동자들이 이곳에서 실업 상태였으며, 독일에서 일자리를 구하고 찾았다.

§22. 인구 과잉

실업률 증가의 다른 원인은 인구 과잉에 있다. 이것은 긴 평화, 수명을 연장시키는 더 나은 위생 관리, 생후 1년 이내의 신생아 사망률 감소, 조혼, 주택 개선, 복지 증가에 기인한다. 맬서스가 정한 법칙에 따라 제약이 있을 수 있지만, 생존 가능성에 따라 자연스럽게 아동 출산이 증가한다는 사실을 완전히 부정할 수는 없다. 특히 우리나라처럼 작고 인구가 많은 나라에서 인구 과잉은 극도의 빈곤이나 결핍을 초래하여 국가의 명예를 앗아갈 수 있다.

이렇게 계속 심각해지는 인구 과잉은 두 가지 방법으로만 막을 수 있다. 하나는 출산을 낮추기 위해 사용되는 부도덕한 수단이며, 다른 하나는 '이민'이다. 불행히도 지금은 이민이 거의 이루어지지 않는다. 네덜란드 식민지가 산악지역에서 많은 이익을 얻을 수 있음에도 불구하고, 아시아의 우리 식민지는 국가 인력과 무역만을 끌어들인다. 수리남에서는 인구의 유럽인 비중이 증가하는 것이 매우 바람직할 것이지만, 우리의 서쪽은 매력적이지 않다. 따라서 우리의 유일한 이민은 벨기에로 7만 5,000명, 독일로 12만 명 그리고 북미로는 다양한 수치로 이루어졌다. 이 수치를 최근 인구 증가와 비교해 볼 때, 이렇게 적은 수의 이민으로는 도저히 과잉 출산의 문제를 극복할 수 없다. 최근 인구 증가는 1830년-1909년 사이에 250만 명에서 575만 명으로 증가했다. 1880년부터 1909년 기간에는 거의 절반이나 증가했고, 1909년 말에는 다시 575만 명에서 650만 명으로 증가했다.

이렇게 적은 수의 이민으로는 과잉 출산의 문제를 극복하는 것이 아직 멀게만 느껴진다. 일반적으로 이런 결과로 발생한 실업은 능력이 가장 낮은 취약 계층에 부담을 주고 때로는 특정 계급의 노동자에게 부담을 줄 수 있다. 가령 아주 매서운 한파 동안에, 그리고 최근에 보인 것처럼 전쟁의 시기에는 매우 심각한 상태에 직면할 수도 있다. 한동안 건설업의 거의 모든 활동이 일시 중단된 것으로 알려져 있다.

§23. 실업 투쟁을 극복하는 방법

단체 노동 계약을 통해 실업에 대해 조처를 할 수 있으므로 고용 회사는 단일 노동자가 아니라 전체 노동자 집단과 계약을 맺는다. 이 집단은 소수도 포함한다. 유사한 보험을 통해 실업에 대한 도움을 요청할 수 있다. 자선 단체로부터 도움을 받을 수 있다. 완성을 기다리는 많은 종류의 작업은 정부의 개입을 통해 빨리 진행될 수 있다. 그런데도 여전히 일시적이고 강력한 요구사항이 남아있을 때는 시 단체가 잠시 도움을 줄 수 있다. 그러나 인구 과잉이 너무 심해지면 이 모든 것이 궁극적으로 더 이상 소용이 없게 될 것이며, 스스로 자신을 구할 수 없는 신체적, 정신적으로 덜 성숙한 노동자 계층이 존재하게 될 것이다.

지금 우리는 (아시아, 아메리카, 아프리카, 호주에 있는 땅의 아직 사람이 살지 않는 부분을 포함하여) 창세기 1장 28절에 따라 하나님께서 인간에게 의도하신 바를 실현하고 있는가? "생육하고 번성하여 '땅에 충만하라.'" 홍수 이후 이 사명이 창세기 9장 1절에서 노아에게 어떻게 문자적으로 반복되었는가? "생육하고 번성하여 '땅에 충만하라.'" 그리고 창세기 11장 4절 이하에 따르면, 바벨탑의 혼란 속에서 다시 주님의 뜻을 이루기 위해 우리 인류는 땅의 몇 군데에 모이지 않고 가능한 한 많은 곳으로 퍼져나가야 한다.

그렇다면 항상 "집"이라고 불리는 곳에 머물고자 하는 우리 네덜란드인의 욕망은 이익이 되는 입장과는 거리가 멀며, 영국과 독일이 그들을 온 땅에 퍼트린 일이 주님의 뜻에 더 잘 응답한 것 같다. 그래서 우리나라에서의 실업은 일시적이고 예외적 경우를 제외하고는, 국민 생활의 일반적 현상으로서 전적으로 시 단체의 지원을 통해 결코 해결할 수 없는 심각한 전염병처럼 위협적인 것이 되었다. 법은 계속해서 시행되고 있고, 노동자들 사이에도 그들이 가진 것이 한 달란트, 세 달란트 그리고 다섯 달란트로 차이가 있다. 일반적 실업 상태에서 대부분이 첫 번째 실업자에 속하며, 그들의 회복력과 의지력과 인내심은 가장 낮게 떨어져 있다.

§24. 임금

끔찍했던 노예제도의 폐지, 그리고 노예 신분 등, 살고 일하는 땅의 주인에 대한 각종 종속의 소멸은 하층 계급을 정신적으로 높여 주었다. 하지만, 육체적으로도 동일하게 믿을 수 없는 모험을 하도록 만들었다. 정신적으로 내적 체질에 따르면, 먼저 노예였던 사람이 노예제도 폐지를 통해 처음으로 사람이 된 것이다.

볼티모어 근처 체서피크 만(Chesapeake Bay)에서 노예로 태어나 잠시 살다가 해방된 사람을 만날 기회가 주어졌을 때, 나는 운 좋은 사람들 속에 새로 나타난 '인간'을 보고 충격을 받았다. 그 인간은 아직 존재의 새로운 생활 방식이 요구하는 것에 적응하지 못했다. 오히려 지금 그들 속에 각인되고 뿌리 내리는 것들이 낯선 인상을 주었지만, 그것은 그들에게 너무나 멋져 보였다. 다만 그 해방과 함께 지금까지 한 번도 알지 못했던 고민에 봉착하게 된 것이다. 이전에는 "주인"이 모든 필요를 돌보고 제공했지만, 이제 그 일을 스스로 해야 했다. 그리고 그 사람은 지금 하루 벌어서 겨우 입에 풀칠하며 살고, 밟고 서 있을 단단한 땅이 없고, 내일 무력하게 길거리에 서 있을 수도 있기 때문에 '품삯'을 올려 달라고 해야 할 비참에 처해 있었다.

보수와 급여와 봉급은 '품삯'과 다르다. 월별, 분기별 또는 연간으로 지불되는 고정 수입은 삶에 일정한 안정감을 제공하고, 적어도 일정 기간 지위를 만든다. 사람은 급여나 봉급을 받는 한, 적어도 자신이 어디에 있는지를 안다. 남은 문제는 영구적 지위를 확보하기 위한 그의 영속성, 특히 노령이나 허약함으로 인해 더 이상 그 지위를 누리지 못하게 되는 경우 어떻게 그의 존재를 계속할 수 있는가이다. 반면에, 품삯은 보통은 일주일, 때로는 하루 동안 수행한 특정 노동에 대해 제공되는 '임시' 보수이다. 그래서 늘 삽의자(schopstoel)[125]에 앉거나 아내와 자식이 있는 상황에서 무기력하게 집을 나와 거리에 있어야 하는 상황이 언제라도 생길 수 있다.

§25. 완화

확실히 관습이 완화를 일으켰다. 하녀는 6주, 다른 사람은 기간으로 고용되었으며, 공장과 작업장에서도 임금과 관련된 것은 더 이상 일수로 나누어 계산되지 않는다. 그러나 항상 다시 거리로 내몰릴 가능성이 있었다. 옷과 침대 이외에는 재산이 없는 사람이 많았다. 저축 은행은 이에 대한 첫 번째 관점을 더 잘 보여주었다. 그러나 그것은 여전히 '품삯'으로 귀결되며, 생존하기에 충분하며 견고한가라는 이중적인 질문을 불러일으켰다.

예수님의 시대에는 이미 유대인들 사이에서 종이 크게 줄어들었고 품삯을 위한 노동이 유행했다. 하루 중 다른 시간에 고용된 종의 비유에 주목하라. 그리고 고용주는 같은 품삯을 주었다. "무엇을 먹을까 무엇을 마실까?"라는 말에 대한 예수님의 가르침 역시 품삯의 표준을 보여준다. 노예에게는 이것이 불가능했다. 자기 음식이 분명히 품삯이었다. 그러나 품삯이라는 것 자체가 불확실성을 불러왔다. 무엇을 먹을까, 무엇을 마실까, 무엇을 입을까? 그리고 더 안전한 운명에 대한 향수에 맞서 예수께서는 품삯 이론이 아니라, 하나님께서 돌보신다는 사실을 믿는 자의 신뢰를 제시하셨다. "하늘에 계신 너희 아버지께서 너희에게 필요한 것을 아신다!" 이것은 영혼의 내적 삶에 대해 여전히 계속되는 것이다. 온갖 종류의 품삯 이론으로 하나님에 대한 신뢰가 흔들리거나, 심지어 신뢰를 잃어버리기까지 하는 노동자에게는 화가 있다. 그러나 이것과 별개로 품삯 이론도 설명해야 한다. 우리는 행동하거나 조치하도록 부름을 받은 모든 것에 대해 명확한 인식과 명확한 통찰력을 가져야 하므로, 품삯 문제도 기독교적으로 명확하게 생각해야 한다.

§26. 추구할 이상

여기에서 우리에게 솟아오르는 이상은 자동으로 예리하게 그려진다. 그 이상은 우리와 우리 삶의 모든 '필수' 생활용품을 공급할 수 있는 정도의 품삯을 요구하는 것이다. 이것은 '확고한' 표준으로 돌보는 것이다. 질병, 사고 또는 노령으로 인해 '더는 일할 수 없더라도' 살아가는 데 필요한 것을 해당 조항에 포함한다. 일에 더하여 독서, 교회 출석, 오락과 같은 정신적 영역에서 발생하는 매우 다른 필요를 충족시키기 위해, 그리고 더 나아가 제단에 제물을 바치거나 자선을 베푸는 일이 절대 불가능한 일이 되지 않도록 더 높은 목적을 위해 무언가를 남겨두는 것도 포함한다.

만일 우리가 이 이상을 충족시키는 조건을 마주한다면, 건강하고 영리한 노동자는 그의 삶이 어두울 때에 이 모든 것을 얻을 수 있는 임금에 의지할 수 있어야 한다. 그래도 삶에는 점점 격차가 생긴다. 노동자 자신이 '숙련된 노동자'와 일반 노동자를 구별하고, 일반 노동자들도 그들 사이에서 숙련공보다 약간 낮지만 일반 노동자보다 더 높고 더 나은 위치에 있는 '숙련된 노동자'를 반복해서 구별한다.

특히 미국에서는 이 구분이 엄격하게 시행되고 있는데, 이와 관련하여 노동자가 완전한 성과를 달성하기 위해 세 가지 범주 각각에서 주당 얼마를 받아야 하는지를 가능한 한 정확하게 계산하기 위해 노력을 아끼지 않았다. 성과가 품삯으로 전환되는 것을 보기 위해 노동했다. 유럽 어디에서도 찾아볼 수 없는 것처럼 묶음별로 주제별로 시도했다. 즉, 수행된 작업, 적절한 생활수준, 필요한 품삯 사이의 올바른 관계이다. 무수한 자료에서 모을 수 있다면, 우리의 경우 기혼남성의 최저임금은 12길더이어야 하며, 2급은 16-17길더, '숙련된 노동자'는 18-25길더라고 말할 수 있다. 특히 집세와 관련하여 이 나라의 시골 생활은 대도시 생활보다 자연스레 요구되는 수준이 더 낮다. 따라서 일정부분 다양성이 허용되어야 한다. 삶의 필요를 공평하게 충족시키기 위해서는 품삯의 기준이 이에 관한 것이어야 한다.

그러나 그러한 표준은 고정되어 있지 않다. 세금이 더 높으면 경쟁이 더 치열해지고, 생활필수품의 가격이 많이 오르면 12길더를 받아도 이전의 10

길더 받을 정도만 일하게 된다. 이런 식으로 우리는 결정해야 할 생활수준의 변화를 항상 염두에 두어야 한다. 너무 많지는 않을지라도 아내와 16세가 넘은 자녀의 수입을 어느 정도 생각할 수도 있다. 그러나 주요 수입은 항상 가장에게서 나와야 한다. 따라서 임금은 일반적으로 단순하고 검소하게 계산된 일상적 생활필수품을 제공하기에 충분해야 한다는 요구사항을 포기해서는 안 되며, 이를 가능하게 해야 한다. 임금 기준은 강요할 수는 없는 것이다. 이것은 항상 스스로 앙갚음한다. 그렇지만 정부는 여전히 여기에서 주도권을 가질 수 있고, 귀족 지주와 거대 기업가는 좋은 모범을 보일 수 있으며, 사회 문제를 설명하려는 사람은 항상 이러한 최소한의 이상을 위해 지칠 줄 모르고 노력해야 한다.

§27. 필수적인 협력

노동자가 이 목표 달성을 위해 협력하지 않는다면 성공은 절대 불가능하다. 이를 위해서는 기존 상태에 대한 정확한 지식이 반드시 필요하다. 이를 위해 해당 국가의 빈민촌으로부터도 사용 가능한 자료가 제공되어야 한다. 사회학을 공부하는 사람은 그 나라의 상황을 알아야 하는데, 바로 이 지식이 여러 면에서 부족하다. 그러한 주제를 조사하는 사람들은 일반적으로 우리나라보다 미국에서 일이 어떻게 진행되는지 더 정확하게 알고 있다. 또한, 더욱 정확한 지식이 고용주와 자본의 공로로부터 우리의 것이 되어야 한다. 당연히 기업가 정신, 그의 대담함, 그의 지식, 다면적 보살핌을 위해 고용주는 계속해서 자신을 격려하는 짜릿한 이윤을 만들어야 한다. 이 점에서 고용주를 노동자와 동일시하려는 모든 시도는 명백히 불합리한 것이다. 그들의 존재와 삶의 과업은 상당히 다르므로 이 두 가지 요소는 각각의 기준으로 판단되어야 한다.

이것이 결정적으로 선언되어야 하지만, 사업 이익과 임금 사이에는 항상 일정한 올바른 관계가 있어야 하며, 이를 시도한 다양한 방법이 실제로 무산되지 않았다. 그러나 노동자 측에서 필요한 협력이 없으면, 이에 대한 모든 전망을 잃게 된다. 이 점에서 비통함과 불신의 정신, 때로는 무례하고 반항적 성격은 노동자가 자신의 힘을 구하는 것만큼이나 해로운 일이다. 고용주가 지켜보지 않을 때 게으름을 피우거나 자리를 비우는 등 온갖 방법으로 그를 속이고 실제로는 협력하기를 원하지 않아 임금 수준이 오르지 못했으며, 임금이 올랐더라도 이내 다시 떨어지게 되었다. 고용주는 '자기 사람들'이 잘 살고 있다는 사실에 자부심을 느끼고, 겉으로 좋은 모습을 보여주며 자신의 회사를 추천해야 한다. 그러나 그 반대의 경우도 마찬가지이다. '자기 사람들'은 자신의 사업이 번창하는 것을 기뻐해야 하며, 주인이 매우 꼼꼼하고 6시에 일어나 준비를 마치며 시장에서 인기가 많다고 자랑해야 한다. 그들의 복지 또한 그의 번영에 달려 있다는 것을 알기 때문이다.

§28. 생활 임금

물론 모든 노동자 가족이 미국에서 '생활 임금'(a living wage)이라고 불리는 것을 보장받는 것은 비용이 많이 들 것이다. 그러나 존 라이언(John A. Ryan)[126]과 리처드 일리(Richard T. Ely)[127]가 1906년 뉴욕에서 출판한 "생활 임금"(A Living Wage) 145쪽에서 노동자 5인 가족의 최저 소득이 연간 총액 600달러 이상, 즉 1,500길더라고 한 것을 기억해야 한다. 140페이지에 자세히 설명된 목록은 총 87달러로 높은 수준이다. 이러한 수입이 보장된다면 스스로 행복하다고 생각할 수 있다는 사실을 잘 알지만, 누구나 이런 식으로 부조리에 빠진다고 느낀다. 여기도 너무 가볍게 위아래로 흔들린다. '생활 임금'을 올리면 거의 즉시 물가가 오르고 이익은 자동으로 감소한다. 그리고 만약 누군가가 지금 이렇게 말한다면, 그것은 사회주의적 평등으로 끝나야 할 것이고, 더는 달성될 수 없을 것이다. 강제 평등의 경우 생산의 성과보수는 소거되고, 짧은 기간의 거짓 행복 후에 영광이 퇴보한다. 모든 좋은 규정을 방해하는 것은 상호 신뢰의 부족이다.

미국에서는 양쪽 모두에서 이것이 훨씬 더 명확하게 나타난다. 많은 경우에, 그들은 행복하게 고용주와 노동자 사이의 장부를 공개해 나가게 되었다. 양측은 카드의 패를 완전히 공개했으며 서로를 완전하게 신뢰했다. 그리고 이를 통해 모든 문제에서 동등하게 결정을 내렸으며 노동자뿐만 아니라 고용주의 이익을 최대한 끌어낼 수 있었다. 우리에게 여전히 부족한 것은 문제의 상태에 대한 충분히 명확한 통찰이다. 그로부터 자동으로 '양쪽' 당사자의 이익을 서로 맞물리게 하는 기술을 이해하고 있지 않다는 결론이 나온다. 고용주와 노동자는 서로에게 속한다. 그들은 서로의 이익을 지지하고 옹호해야 한다. 양쪽 모두의 권리와 정의를 염두에 두어야 한다. 그리고 하나님을 경외하는 것이 불신과 수치심을 쫓아내는 힘이어야 한다.

§29. 파업과 직장 폐쇄

이러한 상호 공개적 신뢰가 상황을 지배했다면, 지금은 때때로 필수불가결한 파업이라는 대안이 절대로 떠오르지 않았거나 적어도 절대로 실행되지 않았을 것이다. 상황이 이렇다 보니 이것은 어쩔 수 없었다. 변화된 근무 조건에서 고용주들이 끔찍한 학대를 가하곤 했다. 밀의 영국 학파는 사람들의 마음을 당황케 했다. 이제 모든 것이 개인의 투쟁으로 바뀌었다. 가장 오래 버틴 사람이 승부에서 이겼다. '적자'(The fittest)가 승자였고, 준비를 잘 하지 못한 사람은 운명을 짊어지고 굴복했다. 이것은 모든 상호 신뢰의 상실로 이어졌고, 가장 강한 제조업자들은 노동자들을 '생존'으로 끌어들였다. '적자생존'(survival of the fittest)이 전체 경제 상황인 가내 산업을 지배한다는 규칙에 이르렀고, 여성과 아이, 마지막으로 남성 공장 노동자도 부당하게 착취당했다. 그들 중 많은 사람이 이것을 스스로 느꼈지만, 그들은 이 경제 법칙에서 벗어날 수 없는 것처럼 보였다. 모두가 그랬고, 그들도 그랬다.

그런데 이에 대한 강력한 반발이 저절로 일어났다. 밖에 서 있던 저명한 사람들이 착취당하는 노동 계급을 위해 일어섰다. 그 모든 무력함에도 불구하고 고용주나 제조업자에게 노동자가 필요하다는 한 가지 사실은 항상 변하지 않았다. 자본가의 필요를 줄이고, 상당한 저축과 긴밀한 연대를 통해 노동자를 잃게 된다고 강력한 자본가를 위협하는 것이 가능하다고 여겨지자 희망이 생겼다. 이것이 파업이다. 이미 1891년의 "사회 대회"에서 우리 측은 파업이 '반드시' 불법으로 치부될 수 없다는 것을 분명히 언급했다.

파업이 모든 질병의 만병통치약이 될 수는 없다. 오히려 파업은 비상사태에 대한 보편적 구제책이 될 수 없다는 것이 노동자들 사이에서 점점 더 명백해지고 있다. 그것은 또한, 거의 작동하지 않는 노동자들 사이의 협력 정신을 요구한다. 이것이 효과가 없으면, 참여하지 않는 사람들은 쉽게 "동맹 파업 파괴자"라는 인상을 준다. 동맹 파업 파괴자라는 말에는 신성한 대의를 배반했다는 어떤 의미가 담겨 있는데, 이는 종종 비밀재판과 살해로까지 이어졌다.

§30. 고용주의 반발

상태에 대한 상호 이해가 더 명확해지면, 고용주 측의 "배제"가 모든 파업을 거의 좌절시킬 수 있다는 점이 대두된다. 파업을 위해서는 도덕적 힘이 상당히 강력하게 발현되어야 한다. 파업을 성사시키기 위해서는 너무 많이는 아닐지라도 오랫동안 이미 낮은 임금에서 얼마를 떼어 놓아야 했다. 파업 기간에는 훨씬 적은 돈으로 생활하며, 절반의 부족도 감수해야 한다. 제과점이나 식료품점에서는 신용대출을 얻어야 하는데, 이는 파업이 끝난 후에도 몇 주간 여전히 계속된다. 파업이 나중에 합의로 이어지더라도 파업을 주도한 사람은 대개 이 합의에 동의하지 않는다. 파업이 작은 영역에 대한 것이고, 기껏해야 같은 장소에 있는 모든 노동자와 관련된 것이라면, 이 모든 것은 계속 진행될 것이다.

그러나 이 역시 곧 불가능하다는 것이 밝혀졌다. 전국 각지와 때로는 국경 너머에서까지 온 거대 고용주들은, 곧 그들이 섬유 대파업에 성공한 것처럼 공장반대파업을 시작할 힘이 있음을 이해했다. 이제 2,000-3,000명의 현지 노동자가 3개월 정도의 파업을 지속할 수 있는 자본을 마련하기 위해 모든 노력을 기울인다면, 전국의 모든 공장이 5, 6만 명의 노동자를 배치하는 순간, 이 모든 것은 그야말로 아이들 장난이 되고 만다. 이 위험은 다이아몬드 노동자들과 단일 고용 노동조합에는 덜 두렵지만, 곧 모든 대규모 산업에서 발생할 수 있다. 독점 금지법은 여러 면에서 대형 제조업체들이 치열한 경쟁에서 더 긴밀하게 협력할 수 있도록 했다. 이러한 협력 정신이 전 분야에 걸쳐 유지된다면, 모든 파업은 결국 실패할 것이다. 따라서 결과는 파업이 점차 훨씬 더 첨예한 비판의 대상이 되었음을 보여준다.

사회주의자들 사이에 선견지명을 지닌 사람들은 여러 면에서 그들을 경고하여 거대 정치 파업에 대비하도록 유도한다. 그러나 정확히 이것은 우리나라의 경우가 되어서는 안 된다. 정치적 파업은 경제적으로 가치 있는 조치를 금지된 영역으로 넘기는 것이다. 그에 반해 우리는 경제적 파업에 대해서도 계속 주장하지만, 다음과 같이 덧붙인다. '조심하라! 무분별한 행동은 상태를 개선하지 않고 오히려 악화시킬 것이다.' 파업에 찬성하는 점이 있다면, 그것은 좁은 분야에서 종종 그리고 많은 방법으로 노동자들의 상태를 실제로 개선했다는 것이다. 여기서도 노동 계급의 상황이 전반적으로 개선되면 상품가격이 급등하는 경우가 너무 많으며, 그 결과 새로 만든 이윤을 다시 잃게 된다는 사실을 잊지 말아야 한다.

§31. 보이콧Boycot[128]

보이콧은 직원에 대한 무자비한 태도로 인해 증오를 만들어냈던 아일랜드의 어느 관리인의 이름이었다. 그의 이름은 찰스 커닝엄 보이콧(Charles Cunningham Boycot)이다. 막강한 지주인 어른(Erne) 경은 그를 그의 재산 관리인으로 삼고, 보이콧은 이 권한을 이용해 문자 그대로 노동자를 고용했다. 이 것이 크나큰 혐오감을 불러일으켜, 토지연맹(Landliga)이 1880년에[129] 그를 배척하기로 결정했다. 이 결정은 모든 일꾼과 하인이 그에게서 도망치고, 더는 가게 주인도 그에게 물건을 팔지 않으며, 철도 회사도 더는 그의 가축과 물건을 운반하지 않을 것이라는 의미였다. 보이콧은 1년 동안 저항했다. 그러나 그는 결국 포기해야만 했으며, 아주 가난해진 채로 1880년[130] 12월 1일에 그 나라를 떠났다. 이와 같은 방식이 영국의 유사한 폭정에 적용되었고, 때때로 미국과 다른 곳에서도 적용되었으며, 이 조치는 종종 훌륭한 결과를 가져왔다.

그러나 보이콧은 결코 일반적으로 적용 가능한 수단이 될 수 없다. 우선 노동자 착취가 이처럼 혐오스럽고 분노를 일으키는 시대는 지났다. 둘째, "노동자 혼자"서는 이 목표를 달성할 수 없다. 가게 주인은 보이콧에 대해 긴장을 늦춰서는 안 되는데, 이는 어려운 일이다. 그리고 셋째, 보이콧은 정말 심각한 사건에 대해 벌여야 하는데, 그렇지 않을 경우 여론이 지지하지 않을 것이다.

§32. 사보타주Sabotage

보이콧과 비슷한 형태로 이른바 사보타주가 있다. 이 단어는 나막신을 뜻하는 프랑스어 '사보'(sabot)에서 파생되었다. 여기에서도 복수심은 쓰라린 마음을 표현한다. 보이콧이 비인간적 고용주의 삶을 '사회적으로' 불가능하게 만드는 것인 반면, 사보타주는 한 걸음 더 나아가, 그의 물건, 재산, 집, 마차, 가구를 파괴할 뿐만 아니라 필요한 경우 자녀에게도 육체적인 공격을 가하기까지 한다. 특히 어린 소녀들을 일하도록 유혹하는 데 주저하지 않은 고용주들은 종종 그러한 사보타주의 당연한 대상이 되었다. 사람들이 폭동 가운데 성기를 절단하고, 막대기에 달아 의기양양하게 마을을 가로질러 간 어느 비참한 고용주의 이야기가 알려져 있다.

비록 그렇게 폭력적이고 수치스러운 형태를 취하는 경우가 많지만, 사보타주는 불만을 품은 폭도들이 파괴적인 고용주가 삶을 지탱할 수 없게 만들어 그 자리에서 벌금을 내게 하거나 사라지도록 강요하는 수단으로 지금도 여전히 남아있다. 그 의도는 다른 고용주들에게 두려움을 심어주어 경제적 개선을 추구하는 것이다. 말할 필요도 없이 그러한 폭력적 수단은 기독교적 관점에서 절대적으로 비난받을 만하며, 그러한 폭력적 행위가 일어나도록 한 불명예스러운 고용주는 이름 없이 원한을 품은 사람들보다 그들의 무자비함으로 인해 확실히 더 깊은 죄책감에 빠지게 된다는 점을 덧붙여야 한다.

§33. 노동조합

근로조건의 지속적 개선을 위한 올바른 방법은 언제나 노동조합이다. 우리는 결국 이것도 파업을 결정할 수 있다는 것을 부인하지 않는다. 그러나 노조의 파업은, 일어나더라도 더욱 믿을 수 있는 지도력 아래 있다. 정확히는 일반적 개선을 목표로 하지 않고 특정 분야에 몰두함으로써, 노동조합은 동료들 사이에서 큰 신뢰를 받으며 노동의 상황을 잘 알고 있는 특정한 수의 사람을 배치하는데, 이들은 위험에 처할 수 있는 것과 바람직하지 않은 것을 판단할 수 있으며, 전국과 심지어 우리의 영토를 넘어선 기술 상태에 대한 충분한 지식을 보유해야 한다.

더욱이 노동조합은 노동자의 능력을 향상시키고, 이로 인해 노동자의 경제적 가치를 상승시키며, 더 높은 요구를 제시할 수 있게 한다는 큰 이점이 있다. 그것은 노동자를 발전시키고 훈련시키며, 사회생활에서 그들이 더 높은 중요성을 얻게 한다. 물론 모든 노조원이 '숙련된 노동자'는 아니지만, 노동조합의 주도적 생각은 그들이 이것을 목표로 추구한다는 것이다.

노동조합은 그 성격에 있어 덜 정치적이다. 회의에 나가거나 언론 전면에 등장하는 것은 노동조합이 관여하는 일이 아니다. 많은 면에서 노동조합은 자신이 활동하는 한 가지 관련된 일에 집중한다. 노동조합이 그 소명을 더 많이 이해할수록, 그들은 노동과 관련된 모든 것에 더 익숙해질 것이다. 그리고 재정적으로 표현하자면, 5년 동안 노동조합에 가입했고 자신의 분야를 더 잘 이해하고 친숙해지기 위한 노력을 게을리 하지 않은 사람은, 몇 년 동안 그의 임금이 일주일 당 3-5길더 올라갈 것이다.

우리가 '파트리모니움'과 같은 보다 일반적 이익을 위한 노동조합을 높이 평가해서는 안 된다는 것은 아니다. 노동조합은 분열되고 있으며, 따라서 단결을 위한 더욱 일반적 조직이 계속 필요하다. 그리고 좋은 노동조합에도 주와 지방의 조직이 뭉치는 중앙조직이 있어야 하는데, 이것은 언제나 특별한 일이다. 따라서 일반 동맹에서 전체 노동 계층의 결속과 단결을 다시 한번 강조할 필요가 있다. 노동조합도 영감을 줄 수 있지만, 이는 더욱 국내적인 목표를 의미한다. 특히 기독 노동자들 사이에서 항상 자신에 찬 음성을 표현해야 하는 고조된 영감과 열정은 노동조합에 있지 않고, 오히려 훈훈하게 만드는 난로격인 파트리모니움 같은 조합에 있다. 그러므로 '양쪽 모두' 소중히 여겨야 한다. 노동조합은 전투에서 당신을 강화하고 무장시키며, 중앙 협회는 당신을 결속시키고 영감을 준다.

§34. 파업 파괴자 감시

모든 노동자가 예외 없이 그들의 직장 조직에 합류한다면 당연히 '파업 파괴자에 대한 감시'는 언급할 필요도 없을 것이다. '파업 파괴자에 대한 감시'는, 노동조합에 소속되어 있지 않기 때문에 파업이 선언된 후에도 계속 업무를 수행하고자 하는 노동자만을 목표로 한다. 그 목적은 그들이 이런 방식으로 노동자의 일에 반대하는 고용주의 일을 섬기지 못할 것이라고 생각하게 하여 단념시키는 것이다. 그리고 그들이 고용주의 일에 자신을 바친다면, 그들의 행동이 노동자들의 과업을 거스르는 것임을 이해시키는 것이다.

물론 그러한 배신은 모든 것을 포함하는 조직이 부재한 결과에 불과하다. 이러한 결여가 존재하는 한, 파업이 선언되면 이렇게 말한다. "나는 당신의 파업에 신경 쓰지 않는다. 나는 거기에 속하지 않는다. 나는 계속 일한다." 이것은 조직화된 파업자들에게 치명적인 인상을 준다. 그들은 계속 일하는 사람이 그들의 과업을 망친다고 느낀다. 파업 거부자는 파업자들에게 적이 되고, 그가 그들의 지원을 받아야 했기 때문에 파업자들의 대의에 대한 반역자가 된다. 다른 방법이 없다. 이것은 인간적이다. 이제 그런 배신을 방지하기 위해 '파업 파괴자에 대한 감시'를 통해 마지막 시도를 하고 싶은 것이 분명하다.

그러나 여기서도 목적이 수단을 정당화하지 않는다. 그러한 수단, 즉 고용된 사람은 잘하면 칭찬 받을 수 있지만, 잘못 실행하면 가장 강력한 정죄를 받을 수도 있다. 많은 사람이 이미 그러한 '파업 파괴자에 대한 감시'를 망쳐 '수치를 당했다'. 우리는 이것이 얼마나 지나친 일인지 안다. 두어 사람이 집 문 앞을 지키다가 일하러 가겠다는 사람이 있으면 위협하며 뒤쫓는다. 때로는 아내와 자녀가 안전하지 않을 것이라고 협박도 한다. 이는 매우 잔혹한 행위다.

파업 파괴자를 이렇게 집에서 감시하는 것을 부당한 것으로 여겨 차단하고 공장 문에서 감시에 관해서만 알기 원하는 사람에게는 이미 더 나은 방법이 있다. 물론 이것은 완전히 다른 것이다. 노동조합 이사회에서 고위급 노동자 2, 3명을 보내어 공장에 들어가려는 남자들에게 간청하여 업무를 수행하지 않게 하는 데 성공한다면, 파업 파괴자에 대한 감시는 훨씬 더 온화하고, 우리도 거기에는 참여할 수 있다. 노동조합이 계속 일할 의사가 있는 사람들에게 전체 파업에 관해 설명하고 변호하는 서면 요청서를 우편으로 보내는 것이 바람직할 것으로 생각한다. 필요한 경우 이 요청서를 나중에 공장 문 앞에서 다시 전달할 수 있다.

그러나 이 "파업 파괴자에 대한 감시"에 주의해야 한다. 그들은 몇 번이고 친근한 외모 뒤에 사악한 의도를 숨겼다. 내키지 않는 사람을 놀래키고 그에게 두려움을 심어주기를 원했다. 이것은 거룩하지 않은 일이다. 경고하고, 설득하고, 감정을 이겨내고, 올바른 길을 유지하라. 그러나 무엇보다도 노동조합을 촉진하고, 그 이상으로 우리가 마르텡 생 레옹의 마음에 그린 방식으로 노동조합을 주도하라. 정부가 모든 사람을 그의 조직에 할당하면 파업 파괴자에 대한 감시는 저절로 끝이 난다.

§35. 근로 시간

근로 시간과 임금은 같은 사안의 양면이므로 직접적인 관련이 있다. 그러나 부정확하게 말해서 수행된 노동을 판매 대상으로 간주한다면, 당연히 소비된 노력과 그 기간이 전달된 가치를 결정하게 된다. 노동에서 노력을 1부터 3까지, 곧 a, b, c로 설정하고 노동자가 일한 시간을 초과한다면, 이것은 일한 시간에 따라 계산하여 시간 '곱하기' 노력의 결과를 낼 것이고, 임금은 노력과 시간에 비례하여 조절되어야 할 것이다. 노동 가격을 노력에 따라 25센트, 50센트 또는 75센트라고 가정하면, 하루에 제공되는 가격을 결정하기 위해 세 순간에 1-12시간의 기간을 곱하면 임금의 액수가 도출된다. 그러나 이것으로부터 노동자는 임금의 증가, 심지어 임금의 통상적인 계산에서도 소비된 노력, 그리고 시간과 관련시켜야 한다는 결론이 나온다.

세 가지 노력으로 일하는 일급 노동자는 12시간 동안 일하는 느린 노동자보다 8시간 동안 더 많은 일을 할 수 있다. 따라서 근로시간 단축을 주장할 때는 노동자도 더 많이 일해야 한다는 원칙이 항상 적용되어야 한다. 이

제 이것은 건전한 수습생, 훌륭한 전문 조직, 효율적 위생, 좋은 주택, 충분한 음식 등에 달려있다. 뿐만 아니라 도덕적 진지함, 의무감, 타고난 나태의 극복도 중요하다. 일단 1시간 노동의 가치를 10퍼센트 올리는 데 성공하면, 이로부터 임금이 10퍼센트 오르거나 근로 시간이 10퍼센트 단축되어야 한다고 유추할 수 있다. 이것이 도달해야 할 지점이다. 근로 시간이 10퍼센트 단축된다. 1시간에 결과물을 10퍼센트 더 내면 시간 측면에서 10퍼센트 더 적게 일해도 된다.

이것은 노동자 계층에게 매우 중요하다. 노동자가 육체 작업에 완전히 몰두하지 못할 수도 있다. 그는 또한 그의 사람을 돌보고, 그의 정신을 풍요롭게 하고, 더 높은 관심을 염두에 두어야 한다. 또한 그의 아내와 아이들을 위해 살 수 있어야 한다. 우정도 필요하다. 교회 생활도 소홀히 해서는 안 된다. 회의에도 참석해야 한다. 그리고 밤은 낮에 소모된 것을 회복하는 휴식 시간이 되어야 한다. 길고 느린 작업은 목적 없이 노동자를 소모시킨다. 해야 할 일을 짧고 집중력 있게 하는 것은 고양을 가져오고 영감을 준다.

§36. 노동자의 협력

따라서 근로 시간 단축은 반드시 요청되어야 한다. 다만 노동자는 더 잘 훈련받고 정기적으로 연마하여 더 노력을 쏟음으로써 이를 가능하게 해야 한다. 그렇지만 유의해야 할 점은, 더 짧은 시간에 더 많은 노동을 결합한다고 해서 모든 기업에서 동일하게 유리한 결과를 얻을 수는 없다는 점이다. 작업이 완전히 기계적 성격을 띠고 있어 시간을 절약하는 것이 거의 불가능한 기업도 있다. 같은 기업에서 한 사람이 항상 다른 사람보다 약간 더 많거나 적게 수행한다는 것이 결과를 통해 드러나기 때문에 이 '거의'가 항상 추가되어야 한다. 그러나 거의 완전히 기계로 작동되는 기업에서 이러한 차이는 매우 작으므로, 공급된 노동력에 대한 가격을 규제하는 것이 불가능하다.

따라서 근로 시간 단축은 부분적으로는 기업 유형에 따라 달라지지만, 나머지는 노동자 자신에게 달렸다. 수습생으로서의 훈련, 꾸준한 연습, 표현되는 노력에 달렸다. 그리고 한 법이 부분적으로 여기 우리 인간 본성에서 흘러나온다. 이 법은 노동자의 정상적 건강 상태가 허용하는 것보다 더 많은 노동이 노동자에게 요구되는 즉시 발효된다. 한 번이 아니라 정기적으로 노동 시간을 결정하는 고용주가 이 한계를 넘어 서서히 노동자들을 살해하고 있다는 것은 과장이 아니다. 그것은 노동자가 자기 일을 하는 동안 주저하지 않고 힘차게 일을 하느냐에 달려 있다. 그렇지 않다면 자신의 고통에 대한 책임은 자기 자신에게 있다. 그러나 이것이 사실이라면 본질적으로 고용주에게도, 노동자에게도 넘을 수 없는 한계가 설정되어 있다. 노동의 공급은 노동자의 삶의 유일한 목적이 아니다.

§37. 면제

일요일, 다른 공휴일, 토요일 오후, 가족의 생일 그리고 여름의 짧은 휴가는 노동의 면제를 요구한다. 이 모든 것이 노동자는 기계가 아니라 사람이라는 사실에서 비롯되었기 때문에 우리는 이것을 합친다. 노동자는 인간으로서 일요일 휴식을 필요로 하고, 거룩한 날들에 참여해야 한다. 인간으로서 혼인할 수 있고, 출생이나 혼인이나 죽음 같이 예외적인 사건을 맞이할 수 있다. 노동자이기도 하지만 인간으로서 잠깐이라도 휴가를 보내야 한다. 토요일 오후 휴무는 나중에 시행된 것으로, 일요일의 고요함을 방해하지 않기 위해 특별히 옷을 사는 등 다른 사람들이 일요일로 미루는 일을 행하기 위한 추가 휴식을 의미한다.

인간은 어떤 경우에도 기계가 아니기에 시계처럼 밤낮으로 움직이지 못한다. 그러나 예외가 존재하며, 이러한 예외는 노동자에게도 고려되어야 한다. 여기서 어떤 예외도 허용하지 않는 모든 기업이 분명히 이의를 제기할 것이다. 의사, 약사, 하인 등의 일과 일부 대형 공장의 큰 기계는 멈출 수 없다는 것이 입증되었다. 또한 말씀의 종, 오르간 연주자, 교회당 관리인 등도 여기에 해당된다.

§38. 정부의 규제

이미 여러 곳의 약국이 하고 있듯이, 당번을 정해 근무를 배정해야 한다. 그리고 일요일 근무 배치와 공무원, 하인의 근무에 관해서는 정부가 책임자이다. 프랑스와 벨기에처럼 일요일에 선거를 하는 것은 다행스럽게도 우리에게는 아직 익숙하지 않은 불쾌한 일이다. 그러나 나머지 소방대, 수도 공급, 경찰 등의 과업은 전적으로 정부의 권한 아래에 있으며, 노동조합이 필요한 경우라도 정부에 '대항하여' 행동하는 것은 정부에 '봉사하는' 사람들에게 적합하지 않다. 사람이 정부에 고용될 필요는 없지만, 그렇게 하는 사람은 누구나 자신의 운명을 정부의 손에 맡기고 정부에 대한 투쟁에 참여할 수 없으며, 참여하지 않아야 함을 미리 알아야 한다. 따라서 특정 공무원 조직이 배제되지는 않지만, 정부 자체의 지도 아래에서 엄격한 통제를 받지 않는 한, 절대 진행될 수 없다.

며칠 휴가를 부여한다는 생각은 은행 휴일과 함께 영국에서 처음 생겼다. 우리나라도 더는 망설이지 않고 이런 성격의 2박 3일 휴일을 도입해야 한다. 우리 여왕의 생일은 그러한 휴일 중 하나임이 틀림없다. 둘째는 우리 조국의 역사에서 나온다. 그리고 여름이 시작될 때, 세 번째 휴가가 시작된다. 사회주의자들은 노동절을 휴가로 요구했다. 이것 자체는 유익한 생각이지만 5월은 너무 이르다. 다른 한편으로 그러한 휴일은 국민을 분열시키는 것이 아니라, 하나로 결속시키는 것이어야 한다. 따라서 사회민주당의 계획은 완전히 실패했음을 알 수 있다.

§39. 야간 근무

자연에서 낮은 일을 위해, 밤은 휴식을 위해 지정되었다. 이 법칙은 포식자와 유독한 곤충들을 예외로 하고 동물들 사이에도 적용된다. 사람들도 이 일에 주도적이다. 빛은 그의 것이며, 어둠은 잠을 통해 기력을 회복할 수 있게 해야 한다. 물론 여기에는 예외가 있다. 중증 환자의 경우 주의가 필요하다. 화재 감시처럼 경비도 계속되어야 한다. 경찰은 도둑과 강도가 밤을 악용하지 않는지 감시해야 한다. 아직 밤의 휴식을 보장할 수 없는 기업도 있다. 특히 언론과 빵집은 여전히 수면 부족에 시달린다. 전보와 전화는 필요한 경우 중단될 수 있는데, 이전에는 이러한 통신 수단을 쓰지 못해도 삶이 평화롭게 계속되었기 때문이다.

우리는 이미 다른 정부 업무에 관해 이야기했다. 조만간 빵집도 푹 쉬게 될 것이다. 여기서 종종 부의 문제가 발생한다. 평범한 일꾼은 전날 구운 빵에 아주 만족한다. 오직 도시에서 부유한 자가 갓 구운 빵을 요구한다. 이 역시 회사의 자유가 존중되었다면 극복될 수 있었을 것이고, 그렇다면 더 나은 관습이 자연스럽게 자리를 잡았을 것이다. 불행히도 실제로는 그렇지 않다. 그들은 어쨌든 강요하고 싶었고, 그 결과 그들은 승부에서 졌다. 이것은 예견되었고 이루어졌다. 그대로 이루어질 수밖에 없다. 그러나 더 나은 구조를 시도하면 조만간 성공할 것이다. 한 번에 모두가 아니라 한 획씩 점진적으로 해야 한다.

반면 언론은 다르다. 밤에 그날의 역사를 기록하며, 늦어도 이른 아침에 그 역사를 제시할 수 있어야 한다. 무엇보다 유감스러운 점은, 그 깊은 밤의 긴장이 낮을 그 역사의 혼돈으로 너무나 쉽게 이끈다는 것이다. 우리 같은 나라에서는 평상시에 언론을 부분적인 예외로 둘 수 있겠지만, 전 세계의 언론은 하나인데다가 큰 국가에서는 언론이 밤에 말을 하지 않고 지나가는 것이 완전히 차단된다. 그러나 언론이 예외라고 할지라도 밤이 잠들기 전이라는 규칙을 무시해서는 안 된다. 밤에 책상에 앉아 있는 학자와 시험공부를 하는 학생들은 자연의 엄격한 요구에 순종하기를 거부한다. 머지않아 이 불순종은 불면증에 의해 보복당하고, 위험한 수면제가 자연에 저항하는 나쁜 기회를 종종 완전히 끝낼 것이다.

§40. 무정부 상태

노동 분야의 무정부적 경향에 대한 의도적인 논의는 우리나라에서 덜 필요하다. 우리는 이미 허무주의와 노동조합주의 등이 러시아, 프랑스, 이탈리아에서 어떻게 받아들여졌는지 지적했으며, 이것들은 우리나라에서 결코 중요한 세력으로 발전할 수 없었다. 1903년의 이러한 노력은 철도 파업에서 활동의 징조를 보였으나 곧바로 진압됨으로써 영원히 희망 사항으로 남게 되었다. 당시 모든 무정부주의를 탄압하는 법이 채택되자, 일간지 "국민"(Het Volk)은 이 법이 즉시 철회되어야 하며 그 시기가 빠를수록 좋다고 선전했다. 사회민주당은 즉시 준비하여 큰 소리를 외쳤으나 곧 다시 조용해졌다. 더 이상 그들의 소리를 듣지 못했으며, 1913년에 사회민주당이 하원에서 16명으로 잠시 힘을 가졌을 때조차도 그 치명적 법안을 마침내 폐지하려는 시도는 소문조차 나지 않았다. 이는 우리가 이 지점에서 무정부 상태의 헛됨을 인식하고 현재 상황의 전환을 체계적 목표로 삼고 있었기 때문이다.

허무주의든 노동조합주의든 무정부주의자의 열망은, 인내하거나 상황을 바꿀 시간을 들이지 않은 채, 항상 갑자기 기존 질서를 뒤집을 준비가 되어 있는 것이었다. 시간을 들일 필요도, 체계적으로 준비할 필요도 없었다. 그들은 유리한 순간을 기다렸다. 갑작스레 큰 투쟁을 벌이려 했다. 그 투쟁은 그 자체의 승리가 노동자들에게 맡겨져야 하는 투쟁이다. 무정부주의 경향과 차분한 수정주의자의 사회민주당 사이에 존재하는 차이는, 최초의 사람들만이 혁명가였다는 데에 있지 않다. '양쪽 모두' 혁명적 사상을 찬양하는 데서 출발했다. 그러나 무정부주의자들의 차별성은 그들이 전체 무정부주의자들의 흐름과 프랑스의 노동조합주의자들과 마찬가지로 전투를 위해 자신을 무장할 시간과 인내심을 갖지 않고, 단순히 별 숙고 없이 공격하기를 원했다는 것이다. 그러므로 그러한 모든 시도가 때때로 소란을 일으킬 수 있지만, 결코 상황을 바꿀 수는 없었다. 정부는 훨씬 더 큰 군대를 동원하여 무정부 상태가 성공할 모든 기회를 즉시 차단했다.

§41. 결론

지금까지 논의된 내용을 요약하면, 우리가 고수하는 확신은 가능한 한 항상 정부가 노동계에 개입하는 것을 목표로 해야 한다는 것이다. 이것은 결국 정부가 아니라 노동자 자신이 가장 많은 힘을 들이게 한다. 보험도 그렇다. 그러나 산업의 확장과 기술 획득의 결과, 거의 전적으로 집에서 작업이 조직되고 규제되었던 이전 조건으로의 회귀는 차단되었다. 이것은 정부가 건전한 훈련 과정을 통해 고용주와 노동자의 전체 명단을 획득하도록 유도하여, 각각 독립적으로 그러나 여전히 접촉하고 있는 노동조합을 통해 모든 노동자가 통합되도록 해야 한다. 모든 고용주도 마찬가지로 여기에 포함된다. 둘 다 함께 정부에 조언하고, 입법에 영향을 미치고, 분쟁 해결로 이어질 수 있는 연결된 기구에 닿을 수 있다. 전적으로 마르텡 생 레옹의 방법처럼 말이다.

한편 이 완전한 기관은 신념의 원리적 차이가 하나의 거대한 조직에서 별도의 세분화로 이어질 수 있도록 조직되어야 할 것이다. 기독교적 확신을 가진 노동자들은 이 일에서 아주 자유롭게 일할 수 있어야 한다. 이상이 아직 달성되지 않은 한, 심각한 분쟁에서는 재판소가 개입해야 하며 그러한 중재재판소의 결정에 전심으로 참여하는 기술을 배워야 한다. 특히 우리 칼빈주의자는 이 점에서 우리 자신이 그릇된 길을 가도록 방치하지 않을 것이다.

베르너 좀바르트(Werner Sombart)[131] 박사는 그의 걸작인 "부르주아"(Der Bourgeois, München und Leipzig, 1913) 323쪽에서 칼빈주의에 대한 분노를 보인다. 이 분노가 부분적으로 근거가 없는 것은 아니지만, 칼빈주의의 역사가 보여주듯 노동자에 대한 가장 뜨거운 열성은 항상 우리 집단에서 생겨났다. 칼빈주의가 종교적 이상을 버리자마자 자본주의로 넘어가는 경향이 있다는 좀바르트의 견해는 옳았다. 우리의 역사에서 우리의 믿음의 투쟁의 화려한 기간이 금과 돈에 대한 집착으로 이어졌고, 마침내 모든 더 높은 이상을 파괴했다는 것을 목격했다. 그것이 바로 우리가 우리의 영적-종교적 토대를 변함없이 유지해야 한다고 그토록 쉬지 않고 주장한 이유이다. 조직도, 임금 인상도, 보험도 미래 희망의 근거가 되어서는 안 된다. 그 근거는 항상 그리고 전적으로 하나님의 모든 자녀가 하나님에 대해 가지는 신뢰에 있어야 한다. 예수님의 확고한 말씀처럼 "이 모든 것은 모두 이방 사람들이 구하는 것이요, 너희의 하늘 아버지께서는 이 모든 것이 너희에게 필요하다는 것을 아신다."

제19장

국가와 교회

I권에서 원리를 논할 때 역사적 관계에서 자연스럽게 이 주제를 다루었으므로 다시 반복할 필요가 없으며, 첫 번째 책을 참고하는 것으로 충분하다.

제20장

국토방위

§1. 방어와 공격

우리 네덜란드의 기본 원리는 해군 또는 육군을 방어 전쟁을 위한 도구 이외의 다른 방식으로 생각하지 않는 것이다. 그러나 이것은 마치 지주가 소유지에 무력으로 침범한 적을 막을 때 외에는 칼을 잡아서는 안 된다고 여기는 것이 아니다. 가장 평화로운 상태라 할지라도 우리가 공격받지 않았으나 우리 편에서 공격해야 하는 경우가 한두 가지 이상 있을 수 있다. 필요하다면 우리는 조국의 유산과 국민을 위해 일어서야 할 뿐만 아니라 가장 확실하게 국가 존립의 권리와 명예를 위해 일어서야 한다. 국경 너머에서 우리를 공격하지 않으면서도 우리 군주에 대한 위협이, 우리 주권에 대한 침해가, 우리의 명예에 대한 손상이, 식민지에서 우리에게 가해진 조롱이 더는 참을 수 없어 저항할 수밖에 없을 정도로 지나치게 나아갈 수 있고, 필요한 경우 모욕한 상대방에 대해 무력을 사용해야 한다. 알려진 대로, 현재의 전쟁에서 우리의 관계가 이미 위태로워진 적이 있다. 우리의 국경에서 벌어지는 전쟁은, 평상시에는 잠시라도 견딜 수 없는 많은 것을 때때로 우리로 하여금 감수할 수밖에 없게 만들기도 한다. 그러나 아직 우리를 대항하여 칼이 뽑히지 않았는데 우리 스스로 칼을 뽑아서는 안 된다고 말할 수는 없다.

한편, 이것은 방위가 일반적으로는 방어적 성격을 갖지만 우리의 권리나 명예의 수호에 관해서는 공격도 여전히 동등한 성격을 가진다는 사실을 절대 간과하지 않는 한, 우리가 오직 '국방'(Landsverdediging)에 대해 말하는 것을 방해하지 않는다. 배제된 채로 남아있는 것은 전쟁을 시작하거나 전쟁의 위협을 가해서는 안 된다는 것인데, 이는 전쟁하려는 유일한 동기가 영토를 획득하거나 영향력을 확대하려는 경우일 뿐이다. 이를 위해 전쟁의 길을 간다면 우리의 행동은 공격적 성격을 가질 것이므로, 이를 암시하는 모든 행동은 가장 절대적 의미로 우리나라에서 배제된다.

§2. 해결을 위한 모든 시도가 우선시되다

이 점에서 우리는 한 걸음 더 나아가야 한다. 이익을 목적으로 공격할 것을 암시하는 행위까지도 모두 엄격히 금지해야 한다. 뿐만 아니라 권리를 침해하거나, 이익을 손상시키거나, 명예를 훼손하는 문제가 있는 경우 '다른 모든 해결 수단이 소용없다고 결론이 나지 않는 한' 결코 공격을 시작할 수 없다. 이는 좁은 의미의 작은 국가들을 포함하여 모든 국가에 적용되며, 특히 평화궁이 세워졌고 중재재판소가 소재하고 있으며 만국평화회의가 개최된 국가인 네덜란드에도 적용된다.

부당하게 대하려는 의도가 없는데도, 기분을 상하게 하거나 상처를 입히거나 해를 가하는 일이 우리에게 일어날 수 있다. 외교적 오해가 있을 수 있고, 상호소통에서 의도하지 않은 실수가 있을 수 있으며, 이전에 체결된 조약의 해석에 차이가 있을 수 있다. 그러한 모든 경우에 무기를 들기 전에 먼저 숙고와 토론을 통해 타협을 시도해야 한다는 것은 분명하다. 그리고 이것이 실패하면 다른 개입을 요청해야 하고, 마지막으로 달리 어찌할 방도가 없는 경우에는 분쟁을 중재재판소의 결정에 맡겨야 한다. 가장 바람직한 것은, 방해받지 않는 평화와 우호적 이해를 통해 나중에 어떤 차이가 발생하든 항상 그리고 예외 없이 중재의 대상이 된다는 점에 사전 동의하는 것이다.

§3. 실패한 영속적 중재

그러한 영속적 중재가 성사될 수 있었다면 더욱 평화로운 미래가 점차 열릴 수 있었을 것이다. 그러나 그렇게 될 수 없었다. 그러한 포괄적인 중재 조약의 체결은 1904년 덴마크와 우리 측에서 시도되어 성공을 거두었는데, 당시 나의 동료인 멜빌 판 레인던(Melvil v. Lijnden)[132]과 루프(Loeff)는 이러한 종류의 최초이자 유일한 조약을 체결한 영광을 누리고 있다. 그러나 스웨덴, 노르웨이와 동일한 결과를 얻으려는 후속 시도는 실패했다. 그리고 나중에 특히 벨기에와 관련하여 우리가 가장 가까운 이웃들과 적어도 코펜하겐만큼 운 좋게 성공할 것이라는 희망을 가졌을 때, 그렇게 하려는 시도가 너무 완벽한 실망으로 이어졌기에 협상을 계속하는 것을 생각조차 할 수 없었다. 그 이후로 제한된 중재 조약 외에는 다른 나라들이 결코 설득될 수 없다는 것이 점점 더 분명해졌다. 국가의 명예와 중대한 이익에 관한 문제는 배제되어야 한다는 반대 의견이 항상 주장되었으나, 그러한 모든 냉담한 합의에는 충분한 가치가 없었다.

이러한 예외로 인해 무엇을 이해하거나 포함해야 하는지를 미리 결정할 수 없다. 그리고 필요하다면 무력으로 우리를 시험하려는 사악한 의도가 표면화 될 경우, 우리의 냉담한 조약은 곧 명백하게 휴지 조각에 불과해질 것이다. 따라서 우리 쪽에서 공격할 수도 있다는 생각을 너무 일찌감치 닫아버려서는 안 된다. 완전히 무시할 수 없겠지만, 입장을 바꾸어 우리가 공격할 수밖에 없는 상황이 발생할 수 있는 경우를 생각해 보라. 이미 일어난 분쟁에 대해 무력 행동을 용인하지 않을 것이라고 1년이 지난 후에야 결정한 미국을 자극한 것은 훌륭한 구제책이 될 수 있다. 그러나 1914년 이후의 험악한 해에는 이것이 지나친 것이 아님이 드러났다. 만약 그렇다면, 그 비참한 시대에 아무리 강한 갑옷이라도 사브르(sabel)의 날카로움과 대포의 총알에 맞서는 것이 얼마나 무력한지 너무나 분명해졌다.

§4. 과거의 군사주의

우리 반혁명당은 항상 조국을 방어할 수 있도록 준비할 것을 주장했다. 이것이 군국주의에 대한 공감을 의미하는 것은 결코 아니지만, 우리 당의 적극적 행동이 과거 이 나라에 일종의 군인을 탄생시킴으로써, 의사(擬似) 군국주의가 이 나라에 몰래 기어들어 오도록 기여했다고 해도 과언은 아니다. 필자는 학생 시절부터 지난 세기의 60년대에도, 반쯤 취한 용기병이나 경기병이 일요일에 레이던의 붐비는 브레이스트라트(Breestraat)와 도시 전체에서 걸핏하면 칼을 빼 시민을 공격하며 불안을 조장했음을 기억한다. 술을 마시고 욕설을 퍼붓고 저주하는 것은 늘 군인의 일부분이나 마찬가지였다. 평범한 시민은 열등한 존재였으며, 특히 말을 탄 자원병은 모든 면에서 평범한 시민 생활보다 자신의 위치가 우수하다고 높이지 않았다면 명예를 잃을 것이라 생각했다. 이것은 특히 대학 도시에서 더 분명했는데, 그 당시 학생들은 불량배, 다시 말해 시민과 동등한 계층이었다. 레이던 시민은 당연히 대학과 수비대로부터 혜택을 받았지만, 학생이나 용기병에게 피해를 주지 않았다.

§5. 그것과 싸우다

그러나 그 이후 군대의 지나치게 과격한 특성이 하나 이상의 측면에서 싸움을 일으켰고, 그 결과 군대의 도덕성이 증진되었다. 해군은 아직 이 정도라고 할 수 없지만, 육군은 더욱 인간적 위상을 갖게 되었다. 아쉽게도 장교들이 여전히 욕설을 너무 많이 하고 있지만, 이전처럼 특별한 신성모독적 욕설을 더 이상 명예롭게 보지 않는다. 기도, 성경 읽기, 교회 출석과 관련한 종교적 선언은 계속해서 그늘에 숨겨져 있지만, 점점 더 퍼져나가고 있다. 여전히 여성 관련 범죄는 엄습하지만, 더 이상 과거와 같은 잔인한 음행은 아니다.

여기서 우리가 의미하는 바를 오해하지 말아야 한다. 안타깝게도 우리는 아직 우리 군대에 정리하고 개선해야 할 부분이 너무나 많으며 우리 군대의 슬픈 면이 여전히 나타나고 있다는 사실을 알고 있다. 너무나 슬프게도 군대 소집 역시 이것을 보여주었고 악화시켰다. 우리가 이것과 타협하지 않는다 할지라도, 우리가 얻은 것에 대해 감사하는 것을 포기해서는 안 된다. 그리고 이 이득이 매우 크다는 것은, 이전에 군인으로 인해 화가 난 적이 있는 사람이라면 누구나 알 것이다.

우리는 이제 더 나은 방향으로 나아가고 있다. 군용 사택은 훌륭하게 작동한다. 군대에서 더 나은 생각이 있는 사람들은 모든 면에서 지원을 받는다. 그리고 많은 방해물에 대한 불평이 계속되지만 우리는 발전했으며, 이미 진보를 이룬 것이 더 많은 이익을 약속한다는 점을 인정해야 한다. 군목 제도는 나중에 다시 평화가 이루어져도 폐지되어서는 안 된다. 그보다는 그 수를 두 배로 늘려, 병사 중 자신의 구성원을 위해 교회에서 임명한 그들이 평화 시 우리 군대를 독살시키려는 시도에 투쟁하는 데 참여하도록 도와야 한다. 우리의 더 큰 전함에서도 군목이 더 이상 사라져서는 안 된다. 모든 것에 지도자가 있어야 한다면 왜 종교적 요소만 없애려 하는가!

§6. 종교 생활

이번 군사동원령에서 범한 중대한 실수가 반복되지 않도록 주의해야 한다. 전쟁 부서는 종교 생활에 대해 아무것도 이해하지 못하여 24만 명을 위해 고작 12명의 군목만 임명했다. 이는 2만 명당 한 명꼴인데, 이것조차도 신중하지 않게 이루어져 2만 명 중 한 군목은 근대적인 사회주의자를, 다른 한 사람은 엄격한 칼빈주의자를 배치할 정도였다. 즉 군인의 차이를 고려하지 않고 배치한 것이다. 그들이 교회에 대해 알고 있었다면 당연히 그 차이에 따라 결정했을 것이다. 특히 군대에서 교회의 강제 출석이 폐지된 후에는 종교적 필요에 대해 완전히 다른 규정을 모색해야 했다. 그러나 여기서 전쟁은 고려되지 않았다. 교회 출석이 폐지된 이후 더 이상 아무 일도 하지 않은 것이다.

이제 모든 것이 종교 없이 가능했다. 그리고 군사동원령이 내려진 뒤 사람들은 자신이 그것을 피할 수 없다고 느끼며 일정한 규정에 굴복했지만, 그 규정은 너무 무익하고 비효율적이어서 국내에서 웃음거리가 됐다. 처음에는 전 장관 탈마와 그다음에는 더 피서(de Visser) 박사가 이러한 혼란 속에서 질서를 만들려고 노력했지만, 그들이 아무리 많은 장점을 가졌더라도 그들에게 불가능한 일은 여전히 불가한 것이었다. 종교적이고 도덕적으로 우리는 더 탄력적으로 행동해야 했다. 따라서 사적인 측면에서 이런 의미로 수행되는 작업은 육군 행정부의 권위주의적, 재정적 지원에 의존할 수 있어야 한다. 또한 좋은 도서를 배포하기 위해서도 마찬가지다. 전쟁 기간에 "드 스탄다르트"가 추가로 받은 3,000명이란 적은 구독자 수는, 여기에서 얼마나 많은 것을 요구할 수 있는지에 대한 충분한 설명이 될 것이다. 그리고 만약 우리가 여기 중간에 "군인 신문"(Soldaten-Courant)을 남겨둔다면, 어느 경우에도 전쟁 부서는 이 신문을 일방적으로 지원해서는 안 되었고, 또한 이 목적을 위해 로마 가톨릭 측에서 발행한 문서도 만들어냈어야 했을 것이다. '모든 것을 위해' 고려해야만 했던 것이다.

사기에 관해서 지휘관은 부대가 특정 거리와 숙박업소를 방문하는 것을 아주 잘 금지할 수 있었다. 헤이그에서는 밤에 보초가 항상 일반 지역의 입구에 서 있어서 어떤 군인도 통과할 수 없었다. 위생적으로도 이것은 훌륭하게 작동했다. 우리 병사들의 대부분은 어른이 된 아이들이고, 아이들의 행동에는 감독이 필요하다. 그러나 이 주제는 특히 상급 장교와 하급 장교의 주요 예시와 관련하여 계속 중요성을 가진다. 브레다(Breda)나 혹은 장교들이 훈련받는 곳 어디에서든 두드러지게 부족한 한 가지가 있다. 병사들에게 종교적이고 도덕적인 면에서 모범을 보여야 하는 장교의 높은 도덕적 의무에 대해 책임을 질 사람이 명확하지 않다는 것이다. 우리 사단의 수장에 구스타브 아돌프(Gustaaf Adolf)[133]나 크롬웰 같은 사람이 없는 것은 사실이지만, 우리 장교 계급의 종교적이고 도덕적 책임을 무시할 수는 없다. 장교든 부사관이든, 군대를 지휘하는 사람은 참을 수 있는 기준 아래에 있으며, 그의 지휘 아래 있는 사람은 '인간'을 다른 어떤 것보다 더 존중하지 않는다.

§7. 우리나라 해군

우리나라의 독립된 해군부를 폐지하자는 이야기가 여러 차례 나왔다. 이 것은 콜레인을 전쟁 및 해군부 장관으로 임명하려 한 데에서 비롯되었다. 1913년의 내각 구성 실패로 이러한 의도가 좌절되었으나 그것은 해군부의 해체로 마무리될 것이다. 다음 장에서 설명하겠지만, 동인도 함대는 더 이상 네덜란드 해군부의 일부로 남아있을 수 없다. 우리 군도가 유지해야 할 함대는 유지 보수와 무장을 위해 해군에서 식민지로 완전히 이동해야 한다. 그리고 마지막으로 해군의 어떤 부서에도 관심을 두지 않을 것이다. 다만 우리 해안을 보호하고 소수의 순양함이 깃발을 펼칠 준비를 하는 것뿐이다.

우리는 이것이 우리 해군에게 극도로 고통스러운 일임을 이해한다. 이는 자랑스러운 과거를 가지고 있다는 우리 해군이 자신의 존재를 지워버리는 것과 같다. 네덜란드 함대가 세계 최초의 함대가 되어 스페인 해군을 무찌르고 오랫동안 잉글랜드를 견제하던 시절을 뒤로하고, 우리나라 해군 장교는 어쩔 수 없이 해군에 복무하고 있다. 한때 우리는 다른 모든 해군이 부러워했던 더 라위터르와 트롬프 함대 아래에 있었다. 그러나 지금 우리 해군은 회복할 수 없는 방식으로 침몰하여 유명무실해졌고, 이로 인해 명예가 훼손되었다. 처음에 해군은 이 나라에서 여전히 밖을 향해 일했다. 1813년 독립을 회복한 직후 우리 해군은 알제리에 출몰한 해적에 개입하고 베이루트에 전함을 파견하며, 일본 시모노세키 해전에 참전하는 일을 통해 여전히 우리나라가 과거의 영광을 되살릴 수 있다는 인상을 주었다.

당시에도 우리는 여전히 목조 순양함이나 구형 선박을 사용하고 있었고, 해군의 전체 변혁은 이뤄지지 않았다. 이 변혁은 볼티모어의 첫 번째 지현철갑선(monitor)으로부터 시작되었다. 그러나 이 첫 번째 시작은 앞으로 일어날 일에 비하면 아무것도 아니었다. 영국, 독일, 미국의 슈퍼 드레드노트(Super-Dreadnought) 함대를 40년 동안 여전히 해상 강대국처럼 보였던 함대와 비교하는 사람은, 이 진화 과정을 통과할 수 없다고 판명된 함대가 바다에서 길을 잃었다는 것을 곧바로 감지한다. 가장 먼저 스페인이 이것을 정말 고통스럽게 경험했다. 1898년 마닐라 항구에서 일부 유니언 순양함들에 의해 스페인 함대 전체가 침몰했다. 그리고 얼마 지나지 않아 새로 건조된 스페인 순양함 전체 함대가 쿠바 근처에서 미국 함대에 패배했다. 바로 그때, 모든 작은 국가의 함대가 맞이할 운명이 분명히 드러났다.

§8. 마법과 같은 진행

20세기 15년 동안 해군 영역에서 문자 그대로 무엇이 마법을 부렸는지, 그리고 건조에만 2,500만에서 3,000만 길더 이상의 비용이 들고, 승무원과 무장과 유지보수 비용이 드는 선박(성이 아니라)이 어떻게 연이어 항해했는지 계산해 보면, 우리 해군이 아무리 최선을 다해도 작은 국가가 더 이상 유지할 수 없는 비율을 차지하게 되었음을 즉시 감지할 수 있다. 스웨덴 함대도 노르웨이 함대도 덴마크 함대도 더 이상 큰 의미가 없다. 그리스는 적어도 한 척의 거대한 군함을 보유하고 있다. 이 군함은 미국에 있는 그리스인에게서 선물로 받은 것이며, 그리스는 나중에 미국으로부터 두 척의 구형 전함을 구매했다. 그렇지 않으면 포르투갈이나 스페인, 벨기에, 브라질, 페루, 칠레에서 문을 두드리더라도 동일하게 슬픈 결과만 나올 뿐이었다. 아르헨티나와 칠레가 여전히 노력하고 있지만, 강대국과 바다에서 경쟁하는 것은 더 이상 불가능하며, 이 국가들은 일찌감치 해군 증강을 중단하기로 했다. 요컨대 재정으로나 인력으로나 완전히 불가능한 상황에 직면한 것이다.

우리의 경우는 곧바로 그렇게 진행되지 않았는데, 해안 방어뿐만 아니라 무엇보다 식민지를 보호해야 하기 때문이다. 모두 더해 보면, 우리나라에는 총 102척의 전함이 등록되어 있다. 하지만 적재 중량은 8만 톤이 조금 넘고, 출력은 28만 3천 마력이 조금 넘는다. 이 함대는 455문의 대포를 탑재했으며, 장교를 포함하여 거의 7,000명의 승무원이 있었다. 그러나 이 모든 군함 중에서 지난 세기에 제작된 6척을 포함하여 14척의 순양함만이 일부분 강철로 되어있었고 나머지는 그러지 못했다. 또한 그 배들은 크기와 구조가 같지 않았다. 속도와 무장이 달랐다. 그들은 함대를 구성하지 못했다. 분명 해군의 자랑이긴 했지만, 이런 식으로는 해상 강국이라고 말할 수 없다. 만약 이 상황에서 실제로 전쟁이 일어난다면, 마닐라와 쿠바의 비극이 덴헬더르(Den Helder)[134]와 탄용 프리옥(Tandjong Priok)[135]에서 두 번째 공연으로 치러지게 될 것이다.

§9. 해안 방어

식민지의 필요를 잠시 제쳐두고, 우리나라 네덜란드 해안 방어에 관해 살펴보겠다. 첫째, 부분적으로 있는 지상군의 포대와 요새의 지원 외에 다른 수단이 없다. 둘째, 일부 지역에 지뢰를 부설하였다. 셋째, 부분적으로 잠수함과 비행선(luchtschepen)[136]에 의해 수행된다. 지뢰와 잠수함을 제외하고 모든 방어가 현재 국방부에 속한다는 것을 의미한다. 비행선은 육지와 바다에서 일하기 때문이다. 해군이 해안 방어에서 큰 부분을 맡아야 한다는 것이 오래 전부터 지적되었다. 위와 같이 그리 크지 않은 순양함이 적에게 총격으로 피해를 주어 방어할 수 있다고 충분히 생각할 수 있지만, 이것은 해안 방어의 주도권을 그저 우연에 맡기는 것일 뿐이다. 특별히 제일란트에 적용되었던 것으로, 국가의 중앙에서 집중 방어만이 가능할 것과 같은 오래전의 환상은 이제 점차 사라졌다. 그리고 현재의 전쟁 상황에서 스헬더를 운명에 맡기지 않고, 우리가 고유 영토의 주인으로 있었던 것이 적지 않은 영향을 미쳤다.

현재 발허런(Walcheren)[137]에 건설되고 있는 큰 요새[138]는 이전의 포기하는 것과 같았던 대응이 어떻게 폐기되었고, 방어가 전체 긴 해안선에 걸쳐 어떻게 복구되었는지 보여준다. 그 결과 개조 중인 덴헬더르도 주목받고 있다. 덴헬더르가 포기되지 않는다면, 그곳의 방어도 최근의 요구사항에 따라 계획되어야 한다. 이러한 변화된 상황의 결과로 지뢰가 전면에 등장했다. 그러므로 모든 연구와 관심은 우리 해안의 지뢰를 생각할 수 있는 가장 완벽한 수준으로 끌어올리고, 매설된 지뢰를 제거하려는 적의 당연한 시도로부터 보호하는 데 집중되어야 한다.

§10. 위기에 처한 작은 국가들

우리는 요새 건설과 지뢰 측면에서 더 좋은 방향으로 나아가고 있지만, 잠수함과 비행선에 대해서는 여전히 심각한 상황이다. 이것은 특히 네덜란드와 같은 작은 국가에서 거의 풀 수 없는 문제이다. 우선 둘 다 해외에서 구매하는 것을 완전히 포기할 수 있을 것이다. 최근 전쟁에서 분명해진 것처럼, 두 무기를 반드시 우리 땅에서 전체로 그리고 완전히 생산해낼 수 있게 해야 한다. 외부로부터의 주문은 배제해야 한다. 가장 결정적으로 입증된 바와 같이, 이러한 전쟁 도구의 생산에 대한 정확한 자료를 매달 제공한 것은 정확히 전쟁 자체였으며, 이 장비는 전쟁 이전이 아니라 전쟁 중에 완성되었고 계속 만들어지는 중이다. 그러므로 우리도 자체적으로 생산할 수 있어야 하는데, 우리나라는 그 협소함으로 인해 가능한 가장 안전한 지역에서 생산을 수행해야만 한다. 그렇지 않으면 적군은 가장 먼저 우리의 무기 생산 기지를 파괴하기 위해 공습을 준비할 것이다. 무기의 수가 너무 적을 경우에 아무것도 할 수 없다는 것은 현재 전쟁에서도 똑같이 분명하다. 불가항력의 공격을 받으면 전쟁을 시작한 지 한 달 이내에 우리는 완패할 것이다.

세 번째로, 이 무기를 조종할 인원은 가장 적절하게 훈련되어, 언제든 참전할 준비가 되어 있어야 한다. 언젠가 인도에서 우리 군대의 총사령관에게 닥친 불행은 태만으로 인한 또 다른 형벌이었다. 마지막으로 잠수함이 우리 해안에서 아주 먼 곳까지 항해할 수 있도록 하는 것도 염두에 두어야 한다. 독일 잠수함이 현재 지중해에서 하는 작전은 이 잠수함의 작전반경이 얼마나 멀리까지 확장될 수 있는지를 보여준다. 동시에 평화 시에도 자원을 사용해 식량과 탄약을 제공하기 위한 준비가 적절하게 조직되어야 한다. 비행선과 잠수함 둘 다 공격에 대한 방어 수단인데, 이를 통한 한 순간의 방어에 우리나라 전체의 운명이 달려 있다.

그러므로 그러한 투쟁을 위해 우리가 어떻게 하면 현명하게 준비할 수 있는지에 대한 질문은 아무리 강조해도 지나치지 않다. 여기에 돈을 아껴서는 안 된다. 상대적으로 말해서, 두 무기는 비싸다고 할 수 없다. 여기에 너무 인색하면 원수들의 전리품만 생산하게 될 것이다.

§11. 순양함 편대

요새, 기뢰, 잠수함, 비행선 외에도 우리는 항상 순양함 편대를 보유해야 할 필요성을 지적했다. 우리는 이를 인도에 있는 우리 제국을 방어하는 것과 별개로 거론해 왔다. 우리의 인도 방어는 상당 부분 인도 자체에서 확인할 수 있다. 이에 대한 자세한 내용은 식민지를 독점적으로 다루는 다음 장에서 설명한다.

대부분 인도의 방어는 자바 자체에서 찾을 수 있으므로 별도의 해군 부서에서는 절대 강점을 찾을 수 없다. 여기서 인도 방위와 관련된 모든 것을 설명하더라도, 유럽에서 소규모 순양함 편대를 보유하는 것은 필수불가결한 일로 보인다. 우리가 중남미에서 깃발을 전면에 휘날리며 우리 점유지를 방어하는 것도 마찬가지이다. 우리는 퀴라소(Curaçao)[139]나 수리남(Suriname)[140]을 그냥 둘 수 없다. 현재로서는 베네수엘라 쪽에서 덜 두려워하는 것처럼 보이지만, 역사는 파라마리보(Paramaribo)에서 반역자의 주도로 우리가 순식간에 위험에 빠졌음을 보여주었다. 네덜란드 삼색기가 수리남과 북쪽의 섬들에 휘날리게 하려는 한 우리 정부는 필요한 경우 무력으로 자신을 주장할 수 있어야 한다. 이것은 소수의 순양함만으로도 가능하다. 수요를 너무 높이 설정해서는 안 된다. 여기도 넘어갈 수 없는 한계가 있다. 그러나 어떤 상황에서도 그 지역에서 우리의 권위가 실제로 위협을 받을 때, 우리가 헤이그에서 구호를 보낼 힘이 없는 곤란한 상황으로 되돌아가서는 안 된다.

이와는 별개로 소소한 문제에 대처하기 위해서도 소수의 순양함 운용은 필요하다. 분쟁은 외딴섬에서 일어날 수도 있고, 남아메리카의 작은 국가에서 일어날 수도 있다. 그런 순간에 두 척의 순양함이 우리나라 국기에 경의를 표하는 모습을 보이는 것은 자연스러운 일이다. 반대로 그러할 때 어떤 식으로든 행동할 수 없다면, 우리의 평판은 손상되고 우리의 이익도 가치를 잃을 것이다. 그러한 편대의 마지막 의미는 현재 독일의 '엠덴'(Emden)[141]과 '뫼베'(Möwe)[142]라는 이름과 관련이 있다. 이 두 이름은 대양의 작은 순양함이 해상 영웅 정신을 빛낼 수 있을 때 얼마나 큰 중요성을 가질 수 있는지를 나타낸다. 우리의 반스페인 혁명 시대를 떠올리게 하는 것처럼 말이다.

순양함 편대는 일반적으로 깃발의 표시만을 가리키지만, 매우 심각한 이해관계도 그것과 연결될 수 있음이 밝혀졌다. 다만 그런 순양함 편대의 의미를 그렇게 이해한다면, 반쯤 닳은 바닥의 합체가 되어서는 안 된다는 결론도 나온다. 우리가 수십 년 동안 순양함 편대라는 이름으로 인도를 누빈 것은 중대하게 여겨지지 않았다. 우리 장갑수송선은 자신의 나무 용골을 부끄러워했다. 후대의 순양함은 완전히 강철로 주조되었으나 속도와 무장에서 큰 격차를 보였다. 즉, 너무 느린 속도와 무장의 부족으로 인해 쉽사리

약해졌다. 여기서 순양함 편대는 5,000톤의 순양함 네다섯 척을 의미하며, 더 클 필요는 없지만 속도는 최소한 시속 30노트여야 하고 최대한 무장되어 있어야 한다.

§12. 우리 군대의 힘

우리의 국방을 담당하게 될 군대에 관해, 기본적으로 다음 질문이 가장 먼저 제기된다. 인구수에 대비해 군인의 수는 어느 정도의 비율을 차지해야 하는가? 군대의 절대적인 수치는 공개할 수 없다. 내가 "우리의 정강"을 쓴 1879년에는 우리 인구가 겨우 400만 명이었다. 인구 통계에 따르면, 1914년 현재는 633만 9,705명이다. 37년 만에 50퍼센트 이상 증가했다. 그러나 군인수는 이 엄청난 증가에 비례해서 결정되지 않았다. 두 숫자가 동등하게 증가하고 감소할 필요는 없는 것 같았다. 그러나 특히 1914년에 발발한 전쟁으로 인해 이 두 수치는 뗄려야 뗄 수 없는 관계가 되었기에, 오늘날 군대의 수적 위력은 인구수에 의해서만 계산될 수 있다.

이와 관련하여 한 가지 작은 세부 사항만은 언급해야 한다. 개선된 위생 조건으로 인해 과거에 비해 더 이상 군 복무 자격이 없는 60세 이상의 인구가 더 많아졌다. 이런 이유로 엄밀히 계산하면 일정 비율이 차감될 것이다. 마찬가지로 남성보다 여성이 많을수록 일정 비율이 차감된다. 그리고 나아가, 더 일찍 사망할 수도 있었던 사람들이 의료 기술의 발달로 인해 살아있는 것을 감안하여 그 수도 제외할 수 있을 것이다.

§13. 10분의 1

그러나 여기에 적용되는 높은 수치를 고려할 때 모든 사소한 차이점에 대해 자세히 설명하는 것은 불필요해 보이며, 인구의 10분의 1이 군 복무를 해야 한다는 기본 원칙을 확실하게 받아들인다. 우리 네덜란드의 인구는 현재 대략 650만 명에 다다를 것이다. 내가 지적했듯이 1914년의 정확한 수치는 634만 명, 1912년에는 611만 5천 명에 불과했다. 2년 동안 22만 5,000명이 증가한 것이다. 1915년과 1916년에도 비슷한 증가율을 보였다면 현재 인구수는 650만 명이 거의 정확하다. 여기서 50만 명은 빼고 600만 명만 가정해 보겠다. 이 중 군인수를 10분의 1로 적용했을 때 60만 명이 된다.

우리는 이것이 그 자체로 바람직하다고 생각하는 것은 아니지만, 반드시 그래야 한다. 영국, 프랑스, 독일 사이에 있는 작은 네덜란드처럼 가장 위험한 지점에서 위험에 노출되어 있는 국가는, 우리의 생각을 물을 필요 없이 자국 군대의 수가 해외 군대의 비율에 비례해야 함을 인정해야 한다. 러시아나 독일과 같이 인구가 많은 나라는 여전히 이에 대해 약간의 여유를 가질 수 있지만, 네덜란드와 같은 작은 국가는 이미 이웃 국가들과 비교해서 불리한 불균형 관계에 있다.

실제 수치가 비율 수치와 완전히 일치해야 한다는 추가 주장이 제기되었다. 1914년 전쟁에서 여러 교전 국가에 존재했던 인구수와 그들이 실제로 동원한 군인수 사이에 어떤 관계가 있었는지 묻는다면, 모든 추론은 필요치 않다. 그 수치는 러시아에서만 부분적으로 예외였을 뿐, 그대로 '10분의 1'이 실제 비율임을 확실하게 나타냈다. 인구 10명당 군인 1명은 발칸 반도의 작은 국가에서도 마찬가지이다. 프랑스에는 3,900만 명의 주민이 있고 400만 명이 넘는 군인이 있다. 4,500만 인구를 가진 영국은 이제 450만 군인이 있다. 러시아는 이미 1,200만이다. 루마니아에서 그리스에 이르기까지 발칸 반도에서는 거의 모든 군대가 전쟁에서 10분의 1 '이상' 증가했다. 전문가들은 인구가 6,700만 명에 달하는 독일에는 이미 600만 명 이상의 군인이 있다고 말한다. 물론 이 목록에서 완전히 정확한 수치를 수집하는 것은 극히 어렵다.

§14. 여전히 불확실하다

전장에서 수백만 명의 사상자와 포로가 발생함으로 인해 군대는 심각한 손실을 당했고, 이제 전체적으로 보완하여 다시 한번 완전히 새롭게 조직을 정비하였다. 군수 창고와 함께 예비군으로 편성된 완전히 새로운 군단이 여러 방향에서 만들어졌으며, 일반적인 군대 구분은 설 자리를 잃었다.

무장한 병사의 수를 마지막 사단까지 세세하게 밝힐 수는 없지만, 이제 인구 10분의 1이 실제로 무장한 수치가 되었다는 것은 의심의 여지가 없다. 그러나 우리는 작은 환상에도 빠져서는 안 된다. 인구의 10분의 1, 즉 60만도 채 되지 않는 병력으로 최근 전쟁이 지배하는 새로운 군대를 편성하더라도 우리는 평화를 회복하지 못할 것이다. 이 60만 명에 지속될 수 있을지조차 전혀 확실하지 않았다. 실제로 우리에게 나타나는 상황을 상상해보라. 내가 앞서 지적했듯이, 고대 동방 제국 사이의 전쟁에서 이 수치가 훨씬 더 높다는 것을 확신하려면 구약의 군대를 살펴보기만 하면 된다. 나이가 어린 사람부터 나이 많은 사람까지 '거의 모든 사람이' 전쟁에 나섰다. 이스라엘이 제시하는 수가 이것을 잘 보여준다. 나중에 이 수는 확실히 상당히 떨어졌다. 그리고 중세에 기독교가 완전히 다른 관계를 갖게 되자, 이 거대한 군대는 마침내 모두 사라졌다. 그들은 용병 제도에서 해결책을 찾아 전환함으로써 군인수가 크게 줄어들었다. 나폴레옹 전쟁 때도 지금보다 훨씬 낮았다.

§15. 1870년 이후 모든 것이 바뀌다

그러나 1870년 이후로는 이 숫자가 반복적으로 상승했다. 일반 징집에서 점점 더 많은 군인을 확보할 수 있었기 때문이다. 이전에는 질병이나 허약의 이유로 면제가 많았으나 위생상태가 좋아지면서 어깨에 총을 짊어진 사람들이 증가한 것이다. 따라서 지난 사반세기동안 군인의 수는 거의 해마다 증가했고, 지금은 인구수의 10분의 1을 차지한다.

그런데 군인수가 이전에는 5분의 1 이하로 떨어지지 않았다는 것을 기억해야 한다. 5분의 1은 가정의 수를 나타내며, 많은 지역과 지방에서 한 가정에서 한 사람이 창을 잡거나 칼에 띠를 띠는 일은 결코 드문 일이 아니었다. 그러므로 지금의 10명 중 1명이 군인이라는 수치는 결코 상상할 수 있는 최대치에 도달한 것이 결코 아니다. 평화가 재건된 후 각국은 다가올 위협적 전쟁에 대비하여 국가의 방어력을 강화하는 방법을 다시 고민해야 할 것이다.

당분간 네덜란드는 일반적으로 통용되는 법에 따라 무장의 의무를 다하고 있으며, 그 법은 현재 진행 중인 전쟁에서 실제로 나타나듯이 군인수를 국민의 10분의 1로 늘려야 한다는 것이다. 가장 큰 절반인 여성 인구가 여기서 빠진다. 그래서 5명 중 1명이다. 이 5명 중 1명에서 20세 미만의 젊은이와 40세 이상의 노년이 빠진다. 그리고 남은 인구 중 육체적으로 복무할 수 없는 사람을 지금 제외한다면, 머지않아 기준을 40세로 유지할 수 없고, 45세로 옮겨야 한다는 것이 명백해진다. 그것은 힘들 것이다. 그것은 많은 가정의 행복을 앗아갈 것이고 엄청난 비용을 삼킬 것이다. 그러나 그것을 위해 할 수 있는 것이 없다. 이제 60만 명의 남성이 네덜란드에 적합한 수이다.

§16. 고정적인 자원군인

일찍이 1878년 "우리의 정강"은 군대 외에 4,000-6,000명으로 구성된 소규모 용병 부대를 4년이나 6년이나 10년이라는 고정된 기간 고용하는 것이 절실히 필요하다고 주장했다. 특히 1900년 이후 소위 "영속적인 부분"과 함께 시작된 끝없는 고민은, 이러한 자원자로 구성된 상설 용병단을 조직해야 한다는 긴급한 필요성을 거듭거듭 확인시켜주었다. 나중에 도입된 규정에 따르면 새로 모집된 남자들은 동등한 입장에서 일 년 중 가장 적합한 달에 훈련을 받아야 했다. 그러나 결국 이런 식으로 항상 서너 달 동안 우리 병영은 비어 있었고, 간부, 기병, 포병, 그리고 기타 병과의 장교들만이 훈련을 받는 그룹으로 복무했다. 당연히 이 사실은 용인될 수 없다. 일정 수의 보병은 겨울에도 꾸준히 무장하고 있어야 한다. 그러나 선택은 임의적일 수 있다. 그래서 우리는 '영속적인 부분'에 대해 끝없는 어려움을 겪었으며, 이것은 여전히 계속되고 있다. 훈련 기간을 9개월에서 6개월로 줄이면 이러한 불편은 더욱 커질 것이다. 정부는 군대가 없이 결코 존재할 수 없다. 따라서 둘 중 하나도 없어서는 안 된다. 병사들 사이에서 완전히 임의적으로 유지되거나 혹은 그것을 피할 수 있다면 소규모 상설 용병 부대나 자원자가 군대와 함께 등장해야 하는데, 정부는 이 부대를 항상 원하는 대로 다룰 수 있어야 한다.

§17. 두 가지 가능성

두 가지 가능성 중에서 두 번째 가능성만이 우리에게 적합해 보인다. 그러면 훈련에 대한 규제에서 완전히 자유로워지며, 정부는 국가에 한순간도 빈틈을 만들지 않는다. 부대의 수적 위력은 6,000명으로 추산되었다. 항시 복무하는 병력으로 4,000명의 병사가 포함되고, 그 위에 1,000명이 조금 안 되는 기병이 있다. 따라서 5,000명으로 유지될 수 있지만, 인구가 상당히 증가함에 따라 5,000명이라는 수치보다 약간 늘리는 것이 좋다. 1900년 5,000명에 달했던 수치를 이제 과장 없이 6,000명으로 늘려야 한다. 이 부대는 각각 3개 대대로 된 2개 연대로 구성될 수 있다. 대부분 보병이며, 기마 부대는 단일 분대에만 해당된다. 필요한 경우 이 소규모 부대 일부는 기관총을 사용할 수 있다.

부대의 임무는 다음과 같다. 첫째는 본부와 창고를 경비하는 것, 둘째는 국립경찰을 보호하는 것, 셋째는 대도시에 수비대를 배치하는 것, 넷째는 폭력적 저항이 일어날 수 있는 곳이면 전국 어디에서든지 즉각적으로 행동하는 것, 다섯째는 전쟁의 위험이 보이는 즉시 국경을 장악하는 것이다. 따라서 그러한 부대는 실제로 경찰의 성격을 가지지만, 광범위한 의미에서 왕국은 필요하다면 내외적으로 출동할 수 있는 강력하고 항상 준비된 경찰을 마음대로 사용할 수 있는 것이다. 1878년에 제안되었던 것처럼 이 문제에 대한 우리의 조언을 따랐다면 직업 군인들과 벌인 많은 다툼을 피할 수 있었을 것이다. 결과적으로 이 다툼은 장관들의 목숨까지 앗아갔다.

§18. 보편 징병제

60만 명의 전시 병력은 보편 징병제가 전체 제도의 기본이 되지 않으면, 우리 같은 나라에는 가능하지 않다. 면제는 제한적으로 시행되었지만, 나라 전체로 계산할 때 그 면제는 즉시 엄청난 수치임이 예견되었다. 면제의 제한이 군 병력을 상당히 증가시킨다는 것은 결코 의심할 수 없다. 이러한 면제를 한 사람씩 이어서 신청한다면 너무나 당연히 어려움이 생길 것이다. 특히 전시와 관련하여 외아들을 면제하는 것의 목적은, 한 혈통의 단절을 방지하고 대를 이을 아들을 보호하려는 것이다. 그리고 다른 한편으로는 집에 보호받지 못하고 남아있을 사람들에 대한 걱정이 있었다. 1914년과 1916년의 힘든 군 동원 시절부터 이것이 가정과 일터를 떠나는 불편함과 고통을 초래했다는 사실을 알 수 있다. 따라서 일시적이기는 하지만 특별한 경우에 대한 특수한 면제를 보류할 수는 없을 것이다.

§19. 극복할 수 있는 어려움

다른 나라의 결과는 보편 징병제가 아주 잘 도입될 수 있고, 전쟁이 일어나도 생활이 계속될 수 있음을 보여주었다. 그러려면 많은 영역에서 협조가 이루어져야 한다. 모든 교육이 정기적으로 계속될 수 있는 것은 아니다. 젊은이는 어른을 대신해 뛰어들어야 한다. 그리고 여성의 봉사가 공공 영역에서 이루어져야 한다. 이것이 아무리 큰 소란과 불편을 낳는다 해도 결과적으로는 온갖 방법으로 효과를 보였고, 이미 보편 징병제를 채택한 나라에서 다시 폐지를 생각하는 사람은 없다. 심지어 영국도 그것을 채택했다. 이 의무는 평화가 도래할 때까지 일시적으로 미혼자에게만 해당한다. 그러나 이미 예언한 바를 영국에까지 들리게 말할 수 있는데, 평화가 이 상황을 바꾸지 못할 것이며 혼인한 사람들도 현재 혼인하지 않은 사람들이 앞서가고 있는 길을 곧 따를 것이다. 우리 시대에도 그것을 위한 투쟁은, 우리가 이 나라에서 개인의 군 복무와 관련하여 경험한 것의 반복에 지나지 않을 것이다.

그렇다면 문제는 필요한 사람들만 전장으로 데려올 경우 그 일을 할 수 있는가, 그리고 최고위층이 우리의 모든 군 복무를 수행하는 것이 도덕적 힘이 되지 않는가이다. '개별 복무의무'는 높은 지위에 있는 사람이 자신의 군 복무를 낮은 지위에 있는 사람에게 떠넘길 수 없다는 것을 의미했다. 그리고 전쟁이 발발할 경우 더 많은 높은 지위에 있는 사람들이 목숨을 잃을 위험이 있음에도 불구하고, 국가의 명예와 안전을 위해 희생해야 한다는 확신이 증가하고 있었다. 그리고 사람들이 과거에 무엇과 씨름했든 거의 모든 사람은 이 치열하게 싸운 최초의 제도에 동의한다.

독일, 프랑스 그리고 대부분의 나라에서 보편 징병제가 시작되었다. 처음에는 치열하게 싸웠지만, 이 제도는 더욱 성공적으로 여론의 지지를 얻었다. 모든 곳에서 점점 더 보편화되고 있는 이 제도가 우리에게도 이미 문이 열리고 있다. 이 유일한 좋은 제도의 승인이 너무 오래 지연되거나 머뭇거리려서는 안 되는 것이 바람직하다. 현재 상태로는 유지될 수 없는 면제에 너무나 많은 수의 사람이 잘못 길들여지고 있다. 여기서도 우리는 앞으로 나아가야 한다. 이르면 이를수록 좋다. 당연히 보편 징병제는 자동으로 궁핍한 가정에 대한 정부의 보살핌을 수반한다. 그러나 이러한 배려는 전쟁이나 병력동원의 경우에만 중대한 성격을 띤다. 일반적인 수개월 동안의 훈련과 반복된 복무의 경우, 막대한 수치는 이러한 비용 규정에서 언급되지 않는다.

§20. 복무 기간 연장

몇몇 국가는 징집을 19세 되는 해에 시작하여 50세가 되는 해까지 30년 이상 지속한다. 특히 발칸 반도에서는 징집이 강제였다. 앞에서 이미 언급했듯이 고대 관습으로의 회귀가 증가하는 것 외에 다른 방법이 없다. 이스라엘과 유다에 관해서도, 우리는 구약에서 어떤 제한도 없이 칼이나 창을 들 수 있는 '모든 남자'가 전장에 나갔음을 보여주는 수치를 계속 찾아볼 수 있다. 동방의 초기 성숙기에는 16세에 징집이 시작되곤 했고, 매우 불평등하게 때로는 60세 이후까지 계속되었다. 유목민과 흑인 국가들에서는 이 일이 이전처럼 지금도 동일하게 이루어진다. 여기서 선발은 누가 전쟁에 나갈 수 있는지, 아니면 아직도 나가 싸울 수 있는지를 따지는 것뿐이다. 정부가 이 일을 어떻게 처리해야 하는지는 정부 혼자가 아니라 나라의 백성이 결정한다.

사실 전쟁 상태에 관한 모든 것은 우선 누가 곧 적이 될 것인지에 따라 좌우된다. 침략을 예상할 수 있는 국가에서 12년의 군 복무로 충분하다면

이 예를 따라도 된다. 그러나 이 수치가 주변 국가에서 12년에서 20년으로, 20년에서 30년으로 증가할 경우에는 훨씬 낮은 수치를 유지할 수 있는가라는 질문이 더 이상 제기되지 않는다. 강대국이라도 이 문제에서는 가능한 적에게 순응해야 한다. 특히 군사적으로 항상 뒤처져 있는 작은 국가들은 이웃 국가들보다 조금이라도 뒤처질 경우 그들의 미래를 중대한 위험에 빠뜨린다. 그러므로 근속 20년에 불과한 현 제도는 더 이상 지속될 수 없다고 말할 수 있다.

우리와 함께 지금 군대, 향토방위군(Landweer)[143], 민간인부대(Landstorm)[144]는 모두 20세부터 시작하여 40세에 완전히 끝난다. 이 제도는 이제 지속할 수 없으며, 최소한 40세에서 45세로 즉시 연장해야 한다. 신체 상태에 관해서는, 이것이 대체로 어떤 의문도 제기하지 않는다. 45세의 건강하고 도덕적인 남성은 여전히 우리와 함께 인생의 전성기를 누리고 있는 남성이며, 적어도 41세부터 44세까지의 남성을 집에 남겨둘 이유가 전혀 없다. 우리가 자연의 법칙을 따른다면, 누구든지 25세의 젊은 남자로 혼인하는 사람은 (그 이전은 매우 특별한 예외이다) 만 45세에 그를 대체하기 위해 20세의 아들을 현장에 보낼 수 있다고 말할 수 있다. 그러므로 45세까지 복무를 연장하는 것은 심각한 문제가 되지 않을 것이다. 물론 그 나이에 사고나 질병으로 제외되는 사람도 많을 것이고, 사망하는 예도 있겠지만, 나머지는 45세까지로 최종 나이를 정하는 데는 정상적 생활을 방해하는 것이 아무것도 없다.

§21. 전시

병력 동원이 단지 중립을 유지하기 위한 것이든 전쟁이 이미 발발했기 때문이든, 심각한 성격의 압력은 전시에만 발생하기 때문에 다소 높은 요구를 낮출 필요가 훨씬 적어진다. 그러나 자세히 살펴보면 사람들은 실제 전쟁 상태를 그렇지 않은 것으로 생각할 수 있다. 실제로 전쟁이 일어나 우리 조국이 침략당해 자주성을 잃을 위험이 닥치면, 모든 국민이 자동으로 무기를 든다. 기운이 충만한 사람은 조국을 위해 자신을 헌신하는 것 이외에 아무것도 바라지 않는다. 그러나 보편 징병제가 시행되지 않고 45세 이

하의 군인이 없다면, 훈련을 받지 않은 전체 집단의 사람들이 전장에 나가야 한다. 그렇지 않으면 이전에 복무했던 퇴역 군인이 전쟁에 대비해 준비하고 있어야 하는 문제가 발생한다. 우리나라가 관련된 전쟁이 실제로 발발한다면 40-45세의 건장한 남성이 당장 출전해야 하겠지만, 그것을 제지할 기회를 놓친 것에 대해 슬퍼할 것이다. 나이든 남자가 반복 훈련도 받지 않은 상태로 무력하게 줄을 서 있다. 그렇기 때문에 전쟁에 나간다는 말이 나올 때 그것을 비밀로 하는 것이 그 남자에게 훨씬 더 좋다.

일단 군대를 떠나면 당신은 모든 상황에서 벗어나 더 이상 상급자를 알지 못하고 어디에도 속하지 않게 된다. 이것은 당신을 불안정하게 만들고 지도력과 진보를 빼앗아 간다. 바로 이 때문에, 실제로 함께하고 싶은 해가 계속되는 한 같이 머무르는 것이 나중에 따로 참여하는 것보다 훨씬 유리한 것이다. 그러한 봉사는 비록 자랑스럽고 영웅적일지라도 항상 덜 중요한 지위를 제공한다. 45세를 넘으면 더는 필요가 없지만, 그 해까지는 이의 없이 복무 기간을 연장할 수 있다.

§22. 훈련 기간

수년간의 훈련에 점점 더 많은 사람이 돌아온다. 사람을 전체의 연결고리에 불과하게 만들도록 강력하게 촉구한 것은 오래된 전쟁 방식이었다. 자유롭게 자기 주도 하에 독립적으로 참전하고, 자신의 판단에 따라 움직이며, 특정 순간에 전투를 알린 상태가 자신을 지배하도록 허용하는 것은 옛날부터 아무 문제가 없었다. 사람이 기계가 될수록 기계 전체를 지배할 수 있는 능력도 향상된다. 그들은 움직일 수 없는 화강암과 같은 기둥처럼 행군해야 했다. 부사관이나 위관 장교의 손에 들린 단순한 도구가 될수록 목표를 더 효과적으로 달성할 수 있었다. 당시 군대 조직은 한마디로 아직 자유로웠다. 사람은 도구가 될 뿐이었다. 자신의 의지와 상관없이 틀에 박힌 사람의 손에 의해서만 움직이는 도구일 뿐이다. 리벳을 박은 듯 들판에 굳건히 서 있을수록 군인다운 모습을 더욱 강하게 보일 수 있었다. 그렇게 강직하고 뻣뻣하게 만드는 훈련은 몇 달 만에 끝낼 수 없었다. 그들은 몇 년 동안 훈련하곤 했다. 강대국에서는 3년의 훈련 기간을 거쳐 작전을 수행하는 군대도 있었다.

그러나 이제 이것은 급격하게 전환되었다. 모든 종류의 탄약과 전체 기술 분야에서 돌파구가 마련됨으로써 이뤄진 위대한 무기의 진화로 인해, 단단한 기둥은 실제로 가진 힘보다 더 심각한 위험거리가 되었다. 특히 지난 20여 년 사이에 개발된 맹렬한 파괴적인 힘 앞에서 강직함과 경직됨은 죽음의 전조가 되었으며, 오직 자유로운 이동 속에서만 구원을 찾을 수 있게 되었다. 한때 군대의 힘으로 보였던 것이 이제는 바로 쓸모 없어져 버렸다. 이제 남자는 경직된 전쟁 도구에서 벗어나 자유인으로서 군대를 보존하도록 요구받는다. 이제 이 사실이 전체 훈련에 근본적 변화를 가져왔고, 바로 이 변화 자체가 너무 긴 훈련을 무익한 악습으로 만들었다. 이제 훈련 기간은 9개월로 줄어들었다. 그러나 정규 훈련이 '6개월'만 되어도 필요한 것을 잘 제공할 수 있다고 여기는 목소리가 점점 더 커지고 있다. 물론 필자처럼 이런 훈련을 받아본 적이 없는 사람들이 '9개월' 또는 '6개월'에 대해 자신의 의견을 형성하는 것은 매우 어려운 일이다. 따라서 우리는 모든 국가에서 훈련 시간 단축을 초래하는 일반적인 현상을 지적하기로 했다.

한편으로 현재 전쟁이 계속되고 있다는 점을 고려할 때, 많은 신병이 채 6개월도 훈련받지 않고 현장에 투입되었어도 명예롭게 자리를 지켰다고 덧붙일 수 있다. 특히 영국군이 그러했다. 영국군이 가장 실패한 것은 간부와 적절하게 훈련된 장교 부대뿐이었다. 그러나 이것은 완전히 다른 문제로 다루어야 하므로 나중에 자세히 설명하겠다. 다른 한편으로 당분간 군대와 병력만 계산한다면 전쟁의 결과 자체가 단기훈련에 대한 강력한 비난을 가져왔다고 말할 수 없다. 따라서 '6개월'을 주장하는 사람들의 말을 그 어느 때보다 더 적극적으로 경청하고자 한다. 물론 이 6개월 동안 순수한 형태를 위해 가장 필요한 만큼만 소비하고, 중대와 대대 훈련에 국한하지 않고 가능한 한 빨리 더 큰 조합으로 병력을 투입한다는 조건이다.

§23. 간부

경직되고 형식적인 훈련이 뒤로 사라지고 자유 주도에 기반을 둔 행동이 규칙이 된다면, 자동적으로 간부는 이전에 적절하다고 생각했던 것보다 훨씬 더 중요한 역할을 해야만 한다. 만약 분대를 빠르게 일사분란하게 만들고자 한다면, 의무 복무자들을 두려움으로 떨면서 부사관에게 복종하게 하면 되는데, 여기에는 부득이하게 욕설과 꾸짖음과 고함이 동반될 것이다. 이는 부사관의 권한 하에 있는 규모가 조금 더 큰 병력 단위에도 마찬가지이며, 위관 장교(luitenant)에게도 동일하게 적용된다. 그러면 사람들은 더미로 쌓인 돌 혹은 책장에 줄지어 쌓인 책처럼 다뤄진다. 반면, 사람들을 하나의 도구로 전락시킨 뻣뻣함과 경직됨이라는 방법을 깨뜨려 자신의 통찰력과 의지를 깨우치게 할 때에는, 그로 인해 무너지고 허물어지는 것을 병장과 상병이 막아야 할 것이다. 다만 부사관에게 바람직한 직위가 확보되지 않으면 이를 이룰 수 없다.

따라서 간부의 복무는 고정된 성격을 띠어야 한다. 그들이 병영 안팎에서 가사 생활을 지탱할 수 있도록 급여를 지급해야 한다. 견장을 착용할 기회는 여전히 열려있다. 위관 장교가 너무 많이 배출되는 것을 반대한다면 새로운 장교 계급을 만들어야 한다. 중요한 것은 상병이 장교가 '될 수' 있어야 한다는 것이다. 이 조항의 두 번째 요구사항은 간부들이 지금처럼 숫자가 부족하지 않아야 한다는 것이다. 훈련이 계속되는 달 동안 필수품을 제공할 간부가 있어야 할 뿐만 아니라, 전군이 동원될 때 필요한 일을 수행할 훈련된 간부도 있어야 한다. 향토방위군과 이름뿐인 간부가 있는 민간인 부대에서 실제 방어력은 부족하다.

§24. 장교와 반복 훈련

지금까지는 고등 사관학교[145]가 실제로 장교 군단을 두 개의 범주로 나누는 더 나은 방법이었다. 고등 사관학교를 졸업한 자만이 대위 이상 진급이 가능하다. 사관학교는 학업 강화와 학업 기간 연장을 경험할 수 있는데, 그것은 대위보다 높은 계급에서는 전쟁을 진행하므로 책임이 점점 더 중대해

지기 때문이다. 그렇지만 여기에 머물 수 없다. 대위보다 높은 계급으로의 승진은 사실 그 아래 계급에서의 명령 수행보다 앞서서는 안 된다. 이것은 대규모 반복 훈련을 통해 사단 전체가 서로에 대해 고정된 행동을 수행할 수 있을 때에만 가능할 것이다. 항상 '실제' 전쟁을 고려해야 하며, 따라서 실제로 지휘관이 임무에 대해 잘못 생각하여 즉시 다른 지휘관으로 교체되어야 하는 경우가 너무 많다고 투덜거리지 않아야 한다. 이탈리아에서 바로 이런 일이 일어났고, 그 일의 끔찍한 결과를 맞이했다. 독일의 방법은 이것을 예방했고, 이것은 의심할 여지없이 독일군이 이룬 성공의 적지 않은 부분을 차지한다.

따라서 우선 훈련 기간이 짧은 군대에서는 부대와 간부뿐만 아니라 장교에 대해서도 반복 훈련에 중점을 두어야 한다. 25년 복무 기간 동안 초기 훈련 기간이 6개월을 넘지 않을 경우, 모든 25년 동안 반복 훈련이 정기적으로 유지되지 않는다면 전시에 출정할 수 없다. 여기서 선택을 해야 한다. 반복 훈련을 아끼고 싶다면 첫 훈련은 말 그대로 군 전통을 수정해서 몇 년은 버틸 수 있지만, 그것은 1년이라도 부족하다. 하지만 그 길을 가고 싶지 않고 6개월로 돌아간다면, 반복 훈련은 들어온 것을 담고 지속성을 제공해야 한다. 이것은 부대뿐만 아니라 간부에게도 요구되는 사항이다. 그래야만 전쟁의 위험이 매우 큰 경우 장교단이 더 큰 군대 사단과 함께 훈련을 받을 수 있기 때문이다.

평화 시에는 서로에 대한 두 군단의 경쟁이 대규모로 일어나야 하며 물론 약속 없이 행해져야 한다. 어떤 군단이 참여할 것인지 너무 일찍 미리 결정하는 것도 허용되지 않는다. 모든 것이 실제 전쟁과 최대한 비슷해야 한다. 적어도 일반 병력의 8배 이상이 반복적으로 등장해야 하며, 이러한 훈련에서는 상당한 규모의 병력이 양측에서 전면에 나서야 하며, 실제로 다수의 대규모 병력이 같은 규모의 병력과 가능하다면 군단과 군단이 싸워야 한다.

더 높은 계급을 위한 장교 훈련은 고등 사관학교만으로는 불가능하다. 전쟁이 발발할 때 병사들을 전장에 준비시키려면, 반복 훈련을 통해 대규모 병력과의 작전을 실현시키는 특수부대를 만들 필요가 있다. 동시에 이러한 맥락에서 민간 부문에서는 장교가 시기에 맞지 않게 퇴역하는 것을 차단할 필요가 있다. 특히 지금은 기술 분야에서 점점 더 큰 회사들이 세워지고 이들 회사가 매우 높은 이익을 내면서, 기술 장인들에 대한 유혹으로 더 많은 급여를 지급한다. 이것은 너무 쉽게 나중에 군대를 떠나 다른 곳에서 더 나은 삶을 찾도록 유혹한다. 군대와 시민 기술자 생활에서 연금의 차이가 점점 더 벌어질수록 이러한 위험은 더 커진다. 우리 장교들의 지위를 재정적으로 향상하기 위해 이미 많은 일이 이루어졌다. 그러나 아직 부족하다. 그리고 임금 액수를 깎으려고 민주당 진영에서 드러내곤 하는 욕망은 별 도움이 되지 못한다. 마음과 영혼을 군대에 두지 않는 장교는 위기에서 조국을 구할 능력이 없다.

§25. 집중 방어인가?

거의 반세기 동안 계속되어 온 집중 방어 체계는 오늘날에도 여전히 추천할 만한가? 적어도 우리나라는 아니다. 우리나라는 델프제일(Delfzijl)[146]에서 마스트리흐트까지, 덴헬더르에서 테르뇌전(Terneuzen)[147]까지 가느다란 끈과 같다. 동심원의 두 선을 따라 동쪽에서 우리를 공격하는 자는 우리나라의 북과 남 전체를 중앙에서 하루 반 만에 끊을 수 있으며, 이 두 지역의 군대를 동원하는 것도 사실상 불가능하게 만들 수 있다. 그러면 중요한 군대를 소집할 수 없게 될 뿐만 아니라, 동시에 우리나라 대부분에서 물자 지원이 차단되고 적에 의해 모든 재산이 묶여 버린다. 감사하게도 콜레인 수상이 취한 조치 덕분에 1914년 8월의 병력 동원이 훌륭하게 성공했음을 인정하지만, 실제 전쟁 상태에서는 이것이 성공적이지 않았을 것이며, 우리나라 북부에서는 자위더르 해(Zuiderzee)를 우회하는 것이 부분적으로 가능했을 것이다. 독일군의 독립 기병대가 3만 명이 넘고, 이미 매우 놀라운 속도로 철도를 따라 전진할 수 있는 능력에 도달했다는 사실을 잊어서는 안 된다.

그런 점에서 볼 때 국가의 나머지 부분을 적에게 항복하고 우리의 저항을 중앙에만 집중시켜 남홀란트의 수로와 암스테르담 그리고 덴헬더르에

도착하게 하는 것은 적을 돕는 것이나 마찬가지라고 판단된다. 의심할 여지없이 이페런(Yperen)[148] 주변 땅을 물에 잠기게 함으로써 독일군이 전진하지 못하게 만들고 가장 무거운 포병의 진격도 사실상 차단했던 것은, 우리의 늪지대가 우리에게 유리하다는 사실을 충분히 보여주었다. 그러나 남쪽과 북쪽이 완전히 적의 손에 넘어갈 경우 우리는 모든 자원을 빼앗긴다. 그리하여 무거운 부담을 지게 되며, 이 모든 것의 동원이 완료되기 전까지 덴헬더르-암스테르담-부르던 라인에 방어를 집중하게 될 것이다. 점점 더 중대해진 이러한 집결 계획은 이전에 권장되던 것이다. 우리의 군대가 그렇게 작아져야 했기 때문이다.

§26. 집중도 감소

따라서 이제 향토방위군과 민간인 부대와 함께 60만 명으로 구성된 군대를 만드는 체계가 자리를 대신하게 된다면, 방어를 더욱 집중시켜야 했던 이 새로운 계획은 자동으로 폐기될 것이다. 3분할에서 멈출 필요가 없었다. 3개의 군단을 편성할 수도 있고, 우리나라의 세 개의 큰 단위마다 조국의 방위를 자신의 군단에 맡길 수도 있다. 만약 공격이 방어할 수 없을 정도로 너무 강해서 남과 북의 군단이 후퇴해야 할 경우, 이 후퇴를 수로와 암스테르담으로 집중시킬 수 있을 것이다. 하지만 이것은 전투의 두 번째 단계에서만 발생하며, 실제로 모든 가용한 개인과 물질적 힘이 집중되어 있어야 한다.

군대 개혁이 완료된 후에는 우리에게 40개의 보병 연대가 편성된다. 각 연대는 3,000명이며, 자체 군수 창고와 예비군을 갖출 것이다. 각 군단마다 10개 연대를 배정할 수 있으며, 남은 10개 연대는 덴헬더르와 제일란트를 요새화하는 데 배정된다. 3개 군단이 각각 자체 탄약, 포병, 기병과 공병 사단을 보유하고 있다면, 북부와 남부와 중부의 3개 전선에서 각각의 완전한 군단이 적의 첫 번째 공격을 기다려야 한다. 요컨대 최근의 전쟁이 보여준 바에 따르면, 중앙 부분을 제외한 나라 전체를 포기하는 것이 하나의 체계로 판단되었다. 2주가 지나기 전에 우리나라는 중앙 요새를 제외한 모든 국토를 잃을 것이다.

벨기에 침공 당시 우리는 이것을 목격했다. 라위크와 안트베르펀은 잘 요새화되어 있었다. 마스 요새는 최신 유형이었다. 그러나 벨기에의 모든 군대가 무너지는 데 한 달도 걸리지 않았다. 그리고 우리가 물을 이용할 수 있다 하더라도, 물이 우리나라 일부에만 범람할 수 있다는 것과 상당한 부분이 물에 잠길 경우 수십 년을 들여도 복구하지 못할 피해를 입을 수 있다는 사실은 바뀌지 않는다. 우리가 지금 가지고 있는 군대는 16만 명의 병사에 훈련된 21만 명을 합쳐 총 37만 명에 달한다. 이 군대의 힘을 셋으로 나누는 것은 여전히 너무 위험할 것이다. 그러나 총사령관이 총 60만 명을 지휘하게 되면 세 부분으로 나눌 수 있으며, 그 이후에는 필요하다면 가장 위험한 지역에 집중해야 한다.

§27. 국경 경비대

우리 국경의 모든 지점에서 경비대가 항상 존재해야 한다는 것은 오랫동안 인식되었다. 우리도 그런 국경 수비대를 만들어야 한다고 항상 주장해 왔다. 사람들을 갑자기 놀라게 해서는 안 되기 때문이다. 그러한 국경 경비대는 결코 강력할 수 없으며, 추월하려는 적에게 아마도 24시간 안에 따라잡힐 수 있다 하더라도, 그것은 여전히 적을 지연시킴으로써 우리가 긴급히 군대를 동원할 시간을 벌어준다. 사실 우리는 지금 그런 수비대를 가지고 있다.

물론 그러한 국경 경비대는 완전히 평화로운 가운데도 항상 현장에 있어야 한다. 또한 헤이그에서 온 한 번의 전보에 바로 준비를 마칠 뿐만 아니라 발포도 할 수 있어야 한다. 따라서 그러한 국경 수비대의 형성은 국경이 지나가는 경로에 자리한 모든 마을의 사람들에게 작은 책임이 아닌 매우 중대한 의무를 부과한다. 그 마을이 지휘관을 선택하는 것이 아니다. 그 마을이 국경 근처의 특정 지점에 있기 때문에 지휘관은 저절로 지정된다. 옛날에 우리 도시에서 화재경보가 울렸을 때 민병대가 스스로 출동해야 했던 것처럼, 그러한 변방 마을의 인구는 잘 조직되고 영구적 통제 하에 있어야 하며, 모든 무기와 도구를 마음대로 사용할 수 있어 문제가 발생하면, 즉시 위험한 국경을 점령해야 한다.

그렇다고 해서 우리의 국경 전체에 걸쳐 그러한 감시가 이루어져야 한다는 것은 아니다. 우리를 제압하려는 적군이 모든 지점에서 돌파할 수 없다는 것은 분명하다. 따라서 주의를 기울여야 하는 경계는 주로 철도, 또는 도로가 연결되는 국경 지점이다. 철도 노선은 최대의 위험을 초래할 수 있으므로 국경 경비대는 필요한 경우 노선을 끊을 수 있는 모든 수단과 도구를 보유해야 한다. 그러나 특히 우리 동쪽 변방에서와 같이 만 명의 적 기병 군단이 우리에 대해 큰 어려움 없이 벗어나는 곳에서는 도로도 주의 깊게 감시되어야 한다.

위험한 국경에서 보조 요새나 별도의 포대가 준비되어 있다면 단연 최고다. 우리나라에는 아른험과 에머리크(Emmerik)[149] 사이 에이설 강(Ijsel)[150] 위의 큰 다리에 이것이 세워져 있다. 하지만 지금은 같은 규모가 아니더라도 모든 위험한 지점에 그런 요새나 포대가 있어야 한다. 병력이 차질 없이 동원될 수 있는 시간이 있어야 하므로 한순간에 당황하거나 놀라지 말아야 한다. 우리는 이미 여기에 필요한 것을 부분적으로 가지고 있지만, 규정이 충분히 확고하지 않고 가용 자원이 충분하지 않다.

이에 대한 책임을 지게 될 장교는 다른 곳에 거주할 수 없으며, 반드시 국경 마을에 거주해야 한다. 그가 질병에 걸리거나 자리를 비울 경우 그를 대체할 사람이 결정되어 있어야 한다. 장교는 그 분야의 전문인이어야 하며, 판단력이 흐린 노년 퇴직자여서는 안 된다. 군비, 포병, 탄약 등 방어에 필요한 모든 것은 항상 제자리에 있어야 한다. 그리고 모든 것이 준비되어 있는지 여부에 대해 1년에 한 번뿐만 아니라 불시에도 검사를 수행해야 하며, 필요한 경우 경비가 제대로 실행되고 있고 모든 것이 준비되었는지 확인하기 위해 자정에도 조사를 받아야 한다. 제대로 된 시계탑이 없는 마을에는 경보 장치도 설치해야 한다.

§28. 요새화 된 장소

요새에 대한 신뢰가 굳건하다가도, 다시 요새의 유용성에 대한 모든 믿음이 사라지기도 한다. 벨포르(Belfort)[151]에서 베르됭(Verdun)[152]까지 또는 스트라스부르(Straatsburg)[153]에서 쾰른까지 이어진 요새 전선에서 버텼던 것과 벨기에에서 일어난 일을 비교하면 광범위하게 엇갈린 판단을 이해할 수 있다. 프랑스와 독일 측이 서로 반대편에 대해 준비한 두 개의 큰 요새는 흔들리지 않을 정도로 강력하여, 심각한 파괴는 거의 생각할 수 없다고 입증되었다. 비행선 한 척이나 비행기 한 대가 폭탄을 투하하여 잠시 수비대에 충격과 피해를 줄 수 있었지만 요새 자체는 끝까지 버텼다. 벨기에, 세르비아, 몬테네그로, 폴란드 그리고 요새가 아닌 곳에서는 요새가 포위 공격에 오래 버티지 못하고 항복할 수밖에 없었지만, 쾰른에서 바젤까지 가로지르는 거대한 요새 라인에 있는 알자스-로렌(Elzas-Lotharingen)에서는 공격이 적었다. 여기서 추론할 수 있는 것은, 최근의 건축학은 사실상 난공불락의 요새를 건설할 수는 없지만 배치할 수는 있다는 것이다.

그러나 이 요새의 가치와 중요성은 전적으로 그들이 모이고, 점령하며, 최대한 완벽하게 무장하는 데 달려 있다. 후자의 경우 그 요새는 거의 난공불락으로 보인다. 반면에 장비, 점령, 군비 등이 부족하면 얼마 지나지 않아 요새를 지키지 못하고 장기간의 공성도 버틸 수 없게 된다. 따라서 우리 군 당국은 현재 우리 요새가 라우크와 베르됭 중 어느 쪽과 비슷한지, 그렇다면 난공불락으로 만들기 위해 무엇을 해야 하는지 스스로 질문해야 한다.

우리 앞에 놓인 두 번째 질문은, 너무 많이 허물어진 요새를 다시 건설해야 하는가이다. 스헬더강의 경우가 이에 해당한다. 플리싱언은 더 이상 요새라 할 수 없었고, 스헬더강에 있는 우리의 요새는 평가절하되었다. 이 행동이 변호될 수 없는 것임은 이미 인정되었다. 그리고 1909년에 벨기에 측이 보인 저항과 이후에 적절한 병력을 증원하려는 우리의 시도는, 우리가 아무것도 하지 않을 경우 우리의 미래가 위험해짐을 충분히 보여주었다. 결국 이 벨기에의 저항은 일반적으로 프랑스 성향으로 잘 알려진 "벨기에 독립 신문"(*Indépendance Belge*)에서 비롯됐다. 심지어 우리에 대한 영국의 분노를 불러일으키려는 시도도 헛되지 않았다. 다행히도 그렇게까지 가지는 않았는데, 당시 콜레인 수상은 잠시도 주저하지 않고 발허런에 요새를 건설하여 제일란트의 방어를 재개했고, 그 결과 안트베르펀을 봉쇄했다.

§29. 완전히 새로운 상태

공격과 방어 체계의 새로운 진화와 관련해, 제일란트-플란데런(Zeeuwsch-Vlaanderen)을 포함하여 암스테르담과 덴헬더르의 방어, 홀란트의 수로 감시와 제일란트의 방어를 유지할 뿐만 아니라, 요새를 건설하고, 홍수를 조절하고, 충분한 수비대를 확보하고, 잘 무장하고, 필요한 물과 식량과 탄약을 공급함으로써, 일등급 방어선을 구축하는 것이 절대적으로 필요한 것 같다. 이미 전쟁이 시작되자마자 '절반'의 방어는 '전혀' 방어가 아니며, 공격자에게 성공의 기회를 제공한다는 것이 최근의 전쟁에서 분명해졌다.

오늘날까지도 암스테르담 요새는 미완성 상태다. 더군다나 옛 방어 수단은 여러 면에서 너무 오래되어 더 이상 소용이 없다. 그리고 성공을 좌우하는 우리나라 포병은 시대에 뒤처져 있다. 요새와 진지를 우리나라 국토방위의 완전체로 유지할 뿐만 아니라 그 중요성을 높이려면, 전쟁이 일어났을 때 그것에 의존할 수 있어야 한다. 그리고 이것은 군대가 공성전을 감수해야 할 때 장기간 방어할 수 있다는 전망으로 모험을 감행할 충분한 근거가 있지 않은 한 완전히 불가능하다.

§30. 제한된 반입

바로 이러한 이유로 평화 시에는, 포위가 시작되기 전에 장기간의 포위를 견딜 수 있는 요새나 방어시설에 모든 것이 구비되도록 미리 관심을 기울여야 한다. 소규모 점령지인 요새의 경우는 큰 문제가 아니지만, 이것은 더 큰 요새에 대한 우려의 원인이 될 수 있다. 특히 암스테르담과 같이 많은 인구가 거주하는 요새는 식량 부족으로 인해 생각보다 일찍 항복해야 할지도 모른다.

이러한 관점에서 볼 때, 인구 50만 이상의 도시를 그러한 요새 라인 안에 포함하는 것이 옳은 것인지에 대한 의문이 오랫동안 제기되어 왔다. 이것은 오른쪽 혹은 왼쪽과 상관없이 물품을 자유롭게 계속 들여올 수 있다는 것을 아는 한 문제가 되지 않는다. 그러나 포위 공격이 시작될 때 포위된 사람이 요새의 경계 지역 안에서 생존해야 하는 상황이 생긴다면, 굶주림이 곧 요새의 항복으로 이어지리라는 것을 매우 분명히 예측할 수 있다. 국경이 폐쇄되었을 때 국가 전체가 곧 사용 가능한 재고를 소진하기 때문에, 나머지 국토로부터의 공급은 가장 확실하게 기대할 수 없을 것이다. 그리고 사전에 조심스럽게 요새 내에 보급품을 축적하려고 해도 50만 명이 넘는 시민에 대해서는 거의 불가능한 작업이다. 동쪽으로부터의 공격이 있을 경우 언제나 해상 수입에 의존할 수 있고, 그 반대의 경우 독일로부터 충분한 공급량을 확보할 수 있다고 확신한다면 걱정할 필요가 없다.

그러나 최근의 전쟁에서 배울 수 있는 점은, 일어날 수 있는 사태를 미리 계산하는 것이 불가능하므로 '모든' 예측 못할 사건에 대해 완전히 준비되지 않은 사람은 미래를 상실한다는 것이다. 전쟁 시, 식량 문제는 점점 더 네덜란드의 생존 문제가 되고 있다. 우리를 기다리고 있을 수 있는 전쟁에서 가장 심각한 기근으로 인해, 요새화된 모든 시설물이 무용지물이 되고 가장 강력한 무기도 무너지고 만다면, 그것은 네덜란드 자체의 부주의 때문일 것이다. 곡식과 감자의 경작에 적합한 토지를 모두 이용하여 국민의 요구에 더욱 부응하게 하는 것을 목표로 삼아야 하겠다. 다른 한편 대규모 재고의 적시 저장은 요새에, 심지어 우리나라 전체에 의무화해야 한다. 어떤 경우도 우리는 그 저장물품에 눈독을 들여서는 안 된다.

§31. 우리나라의 포병

이미 1870년 보불전쟁에서 분명해진 사실은, 포병이 이전보다 훨씬 더 전쟁의 결과를 지배하는 중요성을 가지게 되었다는 것이다. 이것은 내가 "우리의 정강"에서 포병 강화를 주장한 이유가 되었다. 그리고 1901년 여왕 폐하께서 내각의 구성을 나에게 위임했을 때, 나는 그 임무를 맡는 첫 번째 조건 중 하나로 우리의 기마 포병을 즉시 폐기하고 속사 포병으로 대체해야 한다고 주장했다. 이를 위해 전시 전부터 내 동료인 베르한시우스 장군의 조언을 받고 있었으며, 사임하기 전까지 우리는 최소한 200문의 최신식 야포를 소유하고 있었다. 이와 관련하여 이전 내각들이 우리 군대를 내버려 둔 것은 참으로 무책임한 일이었다. 그러나 그 이후에도 그대로 그렇게 남아있었다. 군인의 숫자가 눈에 띄게 증가하여, 현재 우리 군대는 24개 보병 연대를 보유하고 있으면서도, 한동안 포병이 거의 또는 전혀 없는 상태였다.

포병 전투가 모든 전쟁의 결과를 결정한다는 것이 지난 전쟁에서 매우 분명해졌다면, 우리가 내릴 수 있는 최소한의 결론은 탑재된 야포를 두 배로 늘리는 것이다. 3개 군단 편성으로 진행한다면 속사포 100문의 3배가 우리가 관리할 수 있는 가장 경제적 숫자이다. 지금 우리가 200문 미만을 보유하고 있다면, 불운한 전투에서 과장 없이 100문이 손실될 수 있다. 그리고 남은 군대 전체에 운영 가능한 포대가 몇 문 없다면, 돌이킬 수 없는 패배를 당할 것이다. 이것이 가장 시급한 필요이다.

아직 그 상황에 처하지는 않았지만, 요새를 위한 우리의 포병마저 화를 불러일으키는 방식으로 무시된다는 사실만을 보더라도, 우리가 심각한 포위 공격을 견뎌낼 수 없다는 점에는 의심의 여지가 없다. 라위크와 마스 전선(Maaslinie)에서 즉각 확인되었고 얼마 지나지 않아 안트베르펀에서 확인된 바와 같이, 포위 공격 중에 포병이 배치되므로 우리 요새의 포병은 웃음거리밖에 되지 않을 것이다. 이러한 일을 단호하게 없애야 한다. 그것이 괜찮다면, 우리도 포병과 관련해 강력한 요충지를 방어하는데, 벨포르-베르됭 또는 스트라스부르-쾰른 방어선과 비교해서 그 어떤 것도 뒤처져서는 안 된다. 상황을 숨기는 것은 아무 유익이 없다. 공성전은 볼링 게임이 아니다.

§32. 새로 제작

더 심각한 질문이 제기된다. 포트 아서와 묵던(Moekden)[154] 사이에, 그리고 벨포르-스트라스부르-베르됭-쾰른 사이에 전쟁이 계속된다면, 우리나라도 수년 이상의 전쟁을 예상해야 한다. 이것은 자동으로 상당히 많은 비율의 포병이 점차 소모되어 다른 포병으로 교체되어야 한다는 것을 뜻한다. 우리는 크루프(Krupp) 사(社)[155]의 공장에서 더 나은 등급의 포를 가져 왔는데, 그렇기 때문에 전쟁 상태에서 크루프 사의 공급이 중단되는 즉시 우리의 포를 어디서 구할 수 있는지에 대한 질문이 자연스럽게 제기된다. 과거에는 그러한 경우에 곧 다른 곳에서 구할 수 있을 것으로 생각했다. 그러나 1914년 전쟁은 현재 전 세계적 전쟁으로 인해 다른 곳에서 대포를 공급받을 모든 전망이 차단될 수 있음을 설득력 있게 보여준다. 이 사실은 우리 국경 내에서 화포를 제작할 수 있어야 하고, 그 제품이 크루프 사의 제품보다 열등하지 않아야 한다는 것을 요구하지 않는가? 혹시 그럴 기회가 없다면, 평시에 이처럼 거대한 규모의 포대를 계속 유지하고, 절대적으로 필요한 재고의 3배를 확보하여 새롭게 보충할 수 있도록 하는 것이 우리에게 남은 선택지다.

이것으로도 끝이 아니다. 특히 1915년과 1916년에는 탄약을 추가할 필요 없이 밤낮으로 발포할 수 있도록, 헤아릴 수 없을 만큼 탄약이 공급되지 않는 한, 포병 자체가 아무 소용이 없다는 것이 증명되었다. 영국도 이에 대한 준비가 되어 있지 않았다. 따라서 영국과 아일랜드 자체에서처럼 미국에서도 산업계의 상당 부분이 갑자기 전환되어, 남성과 여성의 도움을 받아 쉴 새 없이 발사할 수 있는 엄청난 양의 탄약을 준비하게 되었다. 이제 우리가 장비를 얼마나 잘 갖추고 있는가라는 질문에 대해 전문가는 1910년에는 가장 보잘것없는 탄약 공급조차 없었으며, 콜레인 수상이 이를 개선했음에도 우리의 탄약 재고는 항상 매우 적었다고 답할 것이다. 그들이 전투를 벌인다면 일주일 안에 소진되어 버릴 것이다. 이 부족 역시 당장 보충되어야 한다. 우리가 지금 보유한 것으로는 어떤 식으로든 우리의 안전을 보장하지 못한다.

§33. 탄약

탄약에 대한 수요는 더욱 절박하다. 우리도 날아다니는 무기에서 벗어날 수 없고, 이 무기가 새로운 생산을 불가능하도록 끊임없이 폭탄을 터뜨릴

수 있기 때문이다. 몬테네그로의 영웅들에게 무엇이 그토록 나쁜 일이었는
지는 잘 알려져 있다. 그들은 너무 빨리 탄약이 떨어졌고 대포는 입을 다물
어야 했다.

그러므로 자신을 속이지 말아야 한다. 병력동원이라면 우리는 이미 적절
한 군사적 과시를 할 수 있었다. 그렇지만 우리나라에도 전쟁이 발발해, 벨
기에가 겪었던 것처럼 침략과 공격을 이겨내야 한다면, 우리는 그런 전쟁
에 대해 거의 준비가 되지 않았음을 알게 될 것이다. 그러한데도 우리는 더
강력한 공격에 대해 우리를 안전하게 만들 아무런 조치도 취하지 않고 있
었다.

이러한 무방비 상태가 계속되어서는 안 되며 계속될 수도 없다. 검소함
과 저축은 소중한 미덕이지만, 전쟁이 우리를 궁지에 몰아넣는다면 낭비
되는 수백만 길더의 보물이 얼마나 큰지 이미 그 결과를 통해 배웠다. 지금
저축하고, 위기의 순간에 모든 것을 잃는 것은 부채를 꾸준히 늘리고 곧 국
가 파산으로 위협하는 바보스런 재정 운영이다. 벨기에가 지금 일어난 일
을 막을 수 있었더라면, 지난 몇 년 동안의 군사비를 세 배로 늘리지 않았
겠는가?

§34. 기병

초기에는 용기병과 경기병이 있었는데, 지금은 경기병만 4개 연대로 나
뉘며, 각 연대는 4개 중대와 기관총 조로 구성된다. 다음에는 조수 부대, 2
개의 군수 창고와 운전 학교가 있다. 이를 합치면 장교는 150명, 기병은 거
의 4,000명이 된다. 이 수치는 독일이 동부 국경에 따로 떼어 놓아 우리를
공격할 수 있었던 기병 16,000명에 비교할 때 별 의미가 없다. 따라서 다
음 두 가지 중 하나를 수행해야 한다. 벨기에와 마찬가지로 기병대를 거의
6,000명(장교 309명, 기병 5,671명)으로 확충하거나, 이것이 무의미한 것으로 판명되
면 모든 기병 전투를 포기하는 것이다. 우리가 보기에 바람직한 편성인 정
규 용병 군단에 946명의 헌병 외에 1,000명의 기병이 있다고 해도, 완전
히 구비된 기병은 3,000명으로 줄어들 수 있다. 따라서 이들은 주로 군대

의 여러 부분을 연결하기 위한 전령 임무를 수행하고 작은 공격을 방어하는 역할을 맡게 되는데. 그들 자체적으로 운용되는 것이 아니라 보병을 지원한다.

어쨌든 우리 기병대를 확충하는 데는 의문의 여지가 없다. 작은 기마 포병 군단이 이 기병대에 합류하여 같은 유리한 지위에 놓이게 된다. 우리는 전적으로 기마병만을 운용할 수 없는데, 이는 우리나라가 대규모 기병 전투에 적합하지 않기 때문이다. 따라서 기병은 계속해서 우리 군에서 예속적 위치를 차지해야 한다.

§35. 동맹

우리가 동맹 관계를 맺는 것이 바람직한가에 대한 질문은 이미 해결되었다. 따라서 이제 군대와 관련해 동맹의 군사적 중요성에 대해 간략히 설명하겠다. 동맹이라는 마법 같은 말은 지금까지 다른 곳에서와 마찬가지로 우리에게도 상당히 수용되었다. 전쟁을 일으키는 열강의 변덕에 맞서 자신들의 주권을 유지하기 위한 중립국 동맹이라는 발상은 1914년 이후에도 반복적으로 제기됐지만 받아들여지지 않았고, 지금까지 어떠한 군사 동맹도 결성된 적이 없다. 만일 동맹이 두 나라 간의 전쟁을 막을 수 있었다면, 벨기에와의 동맹이 바로 그 다음의 선택지일 것이다. 그러나 앞에서 이미 언급했듯이 브뤼셀에서는 이러한 종류의 모든 구상이 거의 수용되지 않았으며, 네덜란드가 침략에 노출된 첫 번째 국가가 아니었기 때문에 우리 쪽에서 더는 주장할 이유가 없었다.

전쟁 상태와는 별개로 유럽의 모든 작은 국가들의 연합을 상상할 수 있는지는 여전히 매우 의문이다. 우리 하원에서도 이러한 소국 연합의 구상이 제안되었지만, 내각이 이에 대해 더 자세히 다루지 않고 단지 문제 제기에 그쳤다. 사람들은 너무 멀리 떨어져 있다. 여러 작은 국가들의 이해관계가 너무 다르다. 그리고 우리 중 누구도 국경을 확장하는 국가와의 동맹이 초래할 수 있는 가장 해로운 결과를 감수하지 않을 것이다. 독일과의 동맹 또는 최소한 동부 이웃 국가들과의 통행료 통합에 관한 이야기도 있었지만, 여기에서는 연결되는 요소가 너무 불평등하고, 둘 중 작은 쪽이 너무 적은 비용을 지급할 것이다. 점점 더 많은 사람이 우리는 하나님 외에는 우리 자신만 의지할 수 있다고 확신하게 되었으며, 그래서 우리의 군대를 우리 조국의 상황에 맞게 만들어야 한다는 생각을 가지게 되었다.

협력 또는 적어도 국제적 의미에서 지원을 제공하거나 획득하는 것은 전쟁이나 해군에서 얻을 수 없고 오로지 외무부에서만 획득할 수 있다. 평화회의는 단순히 우리에게 국제적 성격의 독특한 지위를 부여했을 뿐이다. 이것은 우리나라의 안보에도 적용된다. 그래서 우리는 우리 외교관들 사이의 "염려하지 마세요"(laat-maar-waaien) 정책이 단호히 끊어져야 한다고 항상 주장했다. 따라서 외무부가 더 통제적 지위에 있음을 확인할 수 있다. 지난 세기에 그 지위는 영하로 떨어졌지만, 이제 다시 인정받고 있다. 일련의 우수한 장관들이 이미 그 부서의 수장으로 빛을 발했고, 특히 세계대전이 발발했을 때 이것은 칭찬할 만한 일이었다.

문제가 되는 장과 관련해서 외무부와 국방부 사이의 관계가 이미 당연한 것이 되었는지 의문은 남아있다. 외무부 역시 한 국가의 국방부 아래서 중요하게 고려되어야 한다. 반대로 국방부는 너무 군사적 변화에 치우쳐 있어서는 안 된다. 대신 외무부가 자신의 활동을 할 수 있는 한계도 충분히 고려해야 한다.

제21장

해외 영토

§1. 식민지

"식민"(콜로니, kolonie)이라는 이름은 그 자체로 '농부'를 의미하는 라틴어 '콜로누스'(colonus)에서 유래했다. 땅을 경작하는 것을 '콜레레 테람'(colere terram)이라고 부르고, 그 일을 하는 사람을 '콜로누스'라고 불렀다. 여기에 정착민, 고향을 떠나 휴경지가 많은 다른 땅으로 가서 그런 지역을 경작하고자 하는 사람이라는 이차적 의미가 추가되었다. 그러나 이것은 한 개인이 아니라, 새로 개발된 지역에서 작은 규모로 새로운 민족적 생존을 시작하기 위해 모국을 떠난 사람들의 집단에 의해 이루어진 것이다. 이것은 농민이 아닌 사람, 그리고 더 도시적인 성격을 띠는 문화의 도입을 배제하지 않는다. 그러나 여전히 이 단어의 기본 개념은, 아직 개발되지 않은 땅을 경작하는 것이다. 따라서 '문화'(cultuur)라는 단어와 '식민(지)'이라는 단어가 둘 다 라틴어 '콜로누스'라는 하나의 기원에서 유래한 것은 우연이 아니다.

'식민화'(kolonisatie)는 다른 지역으로 이동하여 그곳에서 토지를 경작하고, 사회를 형성하는 개념이다. 두로와 시돈의 페니키아인은 이보다 풍부한 의미의 식민지 개념을 처음으로 이해했다. 중앙아시아의 고등 문화가 그들의 집에까지 침투했고, 그들은 지브롤터 해협에 이르기까지 해상 무역을 통해 지중해를 연결했다. 그들은 그리스에 큰 충격을 주었고, 그들 스스로 북아프리카 해변에 몇몇 정착촌을 세움으로써 풍부한 영향력을 끼쳤다. 이 식민화가 처음부터 세계사에 어떤 영향을 미쳤는지 명확하게 보기 위해서는 카르타고의 이름만 언급하면 된다.

그리스인은 곧 두로인으로부터 식민화에 대한 생각을 수용했다. 그들이 시칠리아에서 행한 역할은 알려져 있다. 그리스 식민지는 머지않아 중요 도시를 능가했다. 그런데도 그리스인은 식민지와 하나가 되는 기술을 이해하고 있었다. 그 지역들은 한데 통틀어서 대(大)그리스라고 불렸는데, 당시 델피 등 신탁의 보편적 중요성과 관련하여 언어의 통일성과 애국적 관습에 충성을 보였다. 다시 말해, 올림픽 경기는 모든 부분을 통제하는 하나의 정부가 없더라도 민족 전체가 어떻게 서로 관계를 맺으며 살아갈 수 있는지에 관한 역사적 증거를 제시했다.

그러므로 로마의 권력이 식민지화에 의해 적절한 의미에서 절대 강화되지 않았다는 것은 주목할 만하다. 로마는 정착과 사회생활을 통해서가 아니라, 군사력을 통해 강대국이 되었다. 당연히 수많은 '로마 시민'(cives)이 속주에 퍼졌으나, 식민지 개척을 위해 나간 정착민은 없었다. 후기에는 예를 들어 오늘날의 루마니아와 아프리카 북부 해안에서 그러했다. 그러나 누구든지 바타비아인의 땅이 아닌 라인 지역에서 매우 중요한 로마 도시가 생겨났다는 것을 생각하는 사람은 로마인의 그러한 모든 행동이 대 그리스의 그리스인이 한 것과 매우 달랐다는 것을 즉시 느낄 것이다. 로마 식민화는 군대의 참전 용사들이 거주하는 군사 식민지의 설립을 의미했다.

따라서 식민화 개념을 올바르게 이해하려면 항상 페니키아인과 그리스인에게로 돌아가야 한다. 중세 시대에도 식민화는 영적 질서의 임무와 부분적으로는 십자군 전쟁에서만 약간 반향을 보였을 뿐 거의 잠자고 있었다. 반면에 진정한 식민화는 아메리카 대륙의 발견과 함께 새로운 역사가 시작되면서 부활했다.

§2. 식민 강국 스페인

우리나라의 반(反)스페인 성향에 이끌려 결코 스페인이 식민지에 관해 가지는 중요성을 과소평가해서는 안 된다. 스페인의 열망은 주로 아메리카 대륙에 집중되었다. 스페인은 15, 16세기에 남미, 중미, 북미에서 거대한 제국을 건설했으며, 그 여파는 여전히 신대륙 전역에 남아있다. 18세기 절정에 이르렀을 때 남미 전역을 포괄했다. 브라질과 가이아나와 수리남 주변 지역을 제외하고 중미 전역을 점령했으며, 북서쪽은 캘리포니아에 이르기까지 미국의 남부 주까지 침투했다.

포르투갈은 브라질을 제외하고 동인도제도에 더 많이 정착하려고 했다. 얼마 후, 우리 일곱 주는 포르투갈의 이익을 빼앗았다. 그러자 영국인도 점차 식민지 재산을 취득하는 데 관심을 두게 되었다. 그러나 먼저 스페인이 앞장섰고, 상업 식민지를 건설하는 데 성공했을 뿐만 아니라, 곳곳에 이민자들을 정착시켜서 미대륙의 상당 부분을 스페인 색으로 물들이는 데 성공했다. 스페인어는 어디에서나 알고 있는 언어로 도입되었다. 또한 스페인 생활 방식, 스페인식 제도, 스페인의 종교가 정복한 땅을 지배했다. 그러나 스페인의 식민화가 상업체제에 흡수되었다고 말할 수는 없다. 상업 체계는 포르투갈, 우리나라 그리고 영국이 훨씬 더 지배적이었다. 우리나라 역시 이후에 수리남, 퀴라소, 니우암스테르담(Nieuw-Amsterdam), 니우네덜란트(Nieuw-Nederland)[156] 그리고 케이프 식민지에 정착촌을 세웠다.

그러나 우리에게 예외로 남아있는 것은 처음부터 스페인과의 규칙이었다. 스페인은 말하자면 스페인 자체를 반복하듯 대규모 정착촌 등을 설립했다. 원주민들은 그것을 이해할 수 없었다. 결국 그들은 이것을 무너뜨렸고, 그 결과 18세기 말과 19세기 초의 위대한 혁명 기간 이후에 완전히 새로운 독립 국가들이 생겨났다. 그렇지만 당시 스페인적 인식은 여전히 그들의 국가에 반영되었다. 스페인은 1898년에 마지막 식민지였던 쿠바와 필리핀을 잃었다. 이는 부분적으로는 열악한 식민 관리의 쓰라린 결과였으나, 스페인이 처음부터 식민지를 구축한 방식에 의한 것으로, 시간이 지남에 따라 이들 국가가 자연스럽게 모국과의 연결을 끊고 후견에서 벗어나 독립된 존재가 되려 했기 때문이다. 스페인이 점령한 곳이면, 어디든지 십자가를 높이는 데 절대 실패하지 않았다는 사실은, 영국의 동인도, 프랑스의 알제리 또는 우리나라의 자바보다 스페인의 보호 아래 있다가 해방된 국가들의 더 큰 특징이 되었다.

§3. 상업 체계

최종 결과에서 알 수 있듯 스페인이 포르투갈이나 우리나라보다 더 높이 날아오를 수 있던 것은, 그들 자신의 의지와 무관한 상황 때문이었다. 스페인은 대부분 토지가 싼 지역으로 눈을 돌렸고, 그 지역의 기후는 유럽인을 크게 괴롭히지 않았으며, 이민자들은 청어잡이 그물처럼 그 땅을 차지할 준비를 했다. 16, 17세기에 스페인 이민자들의 이민행렬은 대단했고, 그들이 차지한 대부분 지역은 양질의 환경을 누릴 수 있는 곳이었다. 중앙아메리카의 경우는 그에 해당되지 않았지만, 스페인 사람들이 이미 조국에서 높은 기온에 익숙함을 잊어서는 안 된다. 우리나라 국민은 이민자를 대량으로 보내기에는 수가 너무 적었고, 심지어 케이프 식민지 인구는 너무 적었다. 반면 오늘날의 뉴욕으로 갔던 더 많은 이민자는 곧 영국에 의해 무색함을 느끼게 되었다.

정착과 기후는 식민지화에서 가장 강력한 두 가지 요소이다. 두 가지 모두 스페인이 우리와 함께했지만, 동인도에서는 우리와 충돌했다. 우리 군도는 대규모로 이주하기에는 너무 더웠고, 우리 민족은 숫자상으로 너무 작아서 대규모 이주자들을 보낼 수 없었다. 따라서 스페인이 착수한 것과 우리가 달성한 것 사이의 이러한 차이를 항상 염두에 두어야 한다. 반면에 지금은 체계 자체만을 생각한다면, 당시 스페인과 네덜란드 모두 상업에 사로잡혀 있었고, 이것이 17세기는 매우 강력하게 심지어 일방적으로 우리 식민 문제에 흔적을 남겼다는 것을 보여주는 것으로 충분하다.

이 체계는 좁은 의미에서 더 세련된 형태로 먼저 콜베르(Colbert)[157]와 크롬웰을 통해 지배적인 것이 되었다. 그러나 이것은 이미 오래전부터 작동하고 있었다. 특별히 스페인은 귀금속과 보석으로 자신을 치장하는 데서 수입을 얻으려는 경향으로 인해, 남미 식민지를 적지 않은 규모로 개척해 나갔다. 그것은 거대한 산업을 창출함으로써 가능했다. 반면에 우리나라는 진행 방식이 달랐다. 우리나라의 식민지에서도 마치 무역이 우리 전 체제를 지배했던 것 같은 무역이 이뤄졌지만, 단지 거기까지였다. 이 말은, 우리가 식민지의 권력을 우리 정부로부터 빼앗아 기업, '이 경우에는' 동인도회사에 양도하는 방법에서 앞서 있었다는 것이다. 영국의 제임스 브룩 경(Sir James Brooke)[158]은 특허를 받아 보르네오에서 이 일을 맡았는데, 그는 브루나이의 술탄으로부터 땅을 받았고, 그가 사망할 때 이를 빅토리아 여왕에게 유산으로 남겼다. 오늘날에도 케이프 식민지 북쪽 로디지아(Rhodesia)[159]에서 번성하는 것을 볼 수 있다.

무역 회사는 먼저 이 방법으로 자유를 얻을 수 있었다. 그리고 정부가 하려 하지 않고 지금 아무도 문제 삼지 않을 많은 종류의 일을, 필요하다면 자기 소유지에서 자기 생산품을 위해 감히 토착민과 대결할 수 있었다. 가령 유럽에서 제품의 높은 가격을 유지하기 위해 말루쿠 제도[160]에 있는 향신료 일부를 파괴하는 일은 정부에 의해서는 일어나지 않았을 것이다. 반면에 그러한 집단, 그런 회사는 더 자유로웠다. 회사는 주민에게 복이 되려는 것이 아니라, 그 땅의 생산물과 교환하여 자신의 생산물을 배치하고자 한다. 그러한 노력은 자신을 이기적으로 만들고, 거의 오로지 금전적 이익에만 주목하는 것이다. 사람들은 선교를 고려하지 않는 우리 동인도 회사도 원주민을 기독교화하려 한다고 의심했지만 실제로는 아니었다. 오히려 선교는 노회들, 특히 암스테르담 노회와 미덜부르흐 노회의 관심사였지 회사의 일이 아니었다. 그 회사 자체가 본질적으로 목표한 것은 운송과 무역이었다. 18세기에 정치적 영향력을 행사하려고 시도했고 이 나라를 완전히 정복하려는 의지가 있었지만, 회사가 항상 목표로 가진 것은 금전적 이익이었다. 암스테르담의 증권거래소에서 회사의 증권이 어떻게 거래되는지가 회사의 주된 관심사였다. 그리고 18세기에 그 증권의 가격이 하락하고 회사의 부채가 급증하면서 그 회사는 혁명의 일격에 무너지고, 1798년에 파산했다.

§4. 국가의 관리 아래

우리 군도가 1798년 정부의 관리 아래에 들어오게 되었을 때, 당시 정부는 우리 군도에서 권한을 유지할 힘이 전혀 없었다. 그러자 영국인은 프랑스와의 투쟁에서 우리 식민지를 탈취하고 보존하기 위해 우리를 이용했다.

반혁명 국가학 || 적용

이것은 우리가 다시는 보지 못하게 된 케이프 식민지와 실론에 적용되었지만, 어쨌든 우리나라는 1814년에 군도를 되찾았다. 영국인은 많은 것을 바꾸지 않았지만, 그들이 한 일은 악이 아니라 선을 위한 것이 되었다. 나폴레옹이 패배한 후 군도가 우리에게 반환되었을 때, 빌럼 1세는 질서를 회복하고 우리의 권위를 존중하는 우수한 총독들을 그곳에 보낼 수 있었다. 그들은 질서를 회복하고, 우리의 권위를 명예롭게 했다. 얼마 후 '문화체제'를 도입했는데, 이것은 장기적으로 지속되지는 못했지만, 의심할 여지없이 첫 번째 실행을 통해 네덜란드를 재정적으로 곤경에서 구했을 뿐만 아니라, 우리 상인들 사이에서 인도에 대한 효과적 참여를 이끌어 냈다.

그러나 처음에는 사회적으로 인구가 증가하는 것을 예상하지 못했다. 인구가 이전보다 훨씬 더 빨리 증가했다. 비록 임금은 낮았지만, '안정적이었던' 임금은 그런대로 번영을 가져다 주었다. 그리고 처음 30년동안 문화체계가 끼친 영향은 적어도 자바를 억제한 저주로 간주될 수 없으며, 그 섬을 부분적으로 부유하게 발전시켰다는 것만은 가장 확실하다. 동인도회사가 파산했을 때 자바가 처한 상황과 지난 세기 중반 자바에서 일어난 일을 비교하는 사람은 저주를 말할 수 없다. 그러므로 당시 보수당이 문화체계를 확고히 고수했고, 반혁명당도 여기서 아주 오랫동안 번영을 보았다는 것은 놀라운 일이 아니다. 퀴허니우스는 우리 편에서 최초의 천재적 식민지 정치가였으며, 우리를 그것과 단절시켰다. 프란선 판 드 퓌터는 토르베커와 비슷한 맥락에서 행동했다. 그리고 나 역시 국회에 처음 등장했을 때부터 이 문화체계에 반대하는 행동을 취했다. 여기에 과거와 충돌이 없었다. 동인도회사가 마침내 군도를 포기한 비참한 상황을 고려할 때, 과거와 단절하는 동시에 이전부터 꾸준하게 위협이 되어온 금융 파산으로부터 네덜란드를 구하기 위해서는 급진적 수단이 필요했다. 이러한 목적을 위해, 그 당시에는 상황을 완전히 전환시킨 문화체계보다 더 나은 제도를 받아들일 수 없었다. 다만 이 구제책은 일시적으로만 효력을 발휘했으며, 일시적 도움만 제공할 수 있었다.

그동안 더 높은 목표가 세워졌다. 우리 군도에 사는 수백만 명의 운명이 오로지 금전적 고려에 의해서만 결정되어서는 안 된다는 확신이 점점 더 떠올랐다. 수백만 명의 사람들에게 새롭고 더 나은 미래가 열려야 했고, 강압적 제도가 계속해서 모든 자유로운 발전을 가로막는다면 이것은 불가능했다. 우리나라가 자기 이익을 위해 군도를 거의 착취했던 지난 3세기가 우리 앞에 있었다. 이것은 계속될 수 없고, 계속되어서도 안 된다. 이 군도에 대한 식민 통치가 우리에게 맡겨졌다면, 이것을 준비함으로 우리에게 고귀한 국제적 소명이 임했음을, 그리고 이후로는 우리의 이익을 위한 지배가 아니라 더 높은 위치에 오르도록 후견의 역할이 우리 손에 주어졌음을 인정하고 이해해야 했다. 이 생각이 프란선 판 드 퓌터와 반혁명당으로부터 나왔다는 것은 다행이었다. 1874년부터 우리 당이 자유당과 더 광범위하게 (비록 매우 별개의 원칙에서 나왔지만) 같은 방향으로 함께 일한 것은 우연의 일치이며 감사할 일이다.

§5. 후견

후견(後見)이라는 단어는 네덜란드인이 인도인을 바라보는 것과 관련해, 하나님으로부터 받은 도덕적 소명을 표현하기 위해 좋게 선택된 단어이다. 후견이라는 말에는 세 가지 개념이 표현되어 있다. 첫째, 이 섬의 원주민은 아직 사회적으로 충분히 발전하고 성숙하지 못하여 즉각 독립인으로 행동할 수 없다. 둘째, 그런데도 곧 완전히 독립적 입장을 받아들일 수 있도록 인도되고 교육되어야 한다. 셋째, 그 일을 담당할 후견인은 구해서 얻는 것이 아니라 과거에 의해 저절로 지정된다. 인도인은 여전히 학생이고, 후견은 필수불가결하다. 이 후견은 교육을 요구하는데, 네덜란드 외에는 그 어떤 나라도 우리 군도의 원주민을 교육하도록 지정되어 있지 않다.

'후견'이라는 단어가 우리의 소명을 매우 잘 표현하지만, 심각한 오해를 불러일으킬 수 있기에 조심해야 한다. 일상생활에서의 후견은 법으로 사람에게 부과되는 의무이지만, 매우 제한된 기간만 적용된다. 학생이 후견을 수락한 때로부터 10년이 되었다면, 그 시점에서 다른 10년간의 후견은 이어질 수 없다. 반면 국가에 대한 후견에는 그러한 시간제한이 없다. 후견을 네덜란드에 할당하고 기간의 범위를 결정한 권위자가 없다. 아메리카에 있는 거의 모든 식민지가 독립 공화국이 되었을 때, 스페인이 자리를 차지했던 것처럼 역사적 결과만이 경계를 결정할 수 있을 것이다. 시간이 지남에 따라 우리의 인도 식민지도 그러한 독립된 국가로 존재할 가능성을 만드는 데 성공한다면 완전히 유사한 현상이 우리 소유지에서도 일어날 것이다. 즉, 군도에서 반란이 일어나 우리에게서 멀어질 것이다. 더욱이 후견인이 해방시키고 성인이 되었다고 선언하기 전에, 다른 강국이 개입하여 우리 소유물에 대한 지배권을 빼앗아 그것들을 착취할 위험도 있다.

그러므로 후견이라는 은유는 그것이 우리 정부에서 우리의 목표와 목적이 무엇이어야 하는지를 표현하는 것에 한에서만 유용하다. 그 목적은 우리 섬의 주민을 더 높은 지위로 교육하고, 나중에 정치적 독립을 위한 가능성을 배양하는 것이다. 그러나 이 은유는 더 이상 사용되지 않는다. 후견인이 후견의 지위를 이용할 수 없다는 사실이, 우리가 식민지에서 이득을 취해서는 안 된다는 것을 의미하지는 않는다. 이 식민지에서 계속해서 통치와 관리를 유지하려면, 우리를 끌어당기고 사로잡는 무언가가 있어야 한다. 일반적인 후견이라도 피하려고 하는 경우가 많은데, 이것은 그다지 매력적으로 보이지 않으면서도 많은 문제와 고민과 걱정을 일으키기 때문이다.

따라서 우리의 식민지와 관련하여 후견이라는 개념을 빼어난 이상적 의미로 해석해서는 안 된다. 높은 이상은 일반적으로 개인의 삶에서도 희귀한 것이며, 결코 모든 국민에 적용되지 않는다. 어떤 국가와 국민도 어느 지역을 막론하고 강제로 소유권을 주장하려 하지 않으며, 그러한 지역을 더 높은 문화로 끌어올리려는 이상적 기쁨을 탐닉하려 하지 않는다. 그러므로 사람들이 의도적으로 후견이 되려는 목표를 가지고, 지금 우리의 식민지를 장악하여 그러한 이상적인 후견을 행하지는 못한다. 반대로 우리가 하나님 앞에서 식민지에 대한 지배권을 가지고 그 지배권을 행사하는 것에 책임을 지기 위해서는, 그들을 후견으로 삼고 사람들의 고등교육을 목표로 하는 것이 가장 안전하고 고귀하다는 것을 고백해야 한다. 그 결과 우리 무역의 이익, 우리 생산의 번영, 그리고 우리나라의 국제적 영향력이 향상된다는 사실은 적절하게 고려된 지도 방법에 전혀 반대되는 것이 아니라, 오히려 그것의 직접적 결과이다. 문화체계에 연루된 정부의 착취가 개인에 의한 우리 인도의 착취로 되살아나지 않도록 주의를 기울여야 한다.

§6. 경제 체제는 원자적인가 유기적인가?

후견인의 임무에 대한 이러한 개념과는 별도로 이제 두 번째 질문이 자연스럽게 발생한다. 즉, 어떤 경제 체제가 식민지와 자국의 이익을 위해 이 후견을 가장 잘 수행할 것인가이다. 이런 점에서 19세기 경제생활의 전환점은 애덤 스미스 학파에 달려 있다. 이 새로운 학파는 상업-물리주의 체제의 마지막 흔적을 알 수 없는 것으로 만들고, 자유노동, 자유무역, 자유경쟁 체제를 도입한 스미스와 코브덴에서 나왔다. 특히 애덤 스미스는 인간 힘의 개인적 발전과 노동에서 삶을 지배하는 본질적 가치를 추구하기 위해 자연의 보물에서 크게 벗어나고자 했다. 이기심이 출발점이 되어야 했다. 모두가 자신을 위해 최고를 추구했다. 이타주의의 여지는 없었다. 가장 절대적으로 자유로운 경쟁을 요구한 것은 자기 이익에 대한 욕망이었기 때문에, 이 독특한 생활을 전적으로 개인 자신의 계발에 맡기려면 정부가 경제생활에서 완전히 철수하는 것이 바람직하다.

따라서 자본은 절대로 옆으로 제쳐두면 안 된다. 오히려 이기심과 경쟁을 동시에 자극하는 것이 자본이 가진 매력이었다. 그러므로 어떤 제품이든 어느 곳에서든 모든 가격은 그 자체로 지대, 임금 그리고 자본 이자로 분해되었다. 그리고 이 세 가지 요소가 자연적 균형에서 작동할 수 있다면, 스미스는 토지와 사람들 특히 하층 계급의 최고의 번영을 예측할 수 있다고 생각했다. 여기에 더해 그의 견해에는 민족적 요소가 자동으로 국제적 번영에 통합되어, 민족과 민족의 경쟁이 예리함을 상실하고, 곧 낙원의 상황으로 되돌릴 사해동포주의(kosmopolitisme)[161]를 기대할 수 있다는 사실이 추가되었다. 특히 지금 자유당 측에서 너무나 당연하다는 식으로 이 국제 경제에 관한 구상을 새로운 식민 정책에 도입했다. 프란선 판 드 퓌터는 진심으로 그것을 고백했다.

그러나 여러 측면에서 이 체제가 종종 우리 식민체제에서의 적용과는 거리가 멀다는 사실이 드러났다. 자체 생산, 운송, 무역을 보호하는 것은 더 이상 바람직하지 않다. 수많은 외국 무역상들이 우리 식민지에 정착하기 시작했다. 그리고 바로 이 때문에 온갖 기이한 영향력이 강력해지기 시작했다. 그 영향력은 한편으로는 도쿄에서, 다른 한편으로는 호주에서 왔다. 스미스와 코브덴의 사상이 이미 유럽에서 자신을 평가했다는 사실에 기뻐할 수 있다. 그 결과는 너무나 처참했고, 곧 이 일방적 제도로 인해 노동 계급과 하층 계급이 처하게 된 안타까움이 드러났다. 특별히 쉐플(Schäfle)은 스미스의 체제가 가까스로 수용한 이상을 깨뜨렸다. 무엇보다 경제 체제의 변화가 이미 모든 측면에서 언급되고 의도되고 있듯이, 개인주의적 경제 체제가 완전히 지지를 잃었음이 1914년 8월에 발발한 세계대전에서 설득력 있게 드러났다.

비슷한 의미에서 우리는 프란선 판 드 퓌터 시절부터 반혁명당 편에서 절대적으로 자유로운 경쟁 체제에 반대했다. 사회주의적 이상은 완전히 무너졌다. 순수한 개인주의는 길을 잃을 수밖에 없다. 사람들의 자녀들의 생명은 그들 사이에서, 그리고 민족들과의 관계에서 유기적으로 결합되었다. 비록 이 유기적 응집력이 이기주의와 물질주의에 따라 크게 방해받았다는 것을 이제는 부인할 수 없지만 여전히 주장되어야 했다. 그래서 모든 유대를 풀어야 한다는 원자론에 대한 유기적 입장의 저항이 식민지에서 시작되어야 했다.

§7. 개인에 의한 착취

이는 자연스럽게 새로운 의견 차이를 가져왔다. 정부에 의한 착취 체제는 만장일치로 거부되었다. 그러나 이것은 민간 기업가가 국가를 대체하고, 자신의 기업이 모호하게 착취할 위험을 결코 배제하지 않았다. 국가도 계속해서 경작하고 심었지만 민간 기업가와 완전히 자유로운 경쟁을 했고, 민간 기업가는 자신의 이익을 위해 국가와 경쟁하며, 인구 과잉의 산물인 빈곤을 노동력, 농경지, 임지, 땅 아래의 보물을 구매하는 데 사용할 기회로 활용했다. 델리의 담배 산업, 광산 작업, 인도의 공장에서 수백만 길더에 달하는 보물이 개인에 의해 수집되어, 네덜란드나 다른 국가로 운송되었다는 것도 알려져 있다.

이와 같이 완전히 자유로운 발걸음으로 나아갈 수는 없었다. 토양과 토양 아래에서 수집할 보물이 아무리 풍부하더라도 주석(主石)이 이미 사라졌으므로 약탈당한 나라를 빈 상태로 가난하고 무력한 주민에게 남겨주었다. 따라서 민간 기업의 경우, 민족에 대한 착취를 광범위하게 받아들이고 토지 사용이 남용되지 않도록 제한 사항과 권리를 설정함으로써, 몇몇 기업의 사적 착취를 방지하는 길을 따라야 했다. 그리고 이전 상태가 마침내 나중에 더 높은 번영의 가능성을 열어놓은 것처럼 보일 수 있다. 여기에 감시 초소를 더 많이 설치해야 하는데, 이는 네덜란드가 가난한 개인의 착취를 주도할 뿐만 아니라, 현재와 같이 외국 자본도 우리에게 침투하여 식민지를 희생시키면서 자신을 보호하려 하기 때문이다. 이는 우리 식민지를 희생시키는 것이고, 이 때문에 우리나라는 두 배 이상의 비용을 들여야 할 것이다.

지난 기간에 중요한 이익과 관련하여 더 나은 방법이 없어진 것은 좋은 일이다. 이 점에서도 판 회츠(van Heutsz)[162] 장군은 우리에게 더 나은 방향을 제시해 주었다. 우리 식민지에서 채굴될 보물은 여러 면에서 점점 더 많이 착취되고 있다. 정부와 민간 기업가는 이 점에서 서로 경쟁한다. 활용과 착취가 확고한 규정의 영향 아래 있어서, 국가 재산은 번영과 권력 낭비로 인해 빼앗기지 않으며 원주민은 더 많은 토지 개간과 경작에서 학대당하지 않을 것이다. 하지만 한 가지 측면에서 여전히 매우 위험하다. 적어도 당분간은 중국의 노동력이 일반적으로 원주민보다 질이 높다. 이로 인해 개인 기업가는 여기 자바나 수마트라에서 사용할 수 있는 인력보다 중국에서 더 편리한 도구를 요청하도록 너무 쉽게 유혹받는다. 이것은 이제 엄격하게 감시되어야 한다. 모든 외국인 노동자가 배제되어야 하는 것은 아니다. 네덜란드에서도 그런 일은 일어나지 않는다. 그러나 우리는 회사의 수익성을 높이기 위해 중국으로부터 국가적 위험을 가중시키지 않도록 주의해야 한다.

§8. 제국

우리 헌법 제1조는 1887년 개정 중에 "세계의 다른 지역에 있는 식민지와 소유물도 포함된다"라는 항목이 상당한 변화를 겪었다. 1848년까지는 변화가 없었다. 당시 제1조는 "네덜란드 왕국은 현재의 주들로 구성된다"라는 내용만 포함되어 있었다. 그런 다음 "유럽 안에"가 추가되었다. 이것은 이미 유럽 이외의 영토도 왕국을 구성할 수 있다는 추가적인 생각의 여지를 남겼지만, 아직 명시적으로 언급되지 않았다. 그 추가는 1887년에 이 특수성과 함께 제2조에서 이루어졌다. "헌법은 유럽 안의 제국에 대해서만 구속력이 있다." 항목 두 번째에서도 "다음 조항에서 제국이 언급되는 곳마다 유럽 안의 제국만 의미한다"라고 명시되어 있다.

모국과 그 식민지, 소유물 사이의 구분이 명시되고 준수된다면, 이러한 표현 방식에 큰 반대는 없다. 개인 생활에서도 이렇게 말할 수 있다. 어떤 사람은 인간으로서 제시될 뿐만 아니라, 동시에 그가 걸치고 있는 옷과 그가 유용하게 사용하는 가재도구의 소유자이기도 하다. 만약 그가 재산을 소유하고 있다면, 유가증권과 금전도 그의 소유이다. 이것은 '고액 납세자'에게서 볼 수 있다. 그러나 이것은 사람과 그의 재산들은 항상 근본적으로 구별된다는 사실을 바꾸지는 않는다. 그는 인간으로서 살아 있어도 모든 재산을 잃을 수도 있다. 반대로 그의 모든 재산이 사용 가능하지만 그가 죽을 수도 있다. 이 사실은 지금 여기서도 동일하게 적용된다. 네덜란드 왕국을 국제적 차원에서 말하자면, 당연히 왕국이 가진 모든 것을 포함한다. 식민지에서뿐만 아니라, 궁전에서도 권위의 표시로 네덜란드의 삼색기가 펄럭인다.

그러나 항상 그런 식으로 우리나라와 민족 자신을 점유의 '주체'로 생각하거나, 극동의 식민지를 우리 제국의 소유 '대상'으로 고려한다면, 완전히 다른 별개의 무언가를 의미하게 된다. 우리가 모든 식민지를 빼앗겨도 제국은 남아있다고 생각할 수 있는가? 반대로 우리나라가 유럽에서 사라진다면, 인도에서 우리의 소유는 "네덜란드 왕국"이 아니라고 생각해야 하는가? 여기 유럽에서는 하나님의 은혜로 높은 권위가 우리 여왕에 의해 행사된다. 하지만 식민지에서는 네덜란드 제국의 권위가 부여되며, 총독부의 권위는 국가 정부가 부여한 것으로 간주한다. 유럽에 있는 나라는 제국이며, 실제 제국으로 존재한다. 이 제국은 식민지와 정복지를 소유한다. 이 소유물에 대해서는 의회와 관련하여 국가 정부에 위임된 행정부가 있으며, 여기서 여왕의 권위는 그녀가 하나님께서 정하셨고 헌법에 따라 국가 정부의 수장이라는 의미에서만 적용된다. 그렇기 때문에 제2조에 언급되지 않았다. '제국'을 말한다면 우리의 소유도 포함되지만, 제1조가 소유를 '포함하는' 왕국에 대해 말하는 것은 잘못이다.

이러한 개념의 혼동은 허용되어서는 안 된다. 전체적으로 '제국'이라는 표현을 완전히 피했어야 했다. 다른 곳에서는 '국가'에 대해서도 말하는데, 이 단어는 제2조에서 사용되었기에 모든 난점이 사라졌다. 왕국의 어떤 부분도 헌법에서 제외될 수 없으므로, 제2조 제2항 규정이 적용되어 유럽에 있는 왕국 자체가 왕국일 뿐이다. 헌법이 국토와 국민에 관한 것이 아니라면 헌법일 수 없다. 다시 말해 지금 인구가 4,500만인데 헌법은 이 4,500만 명 중 600만 명에게만 적용되고, 나머지 3,900만 명에게는 적용되지 않는다는 것은 법적으로 터무니없는 일이다. 여왕이 아닌 제국이 식민지를 '소유'하며, 인간이 '소유'하는 것은 인간'이' 아니다.

§9. 정부 운영

우리 식민지에서의 정부 운영은 우리 조국, 그리고 국민의 정부 운영과 완전히 분리되어 있다. 헤이그의 수로 관리부서는 자바의 수로 관리에 대해 아무 말도 할 수 없다. 내무부, 농업부, 법무부 등도 마찬가지이다. 반면에 헤이그에는 식민지와 소유물에 대해 완전히 별도의 부서가 설치되었다. 그 부서는 때때로 식민지의 이익을 위해 외무부와 협의해야 하며 해군과도 마찬가지로 협의해야 하지만, 식민지에서 우리의 전체 정부 운영과 모든 영역에서 책임을 지는 별개의 부서로 여전히 남아있다. 또한 대외적으로는 파라마리보와 퀴라소처럼 식민 정부 운영 자체를 위한 별도의 정부가 수립되었고, 우리 군도에서는 정부 운영이 모든 면에서 국가 정부를 대표하는 총독에게 집중되어 있다. 그 정부를 운영할 수 있도록 총독은 그 아래에 행정부를 두며, 마찬가지로 이 행정부도 여러 부서로 나뉘어 다양한 활동 부문을 조언하고 시행한다.

그러나 이것은 자연스럽게, 이 행정부가 집중되는 것과 상당한 분권화를 도입하는 것 중 어느 쪽이 바람직한지에 대한 질문을 제기한다. 지금까지는 대외 정책에 대해 강력한 중앙화와 집중이 주요 동기였다. 총독은 그의 인도 평의회와 그의 부서장들과 함께 전체 군도를 통치했다. 이것은 다른 선택의 여지가 없었던 문화체계의 시대로 거슬러 올라간다. 한편 우리 인도 행정부가 현재 지향하고 있는 전혀 다른 목표와 관련하여, 모든 중앙 행정부의 필연적 귀결인 관료제가 후견의 길을 통해 국민의 안녕을 막지 않는가만 고려하면 된다. 인구 증가도 그 방향으로 나아가고 있다. 군중이 너무 커지고 있다. 이것은 자바뿐만 아니라 그 너머에도 마찬가지이다. 판 회츠 장군과 콜레인의 등장 덕분에 해외 소유지도 대화에 참여하고 고려되어야 한다는 주장이 제기되기 시작했다. 노골적으로 말해, 문화체계와 그로부터 생겨난 다면적 관료제하에서 외부 재산은 그동안 무시당했다. 헤이그가 내년에 인도에서 우리 네덜란드 국고로 얼마만큼의 자금이 유입될 것인지 묻게 된 기간에 해외 소유물은 불필요한 부담이었다. 그들은 그것에 대한 마음이 없었기에 그것을 돌보지 않았다. 그것에 관심이 없었다. 그러나 분명했던 것은 문화체계를 단념하고 우리나라 군도를 우리의 국제적 영향과 무역, 해운을 위한 매우 중요한 재산으로 간주하는 견해가, 3천만 명 곧 4천만 명의 주민들에 대한 고상한 돌봄을 수행하는 것으로 통치권 행사에 관한 우리의 사고방식 속에 동시에 생성되어야 했다.

특히 판 회츠가 총독으로 통치하는 동안 이러한 깨달음은 점점 더 확실해졌다. 그토록 엄격하게 중앙집권화된 관료주의의 결점은 점점 더 분명해졌다. 그래서 해외정책에서도 완전히 다른 견해가 거의 자체적으로 그리고 점진적으로 자바 외부의 우리 군도에 대해 제시되었으며, 각각 효과적인 독립성을 가진 특정한 수의 지역에 우리 군도를 포함하려는 생각이 점점 더 확고해지고 있다. 그러나 이 생각에 '주'라는 명칭이 포함되지 않은 것이 사실이다. 그리고 자신의 "총독부"(gouvernementen) 위에 여러 '총독들' (gouverneurs)을 임명하자는 이야기가 있었지만, 이것은 단지 명칭의 차이를 일으킬 뿐이다. 로마인들도 마찬가지로 그들의 외국 영토를 여러 부분으로 나누었지만, 그 부분에 '속주'(屬州)라는 이름을 붙였다. 우리도 마찬가지로 할 수 있었고, 그러했다면 일반 대중에게 이 세분화가 의미하는 바가 더 명확했을 것이다.

현재로서는 수마트라에 한 명의 총독만이 자체 총독부를 가지고 있다. 괜찮다면 자바 역시 분할되지 않은 상태로 두지 않도록 오래지 않아 바뀌어야 한다. 자바는 인구에 따라 세 개의 민족 집단으로 나뉜다. 서쪽에는 순다족, 동쪽에는 마두르족 그리고 자바 한가운데에는 순혈 자바인이 살고 있다. 이 세 민족은 함께 속해 있지 않고 따로 떨어져 있어야 했다. 민족마다 총독과 총독부가 있을 수 있고 그런 다음 자바의 이 세 고유한 부분에 대한 자체 개발이 촉진될 수 있다. 또한 자바 이외의 다른 섬들은 수마트라와 같이 점차 자체 총독 아래 자체 정부를 구성해야 한다.

수마트라 다음으로 가장 자연스럽게 제시되는 곳은 보르네오다. 이는 그 거대한 크기에 의한 것인데, 여기서 제임스 브룩 경에게 할양된 영토인 세라왁(Serawak)은 제외된다. 세 번째로 셀레베스(Celebes)[163]는 부속된 작은 섬과 함께 자체 총독을 요구한다. 마지막으로 순다열도(Soenda-eilanden)[164]와 티모르(Timor)[165]가 있는 말루쿠가 각자의 위치를 차지해야 한다. 따라서 7개의 지방 또는 자치 정부가 획득되면, 독점적 관료집단의 생명을 죽이는 숨결이 더는 대외 정책에서 나오지 않을 것이다.

이제 뉴기니(Nieuw-Guinea)만이 우리의 처분을 받는다. 이 거대한 섬은 표면적이 80만 5,541제곱킬로미터로 세계에서 가장 큰 섬 중 하나이지만 인구는 아주 적어 백만 명 미만으로 추정되곤 한다. 이 거대한 섬의 절반 이상이 우리 소유이고, 나머지 절반은 영국과 독일이 공유하고 있다. 실제로 이곳은 우리에게 아무 소용이 없지만, 호주와 관련해서 보면 미래에 우리에게 매우 위험할 수 있다. 그러므로 뉴기니의 우리 영토를 포기하고 그것을 교환하는 것에 대해 조금도 반대하지 않을 것이다. 티모르의 포르투갈인 절반에게는 이러한 일이 가능한 것으로 인식되었다는 것이 드러난 바 있다. 그러면 우리 군도 전체가 질서정연한 전체를 이루게 될 것이며, 남쪽 지역에서 티모르의 내키지 않는 상황을 만든 방해물이 사라질 것이다.

§10. 이상한 손님

우리 군도에는 원주민과 함께 다른 곳에서 온 중국인과 훨씬 작은 규모의 아랍인이 있다. 일본인은 주로 덜 친절하다고 알려진 여성 직원으로 대표된다. 게다가 점점 더 많은 영국인과 독일인 상인이 자바에 정착했다. 그러나 동양인만 좁은 의미의 외국인 손님으로 이해해야 하며, 그들 가운데 역시 중국인이 두드러진다.

중국인이 우리 열도에 도착한 것은 다음 두 가지 상황으로 설명될 수 있다. 우선 중국은 태곳적부터 인구 과잉으로 인해 지속적으로 이주가 필요했다. 다른 한편으로는 자바인이 너무 천편일률적으로 농부로 남아있었기 때문에 사회생활의 기술적 요구를 자동적으로 충족시킬 수 없었다. 영국인과 마찬가지로 중국인도 곳곳에 침투했다. 그들은 부족한 것이 거의 없었다. 그들은 소규모 사업에서 빠르고 능숙하다. 그리고 무엇보다도 그들은 훌륭한 금융가이다. 오늘날 우리나라의 유대인이 특히 암스테르담에서뿐만 아니라, 점차 우리나라 전체에서도 소매 무역과 금융 산업을 통해 독특한 위치를 차지한 것처럼, 중국에서 온 이민자들은 인도 군도에서 마찬가지였다.

따라서 그들은 정말 많은 숫자와 사회적으로 어떤 통치권을 행사하기 위한 기술적인 이해라는 측면에서 서서히 위험으로 다가왔다. 아랍인은 걱정거리가 아니었으나 중국인은 심각한 사회 문제가 되었다. 그들을 금지하거나 거부할 수 없었다. 그러나 리홍장(Li Hung Chang)[166]이 당시 대외 정책에 보였던 가식을 기억하고 중국인의 계속 증가하는 수를 고려한다면, 누구든지 모든 중국인을 두 팔 벌려 환영해야 한다는 것과 특히 최근에 동인도에서 우리를 향해 몰려드는 오만함을 우리 정부가 막아야 한다는 사실을 숨길 수 없다.

이제부터는 태곳적부터 우리와 함께 살았던 중국인의 후손과, 지금 들어오는 중국인의 후손을 지금보다 더 뚜렷하게 구별할 수 있을 것이다. 수용은 순서대로 이루어져야 한다. 학교는 그들을 위해 별도로 설정되어야 한다. 임시로 출근하는 사람도 기간이 끝나면 사라져야 한다. 요컨대, 우리는 우리 자신의 지역에서 중국인의 주인이자 지배자로 남아있어야 한다. 그들은 소매거래를 통해 무엇보다도 우리의 중산층으로부터 이익을 얻을 수 있지만, 우리는 그들의 입국과 법적 지위에 대해 규제할 수 있어야 한다. 그들이 오도록 격려하는 것은 더는 문제가 될 수 없다. 그들의 입국을 존중해야 한다. 미국의 모든 것이 처음에는 이민자를 유인하기 위해 수행되었지만 이제는 중단되고 있는 것처럼, 우리 역시 인도에서 중국인에 대해 조치를 취해야 한다. 특히 자바와 외곽 지역에서 중국인이 먼저, 그리고 그들 배후에서 중국이 법을 제정하지 않도록 주의해야 한다.

§11. 인도인

우리 군도에도 아메리카의 물라토와 같은 '인도인'(Indo)[167]이 있다. 그들은 이주해 온 유럽인과 원주민 여성의 가장 죄스러운 혼혈로 생겨났다. 이 악은 지금 발생한 것이 아니라, 시작부터 우리의 식민지 생활을 오염시켰다. 예전에 케이프에서의 삶은 매우 달랐다. '보어인'이라고 불리는 사람들은 흑인과 짝짓기를 한 적이 없는 네덜란드 민족이었다. 적어도 일부 영국인들은 그랬지만, 네덜란드인은 하지 않았다. 반면 자바에서는 이 악한 관습이 처음부터 스며들었다. 사람들은 혼인하지 않은 채 자바에 가서 즉시 '가정부'라고 불리는 사람과 함께 살았고, 곧이어 음행을 통해 아이를 낳았다. 이 악한 관습이 공무원과 상인, 군인과 장교에게 스며들었다. 요컨대 다른 곳에서 들어와서 신자로서 스스로를 구별하지 않은 사람은 누구든지 이 악한 혼혈 인종 출산에 가담했다.

따라서 이들 인도인도 두 부류로 구별할 수 있다. 한 부류는 아버지가 지성과 능력이 높은 인도인이고, 다른 한 부류는 수준이 낮은 사람이 낳은 인도인이다. 전자는 진보하지만 후자는 계속 초조해한다. 바로 이 후자가 특정한 행동을 취하는데, 이는 그들이 우리 열도의 당연한 영주이자 주인이라는 식의 생각을 도입하려고 시도하는 것이다. 그들은 자신을 일종의 귀족으로 본다. 태생적으로는 원주민이지만 유럽에서 온 피로 인해 문화적으로 고양되고 영적 보물로 풍요로워진 귀족이라는 것이다. 얼마동안은 그들에게서 어떤 막강한 힘이 솟아나는 것 같았다. 그러나 그러한 혼합 인종에게서는 다른 곳과 마찬가지로 중요한 삶의 주도권이 나올 수 없다는 것이 곧 명백해졌다. 그들 자신의 사회적 필요를 충족시키는 방법을 가르치는 것이 좋겠지만, 그들이 완전히 헛된 생각을 주장하려고 시도한다면 모국과 자바의 이익을 위해 악에 대한 강력한 진압이 요구될 것이다.

§12. 산업

자바를 비롯해 인구가 더 많은 주변 지역, 적어도 대도시에서 더 높은 사회로 발전이 이뤄진다면, 자바는 농업 수준에 계속 머무를 수 없다. 모든 유럽과 아시아, 호주와 미국에서처럼 농업으로 시작했지만, 농업에 안주할 수 없다. 국민이 씨에 잠복되어 있는 힘을 일깨우고 발전시켜 저절로 더 나은 생각을 가지게 되면, 농업 부분으로부터 공업과 상업으로 분리되는 것이 반드시 필요하다. 농업 부분은 점점 더 축소될 것이다. 다른 한편으로 다소 중요한 산업이 출현하면, 그 결과로 항상 산업 노동자가 필요해지며 노동자가 농민의 하인보다 더 높은 임금을 받게 된다. 그리하여 우리에게 일어난 것과 같은 역사적 과정이 발생한다. 이것이 작동하지 않고, 농촌 생활에서 산업 생활로의 전환이 일어나지 않으면, 다음 두 가지 중 하나가 발생한다. 주민은 계속 낮은 수준에 머물고, 발전하지 못한다. 즉, 외부에서 유입되어 산업 활동을 수행하는 외국인이 들어올 경우, 국민은 발전의 최하위 단계에 머무르고 외부인이 사회를 지배하게 된다.

이제 우리 군도, 특히 자바 주민이 왜 그렇게 불운한 운명에 처해야 했는지를 이해할 수 있다. 영국령 인도에서 온 불교의 주도 아래 자바에서 만만치 않은 강력한 발전이 있었음을 역사는 증언한다. 적어도 중심부에서는 자바인 남성뿐만 아니라 여성에게서도 한때 높은 문명이 얼마나 깊이 발견했는지를 여전히 볼 수 있다. 그들은 매우 예의 바르고 인간적이며, 그들의 조형물은 투박하지 않고 섬세하다. 그리고 사람들은 14세기까지 자바에서 어떤 힘이 발산되었는지 알고 있다. 그 이후에 모든 고등 문명이 무너져 내린 사실과 관련해 이슬람이 부분적으로 책임이 있는지 여부는 요점을 벗어난 것이다.

역사적 사실은 자바인이 이전에 농민보다 훨씬 더 높은 지위를 가졌던 기간을 살았다는 것이다. 정부의 관리로 자바에 간 네덜란드 서민을 자바인과 비교하는 사람은, 자바인이 문명화된 형태에서 우리나라 하급 관리보다 매우 많이 앞서 있다는 사실을 수치스럽지만 인정하지 않을 수 없다. 선교 영역에서도 비슷한 불만이 있었다. 자바 주민이 더 높은 사회적 지위를 위해 다시 성숙하는 것을 막을 수 있다고 생각할 이유는 없다. 이미 자바에는 3개의 다양한 사회적 계층이 있는데, 하위 계층 위에 두 개의 귀족 계층으로 구성된다. 우리 정부는 그들을 상위 계층으로 예우한다.

하지만 여기서 멈추지 않아야 한다. 자바의 산업 발전에 대해 정부는 매우 신중하고 점진적인 상승 정책과 꾸준한 지원으로 준비해야 한다. 우리가 표현할 수 있다면, 외국 침략자들로부터가 아니라 한때 빛을 발했던 자바인의 후손들로부터 산업적 시민계급이 반드시 일어나야 하며, 이들이 점차 더 높은 지위를 차지하고 더 높은 사회적 발전을 준비하며 궁극적으로 이것을 더 촉진해야 한다. 이 일이 이루어지도록 시도하고 성취될 때까지 쉬지 않는 것은, 우리의 후견이 우리에게 부과하는 가장 고귀한 의무 중 하나가 될 것이다.

§13. 교육

그 목적을 위한 가장 중요한 수단 중 하나는, 자바와 외곽 지역 모두에서 인도인에게 적합하고 그들의 필요에 맞게 조정된 학교를 설립하는 것이다. 큰 오해가 우리 자유당 정부 행정가들 중 '혁명 편집광'(monomanie)에게 스며든 것은 유감스러운 일이다. 프랑스 혁명의 뿌리 깊은 곳에서 "자유, 평등, 박애"라는 잘못된 표어가 생겨났다. 그때 새롭게 등장한 삶의 저주는 '획일성'이다. 지구상의 모든 인간은 하나이며 동등하다는 것이다. 하나의 방법, 하나의 체계, 같은 노선에 따라 전 세계의 모든 인간이 형성되고 교육되어야 했다. 하나의 헌법 제도가 모든 정부에 적용된다. 마찬가지로 하나의 교육 제도가 모든 학교를 점령한다.

1857년의 우리나라 학교법이 이것을 네덜란드를 위해 추진했다. 이 비참한 법의 실망스러운 결과물로서 이제 완벽한 학교 교육 방법이 발견되었다는 생각이 부상했는데, 자유당 운동가들이 식민지 영토에서 인도인에게도 같은 방법으로 강제하려고 시도할 것이 분명했다. 지금 뒤돌아보면 터무니없어 보일지 모르지만, 역사적으로 분명한 사실이 있다. 자유당 측은 반세기 동안 인도가 평안한 것이, 우리의 비종교적으로 완성된 국립 초등학교를 철저하고도 엄격하게 모방한 데 있다고 보았다. 다행스럽게도 이제 우리 영토 바깥에서도 그러한 모든 노력이 어리석다는 것을 발견하기 시작했다. 자바 원주민의 발전은 자유당 측이 개발을 위해 수행했던 것 때문에 매우 심각한 방해를 받았다. 특히 사회민주당의 판 콜(Van Kol)[168]은 우리나라 자유당 대변인의 이러한 무분별한 몰이해를 억누르고 있었다. 특히 드 발 말레페이트(De Waal Malefijt)[169] 장관은 우리를 실제적으로 더 나은 길로 인도했다.

자바인, 그리고 일반적으로 동양인은 우리나라에서 할 수 있는 것과 완전히 다른 종류의 초급학교를 마쳐야 한다. 어디선가 그러했듯이, 자바에서는 지적 요소의 강력한 강조가 전혀 적절하지 않다. 동양은 산문적이 아니라 시적으로 발전한다. 다시 말해 오로지 지식으로만이 아니라 상상을 통해 점점 더 많이 발전한다. 자바에서 모든 교육은 상상력에 호소해야 하며, 학창 시절부터 상상력을 실제로 작동시켜야 한다. 인도에서는 잠시도 교육이 삶과 추상적으로 분리되어서는 안 된다. 동양인의 영적 의식에서 모든 추상적 개념은 죽어 있다. '중립화 교육'은 동양의 모든 국가에서 형용모순이다. 그것은 마치 당신이 마른 물과 차가운 태양에 관해 이야기하려는 것 같다. 따라서 빠르면 빠를수록 좋다. 모든 원주민 학교 교육은 동양의 영적 존재와 동양적 생활 방식과 특징에 적응하도록 하는 개혁을 목표로 해야 한다.

1857년의 학교법을 인도에 맞게 모방하도록 빌려주겠다고 제안한 기독교 집안의 교사들이 있었다는 슬픈 사실은 도무지 이해가 가지 않는다. 우리는 뒷부분에서 선교에 대해 다루다가 학교 문제로 다시 돌아올 것이다. 인도는 더 높은 수준으로 발전해야 하며, 대학 교육도 그곳에서 성장해야 한다. 단, 초등 교육이든 중등, 고등 교육이든 우리나라에서 잘 되는 것의 복사판을 인도에서 시행하는 것은 엄격히 지양되어야 한다. 인도를 돕고자 하는 사람은 인도 혈통에 몸을 담그고 인도인 자신에게서 배우고 느끼고 깨달으며, 자신의 영혼의 삶에 해당하는 것이 무엇인지 확인해야 한다.

그러므로 교사 자신이 인도 출신이고, 인도에서 훈련받아야 한다는 생각이 점점 더 두드러졌다. 특히 인도에서 고등 교육을 발전시키는 데는 실수하지 않았다. 우리는 이미 이를 위한 준비로 자바 의사를 배출하는 의과대학, 법과대학, 농업대학을 보유하고 있으며, 빌럼 3세 김나지움의 B 부서에서 언어학, 지리학, 민족학 교육을 하고 있다. 이 학교들 역시 여전히 훨씬 덜 유럽적이어야 하며, 인도적인 색을 더 강하게 가지는 특징을 가져야 했다. 그래야만 이러한 임시 학교를 통해 교수진이 점차 나타날 것이다. 그리하여 마침내 인도의 특징을 가지는 대학이 설립되어 인도인의 요구를 충족시킬 수 있을 것이다.

§14. 공무원

"우리나라 행정부의 식민지 관리를 위해 추구하는 힘은 다수가 아니라 공무원의 교육, 자질, 적절한 배치에 있다. 교육과 관련해, 권한을 부여받은 공무원은 그 권한의 행사 이외의 다른 무엇과도 관련이 없다는 것이 분명해야 한다. 따라서 어떤 산업체나 정부 문화에서도 공무원에 대한 간섭은 있을 수 없다. 또한, 공무원과 판사를 한 인물로 섞어버리는 끔찍한 혼합도 있을 수 없다. 우리의 높은 권위를 유지하고, 우리의 도덕적 명성을 유지하기 위한 정부의 행위가 중요하다.

따라서 우리는 이곳보다 훨씬 더 높은 기준을 설정하는 공무원의 자질을 강조한다. 인도인이 우리보다 적게 노력해서 문제를 극복할 수 있다고 생각하는 오류보다 더 위험한 것은 없다. 반대로 인도에서는 여론의 통제가 훨씬 덜하고, 과제는 훨씬 더 포괄적이며, 남용하려는 유혹이 훨씬 더 많기 때문에, 그곳에서 우리를 대표할 모든 사람의 내면에는 우리나라나 다른 어느 곳에서도 제공할 수 없는, 일반 계층의 사람들보다 더욱 도덕적으로 진지한 성품과 인격의 성숙이 깃들어 있어야 한다.

또한 지식도 중요하지만, 그러한 예외적 조건에서는 더 많은 정책과 감각의 성숙도가 중요하다. 지금까지 우리 식민지 부서는 이 귀중한 요소들을 얻기 위한, 그리고 일단 얻은 것을 보존하기 위한 통치에서 자기 의무를 확실하게 이행하지 않았다. 그리고 배치가 중요하다! 네덜란드가 이러한 우수한 인력을 점차 인도의 전체 행정 체계를 점유할 수 있도록 지속적으로 충분히 제공할 수 있다는 생각은 환상일 것이다. 우리는 정부 부서를 계속 유럽인 직원 아래 두는 제도에 반대하여, 이웃나라 사람들이 일컫는 대로 '부서의 수장'을 잘 교육받고 엄격하게 훈련된 원주민 귀족의 자녀들 중에서 모국에서 데려오고, 그들 아래에서 업무를 수행하는 원리를 도입한다. 그러나 우리 정부의 영향력은 평범한 데사(dessah)[170] 족장에게까지 이른다. 그래서 이 마을의 촌장들이 더 이상 지금까지의 상태 즉, 양 떼를 길들이기 위한 양치기 개와 같은 처지로 남아있지 않을 수 있다. 하지만 그들은 감독 아래 잘 규정된 권한을 행사하고 정기적으로 그들의 일에 대한 보수를 받아야 한다."

따라서 우리는 1878년에 공무원에 관해 이야기했을 때 표현된 감정을 견지해야 한다고 생각한다. 지금까지보다 더 많은 수의 기독교인을 늘리기 위한 노력이 필요할 것이라는 짧은 말만 덧붙이겠다. 작고한 루돌프(Rudolph) 목사는 이를 홍보하기 위해 자신의 연구소를 설립하기도 했다. 이것은 최소한 능력이 없고 준비가 덜 된 후보자들이 정통이기 때문에 배치되어야 한다는 것을 의미하지는 않는다. 정부는 요구를 낮추지 않을 수 있지만 두 가지를 적용해야 한다. 첫째, 그는 정통파이기 때문에 더는 차별을 받지 않을 것이다. 둘째, 정부는 더 이상 공직자들이 기독교의 명예에 미치지 못하는 개인적, 도덕적 삶의 개념을 관용적으로 허용하지 않을 것이다. 특히 현지 거주 선교사 중 선교사역을 열심히 하는 남성에게는 더 높은 권위를 부여하는 것이 바람직할 것이다.

§15. 시 의회

시 의회를 동양식으로 설립하고, 네덜란드 시 의회를 자바로 옮기려는 근본적인 실수를 하지 않는다면 환영할 만하다. 설령 가능하다 해도 지금 우리 시대에 갓 피어난 초기 모습을 모방해서는 안 된다. 오히려 15세기와 16세기 또는 오히려 그 이전의 시 의회로 돌아가야 한다. 우리도 처음 시작할 때에는 지금의 것이 없었으며, 이 정도까지 차츰차츰 올라왔다. 인도에서도 같은 방식으로 진행되어야 하며, 그렇지 않으면 제도가 인도인 독특한 삶의 토양에 뿌리를 내리지 못할 것이다.

여기서 곧바로 비롯되는 사실은, 당분간은 시 의회의 번성이 대도시에서만 이뤄진다고 말할 수 있다는 것이다. 작은 지역에서는 아직 시 의회에 대한 언급이 없다. 그리고 시골에서는 금세기 말에도 시 의회가 나타나지 않을 것이다. 더 큰 도시에서 설립되는 시 의회가 두 가지 요소, 즉 유럽인과 인도인이 혼합된 시 의회로 등장해야 한다는 것은 말할 필요도 없다. 여기서 인구 수치를 따라갈 수는 없다. 유럽 인구 일부가 수라바야와 수라카르타 같은 곳에서는 숫자로는 열세지만, 권위로 보자면 여전히 우세를 차지하고 있다.

지금까지 이러한 시 의회 설립은 실망스럽지 않았다. 그들은 지역 생활에 더 많은 질서를 가져온다. 그들은 눈에 띄는 방식으로 위생적 관심을 촉진한다. 그들은 삶에서 근본적으로 중요한 체계를 만들고 있다. 포장도로와 심지어 건축물도 개선되고 있다. 재정적으로도 그들은 그 일을 위해 충당할 수 있는 것으로 보였다. 비록 이러한 시 의회가 그렇게 약한 발로 줄 수 있는 것보다 더 많은 것을 기대하면 안 되지만, 그들에게서 나오는 영향력은 훨씬 바람직할 수 있다. 그들은 전통적으로 과도하게 중앙집권화된 관료체제에 신선한 충격을 주고 있다.

§16. 종주권

'종주권'이라는 단어는 인도 정부에 적용되지 않았지만, 우리는 이 문제도 가지고 있다. 종주권은 종주국 정부가 주권을 가지고 그 권력을 유지하지만, 그 정부 아래에서 속국이 어느 정도의 자치권을 누린다는 점에서 주권과 구별된다. 욕야카르타(Djocjocarta)와 솔로(Solo)의 군주는 특히 우리에게 유명하다. 그들은 여전히 술탄의 왕관을 착용한다. 그들은 여전히 동양식 재판을 시행하고 있다. 그리고 그들은 경찰의 역할도 하는 명예 경비군도 가지고 있다. 특히 해외 재산에 대해 우리는 현지 국가를 우리 고위 권위에 복종시키는 관습을 따랐지만, 계약을 체결하는 방식으로 수행했다. 그러한 계약에 따라 단체의 수장은 우리 권위의 위엄을 인정했으며, 다른 한편으로 우리 정부는 작은 국가에 어느 정도의 자치권을 부여했다.

동양 국가에서 항상 그러하듯이 이러한 자치권은 명목상으로만 유지될 수 있다는 것이 곧 밝혀졌다. 여러 동인도회사 주재소장이 '바위턴조르흐'(Buitenzorg)[171]에 대한 평판을 좋게 하려고 노력했다는 것은 부정할 수 없다. 그럴수록 그는 순수한 모습으로 이 자치권을 은폐하는 데 성공했다. 그러나 이러한 제한된 기반 위에서도 그러한 모든 자율성은 중앙 관료제의 날개를 지나치게 펴는 것을 방지하는 데 기여했다. 이제 바위턴조르흐에 있는 많은 바위턴버지팅언(Buitenbezittingen)[172]에 대해 매우 비난받을 만한 무관심만이 지배적인 한, 이것은 이제 그리 중요하지 않다. 특히 작은 섬의 주민을 강타한 운명은 이 섬의 비기독교 지역에 있는 셀레베스에도 영향을 미쳤다.

그사이 완전히 다른 고상한 사상이 점차 중앙 정부의 지도력을 장악하면서 이러한 자발적 남용에 근본적 변화가 일어났다. 후견이라는 개념은 자연스럽게 그토록 잊힌 과거의 영역에 관심이 집중되도록 이끌었다. 특히 판 회츠 장군이 그 방향으로 활발하게 움직인 것을 영광으로 생각한다. 읽을 수 없는 과거의 전통이 그들의 양피지에서 다시 말하기 시작했다. 특히 콜레인은 판 회츠의 오른팔로서, 거의 잊힌 지도자들을 방문하여 그들에게 우리의 권위를 다시 상기시켰다. 그리고 많은 뿌리 깊은 남용을 단번에 해결했는데, 무엇보다도 추장들과 그들의 부하들이 자행한 극심한 재정 남용

문제를 완전히 마무리 지었다. 그 나라에서 그것은 항상 좋은 돈이 걸려 있는 되와 평목이었다. 유럽 국가에 있는 우리는 관료주의적 혼란이 사람들에게 어떤 대가를 치르게 하는지 전혀 모른다. 여전히 많은 아시아인이 남용을 행하는 러시아에서는 비슷한 불만이 반복적으로 들린다. 남용과 오해가 유럽에도 침투했지만, 아시아에서는 여전히 왕좌를 차지하고 있다. 도덕적 악은 확실히 아직 전적으로 해결되지 못했다. 그토록 깊이 뿌리박힌 악은 오랜 시간이 지난 후까지 피해를 입힌다.

그러나 지금 우리는 지역 기금(Landschapskassen)의 설립이 악의 뿌리에 영향을 미쳐, 한때 수치스러운 무질서가 규칙이 된 곳에서 놀라운 질서가 통치하는 데까지 왔다. 지역 기금 덕분에 지금은 주민의 자금이 정기적으로 들어오고 모든 속임수를 피하면서 양호한 과정을 통해 관리된다. 이 기금에서 추장은 여전히 이전과 거의 같은 금액을 받지만, 이제 관료적 혼란의 방해는 없다. 이 공동 지역 기금은 중앙 정부에 의해 피해를 보지는 않았지만, 여전히 일반 정부에 곧 2천만 길더에 달하는 금액을 지급한다.

§17. 교회

우리 군도에서 세례 받은 사람은 전체 인구와 대비해 그 수가 상대적으로 적지만 이미 각종 교회의 중요한 설립을 이뤄냈다. 무엇보다도 정부가 세우고 재정을 지원하는 공식 개신교 교회가 있다. 그리고 그리 크지 않은 규모로 일정 수의 로마 가톨릭 교구도 있다. 네덜란드 개혁교회도 우리 군도에 여러 교회를 공동으로 세우는 데 성공했다. 자체 질서를 가진 교단 안에서 여러 선교가 번창한다. 예를 들어 라인선교회(Rheinische Mission)[173]는 바탁족(Batakkers)[174]과 다른 종족 가운데서 일종의 반(半)토착 교회를 자체적으로 만들었다. 메노나이트는 소규모로 정착했다. "구세군"은 그곳에 기구를 세웠다. 루터교회는 바타비아에서 항상 공식 교회로 인정받는다. 여기에 선교부가 뉴기니에까지 설립한 많은 선교 지역을 더하면, 무질서한 상황일 정도로 각종 교회가 전체적으로 흩어져 있다.

교회는 자유롭고 자율적이며, 원칙적으로 정부로부터 재정적 지원을 받지 않는데, 우리는 계속해서 그렇게 지속되기를 희망한다. 특히 교회 현장에서는 자유로이 번성할 수 있는 곳만이 자체 재정으로 유지된다. 이러한 자유 교회에 여전히 부족한 것은, 정부로부터 교회라는 성격을 인정받지 못하고 여전히 일종의 협회나 도덕 단체로 분류되는 것이다.

반면 인도의 교회 생활에서 정부에 대해 여전히 남아있는 가장 큰 어려움은 개신교 국가교회에 자리한다는 것이다. 이 교회는 완전히 비교회적으로 제작된 정부의 작품이다. 그것은 빌럼 1세가 설립한 네덜란드 개혁교회로, 네덜란드에 있는 것을 모방한 산물이지만 훨씬 더 터무니없는 상태이다. 우리나라에서 만들어진 교회는 적어도 명목상으로는 과거와 세 개의 일치 신조에 묶여 있었다. 그러나 이마저도 인도에서는 느슨하게 내버려졌다. 편의상 그곳에 세워진 교회들 사이에 새로운 종류의 더욱 일반적 신앙고백이 삽입되었는데, 이것은 자바와 말루쿠 그리고 부분적으로 셀레베스에도 있던 동인도회사의 전성기에 이 나라에서 우리의 교회 생활에 부합하는 것과 완전히 단절되었다.

그들은 또한 정부로서 이슬람과 애니미즘에 대항하여 종교적 특성을 보여주기를 원했다. 특성은 당연히 기독교적 인장을 찍어야 했지만, 그 기독교적 특징은 최대한 일반적이었다. 그것은 일종의 유럽에서 온 공무원과 상인의 교회일 것이다. 이것은 처음에 그들 사이에 여전히 어떤 신앙심이 있었을 때도 마찬가지였다. 그러나 불신이 점점 더 대담한 형태를 띠고 공무원이 슬그머니 무관심해지거나 지나치게 근대적이 되거나, 심지어 신지학과 불교로 건너뛰기까지 했을 때, 정부 교회는 곧 끝나버렸다. 더는 종교적 설교를 그 안에서 찾아볼 수 없었고, 목회자들은 마치 순수 시민사회처럼 완전히 다양한 계급의 공무원으로 분류되었다.

콜레인 씨와 더 발 말레페이트 장관 그리고 이던부르흐(Idenburg)[175] 총독이 실제로 이 오해를 종식하려고 시도했고, 국가위원회는 심지어 매우 중요한 보고서를 발표했다. 어려움에서 벗어나지는 못했다. 대홍수에서 벗어나야 할 지방 교회는 기껏해야 5개이며, 어느 정도 독립성을 갖게 될 것이다. 모든 작은 마을에서 교회라고 하는 것은 정부가 신앙고백이라는 깃발을 내리고 철수하자마자 저절로 사라졌다. 그러나 그 다섯 개 지방 교회들은 여전히 그들 자신의 뿌리에서 교회 생활을 알고 자라가야 했는데, 바로 이것이 너무나 어려운 일이다. 역사적 연결선이 19세기에 끊어졌다. 그리고 결국 정부가 완전히 철수하고, 사례금을 자본화한 다음, 여전히 그것을 믿는 사람들의 신앙생활에서 어떤 새로운 교회 조직이 나타나기를 지켜보는 것 외에는 다른 선택이 없을 것이다.

§18. 선교

선교와 관련하여 정부는 우리가 여기서 정치적 관점으로 논의하는 것에만 큰 관심을 보일 뿐이다. 식민 강대국으로서 우리의 미래가 점점 더 위태로워지고 있다. 미래는 특히 매우 위험한데, 그 이유는 우리가 유럽의 패권에서 벗어나려고 준비하는 아시아의 움직임에 점점 더 직면하고 있기 때문이다. 아시아의 시위에는 본능적으로 단결이 작동한다. 이것은 묵던과 뤼순으로부터 싱가포르와 티모르까지 이른다. 일본이 이 시위를 주도했다. 그리고 아시아와 유럽 간에 이러한 투쟁이 계속된다면 우리도 그 희생양이 될 것이며, 우리의 힘을 초월하는 노력만이 군도에서 우리 자신을 유지할 수 있다는 것을 이미 알고 있다. 일본에 대한 자바인의 타고난 반감조차도 결국 우리를 보호하지 못할 것이다. 아시아적 동기는 일반적 성격을 띠고 있으며, 이 강력한 대립 속에서 작은 차이는 모두 사라질 것이다.

이제 모두가 인정하듯, 아시아의 움직임에 반대해 우리 군도의 주민을 네덜란드와 연결할 수 있는 유대는 단 하나뿐이다. 그것은 바로 기독교 신앙고백, 주민의 기독교화, 그리고 원주민이 기독교 교회에 연합되는 일치이다. 암본과 미나하사(Minehassa)[176]에서 우리는 가장 충성스러운 인도군 병사를 얻었고, 바로 이 지역에서 네덜란드 오란녀 가문에 무슨 일이 일어나고 있는지에 대한 가장 큰 관심을 여전히 감지할 수 있다. 그 결과로 선교는 정부의 지위를 약화시킨 것이 아니라, 오히려 어느 정도 강화했다.

군도 전체에 대한 기독교화가 진행되었다면 우리는 식민지 소유에 대해 조금도 관심을 두지 않았을 것이다. 그것이 바로 자유당 정치인이 그들의 반기독교적 동기를 네덜란드에서 인도로 옮기고, 선교를 못마땅한 눈초리로 바라보고, 선교의 영향력을 깨뜨리기 위해 그들의 힘으로 할 수 있는 일을 하는 것이 근시안적이고 정치적으로 현명하지 못한 이유이다. '우리'는 정부로부터 선교를 위해 돈을 요구하지 않아야 한다. 그것은 우리의 원칙과 상충할 것이다. 그러나 그 자체로 전 군도의 기독교화에 대한 확신이 너무 커서 군도의 기독교화를 실제로 이룰 수 있다면, 정부는 선교에 수백만 길더를 제공하는 것이 나을 수 있다. 정부가 자신의 이익을 이해한다면 결코 선교에 대해 지나치게 방어적이지 않고, 충분히 우호적으로 행동할 수 있음을 간파하고 인정해야 할 것이다. 선교부는 정부를 필요로 하지 않지만, 정부가 선교부에 생존 일부를 빚질 때가 다가올 수 있다. 아시아의 홍수가 일어날 때, 정부에게 선교보다 더 나은 친구와 강력한 지원은 없다.

§19. 네 가지 포인트

정부가 선교부를 위해 무엇을 해야 하는지 묻는다면, 다음 사항을 지적해야 한다. 첫째, 정부와 관리는 선교사를 대할 때 가능하다면 항상 존경심을 가져야 한다. 정부는 선교사를 모든 환영회, 교제, 모임에 초대해 사람들에게 보임으로써, 그들을 매우 높이 평가한다는 것을 알려야 한다. 둘째, 정부는 선교부가 재단, 학교, 교회를 위한 땅을 찾는 것에 대해 걱정할 필요가 없도록 보살펴야 한다. 셋째, 정부는 우리 정부와 기독교화된 토착민 사이에 가족의 유대를 넘어서는 연대가 발전했음을 돋보이게 해야 한다. 넷째, 정부는 선교에서 발생하는 학교 교육을 촉진하기 위해 모든 면에서 가능한 일을 해야 한다.

선교 학교는 교육학적으로 동등하다면, 우리 정부로부터 동등한 수준의 중립적 공립학교보다 더 높은 가치를 부여받아야 한다. 선교사 학교 또는 일반적으로 기독학교가 정부의 관점에서 중립적 공립학교에 뒤처져 있다고 보아서는 안 된다. 정부가 원주민의 기독 교육을 위해 사용하는 모든 비용은 모든 기독교 학교에 완전하게 제공되어야 한다.

그러나 한 가지 잘못은 경계해야 한다. 정부는 원주민의 양심의 자유에 대해 어떠한 피해도 조장해서는 안 된다. 그러므로 정부는 비기독교인 부모의 자녀에게 기독교 예배에 참여하도록 강요하는 학교에는 자금을 지원하지 않는다는 규정을 확고히 해야 한다. 부모가 자신의 의지로 이것에 반대할 때, 이 강요가 바로 사라질 것임을 절대적으로 확신할 수 있어야 한다. 부모가 불평하지 않으면 정부는 간섭할 필요가 없다. 그러나 부모가 항의한다면, 특히 기도와 찬양으로 어린이와 부모의 양심의 자유를 침해하려는 모든 학교는 마지막 학비까지 돌려주어야 한다. 덧붙여서, 정부는 교육이 이루어질 때 선교를 자유에 맡겨 두어야 하며, 부모는 이것을 인지해야 한다.

우리는 정부가 선교센터의 분할을 규제하고, 선교 권한의 낭비를 방지하기 위해 다양한 선교부와 공동 협의를 시작하는 것을 보기 원했다. 선교사의 축복을 가장 먼저 기다리는 사람들은 외부 지역에 사는 정령 숭배자들이다. 기독교화는 이슬람의 땅에서보다 여기서 훨씬 더 순조롭게 진행되는 것 같다. 우리 선조들은 이미 이것을 이해하고 혜택을 받았다. 무엇보다 선교는 이 분야에 전념해야 하는데, 이는 정령 숭배자들 사이에서 자기 종교에 대한 믿음이 예전보다 훨씬 더 급격하게 힘을 잃고 있기 때문이다. 그러나 선교는 이슬람 지역에서도 철수할 수 없다.

무엇보다 정부는 과거와 같이 이슬람 아래서 활동한 선교사를 절대 반대해서는 안 된다. 이슬람에 대한 기독교인의 항의는 자바 자체를 향해야 한다. 따라서 욕야카르타와 솔로의 선택은 원칙적으로 탁월했다. 그 후에 그들은 길을 잘못 들었는데, 개혁교회에서 정령 숭배자들은 간과하고 오로지 이슬람 아래에서만 선교 사업을 한 것이다. 필자도 이 실수에 대해 항의했다. 그러나 이 오류는 더는 수정할 수 없는 것 같다. 그 피해는 헤아릴 수 없을 정도라고 생각한다. 그리고 그것이 내가 정령 숭배자들 사이에서도 강하고 대담한 선교를 계속할 것을 옹호하는 이유이다. 사람들이 자바에서 힘을 잃지 않고 계속 선교해야 한다고 생각한다면 그렇게 하라. 그렇지만 선교사는 정령숭배 지역에서도 두 배로 노력하고 축복하는 손길을 뻗어야 한다.

§20. 우리의 군대

우리의 식민 재산을 방어하는 것과 관련해 자연스럽게 두 가지 위험이 발생한다. 첫째, 정복된 지역에서 상상도 할 수 없는 반란이 일어날 수 있다. 둘째, 외세가 공격할 가능성이 있다. 첫째 위험은 완화되었다. 우리는 과거보다 더 전체 식민지 영토의 주인이 되었다. 이따금 문제를 일으키는 쪽은 중국인들이었는데, 그들은 기원이 오래되었을 뿐만 아니라 젊은 선호도를 가진 우리의 소유지에 서서히 들어왔다. 더 나아가 스스로를 더욱 자유롭게 만들려는 움직임이 때때로 자바에서 일어났는데, 이는 인도인들 사이에서 가장 지지를 받았다. 최근 2년 반 동안 자바 인도인의 삶 가운데 그런 일이 급증했다. 가장 최근에 잠비(Djambi)[177]에서는 당시 총독인 이던부르흐가 융통성(이는 후임자에게도 마찬가지로 요구된다)을 가지고 현명한 정책을 벌여 다시금 이 운동을 더 나은 궤도로 이끄는 데 성공했다. 이를 통해 인도인의 생활이 개선되었고, 갈등을 일으킬 수 있는 것이 해결되었다.

따라서 아시아의 부흥이라는 일반적인 상황을 여기서도 지적해야 하지만, 적어도 현재로서는 네덜란드의 권위 자체에 대항하는 인도 혁명의 심각한 위험이 존재하지 않는다고 어느 정도 확실하게 결론지을 수 있다. 우리 군도 전역에 걸쳐 우리의 육군과 해군이 모두 어떤 저항에도 대응하고 그것을 타도하는 데 필요한 모든 힘을 갖고 있다는 사실이 알려져 있다. 우리 군도에는 무력으로 자신을 해방시킬 수 있는 것이 없었다. 5척의 순양함 함대와 약 3만 명의 병력으로도 충분히 네덜란드의 권위를 유지할 수 있다.

반면에 다른 강대국의 군사 행동에 대한 방어를 염두에 둔다면 우리 군도의 방위 문제는 상당히 달라진다. 이와 관련하여 1878년 "우리의 정강"에서는 영국 측에서 우리를 위협할 수 있는 위험에 대해서만 언급했다. 그러나 이곳의 세계대전 중에 반혁명당 측에서 출간한 소책자에서는, 정치적 노선을 항상 영국과 동조해야 하는 것이 마치 우리가 지금까지 그래왔던 것처럼 제시되었다. 그러나 코페이베르흐(Koffijberg)가 작성한 소책자에서는 네덜란드가 지금까지 독일로부터 위협을 받거나 토지를 박탈당하거나 불이익을 받은 적이 없다는 사실이 완전히 간과되었다. 반대로 영국은 항상 우리 식민지 재산을 축소시킬 준비가 되어있었다. 특히 식민지 강대국으로서 우리의 권력이 쇠퇴할 때, 영국 측에서 우리에게 어떤 일을 했는가를 명확하게 보여주려면 케이프와 실론을 지적하는 것만으로 충분하다.

§21. 이전에 이미 감지되다

이것은 지금뿐만 아니라 처음부터 우리가 관찰한 것이다. 특히 "우리의 정강" 제279번 이하에서 언급했는데, 여기서는 우리가 국방에 대해 관찰한 것을 인용하겠다. 우리는 다음과 같이 썼다.

"마침내 해외 소유물의 방어에 관한 가장 중요한 문제에 이르렀을 때, 누구나 '오직 영국만이' 확고한 방어 대상이라는 데 동의한다. 따라서 우리는 다른 열강을 두려워할 필요가 없는데, 영국은 우리의 식민지 소유물을 결코 프랑스나 독일이 손에 넣도록 하지 않을 것이기 때문이다. 4년 전 튀르크의 해군이 소중히 여기던 키메라(chimères)[178]에서 훨씬 더 작은 규모의 러시아 함대를 마주하여 자신의 무력함을 드러냈기 때문에, 튀르크의 함대가 아체로 출항할 것이라는 어리석은 생각에는 어느 누구도 동의하지 않을 것이다.

그러나 영국은 위험하다. 그의 거의 무한한 동화 능력과 만족할 줄 모르는 탐욕은 트란스발과 아프가니스탄으로 끝나지 않았다. 세인트 제임스와 베를린-페테르부르크 간의 대립이 더욱 급격하게 악화될 경우 이 영향력은 무엇보다 위험한 것이 되는데, 그 나라들이 그들 사이에 있는 우리를 두고 일정한 경계를 방어하려 할 것이다. 그렇다면 영국은 우리에게 금세기 초에 행한 '우리의 식민지를 돌보겠다'라는 군사 행동을 또 다시 우리에게 행하려 할 것이다. 그러나 이를 예상하고서 이런 경우에 우리 재산을 '위탁할' 다른 강대국과 적시에 조약을 맺는 것이 현명한 감각을 보이는 것인가라는 질문이 제기된다.

영국은 자기 선례를 따라, 그에 대한 우리의 권리 그리고 우리 자신과 또 다른 강대국과 관련해 논쟁의 여지가 없도록 만들었다. 이 강대국에 어느 나라가 해당하는지는 쉽게 추측할 수 있다. 조약에 의해 돈으로(그들의 군사 행동이 '보존 작업'으로만 남을 때) 또는 영토로(그들의 군사 행동이 우리를 위한 전쟁 수행으로 이어질 때) 그런 군사 행동에 대해 대가를 지불해야 하는 경우, 영국은 당연히 그들이 원하는 대로 취하려 할 것이다. 이러한 조약이 존재한다는 사실을 알고 있더라도 잊지 않아야 할 것은, 영국이 동인도에서 제3의 세력이 일어나지 못하도록 우리 식민 소유지에 대한 공격을 가볍게 포기했다는 것이다."

그 당시에는 특히 영국 측이 우리의 식민 소유지에 수상쩍게 간섭하는 것을 두려워해야 하는지에 대해 이보다 더 결정적으로 말할 수 없었다. 영국이 트란스발과 오란녀 자유국의 보어인에 대해 보인 태도로 인해 긴장이 고조된 지 20년이 지나지 않은 지금 시점에서 살펴볼 때, 1915년에 일어난 전쟁의 불빛에 우리 중 일부가 눈이 멀어 어떻게 우리가 동일한 심정으로 영국과 손을 잡도록 요구받을 수 있었는지는 거의 분명히 드러나지 않는다.

§22. 이제 더욱 강력하게

이 문제에 대한 추가 설명이 영국에 관해 1878년에 작성된 내용에서 벗어나는 것은 없다. 명예가 아주 강조된다. 그리고 그 당시의 입장과의 명백한 차이점은 우리가 이제 영국을 믿을 수 있게 되었다는 것이 아니라, 상황이 완전히 달라져 영국 외에 훨씬 더 의심스러운 공격자가 분명히 발견되었다는 것이다. 그 공격자는 1874년 탄융 프리옥에 함대를 보내 카이로에서 영감을 받은 특정한 욕망에 힘을 실어준 튀르크나, 리훙장 휘하에서 동포들을 위해 침략에 개입한 중국이 아니다. 정부가 항상 암시해온 대로, 계속 성장하는 일본이다.

1916년 2월에 일본의 언론 보도에 따르면, 일본의 주요 세력이 남쪽의 군도를 차지하여 자신을 부유하게 하려는 열망이 날로 커지고 있다고 증언했다. 그 섬들은 이것을 잘 알고 있었고, 일본에서 오는 위험에 대해 오래전에 인지했지만, 그 위험이 이미 그렇게 심각한 성격을 띠고 있다는 것은 지금까지 상상도 하지 못했다. 더욱이 남태평양 해역에서 미국, 중국, 일본 사이에 발생한 긴장을 이제 알았다고 할 때, 머지않아 그들이 북아시아에서 우리에게 문제를 일으킬 것인지에 대해 네덜란드가 스스로에게 미리 질문하지 않는다면 그 소명을 완전히 오해하게 될 것이다. 이것이 과연 현명한 일이겠는가? 그렇다면 5척의 더 작고 이질적인 순양함으로 이뤄진 함대와 3만 명의 병력은 '방어'라기보다는 '웃음거리'가 될 것이다. 그렇지만 이로부터 이미 얻은 것이 있다. 자바에 이 소규모 군대를 집결시키고, 반둥에서 높이 위치한 도시에 수비대가 근무할 가능성을 점점 더 유념한다면, 다른 섬들에 대해 권위를 유지하기 위해 점점 더 경찰의 성격을 취하는 쪽으로 가야 할 것이다.

그러나 여기서 멈추지 않을 것이다. 오늘날 5만 명의 적군이 자바에 상륙하면 우리 군대는 곧 반둥에 갇힐 것이고, 필요한 보급품과 탄약이 즉시 제공되지 않으면 곧 항복해야 할 것이다. 이로부터 세 가지 요구가 뒤따른다. 첫째, 수마트라, 보르네오, 말루쿠의 셀레베스, 소순다 열도의 경찰은 적절하게 조직되고 준비되어야 한다. 둘째, 반둥에서의 지위가 상당히 강화되어야 하고, 장기 봉쇄에 필수불가결한 것이 제공되어야 할 것이다. 그러나 셋째, 이미 여러 측에서 제안한 대로 원주민과 유럽인 간부와 유럽인 장교로부터 민병대를 창설하는 계획이 실현될 수 있는지를 진지하게 고려해야 한다. 전쟁 시 20만 명의 민병대 병력을 배치하여, 자바만을 위한 군사 방어력을 제공할 수 있었다. 암본과 셀레베스의 기독교화된 요소가 이 민병대에 충분히 자리 잡았다면, 간부와 관련해서 이러한 토착 민병대가 실제 방위군으로 조직될 수 있었다. 단, 이 민병대의 군비, 지도력, 식량, 탄약 등 필요한 모든 것이 평시에도 절반이 아닌 전체로 제공된다는 점을 충분히 강조한다.

§23. 우리의 함대

멀지 않은 때에 북아시아가 해군 공격을 가할 경우, 우리는 '바다에서' 어떻게 우리 자신을 방어할 것인지에 대한 질문에 답하기가 훨씬 더 어렵다. 우리 적군은 이미 19대의 드레드노트를 처리할 수 있는 능력을 보유하고 있으며, 4척의 슈퍼 드레드노트를 추가로 건조할 예정이고, 어뢰, 비행선, 경비함과 함께 13만 6,000톤의 순양함 22척을 함께 제공할 수 있다. 그뿐만이 아니다. 이 함대는 6만 3,000명 이상의 병사와 잘 훈련된 약 2,500명의 장교가 탑승하며, 다방면의 간부와 최고의 함포로 무장했다. 반면에 우리는 하찮은 유럽 함대로서 완전히 무력하다. 강력한 외국 함대 앞에서 우리는 고양이 앞의 쥐와 같이 여전히 긴장해야 한다. 우리는 즉시 도망가야 할 것이다. 탈출구는 세 가지 방법으로 찾아야 한다.

첫째로, 잠수함이 있다. 이 새로운 무기는 제조 비용 측면에서 우리의 재정 여력을 넘어서지 않는다. 작은 잠수함의 승무원은 거의 30명을 넘지 않는다. 따라서 3,000명의 남자로 100대의 잠수함 함대를 운용할 수 있고, 반복해서 본 바와 같이 값비싼 드레드노트 함대를 가볍게 격침시킬 수 있다. 이것이 우리를 위한 구원책이다. 그러나 이 잠수함 함대는 최신식이어야 하고, 우수한 인력을 보유해야 하며, 모든 섬과 해안에 기지를 보유해야 한다. 최소한 100척의 배를 건조하고, 필요한 기술 지원을 위해 인도의 모든 조선소와 공장을 직접 소유해야 한다. 네덜란드로부터 운송하는 것은 고려 대상이 아니다. 우리는 수에즈를 피해 케이프 주위를 항해하는 방법을 살펴보았지만, 전쟁 중에는 우리가 케이프 주위를 항해하는 것조차 완전히 차단될 것이다.

둘째로, 인도에서 선적 분야에도 할 수 있는 한 전력을 기울여야 한다. 어쨌든 조선소로 가야 하는 배를 완전히 수리하기 위해서는 철저히 준비해야 한다는 확고한 요구사항이 있어야 한다. 지금 우리가 가진 조선소는 이 요구사항에 부합되지 않는다. 우리에게 필요한 것은 숙련된 인력과 모든 지원 장비를 갖춘 최소 3개의 일류 조선소이다. 이 방식을 통해서라야 100척의 잠수함을 진수할 수 있는데, 동양에서도 이러한 방식을 통해 드레드노트 함대를 소유할 수 있다고 생각할 수 있다. 그러나 여기서 질문이 생긴다. 전쟁이 났을 때 지금 영국과 독일의 드레드노트가 경험하고 있는 것이 여기서 완전히 동일하게 반복되지 않을 것인가? 다시 말해 이 강력한 두 괴물과 같은 배가 준비된 항구에 매인 채로 있고 전투는 더 작은 배들에게 맡겨져야 하는가? 이러한 고려는 드레드노트(Dreadnoughts)의 수를 결정하는 데 매우 중대한 영향을 미친다. 아마도 6척이면 충분할 것이다.

셋째로, 우리는 우리 군도가 남태평양에 고립되어 있지 않다는 사실을 결코 잊어서는 안 된다. 따라서 우리 방위의 아주 작은 부분은 항상 외교에서 찾게 될 것이다. 미국과의 동맹이 필요 없다고 해도, 미국이 없는 것처럼 행동하는 것은 위험하다. 비공식적으로는 긴급 상황 발생 시 귀중한 의견이 오갈 수 있는 대화가 이루어질 수 있다. 우리가 북 아시아에서 워싱턴 정부가 바다에서 대동아공영권(pan-Aziatisme)을 가차 없이 용인하지 않을 것이라는 사실을 안다면, 이것은 이미 우리에게 귀중한 지원점이 될 것이다. 동맹이 없을지라도 통찰에 대한 그러한 공감대는 아마도 국제적 의미의 공동체를 형성할 것이다. 물론 이로 말미암아 우리가 스스로를 독립적으로 무장시켜야 하는 매우 무거운 작업에서 벗어나는 것은 결코 아니다. 그러나 필요하다면 우리가 총알을 깨물 수 있다는 것을 사람들이 아는 바로 그 순간에 우리의 외교 역시 중요성을 얻는다.

우리는 현시점에서 육지와 바다의 중대한 무장 비용에 대해서는 논의하지 않을 것이다. 지금의 모든 추정은 수수께끼에 불과하다. 네덜란드는 권위를 유지하기 위해 인도에서 하는 일에 대한 자금을 자체적으로 충당해야 할 의무가 있다. 그렇지만 외적에 대항하여 인도를 방어하는 데 필요한 상당한 금액은 여기서 분명히 언급되어야 하며, 심지어 더 많은 부분이 인도의 계정에 떨어질 것이다.

§24. 수리남과 퀴라소

1878년에 남아메리카 북서부에 있는 그리 작지 않은 식민지에 관해 기록한 내용을 여기서 반복할 수 있다. "수리남에서의 과거는 매우 흥미로웠다. 수리남은 우리의 가장 오래된 습득물이다. 그곳은 네덜란드 전체보다 5배 이상 크다. 매년 총생산이 3천만 길더(현재 화폐 가치로) 이상에 달하며, 사탕수수 생산량에서 자바를 능가한 적도 있다. 수리남은 분명 우리나라에서 더 가깝지만, 우리의 동양 식민지보다 아메리카 대륙 식민지로서 더 높은 정치적 중요성을 얻을 수 있다. 모라비안 형제단의 선교사역은 성공적 선교의 본보기가 된다. 그리고 미래에 우리 군도가 호주의 영향을 받을 때, 무역에서 말레이제도[179]보다 더 중요해질 수 있다.

그러나 지금 이 영광스러운 식민지의 상황은 너무나 비참하고 가련할 정도로 슬프다! 2,800제곱마일에 달하는 면적 중 경작 가능한 곳은 채 '10제곱마일'도 되지 않는다. 네덜란드 전체 면적의 5배에 달하는 땅에 위트레흐트보다 적은 수의 사람이 살고 있다. 사망자가 출생자보다 많다. 생산량이 이전 수준의 10분의 1로 떨어졌다. 최근의 식민 보고서에 따르면 우상숭배가 증가하고 있다. 농장은 황폐해지고 버려졌다. 사라마카(Saramacca)[180]의 식민화는 비참하게 실패했다. 네덜란드는 매년 몇십만 길더를 추가로 지불할 수 있으나 서인도 제도로 가는 것은 이미 우리의 여론에서 완전히 쓸모없다는 분명한 증거로 인식되어, 그곳의 사회적 조건이 실제로 빛을 잃었다.

이것의 첫 번째 원인은 의심할 여지없이 18세기 중반에 당시 식민지 주민들을 약화시키고 불안하게 만든 과도한 부였다. 노예 시장과 생산품 수출을 방해받음으로써 반복되는 전쟁으로 인한 불행에 대처할 힘을 상실했고, 암스테르담 자본가들에게 그들의 재산을 서약함으로써 너무도 기꺼이 그들 자신을 낯선 주식의 권력 아래에 내어주었다. 특히 1770년에 암스테르담에서 일어난 광란의 자금 인출 때에, 몇 주 만에 거의 전체 식민지가 영향을 받았으며, 건물이 들어선 지역에 5천만 길더(지금 가치로 1억 5천만 길더)의 빚을 지게 되었다.

당연히 이로 인해 힘이 분산되었다. 사람은 낯선 사람을 위해 일하지 않는다. 따라서 정착민은 줄어들었고, 업무를 집행하는 관리인만 왔다. 결과적으로 산업과 농업의 조그마한 불씨가 제거되었다. 그 결과 노예해방 오래전에 이미 식민지의 영광이 사라졌다. 암스테르담 귀족에게 금전적 이익이 되었던 노예해방은 아직 남아있었던 작은 것마저 파괴했다. 그리고 이 식민지에서는 더 이상 할 수 있는 것이 없다는 의견이 나왔다.

사람들은 여러 번 특히 인도 사람의 긴 머리카락을 팔려는 생각도 했다. 그러나 그런 낙담스럽고 애국심 없는 판단에는 어떠한 동기도 없었다. 수리남 바로 옆에는 데메라라(Demerary)[181], 버비스(Berbice)[182], 에세퀴보(Essequebo)[183]가 있다. 이곳들은 이전에는 우리 소유였으나 지금은 영국 아래에 있는데, 수리남과 같은 운명을 공유하고 있어 번영과는 거리가 멀지만 눈에 띄게 개선된 상태이다.

수리남은 우리에게 의존해야 하지만, 영국령 기아나가 설립된 이후 때때로 수입을 남기기도 했다. 그러나 1871년에는 수입이 37만 9,000파운드인데 비해 지출은 33만 8,000파운드에 불과했으며, 1877년에는 수입 36만 4,000파운드와 대조적으로 지출은 34만 4,000파운드를 넘지 않았다. 영국령 기아나에서는 3배에 달하는 인구에 대해 연간 400만 길더를 지출하는 반면, 같은 이유로 우리 정부는 수리남에 500만 길더를 지출한다. 수리남의 300-400만 길더 수입과 비교할 때 영국령 기아나는 총 3,000만 길더만큼을 수출할 수 있으며, 같은 비율로 보면 1,000만 길더를 수입해야 한다. 따라서 우리 식민지에서는 2만 톤에 불과한 화물을 무역하는데, 영국령 기아나는 20만 톤의 화물을 사용했다. 같은 인구에 근거할 때, 이것은 다시 6만 5,000톤이어야 한다. 모라비아 형제단의 탁월한 섬김 덕분에 우리는 학교 제도에서만 영국령 기아나의 3배 더 많은 인구인 1만 6,000명에 대비해 수리남의 6만 명 인구 중에서 학생이 8,000명이라는 명예로운 결과를 얻었다. 이것은 주로 네 가지 유형에 따라 달라지는데, 첫째는 정부의 규정, 둘째는 실패한 식민지화, 셋째는 식민지의 지배적 집단의 성격, 그리고 넷째는, 네덜란드 자본의 기업가적 용기 부족이다.

§25. 여전히 그러하다

당시 상황에서 우리가 했던 비판도 의미가 있다. 그것은 "우리의 정강" 357쪽 이하에서 찾을 수 있다. 당시 유효한 것이 여전히 중요하게 적용되므로 반복할 필요가 없다. 나중에 식민 장관이 된 판 아쉬 판 베이크는 총독으로서 처음으로 수리남에 가서 전체 상황을 조사하고 연구했다. 매우 예외적으로 그는 현지인의 사랑을 받았는데, 그들은 독특한 방식으로 그에게 경의를 표했다. 장관으로서 그의 최종 관심사는 수리남을 쇠락에서 벗어나게 하는 것이 아니었다. 그의 주된 관심은 저지대의 철도망을 고원의 더 좋은 지대로 연결하는 것이 가능한가였다. 그는 이를 통해 산악 고원에 새로운 식민지를 건설하여, 그곳에서 완전히 새로운 식민 사회생활을 할 수 있다고 예상했다.

이 계획은 추진되었지만, 처음에 소중히 여겨졌던 큰 기대에 미치지는 못했다. 유럽 혈통의 정착민은 나타나지 않았다. 예전 노예 흑인들 중 일부만 부분적으로 산으로 와서, 그곳을 황폐화시켰다. 그리고 파라마리보와 인근 지역에서는 대부분 옛 생활을 유지했다. 처음에는 멋진 약속을 하는 것처럼 보였던 금붕어 낚시는 계속되었지만, 곧 기대에 미치지 못함이 드러났다. 이전 흑인을 자바인으로 대체하려는 시도는 성공이라고 볼 수 없다. 그 귀한 땅이 다시 우리에게 재물을 공급해 주기 위해 노동을 요구하지만, 일꾼이 부족하다.

이 상황에서 언급할 가치가 있는 것은 바로 이 식민지에서 계속해서 기독교인들이 총독으로 활동했다는 것이다. 우리는 사포르닌 로만, 판 아쉬판 베이크, 이던부르흐만 언급할 뿐이지만, 이와 관련하여 헤른후터 선교사 (Hernhuttersche zending)[184]가 여전히 중요하다. 그렇게 적지 않은 수의 흑인들에게 세례를 주는 데 성공했다. 비록 우리의 기독교화된 흑인들이 한 가지 면에서 도덕적으로 도달해야 할 위치에 아직 이르지는 못했지만, 미국에서 본 것이 여기에서도 유효한 것으로 판명되었음을 인정할 수 있다. 흑인이 인종적으로 가장 낮은 민족 계급에 속하지만, 그들이 그러한 기독교화에 눈에 띄게 수용적이이었다. "수고하고 무거운 짐 진 자들아 다 내게로 오라"(마 11:28a)라는 그리스도의 외침이 여기에서도 받아들여지고 있다.

카리브해의 작은 섬들과 관련된 퀴라소에 관해서는 그것이 여전히 네덜란드와 관련하여 매우 모호한 위치로 존재한다는 점만 덧붙일 수 있다. 베네수엘라는 우리에게 끝없이 문제를 일으켰다. 퀴라소는 이익을 제공하기는커녕 우리가 비용을 지불하게 한다. 그리고 조만간 전쟁에 휘말릴 경우 우리는 퀴라소를 영원히 잃게 될 것이다. 그것은 이전 영광의 잔재일 뿐 이제는 더 이상 국제적 중요성을 찾을 수 없다.

§26. 아편

우리 식민지의 재정 관리와 관련해서는 아직도 아편 판매가 정부에 2,500만 길더의 이익을 주고 있음을 본다. 이전에 더욱 실망스러운 이유는, 중국 자체에서 아편 사용에 반대하는 상당히 진지한 운동이 시작되었고 이 중독적인 악을 사용하지 않기 위한 국제회의가 열렸기 때문이다. 영국이 회의에 협력할수록 아편 문제가 해결에 가까워지고 있다는 소리 없는 희망이 잠시 있었다. 그러나 우리는 이것에 다시 실망했다. 실제로 이러한 국제회의에서 아무것도 얻지 못했다. 그렇다고 해서 바로 아편에 대한 투쟁을 계속해야 할 의무가 면제되는 것은 아니다. 물론 현재 아편에 적용되는 총독부의 판매독점으로 인해 어느 정도 이익이 창출되었다. 그래서 아편소굴의 많은 불의가 축출되었다. 이를 고려할 때 해외 소유지에서 아편의 판매를 다시 아편소굴 소유자에게 자유롭게 맡긴 것은 실망스러운 일이었다.

그러나 이와 별개로 제도 자체는 원하는 결과를 제공하지 않는다. 의심할 여지없이 진전이 이루어지고 있으며, 이미 아편 사용이 더 이상 번성하지 못하는 지역이 있다. 그러나 우리는 계속 나아가야 한다. 우리 군도의 4천만 명에게 아편이 균등하게 판매되어 사용된다면 아마 불평할 것이 없었을 것이다. 그러나 그렇지 않다. 대중은 아편을 전혀 사용하지 않으며, 아편에 중독된 작은 집단이 주로 사용한다. 총독부는 이것을 알고 있으며, 기독교 강대국에 의해 보냄 받은 신분으로서 이를 용납해서는 안 된다. 우리는 이 부분에서 아편 소비에 대한 저항을 포기하지 않는다.

제22장

선거에서의
정당 정책

§1. 조직과 정책

마지막으로 정당의 권리와 독립된 정당의 필요성은 논하지 않더라도, 선거를 통제한다는 점에서 정당 정책에 대한 추가적 설명이 필요하다. 여기서도 선거에서 정당의 행동을 통해 나타나는 두 가지 성향의 차이를 예리하게 관찰하는 것이 중요하다.

정치 영역에서 정당은, 동맹 정당의 변형에 불과하거나 원리적으로 완전히 다른 기반에 기초하는 일련의 정당에 반대할 수 있다. 1789년의 혁명 원리에 뿌리를 둔 일부 정당을 선택하고, 오래된 기독교적 관점을 고수하는 정당을 반대한다면 양쪽에 분명히 차이가 있을 수 있다. 1789년의 프랑스 혁명에서 출발하는 혁명 정당 간에도 형성 여부에 따라 주로 후위, 중간, 전위라는 세 종류의 진영이 있을 수 있다. 그러나 완전히 유사한 정도의 차이가, 1789년이 아니라 서기 1년에 베들레헴에서 출생하신 그분을 영접하는 당사자들 사이에서도 똑같이 발생했을 수 있다. 기독교의 도래에 기원을 둔 모든 정당은 베들레헴으로 돌아가지만, 이것은 다른 사람들보다 앞에 있거나 중간에 있거나 뒤에 있는 사람들 사이에 종종 존재하는 극명한 차이를 배제하지 않는다.

따라서 제대로 본다면, 구별하는 곧은 선이 각각 셋으로 이뤄진 두 진영 사이를 가로지르며 양측을 분리시킨다. 그리하여 한편에서는 세 종류의 기독교 진영이, 다른 한편에서는 세 종류의 혁명 진영이 구성된다. 바로 이것이 선거 정책에서 불순한 혼합을 초래한다. 이 두려운 혼합은 분할 선의 양측을 형성하는 당사자들 사이에서는 덜 자주 발생하지만, 그렇게 하는 경향은 근본적으로 다른 두 진영의 후방과 전방 모두 지속해서 나타난다. 두 진영의 보수주의자는 그들의 후진적 입장을 방어하기 위해 아주 가볍게, 그리고 종종 그러한 애정을 가지고 서로 결속한다. 같은 방식으로 양측의 민주당 당원 사이에서도 후진적 입장을 고집하는 사람에 대해 반대하며, 더 강한 자유 추구를 옹호하고자 서로 단결한다.

§2. 항상 불가능한 것은 아니다

선거 전략에서 이 문제에 더욱 진지한 관심을 기울여야 한다. 정당이 같은 제안을 공유하는 다양한 정치 분야에 무조건 자신을 빌려줄 수 있다거나 결코 그럴 수 없다는 것이 절대적으로 확실하지 않기 때문이다. 그 자체로 그리고 대체로 가장 연관성이 있는 사람과 손을 잡는 것이 좋다는 사실은 추가로 지적할 필요가 없다. 그러나 이것이 주어진 모든 상황에서 항상 규칙이 되고 유지되어야 한다는 것은 결코 아니다. 주요 사상적 동지에게 집착하게 하여 힘을 빼앗고, 마침내 완전히 무장 해제시키는 일시적 경우가 얼마든지 있을 수 있다.

사회·경제적 문제의 출현을 예로 들어보겠다. 이 질문은 두 가지 역사적 원인에서 비롯되었다. 첫째, 점진적으로 훨씬 더 폭넓은 청소년 교육이 성사되었고, 이에 따라 하위 계층에서도 점차 발전이 이루어졌고, 자연스럽게 참여할 권리가 생겨났다. 그리고 이것에 물질적 번영의 증가와 그 번영을 통해 얻을 더 폭넓은 삶을 향한 인간의 노력이 거의 동시에 추가되었다. 사회생활에 대한 이러한 경계선의 양 끝에 있는 보수 집단의 일부는 불쾌하게 여기고 일부는 꺼리는 것은 당연했다. 이 현상은 19세기 후반에 기독 정치인과 혁명가 사이에서 발생했으며, 자연스럽게 우리 편에서뿐만 아니라 다른 편에서도 많은 사람이 이 운동에 반대했다.

첫째 실행에서 이것은 원리적 구분선의 좌우를 막론하고, 보수 인사들이 이 새로운 정치적 문제의 부상에 관해 무엇이든 듣고 싶어 하는 정도까지 되었다. 양측 모두 사회주의 형태를 가진 이 문제를 반대하고 싫어했을 뿐만 아니라, 처음부터 양측 모두에서 견해가 다른 사람은 누구든 그러한 문제를 제기할 권리에 대해 논쟁을 벌이는 데까지 이르렀다. 그것은 과학적 문제도 정치적 문제도 아니었다. 그것은 민중의 탐욕적 허구에 불과했고, 현존하는 모든 질서를 전복시키려는 지배욕의 산물에 불과했다. 우리 중에도 이 사회·경제적 문제에 대해 단호한 태도를 견지하고 있던 사람이 자신과 영적으로 가장 가까운 동지에 대해 반대하고, 원리적으로 자신과 반대되는 사람을 지지해야 했던 것은 당연하다고 말할 수 있을 것이다.

§3. 실제로는 항상 어렵다

경험에 따르면 그러한 일시적 지원의 의도가 아무리 고상하고 공정하더라도, 정치적 상황의 현실로 인해 그러한 조치를 따르지 못할 수 있다. 다른 곳에서는 그러한 노력이 성공했지만, 여기 네덜란드에서는 좌파가 그 일에 자신을 내어주기에는 너무나 미성숙하다는 것이 입증되었다. 우리는 이미 앞에서 우리가 확신에 차서 행한 그러한 시도가 어떻게 실패했는지 지적했다. '혁명적 민주주의자'는 항상 기독 민주주의자처럼 자신을 민주주의자라고 칭하는 민주주의자보다 '혁명적 중도주의자'나 심지어 '혁명적 보수주의자'에게 투표하는 것을 선호했기 때문이다. 다른 나라 특히 영국, 독일, 미국에서는 거의 그렇지 않았다. 반면에 이 나라에서는 정치에서 그리스도를 고백하는 사람에 대한 혁명적 민주주의 진영의 혐오가 너무 광범위하기에, 사람들은 정치 분야에서 그리스도의 권위를 주장하기보다 모든 일에 모험을 감행하려고 한다.

로마 가톨릭 교회가 종교 분야의 모든 것을 지배하는 외국의 여러 국가에서는 잔인한 반교황주의 같은 혐오감이 나타날 수 있다. 그렇지만 그러한 반교황주의자는 자주 그리스도를 아는 영예에 대한 열정이 있는 따뜻한 마음을 가진 것으로 밝혀졌다. 반면에 혁명적 혐오가 로마를 향하지 않고 일반적으로 기독교적 요소를 향하는 이 나라에서는, 반대편에 있는 사람들에게 큰 원리를 넘어서 일시적으로 손을 내미는 것이 얼마나 불가능한지가 점점 더 분명해졌다.

물론 실제로 사람들은 서로의 노력과 의도를 고쳐시켰고, 보수-귀족에 대한 민주적 요소도 우리 사이에 끼어들었지만, 선거에서 이러한 태도의 효과는 제한적이었다. 우리 당은 확실히 준비되어 있었는데, 어떤 선거를 위해 반대당에 합류할 용기가 부족하지 않았다. 그러나 실제로 두 가지 '가장 중요한 일'(pièce de resisiance)에 부딪혔고, 각각은 곧 걸림돌로 판명되었다. 기독교 진영의 후방과 중간 부분은 우리의 의도를 변절이라고 맹렬히 비난했는데, 이로 인해 우리의 지지자들 중 많은 수가 일시적으로 떨어져 나갔다. 그리고 분단선 너머의 혁명적 진영에서는 우리의 가장된 경건이라고 부르는 것에 대한 혐오가 너무도 일반적이어서 원하는 결과가 실현되지 않았다.

§4. 물질적이거나 영적이거나

이 곤경으로 인해 부정할 수 없는 위험이 곧 나타났다. 원리적으로 정치적 이상을 아무리 높게 생각해도, 모든 정치적 노력이 항상 물질적 성향과 정신적 성향에 기반을 두고 있다는 사실을 인정하지 않을 수 없다. 교회 영역에서는 이것이 불분명할 수 있고 따라서 결코 완벽하게 명확해지지 않기도 하지만, 어떠한 경우라도 정치적 영역이 영적 구원이나 재앙뿐만 아니라 물질적인 것에도 영향을 미친다는 사실은 분명하다.

정치는 우리 인간 삶의 유형적 현실 속에서 이루어진다. 인간의 삶은 영혼과 육체에서 발생하고 항상 그것에 붙어 있으며, 육체적 삶의 필요와 영혼이 지향하는 삶의 더 고상한 필요에 주의를 기울일 것을 요구한다. 이제 이 경우 하나가 다른 하나와 현저한 차이를 보이며 구별됨은 말할 필요가 없다. 어떤 사람은 거의 육체의 유익을 돌보는 데 몰두하면서도 자기 영혼에는 아주 작은 의미만 부여한다. 여기서 후자는 질병이나 역경에 그가 던져지는 경우이다. 그에 비해 어떤 사람들은 영적인 측면에 너무 빠져 땅에 속한 보살핌에 관해 거의 아는 바가 없다. 이것은 자연스럽게 좌파 정당들 가운데 거의 모든 것을 물질적 의미로 언급하려는 강한 충동이 있는 어디에서든지 우리가 스스로 의심하기도 전에 의도의 물질적 요소를 어느 정도 우세하게 여기는 위험을 수반하며, 우리 자신의 진영에서도 영적으로 생각하기보다 좌파 진영에 더 많은 공감을 느끼는 경향이 있다.

그러므로 그들이 공개적으로 그리스도에게서 멀어져야 한다는 것이 아니다. 적어도 이것은 아니다. 그들은 개인적으로는 경건한 의미를 가치 있게 여긴다. 그러나 또한 정치적 의미에서 "하늘과 땅의 모든 권세를 내게 주셨으니"[185]라고 말씀하신 분을 계속 높여야 하는 때에, 그들은 그렇게 하지 않는다. 이 영역에서 그들은 하나님의 아들에게 속한 그 높은 자리에 그리스도를 앉히지 않는다. 그들의 정치적 시선은 동료들의 물질적 지위 향상에 너무 편향되어 있기 때문에, 그리스도를 부정하는 자들에 대해 점차 따뜻한 공감을 느끼기 시작한다. 그러나 사회적인 방법으로 동지들의 사회적 지위를 향상하고자 하는 자들은 그리스도의 사업에 열성적인 사람보다 물질을 덜 중요하게 여기고, 따라서 불우한 사람들의 물질적 이익도 덜 느끼는 사람이다. 그것은 중심부가 어디에 놓이는지에 따라 다르다. 물질적인 것과 영적인 것 사이의 관계에서 그리스도인은 물론 영적인 것이 최소 51이고 물질은 가장 높은 수준이 49라야 한다. 그러나 곧 물질적인 면에서 75이고 영적인 면에서는 25로 떨어지는 것을 볼 수 있다. 이것은 남아 있는 영적인 것이 희미해질 때까지 중심부가 물질을 향해 점점 기울어져가고, 결국 짐을 꾸려 물질주의 혁명가들에게 넘어가는 것이라고 밖에 할 수 없다.

§5. 최소한의 우세

구속자이실 뿐만 아니라 왕이신 그리스도께 신실하게 머물러 있는 사람도 너무 자주 투표에서 악습과 불균형을 낳곤 하는데, 이에 대해 아무리 심각하게 경고해도 지나치지 않다. 이 악습은 유권자들 사이에서 적지 않은 민주적 요소가 사라져, 모두 사회당을 향하는 경향이 있다는 사실에서 발생한다. 따라서 진정한 기독 민주주의가 위협받는데, 선거에서 세 개의 기독 분파가 서로 없어서는 안 될 정도로 필요하다. 후방 방어대가 이것을 오용하려고 한다. 그들은 협력하기를 원하며 즉시 다음과 같이 외칠 것이다. '당신은 우리의 후보자를 지원하라. 그러면 당신은 우리도 같은 방식으로 당신에게 감사를 표하는 것을 꺼리지 않을 것이다.'

이것 자체에는 아무런 문제가 없다. 자연스럽고 필요한 것은 존중해야 한다. 두 개 정당만 있는 선거에서는 동맹이 아무 의미가 없다. 미국에서는 공화당 아니면 민주당이다. 루스벨트는 최근에 이러한 강력하고 엄격한 이분법을 깨려고 시도했지만 성공하지 못했다. 최근 투표에서도 윌슨(Wilson)[186]과 휴스(Hughes)[187] 둘만 있었다. 제3의 선택은 거의 없었다. 그러나 우리나라에서는 그처럼 선명하게 그려진 별자리의 빛조차 발견할 수 없다. 로버트 프라윈이 16세기 칼빈주의자를 인구의 10분의 1로 추산한 것과 같이 지금도 그 정도이다. 우리는 때때로 그 이상으로 심지어 10분의 2까지도 갈 수 있지만, 어쨌든 동맹은 우리가 마음대로 사용하여 최고의 힘을 낼 수 있는 유일한 수단이다. 이것은 특히 1889년 이후로 반혁명당과 기독-역사당과 로마 가톨릭 당의 동맹으로 이어졌으며, 여기에 제시된 동맹은 자기 스스로 추천한다.

그러한 동맹에 어떤 방식으로 합리성과 확고함을 제공할 수 있을 것인가? 어려움은 이 질문에 숨어 있었다. 이 질문에 다다르자, 기독-역사당 아래에서 덜 유쾌한 현상이 발생했다. 어떤 형태의 동맹 협정에 대해 듣지 않으려 하는 소수의 귀족은 자유를 유지하고 탁한 바다에서 낚시하기를 선호했다. 반면에 다른 사람은 그것이 너무 지나칠까봐 어떤 두려움을 느끼며 합의에 도달하기를 원했으나, 다른 두 당이 그들의 강령을 수용하는 데 합의해야 한다고 요구했다.

§6. 같은 조건에 동의

이것은 모든 공정과 상충되었다. 정치적 뿌리의 통일성을 공언하는 세 분파는 다음 세 가지 조건이 충족되고 이것이 합의에 도달할 때만 함께 행동하고, 투표에서 성공을 기대할 수 있다. 첫째, 서로간의 수적 세기는 진지한 선거 조직에 의해 결정된다. 둘째, 세 분파의 후보자 수는 검토되고 확인된 수적 세기의 수치와 동등해야 한다. 셋째, 모두가 희생하면서 이익도 함께 약속하는 정강을 모두 같이 받아들인다.

세 가지 조항 중 첫째 조항은 기독-역사당이 아니라 반혁명당과 로마 가톨릭 당에서 나온 것이다. 반혁명당은 600개 선거단에 있는 이러한 대규모 지역 조직을 통해 이를 어느 정도 충족시킬 수 있다. 로마 가톨릭 당도 교회 조직을 통해 이 요구사항을 상당 부분 충족한다. 그러나 기독-역사 당은 이 첫 번째 조항을 완전히 충족하지 못한다. 이 당은 추측만 무성할 뿐이며 정말 자주 자기주장을 과대평가한다. 이점이 우리가 언급한 두 번째 조항도 그쪽에서 저절로 생겨날 수 없던 이유이다. 그들은 수적 위력을 알지 못하고, 너무 높게 평가되어 끊임없이 제기되는 분쟁을 해결하기 위해 어떤 수단도 고안하지 않으면서, 우리 후보자 수를 줄이려고 했다. 이 때문에 언론과 지역에서, 신중한 합의가 요구되었던 정신과 정반대되는 불쾌한 비난을 가했다.

이 첫째 소란은 공동 선거에 관한 강령을 작성하자마자 발생한 훨씬 더 불쾌한 소동보다 덜 중요했다. 그런데도 그러한 강령에는 연대 서명만 하면 되며, 이 강령에서 자기 파당의 정당 강령과 완전히 일치하지 않거나 그것에서 파생된 강령에 대해 지적해서는 안 된다고 주장했다. 종종 반혁명당과 로마 가톨릭 정당은 이에 맞춰주었다. 반혁명당은 더 정교한 선거 강령으로 유권자를 결정할 수 있었고, 로마 가톨릭 당은 거의 항상 우리에게 더 많이 기울었기 때문에 어느 정도 이 일을 할 수 있었다. 그러나 깊이 생각하는 사람들은 상호 관계가 이런 식으로는 풀리지 않을 것이라고 점점 심각하게 느꼈다.

기독-역사당 사람들이 자기 나무에서 열매로 거둔 것을 약속으로 인정하지 않으려는 태도를 견지했다면, 우리는 기독-역사당에 보조 업무의 지위 외에는 다른 지위를 부여하지 않았을 것이다. 따라서 양측의 적극적인 협력이 부득이하게 요구될 수밖에 없음이 점점 더 분명해졌다. 여기서도 협의는 꼭 필요했는데, 협의의 결과는 적어도 지금까지보다 더 쉽게 투표를 할 수 있도록 기독교 진영의 세 분파가 모든 선거에서 서로 무엇인가를 받아들여야 했으며, 각 개인은 체결된 계약에서 더 나은 이익을 찾을 수 있어야 한다는 것이었다. 이것이 항상 유연한 지점으로 남아있어야 한다는 것은 당연하지만, 정확히는 상호 공감의 정도가 다르기 때문에 그러한 합의가 가능함을 입증해야 한다.

반혁명 국가학 || 적용

§7. 좋은 분위기

합의 요구는 언론과 회의에서 항상 상호 관계가 좋은 분위기를 유지해야 한다는 사실과 자연스럽게 관련된다. 당연히 세 분파는 각자의 확신에 따라 많은 주장을 내세웠고, 그 주장에서 분명하고 때로는 매우 중대한 견해 차이가 드러났다. 이것은 어쩔 수 없었으며, 무엇보다도 반혁명당 측은 '죽음이 담긴 솥 이론'[188]을 옹호했다. 특히 정치에서 삶의 표현은 강력한 삶의 조건이다. 따라서 어떤 분파도 그것을 특징짓는 것을 확고하게 추구하는 데 방해받아서는 안 된다. 그리고 여기에는 다른 두 분파가 자신과 다른 점에 대해 비판하는 것이 수반되어야 한다. 그러므로 우리 쪽에서는 이를 논쟁거리로 여기지 않았고, 오히려 다른 사람들도 강력한 삶의 바스락거리는 소리에 박수를 보내야 한다고 항상 주장해 왔다. 그러나 이러한 행동의 자유는 고통스럽고 상처를 주는 경멸의 말을 섞는 것을 절대 용납할 수 없다.

오히려 좌파 집단에 대해서는 서로 따뜻하게 대해야 하고, 차이점을 논의할 때는 항상 애착과 감사를 표하는 어조로 해야 한다고 요구할 수 있다. 이와 관련하여 반혁명당 쪽에서 제시하는 예는 거절하기 어려울 수 있다. 적어도 반혁명당 기관신문은 모든 해로운 비판을 의도적으로 피했으며, 긴급하게 필요한 몇 가지 예외를 제외하고는 혹독한 대우와 모든 신랄한 공격을 피했다. 분쟁이 발생하더라도 반혁명당 기관신문의 편집장은 아주 드물게 그것에 동의했다. 친구도 우리를 적으로 간주하여 결코 우리에게 호의적이지 않은 논쟁을 벌였지만, 우리의 포대는 동맹의 분파가 아니라 거의 언제나 좌파의 요새를 겨눴다고 인정되었다.

이러한 점에서 볼 때 기독-역사당의 기관신문이 항상 올바른 음을 연주한 것은 아니었다. 마치 자기 포대가 정치적으로 좌파에 책임이 있다는 식의 태도를 보이려는 유혹을 자주 받은 것은 유감이며, 때로는 조심스럽지만 드물게는 무례하게도 반혁명당의 지도자에게 등을 돌렸다. 때로는 개인적인 것조차도 그 분위기에 포함되었다. 로마 가톨릭 당으로부터 반혁명당은 거의 그런 대우를 받은 적이 없었다. 그러나 북브라반트와 남헬데를란트에서도 이따금 그런 어조가 들릴 수 있다는 사실은 밝혀야 하는데, 그곳은 접근하기보다는 거리를 두는 경향이 있다는 인상을 주었다.

§8. 자신의 마당에서 건너뛰기

가장 고통스러웠던 점은, 같은 사상적 성향을 지닌 분파에 대한 비우호적인 태도가 자연스럽게 우리 진영의 관계에도 영향을 미쳤다는 점이다. 결국, 모든 사람은 처음부터 모든 다양성이 자기 색깔을 나타낼 것이며, 자유롭게 표현되어야 한다는 사실에 익숙해져 있었다. 만약 국가의 문제에 관한 한 공동의 조치가 취해지며, 자신의 견해를 고수하고 연합이 깨어지지 않는다면 말이다.

그러나 많은 다양성과 통찰이 드러나는 것은 불가피했고, 이는 논쟁을 불러일으켰다. 이것은 다른 분파 중 하나가 자신을 반대하는 사람들의 신념을 더욱 강력하게 칭찬하기 위해 한쪽의 의견에 이의를 제기하는 데 여러 번 사용되었다. 우리는 서약문제와 열람실에 관한 생각일 뿐인데도 때때로 우리 진영 안에서도 의견 차이가 발생한다는 점을 알고 있다. 이것이 진지한 성격을 띠기 시작하면 좌파는 종종 닭처럼 거기에 끼어들어 칭찬이나 비난을 했고, 반혁명당 측이 이러한 찬성 선언을 장악하기 위해 약점을 취하여 공격자에 대한 방어 무기로 오용하는 것은 드문 일이 아니다. 이는 흐룬 판 프린스터러 시대에 훨씬 더 나빴는데, 지금은 그것이 눈에 띄게 가라앉고 진정되었기 때문이다. 그러나 아직 완전히 세상 밖으로 나온 것은 아니다.

그러므로 항상 두 가지 종류에 대해 경계하는 것이 중요하다. 한편으로는 우리가 서로 다르지 않고 서로 모순되어서는 안 된다는 두려움에 맞서는 것이다. 다른 한편으로는 이러한 의견의 차이로 종종 스며드는 악에 맞서 좌파와 함께 도피하여 형제들과 싸움에서 자신을 강화하는 것이다. 언론의 자유와 상호 유대를 결합하는 올바른 유대를 정치 분야에서 찾는 것은 모든 국가에서 어려운 기술이었다. 그러므로 반혁명당도 어떤 좋은 규칙을 드물지 않게 위반했다는 것은 이상한 일이 아니다. 무엇보다도 우리가 지적한 모순으로부터, 마치 이 책의 저자가 이 점에서 실패하지 않았을 것이라고 주장하려 한다는 것과 같은 결론을 도출하지 말아야 한다.

바로 이러한 이유로 나는 기독교 정당들이 여기에 언급된 악을 단호하게 비난할 수 있고, 경건한 힘으로 그것에 반대할 수 있음을 강조한다. 다른 곳에서는 용서할 수 있는 것처럼 보일 수 있는 것도, 기독교 깃발을 올리는 사람들 사이에서는 결코 용납될 수 없기 때문이다.

§9. 비례대표제

비례대표제에 대한 하지(Hodge)의 사상을 알게 된 1870년 이후부터, 나는 이 제도의 도입이 정당 간 투쟁에서 부적절하게 남아있던 것을 끝내는 가장 효과적 수단이 될 수 있다는 점을 항상 지적해왔다. 바라기는, 현재와 같은 비례대표제가 네덜란드에서 우리의 일부가 되어 선거에서 정당 간 투쟁의 격렬함을 제거하고 이를 의회로 옮기는 큰 이점을 제공하는 것이다. 물론 이 새로운 제도가 계속되어 모든 정당의 투쟁이 이제 완전히 끝날 것이라고 상상했다면, 그것은 완전히 오산이다. 원리는 반대를 유지하고 다양성은 색상의 차이를 유지하기 때문이다. 그러할지라도 선거에서 오랫동안 불타오른 '부정직의 저주'라고 주장된 진실이 있다. 이제는 그것이 사라질 수 있을 것이다. 정치 분야에서는 대립이 아직 정복되지 않은 채 남아있는데, 이 불일치에 동반된 대립으로 인해, 이제는 정치 단체에서 집중하는 선거가 이뤄지므로, 우리 하원에서뿐만 아니라 부분적으로 상원에서도 변하지 않은 채로 남아 있다.

따라서 나는 처음부터 비례대표제의 중요성에 눈을 뜨게 된 것을 행운이라고 생각하고 감사한다. 그리고 우리는 이제 그것을 결국 얻게 될 것인데, 당의 투쟁이 도전을 받음으로 인해 너무나 오랫동안 우리에게 숨겨져 있었다. 현재 우리나라에 도입하고자 하는 방식이 가장 바람직한지 아닌지는 미지수다. 절단 가위는 여기에서 절대적으로 요구되며 흠잡을 데 없이 정확한 분할을 적용할 수 있도록 매우 섬세해야 한다. 그러나 이것은 결코 원리를 훼손할 수 없다. 지금 완전하지 못한 것은 곧 완전의 영역으로 올라갈 수 있다.

그러므로 지금 우리에게 주어진 것에 대해 아무것도 협상할 수 없다. 의무투표와 여성선거권은 그것을 거의 완전히 망쳐놓을 수 있다. 개별 선거권의 유지는 많은 사람에게 통찰력을 의심하게 할 수 있다. 하지만 이제는 매우 많은 것이 성취되어 우리나라에서 오랜 세월 동안, 적어도 1913년에는 거의 모든 선거 투쟁을 망친 부도덕이 선거에서 방어되고 제거되는 결과를 얻게 되었다. 이 점에서 이미 우리 국민은 도덕적으로 이익을 얻을 것이다. 그 결과 당 투쟁의 성격이 격렬해질지는 아무도 예상하지 못한다. 투표는 4년에 한 번만 진행되며, 긴장 관계는 의회에서 자리를 잡고 계속될 것이며 또 그래야 한다.

§10. 여전히 유효한 제21조

개헌이 끝난 뒤에도 완전히 수정된 선거권이 선거를 지배할 것이라는 사실로 인해 최소한 우리 정강 제21조의 근본정신을 수정할 필요는 없었다. 오히려 진지한 고민 끝에 이 조항은 있는 그대로 두기로 했다. 이 조항은 지금도 주로 이전과 전적으로 동일한 규정을 설명하고 있다. "반혁명당은 당의 원리를 확립하기 위해 당의 독립을 유지해야 하며, 당을 다른 당에 나눠주는 것을 허용하지 않으며, 독립성을 침해하지 않고 사전 정의된 합의로 얻을 수 있는 경우만 다른 당과의 협력을 허용한다." 그러나 이 조항의 마지막 문장이 변경되었다. 이전의 마지막 문장은 다음과 같다. "이런 이유로, 1차 투표에서는 일반적으로 자기 후보자와 함께 총선에 참여하고, 2차 투표의 경우 상황에 따라 조치할 권리를 보유한다."

1878년에는 달리 말할 수 없었다. 당시에는 우파가 셋이 아니라 둘만이 존재했는데, 반혁명당 외에 로마 가톨릭 정당만이 활동하고 있었기 때문이다. 기독-역사당은 1894년에야 발족했다. 가톨릭 정당이 이미 1874년에 있었다면(나중에 그렇게 되었지만), 선거에서 협력하려던 시도가 1기에서 1차 규정을 발견했을 가능성이 매우 크다. 그러나 당시는 아직 그렇지 않았다. 나는 하원 의원이 되자마자 일부 로마 가톨릭 정당 동료들과 갈등을 겪었지만, 주교단이 교육 문제에 관해 우리의 색깔을 알게 되자 비로소 정기적 협력이 더 쉽게 받아들여졌다. 특히 스하이프만 박사가 처음부터 이것을 원했지만, 그의 동료 신자 중 적지 않은 사람들이 특히 초기에 그에게 상당히 날카로운 비판을 가했다.

따라서 반혁명당이 전체적으로 조직적으로 나서는 것은 진정한 연합을 가져올 수 없었다. 먼저 우리가 우리 자신의 후보자와 함께 완전히 독립적으로 행동하는 것이 법이어야 했다. 그러나 재투표의 경우에만 "상황에 따라 행동하는 것이 가능하다"는 제21조의 표현은, 원리적으로는 어떤 종류의 동맹도 가능하지만 다른 정당과의 투표에서 가능한 협력에 대해 구체적으로 규정하지 않았다. 우리는 당시 보수당 측이 노출한 기만의 결과로 그들에게서 더욱 등을 돌리기 시작했으며, 오히려 가능한 협력을 위해 때때로 급진파에 동의하려는 경향을 끊임없이 보였다. 제21조의 마지막 문장에는 신중한 처리를 위해 "공동으로"라는 단어를 넣었다. 우리나라 각지에서 정치 관계가 뿔뿔이 흩어져 있기에 '너무' 절대적인 규칙을 세우는 것은 위험해 보였다. 이러한 관점에서 볼 때, "공동으로"라는 단어의 삽입은 특히 위트레흐트와 헬데를란트 지방에서 좀 더 확고한 합의를 가능하게 하는 가능성을 열어 놓았다. 제21조의 조문이 이에 반대하지 않으며, 최소한 일시적으로라도 수정 없이 계속 사용할 수 있음을 발견했다.

그러나 1916년에 이것은 더 이상 그대로 있을 수 없었다. 우리는 이제 로마 가톨릭 정당이 이른바 '4월 운동' 이후, 특히 1853년 이후에 훨씬 더 이해할 만하게 나타난 자유당에 대해 이전에 가졌던 공감을 완전히 버리고, 우리와 함께 1789년의 기본 이념에 반대했다는 사실에 직면했다. 그리고 지금 여기에서 기독-역사당의 분리가 덧붙여졌는데, 이제 세 정당이 나란히 함께 서 있다는 사실이 얼마 지나지 않아 명백해졌다. 이 정당들은 상당한 변화를 겪었지만 의심할 여지없이 출발점으로 어떤 원리적 구상을 공통으로 가지고 있었다. 따라서 협력에 대한 충동이 동맹이라는 생각을 점점 더 전면으로 가져왔다.

이러한 관점에서 제21조의 마지막 부분은 이제 다음과 같이 다시 작성되었다. "각 총선 전에 열리는 대의원 회의에서 과반수 투표로 해당 선거에 대한 강령과 합의를 채택해야 한다. 그와 관련된 모든 선거 협회는 이후부터 이 강령과의 계약을 준수해야 한다."

§11. 현행 규정

새로 공식화된 규정은 16세기부터 우리의 역사적 과거와 마찬가지로, 하나님의 말씀에 대한 충실도의 원칙에서 볼 때, '연립당'(Coaliseerende partij)으로서 우리의 독립적 성격이 어떤 구실로도 간섭받을 수 없다는 것에 기초한다. 협력은 저절로 생겨나는 것이 아니라 협의의 결과로 이루어진다. 그리고 느슨하게 던져진 토론으로 국한되지 않는 그런 협의로부터 명확한 합의를 결과로 얻게 된다. 그러한 합의가 이루어지지 않았다면 완전한 자유가 유지되었다. 첫 번째 투표의 경우 전국적으로 자체 후보자가 지명되었으며, 재투표의 경우 상황에 따라 행동하도록 유보되었다. "합의 밖에서"라는 문구를 전제함으로써, 합의가 수용될 뿐만 아니라 대체로 유효할 것임을 인식하고 인정하게 되었다. 그러한 합의는 처음부터 이루어져야 한다. 두말할 나위 없이 그러한 협정을 체결할 수 있는 권한은 대의원회에 있다. 대의원 과반수는 명시적으로 의결권을 보유하고 있으므로 소수의 다른 의견이 있더라도, 선거 규정뿐만 아니라 다가오는 선거에 대한 합의를 결정하기 위해 그렇게 해야 한다.

그러나 이것으로 충분하지 않았다. 우리와 합의하는 다른 정당은 '합의'가 이루어지자마자 약속된 표가 실제로 전달될 것이라고 믿을 수 있어야 한다. 그러므로 제21조에 다음 사항이 필수로 추가된다. "그와 관련된 모든 선거 단체(즉, 반혁명당)는 이후에 이 정강에 합의를 준수할 의무가 있다." 여기에 우리가 합의한 원조를 확고하고도 지속적으로 전달하겠다는 약속과, 이에 동의하는 당사자에게서 체결될 계약의 준수를 요구하는 도덕법을 도출하는 내용은 거의 추가할 필요가 없다. 도덕법은 합의에 따라 저절로 형식법이 된다.

     반혁명 국가학 || 적용

§12. 합의에서 부족한 점

특히 1913년 이후에 명백해진 바와 같이, 그때에도 매우 형식적으로 시작된 협의에는 놀라운 간격이 남아 있었다. 그래서 일의 진행에 관심을 기울이는 것이 좋다. 지금까지 체결된 합의는 모든 총선에 앞서 치른 선거운동에 국한됐다. 그러나 총선 유세가 끝나고 공석이 갑자기 발생하는 경우, 어떤 사람은 새 총선까지 남은 4년 동안 전적으로 합의에서 벗어날 자유가 있다고 생각하고, 반면에 다른 사람은 그렇게 생각하지 않는다. 따라서 임시 선거에서도 합의의 지속적 유효성을 주장했다. 이것은 미해결 문제로 남아서는 안 되며, 새로운 총선이 열릴 때까지 합의가 계속 유효하다고 지금부터 합의서 자체에 명시해야 할 것이다.

그러나 이것만으로는 충분하지 않다. 특히 1913년 이후에 두 번째 공석이 발생하여 세 우파 정당의 동맹이 매우 모호한 시험대에 오르게 되었다. 협정이 있었지만, 이 협정은 1913년에 체결된 것으로서 오로지 우파가 승리하여 정권을 소유했던 경우에 해당된다. 그러나 이제 우파가 패배하고 좌파가 하원에서 결정적 과반수를 확보하여 의안 처리와 관련해 모든 면에서 입법화될 수 있게 되자, 곧 우리가 체결한 합의가 1913년에 일어난 상황과 거의 관련이 없다는 것이 명백해졌다. 그 결과 로마 가톨릭 정당은 우리 당과 어떠한 합의나 협의도 없이 자유당 내각과 합의하고 협정을 체결했다. 그들은 우리와 상관없이 전적으로 황금 더미를 약속한 자체 행동 노선을 결정했으며, 그렇게 우리를 완전히 무시했다.

이 특별한 경우에 대해 여기서는 깊이 논의할 수 없다. 여기에서 로마 가톨릭 정당은 두 손으로 얻은 이익을 잡지 않았을 경우 자신에게 충실하지 못한 것이라 느꼈던 것 같다. 남은 문제는 동맹 당에 알리지 않고 이 당이 자체적으로 행동하면서 추가 관계를 계속 규제하는 경우 동맹 당이 올바른 순서로 행동해야 하는가 뿐이었다. 그리고 우리의 대답은 단호하게 부정적이며, 여기에 로마 가톨릭 정당이 이런 식으로 행동했을 때, 합의에는 당시 발생한 것 같은 사례에 대한 언급이 없었으므로, 합의를 위반했다고 말할 수 없다는 언급을 덧붙인다. 그러므로 우리는 그 당이 자신의 의도를 비밀리에 알렸어야 했지만, 합의만으로는 그렇게 하지 않을 수도 있다고 생각한다.

그리고 이것은 정확히 우리가 언급한 두 번째 허점을 가리킨다. 총선을 목적으로 체결된 합의가 사상적으로 동질인 내각을 구성한다면, 어떻게 해야 할지를 결정하는 적극적 합의에 지나지 않는다는 점을 부정할 수 없다. 그렇지만 그로 인해 선거에 차질이 생긴다면 체결된 합의는 더 이상 만족스러운 목표를 달성할 수 없으며, 따라서 새로운 합의를 신속히 체결하여 선거 결과에 대해 사상적으로 동질이지 않은 내각의 관점에서 결정해야 할 것이다. 그러한 측면에서 추가해야 할 사항이 있다. 상호 관계에 대해 적절한 때에 가장 바람직한 규제를 제기할 수 있는 상설위원회를 함께 지정할 필요가 있다는 것이다. 그러나 이러한 모든 협의에서 선거운동 후에 의회 진영도 함께 행동해야 한다는 사실을 결코 잊어서는 안 된다.

§13. 여전히 합의가 필요한가?

많은 사람이, 만일 개헌이 다음 해에도 계속되고 당의 평화가 지속될 것이 예측된다면, 더 이상의 동맹 혹은 조직된 정당 지도자들의 선거 협의가 아무런 상관이 없을 수 있다고 예상한다. 사람들은 각 독립 정당이 완전히 독자적으로 운영된다고 말한다. 사상적 동지들 사이에서나 다른 정당들과의 대화는 먼저 의회에서 그리고 선거에서는 전혀 얘기될 수 없을 것이다. 누구나 각자의 길을 간다. 유권자는 자신의 진영 또는 파당의 명단을 받는다. 그들은 가장 바라는 대로 투표용지를 채운다. 그리고 그 결과는 자동으로 얼마나 많은 표를 얻었는지, 그리고 얼마나 많은 의석을 얻을 수 있는지 보여준다.

그러나 표면적으로 볼 때조차도 이것이 전적으로 옳은 것은 아니다. 공통분모가 20,000이라고 가정하고, 서로 이해관계가 있는 3개의 정당이 있는 경우 A당은 15,000표, B당은 10,000표, C당은 5,000표를 얻었다고 해보자. 추가 조항이 없으면, 이 협정은 우파 동맹 정당에 대한 30,000표의 상실로 이어질 수 있다. 반대당에게 자동으로 이익이 되는 이 피해는, 이

제 관련 당사자가 다른 손실된 표를 모으기 위해 비상시 목록에 올릴 사람을 상호 합의함으로써 극복할 수 있다. 당연히 선택은 사용하지 않은 후보 중 가장 높은 수치를 나타낼 수 있는 정당의 후보자를 결정하는 것이다. 중요하지 않은 조치인 것은 맞지만, 경험에서 알 수 있듯이 네덜란드 의회에서는 한 표 차이로도 다수를 유지할 수 있다. 그러므로 항상 선거에서 작은 표들을 자세히 주시하는 것이 좋다.

하지만 그렇게 하지 않는다 해도 비례선거법의 경우 어느 정당이든 자기 기조를 내세우지 않을 것이라고는 결코 말할 수 없다. 따라서 사상적으로 같은 생각을 가진 정당들이 선거와 관련해 모든 파란색은 파란색으로 남겨두고, 의회에서만 정치적 협의를 시작할 수 있다는 것은 완전히 잘못된 것이다. 이런 모습조차 한순간도 받아들일 수 없다.

지금과 같이 선거법이 개정된 후에도, 차후 선출될 의원들이 어떤 과업을 짊어질 것인지는 각 정당이 스스로 결정해야 하는 필연적 과제이다. 따라서 각 정당은 선거에 앞서 국가의 이익을 위해 바람직하고 필요하다고 생각되는 사항에 관해 설명해야 한다. 따라서 정당은 지금과 같이 이 새로운 별자리 아래에서 행동 강령을 구상해야 한다. 그리고 행동 강령이 완료되고 우리와 함께 대의원 회의를 통해 수립하면, 가입한 모든 선거 단체는 현재와 같이 유지 목록에 제안된 후보자 중 누가 그러한 강령의 의미에서 행동이 기대되는 사람인지 조사를 진행한다.

이것이 효과적 결과로 이어질 수 있다면, 사상적 동지 또는 어떤 이유에서든 동맹을 맺은 정당도, 사람들이 후보자 목록에서 무엇을 매력적인 것으로 찾고 있는지를 상호 인식해야 한다. 따라서 유권자를 위한 합의가 아니라 현재 고립된 유권자를 규정하기 위한 합의는 현재와 같이 유지될 것이다. 유권자는 서로를 지원하면서 자신이 원하는 결과가 무엇인지 알아야 한다. 그리고 후보자를 목록에 올릴 때, 그들은 이 후보자들이 국회의원이 되어 유권자들이 기대하는 바에 공감으로 대답할 것인지를 충분히 확신해야 한다. 따라서 다양한 정당에 의한 선거 유세가 서로 완전히 독립적으로 진행될 수 있다고 생각하는 것은 잘못이다. 확정된 합의가 의회 자체에서만 체결될 수 있다는 것이 옳지만, 여전히 선거에서도 사람이 아니라 정치적 합의가 의견을 표현할 수 있어야 한다. 그렇게 하지 않는 정당은 정치적 힘의 일부를 잃게 될 것이다.

§14. 분열

곧 도입될 새 제도는 좋든 싫든 과감한 "특별한 예외"가 정당을 부분적으로 해산시킬 수 있다는 점에서 우려를 낳고 있다. 아무리 미미한 집단일지라도 협력을 통해 나라의 특정 지역에서 많은 표를 무더기로 받아 마침내 필요한 수량을 확보하고 의석을 차지할 수 있다. 그러한 일이 충분히 일어날 수 있다. 그리고 지금 그러한 가능성은 너무나 쉽게 그런 선거 고립을 맛보도록 한다.

이 위험은 양측으로부터 덮쳐온다. 우선 의회 의원이 될 수만 있다면 자신의 최고 이상을 달성했다고 생각하는 외톨이가 있을지도 모른다. 언제나 이런 경우를 상상할 수 있는데, 지금은 의회 의원의 재정 상태가 눈에 띄게 좋아졌기 때문에 더욱 그렇다. 예전에는 수당이 2,000길더였으나, 지금은 3,000길더로 늘어났다. 여기에 여행 경비가 추가될 뿐만 아니라, 앞으로의 노년 생활을 유지할 수 있을 만큼 일정 금액까지 오를 수 있는 연금도 추가될 수 있다.

이제 두 가지 즉, 하원에서 특별한 신념을 지지하려는 충동과 재정 상태를 개선하려는 열망이 함께 작동할 수 있으므로 정치적 별종이 하원에 도전한 것처럼 보였다. 장기적으로 그러한 별종의 성공 가능성은 점점 줄어들고 선택의 자유는 오르기보다는 떨어질 것이 확실하지만, 이것이 하나의 방법으로 방지되지는 않을 것이다. 그러한 결과가 저절로 그러한 모든 고립을 곧 끊어버리겠지만, 첫 번째 실행에서 수십 명의 개인주의자가 그것을 시도했다는 것을 충분히 이해할 수 있다. 그리고 아주 소수를 제외하고는 실패하더라도 첫 번째 실행을 통해 여전히 분열이 일어나 네다섯 개의 의석을 잃을 수 있다. 아니, 마치 그 네다섯 명이 모두 당선될 것 같을지라도 도리어 그런 일은 거의 성공하지 못한다. 바로 옆에 있는 벨기에가 그 증거이다. 그러나 그런데도 우리 당은 총계에서 엄청난 수의 표를 잃었고, 그 결과 이 별종들이 직접 들어와 우리를 반대하고 좌파 진영을 지지하게 되었다.

'모든' 정당이 처음부터 이 위험에 노출되어 있으며, 한 사람을 잃는 것이 다른 사람을 잃는 것을 보상한다고 말하는 것은 아니다. 여기서 강조하는 바는, 개인주의가 우리 진영에 매우 강한 영향을 미친다는 것을 결코 잊어서는 안 되며, 그것은 우리에게 숨어 있는 위험이라는 것이다. 나중에 벨기에에서 거의 작동하지 않았던 것처럼 그것은 마침내 사라질 것이다. 이는 초기에만 손상을 줄 수 있으므로 이를 의식하는 것이 중요하다.

§15. 선거구 분할

모든 정당과 마찬가지로 반혁명당에도 선거법이 지정한 선거구 분할과 직접 관련된 조직이 있다. 이 조직은 일반적으로 의회(Kamer)와 지방 의회(Staten) 모두 하나의 지역 분할과 관련되어 있다. 이 조직은 이중적인 형태로 열다섯 번 운영되는데, 한 번은 하원을 위한 것이고 그 외는 지방 의회를 위한 것이다. 그러나 이 선거 지역구는 사라질 것이고, 훨씬 제한된 분할로 대체될 것이다. 이로 인해 자연스럽게, 우리 당 조직을 이 새로운 법적 분할과 일치시켜야 하는지를 질문하게 된다. 물론 이것은 새 선거구에 따라 각 선거구마다 투표수가 반올림되어 마감되고, 새 선거구마다 비활성 상태로 남아 있는 것은 완전히 잃어버린다는 의미에서 꼭 필요하다. 그러나 이것이 엄격하게 지속되지는 않을 것이다.

따라서 완전히 새로운 선거구 분할은 반혁명당에게 꼭 필요한 것은 아니다. 기존 분할을 고수하면 20년 동안 정기적으로 일해 온 검증된 지도부가 각 지역에 그대로 남아있을 수 있으므로 반혁명당에 아주 작은 이점이 될 것이다. 그런데도 우리 당도 이 새로 제기된 문제를 심각하게 고려하고, 이에 대해 선거구 집행위원회와 협의하는 것이 좋다. 결국, 변경이 필요하고 그것이 우리에게 이익을 약속하는 것으로 밝혀지면 우리는 필요한 변경의 실행을 무엇으로도 막을 수 없다. 어떤 경우든 법적 근거를 상실한 분할에서 생존하는 것보다 더 바람직할 것이다.

§16. 떠밀린 유권자

예상할 수 있듯이 만일 의무투표제가 계속된다면 우리의 의원들은 분명히 이에 대해 어떠한 책임도 지지 않을 것이다. 우리 단체가 항상 이에 반대하는 운동을 벌여왔기 때문이다. 그러나 의무투표가 다가오고 있기 때문에 우리는 이에 관심을 기울여야 한다. 그럼에도 불구하고 등록 유권자의 15-20퍼센트가 집에 머물고자 한다는 사실을 유념해야 한다. 그들이 투표에 관심이 없기 때문이다. 그러나 이제 그들은 투표장에 나와야만 한다.

그들 중 일부는 투표할 시간이 없고, 선거를 위해 일을 멈추기를 원하지 않는 유권자이다. 그들 중 일부는 건강이 좋지 않아, 날씨가 실망스러운 경우 외부 활동을 하지 않으려는 사람들이다. 그들 중 일부는 정치에 대해 가슴 아파하지 않고, 심지어 그것을 비웃지도 않는 게으름뱅이들이다. 결국 그들은 자기 생각에 빙빙 떠돌지만, 그 생각으로 성공을 추구할 기회를 보지 못한다. 끝으로 네 번째 부류는 그들 중 가장 많은 수를 차지하는데, 가진 정보가 없기 때문에 선택하는 것을 곤란해하는 사람들이다. 그들이 확신을 가지고 결정하는 것은 차라리 집에 머무는 것이다. 그러나 이 모든 사람이 이제 투표소에 와야 할 것이다. 더는 투표소에 데려올 필요가 없다. 그들은 이제 저절로 온다.

그러나 그들의 투표가 잘못된 방향으로 흘러가지 않는 것이 중요하다. 이것은 우리 선거 단체에 자택에 있는 이들 모든 유권자에게 정확한 명단을 투표가 있는 달뿐만 아니라 한두 해 전에 작성하여 알리고, 그들에게 필요한 정보와 자료를 제공하며, 그들을 방문하여 적어도 그들이 무엇을 해야 하는지에 대한 감각을 가지고 행동하도록 설득하는 매우 중요한 의무를 지운다. 이는 우리 선거 단체에 매우 중요한 작업이지만, 실제로는 우리 조직을 위한 작업이다.

이러한 관점에서 볼 때, 이미 여러 측면에서 두 명의 상임 대리인을 임명해야 할 필요성이 지적되었으며, 이를 위해 전국에서 보내오는 자금의 대

반혁명 국가학 || 적용

부분이 사용되어야 한다. 그러므로 이제 우리를 기다리는 것은, 지금까지 했던 작업이 반으로 줄어드는 것이 아니라 오히려 두 배로 늘어나는 것임을 이해해야 한다.

§17. 선전 단체

특히 판사의 처벌 때문에 투표해야 하는 강요된 유권자의 처지에서 볼 때, 선전 단체가 선거에서 가장 바람직한 모습 중 하나로 우리 정관에 공식적으로 인정된 것은 너무나 훌륭했다. 이 단체들과의 관계는 당연히 더 조절되어야 하지만, 이제 이 단체들은 우리 당에 지원을 제공하는 것 외에는 다른 것을 원하지 않는다. 그리고 반혁명당은 이제 최대의 노력을 기울일 준비가 되어있을 정도로 발견했다. 이전에는 주로 집에 머물렀던 사람들에게 이러한 단체가 가장 원하는 권한을 행사했고, 이제는 유권자를 움직이게 만들 수 있다.

§18. 거룩한 열정

선거 활동과 관련해, 항상 우리의 정치적 투쟁을 지탱해 온 거룩한 특징이 어떤 식으로든 혼란에 빠지지 않고, 시대의 엄중함에서 높은 계층과 낮은 계층에 있는 우리 사람들에게 점점 더 활기를 불어넣기를 기도하며 이 해설을 마무리한다. 한때 강력했던 보수당이 정치적으로 항상 전능하신 분 바깥에 있다고 여겨진 것은 안타까운 일이었다. 따라서 그들은 수치스럽게도 몰락했다. 반혁명당은 폐허가 된 궁전 위에 자기 오두막을 짓는 한, 우리 조상들의 하나님으로부터 시작하여 그분에게 우리의 정치적 등장에 대한 구호를 요구하는 정반대의 시도를 생각한다. 종교가 우선이고, 정치는 종교에서 파생된다! 따라서 이것이 항상 우리의 구호로 남아있다. 성경에 있는 하나님의 말씀은 모든 정치적 계산 위에 있어야 하며, 항상 우리 위에 울려 퍼져야 한다. "하나님의 인도 아래 절망하지 말아야 한다"(nil desperandum Deo duce). 주 하나님께서 우리를 인도하시는 한, 그것은 우리를 승리로 이끄는 능력이었다. 이것이 계속되기를!

16장 7. 매독 참고
미주

1. 교도소 체계와 국가 교정교육 시스템의 체계의 통계에서 가져온 수치
(Zie Jaarcijfers, 1913, 174쪽 참고)

연도	전체 방자 수 a. 수감된 구치소 b. 정부 업무 시설 c. 교정 학교 및 국립 교육 기관		그 중 결핵		그 중 성병		비율 결핵	비율 성병	결핵과 성병의 상관관계
1907	a. 2470 b. 2537 c. 657	5664	62 79 6	147	185 26 7	218	2.60	3.90	1½ × t. b. c.
1908	a. 2432 b. 2106 c. 729	5267	44 89 2	135	224 42 7	273	2.52	5.11	2 × t. b. c.
1909*	a. 2212 b. 1588 c. 745	4545	63 77 1	141	183 39 9	231	3.10	5.08	1.64 × t. b. c.
1910	a. 2190 b. 1217 c. 753	4160	53 52 10	115	201 15 16	232	2.76	5.58	2 × t. b. c.
1911	a. 2011 b. 1737 c. 834	4582	50 68 5	123	241 29 14	284	2.70	6.20	2¼ × t. b. c.
1912**	a. 1380 b. 908 c. 650	2938	41 18 3	62	182 24 24	230	2.11	7.83	3¾ × t. b. c.

* 환자가 배치될 당시 이미 치료를 받고 있었던 질병은 이중된 명예에서 1909년 이후 다시 계산되지 않았다.

** 1911년에 정신병원의 의사들에게 카운팅 카드 완성과 관련하여 보내진 회람은 감옥 등의 급격한 감소에 영향을 미칠 수 있다.

반혁명 국가학 || 적용

2. 왕립 네덜란드 해군의 통계 의학 연례 보고서 및 네덜란드령 인도 제도 해군에서 치료받는 환자의 통계 개요

연도	치료 사례		결핵	성병 및 매독	비율	
					결핵	성병
1907	네덜란드	1386	44	3448	0.39	30.33
	네덜란드령 인도 제도 유럽인들	3277	6	832	0.19	25.86
	네덜란드령 인도 제도 환자인들	1762	4	447	0.23	25.37
1908	네덜란드	12224	68	2629	0.55	21.51
	네덜란드령 인도 제도 유럽인들	4015	11	999	0.27	24.88
	네덜란드령 인도 제도 환자인들	1709	5	394	0.29	23.10
1909	네덜란드	11797	68	2573	0.58	21.81
	네덜란드령 인도 제도 유럽인들	4056	7	861	0.17	21.23
	네덜란드령 인도 제도 환자인들	1804	1	498	0.05	27.60
1910	네덜란드	11479	81	2440	0.71	21.26
	네덜란드령 인도 제도 유럽인들	3388	5	870	0.15	25.68
	네덜란드령 인도 제도 환자인들	1824	4	465	0.22	25.49
1911	네덜란드	1521	60	2833	0.52	24.59
	네덜란드령 인도 제도 유럽인들	3784	4	1188	0.11	31.40
	네덜란드령 인도 제도 환자인들	1842	4	484	0.22	26.28
1912	네덜란드	1941	65	2935	0.54	24.58
	네덜란드령 인도 제도 유럽인들	4224	9	1623	0.21	38.42
	네덜란드령 인도 제도 환자인들	1776	3	524	0.17	29.50

3. 이곳에 주둔하는 군대에서 치료한 질병 통계 개요

연도	평균 병력	결핵	성병 및 매독	비율	
				결핵	성병
1907	22610	101	519	0.50	2.22
1908	23561	113	582	0.48	2.47
1909	24000	114	550	0.47	2.32
1910	23407	79	483	0.45	2.06
1911	25046	98	499	0.40	1.99
1912	25015	82	346	0.33	1.38

4. 네덜란드 동인도 군대에서 치료한 질병 통계 개요

연도	평균 병력		결핵	성병 및 매독	비율	
					결핵	성병
1907	유럽인	10679	24	4491	0.22	42.05
	인도인	23109	72	2421	0.31	10.48
1908	유럽인	10557	31	4297	0.29	40.70
	인도인	23032	62	2387	0.27	10.36
1909	유럽인	11007	35	4401	0.32	40.46
	인도인	22884	79	2180	0.35	9.53
1910	유럽인	12216	41	4885	0.34	39.74
	인도인	22633	70	2013	0.31	8.90
1911	유럽인	11685	32	5552	0.27	47.51
	인도인	21938	79	2216	0.36	10.10
1912	유럽인	11202	35	5235	0.28	46.73
	인도인	21868	91	2239	0.34	10.24

제1장 국민의 한 부분인 반혁명당

1   **안트베르펀**(Antwerpen): 벨기에 제2의 도시로 안트베르펀 주의 주. 스헬더 강의
      어귀에 있어서 산물을 집산하는 요충지이다. 1920년도 하계 올림픽의 개최지
      이기도 하다.

2   **독일 중앙당**(Deutsche Zentrumsparte): 독일 제국과 바이마르 공화국 시기에 있었
      던 독일의 가톨릭 정당. 1870년 프로이센 정부가 로마 가톨릭 교회의 힘을 줄
      이기 위해 문화투쟁을 시작하자, 독일의 로마 가톨릭 교인들이 그들의 이익을
      옹호하기 위하여 힘을 모아 이 정당을 창설했다.

3   **베르한시우스**(Johannes Willem Bergansius, 1836-1913): 네덜란드의 장교로 로마 가톨
      릭 교도. 전쟁 중에 두 차례(마카이 내각과 카이퍼 내각에서) 국방장관을 역임했다.

4   **타크 판 포르트플리트**(Johannes Pieter Roetert Tak van Poortvliet, 1839-1904): 네덜란드
      정치인. 그는 자유당원으로, 카페이너 내각에서 장관으로 일했다.

5   **기독역사연합**(De Christelijk-Historische Unie, CHU): 네덜란드의 개신교 기독 정당
      이다. 1908년에 창당되어 1980년까지 존재했다. 대체로 네덜란드 국가 개혁
      교회 교인들로 구성된 보수 정당이며, 주요 인물로는 사보르닌 로만(Savornin
      Lohman)이 있다. 1980년에 반혁명당(ARP), 가톨릭국민당(KVP)과 합당하여 기
      독민주당(Christen-Democratisch Appèl, CDA)이 되었다.

6   **12년 휴전**(Twaalfjarig Bestand): 1609년부터 1621년까지로, 네덜란드 7개 주 연
      합 공화국이 80년간 스페인과 벌인 독립 전쟁(1568-1648) 중에 휴전을 했던 기
      간이다.

7   **상퀼로트**(Sansculottes): 프랑스어로 "퀼로트를 입지 않은 사람"이라는 의미로 프
      랑스 혁명의 추진력이 된 무산 시민 노동자 계층을 일컫는다.

8   **아프스헤이딩**(Afscheiding): '분리', '이탈', '이별'이라는 뜻으로 1834년에 네덜
      란드 개혁교회에서 일어난 교회 분리를 말한다. 당시 거의 국가교회 격인 네

딜란드 헤르포름드 교회(Nedelandse Hervormede Kerk: NHK)에서 독립적인 기독
개혁교회(Christelijke Gereformeerde Kerken)가 탄생했다. 아프스헤이딩은 종교개혁
정신을 계속 이어가는 교회적 갱신 움직임이었다.

9 돌레앙시(Doleantie): '애통', '슬픔'이라는 뜻으로 1886년에 네덜란드 개혁교회
에서 일어난 교회 분리를 말한다. 아브라함 카이퍼가 주도해 국가교회(NHK)
로부터 분리한 교회적 갱신 움직임이었다.

10 '무르데이크(Moerdijk) 위와 아래'라는 표현은 '네덜란드 핵심적인 큰 세 개의 강
이 흐르는 지역의 위쪽과 아래쪽'이라는 의미로, 네덜란드와 벨기에를 구분짓
는 표현이다.

11 마르턴 하르퍼르츠존 트롬프(Maarten Harpertszoon Tromp, 1598-1653): 네덜란드의
해군 제독.

12 사무엘 판 하우턴(Samuel van Houten, 1837-1930): 네덜란드의 자유주의 정치가.
1894년부터 1897년까지 내무장관을 지냈다. 그는 사회 여러 부문의 역사적
발전이 존중되어야 한다는 믿음을 고수했는데, 이러한 의미에서 그의 믿음은
카이퍼의 '영역주권' 이론과 유사하다. 이러한 믿음으로 인해 그는 학교투쟁
문제에 대해 대부분의 동료 자유주의자들과 다른 태도를 보였으며, 1887년에
기독학교에 평등한 재정 지원을 허용하는 데 찬성표를 던졌다.

13 아른험(Arnhem): 네덜란드 동부에 위치한 도시로, 헬데를란트 주의 주도(主都)
이다. 제2차 세계대전 중이던 1944년에 마켓 가든 작전이라는 치열한 전투가
벌어진 곳이기도 하다.

14 실론(Ceylon): 남아시아의 섬나라인 스리랑카(Sri Lanka)의 옛 명칭. 실론은 16세
기 중후반에는 포르투갈, 17세기 후반부터 18세기 초반까지는 네덜란드의 식
민지였다. 그러다 1796년 프랑스 혁명으로 네덜란드에 프랑스의 괴뢰국인 바
타비아 공화국이 세워지면서 1817년부터 영국의 관리로 넘어가게 되었다. 이
후 1948년에 영국 연방의 일원으로 영국에서 독립하였다. 1972년에 정부 형
태를 개혁하며 국호를 스리랑카 민주사회주의공화국으로 바꾸었다. 스리랑카
의 법률상 수도는 스리자야와르데네푸라코테이고 제일 큰 도시는 콜롬보이다.

15 장 라파엘 아드리앵 르네 비비아니(Jean Raphaël Adrien René Viviani, 1863-1925): 알
제리 출신의 프랑스의 정치가. 제1차 세계대전 첫해인 1914년부터 1915년까
지 제3공화국의 총리를 지냈으며 사회주의자와 노동자의 권리를 보호하려고
했다.

16 고지대 독일어(Hoogduitsch): 주로 독일 남부 지방에서 사용되는 방언으로 중앙
독일어와 저지대 독일어와 달리 독일의 주요 방언이다. 루터의 성경번역 이후
독일 제국의 주요 언어가 되었다.

17 저지대 독일어(Nederduitsch): 네덜란드어를 가리킨다. 평지 독일어와 동의어이고 북부 독일의 방언이기도 하다.

제2장 오란녀의 주권

18 케이전 파(Keezen-clubjes): 애국자 파(de Patriotten)를 비하하는 호칭. 케이전이라는 명칭은 아마도 그들의 지도자로 알려진 코르넬리스 더 헤이셜라르(Cornelis de Gijselaar)의 이름에서 유래했을 것이다.

제3장 헌법

19 '권력을 남용하는 통치 파벌'(Regentenkliek): 18세기에 등장한 정치 형태로, 가족끼리 국가직위를 나눠갖는 통치 무리를 비판적으로 일컫는 표현이다.

20 사립교육(Bijzonder Onderwijs): 직역하면 '특수교육'이다. 이는 '공립교육' (Openbaar Onderwijs)에 반대되는 개념으로서, 종교, 문화, 사회적 특수성을 고려한 교육을 일컫는다. 한국에서 '특수교육'은 주로 장애인을 대상으로 하는 교육을 의미하기에, 본서에서는 '사립교육'으로 번역했다.

21 자유학교(Vrije school): 전통적인 공립학교나 사립학교 교육에 대한 대안으로 생겨났는데, 학교의 구조와 가르침에서 극도로 유연하고 자유로움을 특징으로 한다.

22 이 표현은 서양의 군주제 국가에서 선왕이 죽었을 때 선언하는 말이다.

23 주 의회(Provinciale Staten): 주 행정부로 구성된 행정부를 감시하는 기관. 주 의회 의원은 주의 거주민에 의해 직접 선출된다. 주 의회는 다시 주 행정부를 선택한다.

24 헤트 로(het Loo): 네덜란드 아펠도른(Apeldoorn)에 위치한 왕궁의 이름.

제4장 국가평의회와 정무 장관들

25 아리티우스 시브란두스 탈마(Aritius Sybrandus Talma, 1864-1916): 네덜란드 목사이자 정치가. 당시 헤임스케르크 내각(1908-1913)에서 농업, 산업 및 무역장관을 지냈으며, 네덜란드 사회보장제도의 창시자 중 한 명으로 사회 입법과 새로운 사회 제도의 현대화를 주도했다. 그는 영국 성공회 성직자이자 기독교 사회주의자인 존 프레더릭 데니슨 모리스(John Frederick Denison Maurice)의 사회 윤리에서 영감을 받았으며, 개신교 노동조합인 파트리모니움 내부에서 현대 기독교 노동조합 운동의 옹호자가 되어, 기성 부르주아지와 귀족의 수동성을 비판하면서 사회주의에 대한 자의식적 기독교-사회적 대안을 제시했다.

제5장 부처 장관

26 산마리노(San Marino): 사면이 이탈리아에 둘러싸인 내륙 국가. 엄연히 외교권을 가지고 있는 국가이며, 1600년에 제정된 법을 기초로 한 산마리노 헌법은 고대 로마 공화국의 전통을 이은 집정관이 이끄는 회의제 정부를 구성한다.

27 호엔촐레른-지크마링겐(Hohenzollern-Sigmaringen): 프로이센의 국왕과 독일 제국의 황제를 배출한 호엔촐레른가의 분가로, 호엔촐레른-지크마링겐의 후작과 루마니아 왕국의 국왕을 배출한 가문이다. 2011년에 루마니아 왕가가 명목상의 루마니아 국왕인 미하이 1세에 의해 분리되어 나왔다.

28 헨드릭 후만 보르허시우스(Hendrik Goeman Borgesius, 1847-1917): 네덜란드의 정치인. 1877년부터 1917년까지 네덜란드 하원 의원이었고 1885년에 자유당의 지도자가 되었다. 그는 1897년부터 1901년까지 내무부 장관을 지냈으며 1913년부터 1917년까지 하원 의장을 지냈다. 장관이 된 후 그는 국무원 의원이 되었다. 흐로닝언 대학교는 공중 보건에 관한 그의 업적으로 그에게 명예의학 박사 학위를 수여했다.

29 국왕 선언의 날: 네덜란드 국왕 빌럼 1세는 1813년 12월 2일 '지혜로운 헌법'의 약속 아래에서 네덜란드의 주권자임을 '선언'(Proclamatie)함으로 받아들였다. 국가의 중요한 시기에 국왕은 '선언'을 사용하곤 했다. 제2차 세계대전 중 1940년에 독일이 침공했을 때, 빌헬미나 여왕이 그와 관련된 '선언'을 한 것은 유명하다.

30 프롱드(Fronde): 1648년부터 1653년 사이에 발생한 프랑스 시민전쟁을 일컫는 말이다. '프롱드의 난' 혹은 '반란의 무리'라는 의미로 사용된다.

제7장 외교

31 바위턴호프(Buitenhof): 헤이그에 있는 광장의 이름으로, 과거 이곳에 외무부가 있었다.

32 데지마(네덜란드어로 Decima, 일본어로 出島): 1636년에 에도 막부가 쇄국정책의 일환으로 포르투갈인을 수용하기 위해 나가사키에 건설한 인공섬. 이후 이곳에서 1641년부터 1859년까지 네덜란드가 독점적으로 일본과 무역을 하였다.

33 황금해안: 서아프리카 기니 만 연안의 해변을 가리킨다. 1482년에 포르투갈이 처음 상륙하였을 당시 해변에 사금(砂金)이 펼쳐져 있어서 황금해안이라는 이름이 붙여졌다. 현재의 가나공화국에 해당한다.

34 수마트라의 북쪽 해안: 현재 인도네시아의 큰 섬의 해안을 말한다.

35 미나스 체라즈(Minas Tscheraz): 아르메니아인으로, 무슬림에 의해 30만 명에 달하는 아르메니아인이 학살당한 인종청소 사건에 관해 변론하기 위해 헤이그

평화회의에 참석하려했다.

36 **티투스 안토니 야콥 판 아쉬 판 베이크**(Titus Anthony Jacob van Asch van Wijck, 1849-1902): 네덜란드의 귀족, 정치인으로 반혁명당의 주요 당원. 아브라함 카이퍼 정부에서 수리남 주지사(1891-1896)와 식민 장관(1901-1902)을 역임했다.

37 **퀴르하우스**(Kurhaus): 1884-1885년 독일 건축가에 의해 건설된 콘서트와 홀과 호텔이다. 화재로 소실된 후 1886년과 1887년 사이에 다시 건축되었다. 바닷가에 위치했기 때문에 휴양지로서 많은 국가의 왕들과 고위인사들이 즐겨 찾는 명소이기도 하다.

38 **아모이**(Amoy): 중국 푸젠성 남부에 위치한 항구 도시인 샤먼(廈門) 시를 가리킨다. 샤먼 시는 샤먼 섬과 본토에 있는 지메이구의 두 부분으로 구성되어 있다.

39 **드레드노트**(dreadnought): 1906년에 영국에서 건조된 혁신적인 전함인 HMS 드레드노트 이후 20세기에 널리 제작된 전함의 형태이다. '노급전함'(弩級戰艦)이라고도 한다. 다양한 구경의 함포를 실었던 이전의 전함들과는 달리, 원거리 선제 타격을 목적으로 거포만을 실었다는 점에서 구별된다.

제8장 주 정부

40 **데파르트망**(Département): 프랑스 혁명 때에 봉건제를 철폐한다는 이유로 기존 프랑스의 행정구를 해체하고 새로 만든 행정 구역이다. 프랑스의 영토 구획 및 개별 권한을 가진 지방 단체를 모두 가리킨다.

41 **해리스버그**(Harrisburg): 미국 펜실베이니아 주 중부에 있는 도시.

제9장 시 단체

42 **'교인의 동의'**(approbatie): 보통 교회나 당회의 직분자의 결정에 대해 2주동안 일반 성도들의 간접적 동의를 거치는 과정을 가리킨다. 예를 들어, 교회에 직분자가 직접 혹은 간접 선거를 통해 선택되었다고 하더라도, 교인들의 2주에 걸친 동의의 과정을 두는 것이다.

제11장 시민 정부의 종교와 도덕

43 **화주**(jenever): 노간주나무 열매로 만든 술로, 네덜란드의 국민적 술이다.

44 **개량세**(betterment-tax): 정부가 공공시설 개선을 위한 재원으로 과세하는 것을 말한다.

제12장 의회

45 **존 스튜어트 밀**(John Stuart Mill, 1806-1873): 영국의 사회학자, 철학자, 정치경제학자. 논리학, 윤리학, 정치학, 사회평론 등에 걸쳐서 방대한 저술을 남겼다. 경험주의 인식론과 공리주의 윤리학, 그리고 자유주의적 정치경제 사상을 바탕으로 현실 정치에도 적극적으로 참여해서 하원 의원을 지내기도 했다. 그의 공리주의는 대부이자 스승이었던 벤담으로부터 물려받은 것이지만, 그는 여기에 생시몽주의와 낭만주의를 가미해서 질적 공리주의라는 고유한 체계로 발전시켰다.

46 **허버트 스펜서**(Herbert Spencer, 1820-1903): 영국 출신의 사회학자, 철학자, 심리학자. 사회 진화론(Social Darwinism)으로 잘 알려져 있으며, 오귀스트 콩트의 체계에 필적할 대규모의 종합사회학 체계를 세워 영국 사회학의 창시자로 인정받는다.

47 **수사학자들의 모임**(Rederijkerskamers): 네덜란드의 희곡(dramatic) 모임. 그 구성원을 가리키는 명칭인 수사학자(rederijker)는 프랑스어 rhétoricien에서 유래했다. 이들은 15세기와 16세기에는 주로 드라마와 서정시(lyric)에 관심을 가졌다. 이 모임은 지역 시민 지도자들과 밀접하게 연결되어 있었고, 그들의 공개 연극은 도시에 대한 초기 홍보의 한 형태였다.

48 **에포로스**(Ephoor, Έφορος): 고대 그리스 스파르타의 공직으로, 시민의 선거로 선출되는 민선 장관이다. 5명으로 구성되었으며, 왕과 함께 권력을 나눠 가졌다.

49 **반란 조례**(Mutiny-act): 군대의 규율에 관한 법률로, 1689년에 잉글랜드 의회가 결정했다. 이 법률은 계엄령의 사용을 제한함으로써 군주가 잉글랜드 군대를 통솔하는 데 제약을 거는 것으로, 군대 임명권은 1년 동안만 유효했다. 하지만 1698년과 1701년 사이에 이것이 소멸했을 때 왕실의 군사력에 눈에 띄는 영향은 없었다.

50 **확정예산법**(de Wet op de middelen): 헌법 133조에 따라 매년 충당 방법을 지정하기 위한 정부 지출 예산과 동시에 결정하는 것을 골자로 하고 있다.

51 **빅토르 엠마뉘엘**: 이탈리아식으로 비토리오 에마누엘레 2세(Vittorio Emanuele II, 1820-1878)는 사르데냐 왕국의 왕이자 이탈리아 왕국의 왕이다. 이탈리아는 19세기 중엽까지 오스트리아 · 프랑스 · 로마 교황 등의 지배를 받아왔으나, 북이탈리아 사르데냐만은 독립을 지키고 있었다. 그는 카보우르를 재상으로 등용하고 선정을 베풀어 국력을 높이는 한편, 교묘한 외교로 프랑스, 영국 등과 협상을 맺어 통일을 방해하는 오스트리아와 싸워 이김으로써 큰 소망이었던 통일의 꿈을 달성하였다. 이로 인해 국민에게서 '조국의 아버지'(Padre della Patria)라고 불리며 존경을 받았다.

52 **펠릭스 스투르크**(Felix Stoerk, 1851-1908): 헌법과 국제법 분야에서 특히 활발히 활동한 오스트리아 변호사. 1882년부터 그라이프스발트(Greifswald) 대학교의 교수로 재직했다.

53 **N. N.**: 라틴어 nomen nescio의 약자로, '나는 이름을 모른다'라는 뜻이다.

54 **원자론**(Atomisme): 물질이 나눌 수 없는 부분으로 구성되어 있다는 철학 사상이다. 자연에 대한 기계적 설명은 이것에서 파생되었다.

55 **볼로스트**(волость): 러시아의 행정구역으로 14세기 초에 모스크바 대공국에서 읍과 함께 설치되었다. 1861년에 러시아 제국의 행정구역을 이루게 되었고, 소비에트 연방에서는 1923년부터 1929년까지 설치되었다. 현재도 러시아에서는 '볼로스티'가 카렐리야 공화국, 사마라주, 레닌그라드주, 툴라 주에서 사용된다.

56 **카빌인**(프랑스어로 Kabyles, 베르베르어로 Iqbayliyen 또는 Izwawen): 알제리의 산지가 많은 베르베르 지역인 카빌리(프랑스어로 Kabylie, 카빌어로 Tamurt n Leqvayel)에서 기원한 베르베르인의 한 갈래이다. 이들은 카빌리의 연안 지역과 주르주라 산맥, 비방 산맥, 바보르 산맥 등 여러 산지 지역에 모여 산다. 19세기 말엽부터 카빌인은 알제리 최대의 베르베르어 파 민족이었고, 알제리 독립부터 베르베르 정체성을 주장하는 데 있어 가장 호의적이었다. 현재는 특히 알제리의 다른 지역이나 프랑스의 재외 알제리인 가운데서 볼 수 있다.

57 **스네이크**(Sneek): 네덜란드 프리슬란트 주의 도시. 레이우아르던(Leeuwarden) 남서쪽에 위치한다.

58 **루이 필리프 1세**(Louis-Philippe Ier, 1773-1850): 프랑스의 왕(재위: 1830-1848)으로 본명은 루이 필리프 도를레앙(Louis-Philippe d'Orléans)이다. 그의 아버지의 별명이 평등한 필리프(Philippe Égalité)였기에 프랑스 혁명 중에는 평등한 자의 아들(Égalité fils)로 불렸다. 그는 자신의 통치 모델로 선택한 영국의 정치 제도에 열광했는데, 그의 통치 기간에는 금융과 수공업 부르주아들이 빠르게 자본을 쌓은 반면 노동자들은 극도로 비참했다. 그로 인해 끊임없는 민중 반란이 일어나 그의 통치가 막을 내렸다.

59 **구스타프 빌럼 판 드르 펠츠**(Gustaaf Willem baron van der Feltz, 1853-1928) 남작: 네덜란드의 정치인으로 아선(Assen) 출신의 자유민주당 의원이었으며, 헌법 개혁에 관한 헤임스케르크 국가 위원회의 일원이었던 숙련된 변호사였다.

60 **집에 남아 있는 유권자**: 투표하지 않고 집에 머무는 자를 말한다.

제13장 사법

61 **동전 바꾸기**(stuivertje verwisselen): 한 사람이 다른 사람의 자리를 차지하려고 하

고, 자리가 없는 사람이 그것을 막는 놀이이다.

62 이 문구는 프랑스의 무정부주의의 아버지라 불리는 피에르 조제프 프루동의 《소유란 무엇인가》(Qu'est-ce que la propriete?)라는 책에 나온다.

63 용감한 헨드릭(braven Hendrik): 19세기에 널리 읽힌 니코라스 안슬레인(Nicolaas Anslijn, 1777-1838)의 책 제목(De braven Hendrik)에서 생겨난 표현으로, 규칙을 잘 지키고 장난을 치려하지 않은 사람을 가리킨다. 하지만 요즘에는 대체로 아이들이 장난꾸러기 놀이를 할 수 있다고 믿어지면서, 이 표현은 일반적으로 부정적 의미를 담게 되었다.

64 체사레 롬브로소(Cesare Lombroso, 1835-1909): 19세기 이탈리아의 범죄학자, 법의학자, 범죄 인류학자로서 세계 최초로 범죄인의 성격을 연구했다.

65 '억제 이론'은 범죄가 (부분적으로) 개인의 합리적 선택에서 발생한다고 가정하여, 가혹하고 확실하며 신속한 처벌을 통해 범죄를 억제하고 줄일 수 있다는 이론이다. 억제 이론은 많은 경제 이론과 마찬가지로 인간의 자유의지에 기초한다.

66 창세기 4장 23절

67 페르디난트 야코부스 도멜라 니우번하위스(Ferdinand Jacobus Domela Nieuwenhuis, 1846-1919): 네덜란드의 사회주의 정치가로, 네덜란드 사회주의 운동의 창시자이자 네덜란드 의회의 첫 번째 사회주의자였다. 그는 루터교 설교자였다가 신앙을 잃은 후 노동자들을 위한 정치적 투쟁을 시작했으며, 나중에는 사회 무정부주의자이자 반군사주의자가 되었다.

68 세르프 흐라타마(Seerp Gratama, 1757-1837): 네덜란드의 법학자로 흐로닝언 대학 교수였다.

69 현재의 인도네시아를 가리킨다.

70 바스티안 오르트(Bastiaan Ort, 1854-1927): 네덜란드 변호사, 판사와 정치인이며 독립적인 자유주의자. 1913년부터 1918년까지 코르트 판 드르 린던 내각에서 법무부 장관을 지냈다.

71 얀 빌럼 마리 보쉬 판 아우트 아멜리스베이르트(Jan Willem Marie Bosch van Oud-Amelisweerd, 1860-1941): 네덜란드의 변호사이자 정치가.

72 칼 힐덴브란트(Karl Hildenbrand, 1814-1872): 독일의 법학자.

73 A. Gemeiner, *Ueber eideshülfe und eideshelfer des älteren deutschen rechtes München: Georg Franz*, 1848.

74 교회법적인 증명(purgatio canonica): 서약 보조인을 통한 증명을 뜻한다.

제14장 재정

75 샤를 루이 드 세콩다 드 라 브레드 에 드 몽테스키외(Charles-Louis de Secondat, Baron de La Brède et de Montesquieu, 1689-1755) 남작: 계몽주의 시대의 프랑스 정치사상가. 그는 자유주의 입장에서 권력분립에 의한 법치주의를 제창했는데, 이것은 근대에 정부에 관한 논쟁들에서 허용되었고, 전 세계 많은 헌법에서 규정하고 있다.

76 막시밀리언 조제프 카스파르 마리 콜크만(Maximilien Joseph Caspar Marie Kolkman, 1853-1924): 네덜란드의 가톨릭 국회의원이었으며 헤임스케크 내각의 재무장관이었다.

77 요안너스 얀 요세푸스 이그나티우스 하르터 판 테클런부르흐(Joannes Jan Josephus Ignatius Harte van Tecklenburg, 1853-1937): 네덜란드의 가톨릭 정치인이자 기업가이다. 그는 하원 의원이었으며 동시에 1901년에서 1905년 사이에 카이퍼 내각의 재무장관을 역임했다. 1904년 2월에 제출된 수입 관세 인상을 위한 그의 관세법은 더는 결정적으로 처리되지 못했다. 그는 1908년부터 1934년까지 국무원(Raad van State)의 일원이었으며 한동안 부통령을 역임했다.

제15장 공적 예의

78 토머스 로버트 맬서스(Thomas Robert Malthus, 1766-1834): 영국의 성직자이자 인구통계학자, 정치경제학자. 고전 경제학의 대표적인 학자 가운데 한 명으로, 인구학에 대한 이론을 전개한 것으로 유명하다.

79 키넌(Kienen): 빙고(Bingo)와 유사하게 여러 명이 참여하는 기회의 게임이다. 흔히 빙고와 구별하지 않고 부르지만, 게임 카드의 크기와 배열, 사용되는 숫자의 개수, 카드 재사용 방식 등에서 근본적인 차이점이 있다.

80 거위 게임(het ganzebord, Game of the Goose): 고전적인 보드게임. 게임판, 주사위 두 개, 색이 다른 거위 모양의 말로 구성된다. 게임의 목적은 가능한 시작 지점에서 목표 지점까지 말을 먼저 이동하는 것이다. 각 참여자는 자기 차례에 주사위를 굴려서 나온 숫자만큼 말을 이동시킨다. 게임 판에는 구덩이나 감옥, 다리와 같이 변수를 만드는 여러 특수 공간이 있다.

81 서양장기(het dammen, Checkers, Draughts): 체스 판에 말을 놓고 움직여, 상대방의 말을 모두 쟁취한 편이 이기는 게임이다. 10×10판에서 하는 국제 규정과 8×8판에서 하는 영미식 규정이 가장 보편적이며, 지역에 따라 다양한 규칙이 존재한다.

82 체스(het schaken, chess): 가로와 세로가 각각 8줄씩 64칸으로 격자로 배열된 체스 판에서 두 명의 플레이어가 조각들을 규칙에 따라 움직여 싸우는 보드게임

이다. 세계에서 가장 대중적인 게임 중 하나이다.

83 **마차 경주**(Harness race): 스포츠의 일종으로 두 바퀴가 달린 1인승 마차를 말(주로 스탠더드브레드 종)에 채우고 벌이는 경주이다. 주행 시 달리지 않고 속보를 사용한다는 점과 기수가 말의 등에 타지 않는다는 점에서 평지 경주와 차이점이 있다.

84 **절대금주**(teetotal): 술을 마시는 것으로부터 자신을 억제하는 것을 말한다. 절대 금주주의(teetotalism)는 19세기 초 잉글랜드 프레스턴(Preston)에서 처음 시작되었는데, 1833년 조셉 리베시(Joseph Livesey)가 프레스턴 금주회(Preston Temperance Society)를 창설하면서 약제를 제외한 일체의 술을 금하는 데 동의한다고 이야기하였다.

제16장 공중 보건을 위한 대책

85 **우두병**: DNA 바이러스의 일종인 우두(牛痘, Cowpox) 바이러스에 의한 인수공통 감염병. 우두 바이러스는 고양이, 사람, 소 등 다양한 동물을 숙주로 하며, 여드름이나 물집 등의 증상을 일으킨다. 우두의 전이는 감염된 젖소의 젖통을 만져 고름집이 생긴 손에서 관찰되었다. 우두는 전염성이 높고 치명적인 천연두에 비해 그 증세가 훨씬 약한데, 영국의 의사인 에드워드 제너(Edward Jenner, 1749-1823)가 우두의 이러한 특징을 관찰하여 천연두 백신을 만들어 냈다.

86 **성홍열**: A군 베타 용혈성 연쇄구균에 의한 급성 발열성 감염병. 일반적으로 5세에서 15세 사이의 어린이에게 많이 발생한다. 대표적인 증상으로 인후통, 발열, 두통, 림프절 종창, 특징적인 발진 등이 있는데, 발진이 생긴 피부의 붉은 색이 성성이라는 원숭이의 색과 비슷하다고 하여 성홍열이라는 이름이 붙었다. 발진은 붉고 사포처럼 느껴지며 혀가 딸기처럼 붉고 울퉁불퉁해질 수 있다.

87 **홍역**: 파라믹소바이러스(paramixovirus)과에 속하는 홍역 바이러스가 일으키는, 전염성이 매우 높은 질환이다. 비말 등을 통해 호흡기로 감염되는데, 동물 전파 매개체가 없고 오직 사람을 통해서만 감염된다. 면역 획득률이 높아 일단 감염되거나 백신을 맞으면 다시 감염될 확률이 희박하며, 따라서 주로 면역되지 않은 학령기 이전 소아에게 자주 발생한다.

88 **콜레라**: 콜레라균(Vibrio cholerae)이 일으키는 수인성(水因性) 감염병. 감염되면 설사와 탈수 증세를 보이는데, 탈수 증세가 심할 경우 사망에 이를 수도 있다.

89 **나병**: 또는 한센병(Hansen's disease, HD)은 미코박테리아의 일종인 나균(Mycobacterium leprae)과 나종균(Mycobacterium lepromatosis)에 의해 발생하는 만성 감염병. 처음 감염되었을 때는 아무 증상이 없는데, 잠복기는 짧으면 5년, 길

면 20년 가량 지속된다. 증상이 발현되면 신경계, 기도, 피부, 눈에 육아종이 발생하며, 통각 능력을 상실하게 된다. 그 결과 자신도 모르는 사이 신체 말단의 부상 또는 감염이 반복되어 부패하거나 떨어져 해당 부위를 상실하게 된다. 또한 체력 약화와 시력 악화가 나타난다.

90 **페스트**: 엔테로 박테리아의 일종인 페스트균(Yersinia pestis)에 의해 발병하는 치명적 전염병. 오늘날에도 세계 각지의 풍토병으로 위세를 떨치고 있다.

91 **매독**: 스피로헤타(spirochete)과에 속하는 세균인 트레포네마 팔리듐균(Treponema pallidum)에 의해 발생하는 성병. 매독균은 주로 성관계를 통해 전파되지만, 모체에서 태아에게로 전파되는 사례도 있다.

제17장 학교에 관하여

92 **사립학교**: 대부분 기독학교를 가리킨다.

93 **프리드리히 빌헬름 아우구스트 프뢰벨**(Friedrich Wilhelm August Fröbel, 1782-1852): 독일의 교육자로 유아 교육의 아버지로 불린다. 그는 초등학교에 취학하기 전(前)에 해당하는 아이들을 위한 교육에 일생을 바쳤는데, 페스탈로치의 사상을 이어받아 초등교육을 더욱더 어린아이들에게 적용하고, 유아의 마음속에 있는 신성(神性)을 어떻게 해야 키워나갈 수 있는지를 고민하였다.

94 **리나 모르겐슈테른**(Lina Morgenstern, 1830-1909): 독일의 작가, 여성인권 운동가이며 사회운동가.

95 **헨리에테 앙겔리카 하르트만**(Henriette Angelika Hartmann, 1829-1917): 여러 유치원을 설립하여 프뢰벨의 아이디어를 전파한 독일인 교사.

96 **아우구스트 쾰러**(August Köhler, 1821-1879): 독일 고타의 유치원 교사이자 프리드리히 빌헬름 아우구스트 프뢰벨의 후계자.

97 **프리드리히 자이들**(Friedrich Seidl), **Der Kindergarten**(유치원), Langensalza: Schulbuchhandlung von F.G.L Greßler, 1863.

98 **헨드릭 피어선**(Hendrik Pierson, 1834-1923): 네덜란드 제턴(Zetten)의 루터교회 목사이자 부흥 운동의 일원. 그는 학교 위원회의 의장이 되어 국가적 차원에서 기독 교육을 위한 옹호 진영을 구성했으며, 성매매에 대한 국가 규제 폐지를 위한 캠페인을 이끌었다. 1898년에는 국제 폐지론자 연맹의 회장이 되었다.

99 **얀 볼쳐**(Jan Woltjer, 1849-1917): 암스테르담 자유대학교의 고전 언어 및 문학 교수.

100 **더 포괄적인 초등 학교**(약어로 MULO 또는 ULO): 네덜란드에 존재했으며, 수리남에서 초등학교 이후에 진학하는 학교 유형이다. 이 형태의 학교는 1857년 교육법의 결과로 생겨났으며 1968년에 폐지되었다. 법적 용어인 MULO는

1920년 법에 의해 ULO로 변경되었지만, 많은 학교에서 MULO를 계속 사용하고 있다.

101 시민학교(Burgerscholen): 중류 계층의 학생을 위한 학교를 말한다. 중류계층을 위한 이 학교 이외에도 가난한 자를 위한 학교와 스스로 학교비용을 지불하며 보내는 사립학교 혹은 엘리트학교가 있다.

102 고등 시민학교(Hogere Burgerschool, HBS): 중등 교육을 하는 학교를 말한다. 1863년의 토르베커 법안에 의해 만들어졌으며, 1974년까지 존속되었다.

103 뢰번(Leuven): 프랑스어로 루뱅(Louvain)은 벨기에 중부 플람스-브라반트주의 주도. 벨기에 북부 플란데런 지방에서 사용되는 네덜란드어인 플란데런어 사용 지역에 위치한다. 벨기에의 대표적인 문화 도시로 유명하다. 또한 저지대에서 가장 오래된 대학도시이기도 한데, 벨기에에서 가장 큰 대학인 루뱅가톨릭대학교(KU Leuven)는 1425년부터 이곳에 캠퍼스를 두고 있다. 이 대학에서는 한동안 플란데런어와 프랑스어가 동시에 사용되었으나, 언어적 갈등으로 1968년에 프랑스어권이 독립하여 왈롱 지역인 루뱅-라-누브(Louvain-la-Neuve)로 이전하기 시작하였고, 1972년에 처음 학생들을 받아들이기 시작했다.

104 라위크(Luik): 프랑스어로 리에주(Liège)는 벨기에 동부 왈롱 지방에 있는 도시로 리에주 주의 주도이고 프랑스어를 사용한다.

105 프라이부르크(Freiburg): 독일 바덴뷔르템베르크 주에 있는 도시. 브라이스가우 지역에 있다고 하여 다른 지역의 프라이부르크와 구분하여 '프라이부르크 임 브라이스가우'(Freiburg im Breisgau)라고도 한다. 1827년 가톨릭의 프라이부르크 대교구가 형성되어 대 주교좌 소재지가 되었고, 이후 가톨릭의 중심지로 발전했다. 대성당은 13세기에 고딕 양식으로 건립되었다. 1457년에 개설된 프라이부르크 대학교(알베르트 루트비히 대학교)가 있는 대학 도시이기도 하다.

제18장 사회 문제

106 존 프레더릭 데니슨 모리스(John Frederick Denison Maurice, 1805-1872): 영국 성공회 신학자이자 기독교 사회주의의 창시자 중 한 사람. 수많은 책을 쓴 작가이기도 하다.

107 빌헬름 엠마누엘 프라이헤르 폰 케텔러(Wilhelm Emmanuel Freiherr von Ketteler, 1811-1877): 독일의 신학자이며 마인츠의 로마 가톨릭 주교이자 정치가(독일 중도당). 가톨릭 노동 운동의 창시자이며, 노동에 대한 헌신 때문에 '노동 감독'이라고 불렸다.

108 루돌프 헤르만 마이어(Rudolf Hermann Meyer, 1839-1899): 독일의 사회 보수 홍보가.

109 토마스 로슨 버크스(Thomas Rawson Birks, 1810-1883): 영국의 신학자이자 논쟁가로

신학과 과학을 해결하기 위해 논쟁을 벌였다. 그는 케임브리지 대학교 도덕철학의 나이트브리지 교수가 되었으며 그의 논의는 많은 논쟁을 불러일으켰다.

110 **호흐터 판 덴 카데이크**(Hoogte van den Kadijk): 암스테르담의 카데이크스섬 (Kadijkseiland)에 있는 거리와 제방으로, 카데이크스플레인(Kadijksplein)과 사르파티스트라트(Sarphatistraat)를 연결한다. 당시 이곳에는 다양한 개신교 사업가들이 거주했다.

111 **'진리의 친구'**(*Waarheidsvriend*): 네덜란드 개신교회 개혁 동맹(de Gereformeerde Bond in de Protestantse Kerk in Nederland)의 공식 기관지이다. 매주 발행되었으며 영적, 교회적, 사회적 문제에 관한 기사를 제공했다.

112 **파리 코뮌**(Paris Commune, 1871. 3. 18. - 5. 28.): 파리 시민들이 세운 사회주의 자치 정부를 말한다. 노동자 계급이 세운 세계 최초의 민주적이고 혁명적 자치 정부로 평가 받으며, 역사상 처음으로 사회주의 정책을 실행에 옮겼다. 비록 존속기간이 2개월에 불과했지만, 이들의 활동은 사회주의 운동에 큰 영향을 주었기에 프랑스 제5차 혁명으로 분류되기도 한다.

113 **궁핍화 이론**(窮乏化理論, immiseration thesis): 마르크스가 《자본론》(Das Kapital)에서 주장한 이론으로, 자본주의가 발전함에 따라 자본이 한 곳으로 축적되고 노동생산력은 발전하지만, 노동자의 노동 조건이나 생활환경은 상대적으로나 절대적으로 궁핍해지고 악화된다는 법칙이다. 여기서 말하는 상대적 궁핍화란 상대적 임금, 즉 잉여가치와 비교한 임금의 비중이 점차로 감소하는 것을 의미하며, 절대적 궁핍화란 실질임금의 저하 또는 노동 강화(예를 들어 노동 시간의 연장이나 노동 강도 고도화)의 증진을 뜻한다. 둘 모두 마르크스 경제학이 주장하는 궁핍화 이론에 근거한다.

114 **"구말과 리나"**(*Gumal en Lina*): 독일의 개신교 성직자이자 교육자이자 작가였던 카스파 프리드리히 로시우스(Kaspar Friedrich Lossius, 1753-1817)가 쓴 책의 제목이다. 원제는 *Gumal und Lina: Eine geschichte für Kinder, zum unterricht und vergnügen, besonders um ihnen die ersten religionsbergriffe beizubringen*(구말과 리나: 아이들이 가르치고 즐길 수 있는 이야기, 특히 종교의 첫 번째 개념을 가르치기 위한 이야기)이며, 1816년에 Gotha에 있는 J. Perthes에 의해 출판되었다.

115 **원주민 보호 협회**(Aborigines' Protection Society, APS): 오스트레일리아 토착민의 건강과 복지, 주권적, 법적, 종교적 권리를 보장하고 식민 세력, 특히 대영제국 아래서 피해를 본 토착민의 문명을 증진하기 위해 1837년에 설립된 국제 인권 단체이다. 1909년에는 영국 및 해외 노예제 반대 협회(BFASS)와 합병하여 노예제 반대 및 원주민 보호 협회(현재는 국제 노예제 반대)를 결성했다. 이 협회는 1855년부터 1909년에 BFASS와 합병될 때까지 "원주민의 친구"(*Aborigines'*

Friend)라는 제목 등의 다양한 잡지를 발행했다.

116 독일을 가리킨다.

117 사회 대회(Sociaal Congress): 다른 이름으로 기독 사회 대회(Het Christelijk-Sociaal Congres, www.stichting-csc.nl)는 사회적 불의에 초점을 맞춘 대회로, 1891년에 시작되어 1919년, 1952년, 1991년에 열렸으며 2000년부터는 매년 개최됐다. 교황 레오 13세의 *Rerum Novarum*(새로운 일)이 출판된 1891년, 네덜란드 개혁주의 지도자인 아브라함 카이퍼는 최초의 기독교 사회 대회를 조직했다. 이 대회는 일반적으로 제1차 "기독 사회 대회"라고 불리며, 1891년 11월 9일부터 12일까지 암스테르담에서 개최되었다. 이것은 기독 노동자협회인 파트리모니움의 초청에 의해 반혁명당 선거협회 중앙위원회가 다소 정리된 방법으로 다음과 같은 질문을 논의하려는 목적으로 소집되었다. "이것은 우리 시대의 사회적 필요에 대한 그리스도인의 태도여야 하는가?" 이 대회에서 카이퍼는 "사회적 문제와 기독교"(*Het Sociale vraagstuk en de christelijke religie*)라는 제목의 대회 개막 연설을 했다. 이 대회는 근대 산업 사회가 제기하는 사회적 문제에 대한 기독교적 대응을 제공하는 것을 목표로 했다. 지난 수십 년 동안 자본주의 체제에서 노동자의 지위가 부당하고 인간성이 침해 받고 있다는 인식이 있었으며, 기독교인들은 사회적인 문제가 있다는 것과 그들이 행동하도록 부름을 받았다는 것을 깨달았다. 최초의 대회는 개신교에 의해 조직되었으나 오늘날에는 로마 가톨릭 조직도 참여한다.

118 얀 루돌프 슬로테마커 드 브라위너(Jan Rudolph Slotemaker de Bruïne, 1889-1941): 개혁교회 목사이자 신학자(위트레흐트 교수)이며 기독-역사당(CHU) 정치인. 상원과 하원의 의원이자 장관을 역임했다. 첫 번째 더 헤이르(De Geer) 내각에서는 노동부 장관으로 질병 수당법을 도입했다. 두 번째 콜레인(Colijn) 내각에서는 사회부 장관으로 실업자를 지원하기 위한 다양한 삭감을 공동으로 책임졌다. 1935년에는 교육부 장관을 역임했다.

119 트벤터(Twente): 네덜란드 동부 지역. 오버레이설(Overijssel) 지방의 가장 도시화되고 가장 동쪽 부분을 포함한다.

120 노동평의회(Kamers van Arbeid): 노동쟁의의 예방과 해결을 목적으로, 사용자와 근로자의 대표를 구성원으로 하여 국가에 의해 설립된 공공기관이다. 네덜란드에서는 1897년부터 1923년에 존재했다.

121 사보타주(Sabotage): 노동 쟁의의 수단 중 하나로, 쟁의 중인 노동자들이 생산 활동을 의도적으로 소홀히 하는 행위 혹은 생산 장비나 시설을 파괴하는 행위.

122 에티엔느 마르텡 생 레옹(Étienne Martin Saint-Léon, 1860-1934): 프랑스의 변호사, 역사가, 경제학자 및 학술 사서.

123 아드리엥 알베르 마리 드 묑(Adrien Albert Marie de Mun, 1841-1914): 프랑스의 정치가이자 로마 가톨릭 사회주의 운동의 지도자. 로마 가톨릭 신앙을 사회개혁의 수단으로 생각하여 1871년에 가톨릭 노동자협회(Oeuvre Circles Catholiques d'Ouvriers)를 만들었다.

124 쾰른(Köln): 독일 노르트라인베스트팔렌주에 위치한 도시. 독일에서 가장 오래된 도시 중 하나로 기원전 38년 로마 제국에 의해 세워졌다. 옛 프로이센에서는 베를린 다음가는 제2의 도시였으며, 현재도 베를린, 함부르크, 뮌헨의 뒤를 잇는 큰 도시이다.

125 삽의자(schopstoel): 중세 시대의 형벌 또는 고문 기구. 일종의 시소로서, 등 뒤로 묶은 손을 시소의 당김 줄을 이용해 등을 따라 머리 위로 끌어올리는데 이때 어깨가 탈구된다. 이 기구는 방랑자, 어린이 도둑, 간통자 등에게 사용되었다.

126 존 오거스틴 라이언(John Augustine Ryan, 1869-1945): 미국의 로마 가톨릭 사제로, 저명한 도덕 신학자이자 사회 정의의 옹호자이다.

127 리처드 시어도어 일리(Richard Theodore Ely, 1854-1943): 미국 진보 경제학자, 진보 운동 지도자, 작가이다. 그는 자본주의의 부당함, 특히 공장의 강제적인 노동 여건을 개혁하기 위해 정부가 더 많이 개입할 것을 요구했다.

128 카이퍼는 31항의 제목을 '보이콧과 사보타주'(Boycot en Sabotage)라고 했으나 내용상 보이콧이 옳다고 본다.

129 원서에서 카이퍼가 1879년이라고 적은 것은 오류이므로 수정했다.

130 원서에서 카이퍼가 1881년이라고만 적은 것은 오류이므로 수정했다.

131 베르너 좀바르트(Werner Sombart, 1863-1941): 독일의 경제학자와 사회학자. 처음에는 마르크스의 영향을 받아서 경제 이론과 역사의 종합을 꾀하였으나, 점차 보수적인 입장으로 선회하여 후기에는 마르크스주의를 비판하였다.

제20장 국토방위

132 로베르트 멜빌 판 레인던(Robert Melvil baron van Lijnden, 1843-1910) 남작: 네덜란드의 정치인.

133 구스타브 2세 아돌프(스웨덴 Gustav II Adolf, 1594-1632): 스웨덴의 국왕(재위: 1611-1632)이자 구스타브 1세 바사의 손자. 스웨덴을 강국으로 만든 왕으로 '북방의 사자' 또는 '눈의 왕'이라 불렸다. 그는 근대적 전술의 선구자로서 유명하며, 혁신적 복합 무기 체계와 획기적 전술을 사용함으로써 역사를 통틀어 최고의 지휘관 중 하나로 일컬어진다. 그는 화기(火器)의 파괴력 및 적에게 후퇴와 재편성을 위한 시간적 여유를 주지 않는 신속한 전투를 계속하는 것을 전술의 중심으로 삼았으며, 이러한 요소가 종합되어 전장에서 항상 적을 제압

할 수 있었다.

134 덴헬더르(Den Helder): 네덜란드의 북홀란트 주에 있는 도시로, 주요 해군 기지가 있다.

135 탄용 프리옥(Tandjoeng Priok): 인도네시아 자카르타 북부에 있는 소구역(kecamatan)이며, 도시의 주요 항구이기도 하다.

136 비행선(luchtschepen): 양력을 이용하는 비행기나 헬리콥터와는 달리 수소나 헬륨처럼 가벼운 기체의 부력을 이용하여 하늘을 나는 항공기이다. 독일어로는 체펠린(Zeppelin)이라고 하는데, 이것은 20세기 초 독일의 페르디난트 폰 체펠린과 후고 에케너가 개발한 경비행선이다. 제1차 세계대전 이전에는 정기항공편으로도 운행하다가 전쟁이 발발하자 독일군이 체펠린을 폭격과 정찰의 용도로 이용하였다. 독일의 패배와 체펠린 백작의 죽음으로 체펠린은 일시 중단되었으나, 에케너의 주도하에 1920년대에 민간의 체펠린이 르네상스를 맞이한다. 이후 1930년대에 정점에 도달하였고, 이 시기에 정기적으로 대서양도 횡단하였다. 하지만 1937년의 힌덴부르크 참사를 비롯해 정치적인 문제와 다른 요소들이 작용하여 체펠린은 그 후 사라지게 되었다.

137 발허런(Walcheren): 네덜란드 제일란트주의 서쪽에 있는 반도 지역.

138 이 요새의 현재 이름은 포르트 람머컨스(Fort Rammekens)이다.

139 퀴라소(Curaçao): 서인도 제도 남부에 있는 네덜란드령 섬. 2010년에 네덜란드령 안틸레스가 해체되면서 주민들의 의사에 따라 자치권이 부여된 네덜란드 왕국을 구성하는 구성국이 되었다. 수도는 빌렘스타트(Wilemstad)이다.

140 수리남(Suriname): 네덜란드의 남아메리카 식민지였으며, 1975년에 수리남 공화국(Republiek Suriname)으로 독립했다. 동쪽으로는 프랑스령 기아나, 서쪽으로는 가이아나, 남쪽으로는 브라질, 북쪽으로는 대서양과 접하는 소국이다. 국민 대부분이 대서양을 접하는 북부에 거주하며, 수도인 파라마리보(Paramaribo)도 북쪽에 위치한다.

141 엠덴(SMS Emden): 20세기 초에 활동한 독일제국의 경순양함으로, 독일 제국의 동아시아 함대에 소속되었다.

142 뫼베(SMS Möwe): 1차 세계대전 당시 일반 상선으로 위장한 군함으로, 많은 전공을 올렸다.

143 향토방위군(Landweer): 정규군 외에 필요한 경우 단시간에 많은 병사를 동원하기 위한 부대였다. 이를 위해 자원봉사자 또는 징집 예비군이 몇 년마다 모여 재훈련을 받아야 했다. 네덜란드에서는 1901년 6월 24일에 관련법이 통과되어 민병대는 공식적으로 해산되고, 징집병과 향토방위군으로 대체되었다. 1913년에 재건된 민간인부대(Landstorm)와 마찬가지로 향토방위군(Landweer)은

완전히 새로운 규정이 발효된 1922년에 폐지되었다.

144 **민간인부대**(Landstorm): 일반 군대를 지원하기 위해 설립된 무장한 민간인 군대.

145 **고등 사관학교**(De Hogere Krijgsschool, HKS): 더 높은 직위를 위한 장교 훈련을 목적으로 네덜란드 국방부에 의해 1868년 5월 1일에 설립되었다. 처음에 하를럼에 있었으며, 나중에는 헤이그로 옮겼다.

146 **델프제일**(Delfzijl): 네덜란드 북동부 흐로닝언 주의 작은 도시.

147 **테르뇌전**(Terneuzen): 네덜란드 남서부 제일란트 주의 도시.

148 **이페런**(Yperen): 오늘날 이름으로 이퍼르(Ieper)는 벨기에 서부 베스트플란데런 주의 도시. 제1차 세계대전 당시 독일제국과 연합국이 수차례 격전을 벌인 곳이기도 하다.

149 **에머리크**(Emmerik): 독일어로 에머리히(Emmerich)는 독일 노르트라인베스트팔렌 주의 라인강에 있는 마을이자 자치제이다.

150 **에이설 강**(Ijssel): 네덜란드 헬더란트 주와 오버레이설 주를 흐르는 강.

151 **벨포르**(Belfort): 프랑스 북동부의 부르고뉴-프랑슈-콩테 지역에 있는 코뮌으로 테리투아르드벨포르 주의 주도로, 리옹과 스트라스부르 사이에 위치한다.

152 **베르됭**(Verdun): 프랑스 동북부 그랑테스트 레지옹의 뫼즈 주에 있는 소도시로 주도는 아니지만 가장 큰 도시이다. 베르됭 전투 및 오늘날의 독일, 프랑스, 이탈리아를 형성한 베르됭 조약으로 잘 알려져 있다.

153 **스트라스부르**(Strasbourg): 독일어로 스트라스부르크(Straßburg)는 알자스의 주도이다. 라인강변에 있으며 그 건너편으로는 독일이다. 독일과 프랑스는 1681년, 1870년, 1918년, 1940년, 1945년의 전쟁과 합병으로 스트라스부르를 뺏고 빼앗기를 반복했는데, 이로 인해 도시가 오랫동안 고통을 당했다.

154 **묵던**(Moekden): 중국 랴오닝 성의 수도인 셴양(瀋陽)의 만주어 이름. 20세기 초에는 봉천(奉天)으로 불렸다. 러일전쟁 중인 1905년 2월 20일부터 3월 10일까지 이곳에서 벌어진 봉천전투는 나폴레옹의 라이프치히 전투(1813년) 이후 제1차 세계대전 이전까지 가장 대규모 지상 병력(러시아군 34만 이상, 일본군 28만)이 벌인 지상전이다.

155 **크루프 사**(Friedrich Krupp AG): 400년 이상 철강 생산과 군수품, 병기 제조로 유명했던 크루프 가문이 19세기에 창업한 독일의 기업으로, 20세기 초반에는 유럽 최대 규모의 회사였다. 이미 30년 전쟁 당시부터 군수품을 공급했던 크루프 가문은 이후 두 차례에 걸친 세계대전 때까지도 독일 최고의 무기 제조사라는 명성에 걸맞게 곡사포, 잠수함, 전차, 전함, 화기 등 100여 가지에 이르는 각종 군수 물자를 생산했다.

제21장 해외 영토

156 니우네덜란트(Nieuw-Nederland): 1600년대 초반 아메리카의 네덜란드 식민지로 지금의 코네티컷, 뉴욕, 뉴저지, 델라웨어 주들의 지역을 포함하였다. 1621년 네덜란드 상인들은 스페인 제국과 경쟁하며, 이곳을 식민지화하고 지방의 모피 거래를 발달시키기 위해 네덜란드 서인도 회사를 세웠다. 회사의 지원 하에 30가족이 1624년 허드슨강 입구에 네덜란드 식민지 건설을 시작하였다. 니우네덜란트의 총독 페터르 미나위트(Peter Minuit)는 1626년 그 지방 인디언들에게서 맨해튼 섬을 사들였고, 네덜란드인은 지금의 올바니, 하트퍼드, 트렌턴 지역에 교역소들을 세웠다. 네덜란드 서인도 회사는 유럽의 많은 나라로부터 정착민을 끌어들였다. 그 식민지에서는 20개의 언어가 쓰였고, 많은 종교가 있었다. 1650년대에 네덜란드와 영국 사이에 무역 경쟁이 일어나자, 1664년 영국은 군함 1척을 보냈다. 많은 네덜란드 식민지 주민들이 싸움을 거부하였고, 페터르 스타위버산트(Peter Stuyvesant) 총독은 항복하여 결국 니우네덜란트는 영국의 식민지인 뉴욕이 되었다.

157 장 바티스트 콜베르(Jean-Baptiste Colbert, 1619-1683): 프랑스의 중상주의 정치가. 루이 14세 아래에서 1665년부터 1683년까지 재무부 장관을 역임했다. 그는 집요하게 일에 매달렸고 검소한 생활로 인해 존경 받았으며, 산업을 부흥시키고 파산 상태의 경제를 회생시켰다는 평판을 얻었다. 그는 무역수지 개선과 식민지에 의한 수입을 중요시했고, 베네치아 유리와 플란데런 옷감 제조를 도입하는 시장 개혁을 단행했고, 왕실 태피스트리 작업장을 설립하였으며, 공공사업의 증진과 관세를 통해 경제를 발전시켰다. 해외에 대해서는 프랑스 동인도 회사를 통해 커피, 목화, 염료용 목재, 모피, 후추, 설탕 등을 들여왔으며 이를 위해 해상 운송을 설립하였다.

158 제임스 브룩 경(Sir James Brooke, 1803-1868): 영국의 탐험가이자, 군인, 정치인. 사라왁 왕국의 초대 라자(Rajah)였다.

159 로디지아(Rhodesia): 네덜란드의 케이프 식민지(오늘날 남아프리카공화국 일대에 해당) 북쪽에 위치한 영국의 아프리카 식민지로, 오늘날 잠비아, 말라위, 짐바브웨의 영토에 해당한다. 로디지아라는 이름은 영국의 남아프리카 식민지의 총리였던 세실 존 로즈(Cecil John Rhodes)의 이름을 딴 것이다. 1965년 11월 11일에 영국령 남로디지아가 일방적으로 독립할 때에 이 이름을 그대로 사용했으며, 이후 1970년부터는 공식 명칭을 로디지아 공화국(The Republic of Rhodesia)으로 바꿨다. 로디지아 공화국은 1979년에 잠시 식민지 상태로 복귀하였다가, 1980년 4월에 짐바브웨라는 독립국가가 되었다.

160 말루쿠 제도(Kepulauan Maluku): 인도네시아의 군도로 말레이 제도의 일부이다. 술라웨시 섬의 동쪽, 파푸아 섬의 서쪽, 티모르 섬의 북쪽에 위치한다.

161 사해동포주의(四海同胞主義, Cosmopolitanism): 다른 이름으로 세계시민주의(世界市民主義)는 전 인류를 동포요 세계의 시민으로 보면서, 인종에 대한 편견이나 국가적 이기심 또는 종교적 차별을 버리고 인류 전체의 복지를 증진시키기 위해 온 인류가 서로 평등하게 사랑해야 한다는 견해이다. 이 견해는 고대와 중세에도 존재했으나 현대에서는 민족의 독립이나 이익, 문화와 전통을 무시하고 국가나 민족을 초월한 인류의 연대를 내세우는 사상이 되었다.

162 요아네스 베네딕투스 판 회츠(Joannes Benedictus van Heutsz, 1851-1924): 네덜란드 군장교로 네덜란드 동인도 총독(1904-1909)을 지냈다. 길었던 아체 전쟁을 종결시킨 것으로 명성을 얻었다.

163 셀레베스(Celebes): 다른 이름으로 술라웨시(Sulawesi)는 인도네시아의 섬이며 면적은 180,680.7㎢로 세계에서 열한 번째로 큰 섬이다. 서쪽은 보르네오섬, 북쪽은 필리핀, 동쪽은 말루쿠 제도, 남쪽은 플로레스 섬과 티모르 섬으로 둘러싸여 있다. 술라웨시 섬은 네 개의 반도로 이뤄진 독특한 모양이 특징이다. 6개의 주로 나뉘어 있으며, 가장 큰 도시는 남부의 마카사르와 북부의 마나도이다.

164 순다열도(Soenda-eilanden): 말레이 제도의 서쪽에 있는 섬 무리. 순다열도는 크게 대(大)순다열도와 소(小)순다열도로 나뉜다.

165 티모르(Timor): 말레이제도 남부 소순다열도에 속하는 섬. 정치적으로 동티모르와 서티모르로 나뉘어 있다. 서티모르는 인도네시아의 누사틍가라티무르 주에 속한다.

166 리홍장(李鴻章, 1823-1901): 청나라 말기의 한족계 거물급 중신 정치가. 중국 최초의 근대화 운동인 양무운동을 주도했다.

167 인도인(Indo): 유럽인과 인도네시아인 사이의 혼혈을 가리킨다.

168 헨드리쿠스 후베르투스 판 콜(Hendrikus Hubertus van Kol, 1852-1925): 네덜란드의 정치인.

169 얀 헨드릭 드 발 말레페이트(Jan Hendrik de Waal Malefijt, 1852-1931): 네덜란드 반혁명당 정치인.

170 데사(desa): 인도네시아 시골에 있는 마을 또는 마을 지역. 네덜란드 동인도에서 가장 기초적인 행정구역을 형성했으며, 이는 차례로 소구역의 일부를 형성했다. 데사는 종종 여러 캄퐁으로 구성되며 데사의 지도자는 케팔라 데사(Kepala Desa) 또는 촌장이다.

171 '바위턴조르흐'(Buitenzorg): 자바섬 서부에 있는 도시인 보고르(Bogor)의 옛(1945년 8월 17일까지) 명칭. 인구가 약 100만 명에 달하는 이 도시는 토마스 스탬포드 래플즈(Thomas Stamford Raffles, 1811-1815) 통치 하의 영국 식민지 시대에 네덜

란드 동인도 제도의 수도였다. 보고르는 자카르타 중심부에서 남쪽으로 54㎞ 떨어진 해발 약 300m에 있으며, 구눙 게데 팡랑고(Gunung Gede Pangrango) 및 구눙 살락(Gunung Salak)과 같은 사화산으로 둘러싸여 있다. 보고르는 지구상의 어느 곳보다 뇌우가 많은 곳이어서 인도네시아에서는 비의 도시(Kota Hujan)으로 알려져 있다. 이 도시의 남쪽에는 대규모의 커피와 차 농장이 있는데 원래 네덜란드 사람이 세운 곳이다.

172 **바위턴버지팅언**(Buitenbezittingen): 인도네시아의 마두라 이외의 네덜란드령 소유지를 가리킨다.

173 **라인선교회**(Rheinische Mission, Rheinischen Missionsgesellschaft): 1828년 독일의 엘버펠트(Elberfeld), 바르멘(Barmen) 및 쾰른(Köln)의 세 개신교 선교 협회가 함께 합류하여 결성된 선교단체이다. 1971년까지 지속되었으며, 이후 연합개신교선교회(Vereinten Evangelischen Mission, VEM)에 합병되었다.

174 **바탁 족**(Batak): 인도네시아 수마트라 섬 중북부 토바호 주변에 사는 원(原) 말레이인. 바탁 문자로 된 바탁어를 사용한다. 라인선교회가 수마트라로 파견한 독일 루터교 선교사인 루드비히 잉그베르 노멘슨(Ludwig Ingwer Nommensen, 1834-1918)은 바탁 족에게 복음을 전하고, 신약 성경을 바탁어로 번역했다. 그가 사망할 당시 교회는 34명의 바탁 족 목사와 788명의 교사 겸 설교자와 함께 18만 명의 회원이 되었다. 오늘날 대부분의 토바 바탁 기독교인은 아시아에서 가장 큰 교단 중 하나인 Huria Kristen Batak Protestan(HKBP) 교회에 속해 있다.

175 **알렉산더 빌럼 프레데릭 이던부르흐**(Alexander Willem Frederik Idenburg, 1861-1935): 수리남 총독(1905-1908)과 네덜란드 동인도의 총독(1909-1916)을 역임한 네덜란드 반혁명당 군장교이자 정치인이다. 그는 또한 1902년부터 1919년 사이에 세 차례 식민지 장관을 역임했으며, 1925년부터 1935년 사망할 때까지 국무원에서도 일했다.

176 **미나하사**(Minehassa): 인도네시아 술라웨시 북부에 있는 소수 민족. 인도네시아에서 가장 복음화된 민족이다.

177 **잠비**(Djambi): 인도네시아 수마트라 섬에 위치한 잠비 주의 주도. 석유와 고무가 생산되며, 시에서 26㎞ 정도 떨어진 지점에는 스리비자야 왕국 시대의 유적이 남아있다.

178 **키메라**(chimères): 현재 터키 남서부의 안탈리아(Antalya) 지역에 있는 야나르타쉬(Yanartaş) 산을 가리킨다. 키메라라는 이름은 그리스 신화에서 이 지역에 산 것으로 묘사되는 괴물의 이름을 딴 것이다. 키마이라(그리스어로 Χίμαιρα, 영어로 Chimaera)라고 불리는 이 괴물은 티폰과 에키드나의 자식으로 머리는 사자, 몸

통은 염소, 꼬리는 뱀, 또는 용으로 이루어졌고 불을 뿜는 것으로 묘사된다. 실제로 야나르타쉬산 꼭대기는 천연가스와 지형조건으로 인해 불길이 꺼지지 않고 지속되고 있다.

179 말레이제도: 동남아시아의 인도차이나반도와 오스트레일리아 사이에 있는 섬들을 가리킨다. 예전에는 '동인도제도' 또는 독일어로 인줄린데(Insulinde, '인도 섬'이라는 뜻)로 불렸다. 말레이제도는 인도네시아와 필리핀, 브루나이, 말레이시아, 티모르, 싱가포르, 그리고 오스트레일리아령인 크리스마스 섬으로 나뉜다.

180 사라마카(Saramacca): 수리남의 구이며, 행정 중심지는 흐로닝언이다. 서쪽으로는 코로니 구, 남쪽과 남동쪽으로는 브라질, 북동쪽으로는 바니카 구와 접한다.

181 데메라라(Demerara): 남아메리카 북쪽 해안에 있는 지역으로 현재 가이아나(Guyana)의 일부이다. 1815년까지 네덜란드 식민지였으나 이후 그레이트브리튼 아일랜드 연합왕국에게 할양되었다. 1831년에 에세퀴보 및 버비스와 합쳐져 영국령 기아나가 되었고, 1966년에 가이아나라는 국명으로 독립하였다.

182 버비스(Berbice): 현재 가이아나의 버비스강 인근 지역으로, 1627년부터 1815년까지 네덜란드 공화국의 식민지였다. 이후 그레이트 브리튼 아일랜드 연합왕국에 할양되어 영국령 기아나가 되었다.

183 에세퀴보(Essequebo): 가이아나의 에세퀴보강 인근 지역으로, 1616년부터 네덜란드(제일란트)의 식민지였으나 프랑스와 여러 번 영토 분쟁을 겪었다. 런던 조약에 의해 1814년에 그레이트브리튼 아일랜드 연합왕국으로 할양되었다.

184 헤른후터 선교사(Hernhuttersche zending): 18세기 보헤미아에서 등장한 개신교 교파인 모라비아 형제단을 가리킨다. 이들은 1722년 로마 가톨릭교회의 개신교 탄압을 피해, 독일 드레스덴의 니콜라우스 친첸도르프 백작의 영지로 이주하였다. 3년 뒤에는 100명이나 되는 신도들이 영지로 이주했는데, 친첸도르프 백작 자신이 모라비아 형제단의 경건주의 운동에 적극적으로 참여하였다. 모라비아 형제단은 유가공품 제조 등의 노동을 통해 그리스도인의 직업윤리를 실천하였다. 또한 남아프리카공화국, 청나라, 페르시아, 수리남 및 북미 등에서 활발한 해외 선교를 벌였으며, 존 웨슬리의 감리교 창시에도 영향을 주었다.

제22장 선거에서의 정당 정책

185 마태복음 28장 18절

186 토머스 우드로 윌슨(Thomas Woodrow Wilson, 1856-1924): 미국의 28대 대통령(1913-1921). 독실한 장로교인인 그는 저명한 역사가이자 정치학자였으며, 개혁적 민주당원으로서 1910년에 뉴저지주 주지사로, 1912년에 대통령으로 선출되었다. 1916년의 재선 투표에서 샤를 에번스 휴스를 이기고 재선에 성공한다.

187 **샤를 에번스 휴스**(Charles Evans Hughes, 1862-1948): 미국의 법조인이자 공화당 정치인. 36대 뉴욕 주지사(1907-1910), 대법관(1910-1916), 워런 하딩 및 캘빈 쿨리지 행정부에서 44대 미국 국무장관(1921-1925), 제11대 미국의 연방 대법원장(1930-1941)을 지냈다. 윌슨과의 대통령 선거에서 낙선했다.

188 이 표현은 열왕기하 4:40의 "그들이 각자 국을 떠다 먹으려고 맛을 보다가, 깜짝 놀라 하나님의 사람을 부르며, 그 솥에 사람을 죽게 하는 독이 들어있다고 외쳤다. 그래서 그들이 그 국을 먹지 못하고 있는데"(새번역)에서 인용한 것이다. 그러자 선지자 "엘리사가 밀가루를 가져오라고 하여, 그 밀가루를 솥에 뿌린 뒤에, 이제는 먹어도 되니 사람들에게 떠다 주라고 하였다. 그리고 나니 정말로 솥 안에는 독이 전혀 없었다"(왕하 4:41, 새번역).

국제제자훈련원은 건강한 교회를 꿈꾸는 목회의 동반자로서 제자 삼는 사역을 중심으로
성경적 목회 모델을 제시함으로 세계 교회를 섬기는 전문 사역 기관입니다.

반혁명 국가학 II 적용

초판 1쇄 인쇄 2023년 11월 13일
초판 1쇄 발행 2023년 11월 25일

지은이 아브라함 카이퍼
옮긴이 최용준 · 임경근

펴낸이 오정현
펴낸곳 국제제자훈련원
등록번호 제2013-000170호(2013년 9월 25일)
주소 서울시 서초구 효령로68길 98(서초동)
전화 02)3489-4300   **팩스** 02)3489-4329
이메일 dmipress@sarang.org

ISBN 978-89-5731-887-4 04230

※ 책값은 뒤표지에 있습니다. 잘못된 책은 구입하신 곳에서 교환해 드립니다.